TEORIAS
DA
PERSONALIDADE

CIP—Brasil. Catalogação-na-Fonte
Câmara Brasileira do Livro, SP

F132t Fadiman, James, 1939—
Teorias da personalidade / James Fadiman, Robert Frager ; coordenação da tradução Odette de Godoy Pinheiro ; tradução de Camila Pedral Sampaio, Sybil Safdié. — São Paulo: HARBRA, 1986.

Bibliografia.

1. Personalidade 2. Psicoterapia I. Frager, Robert, 1940— II. Título.

79-0514

17. e 18. CDD—155.2
17.   —616.891
18.   —616.8914

Índices para catálogo sistemático:
1. Personalidade : Teorias : Psicologia individual 155.2 (17. e 18.)
2. Psicoterapia : Medicina 616.891 (17.) 616.8914 (18.)

TEORIAS DA PERSONALIDADE

JAMES FADIMAN
Universidade de Stanford

ROBERT FRAGER
Instituto de Psicologia Transpessoal da Califórnia

Coordenação da Tradução
ODETTE DE GODOY PINHEIRO

Tradução
CAMILA PEDRAL SAMPAIO
SYBIL SAFDIÉ
*Faculdade de Psicologia da
Pontifícia Universidade Católica de São Paulo*

editora **HARBRA** ltda.

Direção Geral:	Julio E. Emöd
Supervisão Editorial:	Maria Pia Castiglia
Revisão de Estilo:	Maria Elizabeth Santo
Capa:	Mônica Roberta Suguiyama
Composição e Fotolitos:	Programa Produções Gráficas Ltda. S/C
Impressão e Acabamento:	Paym Gráfica e Editora Ltda.

TEORIAS DA PERSONALIDADE
Copyright © por **editora HARBRA ltda.**
Rua Joaquim Távora, 842 – Vila Mariana – 04015-011 – São Paulo – SP
Vendas: (0.xx.11) 5549-2244, 5571-0276 e 5084-2403. Fax: (0.xx.11) 5575-6876
Divulgação: (0.xx.11) 5084-2482 (tronco-chave)

Tradução de PERSONALITY AND PERSONAL GROWTH
Copyright © por James Fadiman & Robert Frager
Publicado originalmente por Harper & Row, Publishers, Inc.

Todos os direitos reservados. Nenhuma parte desta edição
pode ser utilizada ou reproduzida – em qualquer meio ou forma,
seja mecânico ou eletrônico, fotocópia, gravação etc. –
nem apropriada ou estocada em sistema de banco de dados,
sem a expressa autorização da editora.

Impresso no Brasil   *Printed in Brazil*

CONTEÚDO

Prefácio *ix*
Prefácio à Edição Brasileira *xi*
Agradecimentos *xiii*
Introdução *xv*

PARTE I

1. Sigmund Freud e a Psicanálise *2*
2. Carl Jung e a Psicologia Analítica *41*
3. Alfred Adler e a Psicologia Individual *71*
4. Wilhelm Reich e a Psicologia do Corpo *87*
5. Frederick S. Perls e a Gestalt-Terapia
   (por Elizabeth Lloyd Mayer) *125*
6. William James e a Psicologia da Consciência *149*
7. B. F. Skinner e o Behaviorismo Radical *187*
8. Carl Rogers e a Perspectiva Centrada no Cliente *221*
9. Abraham Maslow e a Psicologia da Auto-Atualização *259*

PARTE II

Introdução às Teorias Orientais da Personalidade *282*

10. Zen-budismo *286*

11. Ioga e a Tradição Hindu *316*

12. Sufismo *339*

APÊNDICE

Apreciação da Psicologia da Mulher nas Teorias da Personalidade:

Freud, Reich, Adler e Jung

e

Bibliografia Comentada sobre a Psicologia da Mulher

(por Elizabeth Lloyd Mayer) *371*

Índice Onomástico *387*

Índice Remissivo *391*

Às nossas esposas: Dorothy e Lya
Nossos filhos: Renee, Marie, Ariel, Edward
E nossos professores

PREFÁCIO

Os interesses e motivações de estudantes que se matriculam em cursos de Psicologia mudaram nos últimos dez anos. A medida que aumentou o número de matrículas, tornou-se claro que um número cada vez maior de estudantes escolhe cursos de Psicologia antes de mais nada para se conhecerem e conhecerem os outros e, apenas em segundo plano, para se familiarizarem com as complexidades da pesquisa psicológica sobre o comportamento humano.

Sabemos, a partir de nossa experiência, que os alunos desejam dominar intelectualmente assuntos estimulantes, desde que percebam tais assuntos como válidos e relevantes para si mesmos. Ao preparar este livro, levamos em conta os interesses e valores dos estudantes. Abordamos as teorias da personalidade como instrumentos conceituais úteis para a compreensão do comportamento e para o crescimento pessoal. Nossa apresentação dirige-se especialmente a estudantes que estão interessados na aplicação de princípios psicológicos em suas vidas e em suas futuras carreiras.

Além das principais teorias da personalidade ocidentais, incluímos capítulos sobre Zen-budismo, Ioga e Sufismo. Essas tradições são sistemas de pensamento psicologicamente relevantes, sistemas que lidam com muitos temas semelhantes aos da Psicologia ocidental.

Também incluímos vários aspectos do movimento do potencial humano, quando eram aplicáveis à teoria tradicional da personalidade. Foi dada atenção especial à dinâmica de grupos de encontro, a teorias e terapias orientadas para o corpo e à pesquisa sobre estados alterados de consciência.

Nosso próprio sucesso com a aprendizagem vivencial levou-nos a incluir, em cada capítulo, exercícios apropriados para uso individual ou em classe. Estes dão oportunidade aos estudantes para experienciarem pessoalmente as principais facetas de cada teoria. Além disso, cada capítulo inclui um extensivo excerto de cada teórico para dar aos leitores o sabor de seu estilo e de sua forma de pensar.

Cada teoria é apresentada de forma favorável, como se fosse escrita por um de seus adeptos. Só fomos críticos em relação ao fracasso dos teóricos em alcançar seus próprios objetivos, ao invés de culpá-los por não satisfazerem padrões externos. Demos atenção particular àqueles aspectos de cada teoria considerados relevantes para uma melhor compreensão do crescimento e desenvolvimento pessoais.

Até agora, não somente os principais teóricos em Psicologia têm sido homens, como também a maioria tem ignorado lamentavelmente a Psicologia feminina. Tentamos contrabalançar esta insuficiência incluindo um apêndice sobre a Psicologia da mulher e mais uma longa bibliografia comentada sobre a literatura disponível.

J.F.
R.F.

AGRADECIMENTOS

É com gratidão e humildade que agradecemos às numerosas pessoas que contribuíram para a elaboração deste livro. Sem sua ajuda provavelmente não poderíamos tê-lo escrito.

Nossa principal colega e assistente foi Elizabeth Mayer. Ela não só escreveu o capítulo sobre Perls e o apêndice sobre a Psicologia da mulher, como também leu, corrigiu e trabalhou no esboço inicial de cada capítulo. Sua habilidade em esclarecer nosso pensamento foi crucial durante os dois primeiros anos que trabalhamos neste livro.

Os alunos do Seminário de Teoria da Personalidade da Universidade da Califórnia, em Santa Cruz, examinaram cada capítulo, linha por linha. Numerosas mudanças são devidas aos seus compassivos esforços. Somos gratos a: Elizabeth Barrett, John DiMuro, Cheryl Dunlap, Gail Gumbert, Anne Hafner, Rona Halpern, Robert Hensley, Becky Kato, Peter Lambert, Amy Levine, Shirley Munson, Leonard Pollak, Susan Rose, Kathryn Selfridge e Thomas Silverstein.

Somos igualmente gratos aos alunos graduados em Psicologia Humanista da Universidade do Estado da Califórnia, em Sonoma, que testaram, corrigiram e melhoraram a maior parte dos exercícios.

Também queremos agradecer a Debbie Lueth que foi para nós assistente de pesquisa e editora, e Susan Rose que passou um verão inteiro revendo e verificando as citações, referências e material bibliográfico.

Algumas secretárias transformaram nossa austera prosa num inglês mais suave. São elas: Paddy Morietry, Pat Patterson, Elizabeth Stein, Caroline Duff, Linda Ploeg, Susan Moore e Marion Fields.

Cada capítulo foi lido e criticamente revisto por algumas pessoas. Se, no entanto, algum erro permanece, ele é nosso. Agradecemos às seguintes pessoas, pelos seguintes capítulos:

Adler: Heinz Ansbacher, Lucy Ackerknecht
Budismo: Jiyu Kennett Roshi e seu grupo de graduandos, Janice Willis
James: Michael Barry, Hathaway Gamble, Ellen Kappy Suckiel
Jung: Thomas Parker
Maslow: Bertha Maslow, Tom Roberts
Reich e o Corpo: Charles Kelley, Erika Kelly, Judith Stransky, Maya Clemes
Rogers: Carl Rogers, Roger Nelson, Michael Barry
Skinner: B. F. Skinner, Gerald Davison
Sufismo: Idries Shah, M. Khan, Muhammad Shafii, Ali Beg, David Sobel, Robert Ornstein

AGRADECIMENTOS

Ioga: Hari Dass Baba, Irmão Anandamoy, Irmão Turiyananda, Swami, Sivananda Radha

A ajuda final veio de Calvin Hall que examinou cuidadosamente todos os capítulos sobre teóricos ocidentais, e Huston Smith que nos ajudou em todos os capítulos ligados ao Oriente.

Finalmente, desejamos compartilhar com vocês que nada disso teria ocorrido sem o apoio contínuo de nosso editor na Harper & Row, George Middendorf, e nosso editor de projeto, David Nickol.

A ordem dos nomes dos autores foi aleatória e será invertida na próxima edição.

PREFÁCIO
À EDIÇÃO BRASILEIRA

O contacto de muitos anos com alunos de Psicologia tem sido para nós um constante desafio e leva-nos a refletir e procurar respostas, num processo contínuo de mudança e desenvolvimento pessoal.

Ultimamente, sentimos nossas inquietações de professor aumentarem, na medida em que a relação dos alunos com o conhecimento e com os textos mais respeitáveis da Psicologia parece levá-los a um questionamento estéril, como se as suas verdadeiras perguntas nunca estivessem sendo respondidas.

Em se tratando de programas de teorias da personalidade, onde os limites com o subjetivo são mais fluidos, o problema se acentua. O contacto com os autores leva a envolvimentos com valores pessoais e história de vida. Não é difícil o aluno partir de uma busca ingênua de verdades absolutas e chegar a um relativismo exagerado ou a um encontro angustiante consigo mesmo.

A leitura inicial da presente obra surpreendeu-nos agradavelmente, não só porque aparecia como uma resposta possível enquanto texto didático, mas por ser conseqüência de uma experiência viva de professores e alunos, experiência esta que se aproxima em certo sentido da nossa.

Sem dúvida, os autores concordariam conosco que seria desejável não apenas uma tradução mas uma adaptação à nossa realidade. Exercícios experimentados em nossas classes só poderiam enriquecer a proposta. O mínimo que fizemos, no entanto, para facilitar o trabalho dos leitores, foi pesquisar as traduções existentes da bibliografia citada. E decidimos incluir as citações da tradução em Português, com a referência de páginas correspondentes, respeitando-se o estilo do tradutor. As datas mencionadas no corpo do texto serão sempre do original, seguidas da página na edição brasileira. A data da edição em que nos baseamos é encontrada na referência bibliográfica.

Muitos livros podem vir a ser traduzidos e muitos o estavam sendo na ocasião de nosso trabalho. As referências não poderão ser tão completas como o desejaríamos. De qualquer forma, o livro é suficientemente aberto para que o trabalho verdadeiro ocorra a partir dele e não limitado por ele.

Odette de Godoy Pinheiro

INTRODUÇÃO

Por que escrevemos este livro? Achamos que os estudantes não se satisfazem mais com um curso de Personalidade igual ao que tivemos enquanto alunos. E, francamente, ambos achamos que as mudanças de valores e interesses de nossos estudantes têm apoiado tendências similares em nosso próprio desenvolvimento intelectual.

Fomos influenciados de forma profunda pelo movimento de crescimento, por experiências em grupos de encontro e pela exposição a muitas atitudes e valores prevalecentes na subcultura do *potencial humano*. Além disso, envolvemo-nos pessoalmente com várias disciplinas orientais, com suas práticas e seus vários gurus e guias espirituais, com quem estabelecemos contatos. Ao mesmo tempo, permanecemos interessados na Psicologia acadêmica, em aulas, publicações e outras atividades intelectuais da Universidade. Achamos, contudo, que nosso ensino e textos foram bastante afetados por essas outras influências em nossas vidas. Incluímos, cada vez mais, material de vivência em nossos cursos e experimentamos uma grande variedade de estratégias na tentativa de quebrar os papéis rígidos e passivos inerentes aos tradicionais modelos de ensino.

Escrevemos este manual para irmos de encontro ao interesse dos estudantes pela Psicologia como um corpo de conhecimento de uso prático para a compreensão da natureza humana. A Psicologia tornou-se mais popular nos campos universitários do país nos últimos dez anos, não pelo avanço qualitativo da pesquisa psicológica mas porque vários estudantes esperam achar, dentro dela, estrutura, conceitos, teorias e perspectivas que facilitem seu próprio crescimento e sua capacidade de se ajustar a uma sociedade variada e de rápidas mudanças. Confessamos que, assim como nossos alunos, achamos vários dos manuais excessivamente técnicos, ponderados, ou muito preocupados com as áridas abstrações acadêmicas para terem interesse ou valor pessoais.

ANTECEDENTES

Os termos *personalidade* e *teoria da personalidade* tornaram-se limitados a um certo número de sistemas teóricos integrados na Psicologia acadêmica contemporânea. Os textos típicos sobre personalidade lidam com uma dúzia ou mais de teorias e teóricos. Referem-se aos mesmos estudos experimentais e ao mesmo conteúdo, e refletem uma perspectiva acadêmica claramente compreendida e via de regra aceita.

INTRODUÇÃO

Nos últimos anos, duas novas abordagens da natureza e funcionamento humanos têm se tornado cada vez mais importantes: o movimento do potencial humano e as disciplinas orientais de crescimento. O impacto destas forças no nosso pensamento serviu para expandir os limites de nossa abordagem à teoria da personalidade.

O movimento do potencial humano, em parte iniciado pelo Instituto de Esalen, na Califórnia, e pelos Laboratórios de Treinamento Nacional no Mine, é agora uma força cultural amplamente aceita. Novas instituições, conhecidas como centros de crescimento, existem na maioria das grandes cidades, centros estes que em geral oferecem intensivas e fortes *workshops* durante e no final de semana, com vários tipos de grupos de encontro, trabalho com o corpo, meditação, técnicas espirituais e outros sistemas experienciais. Um número cada vez maior de colégios e universidades oferece cursos orientados para vivências, dando ênfase ao envolvimento pessoal e à experiência emocional.

A experiência intensiva de pequenos grupos, uma das principais inovações do movimento do potencial humano, freqüentemente resulta em mudanças de personalidade rápidas e amplas. Líderes de grupo e participantes em geral acreditam que estas mudanças são benéficas e duradouras. Além deste consenso, há pouca concordância entre líderes de grupo e outros a respeito deste movimento que envolve a estrutura, dinâmica ou mudança da personalidade. Ao mesmo tempo que é dada ênfase no aprendizado diretamente vivencial, foi desenvolvida uma tendência antiteórica e anticonceitual e um descaso deliberado em relação à Psicologia acadêmica, tida como desatualizada ou irrelevante. Os adeptos do movimento do crescimento comungam, em geral, na crença humanista fundamental na capacidade do indivíduo para um crescimento orientado e positivo. Essa crença tornou-se quase um axioma incontestável que não tem sido claramente apreendido, pesquisado ou documentado. O movimento do potencial humano tem, contudo, dado uma vitalidade inovadora à psicoterapia e desenvolvido uma extensa série de técnicas efetivas para a comunicação interpessoal, expressão emocional e consciência corporal. Enquanto os interessados no movimento do crescimento inclinaram-se a ignorar a Psicologia acadêmica, por sua vez os psicólogos acadêmicos tenderam a permanecer ignorantes em relação às aquisições reais e importantes do movimento.

É possível considerar, no movimento do crescimento, os principais aspectos teóricos, sem perder de vista as metas do autoconhecimento. Enquanto este livro estava sendo elaborado, percebemos que as seções que em nosso esboço original discutiam o movimento do crescimento humano tornaram-se, uma a uma, subtítulos de capítulos que tinham uma estrutura intelectual sólida e congruente. Por exemplo, o capítulo sobre Perls coloca os aspectos vivenciais da terapia gestáltica em bases teóricas mais firmes ao estabelecer suas origens na fenomenologia, no holismo, na psicanálise, em Reich e na psicologia da Gestalt. Embora os participantes do movimento do crescimento tenham se recusado de forma categórica a discutir seus antecedentes intelectuais, isto não significa que suas posições careçam de tais fundamentos. Estamos tentando restaurar o equilíbrio necessário, para que as teorias continuem a se desenvolver independentemente de seus criadores carismáticos.

A segunda nova perspectiva da natureza humana foi fornecida principalmente por filosofias orientais. Muitos dos sistemas orientais incluem uma teoria da estrutura da personalidade e leis fundamentais do comportamento e da mudança de caráter. Esses sistemas abrangem diversos tópicos compreendidos pelas teorias ocidentais da personalidade, e influenciaram muitas das teorias e técnicas usuais do movimento do potencial humano. Tendem a lidar mais explicitamente com a experiência religiosa e transpessoal e com o papel dos valores e costumes no comportamento humano.

Decidimos focalizar, em nossa discussão, três aspectos particulares das grandes tradições orientais do Budismo, Hinduísmo e Islamismo — o Zen, a Ioga e o Sufismo representam os aspectos de cada uma dessas tradições mais relacionados com a experiência direta e o crescimento pessoal. Estão também incluídos entre as doutrinas orientais mais conhecidas e influentes no Ocidente. Essas doutrinas foram resumidas e discutidas segundo a mesma estrutura teórica empregada para as teorias ocidentais.

UMA ABORDAGEM DA TEORIA DA PERSONALIDADE

Acreditamos que cada uma das teorias que apresentamos neste livro tem um valor e uma relevância únicos. Cada grande teórico isolou e esclareceu certos aspectos particulares da natureza humana. Sentimos que cada um deles está essencialmente "correto" na área que examinou com maior cuidado. O único erro em que a maioria tem incorrido é argumentar que a sua é a melhor e a única resposta abrangente. As principais discordâncias entre os teóricos da personalidade com freqüência parecem assemelhar-se à história do cego e do elefante. Uma teoria que é baseada no estudo da psicopatologia pode carecer dos instrumentos conceituais e dos dados empíricos necessários para lidar de forma adequada com as várias experiências interpessoais. Uma teoria interessada nos fenômenos da consciência pode não ser apropriada para explicar sonhos ou outras formas de simbolismo. Acreditamos que cada teórico tem uma compreensão profunda de uma parte do todo, mas, às vezes, ao invés de reconhecer que é apenas uma parte, ele tenta convencer os outros de que a porção que abrange é ou a mais importante ou o elefante inteiro.

Cada capítulo discute uma teoria ou perspectiva que enriquece o nosso conhecimento sobre o comportamento humano. Estamos particularmente interessados na relevância de cada teoria no que diz respeito à compreensão do potencial humano e à valorização do crescimento e desenvolvimento pessoais. Estamos convictos de que, além da nossa disposição biológica inata para o crescimento e o desenvolvimento, cada indivíduo possui uma tendência para o desenvolvimento psicológico. Isto foi descrito por vários psicólogos como uma tendência à auto-atualização, um impulso para a autocompreensão, uma necessidade de aprimorar sua consciência e competência — tudo isso a fim de obter mais alegria e satisfação da vida.

Tentamos abordar cada teoria de forma tão positiva e favorável quanto possível. Cada capítulo foi lido e avaliado por teóricos e profissionais de cada sistema; eles nos ajudaram a garantir que nosso tratamento é relativamente completo e pouco tendencioso. Evitamos quanto pudemos a tendência de criticar ou subestimar as realizações de cada teoria. Ao contrário, houve a tentativa de ressaltar a força e a efetividade de cada abordagem teórica. Procuramos não ser adeptos unilaterais, nem ecléticos irrefletidos. Nossas inclinações foram mais pronunciadas na escolha dos teóricos. Incluímos aqueles cuja importância e utilidade é evidente para nós, e deixamos de lado muitas teorias conhecidas que pareciam menos úteis e menos congruentes com o propósito global deste livro.

ESTRUTURA DE CADA CAPÍTULO
Cada capítulo segue este esquema:

História Pessoal
Antecedentes Intelectuais
Conceitos Principais
Dinâmica
    Crescimento Psicológico
    Obstáculos ao Crescimento
Estrutura
    Corpo
    Relacionamento Social
    Vontade
    Emoções
    Intelecto
    *Self**
    Terapeuta (ou professor)
Avaliação
A Teoria em Primeira Mão
Exercícios
Bibliografia Comentada

Iniciamos cada capítulo com uma discussão da história pessoal e dos antecedentes intelectuais do autor. Tentamos indicar as principais influências no seu pensamento, influências originadas de suas experiências infantis ou de sua vida adulta. A parte principal de cada capítulo refere-se à teoria. A primeira seção é um resumo dos conceitos principais. Em seguida há uma seção sobre o desenvolvimento psicológico e os obstáculos ao crescimento. A terceira seção refere-se à estrutura. Descrevemos a maneira como cada teoria lida com as sete seguintes categorias: o corpo, relacionamento social, vontade, emoção, intelecto, *self* e o terapeuta ou professor. A maioria dos sistemas teóricos tem algo de relevante em cada categoria. Quando uma delas não é parte significativa da teoria, deixamo-la de lado. Para outras teorias, uma ou outra categoria constitui parte tão importante que a incluímos nos conceitos principais e não na estrutura. Tentamos ser consistentes, ajudar os leitores a comparar e confrontar diferentes teorias, evitando que uma rigidez excessiva nos tornasse injustos para com uma delas.

A seção seguinte de cada capítulo é uma avaliação da teoria. Como foi dito antes, tentamos avaliar cada uma delas favorável e construtivamente, mais em função de suas forças do que em termos do que pode ter sido deixado de lado. Em seguida, há um trecho extenso tirado das obras do autor ou uma descrição de sua terapêutica ou do sistema de crescimento colocado em

---

* N.T.: Embora nos propuséssemos, de início, a traduzir o termo como *si mesmo*, pudemos verificar a inadequação da forma em certas teorias, pois a palavra, em português, acentua o caráter reflexivo. Por outro lado, traduzi-la por *eu* é retirar-lhe totalmente o caráter interior e de relações. Desta forma, manter a palavra no original evita as interpretações do tradutor.

prática. Sentimos que é importante para o leitor entrar em contato direto com o estilo e o "sentir" de cada autor. Também acrescentamos um certo número de citações à margem de cada capítulo. Achamos que os teóricos freqüentemente têm modos únicos e fascinantes de frasear suas idéias e argumentos. Portanto, o uso dessas citações permitiu-nos apresentar o ponto de vista do autor de um modo direto, sem sobrecarregar o próprio texto. De vez em quando, uma citação à margem da página pode ser nitidamente distinta do ponto de vista do autor. Elas servem para acrescentar uma dimensão de contraste e comentário sem interromper a apresentação contínua dentro do próprio texto.

A parte seguinte de cada capítulo consiste em exercícios apropriados para uso individual ou em classe. Queremos que vocês tenham a oportunidade de saborear vivencialmente ao menos alguns aspectos de cada teoria. Achamos que os aprendizados vivencial e intelectual são processos complementares e não-contraditórios, e acreditamos que a experiência pessoal do significado dos conceitos de um autor pode acrescentar uma dimensão de proximidade e interesse a cada teoria.

Sabemos que, para alguns de vocês, a noção de exercícios no fim de cada capítulo lembra os esquemas aparentemente infindáveis que vocês tiveram de fazer desde a escola primária. Uma vez que nós também desenhamos mapas das rotas dos exploradores e dividimos frutas de plástico a fim de descobrir a realidade das frações, estamos fazendo um tipo diferente de proposta. Todos os exercícios foram experimentados e considerados proveitosos pelos estudantes de nossos cursos. O pressuposto destes exercícios é permitir que vocês experienciem por vocês mesmos aquilo que leram. Como conseqüência destes exercícios, em muitos casos, os estudantes ficaram mais impressionados com o poder, a utilidade, ou a validade de uma teoria através da vivência de algum aspecto dela.

Finalmente, cada capítulo é concluído com uma bibliografia comentada. Nossa apresentação de cada autor é, na realidade, somente uma mera introdução a um complexo sistema de pensamento. Esperamos que vocês prossigam nas teorias que acharam mais interessantes e válidas, e tentamos facilitar este próximo passo sugerindo livros que consideramos do maior valor para a compreensão de cada teoria.

QUESTIONÁRIO AUTOBIOGRÁFICO

Nós costumamos abordar qualquer material predispostos a aceitar ou rejeitar partes dele. Somos até certo ponto desenvolvidos e condicionados pela experiência passada.

Antes de ler esse livro, pode lhe ser útil começar a observar algumas das forças principais que o levaram a se desenvolver tal qual você é. À medida que prosseguimos é possível que você ache que o reexame de suas respostas em termos das várias teorias pode tanto esclarecer as teorias quanto você mesmo. Responda às questões tão livre e plenamente quanto lhe parecer útil, uma vez que esse exercício é planejado para seu próprio uso:

1. Apelidos que você prefere (razões da preferência).
2. Identificação étnica e/ou religiosa. Se diferente de sua família, comente as diferenças.
3. Descreva seus irmãos.
4. Descreva seus pais (padrasto, madrasta).

5. Com quem de sua família você se parece mais? Como?
6. Como está sua situação atual de vida — emprego, mora com quem e assim por diante?
7. Você tem algum sonho que se repete, fantasias?
8. Que homens ou mulheres do passado ou do presente você aprecia e admira mais? Por quê? Quem você poderia considerar um "modelo ideal"?
9. Que livros (poemas, trabalhos de arte) mais influenciaram você? Quando e como?
10. Que acontecimentos ou experiências interiores dão ou deram a você a maior alegria? A maior tristeza?
11. Que atividade interessaria mais a você se lhe fosse possível ser aquilo que quisesse?
12. Há algo em você que gostaria de mudar?
13. O que você gosta especialmente em você?

PARTE I

CAPÍTULO 1

SIGMUND FREUD E A PSICANÁLISE

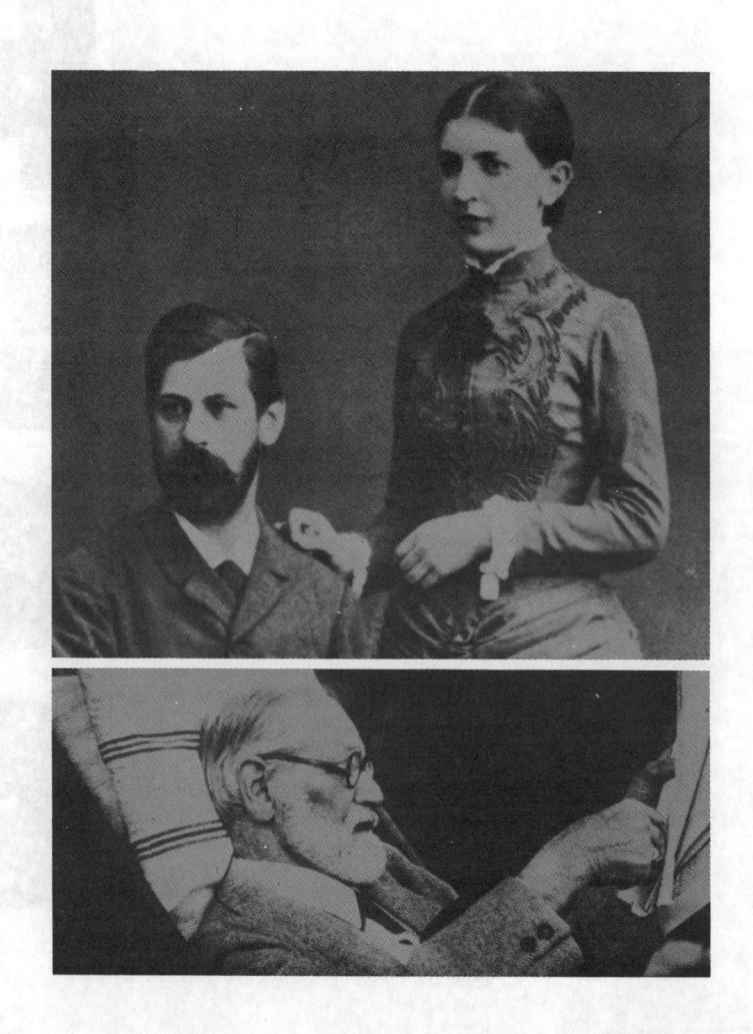

SIGMUND FREUD

O trabalho de Sigmund Freud, nascido das disciplinas especializadas de Neurologia e Psiquiatria, propõe uma concepção de personalidade que surtiu efeitos importantes na cultura ocidental. Sua visão da condição humana, atacando violentamente as opiniões prevalecentes de sua época, oferece um modo complexo e atraente de perceber o desenvolvimento normal e anormal.

Freud explorou áreas da psique que eram discretamente obscurecidas pela moral e filosofia vitorianas. Descobriu novas abordagens para o tratamento da doença mental. Seu trabalho contestou tabus culturais, religiosos, sociais e científicos. Seus escritos, sua personalidade e sua determinação em ampliar os limites de seu trabalho fizeram dele o centro de um círculo de amigos e críticos em constante mudança. Freud sempre repensava em e revia suas idéias anteriores. O curioso é que seus mais ardorosos críticos estavam entre aqueles que supervisionara pessoalmente em várias fases de seu trabalho.

Não é possível descrever todas as contribuições de Freud num único capítulo. O que se segue é uma simplificação deliberada de um sistema complexo, intrincadamente conectado e inacabado. É uma visão geral, planejada para servir como um corpo de idéias que tornarão outras exposições do pensamento de Freud mais inteligíveis, e que permitirá uma melhor compreensão de outros teóricos cujo trabalho foi fortemente influenciado por Freud. Não estamos interessados em oferecer quer uma prova quer uma refutação das teorias de Freud; entendê-lo é de importância primordial.

> Sigmund Freud, pelo poder de sua obra, pela amplitude e audácia de suas especulações, revolucionou o pensamento, as vidas e a imaginação de uma era....Seria difícil encontrar na história das idéias, mesmo na história da religião, alguém cuja influência fosse tão imediata, tão vasta e tão profunda (Wollheim, 1971, p. IX).

HISTÓRIA PESSOAL

Sigmund Freud nasceu no dia 6 de maio de 1856, na pequena cidade de Freiberg, na Morávia (hoje Tchecoslováquia). Quando tinha 4 anos, sua família sofreu contratempos financeiros e mudou-se para Viena. Continuou a residir em Viena até 1938, quando emigrou para a Inglaterra. Morreu em 1939.

Durante sua infância, foi um excelente aluno. Apesar da limitada posição financeira de sua família, o que obrigou os seus oito membros a viverem num apartamento apertado, Freud, o primogênito, tinha seu próprio quarto e até mesmo uma lâmpada de óleo para estudar. O resto da família arranjou-se com velas. No ginásio continuou seu excelente desempenho acadêmico. "Fui o primeiro de minha turma durante 7 anos e desfrutava ali de privilégios especiais, e quase nunca tive de ser examinado em aula" (1925, livro 25, p. 16 na ed. bras.).

Visto ser judeu, todas as carreiras profissionais fora a Medicina e o Direito foram-lhe vedadas — tal era o clima anti-semita prevalecente na época. Influenciado pelos trabalhos de Darwin e Goethe, ele decidiu entrar na Faculdade de Medicina da Universidade de Viena em 1873.

Suas experiências na Universidade de Viena, onde foi tratado como "inferior e estranho" por ser judeu, fortaleceram sua capacidade de suportar críticas. "Numa idade prematura familiarizei-me com o destino de estar na oposição e de ser posto sob o anátema da 'maioria compacta'. Estavam assim lançados os fundamentos para um certo grau de independência de julgamento" (1935, livro 25, p. 17 na ed. bras.). Permaneceu como estudante de Medicina durante oito anos, três a mais do que o habitual. No decorrer desses anos, trabalhou no laboratório fisiológico do Dr. Ernst Brücke. Um pouco da crença de Freud nas origens biológicas da consciência pode ser devida às próprias posições de Brücke, que uma vez jurou fidelidade à seguinte proposição:

> Nem naquela época, nem mesmo depois, senti qualquer predileção particular pela carreira de médico. Fui, antes, levado por uma espécie de curiosidade, que era, contudo, dirigida mais para as preocupações humanas do que para os objetos naturais; eu nem tinha apreendido a importância da observação como um dos melhores meios de gratificá-la (1935, livro 25, p.16 na ed. bras.).

Não há outras forças além das físicas e químicas comuns que sejam ativas no organismo. Nos casos que de momento não podem ser explicados por essas forças, devemos procurar descobrir a forma específica de sua ação por meio do método físico-matemático, ou então pressupor novas forças iguais em dignidade às forças físico-químicas inerentes à matéria, reduzíveis à força de atração e repulsão (em Rycroft, 1972, p. 21 na ed. bras.).

Freud fez pesquisas independentes sobre histologia e publicou artigos sobre anatomia e neurologia. Aos 26 anos, recebeu seu diploma de médico. Continuou seu trabalho com Brücke por mais um ano e morou com sua família. Aspirava preencher a vaga seguinte no laboratório, mas Brücke tinha dois excelentes assistentes à frente de Freud. "O momento decisivo ocorreu em 1882 quando meu professor, por quem sentia a mais alta estima, corrigiu a imprevidência generosa de meu pai aconselhando-me vivamente, em vista de minha precária situação financeira, a abandonar minha carreira teórica" (1935, livro 25, p. 18 na ed. bras.). Além do mais, Freud tinha se apaixonado e percebeu que, casando-se, precisaria de um cargo melhor remunerado.

Apesar de se dirigir relutantemente para a clínica particular, seus interesses principais permaneciam na área da observação e exploração científicas. Trabalhando primeiro como cirurgião, depois em clínica geral, tornou-se médico interno do principal hospital de Viena. Fez um curso de Psiquiatria, o que aumentou seu interesse pelas relações entre sintomas mentais e distúrbios físicos. Em 1885, tinha se estabelecido na posição prestigiosa de conferencista da Universidade de Viena. Sua carreira começava a parecer promissora.

De 1884 a 1887, Freud fez algumas das primeiras pesquisas com cocaína. De início, ficou impressionado com suas propriedades: "Eu mesmo experimentei uma dúzia de vezes o efeito da coca, que impede a fome, o sono e o cansaço e robustece o esforço intelectual" (1963). Ele escreveu a respeito de seus possíveis usos para os distúrbios tanto físicos como mentais. Por pouco tempo um defensor, tornou-se depois apreensivo em relação às suas propriedades viciantes e interrompeu a pesquisa.

Com o apoio de Brücke, Freud obteve uma bolsa e foi para Paris trabalhar com Charcot. Este demonstrou que era possível induzir ou aliviar sintomas histéricos com sugestão hipnótica. Freud percebeu que, na histeria, os pacientes exibem sintomas que são anatomicamente inviáveis. Por exemplo, na "anestesia de luva" uma pessoa não terá nenhuma sensibilidade na mão, mas terá sensações normais no pulso e no braço. Uma vez que os nervos têm um percurso contínuo do ombro até a mão, não pode haver nenhuma causa física para este sintoma. Tornou-se claro para Freud que a histeria era uma doença psíquica cuja gênese requeria uma explicação psicológica. Charcot percebeu Freud como um estudante capaz e inteligente e deu-lhe permissão para traduzir seus escritos para o alemão quando Freud voltou a Viena.

O trabalho na França aumentou seu interesse pela hipnose como instrumento terapêutico. Com a cooperação do célebre e experimentado médico Breuer, Freud explorou a dinâmica da histeria (1895). Suas descobertas foram resumidas por Freud: "Os sintomas de pacientes histéricos baseiam-se em cenas do seu passado que lhes causaram grande impressão mas foram esquecidas (traumas); a terapêutica, nisto apoiada, consistia em fazê-los lembrar e reproduzir essas experiências num estado de hipnose (catarse)" (1914, livro 6, p. 17 na ed. bras.). Ele achou, no entanto, que a hipnose não era tão efetiva quanto esperava. Afinal abandonou-a por completo passando a encorajar seus pacientes a falarem livremente e a relatarem o que quer que pensassem independentemente da aparente relação — ou falta de relação — com seus sintomas.

Em 1896, Freud usou pela primeira vez o termo "psicanálise" para descrever seus métodos. Sua auto-análise começou em 1897. Em 1900, ele publicou *A Interpretação de Sonhos,* considerada por muitos como seu mais importante trabalho, apesar de, na época, não ter recebido quase nenhuma atenção. Seguiu-se, no ano seguinte, outro livro importante, *Psicopatologia da Vida Cotidiana.* Gradualmente, formou-se à volta de Freud um círculo de médicos interessados, incluindo Alfred Adler, Sandor Ferenczi, Carl Jung, Otto Rank, Karl Abraham e Ernest Jones. O grupo fundou uma sociedade. Documentos foram escritos, uma revista foi publicada e o movimento psicanalítico começou a expandir-se.

Em 1910, Freud foi convidado para ir à América pronunciar conferências na Universidade de Clark. Seus trabalhos estavam sendo traduzidos para o inglês. As pessoas foram se interessando pelas teorias do Dr. Sigmund Freud.

Freud passou sua vida desenvolvendo, ampliando e elucidando a psicanálise. Tentou controlar o movimento psicanalítico, expulsando os membros que discordavam de suas opiniões e exigindo um grau incomum de lealdade à sua própria posição. Jung, Adler e Rank, entre outros, abandonaram o grupo após repetidas divergências com Freud a respeito de problemas teóricos. Mais tarde, cada um fundou sua própria escola de pensamento.

Freud escreveu extensivamente. Suas obras completas compõem-se de 24 volumes e incluem ensaios relativos aos aspectos delicados da prática clínica, uma série de conferências que delineiam toda a teoria e monografias especializadas sobre questões religiosas e culturais. Tentou construir uma estrutura que sobrevivesse a ele, e que eventualmente pudesse reorientar toda a psiquiatria para sua posição. Ele era constrangedor e tirânico. Temia que os analistas que se desviavam dos procedimentos estabelecidos por ele pudessem diluir o poder e as possibilidades da psicanálise. Queria, sobretudo, impedir a distorção e o uso incorreto da teoria psicanalítica. Quando, por exemplo, em 1931, Ferenczi mudou seus procedimentos de súbito e fez da situação analítica uma situação na qual o sentimento podia ser expresso de uma forma mais livre, Freud lhe escreveu o seguinte:

> Percebo que as divergências entre nós atingem seu ponto culminante a partir de um detalhe técnico que vale a pena ser examinado. Você não faz segredo do fato de que beija seus pacientes e permite que eles também o beijem. . . . Muito bem, no momento em que você decide oferecer um relato pleno de sua técnica e de seus resultados, você terá de escolher entre esses dois caminhos: ou você relata o fato ou você o esconde. Esta última hipótese, como você bem pode ver, é uma atitude desonrosa. . . .
>
> Agora, certamente não pertenço àquela categoria daqueles que, por pudores hipócritas ou por considerações de convencionalismos burgueses, condenam pequenas satisfações eróticas dessa espécie. Estou perfeitamente a par de que, ao tempo dos Nibelungs, um beijo era uma inocente saudação que se oferecia a qualquer espécie de hóspede ou convidado. Sou, mais ainda, de opinião que a análise é possível até na União Soviética onde, até o limite da competência do Estado, há ampla liberdade sexual. Mas isso não altera os fatos de que não estamos vivendo na Rússia e que, entre nós, o beijo significa certa intimidade erótica. Até o momento sustentamos, dentro da nossa técnica, a conclusão de que os pacientes não devem ter satisfações eróticas. . . .
>
> Agora, imagine qual será o resultado do conhecimento público de sua técnica. Não existe nenhum revolucionário que não seja superado por outro mais radical

Quando subi ao estrado em Worcester para pronunciar minhas "Cinco Lições de Psicanálise", isto pareceu a concretização de um incrível devaneio: a psicanálise não era mais um produto de delírio, tornara-se uma parte valiosa da realidade (1925, livro 25, p. 65 na ed. bras.).

ainda. Certo número de franco-atiradores, em questão de técnica, dirão a si mesmos: por que parar em um só beijo? Certamente vai-se mais adiante se se adota a "bolina" que, afinal de contas, não chega a produzir uma criança. E aí outros mais audaciosos se apresentarão e irão mais adiante, a olhar e mostrar — e dentro em pouco teremos aceito na técnica da análise o repertório completo do semivirginismo e dos pais que se acariciam, o que provocaria um enorme aumento de interesse na Psicanálise, tanto entre os analistas quanto entre os pacientes. O novo adepto, no entanto, há de reclamar para si a maior parte desse interesse, o mais moço de nossos colegas achará difícil estacar no ponto que tencionava, e Deus, o pai Ferenczi, ficaria a contemplar esse quadro animado que criou e talvez dissesse para si mesmo: talvez, ao cabo de contas, devesse eu ter parado, na minha técnica de carinho maternal, *antes* do beijo (citado em Jones, 1955, p. 719 na ed. bras.).

À medida que o trabalho de Freud tornava-se de modo geral mais acessível, as críticas aumentavam. Em 1933, os nazistas queimaram uma pilha de livros de Freud em Berlim. Ele comentou o fato: "É um progresso o que está se passando. Na Idade Média, eles teriam jogado a mim na fogueira, hoje em dia contentam-se em queimar os meus livros" (Jones, 1957, p. 732 na ed. bras.). Quando os alemães ocuparam a Áustria, em 1938, foi permitido a Freud ir para Londres. Ele morreu um ano depois.

Os últimos anos de Freud foram difíceis. De 1923 em diante, ele esteve mal de saúde, sofrendo de câncer na boca e mandíbula. Tinha dores contínuas e sofreu trinta e três operações para deter a doença que se expandia.

Sempre envolvido em debates a respeito da validade ou utilidade de seu trabalho, ele continuou a escrever. Seu último livro, *Esboço de Psicanálise* (1940, livro 7 na ed. bras.), começa com um áspero aviso aos críticos: "Os ensinamentos da Psicanálise baseiam-se em um número incalculável de observações e experiências, e somente alguém que tenha repetido estas observações em si próprio e em outras pessoas acha-se em posição de chegar a um julgamento próprio sobre ela" (1940, livro 7, p. 16 na ed. bras.).

O sucesso de Freud pode ser julgado não só pelo interesse e debate contínuos sobre aspectos da teoria psicanalítica, mas principalmente por suas idéias que se tornaram parte da herança comum da cultura ocidental. Todos nós devemos a Freud a revelação do mundo que repousa sob a nossa consciência.

CONCEITOS PRINCIPAIS*

Uma noite da semana passada, enquanto trabalhava com afinco, atormentado com exatamente a quantidade de dor que parece ser o melhor estado para fazer meu cérebro funcionar, as barreiras levantaram-se de súbito, o véu afastou-se e eu tive uma visão clara desde os detalhes das neuroses até as condições que tornam possível a consciência. Tudo parecia ligar-se, o todo funcionava bem em conjunto, e ter-se-ia a impressão de que a coisa era de fato uma máquina e logo andaria por si só ... tudo isto estava perfeitamente claro e ainda está. Eu, é natural, não sei como conter meu prazer (Freud, carta a Fliess, 20 de outubro, 1895).

Subjacente a todo o pensamento de Freud está o pressuposto de que o corpo é a fonte básica de toda experiência mental. Ele esperava o tempo em que todos os fenômenos mentais pudessem ser explicados com referência direta à fisiologia do cérebro.

---

* N.T.: Para efeito de homogeneização de vocabulário, preferimos adotar nesta tradução a terminologia da Edição STANDARD Brasileira das Obras Psicológicas Completas de Freud em relação aos principais conceitos.

Freud sentia que seu próprio trabalho era freqüentemente apenas descritivo e que seria superado por pesquisas aperfeiçoadas em neurologia.

Determinismo Psíquico

Freud inicia seu pensamento teórico assumindo que não há nenhuma descontinuidade na vida mental. Ele afirmou que *nada* ocorre ao acaso e muito menos os processos mentais. Há uma causa para cada pensamento, para cada memória revivida, sentimento ou ação. Cada evento mental é causado pela intenção consciente ou inconsciente e é determinado pelos fatos que o precederam. Uma vez que alguns eventos mentais "parecem" ocorrer espontaneamente, Freud começou a procurar e descrever os elos ocultos que ligavam um evento consciente a outro.

> Muitas das mais enigmáticas e aparentemente arbitrárias saídas da teoria psicanalítica são pressupostos biológicos, encobertos, ou então, deles resultam de forma direta (Holt, 1965, p. 94).

Consciente, Pré-consciente, Inconsciente

"O ponto de partida dessa investigação é um fato sem paralelo, que desafia toda explicação ou descrição — o fato da consciência. Não obstante, quando se fala de consciência, sabemos imediatamente e pela experiência mais pessoal o que se quer dizer com isso" (1940, livro 7, p. 30 na ed. bras.). O consciente é somente uma pequena parte da mente, inclui tudo do que estamos cientes num dado momento. Embora Freud estivesse interessado nos mecanismos da consciência, seu interesse era muito maior com relação às áreas da consciência menos expostas e exploradas, que ele denominava *pré-consciente* e *inconsciente*.

Inconsciente. A premissa inicial de Freud era de que há conexões entre todos os eventos mentais. Quando um pensamento ou sentimento parece não estar relacionado aos pensamentos e sentimentos que o precedem, as conexões estão no inconsciente. Uma vez que estes elos inconscientes são descobertos, a aparente descontinuidade está resolvida. "Denominamos um processo psíquico inconsciente, cuja existência somos obrigados a supor — devido a um motivo tal que inferimos a partir de seus efeitos — mas do qual nada sabemos" (1933, livro 28, p. 90 na ed. bras.).

> Não há necessidade de caracterizar o que chamamos de "consciente": é o mesmo que a consciência dos filósofos e do senso comum (1940, livro 7, p. 32, na ed. bras.).

No inconsciente estão elementos instintivos, que nunca foram conscientes e que não são acessíveis à consciência. Além disso, há material que foi excluído da consciência, censurado e reprimido. Este material não é esquecido ou perdido, mas não lhe é permitido ser lembrado. O pensamento ou a memória ainda afetam a consciência, mas apenas indiretamente.

Há uma vivacidade e imediatismo no material inconsciente. Memórias muito antigas quando liberadas à consciência, não perderam nada de sua força emocional. "Aprendemos pela experiência que os processos mentais inconscientes são em si mesmos 'intemporais'. Isto significa em primeiro lugar que não são ordenados temporalmente, que o tempo de modo algum os altera, e que a idéia de tempo não lhes pode ser aplicada" (1920, livro 13, pp. 41-42 na ed. bras.).

> Certas inadequações de nosso funcionamento psíquico e certas ações que são aparentemente involuntárias demonstram ser bem motivadas quando submetidas à investigação psicanalítica (Freud, 1901).

A maior parte da consciência é inconsciente. Ali estão os principais determinantes da personalidade, as fontes da energia psíquica, e pulsões ou instintos.

Pré-consciente. Estritamente falando, o pré-consciente é uma parte do inconsciente, mas uma parte que pode tornar-se consciente com facilidade. As porções da memória que são acessíveis fazem parte do pré-consciente. Estas podem incluir lembranças de tudo o que você fez ontem, seu segundo nome, todas as ruas nas quais você morou, a data da conquista da Normandia, seus alimentos prediletos, o cheiro de folhas de outono queimando, o bolo de aniversário de formato estranho que você teve quando fez dez anos, e uma grande quantidade de outras experiências passadas. O pré-consciente é como uma vasta área de posse das lembranças de que a consciência precisa para desempenhar suas funções.

Pulsões ou Instintos*

Instintos são pressões que dirigem um organismo para fins particulares. Quando Freud usa o termo, ele não se refere aos complexos padrões de comportamento herdados dos animais inferiores, mas seus equivalentes nas pessoas. Tais instintos são "a suprema causa de toda atividade" (1940, livro 7, p. 21 na ed. bras.). Freud em geral se referia aos aspectos físicos dos instintos como necessidades; seus aspectos mentais podem ser comumente denominados desejos. Os instintos são as forças propulsoras que incitam as pessoas à ação.

> O instinto, em geral, é considerado como uma espécie de elasticidade das coisas vivas, um impulso no sentido da restauração (de uma situação) que outrora existiu, mas que foi conduzida a um fim por alguma perturbação externa (1925, livro 25, p. 71 na ed. bras.).

Todo instinto tem quatro componentes: uma *fonte*, uma *finalidade*, uma *pressão* e um *objeto*. A *fonte*, quando emerge a necessidade, pode ser uma parte do corpo ou todo ele. A *finalidade* é reduzir a necessidade até que mais nenhuma ação seja necessária, é dar ao organismo a satisfação que ele no momento deseja. A *pressão* é a quantidade de energia ou força que é usada para satisfazer ou gratificar o instinto; ela é determinada pela intensidade ou urgência da necessidade subjacente. O *objeto* de um instinto é qualquer coisa, ação ou expressão que permite a satisfação da finalidade original.

Consideremos o modo como esses componentes aparecem numa pessoa com sede. O corpo desidrata-se até o ponto em que precisa de mais líquido; a fonte é a necessidade crescente de líquidos. À medida que a necessidade torna-se maior, pode tornar-se consciente como "sede". Enquanto esta sede não for satisfeita, torna-se mais pronunciada; ao mesmo tempo em que aumenta a intensidade, também aumenta a pressão ou energia disponível para fazer algo no sentido de aliviar a sede. A finalidade é reduzir a tensão. O objeto não é simplesmente um líquido: leite, água ou cerveja, mas todo ato que busca reduzir a tensão. Isto pode incluir levantar-se, ir a um bar, escolher entre várias bebidas, preparar uma delas e bebê-la.

Enquanto as reações iniciais de busca podem ser instintivas, o ponto crítico a ser lembrado é que há a possibilidade de satisfazer o instinto plena ou parcialmente de várias maneiras. A capacidade de satisfazer necessidades nos animais é via de regra limitada por um padrão de comportamento estereoti-

---

* N. T.: No *Vocabulário de Psicanálise* (1975) há uma distinção entre os termos pulsão e instinto. Pulsão (em alemão *trieb*, em inglês *drive* ou *instinct*) refere-se ao "processo dinâmico que consiste numa pressão ou força (carga energética, fator de motricidade) que faz tender o organismo para um alvo" (LaPlanche e Pontalis, 1975). Instinto (em alemão *instinkt*, em inglês *instinct*) seria um "esquema de comportamento herdado, próprio de uma espécie animal, que pouco varia de um indivíduo para outro, que se desenrola segundo uma seqüência temporal pouco suscetível de alterações, e que parece corresponder a uma finalidade" *op. cit.*

Esta distinção não foi feita por Fadiman & Frager mas, para efeito de tradução, resolvemos respeitar a terminologia dos autores, traduzindo os termos *instinct* por *instinto* e *drive* por *pulsão*.

pado. Os instintos humanos apenas iniciam a necessidade da ação; eles nem predeterminam a ação particular, nem a forma como ela se completará. O número de soluções possíveis para um indivíduo é uma soma de sua necessidade biológica inicial, o "desejo" mental (que pode ou não ser consciente) e uma grande quantidade de idéias anteriores, hábitos e opções disponíveis.

Freud assume que o modelo mental e comportamental normal e saudável tem a finalidade de reduzir a tensão a níveis previamente aceitáveis. Uma pessoa com uma necessidade continuará buscando atividades que possam reduzir esta tensão original. O ciclo completo de comportamento que parte do repouso para a tensão e a atividade, e volta para o repouso, é denominado modelo de *tensão-redução*. As tensões são resolvidas pela volta do corpo ao nível de equilíbrio que existia antes da necessidade emergir.

Ao examinar um comportamento, um sonho, ou um evento mental, uma pessoa pode procurar as pulsões psicofísicas subjacentes que são satisfeitas por essa atividade. Se observarmos pessoas comendo, supomos que elas estão satisfazendo sua fome; se estão chorando, é provável que algo as perturbou. O trabalho analítico envolve a procura das causas dos pensamentos e comportamentos, de modo que se possa lidar de forma mais adequada com uma necessidade que está sendo imperfeitamente satisfeita por um pensamento ou comportamento particular.

No entanto, vários pensamentos e comportamentos parecem não reduzir a tensão; de fato, eles aparecem para criar tensão, pressão ou ansiedade. Estes comportamentos podem indicar que a expressão direta de um instinto foi bloqueada. Embora seja possível catalogar uma série ampla de "instintos", Freud tentou reduzir esta diversidade a alguns básicos.

Instintos Básicos. Freud desenvolveu duas descrições dos instintos básicos. O primeiro modelo descrevia duas forças opostas, a sexual (ou, de modo geral, a erótica, fisicamente gratificante) e a agressiva ou destrutiva. Suas últimas descrições, mais globais, encararam essas forças ou como mantenedoras da vida ou como incitadoras da morte (ou destruição). Ambas as formulações pressupõem dois conflitos instintivos básicos, biológicos, contínuos e não-resolvidos. Este antagonismo básico não é necessariamente visível na vida mental pois a maioria de nossos pensamentos e ações é evocada não por apenas uma destas forças instintivas, mas por ambas em combinação.

Freud impressionou-se com a diversidade e complexidade do comportamento que emerge da fusão das pulsões básicas. Por exemplo, ele escreve: "Os instintos sexuais fazem-se notar por sua plasticidade, sua capacidade de alterar suas finalidades, sua capacidade de se substituírem, que permite uma satisfação instintual ser substituída por outra, e por sua possibilidade de se submeterem a adiamentos..." (1933, livro 28, p. 122 na ed. bras.). Os instintos são canais através dos quais a energia pode fluir. Esta energia obedece às suas próprias leis.

Libido e Energia Agressiva. Cada um destes instintos gerais tem uma fonte de energia em separado. Libido (da palavra latina para "desejo" ou "anseio") é a energia aproveitável para os instintos de vida. O uso do termo por Freud é às vezes confuso, uma vez que o descreve como quantidade mensurável. "Sua produção, aumento ou diminuição, distribuição e deslocamento devem propiciar-nos possibilidades de explicar os fenômenos psicossexuais observados" (1905a, livro 2, p. 113 na ed. bras.).

Outra característica importante da libido é sua "mobilidade", a facilidade com que pode passar de uma área de atenção para outra. Freud descreveu a natureza passageira da receptividade emocional como um fluxo de energia, fluindo para dentro e para fora das áreas de interesse imediato.

A energia do instinto de agressão ou de morte não tem um nome especial. Ela supostamente apresenta as mesmas propriedades gerais que a libido, embora Freud não tenha elucidado este aspecto.

Catexia. Catexia é o processo pelo qual a energia libidinal disponível na psique é vinculada a ou investida na representação mental de uma pessoa, idéia ou coisa. A libido que foi catexizada perde sua mobilidade original e não pode mais mover-se em direção a novos objetos. Está enraizada em qualquer parte da psique que a atraiu e segurou.

A palavra original alemã, *besetzung,* significa ocupar e investir; se você imaginar seu depósito de libido como uma dada quantidade de dinheiro, catexia é o processo de investi-la. Uma vez que uma porção foi investida ou catexizada, permanece aí, deixando você com essa porção a menos para investir em outro lugar.

Estudos psicanalíticos sobre luto, por exemplo, interpretam o desinteresse das ocupações normais e a preocupação com o recente finado como uma retirada de libido dos relacionamentos habituais e uma "extrema" ou "hiper" catexia da pessoa perdida.

A teoria psicanalítica está interessada em compreender onde a libido foi catexizada inadequadamente. Uma vez liberada ou redirecionada, esta mesma energia está então disponível para satisfazer outras necessidades habituais. A necessidade de liberar energias presas também se encontra nos trabalhos de Rogers e Maslow, assim como no Budismo e Sufismo. Cada uma dessas teorias chega a diferentes conclusões a respeito da fonte da energia psíquica, mas todos concordam com a alegação freudiana de que a identificação e a canalização da energia psíquica são uma questão importante na compreensão da personalidade.

Certas afecções parecem pôr em evidência a idéia de que o indivíduo tem à sua disposição uma determinada quantidade de energia, que repartiria variavelmente na sua relação com os seus objetos e consigo mesmo (LaPlanche e Pontalis, 1975, p. 334 na ed. bras.).

Estrutura da Personalidade

As observações de Freud a respeito de seus pacientes revelaram uma série interminável de conflitos e acordos psíquicos. A um instinto opunha-se outro; proibições sociais bloqueavam pulsões biológicas e os modos de enfrentar situações freqüentemente chocavam-se uns com os outros. Ele tentou ordenar este caos aparente propondo três componentes básicos estruturais da psique: o id, o ego e o superego.

O Id. O Id "contém tudo o que é herdado, que se acha presente no nascimento, que está presente na constituição—acima de tudo, portanto, os instintos que se originam da organização somática e que aqui (no id) encontram uma primeira expressão psíquica, sob formas que nos são desconhecidas" (1940, livro 7, pp. 17-18 na ed. bras.). É a estrutura da personalidade original, básica e mais central, exposta tanto às exigências somáticas do corpo como aos efeitos do ego e do superego. Embora as outras partes da estrutura se desenvolvam a partir do id, ele próprio é amorfo, caótico e desorganizado. "As leis lógicas do pensamento não se aplicam ao id. . . . Impulsos contrários existem lado a lado, sem que um anule o outro, ou sem que um diminua o outro" (1933, livro 28, p. 94 na ed. bras.). O id é o reservatório de energia de toda a personalidade.

O id pode ser associado a um rei cego cujo poder e autoridade são totais e cerceadores, mas que depende de outros para distribuir e usar de modo adequado o seu poder.

Os conteúdos do id são quase todos inconscientes, eles incluem configurações mentais que nunca se tornaram conscientes, assim como o material que foi considerado inaceitável pela consciência. Um pensamento ou uma lembrança, excluído da consciência e localizado nas sombras do id, é mesmo assim capaz de influenciar a vida mental de uma pessoa. Freud acentuou o fato de que materiais esquecidos conservam o poder de agir com a mesma intensidade mas sem controle consciente.

> No id, não existe nada que corresponda à idéia de tempo; não há reconhecimento da passagem do tempo, e—coisa muito notável e merecedora de estudo no pensamento filosófico—nenhuma alteração em seus processos mentais é produzida pela passagem do tempo...Naturalmente, o id não conhece nenhum julgamento de valores: não conhece o bem, nem o mal, nem a moralidade (1933, livro 28, p. 95 na ed. bras.).

O Ego. O ego é a parte do aparelho psíquico que está em contato com a realidade externa. Desenvolve-se a partir do id, à medida que o bebê torna-se cônscio de sua própria identidade, para atender e aplacar as constantes exigências do id. Como a casca de uma árvore, ele protege o id mas extrai dele a energia, a fim de realizar isto. Tem a tarefa de garantir a saúde, segurança e sanidade da personalidade. Freud descreve suas várias funções em relação com o mundo externo e com o mundo interno, cujas necessidades procura satisfazer.

> São estas as principais características do ego: em conseqüência da conexão preestabelecida entre a percepção sensorial e a ação muscular, o ego tem sob seu comando o movimento voluntário. Ele tem a tarefa de autopreservação. Com referência aos acontecimentos *externos* desempenha essa missão dando-se conta dos estímulos externos, armazenando experiências sobre eles (na memória), evitando estímulos excessivamente internos (mediante a fuga), lidando com estímulos moderados (através da adaptação) e, finalmente, aprendendo a produzir modificações convenientes no mundo externo, em seu próprio benefício (através da atividade). Com referência aos acontecimentos *internos,* em relação ao id, ele desempenha essa missão obtendo controle sobre as exigências dos instintos, decidindo se elas devem ou não ser satisfeitas, adiando essa satisfação para ocasiões e circunstâncias favoráveis no mundo externo ou suprimindo inteiramente as suas excitações. É dirigido, em sua atividade, pela consideração das tensões produzidas pelos estímulos; despejam estas tensões nele presentes ou são nele introduzidas. A elevação dessas tensões é, em geral, sentida como *desprazer* e o seu abaixamento como *prazer* . . . . O ego se esforça pelo prazer e busca evitar o desprazer (1940, livro 7, pp. 18-19 na ed. bras.).

Assim, o ego é originalmente criado pelo id na tentativa de enfrentar a necessidade de reduzir a tensão e aumentar o prazer. Contudo, para fazer isto, o ego, por sua vez, tem de controlar ou regular os impulsos do id de modo que o indivíduo possa buscar soluções menos imediatas e mais realistas.

Um exemplo pode ser o de um encontro heterossexual. O id sente uma tensão que surge da excitação sexual insatisfeita e poderia reduzir esta tensão através da atividade sexual direta e imediata. O ego tem que determinar quanto da expressão sexual é possível e como criar situações em que o contato sexual seja o mais satisfatório possível. O id é sensível à necessidade, enquanto que o ego responde às oportunidades.

O Superego. Esta última parte da estrutura se desenvolve não a partir do id, mas a partir do ego. Atua como um juiz ou censor sobre as atividades e pensamentos do ego. É o depósito dos códigos morais, modelos de conduta e dos construtos que constituem as inibições da personalidade. Freud descreve três funções do superego: consciência, auto-observação e formação de ideais. Enquanto consciência, o superego age tanto para restringir, proibir ou julgar a atividade consciente; mas também age inconscientemente. As restrições inconscientes são indiretas, aparecendo como compulsões ou proibições. "Aquele que sofre (de compulsões e proibições) comporta-se como se estivesse dominado por um sentimento de culpa, do qual, entretanto, nada sabe" (1907, livro 31, p. 17 na ed. bras.).

A tarefa de auto-observação surge da capacidade do superego de avaliar atividades independentemente das pulsões do id para tensão-redução e independentemente do ego, que também está envolvido na satisfação das necessidades. A formação de ideais está ligada ao desenvolvimento do próprio superego. Ele não é, como se supõe às vezes, uma identificação com um dos pais ou mesmo com seus comportamentos: "O superego de uma criança é com efeito construído segundo o modelo não de seus pais, mas do superego de seus pais; os conteúdos que ele encerra são os mesmos e torna-se veículo da tradição e de todos os duradouros julgamentos de valores que dessa forma se transmitiram de geração em geração" (1933, livro 28, p. 87 na ed. bras.).

Relações entre os Três Subsistemas. A meta fundamental da psique é manter—e recuperar, quando perdido—um nível aceitável de equilíbrio dinâmico que maximiza o prazer e minimiza o desprazer. A energia que é usada para acionar o sistema nasce no id, que é de natureza primitiva, instintiva. O ego, emergindo do id, existe para lidar realisticamente com as pulsões básicas do id e também age como mediador entre as forças que operam no id e no superego e as exigências da realidade externa. O superego, emergindo do ego, atua como um freio moral ou força contrária aos interesses práticos do ego. Ele fixa uma série de normas que definem e limitam a flexibilidade deste último.

O id é inteiramente inconsciente, o ego e o superego o são em parte. "Grande parte do ego e do superego pode permanecer inconsciente e é normalmente inconsciente. Isto é, a pessoa nada sabe dos conteúdos dos mesmos e é necessário despender esforços para torná-los conscientes" (1933, livro 28, p. 89 na ed. bras.).

Nesses termos, o propósito prático da psicanálise "é, na verdade, fortalecer o ego, fazê-lo mais independente do superego, ampliar seu campo de percepção e expandir sua organização, de maneira a poder assenhorear-se de novas partes do id" (1933, livro 28, p. 102 na ed. bras.).

Fases Psicossexuais do Desenvolvimento

À medida que um bebê se transforma numa criança, uma criança em adolescente e um adolescente em adulto, ocorrem mudanças marcantes no que é desejado e em como estes desejos são satisfeitos. As modificações nas formas de gratificação e as áreas físicas de gratificação são os elementos básicos na descrição de Freud das fases de desenvolvimento. Freud usa o termo *fixação* para descrever o que ocorre quando uma pessoa não progride normalmente de uma fase para outra, mas permanece muito envolvida numa fase particular. Uma pessoa fixada numa determinada fase preferirá satisfazer suas necessidades de forma mais simples ou infantil, ao invés dos modos mais adultos que resultariam de um desenvolvimento normal.

Fase Oral. Desde o nascimento, necessidade e gratificação estão ambas concentradas predominantemente em volta dos lábios, língua e, um pouco mais tarde, dos dentes. A pulsão básica do bebê não é social ou interpessoal, é apenas receber alimento para atenuar as tensões de fome e sede. Enquanto é alimentada, a criança é também confortada, aninhada, acalentada e acariciada. No início, ela associa prazer e redução da tensão ao processo de alimentação.

A boca é a primeira área do corpo que o bebê pode controlar; a maior parte da energia libidinal disponível é direcionada ou focalizada nesta área. Conforme a criança cresce, outras áreas do corpo desenvolvem-se e tornam-se importantes regiões de gratificação. Entretanto, alguma energia é permanentemente fixada ou catexizada nos meios de gratificação oral. Em adultos, existem muitos hábitos orais bem desenvolvidos e um interesse contínuo em manter prazeres orais. Comer, chupar, mascar, fumar, morder e lamber ou beijar com estalo, são expressões físicas destes interesses. Pessoas que mordicam constantemente, fumantes e os que costumam comer demais podem ser pessoas parcialmente fixadas na fase oral, pessoas cuja maturação psicológica pode não ter se completado.

A fase oral tardia, depois do aparecimento dos dentes, inclui a gratificação de instintos agressivos. Morder o seio, que causa dor à mãe e leva a um retraimento do seio, é um exemplo deste tipo de comportamento. O sarcasmo do adulto, o arrancar o alimento de alguém, a fofoca, têm sido descritos como relacionados a esta fase do desenvolvimento.

A retenção de algum interesse em prazeres orais é normal. Este interesse só pode ser encarado como patológico se for o modo dominante de gratificação, isto é, se uma pessoa for excessivamente dependente de hábitos orais para aliviar a ansiedade.

Fase Anal. À medida que a criança cresce, novas áreas de tensão e gratificação são trazidas à consciência. Entre dois e quatro anos, as crianças geralmente aprendem a controlar os esfíncteres anais e a bexiga. A criança presta uma atenção especial à micção e à evacuação. O treinamento da toalete desperta um interesse natural pela autodescoberta. A obtenção do controle fisiológico é ligada à percepção de que esse controle é uma nova fonte de prazer. Além disso, as crianças aprendem com rapidez que o crescente nível de controle lhes traz atenção e elogios por parte de seus pais. O inverso também é verdadeiro; o interesse dos pais no treinamento da higiene permite à criança exigir atenção tanto pelo controle bem sucedido quanto pelos "erros".

Características adultas que estão associadas à fixação parcial na fase anal são: ordem, parcimônia e obstinação. Freud observou que esses três traços em geral são encontrados juntos. Ele fala do "caráter anal" cujo comportamento está intimamente ligado a experiências sofridas durante esta época da infância.

Parte da confusão que pode acompanhar a fase anal é a aparente contradição entre o pródigo elogio e o reconhecimento, por um lado e, por outro, a idéia de que ir ao banheiro é "sujo" e deveria ser guardado em segredo. A criança não consegue compreender inicialmente que suas fezes e urina não sejam apreciadas. As crianças pequenas gostam de observar suas fezes na privada, na hora de dar a descarga, e com freqüência acenam e dizem-lhes adeus. Não é raro uma criança oferecer como presente a seu pai ou mãe parte de suas fezes. Tendo sido elogiada por produzi-las, a criança pode surpreender-se ou confundir-se no caso de seus pais reagirem ao presente com repugnância. Nenhuma área da vida contemporânea é tão carregada de proibições e tabus como a área que lida com o treinamento da higiene e comportamentos típicos da fase anal.

Outra característica da sexualidade infantil inicial é que o órgão sexual feminino propriamente dito ainda não desempenha nela qualquer papel: a criança ainda não o descobriu. A ênfase recai inteiramente no órgão masculino; todo o interesse da criança está dirigido para a questão de se ele se acha presente ou não (1926, livro 25, p. 130 na ed. bras.).

Fase Fálica. Bem cedo, já aos três anos, a criança entra na fase fálica, que focaliza as áreas genitais do corpo. Freud afirmava que essa fase é melhor caracterizada por "fálica" uma vez que é o período em que uma criança se dá conta de seu pênis ou da falta de um. É a primeira fase em que as crianças tornam-se conscientes das diferenças sexuais.

As opiniões de Freud a respeito do desenvolvimento da inveja do pênis em meninas foram longamente debatidas em círculos psicanalíticos, assim como em outros lugares. (Incluímos uma discussão completa deste aspecto controvertido da teoria psicanalítica no Apêndice I.) Freud concluiu, a partir de suas observações, que, durante esse período, homens e mulheres desenvolvem sérios temores sobre questões sexuais.

O desejo de ter um pênis e a aparente descoberta de que lhe falta "algo" constituem um momento crítico no desenvolvimento feminino. Segundo Freud: "A descoberta de que é castrada representa um marco decisivo no crescimento da menina. Daí partem três linhas de desenvolvimento possíveis: uma conduz à inibição sexual ou à neurose, outra à modificação do caráter no sentido de um complexo de masculinidade e a terceira, finalmente, à feminilidade normal" (1933, livro 29, p. 31 na ed. bras.).

Se penetrarmos profundamente na neurose de uma mulher, não poucas vezes deparamos com o desejo reprimido de possuir um pênis (1917, livro 27, p. 151, na ed. bras.).

Freud tentou compreender as tensões que uma criança vivencia quando sente excitação "sexual", isto é, o prazer a partir da estimulação de áreas genitais. Esta excitação está ligada, na mente da criança, à presença física próxima de seus pais. O desejo desse contato torna-se cada vez mais difícil de ser satisfeito pela criança, ela luta pela intimidade que seus pais compartilham entre si. Esta fase caracteriza-se pelo desejo da criança de ir para a cama de seus pais e pelo ciúme da atenção que seus pais dão um ao outro, ao invés de dá-la à criança.

Freud viu crianças nesta fase reagirem a seus pais como ameaça potencial à satisfação de suas necessidades. Assim, para o menino que deseja estar próximo de sua mãe, o pai assume alguns atributos de um rival. Ao mesmo tempo, o menino ainda quer o amor e a afeição de seu pai e, por isso, sua mãe é vista como uma rival. A criança está na posição insustentável de querer e temer ambos os pais.

Em meninos, Freud denominou a situação complexo de Édipo, segundo a peça de Sófocles. Na tragédia grega, Édipo mata seu pai (desconhecendo sua verdadeira identidade) e, mais tarde, casa-se com a mãe. Quando finalmente toma conhecimento de quem havia matado e com quem se casara, o próprio Édipo desfigura-se arrancando os dois olhos. Freud acreditava que todo menino revive um drama interno similar. Ele deseja possuir sua mãe e matar seu pai para realizar este destino. Ele também teme seu pai e receia ser castrado por ele, reduzindo a criança a um ser sem sexo e, portanto, inofensivo. A ansiedade da castração, o temor e o amor pelo seu pai, e o amor e o desejo sexual por sua mãe não podem nunca ser completamente resolvidos. Na infância, todo o complexo é reprimido. Mantê-lo inconsciente, impedi-lo de aparecer, evitar até mesmo que se pense a respeito ou que se reflita sobre ele—essas são algumas das primeiras tarefas do superego em desenvolvimento.

Para as meninas, o problema é similar, mas sua expressão e solução tomam um rumo diferente. A menina deseja possuir seu pai e vê sua mãe como a maior rival. Enquanto os meninos reprimem seus sentimentos, em parte pelo medo da castração, a necessidade da menina de reprimir seus desejos é menos severa, menos total. A diferença em intensidade permite a elas "permanecerem nela (situação edipiana) por um tempo indeterminado; destroem-na tardiamente e, ainda assim, de modo incompleto" (1933, livro 29, p. 35 na ed. bras.). (Veja apêndice para uma discussão mais completa.)

Seja qual for a forma que realmente toma a resolução da luta, a maioria das crianças parece modificar seu apego aos pais em algum ponto depois dos cinco anos de idade e voltam-se para o relacionamento com seus companheiros, atividades escolares, esportes e outras habilidades. Esta época, da idade de 5, 6 anos até o começo da puberdade, é denominada *período de latência*, um tempo em que os desejos sexuais não-resolvidos da fase fálica não são atendidos pelo ego e cuja repressão é feita, com sucesso, pelo superego. "A partir desse ponto, até a puberdade, estende-se o que se conhece por período de latência. Durante ele a sexualidade normalmente não avança mais, pelo contrário, os anseios sexuais diminuem de vigor e são abandonadas e esquecidas muitas coisas que a criança fazia e conhecia. Nesse período da vida, depois que a primeira eflorescência da sexualidade feneceu, surgem atitudes do ego como vergonha, repulsa e moralidade, que estão destinadas a fazer frente à tempestade ulterior da puberdade e a alicerçar o caminho dos desejos sexuais que se vão despertando" (1926, livro 25, p. 128 na ed. bras.).

Fase Genital. A fase final do desenvolvimento biológico e psicológico ocorre com o início da puberdade e o conseqüente retorno da energia libidinal aos órgãos sexuais. Neste momento, meninos e meninas estão ambos conscientes de suas identidades sexuais distintas e começam a buscar formas de satisfazer suas necessidades eróticas e interpessoais.

DINÂMICA

Crescimento Psicológico

Psicanálise. A intenção de Freud, desde seus primeiros escritos, era entender melhor os aspectos obscuros e aparentemente inatingíveis da vida mental. Ele denominou psicanálise a teoria e terapia. "Psicanálise é o nome de: (1) um procedimento para a investigação de processos mentais que são quase inacessíveis por qualquer outro modo, (2) um método (baseado nessa investigação) para o tratamento de distúrbios neuróticos, e (3) uma coleção de informações psicológicas obtidas ao longo dessas linhas, e que gradualmente se acumula numa nova disciplina científica" (1923, livro 15, p. 107 na ed bras.).

Um exame dos métodos da psicanálise e seus principais procedimentos—associação livre e transferência—está além dos objetivos deste livro. O objetivo da psicanálise é liberar materiais inconscientes antes inacessíveis, de modo que se possa lidar com eles conscientemente. Freud acreditava que o material inconsciente permanecia inconsciente apenas através de um consumo considerável e contínuo de libido. À medida que esse material torna-se acessível, a energia é liberada e pode ser usada pelo ego para atividades mais saudáveis.

A liberação de materiais bloqueados é capaz de minimizar as atitudes autodestrutivas. É possível reavaliar a necessidade de ser punido ou de sentir-se inadequado por exemplo, trazendo à consciência aqueles atos ou fantasmas que levavam à necessidade. As pessoas podem, então, libertar-se do sofrimento que, de certa forma, traziam perpetuamente consigo mesmas. Exemplificando, muitos, se não a maioria dos norte-americanos, sentem que seus órgãos sexuais não têm a medida certa: os pênis são muito curtos ou muito finos; os seios são flácidos, muito miúdos, muito grandes ou malformados e assim por diante. A maioria dessas crenças surge durante os anos da adolescência ou mais cedo. Os resíduos inconscientes dessas atitudes são visíveis nas preocupações a respeito de adequação sexual, capacidade de despertar desejo, ejaculação precoce, frigidez e um grande número de sintomas relatados. Se estes temores não-expressos forem explorados, expostos e atenuados, pode haver um aumento da energia sexual disponível, assim como uma redução da tensão total.

A psicanálise sugere que é possível, porém difícil, chegar a um acordo com as repetidas exigências do id. "O propósito da psicanálise é revelar os complexos reprimidos por causa de desprazer e que produzem sinais de resistência ante as tentativas de levá-los à consciência" (1906, livro 31, pp. 62-63 na ed. bras.). "Uma das atribuições da psicanálise, como sabem, é erguer o véu da amnésia que oculta os anos iniciais da infância e trazer à memória consciente as manifestações do início da vida sexual infantil que estão contidas neles" (1933, livro 28, p. 42 na ed. bras.). As metas, tais como descritas por Freud, pressupõem que se uma pessoa liberar-se das inibições do inconsciente, o ego estabelecerá novos níveis de satisfação em todas as áreas de funcionamento.

Sonhos e Elaboração Onírica. Ouvindo as associações livres de seus pacientes, assim como considerando sua própria auto-análise, Freud começou a investigar os relatos e lembranças dos sonhos. No livro que é com freqüência descrito como seu trabalho mais importante—*A Interpretação de Sonhos* (1900)—ele descreve como os sonhos ajudam a psique a se proteger e satisfazer-se. Obstáculos incessantes e desejos não mitigados preenchem o cotidiano. Os sonhos são um balanço parcial, tanto somática quanto psicologicamente. Freud indica que do ponto de vista biológico, a função dos sonhos é permitir que o sono não seja perturbado. Sonhar é uma forma de canalizar desejos não realizados através da consciência sem despertar o corpo. "Uma estrutura de pensamento, na maioria das vezes muito complicada, que foi construída durante o dia e não realizada (estabelecida)—um remanescente do dia—apega-se firmemente mesmo durante a noite à energia que tinha assumido... e então ameaça perturbar o sono. Esse resíduo diurno é transformado num sonho pela elaboração onírica e, dessa forma, torna-se inofensivo ao sono (1905; em Fodor, 1958, pp. 52-53).

Mais importante que o valor biológico dos sonhos são os efeitos psicológicos da *elaboração onírica*. Esta é "o conjunto das operações que transformam os materiais do sonho (estímulos corporais, restos diurnos, pensamentos do sonho) num produto: o sonho manifesto" (LaPlanche e Pontalis, 1973, p. 664 na ed. bras.). Um sonho não aparece simplesmente; ele é desenvolvido para atingir necessidades específicas, embora essas não sejam descritas de maneira clara pelo conteúdo manifesto do sonho.

Quase todo sonho pode ser compreendido como a *realização de um desejo*. O sonho é um caminho alternativo para satisfazer os desejos do id. Quando em estado de vigília, o ego esforça-se para proporcionar prazer e reduzir o desprazer. Durante o sono, necessidades não satisfeitas são escolhidas, combinadas e arranjadas de modo que as seqüências do sonho permitam uma satisfação adicional ou redução de tensão. Para o id, não é importante o fato da satisfação ocorrer na realidade físico-sensorial ou na imaginada realidade interna do sonho. Em ambos os casos, energias acumuladas são descarregadas.

Muitos sonhos parecem não ser satisfatórios; alguns são deprimentes, alguns perturbadores, outros assustadores e muitos simplesmente obscuros. Muitos sonhos parecem reviver eventos passados, enquanto uns poucos parecem ser proféticos. Através da análise detalhada de dezenas de sonhos, ligando-os a conhecimentos da vida do sonhador, Freud foi capaz de mostrar que a elaboração onírica é um processo de seleção, distorção, tranformação, inversão, deslocamento e outras modificações em um desejo original. Essas mudanças tornam tal desejo aceitável ao ego, mesmo que o desejo não-modificado seja totalmente inaceitável pela consciência em estado de vigília. Freud torna-nos cientes da permissividade dos sonhos, onde toleramos ações que estão claramente além das restrições morais de nossa vida de vigília. Em sonhos, matamos, mutilamos ou destruímos inimigos, parentes ou amigos; temos relações sexuais, realizamos nossas perversões e tomamos como parceiros sexuais uma vasta gama de pessoas. Em sonhos, combinamos pessoas, lugares e ocasiões que não apresentam nenhuma possibilidade de serem reunidos no nosso mundo de vigília.

O sonho é uma forma de satisfazer desejos que não foram ou não podem ser realizados durante o dia. Os "resíduos diurnos" que formam o conteúdo manifesto do sonho servem como estrutura do conteúdo latente ou dos desejos disfarçados. O sonho realiza, em pelo menos dois níveis, incidentes comuns que não foram resolvidos ou que fazem parte de padrões mais amplos e antigos que nunca foram solucionados.

Sonhos repetidos podem ocorrer quando um acontecimento diurno provoca o mesmo tipo de ansiedade que levou ao sonho original. Por exemplo, uma mulher de 60 anos ativa e feliz no casamento, de vez em quando ainda sonha que vai prestar exames no colégio. Ela entra na classe, mas a mesma está vazia. O exame terminou, ela chegou muito tarde. Ela tem esse sonho quando está ansiosa a respeito de uma dificuldade corriqueira; no entanto, sua ansiedade não está relacionada nem com o colégio, nem com os exames, os quais deixou para trás há muitos anos.

Sonhos tentam satisfazer desejos, mas nem sempre são bem sucedidos. "Em determinadas circunstâncias, um sonho só é capaz de levar a efeito a sua

---

Os sonhos não devem ser comparados aos sons desregulados que saem de um instrumento musical atingido pelo golpe de alguma força externa em vez de sê-lo pela mão de quem sabe tocar; não são destituídos de sentido, não são absurdos, não implicam que uma parcela de nossa reserva de idéias se ache adormecida, enquanto outra começa a despertar. Pelo contrário, são fenômenos psíquicos de inteira validade—realização de desejos; podem ser inseridos no conjunto de atos mentais inteligíveis de vigília; são produzidos por uma atividade da mente altamente complexa (1900, vol. IV, p. 131 na ed. bras.).

Sonhos são reais enquanto duram—podemos dizer mais alguma coisa da vida? (Havelock Ellis)

Um sonho, então, é uma psicose, com todos os absurdos, delírios e ilusões de uma psicose. Uma psicose de curta duração, sem dúvida, inofensiva, até mesmo dotada de uma função útil, introduzida com o consentimento do indivíduo e concluída por um ato de sua vontade (1940, livro 7, p. 47 na ed. bras.).

intenção de modo muito incompleto, ou, então, tem de abandoná-la por inteiro. A fixação inconsciente a um trauma parece estar acima de tudo, entre esses obstáculos à função de sonhar" (1933, livro 28, p. 43 na ed. bras.).

Dentro do contexto da psicanálise, o terapeuta ajuda o paciente a interpretar os sonhos para facilitar a recuperação do material insconsciente. Freud fez certas generalizações sobre tipos especiais de sonhos (p. ex. sonhos em que se cai, em que se voa, em que se nada, e sonhos sobre fogo), mas ele deixa claro que para cada caso específico as regras gerais podem não ser válidas, e que as associações de um indivíduo em seu próprio sonho são mais importantes que qualquer conjunto preconcebido de regras de interpretação.

Os críticos de Freud freqüentemente sugerem que ele interpretou além do necessário os componentes sexuais dos sonhos de forma a ajustá-los à sua teoria geral. A réplica de Freud é clara: "Jamais sustentei a afirmação, tantas vezes a mim atribuída, de que a interpretação de sonhos revela que todos os sonhos têm um conteúdo sexual ou provêm de forças motoras sexuais" (1925, livro 25, p. 58 na ed. bras.). O que ele sustentou é que os sonhos não são nem casuais nem acidentais, e sim um modo de satisfazer desejos não realizados. Outros teóricos, incluindo Jung e Perls, que não aceitaram as interpretações de Freud, reconheceram, contudo, sua dívida para com ele pelo seu trabalho pioneiro em desvendar e interpretar a função dos sonhos.

> Os sonhos são os verdadeiros intérpretes de nossas inclinações, mas é necessária arte para ordená-los e compreendê-los (Montaigne, 1553/1592, *Ensaios*).

Sublimação. A sublimação é o processo através do qual a energia originalmente dirigida para propósitos sexuais ou agressivos é direcionada para novas finalidades, com freqüência metas artísticas, intelectuais ou culturais. A sublimação foi denominada a "defesa bem sucedida" (Fenichel, 1945). Podemos comparar a energia original a um rio que inunda, destruindo casas e propriedades. Para evitar isso, uma barragem é construída. A destruição não pode mais ocorrer mas a pressão se desenvolve atrás do dique, ameaçando danos ainda maiores se, em qualquer ocasião, a barreira romper-se. A sublimação é a construção de canais alternativos que, por sua vez, podem ser usados para gerar energia elétrica, irrigar áreas outrora áridas, criar parques e oferecer outras oportunidades recreativas. A energia original do rio foi desviada com sucesso para canais socialmente aceitáveis ou culturalmente sancionados.

A energia sublimada é responsável pelo que denominamos civilização. Freud alega que a enorme energia e complexidade da civilização resulta da pulsão subjacente para achar vias aceitáveis e suficientes para a energia reprimida. A civilização encoraja a transcendência das pulsões originais e, em alguns casos, os fins alternativos podem ser mais satisfatórios para o id que a satisfação dos impulsos iniciais.

> Assim, grande parte das forças suscetíveis de utilização em atividades culturais é obtida pela supressão dos chamados elementos *pervertidos* da excitação sexual (1908, livro 31, p. 33 na ed. bras.).

A energia sublimada reduz as pulsões originais. Esta transformação "coloca à disposição da atividade civilizada uma extraordinária quantidade de energia, em virtude de uma singular e marcante característica: sua capacidade de deslocar seus objetos sem restringir consideravelmente a sua intensidade" (1908, livro 31, p. 32 na ed. bras.).

Obstáculos ao Crescimento

Ansiedade. O principal problema da psique é encontrar maneiras de enfrentar a ansiedade. Esta é provocada por um aumento, esperado ou previsto, da tensão ou desprazer; pode desenvolver-se em qualquer situação (real ou imaginada), quando a ameaça a alguma parte do corpo ou da psique é muito grande para ser ignorada, dominada ou descarregada.

Situações protótipas que causam ansiedade incluem as seguintes:

1. Perda de um objeto desejado—por exemplo, uma criança privada de um dos pais, de um amigo íntimo, ou de um animal de estimação.
2. Perda de amor—por exemplo, rejeição, fracasso em reconquistar o amor ou a aprovação de alguém que lhe importa.
3. Perda de identidade—por exemplo, medo de castração, da perda de prestígio, de ser ridicularizado em público.
4. Perda de auto-estima—por exemplo, a desaprovação do superego por atos ou trações que resultam em culpa ou ódio em relação a si mesmo.

A ameaça desses ou de outros eventos causa ansiedade. Há dois modos de diminuir a ansiedade. O primeiro é lidar diretamente com a situação. Resolvemos problemas, superamos obstáculos, enfrentamos ou fugimos de ameaças, e chegamos a termo de um problema a fim de minimizar seu impacto. Desta forma, lutamos para eliminar dificuldades e diminuir as probabilidades de sua repetição, reduzindo, assim, as perspectivas de ansiedade adicional no futuro. Nas palavras de Hamlet, "pegamos em armas contra um mar de perturbações e, opondo-nos, pomos fim a ele".

A outra forma de defesa contra a ansiedade deforma ou nega a própria situação. O ego protege toda a personalidade contra a ameaça, falsificando a natureza desta. Os modos pelos quais se dão as distorções são denominados *mecanismos de defesa*.

Mecanismos de Defesa. Os principais mecanismos de defesa "patogênicos" aqui descritos são: repressão, negação, racionalização, formação reativa, isolamento, projeção e regressão (Anna Freud, 1936; Fenichel, 1945). A sublimação, exposta anteriormente, é uma defesa bem sucedida; ela de fato resolve e elimina a tensão. Todas as outras defesas bloqueiam a expressão direta de necessidades instintivas. Enquanto que qualquer um destes mecanismos pode ser encontrado em indivíduos saudáveis, sua presença é, via de regra, uma indicação de possíveis sintomas neuróticos.

Repressão. "A essência da repressão consiste simplesmente em afastar determinada coisa do consciente, mantendo-a à distância" (1915, livro 11, p. 60 na ed. bras.). A repressão afasta da consciência um evento, idéia ou percepção potencialmente provocadores de ansiedade, impedindo, assim, qualquer solução possível. É pena que o elemento reprimido ainda faça parte da psique, apesar de inconsciente, e que continue a ser um problema.

"A repressão nunca é realizada de uma vez por todas, mas requer um constante consumo de energia para manter-se, enquanto que o reprimido faz tentativas constantes para encontrar uma saída" (Fenichel, 1945). Sintomas histéricos com freqüência têm sua origem numa antiga repressão. Algumas doenças psicossomáticas, tais como asma, artrite e úlcera, podem estar relacionadas com a repressão. Também é possível que o cansaço excessivo, fobias e impotência ou frigidez derivem de sentimentos reprimidos. Se, por exemplo, você tiver sentimentos fortemente ambivalentes em relação a seu pai, você poderá amá-lo e ao mesmo tempo desejar que ele estivesse morto. O

> Se o ego é obrigado a admitir sua fraqueza, ele irrompe em ansiedade—ansiedade realística referente ao mundo externo, ansiedade moral referente ao superego e ansiedade neurótica referente à força das paixões do id (1933 livro 28, pp. 99—100 na ed. bras.).

desejo de sua morte, com as fantasias que o acompanham, e os sentimentos resultantes da culpa e vergonha, podem todos ser inconscientes, uma vez que tanto o ego quanto o superego achariam a idéia inaceitável. No momento da morte de seu pai, esse complexo seria reprimido de forma ainda mais rígida. Admitir tais sentimentos significaria que você sentiria prazer com a morte de seu pai, um sentimento ainda mais inaceitável pelo seu superego do que ressentimento ou hostilidade iniciais. Nesta situação você pode parecer não-afetado ou indiferente à morte dele, a repressão retendo a dor e a perda genuínas, assim como a hostilidade não expressa.

Negação. Negação é a tentativa de não aceitar na realidade um fato que perturba o ego. Os adultos têm a tendência de "fantasiar" que certos acontecimentos não são assim, que na verdade não aconteceram. Este vôo de fantasia pode tomar várias formas, algumas das quais parecem absurdas ao observador objetivo. A seguinte estória é uma ilustração da negação:

> Uma mulher foi levada à Corte a pedido de seu vizinho. Esse vizinho acusava a mulher de ter pego e danificado um vaso valioso. Quando chegou a hora da mulher se defender, sua defesa foi tripla: "Em primeiro lugar, nunca tomei o vaso emprestado. Em segundo lugar, estava lascado quando eu o peguei. Finalmente, Sua Excelência, eu o devolvi em perfeito estado".

A notável capacidade de lembrar-se incorretamente de fatos é a forma de negação encontrada com maior freqüência na prática psicoterápica. O paciente recorda-se de um acontecimento de forma vívida, depois, mais tarde, pode lembrar-se do incidente de maneira diferente e, de súbito, dar-se conta de que a primeira versão era uma construção defensiva.

Freud não pretendeu que suas observações fossem inteiramente originais. Com efeito, ele cita as observações de Darwin e de Nietzsche sobre si próprios. Darwin, em sua autobiografia, anotou:

> Durante muitos anos obedeci a uma regra de ouro. A saber: sempre que eu deparava com um fato publicado, uma nova observação ou pensamento, que se opunha aos meus resultados gerais, eu imediatamente anotava isso sem errar, porque a experiência me ensinou que tais fatos e pensamentos fogem da memória com muito maior facilidade que os favoráveis (citado em Freud, 1901, vol. VI, p. 185 na ed. bras.).

Nietzsche comentou um aspecto diferente do mesmo processo:

> "Isto foi feito por mim", diz a memória. "Isto não foi feito por mim", diz meu orgulho, e permanece inexorável. Por fim a memória cede (citado em Freud, 1901, vol. VI, p. 183).

Racionalização. Racionalização é o processo de achar motivos aceitáveis para pensamentos e ações inaceitáveis. É o processo através do qual uma pessoa apresenta uma explicação que é ou logicamente consistente ou eticamente aceitável para uma atitude, ação, idéia ou sentimento que emerge de outras fontes motivadoras. Usamo-la para justificar nosso comportamento quando, na realidade, as razões para nossos atos não são recomendáveis. As seguintes afirmações podem ser racionalizações; as afirmações entre parênteses são as possíveis razões não expressas:

1. "Eu só estou fazendo isto para seu próprio bem". (Eu quero fazer isto para você. Eu não quero que me façam isto. Eu até mesmo quero que você sofra um pouco.)
2. "O experimento foi uma continuação lógica de meu trabalho anterior". (Eu comecei com um erro, mas tive sorte quanto ao fato dele ter dado certo.)
3. "Eu acho que estou apaixonado por você". (Estou "ligado" no teu corpo, quero que você relaxe e se "ligue" no meu.)

Racionalização é um modo de aceitar a pressão do superego; disfarça nossos motivos, tornando nossas ações moralmente aceitáveis. Enquanto obstáculo ao crescimento, impede a pessoa que racionaliza ou qualquer outra, de aceitar e trabalhar com as genuínas forças motivadoras menos recomendáveis. Vista de fora, como na seguinte estória de Idries Shah, parece uma confirmação do óbvio.

A ESCOLHA DO QUEIJO
— Eu decidi, disse o rato, gostar de queijo. Uma decisão tão importante, é desnecessário dizer, não pode ser tomada sem um período suficiente de cuidadosa deliberação. Não se pode negar o encanto imediato indefinível estético da substância. Todavia, isso só é possível para o tipo de indivíduo mais refinado — a estúpida raposa, por exemplo, carece de discriminação sensitiva até mesmo para se aproximar do queijo.
— Outros fatores na escolha não são menos suscetíveis à análise racional: o que vem de encontro, naturalmente, à maneira certa de ser.
— A cor atraente, a textura conveniente, o peso adequado, as formas diversas e interessantes, os locais relativamente numerosos onde podemos encontrá-lo, a razoável facilidade de digestão, a relativa abundância de variedade dos conteúdos nutritivos, a pronta acessibilidade, a considerável facilidade de transporte, a ausência total de efeitos colaterais — estes e uma centena de outros fatores de fácil definição provam abundantemente meu bom senso e meu profundo discernimento, exercitados de forma consciente na realização desta sábia e deliberada escolha (1972).

Formação Reativa. Esse mecanismo substitui comportamentos e sentimentos que são diametralmente opostos ao desejo real; é uma inversão clara e, em geral, inconsciente do desejo.

Como outros mecanismos de defesa, as formações reativas são desenvolvidas, em primeiro lugar, na infância. "Como as crianças tornam-se conscientes da excitação sexual que não pode ser satisfeita, evocam consequentemente forças psíquicas opostas que, a fim de suprimirem efetivamente este desprazer, constroem as barreiras mentais que já mencionei — a repugnância, a vergonha e a moralidade" (1905a, livro 2, p. 73 na ed. bras.). Não só a idéia original é reprimida, mas qualquer vergonha ou auto-reprovação que poderiam surgir ao admitir tais pensamentos também são excluídas da consciência.

Infelizmente, os efeitos colaterais da formação reativa podem prejudicar os relacionamentos sociais. As principais características reveladoras de formação reativa são seu excesso, sua rigidez e sua extravagância. O impulso, sendo negado, tem que ser cada vez mais ocultado.

A seguinte carta foi escrita a um pesquisador por um antivivisseccionista. É um claro exemplo de um sentimento — compaixão por todas as coisas vivas — usado para disfarçar outro sentimento — uma pulsão para fazer mal e torturar.

A pessoa que construiu uma formação reativa não desenvolve certos mecanismos de defesa a serem usados quando um perigo instintivo ameaça; ela modificou sua estrutura de personalidade como se esse perigo estivesse continuamente presente, de forma a poder estar pronta quando quer que lhe ocorra (Fenichel, 1945).

Eu li (um artigo de revista) . . . a respeito de seu estudo sobre alcoolismo. . . . Estou surpreso que alguém tão culto quanto o senhor possa assumir tal posição e rebaixar-se tanto a ponto de torturar pequenos gatos indefesos no intento de achar uma cura para alcoólatras. . . . Um bêbado não quer ser curado — um bêbado é apenas um idiota de mente fraca que caiu na sarjeta e deveria ali permanecer. Ao invés de torturar pequenos gatos indefesos, por que não torturar bêbados; ou, melhor ainda, colocar seu esforço pretensamente nobre para editar uma lei que *exterminasse* os bêbados. . . . Meu maior desejo é que lhe seja imposta uma tortura mil vezes maior que aquela que o senhor infligiu e tem infligido aos pequenos animais. . . . Se o senhor for um exemplo do que um ilustre psiquiatra deve ser, estou feliz em ser apenas um ser humano comum, sem título após meu nome. Prefiro simplesmente ser eu mesmo, com a consciência limpa, *sabendo que não feri nenhuma criatura viva*, e poder dormir sem ver gatos morrendo assustados, atemorizados — pois sei que devem morrer depois de terminado o seu trabalho com eles. Nenhum castigo é bastante grande para o senhor, e espero viver e ler a respeito de seu corpo mutilado e de seu longo sofrimento antes de morrer ao final — e eu rirei durante muito tempo e muito alto" (Masserman, 1961, p. 38).

É possível evidenciar formações reativas em qualquer comportamento excessivo. A dona de casa que limpa continuamente a sua casa pode, na realidade, estar concentrando sua consciência no contato e no exame da sujeira. Os pais que não são capazes de admitir seu ressentimento em relação aos filhos "podem interferir tanto em suas vidas, sob o pretexto de estarem preocupados com seu bem-estar e segurança, que a superproteção é, na verdade, uma forma de punição" (Hall, 1954, p. 93). A formação reativa oculta partes da personalidade e restringe a capacidade de uma pessoa responder a eventos; a personalidade pode tornar-se relativamente inflexível.

Projeção. O ato de atribuir a uma outra pessoa, animal ou objeto as qualidades, sentimentos ou intenções que se originam em si próprio, é denominado *projeção*. É um mecanismo de defesa por meio do qual os aspectos da personalidade de um indivíduo são deslocados de dentro deste para o meio externo. A ameaça é tratada como se fosse uma força externa. A pessoa pode, então, lidar com sentimentos reais, mas sem admitir ou estar consciente do fato de que a idéia ou comportamento temido é dela mesma. As seguintes afirmações podem ser projeções; a afirmação entre parênteses, o sentimento inconsciente real:

1. "Todos os homens/mulheres querem apenas uma coisa" (Eu penso muito a respeito de sexo);
2. "Você nunca pode confiar num negro, num carcamano, numa vespa, num ganso selvagem, num estudante, num padre, numa mulher" (Eu quero, às vezes, tirar vantagem injusta dos outros);
3. "Posso dizer que você está furioso comigo" (Eu estou furioso com você).

Sempre que caracterizamos algo "fora" como mau, perigoso, pervertido e assim por diante, sem reconhecermos que essas características podem também ser verdadeiras para nós, é provável que estejamos projetando. É igualmente verdadeiro que quando percebemos os outros como sendo poderosos, atraentes, capazes e assim por diante, sem apreciar as mesmas qualidades em nós mesmos, também estamos projetando. A variável crítica na projeção é que não vemos em nós mesmos o que parece claro e óbvio nos outros.

Pesquisas relativas à dinâmica do preconceito mostraram que as pessoas que tendem a estereotipar outras também revelam pouca percepção de seus próprios sentimentos. As pessoas que negam ter um traço de personalidade específico são mais críticas em relação a este traço quando o vêem ou projetam sobre outros (Sears, 1936).

Isolamento. Isolamento é um modo de separar as partes da situação provocadoras de ansiedade, do resto da psique. É o ato de dividir a situação de modo a restar pouca ou nenhuma reação emocional ligada ao acontecimento.

O resultado é que, quando uma pessoa discute problemas que foram isolados do resto da personalidade, os fatos são relatados sem sentimento, como se tivessem acontecido a um terceiro. Esta abordagem árida pode tornar-se uma maneira dominante de enfrentar situações. Uma pessoa pode isolar-se cada vez mais em idéias e ter contato cada vez menor com seus próprios sentimentos.

As crianças podem brincar com isto dividindo suas identidades em aspectos bons e maus. Podem pegar um animal de brinquedo e fazê-lo falar e fazer todo o tipo de coisas proibidas. A personalidade do animal pode ser tirânica, rude, sarcástica ou irracional. Uma criança pode revelar, através do animal, comportamentos que os pais não permitiriam em circunstâncias normais.

A discussão de Freud sobre isolamento aponta que o protótipo normal de isolamento é o pensamento lógico, que também tenta separar o assunto da situação emocional em que se encontra. O isolamento é um mecanismo de defesa somente quando usado para proteger o ego de aceitar aspectos de situações ou relacionamentos dominados pela ansiedade.

Regressão. Regressão é um retorno a um nível de desenvolvimento anterior ou a um modo de expressão mais simples ou mais infantil. É um modo de aliviar a ansiedade escapando do pensamento realístico para comportamentos que, em anos anteriores, reduziram a ansiedade. Linus, nas estórias em quadrinhos de Charley Brown, sempre volta a um espaço psicológico seguro quando está sob tensão; ele se sente seguro quando agarra seu cobertor.

A regressão é um modo de defesa mais primitivo. Embora reduza a tensão, freqüentemente deixa sem solução a fonte de ansiedade original. A extensa lista de Calvin Hall, de comportamentos regressivos, nos dá oportunidade de ver se inclui alguns de nossos comportamentos.

> Até mesmo pessoas saudáveis bem ajustadas fazem regressões de vez em quando a fim de reduzir a ansiedade, ou, como dizem, desabafar. Fumam, embebedam-se, comem demais, perdem a paciência, roem as unhas, poêm o dedo no nariz, quebram leis, falam como crianças, destroem propriedades, masturbam-se, lêem estórias de mistério, vão ao cinema, engajam-se em práticas sexuais inusitadas, mascam chicle e tabaco, vestem-se como crianças, dirigem rápida e imprudentemente, acreditam em espíritos bons e maus, tiram sonecas, lutam e matam uns aos outros, apostam em cavalos, fantasiam, rebelam-se ou submetem-se a uma autoridade, jogam, envaidecem-se diante do espelho, dão vazão a seus impulsos, arrumam bodes expiatórios e fazem mil e uma outras coisas infantis. Algumas dessas regressões são tão comuns que são encaradas como sinais de maturidade. Na verdade, todas elas constituem formas de regressão usadas por adultos (Calvin Hall, 1954, pp. 95–96).

Resumo dos Mecanismos de Defesa. As defesas aqui descritas são formas que a psique tem de se proteger da tensão interna ou externa. As defesas evitam a realidade (repressão), excluem a realidade (negação), redefinem a realidade (racionalização) ou invertem-na (formação reativa). Elas colocam sentimentos internos no mundo externo (projeção), dividem a realidade (isolamento) ou dela escapam (regressão). Em todos os casos, a energia libidinal é necessária para manter a defesa, limitando efetivamente a flexibilidade e a força do ego. "Interrompem a energia psíquica que poderia ser usada para atividades mais eficientes do ego. Quando uma defesa se torna muito influente, domina o ego e restringe sua flexibilidade e adaptabilidade. Finalmente, se as defesas se quebrarem, ele não terá a que recorrer e será dominado pela ansiedade" (Hall, 1954, p. 96).

ESTRUTURA
Corpo

Como pode ser visto pelo material precedente, Freud abordou a personalidade sob o ponto de vista fisiológico. As pulsões básicas surgem de fontes somáticas; a energia libidinal deriva da energia física; respostas à tensão determinam os comportamentos tanto físicos quanto mentais. A excitação e o relaxamento instintivo existem num limite indefinido entre o orgânico e o mental.

O foco primário da energia libidinal encontra-se nos vários modos de expressão sexual. A maioria das funções cruciais do corpo está ligada à expressão e diferenciação sexual. A maturidade plena desenvolve-se a partir da plena sexualidade genital. Uma das muitas contribuições de Freud foi alertar sua geração, mais uma vez, para a primazia do corpo como o centro de funcionamento da personalidade.

> A psicanálise é a primeira psicologia que considera com seriedade todo o corpo humano como um lugar para se viver. . . . A psicanálise é profundamente biológica (LeBarre, 1968).

> A natureza abrangente da energia sexual ainda não foi corretamente entendida pelos psicólogos. Na verdade, o próprio termo "energia reprodutiva ou sexual" é inapropriado. A reprodução é apenas um dos aspectos da energia vital da qual o outro palco de atividade é o cérebro (Gopi Krishna, 1974).

Relacionamento Social

As interações e relacionamentos adultos são fortemente influenciados pelas primeiras experiências infantis. As primeiras relações, aquelas que ocorrem no núcleo da família, são as determinantes; todos os relacionamentos posteriores referem-se de várias formas aos modos pelos quais estes relacionamentos iniciais foram formados e mantidos. Os modelos básicos de criança-mãe, criança-pai e criança-irmãos são os protótipos a partir dos quais os encontros posteriores são inconscientemente avaliados. Os relacionamentos posteriores são, até certo grau, recapitulações da dinâmica, das tensões e das gratificações que ocorreram na família original.

Nossas escolhas na vida — pessoas amadas, amigos, chefes, mesmo nossos inimigos — derivam dos laços criados entre pais e filhos. As rivalidades naturais são recapituladas em nossas funções sexuais e no modo com que nos adaptamos às exigências dos outros. Com grande freqüência desempenhamos a dinâmica iniciada em nossas casas, escolhendo, muitas vezes, como companheiros, pessoas que reavivam em nós aspectos não resolvidos de nossas necessidades originais. Para alguns, estas são escolhas conscientes, para outros, isto é feito na ignorância da dinâmica subjacente.

As pessoas afastam-se, assustadas, desse aspecto da teoria freudiana, uma vez que ele sugere que as futuras escolhas de uma pessoa já se acham restringidas. O problema é até que ponto as experiências infantis determinam as opções adultas. Por exemplo, um período crítico no desenvolvimento dos relacionamentos ocorre durante a fase fálica, quando ambos os sexos enfrentam, pela primeira vez, tanto os crescentes sentimentos eróticos em relação a seus pais, quanto a inabilidade concomitante de gratificar estas necessidades. Entretanto, mesmo quando as complicações edipianas resultantes são solucionadas, aquela dinâmica continua a afetar os relacionamentos posteriores.

Os relacionamentos baseiam-se nos efeitos residuais das primeiras experiências intensas. Os encontros da adolescência, da maturidade, de adultos, jovens e velhos, e os padrões de amizade ou casamento constituem uma retomada de facetas não resolvidas dos primórdios da infância.

Vontade

A vontade nunca foi um tópico de maior interesse para Freud. Numa de suas primeiras obras (1894), escreveu que era através de um esforço de vontade que os eventos provocadores de ansiedade podiam ser reprimidos, embora a repressão não fosse sempre totalmente bem sucedida. "Pelo menos em boa quantidade dos casos, os próprios pacientes informam-nos que sua fobia ou obsessão apareceu pela primeira vez depois que um esforço de vontade aparentemente atuou neste sentido. "Aconteceu-me certa vez uma coisa muito desagradável e tentei arduamente afastá-la de mim, e não pensar mais nela. Finalmente consegui, mas então contraí essa outra coisa (obsessão), de que não pude livrar-me desde essa época" (1894, livro 32, p. 57 na ed. bras.).

Em casos de obsessão muito poderosa, o paciente pode experienciar uma "paralisia" da vontade. Uma pessoa reluta ou é incapaz de tomar qualquer decisão significativa porque está presa entre uma necessidade excessiva de aprovação e um medo de ser atacada ou ameaçada.

Posteriormente, um analista ampliou a teoria psicanalítica para dar uma descrição mais completa da vontade (Farber, 1966), mas esta não tem suscitado um interesse teórico central dentro do movimento psicanalítico.

Emoções

O que Freud descobriu, numa época em que se venerava a razão e negava-se tanto o valor quanto o poder da emoção, foi que não somos basicamente animais racionais, mas somos dirigidos por forças emocionais poderosas cuja gênese é inconsciente. As emoções são as vias para o alívio da tensão e a apreciação do prazer. Elas também podem servir ao ego ajudando-o a evitar a tomada de consciência de certas lembranças e situações. Por exemplo, é possível que fortes reações emocionais escondam, na realidade, um trauma infantil. Uma reação fóbica, efetivamente, impede uma pessoa de se aproximar de um objeto ou de uma série de objetos que poderiam fazer com que uma fonte de ansiedade mais ameaçadora ressurgisse.

Através da observação de respostas emocionais, de suas expressões adequadas ou inadequadas, Freud achou as pistas que eram as chaves para descobrir e compreender as forças motivadoras do inconsciente.

Intelecto

O intelecto é um dos instrumentos acessíveis ao ego. A pessoa mais livre é aquela que é capaz de usar a razão sempre que for oportuno, e cuja vida emocional está aberta à inspeção consciente. Tal pessoa não é levada por resíduos insaciados de eventos passados mas pode responder diretamente a cada

A razão, pensava Freud, é o único instrumento—ou arma—de que dispomos para darmos sentido à vida, para prescindirmos das ilusões...para ficarmos independentes de autoridades subjugadoras, e assim estabelecermos nossa própria autoridade (Fromm, 1959, p. 8 na ed. bras.)

situação, equilibrando suas preferências individuais e as restrições impostas pela cultura.

A mais impressionante e provavelmente a mais intensa força emocional em Freud era sua paixão pela verdade e sua intransigente fé na razão; para ele, a razão era a única capacidade humana que poderia ajudar a solucionar o problema da existência ou, pelo menos, aliviar o sofrimento inerente à vida humana.

Para Freud, assim como para a época em que ele escreveu, a imagem da humanidade elevando-se acima de suas restrições animais era uma aspiração respeitada e inquestionável. A obra de Freud expôs as camadas mais profundas da personalidade; nós não assumimos mais com tanta força sua crença na primazia da razão.

O que Freud percebeu foi que qualquer aspecto da existência inconsciente, levado à luz da consciência, pode ser abordado racionalmente. "Onde está o id, ali estava o ego" (1933, livro 28, p. 102 na ed. bras.). Quando as pulsões instintivas e irracionais dominam, deixem-nas ser expostas, moderadas e dominadas pelo ego. Se a pulsão original não for reprimida, torna-se incumbência do ego usar o intelecto para planejar modos seguros e adequados de satisfação. O uso do intelecto depende inteiramente da capacidade e força do ego. Se o ego for fraco, o intelecto pode ser um meio de sustentar esta fraqueza; se o ego for forte, o intelecto pode apoiar e favorecer essa mesma força.

Self

O *self* é o ser total: o corpo, os instintos, os processos conscientes e inconscientes. Um *self* independente do corpo ou separado dele, não tem lugar nas crenças biológicas de Freud. Quando tais questões metafísicas eram levantadas, Freud declarava que estas não faziam parte de sua esfera de ação enquanto cientista.

Terapeuta/Terapia

Estivemos particularmente preocupados com a teoria geral da personalidade de Freud. O próprio Freud, no entanto, envolveu-se com as aplicações práticas de seu trabalho—a prática da psicanálise. O propósito da psicanálise é ajudar o paciente a estabelecer o melhor nível possível de funcionamento do ego, dados os inevitáveis conflitos que emergem do meio externo, do superego, e as inexoráveis exigências instintivas do id. Kenneth Colby, um antigo analista didático, descreve a meta do procedimento analítico:

> Ao falar das metas da psicoterapia, o termo "cura" é incluído com freqüência. Isto requer uma definição. Se por "cura" queremos dizer alívio das dificuldades neuróticas atuais do paciente, então este é certamente o nosso objetivo. Se por cura queremos dizer uma liberdade vitalícia com respeito a conflitos emocionais e problemas psicológicos, então este não pode ser nosso objetivo. Assim como é possível que uma pessoa sofra de pneumonia, fratura, e diabetes durante sua vida, e que precise de uma medicação particular e de um tratamento diferente para cada situação, outra pessoa pode experienciar, em épocas diferentes, uma depressão, impotência e fobia, sendo que cada uma delas necessita de uma psicoterapia quando a situação aparece. Nosso propósito é tratar os problemas presentes, esperando que o trabalho fortaleça o paciente contra futuras dificuldades neuróticas, mas compreendendo que a terapia não pode garantir uma profilaxia psicológica (Colby, 1951, p. 4).

Que treinamento é necessário para tornar-se um psicanalista? No início, Freud era favorável a que aqueles que desejassem praticar a psicanálise trabalhassem sobre si mesmos, estudando sua própria produção inconsciente, especialmente os sonhos. "A interpretação de sonhos é, na realidade, a estrada real para o conhecimento do inconsciente, a base mais segura da psicanálise. É campo onde cada trabalhador pode por si mesmo chegar a adquirir convicção própria, assim como atingir maiores aperfeiçoamentos. Quando me perguntam como pode uma pessoa fazer-se psicanalista, respondo que é pelo estudo dos próprios sonhos" (1910, livro 1, p. 42 na ed. bras.). Mais tarde, ele se tornou cada vez mais insatisfeito com as qualidades daqueles que resolviam praticar a psicanálise. Percebeu que qualquer forma de auto-análise trazia em si limitações.

Em 1922, no Congresso da Associação Psicanalítica Internacional, concordou-se que uma análise didática com um analista já declarado, seria obrigatória para qualquer candidato a analista. Desse modo este analista tornar-se-ia consciente de seus modos de enfrentar a realidade. E então, quando ele ou ela trabalhasse com pacientes, não haveria confusão entre as necessidades do analista e as do paciente.

Embora nos Estados Unidos, por certas razões sociais e históricas, fosse considerado desejável, porém não absolutamente necessário, ser médico a fim de ser considerado apto para o treinamento psicanalítico, Freud pensava que tal requisito não chegava a ser desejável em muitos casos. "Ponho ênfase na exigência de que ninguém deve praticar a análise se não tiver adquirido o direito de fazê-lo através de uma formação específica. Se essa pessoa é ou não um médico, a mim me parece sem importância" (1926, livro 25, p. 153 na ed. bras.).

O Papel do Psicanalista. A incumbência do terapeuta é ajudar o paciente a relembrar, recuperar e reintegrar materiais inconscientes de forma que a vida atual deste possa ser mais satisfatória. Freud diz: "Fazemo-lo comprometer-se a obedecer a regra *fundamental da análise,* que dali em diante deverá dirigir o seu comportamento para nós. Deve dizer-nos não apenas o que pode dizer intencionalmente e de boa vontade, coisa que lhe proporcionará um alívio semelhante ao de uma confissão, mas também tudo o mais que a sua auto-observação lhe fornece, tudo o que lhe vem à cabeça, mesmo que lhe seja *desagradável* dizê-lo, mesmo que lhe pareça *sem importância* ou realmente *absurdo*" (1940, livro 7, p. 49 na ed. bras.).

O analista apóia estas revelações e não critica e nem aprova os seus conteúdos. Ele não assume nenhuma posição moral, mas é como uma tela branca para as opiniões do paciente. O terapeuta apresenta o menos possível de sua personalidade ao paciente. Esta conduta dá ao paciente a liberdade de tratar o analista de uma infinidade de maneiras, transferindo ao terapeuta atitudes, idéias, ou mesmo características físicas que pertencem, na realidade, a pessoas de seu passado. Esta *transferência* é crucial no processo terapêutico, uma vez que traz eventos passados para um novo contexto, com o qual se pode lidar na terapia. Por exemplo, se uma paciente começar a tratar o terapeuta como se fosse seu pai—aparentemente submissa e respeitosa, mas veladamente hostil e irreverente—o analista pode aclarar esses sentimentos para ela. Pode mostrar que ele, o terapeuta, não é a causa dos sentimentos, mas que estes se origina-

Para manter-se firme contra esta investida geral do paciente, o próprio analista deve ter sido plena e completamente analisado. . . . O próprio analista, do qual depende o destino de tantas pessoas, deve conhecer e controlar até mesmo as mais recônditas fraquezas de seu próprio caráter, o que é impossível de ser alcançado sem uma análise plenamente realizada (Ferenczi, 1955).

De acordo com a lei, charlatão é qualquer um que trata pacientes sem possuir diploma oficial que prove que ele é médico. Eu preferiria outra definição: charlatão é aquele que efetua um tratamento sem possuir o conhecimento e a capacidade necessários para tanto (1926, livro 25, p. 149 na ed. bras.).

ram na própria paciente, e podem refletir aspectos de seu relacionamento com o pai, que ela talvez tenha reprimido.

Para ajudar o paciente a fazer estas ligações, o analista interpreta algo do que o paciente lhe diz, sugerindo elos que este último pode ou não ter reconhecido previamente. Este processo de interpretação é uma questão de intuição e experiência clínica.

Em todo procedimento analítico, o paciente nunca é pressionado a descobrir o material, mas é encorajado a permitir que ele se manifeste, à medida que isto se torna possível através do processo analítico contínuo. Freud encarava a análise como um produto natural; a energia que tinha sido reprimida lentamente emerge na consciência, onde pode ser usada pelo ego em desenvolvimento. "Sempre que conseguimos analisar um sintoma em seus elementos, liberar um impulso instintual de um vínculo, esse impulso não permanece em isolamento, mas entra imediatamente numa nova ligação" (1919, livro 27, p. 71 na ed. bras.).

A tarefa do terapeuta é expor, explorar e isolar os instintos componentes que foram negados ou distorcidos pelo paciente. A reformulação ou estabelecimento de hábitos mais novos e saudáveis ocorrem sem a intromissão do terapeuta. "A psicossíntese é, desse modo, atingida durante o tratamento analítico sem a nossa intervenção, automática e inevitavelmente" (1919, livro 27, p. 72 na ed. bras.).

Limitações da Psicanálise. A análise não se aplica a qualquer um e a aplicação correta de seus procedimentos não leva inevitavelmente à melhora. Freud diz: "... O campo de aplicação da terapia analítica se situa nas neuroses de transferência—fobias, histerias, neurose obsessiva—e, além disso, anormalidades de caráter que se desenvolveram em lugar dessas doenças. Tudo o que difere destas, as condições narcísicas e psicóticas, é inevitável em grau maior ou menor" (1933, livro 29, p. 65 na ed. bras.).

Alguns analistas afirmam que os melhores candidatos à análise são pacientes que já estão funcionando bem, cuja estrutura do ego se acha intacta e saudável. Embora Freud tenha observado que a psicanálise poderia ajudar a explicar e compreender a totalidade da consciência humana, ele delicadamente repreendia aqueles que pudessem acreditar que a terapia psicanalítica significasse a cura definitiva. "A psicanálise é realmente um método terapêutico como os demais. Tem seus triunfos e suas derrotas, suas dificuldades, suas limitações, suas indicações. ... E aqui gostaria de acrescentar que não penso poderem nossas curas competir com as que se verificam em Lourdes. São muito mais numerosas as pessoas que crêem nos milagres da Santa Virgem do que aquelas que acreditam na existência do inconsciente" (1933, livro 29, pp. 61-62 na ed. bras.).

AVALIAÇÃO

Apresentamos uma visão geral da vasta e complexa estrutura teórica desenvolvida por Freud. Nesse capítulo, não tentamos acrescentar as numerosas variações e elaborações de seus seguidores, discípulos, caluniadores, críticos e clientes. Tentamos organizar e simplificar os esboços do que foi, em suas origens, um ponto de vista radical e inovador. Freud transpôs obstáculos, o que poucos pensadores foram capazes de negar. A maioria dos outros autores, neste livro, reconheceu sua dívida para com Freud, tanto os que concordaram com ele, quanto os que freqüentemente a ele se opuseram.

As idéias de Freud influenciaram a Psicologia, Literatura, Arte, Antropologia, Sociologia e Medicina. Muitas de suas idéias, tais como a importância dos sonhos e a vitalidade dos processos inconscientes, são bem aceitas. Outras facetas de sua teoria, tais como as relações entre o ego, o id e o superego, ou o papel do complexo de Édipo no desenvolvimento do adolescente, são extensivamente debatidas. Além disso, outras partes de seu trabalho, incluindo a análise da sexualidade feminina e as teorias sobre a origem da civilização, foram em geral criticadas.

Nossa posição é reconhecer que há épocas na vida de uma pessoa em que a descrição de Freud do papel do consciente e do inconsciente aparece como uma revelação pessoal. O impacto atordoante de seu pensamento esclarece um aspecto de nosso caráter ou de outra pessoa, e leva-nos à procura ansiosa de mais livros seus. Há outras épocas em que ele não parece ser útil, quando suas idéias parecem distantes, confusas e irrelevantes para nossa experiência.

Em qualquer época, Freud é uma figura a ser estudada. Seu trabalho leva a uma resposta pessoal. Enquanto examinávamos seus livros que acumulamos durante anos, relemos nossas próprias anotações marginais, algumas de louvor, outras de maldição. Freud não pode ser tratado levianamente pois discute e descreve questões que são importantes na vida de todo mundo.

Qualquer que seja sua resposta às idéias de Freud, o conselho dele seria o de considerar sua resposta como um indicador de seu próprio estado de espírito, assim como uma reação ponderada ao seu trabalho. Nas palavras do poeta W. H. Auden a respeito de Freud: "Se amiúde parecia errado e às vezes absurdo, ele agora não é mais uma pessoa para nós, mas todo um clima de opiniões" (1945).

Implicações para o Crescimento Pessoal

É possível examinar seu próprio mundo interior a fim de buscar pistas para o seu próprio comportamento; contudo, é uma tarefa extremamente difícil pois você escondeu de você mesmo estas pistas, com maior ou menor sucesso.

Freud sugere que todo comportamento se inter-relaciona, que não há acaso psicológico—que algumas de suas escolhas de pessoas, lugares, alimentos e divertimentos são provenientes de experiências das quais você não lembra ou não pode se lembrar.

Se sua memória para acontecimentos passados é, na realidade, uma mistura de recordações precisas e mais algumas alusivas e distorcidas, como poderá saber o que na verdade aconteceu? *O que importa?*

Aqui está um exemplo da infância de um autor:

> Recordo-me, com a clareza de um sofrimento pessoal, ter sido forçado a comer cereal quente no desjejum durante um longo período de minha infância. Recordo-me vívida e visceralmente. Posso evocar a sala de jantar, meu lugar, a mesa, a sensação de revulsão na garganta, as estratégias de adiamento, esperando que os adultos se cansassem de mim e me deixassem, a mim e a minha tigela quase cheia do cereal agora frio e empastado; minhas tentativas de matar o gosto com todo o açúcar com o qual eu pudesse esmagá-lo, e assim por diante, são ainda claras para mim. Desde esse dia, não posso ver uma tigela de mingau quente de aveia em mi-

nha frente sem que seja invadido por este amontoado de recordações da infância. Eu "sei" que passei meses brigando com minha mãe a respeito. Vários anos atrás discuti isso com ela. Ela o recordava claramente, mas "sabia" que foi uma série breve de acontecimentos, alguns dias, talvez uma semana ou duas no máximo, e ela se surpreendeu de que eu me lembrasse do fato. Ficou para mim a decisão—sua memória contra a minha, minha fobia de cereal quente contra sua sensível e consciente maternidade.

O que surgiu foi a compreensão de que nenhum de nós estava mentindo ao outro de forma consciente, ainda que nossas histórias fossem visivelmente diferentes. Pode ser que jamais haja um modo de conhecer os fatos reais. A verdade histórica não era acessível; apenas sobraram as recordações; estas, coloriram-se de ambos os lados pelas repressões e distorções seletivas, elaborações e projeções que Freud descreveu.

Freud não sugere nenhuma solução para o dilema; o que ele revela é a compreensão de que a memória ou versão de seu próprio passado contém pistas para seus próprios modos de agir e ser. Não se trata simplesmente de um registro de acontecimentos passados, disposto em pequenas fileiras ordenadas para uma inspeção objetiva.

A teoria psicanalítica oferece um conjunto de instrumentos para a análise pessoal. Os instrumentos, que incluem um auto-exame paciente, reflexão, análise de sonhos e a observação de padrões repetidos de pensamento e comportamento, existem para serem usados como você desejar. Freud escreveu sobre a maneira como utilizou os instrumentos, sobre o que descobriu e o que concluiu de suas descobertas. Embora suas conclusões ainda sejam uma questão a discutir, seus instrumentos constituem o núcleo de uma dezena de outros sistemas e podem ser a mais duradoura das contribuições para o estudo da personalidade.

A TEORIA EM PRIMEIRA MÃO

O material seguinte provém de um dos primeiros trabalhos de Freud. A maior parte dele é auto-explanatória. Constitui uma visão rápida da forma como Freud trabalhava com a informação, do modo como ele formava um quadro coerente da causa de um único sintoma a partir de uns poucos itens informativos.

Nas férias de verão do ano de 189— fiz uma excursão ao Hohe Touern[1] de modo que por um momento pudesse esquecer a Medicina e mais particularmente as neuroses. Quase havia conseguido isso quando um belo dia desviei-me da estrada principal para subir uma montanha que ficava um pouco afastada e que era renomada por suas vistas e pela sua cabana de refúgio bem administrada. Alcancei o cimo após penosa subida e, sentindo-me revigorado e descansado, sentei-me, mergulhado em profunda contemplação do encanto da perspectiva distante. Estava tão perdido em meus pensamentos que a princípio não os relacionei comigo quando as palavras alcançaram meus ouvidos: "O senhor é médico?" Mas a pergunta fora endereçada a mim, e pela moça de expressão um pouco amuada, de talvez dezoito anos de idade, que me servira a refeição e à qual a senhoria se dirigira por "Katharina". A julgar pelos seus trajes e porte, ela não podia ser uma empregada, mas sem dúvida filha ou parenta da hospedeira.

Voltando a mim respondi: "Sim, sou médico: mas como você soube disso?"

"O senhor escreveu seu nome no livro de visitantes, senhor. E pensei que se tivesse alguns momentos a perder... A verdade é, senhor, que meus nervos estão ruins. Fui ver um médico em L_____ por causa deles e ele me receitou alguma coisa, mas ainda não estou boa."

---

[1] Uma das mais altas cordilheiras dos Alpes Orientais.

Assim lá estava eu novamente às voltas com as neuroses—pois nada mais poderia haver de anormal com aquela moça de constituição forte e sólida e de aparência infeliz. Fiquei interessado em constatar que as neuroses podiam florescer a uma altura superior a 2.000 metros; portanto, fiz-lhe outras perguntas. Relato a conversa que se seguiu entre nós da mesma maneira que se acha em minha memória e não alterei o dialeto da paciente.[2]

"Então, de que você sofre?"

"Tenho falta de ar. Nem sempre. Mas às vezes me apanha de tal forma que penso que vou ficar sufocada."

Isso não pareceu, à primeira vista, um sintoma nervoso. Mas logo me ocorreu que provavelmente era apenas uma descrição que representava um acesso de ansiedade: ela estava escolhendo a falta de ar de dentro do complexo das sensações que decorrem da ansiedade e atribuindo importância indevida àquele único fator.

"Sente-se aqui. Como é quando você 'fica sem ar'?"

"Chega de repente. Primeiro que tudo, parece que alguma coisa me aperta os olhos. A cabeça fica pesada, há um zumbido medonho e fico tão tonta que quase chego a cair. Então alguma coisa me esmaga o peito que quase não posso respirar."

"E não nota nada na garganta?"

"Minha garganta fica apertada como se eu fosse sufocar."

"Acontece mais alguma coisa na cabeça?"

"Sim, há um martelar, o suficiente para quebrá-la."

"E não se sente de modo algum assustada quando isso acontece?"

"Sempre penso que vou morrer. Em geral sou corajosa e ando por toda a parte sozinha—desde o porão até a montanha inteira. Mas no dia em que isso acontece não ouso ir a parte alguma; fico sempre pensando que alguém se acha por trás de mim e que vai me agarrar de repente."

Era assim de fato um acesso de ansiedade, e introduzido pelos sinais de uma "aura"[3] histérica—ou, mais corretamente, era um acesso histérico cujo conteúdo era a ansiedade. Será que provavelmente também não haveria outro conteúdo?

"Quando você tem um acesso pensa em alguma coisa? E sempre a mesma coisa? Ou vê alguma coisa diante de você?"

"Sim. Sempre vejo um rosto medonho que me olha de uma maneira terrível, de modo que fico assustada."

Talvez isso pudesse oferecer um meio rápido de chegar ao cerne da questão.

"Você reconhece o rosto? Quero dizer, é um rosto que realmente já viu alguma vez?"

"Não."

"Sabe de onde vêm os seus acessos?"

"Não."

"Quando os teve pela primeira vez?"

"Há dois anos, quando ainda vivia na outra montanha com minha tia. (Ela dirigia uma cabana de refúgio ali, e nos mudamos para aqui faz dezoito meses.) Mas continuam a acontecer."

Deveria fazer uma tentativa de análise? Não podia aventurar-me a utilizar a hipnose nessas altitudes, mas talvez tivesse sucesso com uma simples conversa. Eu teria que fazer uma boa conjectura. Muitas vezes tinha verificado que, em moças, a ansiedade era conseqüência do horror pelo qual uma mente virginal é dominada quando se defronta pela primeira vez com o mundo da sexualidade.[4]

---

[2] Nenhuma tentativa foi feita na tradução inglesa para imitar esse dialeto.

[3] As sensações premonitórias que precedem um ataque epiléptico ou histérico.

[4] Citarei aqui o caso em que pela primeira vez reconheci essa ligação causal. Estava tratando de uma mulher jovem, casada, que sofria de complicada neurose e, mais uma vez (cf. p. 160*n*), não estava disposta a admitir que sua doença provinha de sua vida de casada. Objetou que enquanto ainda era moça tinha tido acessos de ansiedade, que terminavam em ataques de desmaio. Permaneci firme. Quando chegamos a nos conhecer melhor subitamente me disse um dia: "Contarei agora ao senhor como vim a ter acessos

Então eu disse: "Se você não sabe, lhe direi como *eu* penso que você teve seus ataques. Naquela época, há dois anos, você deve ter visto ou ouvido algo que muito a constrangeu e que você teria preferido não ter visto".

"Céus, sim!" respondeu, "isso foi quando surpreendi meu tio com a moça, com Franziska, minha prima".

"Que história é essa sobre uma moça? Não vai me contar?"

"Suponho que se pode contar *tudo* a um médico. Bem, naquela época, o senhor sabe, meu tio—o marido de minha tia que o senhor viu aqui—tinha a estalagem na—Kogel.⁵ Agora estão divorciados, e a culpa é minha, porque foi através de mim que se veio a saber que ele andava com Franziska."

"E como você descobriu isso?"

"Foi assim. Um dia, há dois anos, alguns cavalheiros tinham subido a montanha e pediram alguma coisa para comer. Minha tia não estava em casa, e Franziska que era quem sempre cozinhava, não foi encontrada em parte alguma. Procuramos por toda parte, e finalmente Alois, o menino, que era meu primo, disse: 'Ora, Franziska deve estar no quarto de papai!' E ambos rimos, mas não estávamos pensando em nada de mau. Fomos então ao quarto do meu tio, mas o encontramos trancado. Isso me pareceu estranho. Então Alois disse: 'Há uma janela no corredor de onde se pode olhar para dentro do quarto'. Dirigimo-nos para o corredor, mas Alois não queria ir até a janela e disse que tinha medo. Então eu falei: 'Menino tolo! Então eu vou. Não tenho o menor medo'. E não tinha nada de mau na mente. Olhei para dentro. O quarto estava um pouco escuro, mas vi meu tio e Franziska; ele estava por cima dela."

"Então?"

"Afastei-me da janela imediatamente, apoiei-me na parede e fiquei sem ar—justamente o que me acontece desde então. Tudo se tornou sem expressão, minhas pálpebras se fecharam à força e houve um martelar e um zumbido na minha cabeça."

"Você contou isso à sua tia no mesmo dia?"

"De modo algum, não disse nada."

"Então por que ficou tão assustada quando os viu juntos? Você compreendeu? Você sabia o que estava se passando?"

"De forma alguma. Não compreendi nada naquela ocasião. Tinha somente dezesseis anos. Não sei por que me assustei."

"Fraulein Katharina, se pudesse lembrar-se agora do que lhe estava acontecendo naquela época, quando teve o seu primeiro ataque, o que você pensou sobre o fato . . . lhe ajudaria."

"Sim, se pudesse. Mas fiquei tão assustada que me esqueci de tudo."

[Traduzido na terminologia de nossa *Preliminary Communication* ("Comunicação Preliminar"), p. 53, isto significa: "O próprio afeto criou um estado hipnóide, cujos produtos foram isolados da ligação associativa com a consciência do ego".]

"Diga-me, Fraulein. Será que a cabeça que você sempre vê quando fica sem ar é a de Franziska, conforme então a viu?"

"Não, não, a aparência dela não era tão horrível. Além disso, era a cabeça de um homem."

"Ou talvez a do seu tio?"

"Não vi seu rosto assim tão claramente. Estava muito escuro no quarto. E por que iria ele fazer exatamente então uma cara tão medonha?"

"Você tem toda a razão."

---

de ansiedade quando era moça. Naquela época dormia num quarto contíguo ao dos meus pais; a porta ficava aberta e costumava haver uma luz acesa na mesa. Assim mais de uma vez vi meu pai ir para a cama com minha mãe e ouvia sons que me excitavam muito. Foi então que meus acessos sobrevieram."—[Dois casos dessa espécie são mencionados por Freud numa carta a Fliess, de 30 de maio de 1893 (Freud, 1950*a*, Carta 12). Cf. também Seção II do primeiro artigo sobre neurose de angústia (1895*b*).]

⁵ O nome da "outra" montanha.

(O caminho de repente pareceu bloqueado. Talvez algo pudesse surgir no restante da história.)

"E o que aconteceu então?"

"Bem, aqueles dois devem ter ouvido algum ruído, porque saíram logo depois. Senti-me muito mal o tempo todo. Fiquei sempre pensando naquilo. Então dois dias depois era domingo e havia muito o que fazer e eu trabalhei o dia inteiro. E na manhã da segunda-feira me senti tonta novamente e caí doente e fiquei acamada durante três dias ininterruptos."

Nós (Breuer e eu) muitas vezes havíamos comparado a sintomatologia da histeria com uma escrita pictográfica que se tornava inteligível após a descoberta de algumas inscrições bilíngües. Nesse alfabeto estar doente significa repulsa. Assim eu disse: "Se você ficou doente três dias depois, creio que isso significa que quando olhou para dentro do quarto sentiu repulsa".

"Sim, tenho certeza de que senti repulsa", disse ela pensativamente, "mas repulsa de quê?"

"Talvez você tenha visto alguém nu? Como eles estavam?"

"Estava muito escuro para ver qualquer coisa; além disso, ambos estavam vestidos. Oh, se pelo menos soubesse de que tive repulsa!"

Eu também não tinha nenhuma idéia. Mas disse-lhe que continuasse e que me contasse qualquer coisa que lhe ocorresse, na confiante expectativa de que ela viesse a pensar exatamente no que eu precisava para explicar o caso.

Bem, ela passou a descrever como afinal contou sua descoberta à tia, que achou que ela estava mudada e suspeitou que escondia algum segredo. Seguiram-se algumas cenas muito desagradáveis entre o tio e a tia, no curso das quais as crianças vieram a ouvir muitas coisas que lhes abriram os olhos de várias maneiras e que teria sido melhor que não tivessem ouvido. Finalmente, sua tia resolveu mudar-se com as crianças e a sobrinha e ficar com a presente estalagem, deixando o tio sozinho com Franziska, que entrementes ficara grávida. Depois disso, contudo, para minha surpresa, ela abandonou esses encadeamentos e começou a narrar-me dois grupos de histórias mais antigas, que retrocediam a dois ou três anos antes do momento traumático. O primeiro grupo relacionava-se com ocasiões nas quais o mesmo tio fizera investidas sexuais contra ela própria, quando ela tinha apenas quatorze anos. Descreveu como certa feita fora com ele numa viagem até o vale, no inverno, e passara ali a noite na estalagem. Ele ficou no bar bebendo e jogando cartas, mas ela sentiu sono e foi cedo para a cama no quarto que iam partilhar no andar de cima. Ela não estava ainda inteiramente adormecida quando ele subiu; então ela adormeceu novamente e despertou de súbito, "sentindo o corpo dele" na cama. Ela deu um salto e admoestou-o: "O que é que o senhor está fazendo, tio? Por que não fica na sua própria cama?" Ele tentou acalmá-la: "Ora, sua tola, fique quieta. Você não sabe como é bom." "Não gosto de suas coisas 'boas'; o senhor nem sequer deixa alguém dormir em paz." Ela ficou de pé na porta, pronta a refugiar-se no corredor, até que finalmente ele desistiu e foi dormir. Então ela voltou para a sua própria cama e dormiu até de manhã. Da forma pela qual relatou ter-se defendido, parece que não reconheceu nitidamente a investida como de ordem sexual. Quando lhe perguntei se ela sabia o que ele estava tentando fazer com ela, respondeu: "Não naquela ocasião". Disse então que isso tinha ficado claro para ela muito depois: resistira porque era desagradável ser perturbada no sono e "porque não era correto".

Fui obrigado a relatar isso minuciosamente, por causa de sua grande importância para a compreensão de tudo o que se seguiu. Ela passou a relatar-me ainda outras experiências um pouco posteriores: como mais uma vez teve de defender-se dele numa estalagem quando estava inteiramente bêbado, e histórias semelhantes. Em resposta a uma pergunta quanto a se nessas ocasiões ela sentira algo semelhante à sua posterior falta de ar, respondeu incisivamente que sentira todas as vezes a pressão sobre os olhos e o peito, mas nada semelhante à força que havia caracterizado a cena da descoberta.

Logo após ter terminado esse grupo de lembranças, começou a contar-me um segundo, que se relacionava com ocasiões nas quais notara algo entre o tio e

Franziska. Uma vez toda a família passara a noite, sem tirar a roupa, num palheiro, e ela foi despertada subitamente por um ruído; pensou haver notado que o tio, que tinha ficado deitado entre ela e Franziska, se afastava, e que Franziska estava acabando de deitar-se. De outra feita passavam a noite numa estalagem na aldeia de N_____; ela e o tio estavam num quarto e Franziska num outro contíguo. Despertou de súbito durante a noite e viu uma figura alta de branco na porta, prestes a girar a maçaneta: "Deus dos céus, é o senhor, tio? O que está fazendo na porta?"–"Fique quieta. Estava somente procurando alguma coisa."–"Mas a saída é pela *outra* porta."–"Foi um engano meu" . . . e assim por diante.

Perguntei-lhe se ela tinha ficado desconfiada naquela ocasião. "Não, não pensei nada sobre aquilo; apenas notei e não pensei mais no assunto." Quando lhe perguntei se ela tinha ficado assustada nessas ocasiões, respondeu que pensava que sim, mas não estava certa disso.

Ao fim desses dois grupos de lembranças ela parou. Era como alguém que tivesse passado por uma transformação. O rosto amuado e infeliz ficara animado, os olhos brilhavam, sentia-se leve e exultante. Entrementes, a compreensão do seu caso tornara-se clara para mim. A última parte do que me contara, numa forma aparentemente sem sentido, proporcionou uma admirável explicação do seu comportamento na cena da descoberta. Naquela ocasião guardara consigo dois grupos de experiências das quais se recordava mas não compreendia, e das quais não tirou quaisquer inferências. Quando vislumbrou o casal no ato sexual, de imediato estabeleceu uma ligação entre a nova impressão e esses dois grupos de lembranças e começou a compreendê-los e, ao mesmo tempo, rechaçá-los. Seguiu-se então um curto período de elaboração, de "incubação", após o qual os sintomas de conversão se fixaram, os vômitos substituindo a repulsa moral e física. Isto solucionou o enigma. Ela não sentira repulsa pela visão das duas pessoas mas pela lembrança que aquela visão despertara nela. E, levando tudo em conta, isso só poderia ser a lembrança da investida contra ela na noite em que "sentira o corpo do tio".

Assim, quando ela terminara sua confissão eu lhe disse: "Sei agora o que foi que você pensou quando olhou para dentro do quarto: 'Agora ele está fazendo com ela o que desejava fazer comigo naquela noite e das outras vezes'. Foi disso que você teve repulsa, porque recordou a sensação de quando despertou durante a noite e sentiu o corpo dele".

"Pode muito bem ter sido", respondeu, "que isso é que me causou repulsa e que tenha sido isso o que pensei".

"Diga-me apenas mais uma coisa. Você agora é uma moça crescida e sabe todas as espécies de coisas . . ."

"Sim, agora eu sou."

"Diga-me apenas uma coisa. Qual a parte do corpo dele que você sentiu naquela noite?"

Mas ela não me deu mais nenhuma resposta definida. Sorriu de maneira constrangedora, como se a tivessem descoberto, como alguém que é obrigado a admitir que se atingiu uma posição fundamental onde não resta mais muita coisa a dizer. Pude imaginar qual foi a sensação tátil que ela depois aprendeu a interpretar. Sua expressão facial parecia dizer-me que eu tinha razão em minha conjetura. Mas não pude ir mais além, e, seja como for, sou-lhe grato por me haver tornado muito mais fácil conversar com ela do que com as senhoras pudicas da minha clínica na cidade, que consideram tudo o que é natural como vergonhoso.

Assim o caso ficou esclarecido.–Mas paremos um momento! Que dizer da alucinação periódica da cabeça que surgia durante seus acessos e lhe infundia terror? De onde provinha? Perguntei-lhe então por ela e, como se *seu* conhecimento também tivesse sido ampliado por nossa conversa, respondeu prontamente: "Sim, agora eu sei. A cabeça é do meu tio–agora a reconheço–mas não *daquela* época. Posteriormente, quando todas as brigas tinham irrompido, meu tio deu vazão a uma cólera sem sentido contra mim. Sempre dizia que tudo tinha sido culpa minha: se eu não tivesse dado com a língua nos dentes, tudo aquilo não teria redundado em divórcio. Ameaçou-me e se me via à distância, seu rosto se transfigurava de ódio e partia para mim com a mão levantada. Eu sempre fugia dele, e sempre ficava apavorada de que ele me apanhasse descuidada. O rosto que sempre vejo agora é o dele quando estava furioso".

Esses dados me fizeram recordar que seu primeiro sintoma histérico, os vômitos, tinham passado; o ataque de ansiedade permaneceu e adquiriu novo conteúdo. Em conseqüência, estávamos tratando de uma histeria que havia sido abreagida em grau considerável. E de fato ela havia informado a tia de sua descoberta pouco depois do acontecimento.

"Você contou à sua tia as outras histórias – sobre as investidas que ele fez contra você?"

"Contei. Não imediatamente, mas depois, quando já se falava em divórcio. Minha tia disse: 'Vamos conservar isso em reserva. Se ele provocar barulho no tribunal, também contaremos isso'."

Posso bem compreender que deve ter sido precisamente este último período – quando ocorreram cenas cada vez mais agitadas na casa, quando o próprio estado da paciente deixou de interessar à sua tia, que estava inteiramente absorvida pela pendência – que deve ter sido este período de acúmulo e retenção que lhe deixou o legado do símbolo mnêmico (do rosto alucinado).

Espero que essa moça, cuja sensibilidade sexual fora ferida numa idade tão precoce, tenha tirado algum benefício de nossa conversa. Desde então não a vi mais (1895, livro 5, Caso 4, pp. 123-131 na ed. bras.).*

EXERCÍCIOS

Primeiras Recordações

Freud descobriu que as primeiras recordações eram freqüentemente indicativas de atuais problemas pessoais. Esse exercício é, para você, uma forma de começar a avaliar essa idéia.

1. Dividam-se em duplas. Em cada dupla, decidam quem falará e quem registrará. Vocês trocarão os papéis, por isso não se preocupem com quem será o primeiro.

2. (Para o relator) Sente-se de forma a não olhar para o redator. Você terá cinco minutos para lembrar-se de sua mais remota recordação ou de qualquer recordação antiga. Conte-a à pessoa que está registrando. Quanto mais clara e vividamente puder recordá-la, mais você aproveitará o exercício. Se você tiver outras lembranças que se liguem àquela que está descrevendo, sinta-se livre para mencioná-las.

3. (Para o redator) Sua tarefa é tomar notas enquanto seu parceiro lhe fala sobre eventos passados. Anote referências a incidentes da vida posterior. Preste atenção especial à importância que seu parceiro dá a qualquer aspecto da recordação. Observe as diferenças nos sentimentos expressos pelo seu parceiro. Se você quiser, enquanto estiver anotando, use os termos freudianos descritos nesse capítulo. Esteja atento aos possíveis mecanismos de defesa que diluem ou disfarçam a lembrança.

---

* (*Nota de rodapé acrescentada em 1924:*) uso, após tantos anos, levantar o véu da discrição e revelar que Khatarina não era a sobrinha, mas sim a filha da senhoria. A moça adoeceu, portanto, como resultado de investidas sexuais por parte do próprio pai. Distorções como a que introduzi no presente exemplo devem ser evitadas inteiramente ao relatar-se um caso. Do ponto de vista da compreensão do caso, uma distorção dessa natureza não é, naturalmente, assunto tão indiferente quanto seria deslocar a cena de uma montanha para outra.

4. Após cinco minutos, parem e, sem discutir o exercício, troquem de papéis. Novamente, a pessoa que é relator narra recordações, enquanto que o parceiro as escreve.

5. Ao final de cinco minutos parem e pensem a respeito do que vocês disseram e ouviram.

6. Discutam suas anotações um com o outro. Apontem as implicações e as conexões, se vocês acharem que pode ser proveitoso. Tentem relacionar aspectos das recordações com o seu modo de vida atual, ou com a forma como você reage hoje a situações que se assemelham àquelas que você recordou.

Observação: Se qualquer um de vocês sentir-se constrangido ou perturbado durante a fase de discussão, simplesmente peça as anotações feitas a respeito de suas recordações, agradeça seu parceiro e trabalhe sozinho.

Há Modelos em Sua Vida?

Freud sugere que nossos relacionamentos atuais se ligam aos relacionamentos com nossos pais. Eis uma forma de investigar esta possibilidade:

I

1. Faça uma lista de algumas das pessoas das quais você mais gostou ou amou em sua vida—excluindo seus pais. Faça uma lista separada para homens e mulheres.

2. Faça uma lista dos aspectos agradáveis e desagradáveis de suas personalidades.

3. Observe, reflita sobre, ou escreva as semelhanças e diferenças em sua lista. Muitos homens partilham de certos traços enquanto as mulheres têm outros em comum? Há um tipo particular de pessoa que você tenha apreciado?

II

1. Faça uma lista das características agradáveis ou desagradáveis de seus pais, como eles são atualmente.

2. Faça uma lista das características agradáveis e desagradáveis de seus pais, da forma como você os via enquanto crescia.

III

1. Compare e confronte a lista de atributos de seus pais com aquelas de seus amigos.

2. Considere, discuta ou escreva se você percebe em sua própria vida qualquer relação entre as qualidades de seus pais e as de seus amigos.

Diário de Sonhos

1. Guarde um bloco de notas junto à sua cama. De manhã *antes* de fazer qualquer coisa, faça algumas anotações sobre seus sonhos. (Mesmo que você nunca tenha se lembrado de sonhos antes, esse procedimento provavelmente lhe ajudará a recordar-se deles. Os grupos de estudantes, a quem isto foi dado como uma tarefa forçada, começaram a se lembrar com regularidade de seus sonhos em poucos dias.)

2. Mais tarde, durante o dia, escreva de forma completa seu sonho.

3. Tente compreender o que pode significar os vários aspectos de seus sonhos. Preste atenção àqueles fragmentos que parecem ser parte de seu "resíduo diurno". Há qualquer parte do sonho que reflita seus próprios desejos ou atitudes para com outros? Seus sonhos parecem ter algum significado para você?

Quais são suas associações com aspectos particulares dos sonhos? Verifique se estas associações apontam seus possíveis significados. Como poderiam os sonhos constituir tentativas de "realização de desejos"?

4. Mantenha este diário durante várias semanas. Enquanto você for lendo outras partes deste texto, aprenderá novas formas de encarar os sonhos. De vez em quando, examine detalhadamente seu livro de sonhos e veja se pode fazer novas interpretações. Você pode observar qualquer tema repetido ou padrão em seus sonhos?

Mecanismos de Defesa

1. Lembre-se de uma época ou de um acontecimento que foi psicologicamente doloroso; talvez a morte de um amigo íntimo ou conhecido, ou uma época em que você foi humilhado de forma profunda, surrado ou surpreendido numa transgressão.

2. Observe, em primeiro lugar, seu desinteresse em lembrar-se claramente dos fatos, sua resistência em até mesmo pensar sobre eles. "Eu não quero fazer isto, posso pular este exercício, ele é fácil de entender. Por que eu deveria pensar nisto de novo?"

3. Se você puder, supere suas defesas iniciais com um esforço de vontade e lembre-se do fato. Você pode conscientizar-se de sentimenros fortes novamente.

4. Se for difícil concentrar-se na recordação, observe, ao invés disso, os modos pelos quais sua mente continua dirigindo sua atenção para digressões paralelas. Você pode começar a perceber a maneira como você evita a tensão psíquica?

Fases Psicossexuais

Os exercícios seguintes são modos de centrar sua atenção nas idéias, atitudes, crenças e sentimentos das fases de desenvolvimento.

Eles são mais uma forma de chegar aos tipos de experiências que levaram ao desenvolvimento da teoria do que uma forma de chegar a ela própria.

Oral. Vá à farmácia e compre uma mamadeira. Encha-a com leite, água ou suco de frutas.

Quer sozinho ou com outros membros desta classe, beba da mamadeira. Esteja atento a suas reações. O ato ou mesmo o pensamento de beber de uma mamadeira lhe traz qualquer recordação ou sentimento? Se você continuar a fazê-lo, quais são as posturas nas quais você se sente mais confortável? Permita-se vivenciar suas reações não-controladas a este experimento.

Compare suas reações com as dos outros. Essas experiências são comuns aos homens? E às mulheres?

Anal. Tente conscientizar-se mais da forma como a privacidade é garantida pela arquitetura dos banheiros, por lavatórios públicos, pelo banheiro de sua casa. Observe seu próprio comportamento num banheiro da escola para homens ou mulheres. Você se esforça por permanecer isolado, não encontrando os olhos de ninguém ou até mesmo sem olhar para ninguém?

Você pode imaginar-se urinando em público? Num parque? Ao lado de uma rodovia? Numa floresta?

Muitas pessoas têm comportamentos de toalete fortemente condicionados. Algumas pessoas precisam ler enquanto estão sentadas no banheiro. Qual poderia ser o propósito deste comportamento?

Partilhe algumas de suas observações com outros. Torne-se ciente de sua resistência em falar de aspectos deste exercício.

Fálica. Você pode lembrar-se de suas recordações iniciais a respeito de seus órgãos sexuais? Você pode lembrar-se do que seus pais diziam a respeito deles? (Mulheres) Você pode recordar-se de pensamentos ou idéias que você tinha a respeito de meninos e seus pênis? (Homens) Você pode lembrar-se do medo de poder vir a perder seu pênis? Se você não tem nenhuma lembrança deste tipo de sentimentos, isto é razão suficiente para pressupor que não havia nenhum sentimento desta natureza nessa época.

Genital. 1. Escreva as informações incorretas que você teve a respeito de questões sexuais que foram subseqüentemente corrigidas (Exemplos: você foi trazido pela cegonha ou achado num supermercado. Toda vez que você tem relações sexuais, esta leva à gravidez.) 2. Suas primeiras experiências sexuais mudaram suas atitudes ou crenças a respeito de sua própria sexualidade? Elas reforçaram crenças previamente sustentadas? Como você se sentiu com relação às suas primeiras experiências sexuais? Você se sente de outro modo agora? Você pode relacionar suas atitudes atuais sobre questões sexuais com atitudes ou crenças antigas.

BIBLIOGRAFIA COMENTADA
Livros de Freud

Freud, Sigmund, 1916-1917. *Conferências Introdutórias sobre Psicanálise.* Edição STANDARD Brasileira das Obras Psicológicas Completas de Sigmund Freud, com os comentários e notas de James Strachey, sob a direção de Jayme Salomão, vols. I-XXIV. Rio de Janeiro, Imago Editora, 1972-1977. Duas séries de conferências dadas na Universidade de Viena. A primeira parte do livro não pressupõe conhecimento do assunto; a segunda parte pressupõe a familiarização com a primeira. Conferências destinadas a estudantes.

──── , 1900. *A Interpretação de Sonhos.* Edição STANDARD, vols. IV, V. Freud comentou a respeito (do livro) em 1931: "Mesmo segundo meu julgamento atual, contém a mais valiosa de todas as descobertas que eu tive a sorte de fazer". Nós concordamos. O melhor livro de Freud; leia-o para apreciar seu gênio intuitivo e estilo literário.

──── , 1963. *Three Case Histories.* New York: Collier Books. Três casos analisados por Freud. Ele apresenta o material dos casos, combinando-os com sua teoria em desenvolvimento. Tão próximo quanto é possível ver Freud em ação a partir de seus escritos.

──── , 1957. *A General Selection from the Works of Sigmund Freud.* Editado por John Rickman. New York: Doubleday. Um bom grupo de leituras tiradas de diferentes partes do trabalho de Freud. Há outras coleções que podem ser tão boas como essa. Nós gostamos desta.

Livros sobre Freud

Brenner, Charles, 1974. *Noções Básicas de Psicanálise - Introdução à Psicologia Psicanalítica.* Rio de Janeiro, Imago Editora; São Paulo, Editora da Universidade de São Paulo, 1975. Fornece uma exposição clara e completa dos pressupostos fundamentais e de sua expressão clínica. Indicado para terapeutas.

Hall, Calvin S., 1954. *A Primer of Freudian Psychology*. New York: Mentor, New American Library. Uma exposição curta, lúcida e de agradável leitura das características principais das teorias de Freud. É um livro conciso e exato. A melhor introdução simples disponível.

Hall, Calvin S. e Lindzey, Gardner, 1968. The Relevance of Freudian Psychology and Related Viewpoints for the Social Sciences. In *The Handbook of Social Psychology*, 2ª ed., org. por G. Lindzey e E. Arronson. Menlo Park., Calif.: Addison—Wesley. Um resumo de nível intermediário do pensamento psicanalítico, com ênfase em sua relevância para a psicologia social. Um enfoque teórico mais do que clínico.

Jones, Ernest, 1963. *Vida e Obra de Sigmund Freud*. Rio de Janeiro, Zahar Editores, 1975. Uma versão curta da biografia de Freud, em um volume. Fascinante e de leitura agradável.

Rapaport, David, 1959. The Structure of Psychoanalytic Theory. In *Formulations of the Person and the Social Context*, vol. 3. Psychology: The Study of a Science, org. por S. Koch. New York: McGraw-Hill. Está entre as exposições teóricas mais sofisticadas e completas do pensamento psicanalítico. O livro é contra-indicado para os covardes.

REFERÊNCIAS

Auden, W. H., 1945. *The Collected Poems of W. H. Auden*. New York, Random House.

Brenner, Charles, (1974). *Noções Básicas de Psicanálise - Introdução à Psicologia Psicanalítica*. Rio de Janeiro, Imago Editora; São Paulo, Editora da Universidade de São Paulo, 1975.

Colby, Kenneth Mark, 1951. *A Primer for Psychotherapists*. New York: Ronald Press.

Farber, Leslie H., 1966. *The Ways of the Will: Essays toward a Psychology and Psycho-pathology of Will*. New York: Harper and Row.

Fenichel, Otto, 1945. *The Psychoanalytic Theory of Neurosis*. New York: Norton.

Fodor, Nandor, e Gaynor, Frank, 1958. *Freud: Dictionary of Psychoanalysis*. New York: Fawcett Books.

Freud, Anna, 1936. *O Ego e Seus Mecanismos de Defesa*. Rio de Janeiro, Ed. Biblioteca Univ. Popular, 1968.

Freud, Sigmund, 1894. *As Psiconeuroses de Defesa*. Edição STANDARD Brasileira, vol. II, ou livro 32 da *Pequena Coleção das Obras de Freud*. Rio de Janeiro, Imago Editora.*

⎯⎯⎯, 1900. *A Interpretação de Sonhos*. Edição STANDARD, vols. VI e V.

⎯⎯⎯, 1901. *Psicopatologia da Vida Cotidiana*. Edição STANDARD, vol. VI.

⎯⎯⎯, 1905a. *Três Ensaios sobre a Teoria da Sexualidade*. Edição STANDARD, vol. VII, ou livro 2 da *Pequena Coleção*.

⎯⎯⎯, 1905b. *Fragmentos de Uma Análise de Um Caso de Histeria*. Edição STANDARD, vol. VII.

⎯⎯⎯, 1906. *A Psicanálise e a Determinação dos Fatos nos Processos Jurídicos*. Edição STANDARD, vol. IX, ou livro 31 da *Pequena Coleção*.

⎯⎯⎯, 1907. *Atos Obsessivos e Práticas Religiosas*. Ed. STANDARD, vol. IX, ou livro 31 da *Pequena Coleção*.

⎯⎯⎯, 1908. *Moral Sexual "Civilizada" e Doença Nervosa Moderna*. Edição STANDARD, vol. IX, ou livro 31 da *Pequena Coleção*.

⎯⎯⎯, 1909. *Notas Sobre um Caso de Neurose Obsessiva*. Ed. STANDARD, vol. X.

⎯⎯⎯, 1910. *Cinco Lições de Psicanálise*. Edição STANDARD, vol. XI, ou livro 1 da *Pequena Coleção*.

---

* N.T.: A data entre parênteses depois de cada referência de Freud corresponde à data original da publicação em alemão. Quando foi possível, as referências foram alistadas tais quais aparecem na Edição STANDARD Brasileira das Obras Psicológicas Completas de Sigmund Freud, vols. I-XXIV, editados (com comentários e notas de James Strachey) pela Imago Editora Ltda, Rio de Janeiro. Outras edições foram mencionadas somente quando usadas para citações no texto.

———, 1911. *Formulações Sobre Dois Princípios de Funcionamento Mental*. Edição STANDARD, vol. XII.
———, 1914. *História do Movimento Psicanalítico*. Edição STANDARD, vol. XIV, ou livro 6 da *Pequena Coleção*.
———, 1915. *Repressão*. Edição STANDARD, vol. XIV, ou livro *Metapsicologia*, da *Pequena Coleção*. As transformações do instinto exemplificadas no erotismo anal. Edição STANDARD, vol. XVII, ou livro 27 da *Pequena Coleção*.
———, 1919. *Linhas de Progresso na Terapia Psicanalítica*. Edição STANDARD, vol. XVII, ou livro 27 da *Pequena Coleção*.
———, 1920. *Além do Princípio do Prazer*. Edição STANDARD, vol. XVIII, ou livro 13 da *Pequena Coleção*.
———, 1923. *Dois Verbetes de Enciclopédia*. Edição STANDARD, vol. XIX, ou livro 15 da *Pequena Coleção*.
———, 1925. *Um Estudo Autobiográfico*. Edição STANDARD, vol. XX, ou livro da *Pequena Coleção*.
———, 1926. *A Questão da Análise Leiga*. Edição STANDARD, vol. XX, ou livro da *Pequena Coleção*.
———, 1930. *O Mal-Estar da Civilização*. Ed. STANDARD, vol. XXI, ou livro 8 da *Pequena Coleção*.
———, 1933. *Novas Conferências Introdutórias Sobre Psicanálise*. Ed. STANDARD, vol. XXII, ou livros 28 e 29 da *Pequena Coleção*.
———, 1940. *Esboço de Psicanálise*. Edição STANDARD, vol. XXIII, ou livro 7 da *Pequena Coleção*.
———, 1950. *As Origens da Psicanálise* (incluindo 1895, um projeto para psicologia científica). Edição STANDARD, vol. III, ou livro 12 da *Pequena Coleção*.
———, 1963. *The Cocaine Papers*. Zurich: Duquin Press. (Texto não encontrado na Edição STANDARD, publicado originalmente em 1884–1887.)
Fromm, Erich, 1950. *A Missão de Freud: Uma Análise de Sua Personalidade e Influência*. Rio de Janeiro, Zahar Editores, 1965.
Hall, Calvin S., 1954. *A Primer of Freudian Psychology*. New York: Mentor Books.
Halt, Robert R., 1965. A review of some of Freud's biological assumptions and their influence on his theories. In *Psychoanalysis and Current Biological Thought*, org. por Norman S. Greenfield e William C. Lewis. Madison, Wis.: University of Wisconsin Press.
Jones, Ernest, 1974. *Vida e Obra de Sigmund Freud*. Rio de Janeiro, Zahar Editores, 1975, 2ª ed.
Krishna, Gopi, 1974. *Higher Consciousness: the Evolutionary Thrust of Kundalini*. New York: Julian Press.
LeBarre, Weston, 1968. Personality from a psychoanalytic viewpoint. In *The Study of Personality: an Interdisciplinary Appraisal*, org. por E. Norbeck, D. Price-Williams, e W. McCord, pp. 65–87. New York: Holt Rinehart and Winston.
LaPlanche, J. e Pontalis, J.B., 1967. *Vocabulário da Psicanálise*. Santos, Livraria Martins Fontes Editora Ltda, 1977, 3a. ed.
Lauzan, Gerard, 1963. *Sigmund Freud: the Man and His Theories*. Traduzido por Patrick Evans. New York: Fawcett.
Masserman, Jules H., 1961. *Principles of Dynamic Psychiatry*. 2ª ed. Philadelphia: Saunders.
Rycroft, Charles, 1972. *As Idéias de Reich*. Mestres da Modernidade, São Paulo, Editora Cultrix.
Sears, Robert T., 1936. Experimental studies of projection: I, atributions of traits. *Journal of Social Psychology*, 7:151–163.
Shah, Idries, 1972. *The Magic Monastery*. New York: Dutton.
Wolheim, Richard, 1971. *As idéias de Freud*. Mestres da Modernidade, São Paulo, Editora Cultrix, 1977.

CAPÍTULO 2

CARL JUNG
E A
PSICOLOGIA ANALÍTICA

CARL JUNG

Carl Jung desenvolveu uma teoria de psicologia complexa e fascinante, que abrange uma série extraordinariamente extensa de comportamentos e pensamentos humanos. A análise de Jung sobre a natureza humana inclui investigações acerca de religiões orientais, Alquimia, Parapsicologia e Mitologia. De início, sua teoria provocou maior impacto em filósofos, folcloristas e escritores do que em psicólogos ou psiquiatras. Hoje em dia, entretanto, a crescente preocupação com a consciência e o potencial humanos fez ressurgir o interesse pelas idéias de Jung.

Em suas pequisas e escritos, Jung de maneira alguma ignorou o lado negativo, mal ajustado da natureza humana. Entretanto, seus maiores esforços foram devotados à investigação das metas mais distantes da aspiração e da realização humanas. Um dos principais conceitos de Jung é o da "individuação", termo que usa para um processo de desenvolvimento pessoal que envolve o estabelecimento de uma conexão entre o ego, centro da consciência, e o *self*, centro da psique total, o qual, por sua vez, inclui tanto a consciência como o inconsciente. Para Jung, existe interação constante entre a consciência e o inconsciente, e os dois não são sistemas separados, mas dois aspectos de um único sistema. A psicologia junguiana está basicamente interessada no equilíbrio entre os processos conscientes e inconscientes e no aperfeiçoamento do intercâmbio dinâmico entre eles.

> Minha vida é a história de um inconsciente que se realizou (Jung, 1961, p. 19 na ed. bras.).

HISTÓRIA PESSOAL

Carl Gustav Jung nasceu na Suíça a 26 de julho de 1875. Seu pai e vários parentes próximos eram pastores luteranos e, portanto, já na infância Jung foi afetado de maneira profunda por questões religiosas e espirituais. Em sua autobiografia, *Memórias, Sonhos, Reflexões*, Jung relata duas experiências precoces extremamente poderosas, que influenciaram de forma marcante sua atitude frente à religião. Entre 3 e 4 anos, sonhou com uma imagem fálica aterrorizante, em cima de um trono, num quarto subterrâneo. O sonho assediou Jung durante anos. Só muito tempo mais tarde ele descobriu que a imagem era um falso ritual; representava um "Deus subterrâneo", mais amedrontador porém mais real e poderoso para Jung que Jesus e a Igreja.

A segunda experiência ocorreu quando Jung tinha 12 anos. Ele saiu da escola, ao meio-dia, e viu o sol cintilando no telhado da catedral. Refletiu sobre a beleza do mundo, o esplendor da igreja e a majestade de Deus sentado, no alto do firmamento, num trono de ouro. Jung ficou então, de súbito, aterrorizado com a direção de seus pensamentos e recusou-se a continuar a pensar nesta linha, que ele sentia como altamente sacrílega. Tentou, por vários dias, suprimir o pensamento proibido. Afinal Jung permitiu a si mesmo completá-lo: ele viu a bonita catedral e Deus sentado em seu trono, lá no alto, sobre o mundo, e por baixo do trono saiu um enorme excremento que caiu sobre o teto da catedral, despedaçou-a e quebrou suas paredes.

De alguma forma pode ser difícil para nós, hoje, imaginar o aterrorizante poder da visão de Jung. Dados o convencional pietismo e a falta de sofisticação psicológica em 1887, tais pensamentos eram não somente inconfessáveis, como também impensáveis. Entretanto, seguindo sua visão, Jung sentiu, ao invés da danação esperada, um enorme alívio e um estado de graça. Interpretou sua experiência como uma prova enviada por Deus para mostrar-lhe que cumprir o Seu desejo pode fazer com que a pessoa vá contra a igreja e contra as mais sagradas tradições. Daí em diante, Jung sentiu-se distanciar da devoção convencional de seu pai e de seus parentes religiosos. Ele viu como a maioria das pessoas se afasta de uma experiência religiosa direta, permanecendo limitada pela letra de convenção da Igreja ao invés de considerar seriamente o espírito de Deus como uma realidade viva.

Em parte como resultado de suas experiências interiores, Jung sentiu-se isolado das pessoas. Às vezes, ele se sentia intoleravelmente sozinho. A escola o aborrecia; entretanto, ele desenvolveu uma paixão pela leitura, "uma ânsia absoluta de ler qualquer recorte de material impresso que caísse em minhas mãos" (Jung, 1961).

Na época de entrar na universidade, Jung resolveu estudar medicina mantendo um compromisso entre seus interesses por ciências naturais e humanas. Foi atraído pela psiquiatria como o estudo dos "distúrbios da personalidade" (embora naquele tempo a psiquiatria fosse relativamente pouco desenvolvida e indiferenciada); percebeu que a psiquiatria envolvia ambas as perspectivas científica e humana. Jung também desenvolveu um interesse pelos fenômenos psíquicos e investigou as mensagens recebidas por um médium local, para sua tese sobre "Psicologia e Patologia dos Assim Chamados Fenômenos Ocultos".

Em 1900, Jung tornou-se interno na Clínica Psiquiátrica Burgholzli em Zurique, um dos mais progressivos centros psiquiátricos da Europa. Zurique tornou-se sua morada permanente. Em 1902, Jung estudou com Pierre Janet, o notável psiquiatra francês.

Em 1904, Jung montou um laboratório experimental na Clínica Psiquiátrica e desenvolveu o teste de associação de palavras para diagnóstico psiquiátrico. Neste teste, o sujeito é convidado a responder a uma lista padronizada de palavras-estímulo; qualquer demora irregular entre o estímulo e a resposta é um indicador de tensão emocional relacionada, de alguma forma, à palavra-estímulo. Jung tornou-se também perito em interpretar os significados psicológicos implícitos nas várias associações produzidas. Em 1905, com trinta anos, tornou-se professor em psiquiatria na Universidade de Zurique e médico efetivo na Clínica Psiquiátrica.

A despeito das fortes críticas apontadas a Freud nos meios científicos e acadêmicos, Jung estava convencido do valor do trabalho de Freud. Enviou a este cópias de seus artigos e de seu primeiro livro *The Psychology of Dementia Praecox* e, em seguida, Freud convidou-o para ir a Viena. Em seu primeiro encontro, os dois homens conversaram virtualmente, sem pausa, durante treze horas. Passou a haver troca de correspondência semanal depois disso, e Freud chegou a considerar Jung seu sucessor lógico.

A despeito de sua íntima amizade, os homens discordavam em pontos fundamentais. Jung nunca foi capaz de aceitar a insistência de Freud de que as causas da repressão eram sempre traumas sexuais. Este último, por sua vez, ficava sempre apreensivo com o interesse de Jung pelos fenômenos mitológicos, espirituais e ocultos. Os dois homens tiveram um rompimento definitivo em 1912, quando Jung publicou *Symbols of Transformation*, que incluía sua análise da libido como uma energia psíquica generalizada, assim como outras idéias que diferiam das de Freud. Este rompimento foi doloroso para Jung, mas ele havia decidido permanecer fiel às suas próprias convicções.

Jung desenvolveu gradualmente suas próprias teorias sobre processos

> Fui tragado por esse mesmo sonho desde meus onze anos e dele nasceu minha obra principal. Minha vida, impregnada, tecida, unificada por uma obra, foi centrada num objetivo, o de penetrar no segredo da personalidade. Tudo se explica a partir desse ponto central e toda minha obra se relaciona com esse tema (Jung, 1961, p. 182 na ed. bras.).

> Eu só posso esperar e desejar que ninguém se torne "junguiano". Eu não defendo uma doutrina, mas descrevo fatos e chamo a atenção para certas opiniões que considero dignas de discussão. . . . Eu deixo qualquer pessoa livre para lidar com os fatos a seu próprio modo, uma vez que eu também reclamo essa liberdade para mim (Jung, 1973, p. 405).

> Deus nunca falou aos homens exceto dentro e através da psique, e a psique o compreende e nós o experimentamos como algo psíquico (Jung, 1973, p. 98).

inconscientes e sobre a análise dos símbolos oníricos. Ele chegou a perceber que seus procedimentos para análise dos símbolos oníricos de seus pacientes poderiam também ser aplicados na análise de outras formas de simbolismo — que ele tinha uma chave para a interpretação de mitos, contos populares, símbolos religiosos e arte.

O interesse pelos processos psicológicos fundamentais conduziu Jung ao estudo das antigas tradições ocidentais da Alquimia e Gnosticismo (uma religião helenística e tradição filosófica) e também à investigação de culturas não-européias. Jung fez duas excursões à África e viajou para o Novo México a fim de visitar os índios Pueblos. Ele também foi à Índia, onde estudou com dedicação o pensamento hindu, chinês e tibetano.

Em 1944, quando tinha sessenta e nove anos, Jung quase morreu após um grave ataque de coração. No hospital, ele experimentou uma poderosa visão, na qual parecia estar flutuando alto no espaço, a umas mil milhas acima da Terra, com o Ceilão abaixo de seus pés, a Índia estendida à sua frente e o deserto da Arábia à sua esquerda. Jung entrou, então, em um grande bloco de pedra que também flutuava no espaço. Um templo havia sido escavado no enorme bloco e, à medida que se aproximava dos degraus que conduziam à entrada, Jung sentia que deixava tudo para trás e só o que restava de sua existência terrena era a própria experiência, sua história de vida. Viu sua vida como parte de uma grande matriz histórica, da qual ele nunca tivera consciência até aquele momento. Antes de conseguir entrar no templo, Jung foi interpelado por seu médico, que lhe contou que ele não tinha o direito de deixar a Terra naquele momento. Neste ponto a visão extinguiu-se.

Por várias semanas depois disso, à medida que Jung gradualmente se recuperava da doença, ele permanecia fraco e deprimido durante o dia, mas acordava toda noite por volta de meia-noite com sentimentos de profundo êxtase, sentindo-se como se estivesse flutuando num mundo cheio de bem-aventuranças. Suas visões noturnas duravam cerca de uma hora e, então, ele pegava no sono novamente.

Quando sarou, Jung entrou num período bastante produtivo, no qual escreveu muitos dos seus trabalhos mais importantes. As visões deram-lhe coragem para formular algumas de suas idéias mais originais. Estas experiências também mudaram a perspectiva pessoal de Jung para uma atitude mais profundamente afirmativa em relação a seu próprio destino. "Eu poderia formulá-lo como uma afirmação das coisas tal qual elas são: um sim incondicional ao que é, sem objeções subjetivas numa aceitação das condições da existência como as vejo e compreendo; aceitação do meu ser como ele é, simplesmente. . . . Porque assim há um eu que não recua quando surge o incompreensível; um eu que resiste, que suporta a verdade e que está à altura do mundo e do destino" (Jung, 1961, p. 259 na ed. bras.).

Jung morreu a 6 de junho de 1961, com 86 anos, após uma vida de prática clínica, pesquisas e escritos.

ANTECEDENTES INTELECTUAIS
Freud

Embora Jung já fosse um psiquiatra profissional antes de se encontrar com Freud, as teorias deste constituíram claramente as influências mais fortes em seu pensamento. *A Interpretação de Sonhos*, de Freud, inspirou Jung a procurar seu próprio enfoque para o sonho e análise de símbolos. As teorias de Freud sobre os processos inconscientes também deram a Jung o primeiro vislumbre das possibilidades de analisar sistematicamente a dinâmica do funcionamento mental, ao invés de acomodar-se aos esquemas superficiais de classificação que caracterizavam a psiquiatria daquele tempo. Jung reconheceu a validade dos empreendimentos de Freud na área da Psicopatologia e, portanto, sentiu que seus próprios esforços teóricos poderiam ser mais consagrados a questões relativas ao crescimento positivo e à individuação.

Jung escreveu que "a maior realização de Freud, sem dúvida, consistiu em levar a sério os seus pacientes neuróticos, penetrando em sua peculiar psicologia individual. Ele teve a coragem de dar a palavra à casuística, penetrando, dessa forma, na psicologia individual do doente. . . . Reconhecendo o sonho como as mais importantes informações sobre os processos do inconsciente, arrancou do passado e do esquecimento um valor que parecia irremediavelmente perdido" (Jung, 1961, p. 151 na ed. bras.).

A concepção de Jung sobre o inconsciente pessoal é semelhante ao inconsciente da teoria psicanalítica. O inconsciente pessoal é composto de memórias esquecidas, experiências reprimidas e percepções subliminares. Jung formulou também o conceito de inconsciente coletivo, também conhecido como impessoal ou transpessoal. Seus conteúdos são universais e não--estabelecidos em nossa experiência pessoal. Este conceito constitui, talvez, a maior divergência em relação a Freud e, ao mesmo tempo, sua maior contribuição à Psicologia.

> Não concordo quando dizem que eu sou um sábio ou "iniciado" na sabedoria. Certo dia, um homem encheu o chapéu com água tirada de um rio. O que significa isso? Eu não sou esse rio, estou à sua margem, mas nada faço (Jung, 1961, p. 307 na ed. bras.).

> O inconsciente não é, de forma alguma, um saco vazio no qual o lixo da consciência é coletado... ele é toda a outra metade da psique viva (Jung, 1973, p. 143).

Literatura

Jung era muito culto em filosofia e literatura. Quando jovem, ele foi profundamente impressionado por Goethe. *Fausto*, de Goethe, foi a principal influência na conceptualização de Jung relacionada à procura do desenvolvimento individual, e proporcionou a compreensão do poder do mal e de sua relação com o crescimento e o autoconhecimento (*self insight*).

Nietzsche também teve grande repercussão nele. Jung sentia que o trabalho de Nietzsche tinha grande penetração psicológica, embora sua fascinação pelo poder tendesse a obscurecer seu retrato de um ser humano maduro e livre. Jung via Nietzsche e Freud como representantes de dois dos maiores temas da cultura ocidental—poder e eros. Entretanto, ele sentia que ambos estavam tão profundamente envolvidos por esses dois temas vitais que se tornaram quase que obcecados por eles.

Alquimia

Jung pesquisou as tradições ocidentais que lidavam com o desenvolvimento da consciência. Ele estava especialmente interessado nos símbolos e conceitos usados para descrever este processo. Jung descobriu a literatura ocidental, ignorada, por muito tempo, como tolice mágica e pré-científica. Ele analisou os tratados alquímicos como representações da mudança interna e da purificação, dissimuladas em metamorfoses químicas e mágicas. A transformação de metais básicos em ouro, por exemplo, pode ser vista como uma metáfora para a mudança da personalidade e consciência no processo de individuação.

A Flor de Ouro é um símbolo mandálico com que eu freqüentemente me deparei no material trazido por meus pacientes. É desenhada tanto vista de cima, como um ornamento geométrico regular, quanto como um botão crescendo de uma planta. A planta é, com freqüência, uma estrutura em cores ardentes e brilhantes, que nasce de um leito de escuridão e carrega o botão de luz no topo (Jung em Wilhelm & Jung, 1962, p. 101).

Pensamento Oriental

Prosseguindo em suas pesquisas sobre mitos e simbolismo, Jung desenvolveu teorias próprias a respeito da individuação ou integração da personalidade. Mais tarde, ele se impressionou profundamente por diversas tradições orientais, que forneciam a primeira confirmação exterior de muitas de suas próprias idéias, em especial de seu conceito de individuação.

Richard Wilhelm, um estudioso alemão que viveu na China por muitos anos, enviou a Jung o manuscrito de sua tradução do *Segredo da Flor de Ouro*, um texto espiritual chinês clássico, expresso em termos alquímicos. Jung descobriu que as descrições orientais do crescimento espiritual, do desenvolvimento psíquico interno e da integração, correspondem rigorosamente ao processo de individuação que ele observou em seus pacientes ocidentais.

Jung também se preocupou em apontar importantes diferenças entre os caminhos de individuação oriental e ocidental. A estrutura social e cultural na qual o processo de crescimento ocorre é muito diferente no Oriente e no Ocidente, assim como as atitudes predominantes em relação ao conceito de individuação e àqueles que buscam ativamente esta meta. O desejo de desenvolvimento e iluminação internos é bem aceito no Oriente onde há procedimentos e técnicas claramente reconhecidos, para a facilitação deste processo.

Jung acreditava, entretanto, que tal sistematização do processo de crescimento tinha seus próprios perigos.

> Há séculos a Ioga congelou-se num sistema fixo, mas, a princípio o simbolismo da mandala irrompeu do inconsciente, tão individual e diretamente como acontece, hoje, com o homem ocidental. . . . A Ioga, entretanto, tal como nós a conhecemos hoje em dia, tornou-se um método de treinamento espiritual que é ensinado aos iniciados de cima para baixo . . . o que é exatamente o oposto daquilo que eu faço (Jung, 1973, pp. 196–197).

Jung procurou desenvolver a princípio suas próprias teorias, e cuidadosamente evitou imitar o pensamento oriental. Após retornar de sua excursão à Índia, Jung escreveu:

> Evitei todos os possíveis encontros com os homens "santos". Evitei-os porque devia contentar-me com minha própria verdade, nada aceitando fora daquilo que pudesse atingir por mim mesmo. Teria tido a impressão de cometer um roubo se procurasse ser instruído pelos "santos", tomando sua verdade como se fosse minha (Jung, 1961, p. 242 na ed. bras.).

Jung argumentou que os procedimentos orientais para a individuação, como Ioga e Budismo, são geralmente inadequados para os ocidentais. Ele sentia que os contextos e as atitudes culturais relacionados a essas práticas são de muitos modos estranhos àqueles nascidos e criados no Ocidente. Os ocidentais que têm procurado doutrinas orientais tenderam a repudiar sua herança ocidental, tentando imitar a cultura oriental tanto quanto possível e desligando-se de importantes partes de suas próprias psiques.

O conceito oriental de mandala também influenciou fortemente o pensamento de Jung. Mandala é a palavra sânscrita para círculo ou para um esquema ou diagrama circular usado com freqüência em meditação e outras

Siga aquela vontade e aquele caminho que a experiência atesta ser o seu próprio, isto é, a verdadeira expressão de sua individualidade (Jung em Serrano, 1966, p. 83).

práticas espirituais. Jung descobriu que seus analisandos produziam de forma espontânea desenhos de mandala ainda que fossem completamente estranhos à arte ou filosofia orientais. Para Jung, a mandala simboliza o processo de individuação; ela tende a aparecer nos desenhos de analisandos que progrediram consideravelmente em seu crescimento pessoal. O centro do desenho representa o *self*, que vem substituir o ego limitado como centro da personalidade; o diagrama circular como um todo representa o equilíbrio e a ordem que se desenvolvem na psique à medida que o processo de individuação progride.

CONCEITOS PRINCIPAIS
As Atitudes: Introversão e Extroversão

Dentre todos os conceitos de Jung, *introversão* e *extroversão* são os mais usados. Jung descobriu que cada indivíduo pode ser caracterizado como sendo primeiramente orientado ou para seu interior ou para o exterior. A energia dos introvertidos segue de forma mais natural em direção a seu mundo interno, enquanto que a energia do extrovertido é mais focalizada no mundo externo.

Ninguém é puramente introvertido ou extrovertido. Jung comparou esses dois processos ao batimento cardíaco—há uma alternância rítmica entre o ciclo de contração (introversão) e o ciclo de expansão (extroversão). Entretanto, cada indivíduo tende a favorecer uma ou outra atitude e opera principalmente em termos desta atitude.

Algumas vezes a introversão é mais apropriada, em outras ocasiões o é a extroversão. As duas são mutuamente exclusivas; não se pode manter ambas as atitudes, a introversão e a extroversão, ao mesmo tempo. Nenhuma das duas é melhor que a outra. O ideal é ser flexível e capaz de adotar qualquer uma delas quando for apropriado—operar em termos de um equilíbrio entre as duas e não desenvolver uma maneira fixa de responder ao mundo.

Os interesses primários dos introvertidos concentram-se em seus próprios pensamentos e sentimentos, em seu mundo interior. Eles tendem a ser profundamente introspectivos. Um perigo para tais pessoas é imergir de forma demasiada em seus mundos interiores, perdendo o contato com o ambiente externo. O professor distraído, se estereotipado, é um exemplo claro deste tipo de pessoas.

Os extrovertidos envolvem-se com o mundo externo das pessoas e coisas; tendem a ser mais sociais e conscientes do que está acontecendo à sua volta. Eles necessitam proteger-se para não serem dominados pelas exterioridades e alienarem-se de seus próprios processos internos. Riesman (1950) discute esta tendência em sua descrição de indivíduos orientados para os outros e que se apóiam quase que exclusivamente nas idéias alheias, ao invés de desenvolverem suas próprias opiniões.

As Funções: Pensamento, Sentimento, Sensação, Intuição

Jung identificou quatro funções psicológicas fundamentais: pensamento, sentimento, sensação e intuição. Cada função pode ser experienciada tanto de uma maneira introvertida quanto extrovertida.

Jung via o pensamento e o sentimento como maneiras alternativas de elaborar julgamentos e tomar decisões. O *pensamento* está relacionado com a verdade, com julgamentos derivados de critérios impessoais, lógicos e objetivos. A consistência e princípios abstratos são altamente valorizados. Os tipos reflexivos (aqueles indivíduos em quem o pensamento é função predominante) são os maiores planejadores; entretanto, tendem a agarrar-se a seus planos e teorias, ainda que sejam confrontados com nova e contraditória evidência. *Sentir* é tomar decisões de acordo com julgamentos de valores próprios, por exemplo, bom ou mau, certo ou errado, agradável ou desagradável (ao invés de julgar em termos de lógica ou eficiência, como no pensar). Tipos sentimentais são orientados para o aspecto emocional da experiência. Eles preferem emoções fortes e intensas ainda que negativas, a experiências "mornas".

Jung classifica a sensação e a intuição, juntas, como as formas de apreender informações, ao contrário das formas de tomar decisões. A *sensação* refere-se a um enfoque na experiência direta, na percepção de detalhes, de fatos concretos—o que uma pessoa pode ver, tocar, cheirar. A experiência concreta, tangível, tem prioridade sobre a discussão ou a análise da experiência. Os tipos sensitivos tendem a responder à situação imediata, e lidam efetiva e eficientemente com todos os tipos de crises e emergências. Em geral, eles trabalham melhor com instrumentos e utensílios do que qualquer um dos outros tipos. A *intuição* é uma forma de processar informações em termos de experiência passada, objetivos futuros e processos inconscientes. As implicações da experiência (o que *poderia* acontecer, o que é possível) são mais importantes para os intuitivos do que a experiência real por si mesma. Pessoas fortemente intuitivas dão significado às suas percepções com tamanha rapidez que via de regra não conseguem separar suas interpretações dos dados sensoriais brutos. Os intuitivos processam informação muito depressa e relacionam, de forma automática, a experiência passada e informações relevantes à experiência imediata. Pelo fato deles freqüentemente categorizarem em termos de material inconsciente, seu pensamento parece avançar aos trancos e barrancos.

Para o indivíduo, uma combinação das quatro funções resulta numa abordagem equilibrada do mundo. Jung escreve: "A fim de nos orientarmos, temos que ter uma função que nos assegure de que algo está aqui (sensação); uma segunda função que estabeleça *o que* é (pensamento); uma terceira função que declare se isto nos é ou não apropriado, se queremos aceitá-lo ou não (sentimento); e uma quarta função que indique de onde isto veio e para onde vai (intuição)" (Jung, 1942, p. 167).

Entretanto, ninguém desenvolve igualmente bem todas as quatro funções. Cada pessoa tem uma função fortemente dominante, e uma função auxiliar parcialmente desenvolvida. As outras duas funções são em geral inconscientes e a eficácia de sua ação é bem menor. Quanto mais desenvolvidas e conscientes forem as funções dominante e auxiliar, mais profundamente inconscientes serão seus opostos (veja Fig. 2.1).

Nosso tipo funcional indica nossas forças e fraquezas relativas e o estilo de atividade que tendemos a preferir. A tipologia de Jung é especialmente útil no relacionamento com os outros, ajudando-nos a compreender os relacionamentos sociais; ela descreve como as pessoas percebem de maneiras alternadas e usam critérios diferentes ao agir e ao fazer julgamentos. Por exemplo, oradores intuitivos-sentimentais não terão um estilo de conferência lógico, firmemente organizado e detalhado como oradores reflexivos-sensitivos. É provável que seus discursos sejam divagações, que apresentem o sentido

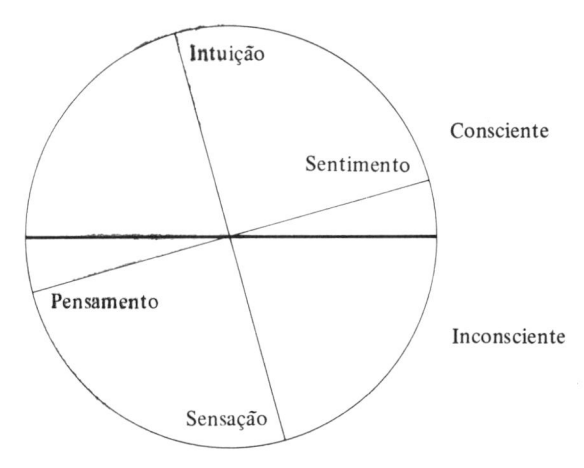

1a. Um tipo **intuitivo**-sentimental (intuição fortemente desenvolvida; sentimento um pouco menos).

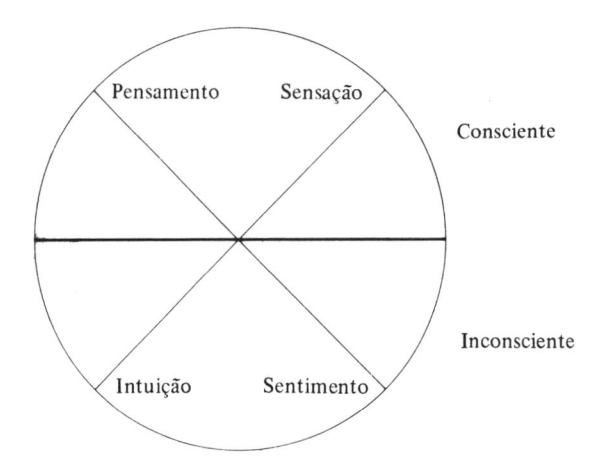

1b. Um tipo reflexivo-sensitivo (tanto sensação como pensamento estão bem desenvolvidos).

Figura 2.1. Exemplos da Tipologia Funcional de Jung. As funções acima da linha horizontal são as mais desenvolvidas e mais conscientes, e vice-versa.

de um tema abordando-o sob vários ângulos diferentes, ao invés de desenvolvê-lo sistematicamente.

Jung chamou a função menos desenvolvida em cada indivíduo de "função inferior". Esta função é a menos consciente e a mais primitiva e indiferenciada. Ela pode representar uma influência demoníaca para algumas pessoas, pelo fato de terem tão pouco entendimento ou controle sobre ela. Por exemplo, tipos cuja função mais forte é a intuitiva podem achar que os impulsos sexuais parecem misteriosos ou até perigosamente fora de controle, pelo fato de haver excessiva falta de contato com sua função sensitiva.

Inconsciente Coletivo

Jung escreve que nós nascemos com uma herança psicológica, que se soma à herança biológica. Ambas são determinantes essenciais do comporta-

Nossa mente inconsciente, assim como nosso corpo, é um depositário de relíquias do passado (Jung, 1968, p. 63 na ed. bras.).

mento e da experiência. "Exatamente como o corpo humano representa um verdadeiro museu de órgãos, cada qual com sua longa evolução histórica, da mesma forma deveríamos esperar encontrar também, na mente, uma organização análoga. Nossa mente jamais poderia ser um produto sem história, em situação oposta ao corpo, no qual a história existe" (Jung, 1964, p. 67 na ed. bras.).

O inconsciente coletivo inclui materiais psíquicos que não provêm da experiência pessoal. Alguns psicólogos, como Skinner, assumem implicitamente que cada indivíduo nasce como uma lousa em branco, uma *tábula rasa*; em conseqüência, todo desenvolvimento psicológico vem da experiência pessoal. Jung postula que a mente da criança já possui uma estrutura que molda e canaliza todo posterior desenvolvimento e interação com o ambiente.

Ele (o inconsciente coletivo) é mais parecido com uma atmosfera na qual vivemos do que algo que se encontra *dentro* de nós. É simplesmente a quantidade desconhecida no mundo (Jung, 1973, p. 433).

> O inconsciente coletivo . . . é constituído, numa proporção mínima, por conteúdos formados de maneira pessoal; não são aquisições individuais, são essencialmente os mesmos em qualquer lugar e não variam de homem para homem. Este inconsciente é como o ar, que é o mesmo em todo lugar, é respirado por todo o mundo e não pertence a ninguém. Seus conteúdos (chamados arquétipos) são condições ou modelos prévios da formação psíquica em geral (Jung, 1973, p.408).

A maneira pela qual Jung aborda o inconsciente coletivo pode ser vista na passagem que se segue, extraída de uma carta a um de seus analisandos:

> Você confia em seu inconsciente como se ele fosse um pai amoroso. Mas ele é *natureza*, e não pode ser usado como se fosse um ser humano digno de confiança. Ele é *não-humano* e necessita da mente humana para funcionar proveitosamente para os propósitos do homem. Ele sempre busca os propósitos coletivos dele e nunca seu destino individual. Seu destino é o resultado da colaboração entre o consciente e o inconsciente (Jung, 1973, p. 283).

Arquétipo

Primordial significa "primeiro" ou "original"; portanto, uma imagem primordial refere-se ao mais primitivo desenvolvimento da psique. O homem herda essas imagens de seu passado ancestral, um passado que inclui todos os seus ancestrais humanos, assim como seus ancestrais pré--humanos ou animais (Jung em Hall e Nordby, 1973, p. 39).

Dentro do inconsciente coletivo há "estruturas" psíquicas ou arquétipos. Tais arquétipos são formas sem conteúdo próprio que servem para organizar ou canalizar o material psicológico. Eles se parecem um pouco com leitos de rio secos, cuja forma determina as características do rio desde que a água começa a fluir por eles. Jung também chama os arquétipos de imagens primordiais, porque eles correspondem freqüentemente a temas mitológicos que reaparecem em contos e lendas populares de épocas e culturas diferentes.

Os mesmos temas podem ser encontrados em sonhos e fantasias de muitos indivíduos. De acordo com Jung, os arquétipos, como elementos estruturais formadores que se firmam no inconsciente, dão origem tanto às fantasias individuais quanto às mitologias de um povo. Eles tendem a aparecer como determinadas regularidades—tipos recorrentes de situações e figuras. A situação arquetípica inclui "a busca do herói", "a viagem noturna no mar" e a "luta para se libertar da mãe". Figuras arquetípicas incluem a criança divina, o duplo, o velho sábio e a mãe primordial.

A história de Édipo é uma boa ilustração de um arquétipo. É um motivo tanto mitológico quanto psicológico, uma situação arquetípica que lida com o relacionamento do filho com seus pais. Há, obviamente, muitas outras situações ligadas ao tema, tal como o relacionamento da filha com seus pais, o relacionamento dos pais com os filhos, relacionamentos entre homem e mulher, irmãos, irmãs e assim por diante.

O termo "arquétipo" é freqüentemente mal compreendido, julgando-se que expressa imagens ou motivos mitológicos definidos. Mas estes são nada mais do que representações conscientes. . . . O arquétipo é uma tendência a formar tais representações de um motivo—representações que podem variar muito em detalhes, sem perder sua configuração original. Há, por exemplo, muitas representações do motivo irmãos inimigos, mas o próprio motivo permanece o mesmo (Jung, 1964, p. 67 na ed. bras.).

> É importante esclarecer que (os arquétipos) não são simples nomes ou conceitos filosóficos. São porções da própria vida—imagens integralmente ligadas ao indivíduo através de uma verdadeira ponte de emoções (Jung, 1964, p. 96 na ed. bras.).

Uma extensa variedade de símbolos pode ser associada a um dado arquétipo. Por exemplo, o arquétipo materno compreende não somente a mãe real de cada indivíduo, mas também todas as figuras de mãe, figuras nutridoras. Isto inclui mulheres em geral, imagens míticas de mulheres (tais como Vênus, Virgem Maria, mãe Natureza) e símbolos de apoio e nutrição, tais como a Igreja e o Paraíso. O arquétipo materno inclui não somente aspectos positivos, mas também negativos, como a mãe ameaçadora, dominadora ou sufocadora. Na Idade Média, por exemplo, este aspecto do arquétipo estava cristalizado na imagem da bruxa.

Jung escreveu que "os conteúdos de um arquétipo podem ser integrados na consciência, mas eles próprios não têm esta capacidade. Portanto, os arquétipos não podem ser destruídos através da integração ou da recusa em admitir a entrada de seus conteúdos na consciência. Eles permanecem uma fonte à canalização das energias psíquicas durante a vida inteira e precisam ser continuamente trabalhados" (Jung, 1951, p. 20).

Cada uma das principais estruturas da personalidade são arquétipos, incluindo o *ego*, a *persona*, a *sombra*, a *anima* (nos homens), o *animus* (nas mulheres) e o *self*.

Símbolos

De acordo com Jung, o inconsciente se expressa primariamente através de símbolos. Embora nenhum símbolo concreto possa representar de forma plena um arquétipo (que é uma forma sem conteúdo específico), quanto mais um símbolo harmonizar-se com o material inconsciente organizado ao redor de um arquétipo, mais ele evocará uma resposta intensa, emocionalmente carregada.

Jung está interessado nos símbolos "naturais" que são produções espontâneas da psique individual, mais do que em imagens ou esquemas deliberadamente criados por um artista.

Além dos símbolos encontrados em sonhos ou fantasias de um indivíduo, há também símbolos coletivos importantes, que são geralmente imagens religiosas, tais como a cruz, a estrela de seis pontas de David e a roda da vida budista.

> Assim como uma planta produz flores, assim a psique cria os seus símbolos (Jung, 1964, p. 64 na ed. bras.).

Imagens e termos simbólicos via de regra representam conceitos que nós não podemos definir com clareza ou compreender plenamente. Para Jung, um signo *representa* alguma outra coisa; um símbolo *é* alguma coisa em si mesma—uma coisa dinâmica, viva. O símbolo representa a situação psíquica do indivíduo e ele *é* essa situação num dado momento.

Aquilo a que nós chamamos de símbolo pode ser um termo, um nome ou até uma imagem que nos pode ser familiar na vida diária, embora possua conotações específicas além de seu significado convencional e óbvio. Implica algo vago, desconhecido para nós. . . . Assim, uma palavra ou uma imagem é simbólica quando implica alguma coisa além de seu significado manifesto e imediato. Esta palavra ou esta imagem tem um aspecto "inconsciente" mais amplo que não é nunca precisamente definido ou plenamente explicado (Jung, 1964, p. 20 na ed. bras.).

Sonhos

Os sonhos são pontes importantes entre processos conscientes e inconscientes. Comparado à nossa vida onírica, o pensamento consciente contém menos emoções intensas e imagens simbólicas. Os símbolos oníricos freqüentemente envolvem tanta energia psíquica, que somos compelidos a prestar atenção neles.

Para Jung, os sonhos desempenham, na psique, um importante papel complementar (ou compensatório). Ajudam a equilibrar as influências dispersadoras e imensamente variadas a que estamos expostos em nossa vida consciente; tais influências tendem a moldar nosso pensamento de diversas maneiras que são com freqüência inadequadas à nossa personalidade e individualidade. "A função geral dos sonhos é tentar estabelecer a nossa balança psicológica pela produção de um material onírico que reconstitui, de maneira útil, o equilíbrio psíquico total" (Jung, 1964, p. 49 na ed. bras.).

Jung abordou os sonhos como realidades vivas que precisam ser experimentadas e observadas com cuidado para serem compreendidas. Ele tentou descobrir o significado dos símbolos oníricos prestando muita atenção à forma e ao conteúdo do sonho e, com relação à análise dos sonhos, Jung distanciou-se gradualmente da confiança psicanalítica na livre associação. "A livre associação vai trazer à tona todos os meus complexos, mas dificilmente o significado de um sonho. Para entender o significado do sonho, precisamos nos agarrar tanto quanto possível às suas imagens" (Jung, 1934, p. 149). Na análise, Jung traria continuamente seus pacientes de volta às imagens do sonho, e perguntar-lhes-ia: "O que dizia o *sonho*?" (Jung, 1964, p. 29 na ed. bras.).

Pelo fato do sonho lidar com símbolos que têm mais de um significado, não pode haver um sistema simples ou mecânico para sua interpretação. Qualquer tentativa de análise de um sonho precisa levar em conta as atitudes, a experiência e a formação (*background*) do sonhador. É uma aventura comum vivida entre o analista e o analisando. O caráter das interpretações do analista é apenas experimental, até que elas sejam aceitas e sentidas como válidas pelo analisando.

> A imagem constitui uma *expressão* concentrada *da situação psíquica total*, não apenas dos conteúdos inconscientes ou predominantemente destes (Jung, 1921, p. 442).

Mais importante do que a compreensão cognitiva dos sonhos é o ato de experienciar o material onírico e levá-lo a sério. Um analista junguiano salientou a importância de "tratar nossos sonhos como amigos" e encará-los não como eventos isolados, mas como comunicações dos contínuos processos inconscientes. "É necessário que o inconsciente torne conhecida sua própria direção, e nós devemos dar-lhe direito de voto idêntico ao do ego, se é que cada lado deva adaptar-se ao outro. À medida que o ego ouve e o inconsciente é encorajado a participar do diálogo, a posição do inconsciente é transformada daquela de um adversário para a de um amigo, com pontos de vista de algum modo diferentes mas complementares" (Singer, 1972, p. 283).

O Ego

O ego é o centro da consciência e um dos maiores arquétipos da personalidade. Ele fornece um sentido de consistência e direção em nossas vidas conscientes. Ele tende a contrapor-se a qualquer coisa que possa ameaçar esta

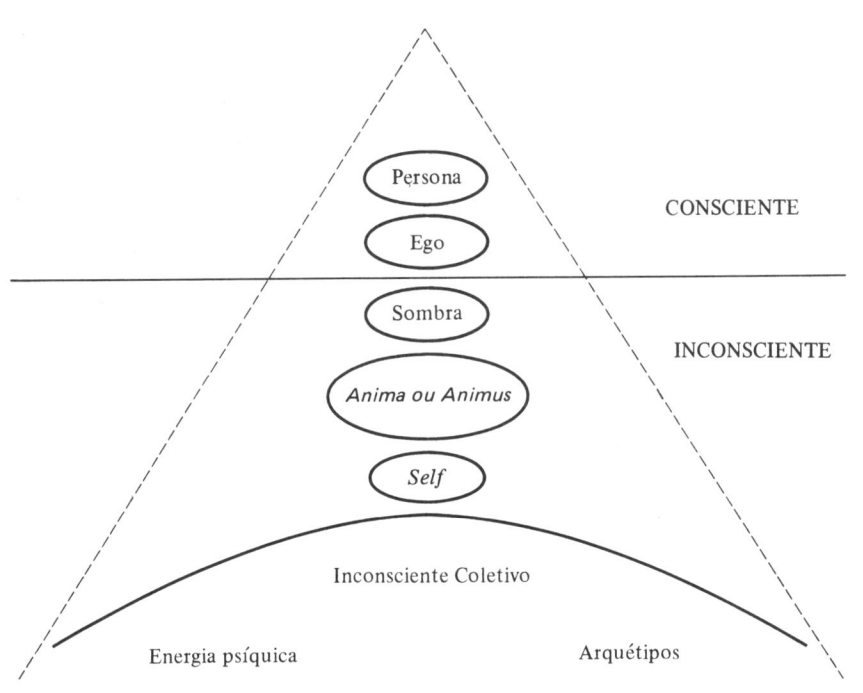

```
                    Persona
                     Ego         CONSCIENTE
    ─────────────────────────────────────────
                    Sombra
                                 INCONSCIENTE
                 Anima ou Animus
                     Self
              Inconsciente Coletivo
       Energia psíquica         Arquétipos
```

Figura 2.2 A estrutura da personalidade. Este diagrama descreve a ordem pela qual os principais arquétipos geralmente aparecem em análises junguianas. Entretanto, qualquer representação bidimensional da teoria junguiana pode ser enganosa ou até incorreta. O *self*, por exemplo, é mais profundamente inconsciente do que as outras estruturas da personalidade, mas ao mesmo tempo é também o centro da personalidade total. (Cortesia de Thomas Parker.)

frágil consistência da consciência e tenta convencer-nos de que sempre devemos planejar e analisar conscientemente nossa experiência. Somos levados a crer que o ego é o elemento central de toda a psique e chegamos a ignorar sua outra metade, o inconsciente.

De acordo com Jung, a princípio a psique é apenas o inconsciente. O ego emerge dele e reúne numerosas experiências e memórias, desenvolvendo a divisão entre o inconsciente e o consciente. Não há elementos inconscientes no ego, só conteúdos conscientes derivados da experiência pessoal.

A Persona

Nossa persona é a forma pela qual nos apresentamos ao mundo. É o caráter que assumimos; através dela nós nos relacionamos com os outros. A persona inclui nossos papéis sociais, o tipo de roupa que escolhemos para usar e nosso estilo de expressão pessoal. O termo "persona" é derivado da palavra latina equivalente a máscara, e que se refere às máscaras usadas pelos atores no drama grego para dar significado aos papéis que estavam representando. As palavras "pessoa" e "personalidade" também estão relacionadas a este termo.

A persona tem aspectos tanto positivos quanto negativos. Uma persona dominante pode abafar o indivíduo e aqueles que se identificam com sua persona tendem a se ver apenas nos termos superficiais de seus papéis sociais e de sua fachada. Jung chamou também a persona de "arquétipo da conformidade". Entretanto, a persona não é totalmente negativa. Ela serve para pro-

> O ego quer sempre explicações, a fim de consolidar sua existência (Jung, 1973, p. 427).

teger o ego e a psique das diversas forças e atitudes sociais que nos invadem. A persona é também um instrumento precioso para a comunicação. Nos dramas gregos, as máscaras dos atores, audaciosamente desenhadas, informavam a toda a platéia, ainda que de forma um pouco estereotipada, sobre o caráter e as atitudes do papel que cada ator estava representando. A persona pode, com freqüência, desempenhar um papel importante em nosso desenvolvimento positivo. À medida que começamos a agir de determinada maneira, a desempenhar um papel, nosso ego se altera gradualmente nessa direção.

Entre os símbolos comumente usados para a persona, incluem-se os objetos que usamos para nos cobrir (roupas, véus), símbolos de um papel ocupacional (instrumentos, pasta de documentos) e símbolos de status (carro, casa, diploma). Esses símbolos foram todos encontrados em sonhos como representações da persona. Por exemplo, em sonhos, uma pessoa com persona forte pode aparecer vestida de forma exagerada ou constrangida por um excesso de roupas. Uma pessoa com persona fraca poderia aparecer despida e exposta. Uma expressão possível de uma persona extremamente inadequada seria o fato de não ter pele.

A Sombra

A sombra é o centro do inconsciente pessoal, o núcleo do material que foi reprimido da consciência. A sombra inclui aquelas tendências, desejos, memórias e experiências que são rejeitadas pelo indivíduo como incompatíveis com a persona e contrárias aos padrões e ideais sociais. Quanto mais forte for nossa persona, e quanto mais nos identificarmos com ela, mais repudiaremos outras partes de nós mesmos. A sombra representa aquilo que consideramos inferior em nossa personalidade e também aquilo que negligenciamos e nunca desenvolvemos em nós mesmos. Em sonhos, a sombra freqüentemente aparece como um animal, um anão, um vagabundo ou qualquer outra figura de categoria mais baixa.

Em seu trabalho sobre repressão e neurose, Freud concentrou-se, de início, naquilo que Jung chama de sombra. Jung descobriu que o material reprimido se organiza e se estrutura ao redor da sombra, que se torna, em certo sentido, um *self* negativo, a sombra do ego. A sombra é via de regra vivida em sonhos como uma figura escura, primitiva, hostil ou repelente, porque seus conteúdos foram violentamente retirados da consciência e aparecem como antagônicos à perspectiva consciente. Se o material da sombra for trazido à consciência, ele perde muito de sua natureza amedrontadora e escura.

> Como posso ser substancial sem dispor de uma sombra? Eu também preciso ter um lado escuro, se quiser ser inteiro; e, tornando-me consciente de minha sombra, lembro-me, novamente, de que sou um ser humano como qualquer outro (Jung, 1931c, p. 59).

A sombra é mais perigosa quando não é reconhecida. Neste caso, o indivíduo tende a projetar suas qualidades indesejáveis em outros ou a deixar-se dominar pela sombra sem o perceber. Quanto mais o material da sombra tornar-se consciente, menos ele pode dominar. Entretanto, a sombra é uma parte integral de nossa natureza e nunca pode ser simplesmente eliminada. Uma pessoa sem sombra não é um indivíduo completo, mas uma caricatura bidimensional que rejeita a mescla do bom e do mal e a ambivalência presentes em todos nós.

Cada porção reprimida da sombra representa uma parte de nós mesmos. Nós nos limitamos na mesma proporção que mantemos este material inconsciente.

À medida que a sombra se faz mais consciente, recuperamos partes de nós mesmos previamente reprimidas. Além disso, a sombra não é apenas uma força negativa na psique. Ela é um depósito de considerável energia instintiva, espontaneidade e vitalidade, e é a fonte principal de nossa criatividade. Assim como todos os arquétipos, a sombra origina-se no inconsciente coletivo e pode permitir acesso individual a grande parte do valioso material inconsciente que é rejeitado pelo ego e pela persona.

No momento em que acharmos que a compreendemos, a sombra aparecerá de outra forma. Lidar com a sombra é um processo que dura a vida toda, e que consiste em olhar para dentro e refletir honestamente sobre aquilo que vemos lá.

A seguinte passagem, extraída de uma das cartas de Jung, fornece uma instrução clara de sua abordagem em relação à sombra e ao inconsciente em geral.

> É uma questão muito difícil e importante aquilo que vocês chamam de técnica para lidar com a sombra. Na verdade, não existe técnica nenhuma, visto que este termo se refere ao fato de existir uma maneira conhecida e talvez até prescrita de lidar com certa dificuldade ou tarefa. É um procedimento antes comparável à diplomacia ou à política. Não há, por exemplo, nenhuma técnica particular que possa ajudar-nos a reconciliar duas facções políticas opostas. Pode ser uma questão de boa vontade, ou tato diplomático, ou uma guerra civil ou qualquer outra coisa. Se podemos falar de alguma técnica, esta consiste apenas numa atitude. Em primeiro lugar, é preciso aceitar e levar seriamente em conta a existência da sombra. Segundo, é necessário ser informado sobre suas qualidades e intenções. Terceiro, negociações longas e difíceis serão inevitáveis...
>
> Ninguém pode saber qual será a conseqüência final de tais negociações. A única coisa de que se tem conhecimento é que, através de colaboração cuidadosa, o próprio problema vem a ser mudado. Muitas vezes, determinadas intenções aparentemente impossíveis da sombra são meras ameaças devidas à falta de vontade, por parte do ego, de levar a sombra a sério. Via de regra, tais ameaças diminuem quando as encaramos com seriedade. Pares de opostos têm uma tendência natural a encontrarem-se na linha do meio, mas esta linha não é nunca um compromisso pensado pelo intelecto e imposto às facções em luta. Mais do que isso, é o resultado de um conflito pelo qual temos que passar. Esses conflitos só podem ser resolvidos se os suportarmos, e não através de um estratagema engenhoso ou de uma invenção inteligente. Na verdade, você tem que acirrar esses conflitos até que expludam sem restrições, de maneira que os opostos lentamente se dissolvam. É mais um tipo de procedimento alquimista do que uma escolha e decisão racionais. O sofrimento constitui uma parte indispensável dele. Qualquer solução real só é alcançada com intenso sofrimento. Este mostra o grau em que somos intoleráveis para com nós mesmos. "Concordai com vosso inimigo" por fora e por dentro! Este é o problema! Tal acordo deveria violentá-lo tão pouco quanto a seu inimigo. Eu admito que não é fácil encontrar a fórmula correta; contudo, se você a encontrar, você terá feito de você mesmo uma pessoa inteira e este, eu penso, é o significado da vida humana (1973, p. 234).

Anima ou Animus

Jung postulou uma estrutura inconsciente que representa a parte sexual oposta de cada indivíduo; ele denomina tal estrutura de *anima* no homem e *animus* na mulher. Esta estrutura psíquica básica funciona como um ponto de convergência para todo material psíquico que não se adapta à auto-imagem consciente de um indivíduo como homem ou mulher. Portanto, na medida em que uma mulher define a si mesma em termos femininos, seu animus vai incluir aquelas tendências e experiências dissociadas que ela definiu como masculinas.

Todo homem carrega dentro de si a eterna imagem da mulher, não a imagem desta ou daquela mulher em particular, mas uma imagem feminina definitiva. Esta imagem é ... uma marca ou "arquétipo" de todas as experiências ancestrais do feminino, um depósito, por assim dizer, de todas as impressões já dadas pela mulher. ... Uma vez que esta imagem é inconsciente, ela é sempre inconscientemente projetada na pessoa amada e é uma das principais razões para atrações ou aversões apaixonadas (Jung, 1931b, p. 198).

De acordo com Jung, o pai de sexo oposto ao da criança é uma importante influência no desenvolvimento da anima ou animus, e todas as relações com o sexo oposto, incluindo os pais, são intensamente afetadas pela projeção das fantasias da anima ou animus. Este arquétipo é um dos mais influentes reguladores do comportamento. Ele aparece em sonhos e fantasias como figuras do sexo oposto, e funciona como um mediador fundamental entre processos inconscientes e conscientes. Ele é orientado basicamente para os processos internos, da mesma forma como a persona é orientada para processos externos. É a fonte de projeções, a fonte da formação de imagens e a porta da criatividade na psique. (Não é surpreendente, pois, que escritores e artistas homens tenham pintado suas musas como deusas femininas.)

Self

Jung chamou o *self* de *arquétipo central*, arquétipo da ordem e totalidade da personalidade. Segundo Jung, "consciente e inconsciente não estão necessariamente em oposição um ao outro, mas complementam-se mutuamente para formar uma totalidade: o *self* (Jung, 1928b, p. 53 na ed. bras.). Jung descobriu o arquétipo do *self* apenas depois de estarem concluídas suas investigações sobre as outras estruturas da psique. O *self* é com freqüência figurado em sonhos ou imagens de forma impessoal—como um círculo, mandala, cristal ou pedra—ou pessoal—como um casal real, uma criança divina, ou na forma de outro símbolo de divindade. Todos estes são símbolos da totalidade, unificação, reconciliação de polaridades, ou equilíbrio dinâmico—os objetivos do processo de individuação.

O *self* é um fator interno de orientação, muito diferente e até mesmo estranho ao ego e à consciência. "O *self* não é apenas o centro, mas também toda a circunferência que abarca tanto o consciente quanto o inconsciente; é o centro desta totalidade, assim como o ego é o centro da consciência" (Jung, 1936b, p. 41). Ele pode, de início, aparecer em sonhos como uma imagem significante, um ponto ou uma sujeira de mosca, pelo fato do *self* ser bem pouco familiar e pouco desenvolvido na maioria das pessoas. O desenvolvimento do *self* não significa que o ego seja dissolvido. Este último continua sendo o centro da consciência, mas agora ele é vinculado ao *self* como conseqüência de um longo e árduo processo de compreensão e aceitação de nossos processos inconscientes. O ego já não parece mais o centro da personalidade, mas uma das inúmeras estruturas dentro da psique.

O *self*...designa a personalidade total. A personalidade total do Homem é indescritível...(porque) seu inconsciente não pode ser descrito (Jung em Evans, 1964, p. 62).

DINÂMICA
Crescimento Psicológico

Segundo Jung, todo indivíduo possui uma tendência para a individuação ou autodesenvolvimento. "Individuação significa tornar-se um ser único, homogêneo, na medida em que por 'individualidade' entendemos nossa singularidade mais íntima, última e incomparável, significando também que nos tornamos o nosso próprio si mesmo. Podemos, pois, traduzir 'individuação' como 'tornar-se si mesmo' (*verseltung*) ou 'realização do si mesmo' " (*selbstverwirklichung*) (Jung, 1928b, p. 49 na ed. bras.).

Individuação é um processo de desenvolvimento da totalidade e, portanto, de movimento em direção a uma maior liberdade. Isto inclui o desenvolvimento do eixo ego-*self*, além da integração de várias partes da psique: ego, persona, sombra, anima ou animus e outros arquétipos inconscientes. Quando tornam-se individuados, esses arquétipos expressam-se de maneiras mais sutis e complexas.

> Quanto mais conscientes nos tornamos de nós mesmos através do autoconhecimento, atuando, conseqüentemente, tanto mais se reduzirá a camada do inconsciente pessoal que recobre o inconsciente coletivo. Desta forma, vai emergindo uma consciência livre do mundo mesquinho, suscetível e pessoal do eu, aberta para a livre participação de um mundo mais amplo de interesses objetivos. Essa consciência ampliada não é mais aquele novelo egoísta de desejos, temores, esperanças e ambições de caráter pessoal, que sempre deve ser compensado ou corrigido por contratendências inconscientes; tornar-se-á uma função de relação com o mundo de objetos, colocando o indivíduo numa comunhão incondicional, obrigatória e indissolúvel com o mundo (Jung, 1928b, pp. 53–54 na ed. bras.).

Tudo o que nos acontece, corretamente compreendido, leva-nos de volta a nós mesmos; é como se houvesse um guia inconsciente cujo propósito é livrar-nos de tudo isto, fazendo-nos depender de nós mesmos (Jung, 1973, p. 78).

Do ponto de vista do ego, crescimento e desenvolvimento consistem na integração de material novo na consciência, o que inclui a aquisição de conhecimento a respeito do mundo e da própria pessoa. O crescimento, para o ego, é essencialmente a expansão do conhecimento consciente. Entretanto, individuação é o desenvolvimento do *self* e, do seu ponto de vista, o objetivo é a união da consciência com o inconsciente. Como analista, Jung descobriu que aqueles que vinham a ele na primeira metade da vida estavam relativamente desligados do processo interior de individuação; seus interesses primários centravam-se em realizações externas, no "emergir" como indivíduos e na consecução dos objetivos do ego. Analisandos mais velhos, que haviam alcançado tais objetivos, de forma razoável, tendiam a desenvolver propósitos diferentes—interesse pela integração mais do que pelas realizações, e busca de harmonia com a totalidade da psique.

O primeiro passo no processo de individuação é o desnudamento da persona. Embora esta tenha funções protetoras importantes, ela é também uma máscara que esconde o *self* e o inconsciente.

Individuação, no entanto, significa, precisamente, a melhor e mais completa realização das qualidades coletivas do ser humano (Jung, 1928b, p. 49 na ed. bras.).

> Ao analisarmos a persona, dissolvemos a máscara e descobrimos que, aparentando ser individual, ela é no fundo coletiva; em outras palavras, a persona não passa de uma máscara da psique coletiva. No fundo, nada tem de real; ela representa um compromisso entre o indivíduo e a sociedade acerca daquilo que alguém parece ser: nome, título, ocupação, isto ou aquilo. De certo modo, tais dados são reais; mas, em relação à individualidade essencial da pessoa, representam algo de secundário, uma vez que resultam de um compromisso no qual outros podem ter uma quota maior do que a do indivíduo em questão (Jung, 1928b, p. 32 na ed. bras.).

O próximo passo é o confronto com a sombra. Na medida em que nós aceitamos a realidade da sombra e dela nos distinguimos podemos ficar livres de sua influência. Além disso, nós nos tornamos capazes de assimilar o valioso material do inconsciente pessoal que é organizado ao redor da sombra.

> Trate-a (a anima) como uma pessoa, se você quiser, como uma paciente, ou uma deusa, mas, sobretudo, trate-a como algo que existe... você precisa conversar com essa pessoa para ver a que está disposta e para aprender quais são seus pensamentos e como é seu caráter (Jung, 1973, p. 461).

O terceiro passo é o confronto com a anima ou animus. Este arquétipo deve ser encarado como uma pessoa real, uma entidade com quem se pode comunicar e de quem se pode aprender. Jung faria perguntas à sua anima sobre a interpretação de símbolos oníricos, tal como um analisando a consultar um analista. O indivíduo também se conscientiza de que a anima (ou o animus) tem uma autonomia considerável e de que há probabilidade dela influenciar ou até dominar aqueles que a ignoram ou os que aceitam cegamente suas imagens e projeções como se fossem deles mesmos.

O estágio final do processo de individuação é o desenvolvimento do *self*. "O si mesmo é nossa meta de vida pois é a mais completa expressão daquela combinação do destino a que nós damos o nome de indivíduo" (Jung, 1928b, p. 14 na ed. bras.). O *self* torna-se o novo ponto central da psique. Traz unidade à psique e integra o material consciente e o inconsciente. O ego é ainda o centro da consciência mas não é mais visto como o núcleo de toda a personalidade.

Jung escreve que "devemos ser aquilo que somos; precisamos descobrir nossa própria individualidade, aquele centro da personalidade que é eqüidistante do consciente e do inconsciente; precisamos visar este ponto ideal em direção ao qual a natureza parece estar nos dirigindo. Só a partir deste ponto podemos satisfazer nossas necessidades" (em Serrano, 1966, p. 91).

> A mente inconsciente do homem vê corretamente, mesmo quando a razão consciente é cega e impotente (Jung, 1952b, p. 386).

É necessário ter em mente que, embora seja possível descrever a individuação em termos de estágios, o processo de individuação é bem mais complexo do que a simples progressão aqui delineada. Todos os passos mencionados sobrepõem-se, e as pessoas voltam continuamente a problemas e temas antigos (espera-se que de uma perspectiva diferente). A individuação poderia ser apresentada como uma espiral na qual os indivíduos permanecem se confrontando com as mesmas questões básicas, de forma cada vez mais refinada. (Este conceito está muito relacionado com a concepção Zen-budista da iluminação, na qual um indivíduo nunca termina um Koan, ou problema espiritual, e a procura de si mesmo é vista como idêntica à finalidade.)

Obstáculos ao Crescimento

A individuação nem sempre é uma tarefa fácil e agradável, e o indivíduo precisa ser relativamente saudável em termos psicológicos para começar o processo. O ego precisa ser forte o suficiente para suportar mudanças tremendas, para ser virado pelo avesso no processo de individuação.

> Poder-se-ia dizer que todo o mundo, com sua confusão e sua miséria, está num processo de individuação. No entanto, as pessoas não o sabem, esta é a única diferença. A individuação não é de modo algum uma coisa rara ou um luxo de poucos, mas aqueles que sabem que passam pelo processo são considerados afortunados. Desde que suficientemente conscientes, eles tiram algum proveito de tal processo (Jung, 1973, p. 442).

A dificuldade deste processo é peculiar porque constitui um empreendimento totalmente individual, levado a cabo face à rejeição ou, na melhor das hipóteses, indiferença dos outros. Jung escreve que "a natureza não se preocupa com nada que diga respeito a um nível mais elevado de consciência; muito pelo contrário. Logo, a sociedade não valoriza em demasia essas proezas da psique; seus prêmios são sempre dados a realizações e não à personalidade, esta última sendo, na maioria das vezes, recompensada postumamente" (Jung, 1913a, p. 394).

Cada estágio, no processo de individuação, é acompanhado de dificuldades. Primeiramente, há o perigo da identificação com a persona. Aqueles que se identificam com a persona podem tentar tornar-se "perfeitos" demais, incapazes de aceitar seus erros ou fraquezas, ou quaisquer desvios de seu autoconceito idealizado. Aqueles que se identificam *totalmente* com a persona tenderão a reprimir todas as tendências que não se ajustam, e a projetá-las nos outros, atribuindo a eles a tarefa de representar aspectos de sua identidade negativa reprimida.

A sombra pode ser também um importante obstáculo para a individuação. As pessoas que estão inconscientes de suas sombras, facilmente podem exteriorizar impulsos prejudiciais sem nunca reconhecê-los como errados. Quando a pessoa não chegou a tomar conhecimento da presença de tais impulsos nela mesma, os impulsos iniciais para o mal ou para a ação errada são com freqüência justificados de imediato por racionalizações. Ignorar a sombra pode resultar também numa atitude por demais moralista e na projeção da sombra em outros. Por exemplo, aqueles que são muito favoráveis à censura da pornografia tendem a ficar fascinados pelo assunto que pretendem proibir; eles podem até convencer-se da necessidade de estudar cuidadosamente toda a pornografia disponível, a fim de serem censores eficientes.

O confronto com a anima ou o animus traz, em si, todo o problema do relacionamento com o inconsciente e com a psique coletiva. A anima pode acarretar súbitas mudanças emocionais ou instabilidade de humor num homem. Nas mulheres, o animus freqüentemente se manifesta sob a forma de opiniões irracionais, mantidas de forma rígida. (Devemos nos lembrar de que a discussão de Jung sobre anima e animus não constitui uma descrição da masculinidade e da feminilidade em geral. O conteúdo da anima ou do animus é o complemento de nossa concepção consciente de nós mesmos como masculinos ou femininos, a qual, na maioria das pessoas, é fortemente determinada por valores culturais e papéis sexuais definidos em sociedade.)

Quando o indivíduo é exposto ao material coletivo, há o perigo de ser engolido pelo inconsciente. Segundo Jung, tal ocorrência pode tomar uma de duas formas. Primeiro, há a possibilidade da inflação do ego, na qual o indivíduo reivindica para si todas as virtudes da psique coletiva. A outra reação é a de impotência do ego; a pessoa sente que não tem controle sobre a psique coletiva e adquire uma consciência aguda de aspectos inaceitáveis do inconsciente—irracionalidade, impulsos negativos e assim por diante.

Assim como em muitos mitos e contos de fadas, os maiores obstáculos estão mais próximos do final. Quando o indivíduo lida com a anima e o animus, uma tremenda energia é libertada. Esta energia pode ser usada para construir o ego ao invés de desenvolver o *self*. Jung referiu-se a este fato como identificação com o arquétipo do *self*, ou desenvolvimento da personalidade-mana (mana é uma palavra malanésica que significa a energia ou o poder que emana das pessoas, objetos ou seres sobrenaturais, energia esta que tem uma qualidade oculta ou mágica). O ego identifica-se com o arquétipo do homem sábio ou mulher sábia, aquele que sabe tudo. (Esta síndrome é comum entre os professores universitários mais velhos, por exemplo.) A personalidade-mana é perigosa porque é excessivamente irreal. Indivíduos parados neste estágio tentam ser ao mesmo tempo mais e menos do que na realidade são:

> Preencher a mente consciente com concepções ideais da teosofia ocidental. . . . Ninguém se torna iluminado imaginando figuras de luz, mas sim tornando a escuridão consciente (Jung, 1954a, pp. 265–66).

> O inconsciente (é) a única fonte disponível de experiência religiosa. Isto, certamente, não é dizer que o que nós chamamos de inconsciente seja idêntico a Deus, ou que se coloca em Seu lugar. É apenas o meio do qual a experiência religiosa parece brotar (Jung, 1957, p. 293).

mais, porque tendem a acreditar que se tornaram perfeitos, santos ou até divinos, mas, na verdade, menos, porque perderam o contato com sua humanidade essencial e com o fato de que ninguém é plenamente sábio, infalível e sem defeitos.

> Não é perfeição mas totalidade o que se espera de você (Jung, 1973, p. 97).

Jung viu a identificação temporária com o arquétipo do *self* ou com a personalidade-mana como sendo um estágio quase inevitável no processo de individuação. A melhor defesa contra o desenvolvimento da inflação do ego é lembrarmo-nos de nossa humanidade essencial, para permanecermos assentados na realidade daquilo que podemos e precisamos fazer, e não naquilo que deveríamos fazer ou ser.

ESTRUTURA
Corpo

Em seus volumosos escritos, Jung não lidou explicitamente com o papel do corpo, uma vez que escolheu dirigir todos os seus esforços para a análise da psique. Ele argumentou que os processos físicos são relevantes para nós apenas na medida em que eles são representados na psique. O corpo físico e o mundo externo não podem nunca ser conhecidos de forma direta, mas apenas como experiências psicológicas. "Eu estou interessado sobretudo na psique em si mesma, e estou, portanto, omitindo corpo e espírito. . . . Corpo e espírito são, para mim, apenas meros aspectos da realidade da psique. A experiência psíquica é a única experiência imediata. O corpo é tão metafísico quanto o espírito" (Jung, 1973, p. 200).

> Psique e corpo não são entidades separadas, mas uma e mesma vida (Jung, 1917, p. 113).

Relacionamento Social

A interação social é importante na formação das principais estruturas da personalidade: persona, sombra e anima ou animus. Os conteúdos das experiências sociais ajudam a determinar imagens e símbolos específicos associados a cada estrutura; ao mesmo tempo, estas estruturas arquetípicas básicas moldam e guiam nossos relacionamentos sociais.

Jung enfatizou que a individuação é, em essência, esforço pessoal; entretanto, é também um processo que se desenvolve através dos relacionamentos com outras pessoas. "Como ninguém pode tornar-se consciente de sua individualidade a menos que esteja íntima e responsavelmente relacionado a seu próximo, ele não está se retirando para um deserto egoísta quando tenta se encontrar. Ele só pode descobrir-se quando está ligado de forma profunda e incondicional a alguém e em geral relacionado a muitos indivíduos com quem ele pode comparar-se e através dos quais ele é capaz de discriminar a si mesmo (Jung em Serrano, 1966, pp. 83–84).

> A individuação não isola, junta. Eu nunca vi um relacionamento desenvolver-se na inconsciência (Jung, 1973, p. 504).

Vontade

Jung define vontade como a energia que está à disposição da consciência ou do ego. O desenvolvimento da vontade está associado com valores culturais aprendidos, padrões morais e correlatos. A vontade tem poder apenas sobre o pensamento e a ação conscientes, e não pode afetar diretamente processos instintivos ou outros processos inconscientes, embora tenha um poder indireto substancial sobre eles.

Emoções

O material psíquico que está diretamente relacionado com os arquétipos tende a despertar intensas emoções e tem, via de regra, uma qualidade espantosa. Quando Jung discute símbolos, ele não está escrevendo sobre palavras mortas ou formas vazias, mas sobre realidades poderosas e vivas pelas quais homens e mulheres vivem suas vidas e pelas quais muitos morreram. Jung escreveu que a emoção acompanha todas as mudanças psíquicas. É a força subjacente ao processo de individuação. "A emoção é a principal fonte de consciência" (Jung, 1954b, p. 96).

Jung enfatizou o papel central que o estudo das emoções deve desempenhar na Psicologia. "A Psicologia é a única ciência que precisa levar em conta o fator *valor* (isto é, o sentimento), pois é ele o elemento de ligação entre as ocorrências físicas e a vida. Por isso acusam-na tanto de não ser científica; seus críticos não compreenderam a necessidade prática e científica de se dar ao sentimento a devida atenção" (Jung, 1964, p. 99 na ed. bras.).

> O desenvolvimento psíquico não pode realizar-se apenas por intenção e vontade; precisa da atração de um símbolo (Jung, 1928a, p. 25).

> Tanto minha experiência como minha vida pessoal colocaram-me constantemente diante do mistério do amor e nunca fui capaz de dar-lhe uma resposta válida (Jung, 1961, p. 305 na ed. bras.).

Intelecto

Para Jung, o intelecto refere-se aos processos de pensamento conscientes e dirigidos. Ele distingue o intelecto da intuição, que recorre intensamente ao material inconsciente. O intelecto tem um papel limitado, embora importante, no funcionamento psicológico. Jung enfatizou que a compreensão puramente intelectual não pode ser completa. "Uma Psicologia que satisfaça apenas ao intelecto não pode ser prática, pois a totalidade da psique não poderá nunca ser compreendida exclusivamente pelo intelecto" (Jung, 1917, p. 117).

Terapeuta

Jung enfatizou que a terapia é um esforço conjunto do analista e do analisando, trabalhando juntos como iguais. Uma vez que os dois formam uma unidade dinâmica, o analista precisa também estar aberto à mudança como conseqüência da interação. Jung sentia que a terapia é, primariamente, uma questão do inconsciente do analista interagir com o inconsciente do analisando, que não pode ir, na terapia, mais longe do que o terapeuta já foi.

> Ocorre um fato notável na psicoterapia: você não pode decorar nenhuma receita e aplicá-la mais ou menos adequadamente, mas só é capaz de curar a partir de um ponto central; este consiste em compreender o paciente como um todo psicológico e chegar a ele como um ser humano, deixando de lado toda a teoria e ouvindo atentamente o que quer que ele venha a dizer (Jung, 1973, p. 456).

Jung tentou evitar a ênfase numa teoria ou em técnicas específicas no processo terapêutico, uma vez que tal ênfase tende a tornar o comportamento do analista mecânico e a prejudicar seu contato com o analisando. Para Jung, o propósito da terapia é tentar lidar com o indivíduo total através de um relacionamento genuíno, sem procurar consertar partes isoladas da psique, como se o analisando fosse um carro com problemas no carburador.

Em geral, Jung via as pessoas apenas uma ou duas vezes por semana. Ele tentava despertar nos analisandos um senso de autonomia e dava-lhes com freqüência tarefas para casa, tais como analisar seus próprios sonhos. Além disso, ele insistia para que os clientes tivessem, ocasionalmente, férias da

> Qualquer um de meus alunos poderia dar a vocês tanto discernimento e compreensão que vocês seriam capazes de tratar-se a si próprios caso não sucumbissem ao preconceito de que a cura é recebida através de outros. Em última instância, todo indivíduo tem que vencer sozinho sua própria batalha, ninguém mais pode fazê-lo por ele (Jung, 1973, p. 126).

> O principal interesse de meu trabalho não está ligado ao tratamento de neuroses, mas sim à abordagem do numinoso. No entanto, o fato é que a aproximação do numinoso constitui a verdadeira terapia e, uma vez que você atinja as experiências numinosas, você se liberta da praga da patologia (Jung, 1973, p. 377).

> Os problemas sérios da vida, entretanto, nunca são completamente resolvidos. Se alguma vez parecer que eles se resolveram, isto é um sinal seguro de que algo foi perdido. O significado e o propósito de um problema não parece repousar em suas soluções, mas sim no nosso incessante trabalho sobre ele (Jung, 1931a, p. 394).

> Sou um pesquisador e não um profeta. O que me preocupa é o que pode ser verificado através da experiência. De modo algum estou interessado naquilo que se pode especular sobre a experiência sem nenhuma prova (Jung, 1973, p. 203).

análise, a fim de evitar que se tornassem dependentes dele e das sessões analíticas.

Jung delineou dois estágios principais do processo terapêutico, cada qual com duas partes. Em primeiro lugar vem o *estágio analítico*. Consiste inicialmente em *confissão*, na qual o indivíduo começa a retomar o material inconsciente. Laços de dependência em relação ao terapeuta tendem a se desenvolver neste estágio. Depois vem a *elucidação* do material confessional, passagem em que se desenvolve maior familiaridade e compreensão dos processos psíquicos. A pessoa continua dependente do terapeuta.

O segundo estágio da terapia é o *sintético*. Em primeiro lugar vem a *educação* na qual Jung sublinhou a necessidade de deslocar-se do *insight* para novas experiências reais que resultem no crescimento individual e na formulação de novos hábitos. A parte final é a *transformação*. O relacionamento analista-analisando é integrado e a dependência é reduzida, uma vez que o relacionamento se transforma. O indivíduo passa por um processo de "mini-individuação" embora o material arquetípico não seja necessariamente confrontado. Este estágio é de auto-educação, no qual o indivíduo assume cada vez maior responsabilidade por seu próprio desenvolvimento.

AVALIAÇÃO
Um Sistema Aberto de Psicologia

Jung foi muitas vezes criticado pela falta de um sistema de pensamento coerente, claramente estruturado. Seus escritos parecem às vezes divagar por tangentes, mais do que apresentar idéias de uma maneira formal, lógica, ou até mesmo sistemática. Além disso, Jung usa, com freqüência, várias definições para os mesmos termos, em momentos diferentes. Ele tinha consciência deste problema em seus escritos, mas não os via necessariamente como uma desvantagem. Jung acreditava que é raro a vida seguir o modelo lógico coerente que se tornou padrão para escritos científicos e acadêmicos, e seu próprio estilo talvez esteja mais próximo da complexidade da realidade psicológica.

Jung deliberadamente desenvolveu um sistema aberto, que pudesse admitir novas informações sem distorcê-las para que se adaptassem a uma estrutura teórica inclusiva. Ele nunca acreditou que conhecesse todas as respostas, nem que as novas informações viessem apenas confirmar suas teorias. Em consequência, sua teorização carece de uma estrutura lógica firme que categorize todas as informações em termos de um pequeno número de construtos teóricos.

Religião e Misticismo

Pelo fato de ter lidado com religião, Alquimia, espiritualidade e coisas semelhantes, alguns críticos qualificaram Jung de místico ao invés de cientista. No entanto, está bastante claro que a atitude de Jung foi sempre a de um investigador mais do que a de um crente ou discípulo. Ele via tais sistemas de crença como expressões importantes de ideais e aspirações humanas, como dados que não deveriam ser ignorados por qualquer pessoa que se interessasse por toda a amplitude do pensamento e do comportamento humanos.

A Análise de Símbolos

A análise detalhada de símbolos de Jung é, talvez, a contribuição mais importante à Psicologia. Ele estava basicamente interessado na complexidade do simbolismo e na necessidade de analisar símbolos sem simplificá-los em demasia. Jung foi atraído para a Mitologia, Folclore e Alquimia porque forneciam vários contextos que esclareciam complexas produções simbólicas com as quais ele se deparou em análise.

É difícil de compreender Jung, mas talvez o estudo de suas teorias seja mais valioso pela complexidade de seu pensamento e de seus escritos. Sua flexibilidade e abertura e seu interesse pelas verdades mais profundas da existência humana, dão ao pensamento de Jung uma amplitude e riqueza virtualmente inigualáveis em Psicologia.

A TEORIA EM PRIMEIRA MÃO
Associação de Palavras

Jung introduziu-se na psicologia profunda em virtude de seus experimentos com associação de palavras. Ele desenvolveu grande perícia na interpretação de associações e suas habilidades intuitivas eram freqüentemente impressionantes.

> Muitos anos atrás, quando eu ainda era médico recém-formado, um velho professor de Criminologia perguntou-me sobre a experiência (em associação de palavras), e afirmou não acreditar nisso. "Não, professor? O senhor pode submeter-se a ela quando quiser". Convidou-me uma noite e apliquei-lhe o teste. Depois de dez palavras ele se cansou e disse: "O que você pode fazer com essas coisas? Daí não vai sair mais nada". Expliquei-lhe que não se pode conseguir nada de apenas dez ou doze palavras; depois de cem, pode ser que surja alguma coisa. "E você pode fazer algo com o que já tem aí?" "Muito pouco", respondi. "Mas posso dizer-lhe isso: há bem pouco tempo o senhor teve problemas financeiros; faltou-lhe dinheiro. O seu medo é morrer de doença cardíaca; seus estudos devem ter sido feitos na França, onde o senhor teve um romance que tem voltado ultimamente às suas lembranças, pois freqüentemente, quando se tem medo de morrer, velhas e doces recordações retornam do ventre dos tempos". "Como descobriu isso?" Qualquer criança acertaria! Era um homem de setenta e dois anos que à palavra *coração* associou *dor*: medo de morrer de síncope. Associou *morte* a *morrer*, reação natural, e a *dinheiro muito pouco*, o que também é normal. Então as coisas começaram a ficar surpreendentes. A *pagar*, ele associou, depois de um tempo consideravelmente longo de reação, *La Semeuse*, embora nosso diálogo se desse em alemão. O motivo é a famosa figura da moeda francesa. Então, por que cargas d'água esse velhinho diria "La Semeuse"? Quando chegou a palavra *beijo*, o tempo de reação tornou-se novamente longo e seus olhos brilharam quando ele disse: *bonita*. Aí construí a história tranqüilamente. O professor jamais se expressaria em francês se a essa língua não estivesse associado um sentimento particular, e então devemos pensar na razão de ele ter usado francês para exprimir-se. Será que ele tivera prejuízos com o franco francês? Não havia problema de desvalorização, nem de inflação, naquele tempo. Certamente esse não era o caminho. Eu estava em dúvida se a coisa era amor ou dinheiro. Mas quando chegamos a *beijo-bonita*, não houve mais dúvidas que era amor. Ele não era o tipo de homem que iria à França em idade madura, mas estudara Direito em Paris, provavelmente na Sorbonne. Foi relativamente simples alinhavar a história (Jung, 1968, pp. 76-77, na ed. bras.).

Análise de Sonhos

O que se segue é um exemplo da prática real da análise junguiana, baseado no trabalho de um analista contemporâneo.

Alex, vinte e nove anos, há muito tempo rodava de emprego em emprego. Discutindo o fato, sempre havia algo errado com o empregador ou com as "condições". Seu objetivo parecia ser ganhar a maior quantia de dinheiro possível, despendendo o mínimo esforço. Quanto à vida sexual, estava sempre rondando os "inferninhos", à procura de uma garota bonita que pudesse levar para a cama o mais depressa possível. Procurou a análise dizendo que a vida era vazia e sem significado para ele, que estava aborrecido e que tinha medo de casar-se porque nunca havia permanecido com nada que começara. Ele veio a mim à procura de ajuda e disse: "Espero que você possa fazer algo por mim".

Eu não aceitei Alex incondicionalmente na sessão inicial. Eu lhe contei que nós teríamos uma experiência de três meses para ver se ele era capaz de assumir o compromisso que um relacionamento analítico requer. Ele voltou na semana seguinte para a segunda sessão e trouxe este sonho: *Eu estou brincando com um parafuso de três polegadas de comprimento e um quarto de polegada de diâmetro. Tenho uma porca mas pareço não conseguir achar a maneira de juntar o parafuso e a porca e peço-lhe para ajudar-me. Você coloca suas mãos sobre as minhas e mostra-me como, com movimentos pacientes e cuidadosos, eu posso fazê-las ajustarem-se perfeitamente.*

O simbolismo do parafuso e da porca era "óbvio" para Alex. Ele tinha certeza de que a origem de suas dificuldades estava em sua incapacidade de encontrar a maneira certa de ser bem sucedido com as mulheres. Tal incapacidade era, a seus olhos, o resultado de uma longa história de fracassos com mulheres; era provável que ela derivasse de antigos problemas com sua mãe, disse ele. Por esta razão, na verdade, ele havia se decidido a procurar uma analista mulher. Ele sentia que, se pudesse, de alguma forma, reativar sua história passada com uma analista que substituísse sua mãe, ele seria capaz de chegar ao fundo de sua inabilidade para encontrar satisfação sexual com base estável. Ele havia depositado suas esperanças em mim; eu era aquela que iria ajudá-lo. Ele via o sonho como uma expressão de seu desejo "inconsciente" de que minha ajuda, minha colocação de mãos, solucionasse seus problemas.

Eu percebi o que Alex estava tramando. Ele queria assumir o controle do processo e conduzi-lo para trás, para os eventos da infância e nós passaríamos muitas sessões revendo sua história passada, incluindo todas suas frustrações infantis. Eu suspeitei que, se isto não produzisse um resultado rápido, ele prosseguiria com seu modo de ser característico, dizendo: "Eu tentei a análise, mas simplesmente não deu certo. Eu sei porque não sou bem sucedido com mulheres, mas isto, na verdade, não ajuda a mudar as coisas." Alex era igual a muitas pessoas que procuram a psicoterapia a fim de se absolverem da responsabilidade por seus fracassos em enfrentar a própria realidade. O ato de sentar junto a um analista tem que realizar um milagre. Você vem e fala de você, revela seus segredos, paga suas contas e espera que algo aconteça. Há pouca ou nenhuma mudança e os céus sabem que você tentou; portanto, a falha deve ser do analista.

Eu segui a prática descrita por Jung, de olhar para o contexto do sonho em si mesmo, ao invés de voltar atrás no tempo, para tentar encontrar a suposta "causa" das dificuldades de Alex. Tal prática é baseada no princípio de que o sonho realmente quer dizer o que diz. O inconsciente apresenta um ponto de vista que amplia, completa ou compensa a atitude consciente. Através dos sonhos, ele provê os elementos ausentes que o ego não percebe, exercendo, assim, sua função de lutar pela totalidade. Para descobrir o que está ausente sob o ponto de vista consciente, é útil *amplificar as associações* para elementos específicos do próprio sonho. Isto significa ampliar as associações, trazendo até elas material análogo proveniente do mito e da fantasia, o qual tem o poder de iluminar o simbolismo do sonho. Até mesmo no sonho bastante breve de Alex havia numerosos elementos deste tipo. Interessei-me, primeiramente, pelas associações que ele faria com o material do sonho.

Perguntei-lhe o que pensava significar "brincando". Ele supunha que significasse jogar com algo, não levá-lo muito a sério. Perguntei-lhe se achava que brincar era uma atividade intencional. Não, ele sentia que era ociosa e sem objetivo. Exploramos alguns significados diferentes. Brincar (*to fool*) é falar em tom de pilhéria, é debochar, é entrar em algo de forma desavisada ou sem cuidado. Pode também significar enganar outra pessoa ou levar vantagem sobre ela. À medida que esses significados emergiam, eu podia ver que Alex ficava nitidamente inquieto conforme considerava a forma como o sonho o retratava.

Os elementos seguintes do material do sonho foram a porca e o parafuso. Alex estava certo de que o parafuso era um pênis e a porca uma vagina. Claramente seus problemas eram originados pelo fato dele não conseguir ajustá-los de forma apropriada. Seria mesmo isto?

Eu pedi a Alex que tentasse libertar-se da interpretação estereotipada e considerasse o que era realmente um parafuso. Ele sabia, é claro, que um parafuso é um pino de metal usado para fixar coisas umas às outras e que é em geral preso por uma porca.*

Eu lhe perguntei: "Isto é tudo o que você pode pensar com relação a um parafuso (*bolt*)?"

Ele pensou durante algum tempo e então mencionou um raio (*thunderbolt*) ou um relâmpago (*bolt of lightning*).

"O que significam para você estas imagens?", perguntei-lhe.

"Elas significam um poder muito grande, algo que eu não posso dominar, está fora do meu controle. Há energia implícita nisto.

"Algo mais?"

"Você pode aferrolhar (*to bolt*) um porta. O ferrolho (*bolt*) é o que a segura, mantém-na fechada, impede que entrem intrusos."

Passamos então, a ver as associações que ocorriam a Alex com relação à palavra "porca" (*nut*). No sonho, a porca era do tipo que tem sulcos internos que se adaptam a um parafuso.

Eu lhe perguntei qual era a finalidade de uma porca.

"Juntar alguma coisa a outra ou firmar uma junção".

"Há alguma outra coisa que a palavra porca (*nut*) significa para você?"

Isto trouxe a Alex um grande número de associações. "Uma noz (*nut*) é um tipo de fruta ou semente, sua parte comestível é uma semente. Além disso, uma noz é alguma coisa dura—quando você tem um problema de verdade, você diz que tem uma noz dura de quebrar".**Ou, em negócios, o retorno do capital (*nut*) é a quantia de dinheiro que você tem que ganhar antes de começar a ter lucro.

"Mais alguma coisa?", perguntei-lhe.

"Bem, *nuts* são testículos. Isto certamente se encaixa na teoria sexual".

"Talvez", repliquei, "mas note também que *nuts* como testículos têm algo em comum com *nuts* como sementes dentro de frutas, ambas com potencialidade para germinar alguma coisa nova. Isto não é exatamente dissociado de sexo".

Ele disse que não havia pensado sobre aquilo. Eu me perguntei em voz alta porque tal coisa não lhe havia ocorrido, e ele logo percebeu que suas idéias sobre o ato sexual não tinham quase nada a ver com procriação; na verdade, além do prazer imediato, este ato tinha muito pouco sentido para ele. Lentamente, o sonho começava a dar indícios da fonte das dificuldades de Alex. Estes indícios não estavam no passado; pelo contrário, sua presença era contínua, despertando a cada manhã problemas que ele iria experimentar antes do entardecer.

Eu não lhe permiti mudar de assunto, deixando-o fazer associações livres sobre as associações iniciais. Uma vez que o sonho é um auto-retrato do inconsciente num dado momento, acho que a melhor maneira de compreendê-lo é fixando nele a minha atenção total e definindo o contexto....

A parte seguinte do sonho de Alex consistia nas palavras *você me mostrou como*.... Um típico modo de ser do sonhador aparecia aqui de modo evidente. Ele

---

* N.T.: O paciente aqui trabalha com os diversos significados das palavras inglesas *bolt* e *nut*. Para facilitar a compreensão do leitor transcrevemos entre parênteses a palavra original que justifica a associação feita.

** N.T.: Osso duro de roer, em Português. Mantida na tradução literal para conservar o sentido da associação.

estava sempre esperando que outra pessoa fizesse a mágica. A analista não seria uma exceção. Tudo daria certo se a analista simplesmente tomasse as mãos do sonhador nas suas e lhe mostrasse como fazer o que tinha de ser feito. Alex estava preparado para desempenhar mais uma vez, como de costume, um papel passivo.

O sonho diz que a maneira de resolver o problema é através de "pacientes e cuidadosos movimentos com minhas mãos". Ele tinha de aprender formas de funcionamentos diferentes daquelas por meio das quais ele havia abordado problemas no passado. A velha forma é "brincando". A alternativa é através de "pacientes e cuidadosos movimentos" (Singer, 1972, pp. 271–274).

EXERCÍCIOS
Simbolismo Onírico

Este exercício é para evocar um pouco do poder provocativo e emocional dos símbolos. A passagem abaixo refere-se a uma experiência onírica real, reescrita de forma bastante resumida. Para experimentá-la mais completamente, peça a alguém que leia a passagem para você. Em primeiro lugar, relaxe e feche os olhos. (Nota ao leitor: Leia devagar e expressivamente; / significa pausa; // significa uma pausa maior.)

Em seu sonho disseram-lhe para entrar numa gruta e procurar algo que é precioso para você. Você está entrando na gruta./ Ela é úmida, de pedra úmida, e há lugares molhados à medida que você caminha. Você se sente inquieto conforme avança; você está procurando algo, mas não sabe o quê./

No fim de um longo corredor você vê uma pedra preciosa — uma jóia tão grande quanto sua mão. Está colada sobre algo que reflete luz ao seu redor. Você sabe que é isto o que lhe falaram para achar.

Quando você se dirige para a pedra preciosa, você vê que, bloqueando toda a passagem, há uma grossa teia de aranha./ Você pára horrorizado. Você sempre teve medo de aranhas, mas nunca havia visto uma tão enorme ou tão apavorante quanto esta. Você não sabe o que fazer.//

Após algum tempo você anda de quatro e finalmente rasteja. Você se move muito lentamente em direção à teia. Há um pequeno espaço próximo ao chão por onde você pode escorregar sem destruir a teia. Suando de medo e de esforço, você se move devagar,/ muito devagar por esta brecha.//

Depois de ter passado pela teia, você deita ainda por um momento, tremendo de alívio. Então você fica de pé e caminha em direção à pedra preciosa. Você a pega, impressionado com seu peso e sua beleza. O fato de possuir a pedra preciosa parece enchê-lo de energia.

Você se volta para a teia. Segurando essa pedra preciosa você sabe que não poderá deslizar de volta sob ela. A aranha está sentada no centro da teia, suas pernas arqueando-se e retraindo-se. Uma onda dos velhos medos corre por você./

Você avança para a aranha e, tomando a pedra preciosa nas duas mãos como uma espada curta, você golpeia a aranha matando-a. Então, você usa a pedra preciosa para cortar a teia./ Você volta para a entrada da gruta.

Do lado de fora da gruta há um vasto campo deserto. Você caminha por ele segurando a pedra preciosa — sem saber ao certo qual sua utilidade agora que você está livre da aranha. Assim que a luz do sol incide sobre a superfície da pedra ela começa a mudar de forma. Ela se torna mais macia e parece transformar-se num tipo de pão ou bolo./

Sem compreender muito bem, você toma a pedra preciosa e começa a comê-la. É deliciosa e cada dentada parece enchê-lo de energia e bem-estar.// Quando está acabando, você vê que à sua volta, no campo, pessoas estão aparecendo e começando a dançar.// Todas elas vêm em sua direção e você entra na dança. Todos vocês estão dançando quando o sonho termina.

A pessoa que teve este sonho relatou depois "Eu emergi deste sonho sentindo-me relaxado e confiante relativamente à minha vida. Além disso, eu não parecia ter meus sentimentos costumeiros em relação a aranhas. Continuava a não gostar delas, mas era difícil para mim trazer à tona o tipo de medo cego que eu sempre experimentara só de pensar nelas" (comunicação pessoal).

1. Você pode desejar escrever sobre seus sentimentos durante a experiência ou, se outras pessoas participaram ao mesmo tempo, compartilhar suas experiências.

2. Você sentiu que precisava modificar a seqüência do sonho para seguir suas necessidades e experiências? Em que medida o simbolismo do sonho era apropriado ou não para você?

3. Algumas pessoas podem objetar a certos aspectos do sonho (p. ex., o ato de matar a aranha, a transformação da pedra preciosa em bolo). Se você faz tais objeções, discuta-as.

4. De que maneira o sonho e suas experiências em relação a ele adaptam-se às teorias de Jung?

Imaginação Ativa

É possível engajar o inconsciente num diálogo com o ego através da imaginação, assim como pelos sonhos. Imaginação ativa refere-se a qualquer esforço consciente em produzir material relacionado de forma direta a processos inconscientes, a relaxar o controle habitual do ego sem permitir que o inconsciente domine completamente. A imaginação ativa não é uma técnica ou método único para lidar com o inconsciente, mas diferirá de indivíduo para indivíduo. Algumas pessoas podem usar o desenho ou a pintura mais proveitosamente, outros preferem explorar a imagem consciente, ou a fantasia ou alguma outra forma de expressão.

Desenho

Comece um "diário de rabiscos", uma coleção diária de esboços e desenhos. À medida que o diário progride, você será capaz de ver como mudanças importantes na sua vida psicológica estão relacionadas com seus desenhos. Conforme você desenha, você provavelmente descobrirá que determinadas cores ou formas estão associadas com certas emoções e pessoas, e seus desenhos tornar-se-ão um meio mais claro de auto-expressão.

Outra forma de abordar o desenho é sentar-se com papel e lápis de cor e fazer ao seu inconsciente uma pergunta. Deixe, então, sua imaginação encontrar uma imagem, ponha-a no papel. Não *pense* na resposta.

Imaginação Consciente

Comece com uma imagem de sonho ou qualquer imagem que seja particularmente poderosa para você. Contemple-a e observe como ela começa a mudar ou a desdobrar-se. Não tente fazer com que nada aconteça, apenas observe o que parece ocorrer de forma espontânea. Conserve sua primeira imagem, experimente e evite pular impacientemente de um tema para outro.

Você pode, eventualmente, resolver entrar, você mesmo, no quadro, dirigir-se à imagem e ouvir o que ela tem a dizer.

Outros Meios

O próprio Jung usou muitos meios diferentes ao lidar com seu inconsciente. Ele planejou sua casa de recolhimento em Bollingen de acordo com suas necessidades internas e, à medida que ele mesmo se desenvolvia, acrescentava novas alas à casa. Jung também pintou murais nas paredes de Bollingen; ele inscreveu (manuscritos) em Latim e numa antiga escrita alemã ilustrou seus próprios manuscritos e também esculpiu em pedra.

Hoje em dia, também dispomos de muitos meios modernos. A fotografia e o cinema oferecem muitas possibilidades, incluindo uma grande série de técnicas de câmara escura para efeitos especiais. Gravação em fita, mixagens e vídeo-teipe também são veículos potenciais para a imaginação ativa, assim como música tradicional e eletrônica.

Exercícios de Persona

Faça uma lista de suas peças favoritas de vestuário, jóias ou outras posses que você geralmente carrega com você: uma bolsa, mochila e assim por diante. Escolha o objeto que você sente que mais *o* representa, que, de alguma forma, constitui uma parte integrante de sua auto-imagem. Escolha algo que você usa ou carrega a maior parte do tempo.

1. Saia sem este objeto por uma semana e note suas reações à sua ausência.

2. Empreste-o a um amigo. Como você se sente ao vê-lo com outra pessoa?

BIBLIOGRAFIA COMENTADA

Jung, C.G., 1961. *Memórias, Sonhos e Reflexões*. Rio de Janeiro, Editora Nova Fronteira, 1975. Uma autobiografia que ajuda a situar o pensamento multifacetado de Jung em perspectiva e fornece uma excelente introdução ao pensamento junguiano. Inclui um glossário com discussões dos principais conceitos de Jung.

_____, ed. 1964. *O Homem e seus Símbolos*. Rio de Janeiro, Editora Nova Fronteira, 1977. Contém um ensaio de Jung extremamente claro, "Chegando ao Inconsciente". O livro é bastante ilustrado, uma das melhores integrações de texto e fotografias em Psicologia.

_____, 1968. *Fundamentos de Psicologia Analítica*. Rio de Janeiro, Editora Vozes, 1972. Um claro relato das teorias de Jung, transcrito de uma série de conferências que ele deu em Londres.

_____, *Collected Works*. Editado por H. Read; M. Fondham; e G. Adler, Princeton: Princeton University Press.* Para aqueles que estão seriamente interessados em explorar Jung em profundidade, este trabalho inclui virtualmente toda a obra de Jung. Muitos de seus ensaios estão agora disponíveis em edições de bolso (nos Estados Unidos). De especial interesse: *Two Essays on Analytical Psychology*, uma visão de todo o sistema teórico e *Tipos Psicológicos*, Rio de Janeiro, Zahar Editores, 1976, especialmente o Capítulo 10, "Descrição Geral dos Tipos" e o Capítulo 11, "Definições", ambos descrevendo os principais conceitos junguianos.

Boas Fontes Secundárias

Dry, Avis, 1961. *The Psychology of Jung*. New York: Wiley.
Fordham, Frieda, 1953. *An Introduction to Jung's Psychology*. London: Penguin.
Hall, C., e Nordby, V., 1973. *A Primer of Junguian Psychology*. New York: Mentor.

---

* Todas as referências de Jung, a não ser as que foram acima mencionadas, são de *Collected Works of C. G. Jung*, editado por H. Read, M. Fordham e G. Adler, publicado sob o patrocínio da Bollingen Foundation. Edição inglesa, Routledge & Kegan Paul; edição americana em volumes publicada entre 1953–1967, Pantheon Books; de 1967 em diante, Princeton University Press. As datas da primeira publicação são dadas entre parênteses após o título; várias datas indicam importantes revisões tanto na edição suíça como na anglo-americana.

Uma visão clara e bem escrita da psicologia junguiana.
Jacoby, Jolande, 1959 *Complex, Archetype, Symbol in the Psychology of C. G. Jung.* New York: Pantheon.
Serrano, M., 1966. *C. G. Jung and Hermann Hesse: A Record of Two Friendships.* London: Routledge. Inclui algumas conversas fascinantes entre Jung e Serrano, um poeta e romancista chileno que viveu na Índia por muitos anos.
Singer, June, 1972. *Boundaries of the Soul: the Practice of Jung's Psychology.* New York: Doubleday. Um excelente relato da dinâmica da teoria e terapia junguiana por um moderno analista junguiano.

REFERÊNCIAS

Adler, G., 1948. *Studies in Analytical Psychology.* New York: Norton.
Campbell, Joseph, 1949. *Hero with a Thousand Faces.* New York: World.
_____, org. 1971. *The Portable Jung.* New York: Viking.
Dry, Avis, 1961. *The Psychology of Jung.* New York: Wiley.
Evans, R., 1964. *Entrevistas com Jung e as Reações de E. Jones.* Rio de Janeiro, Eldorado, sem data.
Fordham, Frieda, 1953. *An Introduction to Jung's Psychology.* London: Penguin.
Glover, E., 1950. *Freud or Jung.* New York: Norton.
Hall, C. e Nordby, V., 1973. *A Primer of Junguian Psychology.* New York: Mentor.
Jacobs, H., 1961. *Western Psychotherapy and Hindu-sadhana.* London: Allen & Unwin.
Jacoby, Jolande, 1959. *Complex, Archetype, Symbol in the Psychology of C. G. Jung.* New York: Pantheon.
Jung, C. G., 1913. The Transcendent Function. In *Collected Works,* vol. 8.
_____, 1917. The Psychology of the Inconscious. In *Collected Works,* vol. 7.
_____, 1921. *Tipos Psicológicos.* Rio de Janeiro, Zahar Editores, 1976.
_____, 1928a. On Psychic Energy. In *Collected Works,* vol. 8.
_____, 1928b. *O Eu e o Inconsciente,* Petrópolis, Editora Vozes, 1978.
_____, 1931a. The Stages of Life. In *Collected Works,* vol. 8.
_____, 1931b. Marriage as a Psychological Relationship. In *Collected Works,* vol. 17.
_____, 1931c. Problems of Modern Psychotherapy. In *Collected Works,* vol. 16
_____, 1933. *Modern Man in Search of a Soul.* New York: Harcourt, Brace and World.
_____, 1934. The Practical Use of Dream Analysis. In *Collected Works,* vol. 16.
_____, 1936a. The Concept of the Collective Unconscious. In *Collected Works,* vol. 9, part 1.
_____, 1936b. Individual Dream Symbolism in Relation to Alchemy. In *Collected Works,* vol. 12.
_____, 1936c. The Archetypes and the Collective Unconscious. In *Collected Works,* vol. 9, part 1.
_____, 1938. *Psicologia e Religião.* Rio de Janeiro, Zahar Editores, 1965.
_____, 1939. Conscious, Unconscious and Individuation. In *Collected Works,* vol. 9, part 1.
_____, 1942. A Psychological Approach to the Dogma of the Trinity. In *Collected Works,* vol. 11.
_____, 1945. The Relations Between the Ego and the Unconscious. In *Collected Works,* vol. 7.
_____, 1948. Instinct and the Unconscious. In *Collected Works,* vol. 8.
_____, 1950. A Study in the Process of Individuation. In *Collected Works,* vol. 9, parte 1.
_____, 1951. Aion. In *Collected Works,* vol. 9, part 2.
_____, 1952a. Symbols in Transformation. In *Collected Works,* vol. 5.
_____, 1952b. Answer to Job. In *Collected Works,* vol. 12.
_____, 1954a. The Philosophical Tree. In *Collected Works,* vol. 13.
_____, 1954b. Psychological Aspects of the Mother Archetype. In *Collected Works,* vol. 9, part 1.
_____, 1957. The Undiscovered Self (Present and Future). In *Collected Works,* vol. 10.
_____, 1961. *Memories, Dreams, Reflections.* New York: Random House.
_____, 1968. *Analytic Psychology: its Theory and Practice.* New York: Pantheon.
_____, 1973. *Letters.* Edited by G. Adler. Princeton: Princeton University Press.

———, 1964. *O Homem e Seus Símbolos*. Rio de Janeiro, Editora Nova Fronteira, 1977.

Neumann, E., 1954. *The Origins and History of Consciousness*. Princeton: Princeton University Press.

Progoff, I., 1953. *Jung's Psychology and its Social Meaning*. New York: Julian.

Riesman, D., 1950. *The Lonely Crowd*. New Haven: Yale University Press.

Serrano, M., 1966. *C. G. Jung and Hermann Hesse*. London: Routledge.

Singer, J., 1972. *Boundaries of the Soul: the Practice of Jung's Psychology*. New York: Doubleday.

Whitmont, E., 1969. *The Symbolic Quest*. New York: Putnam.

Wilhelm, R. e Jung, C. G.. 1962. *The Secret of the Golden Flower*. London: Routledge.

CAPÍTULO 3

ALFRED ADLER
E A
PSICOLOGIA INDIVIDUAL

ALFRED ADLER

Alfred Adler foi o fundador do sistema holístico da psicologia individual, que enfatiza uma abordagem, a qual compreende cada pessoa como uma totalidade integrada dentro de um sistema social. Seus seguidores fundaram centros na Europa, Inglaterra e Estados Unidos, e muitas de suas idéias originais tornaram-se, hoje, amplamente aceitas na Psicologia e Psicoterapia. Os mais importantes princípios de Adler são: o holismo, unidade do estilo de vida do indivíduo, o interesse social* ou sentimento de comunidade e a existência de comportamentos dirigidos para um objetivo. Adler argumentava que os objetivos e expectativas têm maior influência no comportamento que as experiências passadas, e acreditava que todo mundo é motivado principalmente pelo objetivo de superioridade ou conquista do meio. Ele também enfatizava o efeito das influências sociais em cada indivíduo e a importância do interesse social: um senso de comunidade, cooperação e preocupação com os outros.

HISTÓRIA PESSOAL

Alfred Adler, filho de um comerciante judeu de classe média, nasceu num subúrbio de Viena no dia 7 de fevereiro de 1870. Embora, quando criança, tenha sofrido um grande número de doenças sérias, incluindo raquitismo, Adler lutou muito para superar sua fraqueza física. Ele adorava brincar fora de casa com as outras crianças da vizinhança e era um menino muito popular. Sua posterior ênfase teórica na importância do interesse social e da compensação de inferioridades orgânicas não está desligada de suas experiências precoces.

Na infância, Adler enfrentou a morte de perto em várias ocasiões. Quando ele tinha três anos de idade, seu irmão mais novo morreu na cama que eles dividiam. Além disso, duas vezes escapou por um triz da morte em acidentes de rua e, aos cinco anos, contraiu uma grave pneumonia. O médico da família acreditava que não havia mais esperanças, mas um outro médico conseguiu salvá-lo. Adler decidiu tornar-se médico após sua recuperação.

Aos 18 anos, entrou na Universidade de Viena para estudar Medicina. Estava profundamente interessado no socialismo e compareceu a um certo número de reuniões políticas. Foi numa dessas reuniões que encontrou sua esposa, Raissa Epstein, uma estudante originária da Rússia, que freqüentava a Universidade de Viena.

Adler obteve seu título de médico em 1895. Praticou antes Oftalmologia e, depois, Clínica Geral. Por causa de seu crescente interesse no funcionamento e adaptação do sistema nervoso, seus interesses profissionais, mais tarde, deslocaram-se para o campo da Neurologia e Psiquiatria.

Em 1902, Adler tornou-se um dos quatro primeiros membros do círculo íntimo que se desenvolveu em torno de Freud. Adler era aparentemente o membro mais ativo do grupo e gozava de uma alta estima por parte de Freud. Embora seus pontos de vista sobre neurose já tivessem começado a diferir dos de Freud, de forma significativa, em 1910 este último indicou-o para primeiro presidente da Sociedade Psicanalítica Vienense.

---

* N.T.: Foi mantido o termo utilizado por Fadiman e Frager, embora se deva assinalar que o mesmo corresponde ao alemão *gemeinschaftsgefehe*, traduzido literalmente por senso de sociabilidade.

Por volta de 1911, as diferenças teóricas de Adler tinham se tornado inaceitáveis para Freud e para muitos outros membros da sociedade. Adler renunciou à presidência e abandonou a sociedade junto com nove dos outros vinte e três membros. Fundou sua própria organização, a Associação de Psicologia Individual, que gradualmente se propagou pela Europa.

Adler e seus seguidores tornaram-se ativos no campo da educação, especialmente em treinamento de professores, pois Adler acreditava que era de extrema importância trabalhar com aqueles que formavam a mente e o caráter dos jovens. Adler e seus associados também estabeleceram centros de orientação de crianças nas escolas públicas, onde estas e suas famílias podiam receber aconselhamento. Por volta de 1930, somente em Viena, havia trinta clínicas deste tipo.

Adler publicou muitos escritos e monografias e também começou a dedicar grande parte de seu tempo a excursões para fazer conferências pela Europa e Estados Unidos. Em 1928, Adler proferiu conferências na Nova Escola para Pesquisa Social em Nova Iorque e, um ano mais tarde, ali retornou para uma série de conferências e demonstrações clínicas. Adler saiu de Viena por causa da ascensão do nazismo. Estabeleceu-se nos Estados Unidos e aceitou um cargo de psicologia médica na Escola de Medicina de Long Island em 1932. Morreu na Escócia em 1937, com a idade de 67 anos, durante uma *tournée* de conferências pela Europa.

ANTECEDENTES INTELECTUAIS
Evolução

Adler, assim como seus contemporâneos, foi fortemente influenciado pela teoria evolucionista de Darwin. Um de seus principais conceitos, o da luta pela superioridade, é baseado na premissa de que a adaptação ao meio ambiente é o aspecto mais fundamental da vida. O livro inicial de Adler sobre as inferioridades orgânicas e a compensação foi uma aplicação ampla à Medicina, do ponto de vista de Darwin. O livro foi considerado um complemento fisiológico à teoria psicanalítica e Freud o recebeu bem (Ellenberger, 1970).

> A psicologia individual baseia-se firmemente no terreno da evolução e sob este prisma encara toda luta humana como uma luta pela perfeição (Adler, 1964a, pp. 36–37).

O trabalho posterior de Adler pode ser encarado como uma refutação do darwinismo social que enfatizava a sobrevivência do mais adaptado e a eliminação do incapaz. Adler acreditava que a inferioridade orgânica pode ser um estímulo para consecuções superiores, ao invés de causar necessariamente uma derrota na luta da vida. Ademais, Adler argumentava que, no processo da evolução humana, a cooperação e o sentimento comunitários são mais importantes que a luta competitiva.

Psicanálise

Adler havia iniciado seu próprio trabalho teórico antes de encontrar Freud; antes deste encontro, ele já havia publicado trabalhos nas áreas de medicina social e educação. Embora nunca tivesse aceito de fato os conceitos de libido ou complexo de Édipo, Adler foi profundamente influenciado pela teoria psicanalítica, em particular no que diz respeito à importância das relações mãe-filho, ao papel do desenvolvimento psicológico nos seis primeiros anos de vida, à interpretação dos sintomas neuróticos e à análise de sonhos (Ackerknecht, n.d.).

Nietzsche

Adler também se impressionou pelos escritos poderosos de Nietzsche, assim como possivelmente todos os intelectuais de sua geração. Ele não foi, contudo, um imitador superficial de Nietzsche, como afirmam alguns críticos. Embora as primeiras conceptualizações de Adler sobre os instintos agressivos tenham muito em comum com a vontade de poder de Nietzsche, sua formulação posterior da luta pela superioridade é um conceito muito mais amplo que a luta pelo poder, e enfatiza o papel do crescimento e desenvolvimento criativos. Além do mais, o conceito de interesse social de Adler está em contradição básica com as idéias de Nietzsche.

A Filosofia do "Como Se"

Adler foi consideravelmente influenciado pelo trabalho teórico de Hans Vaihinger, um filósofo que analisou o comportamento humano em termos de "ficções", ou os conceitos pessoais de mundo do indivíduo. Vaihinger argumentava que as pessoas são mais influenciadas pelas suas expectativas em relação ao futuro do que pela sua experiência passada real. Vaihinger denominou este sistema "ficcionalismo" ou "filosofia do 'como se'". Ele escreveu que todo mundo orienta-se por meio das construções ou ficções que organizam e sistematizam a realidade, e que estas ficções são os determinantes mais importantes de nosso comportamento. Os conceitos de Adler de objetivos de vida e o esquema de apercepção estão intimamente ligados à teoria de Vaihinger.

Holismo

Quinze anos depois de entrar em contato com as idéias de Vaihinger, o pensamento de Adler foi afetado pela filosofia holística de Jan Smuts. Smuts era um líder militar sul-africano, homem de Estado e filósofo, cujo trabalho sobre holismo influenciou muitos pensadores contemporâneos. Os dois correspondiam-se e Adler contribuiu para a publicação do trabalho de Smuts na Europa. Smuts escreveu que os sistemas como um todo freqüentemente têm propriedades que são diferentes daquelas de suas partes; que há um impulso para a organização crescente, para a totalidade, em cada indivíduo. Adler encontrou na filosofia holística uma confirmação para muitas de suas próprias idéias, e uma base filosófica importante para a psicologia individual.

> Quando lhe perguntavam a que ele atribuía seu sucesso em diagnóstico, em campos diversos do seu próprio, Adler diria com uma maliciosa piscadela:"Talvez porque eu lograsse perceber que havia um paciente por trás do distúrbio" (Bottome, 1957, p. 146).

CONCEITOS PRINCIPAIS
Inferioridade e Compensação

A monografia de Adler sobre a inferioridade orgânica, que apareceu pela primeira vez em 1907, tentou explicar por que a doença afeta as pessoas de formas diferentes. Naquela época, Adler escreveu como médico interessado principalmente em processos fisiológicos. Ele sugeriu que, em cada indivíduo, certos órgãos são de algum modo mais fracos que outros, o que torna a pessoa mais suscetível a doenças e enfermidades envolvendo estes órgãos mais frágeis. Adler também observou que pessoas com fraquezas orgânicas graves tentarão, com freqüência, compensá-las, e um órgão antes fraco pode tornar-se fortemente desenvolvido por meio de treino e exercícios, via de regra resultando muito maior habilidade ou força do indivíduo.

Em quase todas as pessoas ilustres encontramos alguma imperfeição orgânica, e ficamos com a impressão de que elas foram dolorosamente testadas no início da vida, mas lutaram e superaram suas dificuldades (Adler, 1931, p. 248).

Adler ampliou sua investigação sobre inferioridade orgânica para o estudo do sentimento psicológico de inferioridade. Ele criou o termo "complexo de inferioridade" e afirmava que todas as crianças são profundamente afetadas por um sentimento de inferioridade, que é uma conseqüência inevitável do tamanho da criança e de sua falta de poder. Um forte sentimento de inferioridade, ou um complexo de inferioridade, impedirá um crescimento e desenvolvimento positivos. Entretanto, sentimentos de inferioridade mais moderados podem motivar os indivíduos para realizações construtivas. "Desde a mais tenra idade, a criança passa a perceber que existem outros seres humanos capazes de satisfazer completamente suas necessidades mais urgentes, melhor preparados para viver ... a criança aprende a dar valor excessivo ao tamanho, que possibilita uma pessoa abrir uma porta, ou à força, que habilita a transportar objetos pesados, ou ao direito de dar ordens e exigir obediência. Desperta em sua alma um desejo de crescer, de ficar tão forte como os outros, ou mesmo mais forte ainda" (Adler, 1928, pp. 42–43 na ed. bras.).

> Sentimentos de inferioridade não são, em si, anormais. São a causa de todo progresso na situação da espécie humana (Adler, 1956, p. 117).

Luta pela Superioridade

Em seus escritos iniciais, Adler enfatizou a importância da agressão e da luta pelo poder. Ele não equiparava agressão a hostilidade, mas, antes, referia-se à primeira no sentido de um vendedor agressivo—isto é, a agressão como forte incentivo para a superação de obstáculos. Adler sustentava que as tendências agressivas humanas têm sido cruciais para a sobrevivência individual e das espécies. A agressão pode manifestar-se no indivíduo como vontade de poder, uma frase de Nietzsche usada por Adler. Adler salientava que mesmo a sexualidade é freqüentemente utilizada para satisfazer a ânsia de poder.

Em suas teorizações posteriores, ele encarou a agressão e a vontade de poder como manifestações de um motivo mais geral, o objetivo de superioridade ou perfeição—isto é, a motivação para aperfeiçoar-nos, para desenvolvermos nossas próprias capacidades e potencial. "A luta pela perfeição é inata no sentido de que faz parte da vida; uma luta, um impulso, um algo sem o qual a vida seria inimaginável" (Adler, 1956, p. 104).

O objetivo de superioridade pode tomar uma direção tanto positiva quanto negativa. Quando ele inclui preocupações sociais e interesse pelo bem-estar dos outros, desenvolve-se numa direção construtiva e saudável. Assume a forma de uma luta pelo crescimento, pelo desenvolvimento das capacidades e habilidades e pela procura de um modo de vida superior. Entretanto, algumas pessoas lutam pela superioridade *pessoal*; tentam realizar um sentimento de superioridade dominando os outros, ao invés de tornarem-se mais úteis a eles. Para Adler, a luta pela superioridade pessoal é uma perversão neurótica, o resultado de um forte sentimento de inferioridade e uma falta de interesse social. Geralmente não consegue dar o reconhecimento e a satisfação pessoal que o indivíduo está buscando.

A meta da superioridade tem suas raízes no processo evolutivo de adaptação contínua ao meio ambiente. Todas as espécies devem evoluir no sentido de adaptar-se de forma mais efetiva, caso contrário extinguem-se e, assim, cada indivíduo é levado a lutar por um relacionamento mais perfeito com o meio ambiente. "Se esta luta não fosse inata ao organismo, nenhuma forma de vida poderia preservar-se. O objetivo de dominar o ambiente de forma superior, que pode ser chamado luta pela perfeição, conseqüentemente também caracteriza o desenvolvimento do homem" (Adler, 1964b, p. 39).

> Viver significa desenvolver-se (Adler, 1964b, p. 31).

Objetivos de Vida

Adler considerava o objetivo de dominar o meio ambiente como sendo muito abstrato para satisfazer a necessidade de uma direção de vida; assim, cada indivíduo desenvolve um objetivo de vida mais específico que funciona como centro de realização. O objetivo de vida de cada indivíduo é influenciado por experiências pessoais, valores, atitudes e personalidade. Não é um alvo claro e conscientemente escolhido. Enquanto adultos, podemos ter razões definidas e lógicas para a escolha de nossa profissão. No entanto, os objetivos de vida que nos guiam e motivam formaram-se antes, no início da infância, e permaneceram um tanto obscuros e em geral inconscientes. Adler menciona, por exemplo, que muitos médicos escolhem suas profissões na infância, da forma como ele o fez, como um meio de enfrentar sua insegurança em relação à morte.

> O objetivo da superioridade de cada indivíduo é pessoal e único. Depende do significado que ele dá à vida. Esse significado não é uma questão de palavras. É construído sobre seu estilo de vida e nela se introduz (Adler, 1956, p. 181).

A formação de objetivos de vida inicia-se na infância como forma de compensação de sentimentos de inferioridade, insegurança e desamparo num mundo adulto. Os objetivos de vida, via de regra, funcionam como defesa contra sentimentos de impotência, como ponte de um presente insatisfatório para um futuro brilhante, poderoso e realizador. São sempre um tanto irreais e podem tornar-se neuroticamente superdesenvolvidos se os sentimentos de inferioridade forem muito fortes. No caso do neurótico há, em geral, uma grande lacuna entre propósitos conscientes e inconscientes, objetivos de vida autodestruidores, que giram em torno de fantasias de superioridade pessoal e auto-estima, às custas de objetivos envolvendo realizações verdadeiras.

> O homem não passa de uma gota d'água...mas uma gota muito presunçosa (Adler em Way, 1950, p. 167).

Os objetivos de vida dão direção e finalidade para nossas atividades; permitem que um observador externo interprete vários aspectos do pensamento e comportamento em termos desses objetivos. Por exemplo, alguém que luta pela superioridade buscando um poder pessoal desenvolverá vários traços de caráter necessários para atingir esse objetivo—traços tais como ambição, inveja e desconfiança. Adler salienta que esses traços de caráter não são nem inatos nem imutáveis, mas foram adotados como facetas essenciais da direção do objetivo do indivíduo. "Não são fatores primários mas secundários, impostos pelo objetivo secreto do indivíduo e devem ser compreendidos teleologicamente" (Adler, 1956, p. 219).

Estilo de Vida

Adler enfatizou a necessidade de analisar cada indivíduo como um todo unificado. O estilo de vida é o único caminho que um indivíduo escolhe para buscar seu objetivo. É um estilo integrado de adaptação e integração com a vida em geral.

> A principal tarefa da psicologia individual é provar esta unidade em cada indivíduo—em seu pensamento, sentimento, ação; em seu chamado consciente e inconsciente—em toda expressão de sua personalidade (Adler, 1964b, p. 69).

> A ciência da Psicologia Individual desenvolveu-se a partir do esforço para compreender esse misterioso poder criador da vida, que se expressa no desejo de desenvolver-se, lutar e realizar.... Esse poder é *teleológico*, expressa-se na luta por um objetivo e, nessa luta, todo o movimento corporal e psíquico é feito para coo-

perar. É, então, absurdo estudar movimentos corporais e condições mentais de forma abstrata, sem relação com um todo individual" (Adler, 1956, p. 92).

Hábitos e traços de comportamento aparentemente isolados adquirem um significado dentro do contexto pleno da vida e dos objetivos do indivíduo e, assim, os problemas psicológicos e emocionais não podem ser tratados como questões isoladas. Todo o estilo de vida está envolvido, uma vez que um dado sintoma ou traço não é senão uma expressão do estilo de vida integrado do indivíduo.

> O indivíduo como ser completo não pode ser afastado de sua ligação com a vida.... Por essa razão testes experimentais que, na melhor das hipóteses, lidam somente com aspectos parciais da vida do indivíduo, não podem nos dizer nada a respeito de seu caráter (Adler, 1964a, p. 39).

O Esquema de Apercepção

Como parte do estilo de vida, cada indivíduo desenvolve uma concepção de si mesmo e do mundo. Adler denominou este fato *esquema de apercepção*. Apercepção é um termo psicológico que se refere à percepção envolvendo uma interpretação subjetiva do que é percebido.

Adler enfatizou que o conceito de mundo de uma pessoa é que determina seu comportamento. Se alguém acreditar que uma corda em espiral num canto escuro é uma cobra, seu medo pode ser tão intenso como se existisse realmente uma cobra. Adler nos lembra que: "Nossos sentidos não recebem fatos reais, mas apenas uma imagem subjetiva deles, um reflexo do mundo externo" (Adler, 1956, p. 182). O esquema de apercepção é geralmente auto-reforçador. Por exemplo, quando temos medo, é mais provável que percebamos ameaças no meio ambiente, o que reforça nossa crença original de que ele é ameaçador.

O Poder Criador do *Self*

Adler salientava que nós respondemos ativa e criativamente às várias influências que afetam nossas vidas. Não somos objetos inertes, que aceitam de forma passiva todas as forças externas; procuramos ativamente certas experiências e rejeitamos outras. Codificamos e interpretamos a experiência de modo seletivo, desenvolvendo um esquema de apercepção individualizado e formando um modelo próprio de relacionamento com o mundo.

> Cada indivíduo alcança um objetivo concreto de domínio através de seu poder criativo que é idêntico ao *self* (Adler, 1956, p. 180).

Para Adler, esse processo de formação de um objetivo de vida, estilo de vida e esquema de apercepção é essencialmente um ato criativo. É o poder criador da personalidade, ou do *self*, que guia e dirige a resposta individual ao meio ambiente. Adler atribui, ao indivíduo, unicidade, consciência e controle sobre seu destino—qualidades às quais, segundo ele, Freud, em sua concepção da natureza humana, não dava suficiente importância. Adler ressaltava que não somos meros joguetes impotentes de forças externas. Moldamos nossas próprias personalidades. "Todo indivíduo representa tanto a unidade da personalidade quanto a forma individual desta unidade. Assim, ele é tanto o quadro quanto o artista. Ele é o artista de sua própria personalidade" (Adler, 1956, p. 177).

Interesse Social

Embora as teorias de Adler tenham sido simplificadas em demasia por muitos críticos que apenas enfatizavam a agressão e a luta pelo poder pessoal, os escritos mais recentes de Adler estão centrados no conceito de interesse social. (Uma tradução mais adequada do termo alemão original,

> É fútil tentar· estabelecer uma psicologia somente baseada em impulsos, sem levar em consideração o poder criativo da criança que dirige o impulso, amolda-o e lhe dá um objetivo significativo (Adler, 1956, p. 177)

gemeinschaftsgefühl, seria "senso de sociabilidade".) Por interesse social Adler entende "senso de solidariedade humana, a relação de um homem com outro ... a mais ampla conotação de um 'senso de fraternidade na comunidade humana' " (Wolfe em Adler, 1928, p. 32).

Em certo sentido, todo comportamento humano é social pois, argumenta Adler, crescemos num meio social e nossas personalidades são socialmente formadas. Interesse social é mais do que preocupação com a comunidade ou sociedade imediata de alguém. Inclui sentimentos de afinidade para com toda a humanidade e fortes laços com a totalidade da vida. Interesse social, em seu sentido mais amplo, refere-se à preocupação com "a comunidade ideal de todo o gênero humano, o último estágio da evolução" (Adler, 1964b, p. 35).

> Todos os fracassos...são produto da preparação inadequada para o interesse social. São todos não-cooperativos, seres solitários que correm mais ou menos contra o resto do mundo, seres que são mais ou menos associais senão anti-sociais (Adler, 1964b, p. 90).

Cooperação. Um aspecto importante do interesse social é o desenvolvimento do comportamento cooperativo. De um ponto de vista evolutivo, a habilidade para cooperar na colheita de alimentos, na caça e na defesa contra predadores tem sido um dos fatores mais importantes na sobrevivência da raça humana e a forma mais efetiva de adaptação ao meio ambiente.

Adler acreditava que somente através da cooperação com outros, e operando como um valioso e cooperativo membro da sociedade, podemos superar nossas inferioridades reais ou nosso sentimento de inferioridade. Ele escreveu que aqueles que têm dado as mais valiosas contribuições para a humanidade são os indivíduos mais colaboradores e os trabalhos dos grandes gênios sempre têm uma orientação social (Adler, 1931). Por outro lado, uma falta de cooperação e um conseqüente sentimento de inadequação e malogro são as raízes de todo estilo de vida neurótico ou inadaptado. Adler acreditava que "se uma pessoa cooperar, nunca se tornará neurótica" (Adler, 1964b, p. 193).

> Os únicos indivíduos que podem realmente ir ao encontro de e dominar os problemas da vida são aqueles que demonstram, em sua luta, tendência a enriquecer os outros, que vão avante de tal forma que os outros também se beneficiam (Adler, 1956, p. 255).

DINÂMICA
Crescimento Psicológico

O crescimento psicológico é principalmente uma questão de mover-se a partir de uma atitude autocentrada e do objetivo de superioridade pessoal para uma atitude de domínio construtivo do meio ambiente e de desenvolvimento socialmente útil. A luta construtiva pela superioridade e o forte interesse social e cooperação são os traços básicos do indivíduo saudável.

Tarefas da Vida. Adler discute as três maiores tarefas com que o indivíduo se defronta: trabalho, amizade e amor. Elas são determinadas pelas condições básicas da existência humana. "Estes três laços principais são estabelecidos pelo fato de que vivemos num lugar específico dentro do universo e devemos desenvolver-nos dentro dos limites e possibilidades em que as circunstâncias nos colocam; que vivemos entre outros de nossa espécie, a quem devemos aprender a nos adaptar, que existem dois sexos e que o futuro da raça humana depende das relações entre eles" (Adler, 1931, p. 264).

Trabalho inclui todas as atividades que são úteis à comunidade, e não apenas as ocupações pelas quais recebemos um salário. Para Adler, o trabalho fornece um sentimento de satisfação e automerecimento apenas na medida em que beneficia outros. A importância de nosso trabalho está essencialmente baseada em nossa dependência do meio físico. "Estamos vivendo neste planeta, unicamente com seus recursos, com a fertilidade de seu solo, sua riqueza mineral, seu clima e atmosfera. Sempre foi tarefa da humanidade encontrar a resposta certa para o problema que essas condições nos apresentam. Sempre foi necessário lutar pelo aperfeiçoamento e maiores realizações" (Adler, 1956, p. 131).

Amizade expressa nossa pertinência à raça humana e nossa constante necessidade de adaptação e interação com outros de nossa espécie. Nossas amizades específicas estabelecem laços essenciais com nossa comunidade, uma vez que nenhum indivíduo jamais se relaciona com a sociedade abstratamente. O empenho amistoso e cooperativo é também um elemento importante para o trabalho construtivo.

Amor é discutido por Adler em termos de amor heterossexual. Envolve uma íntima união de mente e corpo e a máxima cooperação entre duas pessoas de sexos opostos. O amor baseia-se no fato de que cada ser humano é um membro de um sexo e não de outro e de que a intimidade entre os sexos é essencial para a continuação de nossa espécie. Adler escreve que o vínculo íntimo do casamento representa o maior desafio para nossa habilidade de cooperar com outro ser humano, e um casamento bem sucedido cria o melhor meio para promover cooperação e interesse social nas crianças.

Adler acentuava que esses três problemas—trabalho, amizade e amor— estão sempre inter-relacionados. "A solução de um ajuda a solução de outros e, na verdade, podemos dizer que são todos aspectos da mesma situação e do mesmo problema—a necessidade do ser humano preservar a vida e favorecê-la no ambiente em que se encontra" (Adler, 1956, p. 133).

OBSTÁCULOS AO CRESCIMENTO
Inferioridade Orgânica, Superproteção e Rejeição. Adler especifica três situações na infância que tendem a resultar em isolamento, falta de interesse social e desenvolvimento de um estilo não-cooperativo, baseado no objetivo irreal de superioridade pessoal. São eles: inferioridade orgânica, superproteção e rejeição.

Crianças que sofrem de doenças ou enfermidades tendem a tornar-se fortemente autocentradas. Fogem da interação com outros por um sentimento de inferioridade ou incapacidade de competir com sucesso com outras crianças. Adler salienta, contudo, que as crianças que superam suas dificuldades tendem a compensar sua fraqueza original além da média e desenvolvem suas habilidades num grau incomum.

Crianças superprotegidas e mimadas também têm dificuldades em desenvolver um sentimento de interesse social e cooperação. Falta-lhes confiança em suas próprias habilidades, uma vez que os outros sempre fizeram tudo por elas. Ao invés de cooperarem com outros, tendem a fazer exigências unilaterais aos amigos e à família. O interesse social é habitualmente mínimo e Adler descobriu que crianças mimadas em geral nutrem poucos sentimentos genuínos em relação aos pais, os quais manipulam muito bem.

A rejeição é a terceira situação que tende a impedir fortemente o desenvolvimento de uma criança. Uma criança não desejada e rejeitada nunca conheceu o amor e a cooperação em casa e, portanto, lhe é extremamente difícil desenvolver essas capacidades. Tais crianças não têm confiança em suas habilidades para serem úteis e obterem afeição e estima dos outros. Quando adultos, tendem a tornar-se frios e duros. "Os traços de crianças não-amadas em sua forma mais desenvolvida podem ser observados no estudo das biografias de todos os grandes inimigos da humanidade. Neste caso, a única coisa que se destaca é que, quando crianças, foram maltratados. Desenvolveram, assim, dureza de caráter, inveja e ódio; não podiam suportar ver os outros felizes" (Adler, 1956, p. 371).

Luta pela Superioridade Pessoal. Quando predominam sentimentos de inferioridade ou quando o interesse social é subdesenvolvido, os indivíduos tendem a buscar superioridade pessoal pois lhes falta confiança em sua habilidade para atuar efetivamente e trabalhar de forma construtiva com outros. Os atavios do sucesso, prestígio e estima tornam-se mais importantes do que as realizações concretas. Tais indivíduos não dão contribuições de real valor para a sociedade e tornam-se fixados em modelos de comportamento autocentrados que levam inevitavelmente a um sentimento de fracasso. "Eles se desviaram dos problemas reais da vida e estão engajados na luta com a própria sombra para reassegurarem-se de sua força" (Adler, 1956, p. 255).

ESTRUTURA
Corpo

O corpo é a maior fonte de sentimentos de inferioridade na criança, que está rodeada por aqueles que são maiores e mais fortes e que fisicamente atuam de forma mais efetiva. Adler também salientava que o mais importante é nossa atitude em relação ao nosso corpo (Adler, 1964b). Muitos homens e mulheres atraentes nunca resolveram sentimentos de feiúra e não-aceitação que sentiram na infância, e ainda se comportam como se não tivessem atrativos. Por outro lado, através da compensação, pode ocorrer que os que têm deficiências físicas lutem firmemente e desenvolvam seus corpos além da média.

Relacionamento Social

Os relacionamentos sociais são de importância central nas teorias de Adler. Constituem a expressão direta do interesse social e são essenciais no desenvolvimento de um estilo de vida construtivo e realizador. (Para uma discussão mais completa, veja o parágrafo sobre amizade, sob o título Crescimento Psicológico.)

Vontade

Vontade é, para Adler, um sinônimo de luta pela superioridade e realização de objetivos de vida. Como tal, é um elemento central em sua teoria.

Emoções

Adler escreve a respeito de dois tipos de emoções: as emoções socialmente disjuntivas, que se referem à consecução de objetivos individuais, e as emoções socialmente conjuntivas, que tendem a promover a interação social. As emoções disjuntivas, tais como raiva, medo ou repulsa, podem ocasionar uma mudança positiva na situação de vida do indivíduo, embora, às vezes, às custas de outros. Resultam de um sentimento de fracasso ou inadequação e servem para mobilizar a força do indivíduo a fim de realizar novos esforços (Adler, 1956). Emoções conjuntivas tendem a ser socialmente orientadas, como no desejo de compartilhar nossa alegria e riso com outros. A emoção da simpatia é "a mais pura expressão de interesse social" e revela o grau em que podemos nos relacionar com outros (Adler, 1956, p. 228).

Intelecto

Adler faz uma distinção entre razão e inteligência. Neuróticos, criminosos e outros que fracassaram em sua atuação na sociedade são muitas vezes bastante inteligentes; com freqüência dão argumentos e justificativas perfeitamente lógicos para seu comportamento. No entanto, Adler denominou esse tipo de inteligência "inteligência pessoal" ou pensamento que é restrito pelo objetivo de superioridade pessoal do indivíduo mais do que por considerações de utilidade social. Razão é "o tipo de inteligência que contém interesse social e que está, desta forma, limitada ao comumente útil" (Adler, 1956, p. 150). A razão está de acordo com o senso comum, isto é, atitudes e valores culturais básicos.

Self

O *self* é o estilo de vida do indivíduo. É a personalidade considerada como um todo integrado.

> Na vida real, sempre encontramos uma confirmação da melodia do *self* total, da personalidade, com suas diversas ramificações. Se acreditarmos que o fundamento, a base última de tudo, está nos traços de caráter, impulsos ou reflexos, é provável que estejamos deixando o *self* de lado. Autores que enfatizam uma parte do todo, provavelmente atribuem a essa parte todas as aptidões e observações pertencentes ao *self*, ao indivíduo. Eles mostram 'algo' que é dotado de prudência, determinação, volição e poder criador sem saber que estão, na verdade, descrevendo o *self*, ao invés de impulsos, traços de caráter ou reflexos" (Adler, 1956, p. 157).

Heinz Ansbacher, um importante discípulo de Adler, mostrou que este não concretiza o conceito de *self*. "(Na psicologia adleriana) o *self* não é considerado uma entidade.... Não há literalmente nenhum *self* a atualizar a não ser através de transações com seu mundo" (Ansbacher, 1971, p. 60). A posição de Adler, no que concerne ao *self*, assemelha-se muito ao conceito de *selflessness* da psicologia budista.

Terapeuta

Adler define os três aspectos principais da terapia: compreender o estilo de vida próprio do paciente, ajudar os pacientes a se compreenderem e fortalecer o interesse social.

Compreensão do Estilo de Vida. Uma vez que o estilo de vida forma um todo basicamente consistente, o terapeuta procura os temas que impregnam o comportamento do indivíduo. A fim de determinar seu estilo de vida, Adler sempre pedia a seus pacientes as primeiras recordações, os fatos mais notáveis da primeira infância. "Não existem 'lembranças casuais'; a partir do incalculável número de impressões que chegam ao indivíduo, ele escolhe lembrar-se somente daquelas que, embora de forma obscura, sente estarem relacionadas com sua situação" (Adler, 1931, p. 73).

Adler presumia que o plano de vida do paciente desenvolve-se sob condições negativas, de modo que o terapeuta deveria sensibilizar-se na busca de

> Devem ser descobertos passo a passo, o inatingível objetivo de superioridade sobre todos; o encobrimento proposital deste objetivo; o poder direcional e dominador do objetivo; a falta de liberdade do paciente e sua hostilidade para com a humanidade, que são determinados pelo objetivo (Adler, 1956, p. 333).

> Mesmo quando um paciente mente, isto tem valor para mim...é *sua* mentira e de ninguém mais! O que ele não pode dissimular é sua própria originalidade (Adler em Bottome, 1957, p. 162).

inferioridades orgânicas, superproteção ou rejeição durante a infância.

Adler também enfatizava a importância do comportamento expressivo, incluindo postura e entonação. "Eu tenho considerado de inestimável valor conduzir-me como numa pantomima, isto é, por certo tempo não prestar nenhuma atenção às palavras do paciente mas, ao invés disso, ler sua intenção mais profunda a partir de sua postura e de seus movimentos numa dada situação" (Adler, 1956, p. 330).

Promoção da Autocompreensão. Adler considerava que o problema principal da maioria dos pacientes era o esquema errôneo de apercepção determinado por um objetivo inacessível e irreal de superioridade sobre todos os outros. Um dos deveres fundamentais do terapeuta é ajudar os pacientes a compreenderem seu próprio estilo de vida, incluindo seu modo básico de encará-la. Somente depois de atingir a autocompreensão é que as pessoas podem corrigir seu estilo de vida não-adaptativo. "Um paciente tem que ser levado a um tal estado de ânimo que goste de ouvir e queira compreender. Só então ele pode ser influenciado para viver o que compreendeu" (Adler, 1956, p. 335). Esta abordagem só terá resultados quando a explicação do terapeuta for clara e detalhada e dirigir-se diretamente à experiência do paciente.

Autocompreensão é aprender a ver os erros que cometemos ao enfrentar situações diárias. Envolve uma melhor compreensão de como o mundo é feito e de nosso lugar nele. Adler acentuou a importância de aprendermos a compreender as conseqüências de nosso comportamento, mais do que a de aprender mais sobre nós mesmos.

Adler enfatizava que o sucesso terapêutico depende sempre do paciente. "A verdadeira mudança na natureza do paciente só pode ser realizada por ele mesmo. Deve-se sempre encarar o tratamento e a cura não como sucesso do consulente mas como sucesso do paciente. O conselheiro pode apenas apontar os erros, é o paciente que deve dar vida à verdade" (Adler, 1956, p. 336).

> A psicoterapia é um exercício e um teste de cooperação. Só podemos ser bem sucedidos se estivermos genuinamente interessados no outro (Adler, 1956, p. 340).

Fortalecimento do Interesse Social. A terapia é um trabalho cooperativo entre terapeuta e paciente, um relacionamento de apoio que ajuda este último a desenvolver cooperação e interesse social. "A tarefa do médico ou psicólogo é oferecer ao paciente a experiência de contato com um companheiro e então capacitá-lo, para transferir este interesse social despertado para outras pessoas" (Adler, 1956, p. 341).

Adler salientava que, freqüentemente, o terapeuta deve prover os cuidados, o apoio e o senso de cooperação que o paciente nunca recebeu de seus próprios pais. Uma vez que Adler estava convencido do fato de que o interesse voltado para a própria pessoa ao invés de para os outros é o núcleo da maioria dos problemas psicológicos, sentia que a maior missão do terapeuta é afastar gradualmente o paciente do interesse exclusivo em si próprio, fazendo com que se volte para um trabalho construtivo para os outros, como um membro de valor para a comunidade.

> Eu digo para os pacientes: "Você pode ser curado em 14 dias se você seguir esta prescrição. Tente pensar diariamente como você pode agradar alguém" (Adler, 1956, p. 347).

AVALIAÇÃO

As teorias de Adler causaram um forte impacto na psicologia humanista, psicoterapia e teoria da personalidade. Sua ênfase no interesse social proporcionou uma maior orientação social para a psicoterapia, e seu interesse pelos processos racionais e conscientes deu origem à primeira psicologia do ego. De fato, sugeriu-se que "neo-adleriano" é um termo mais correto do que "neofreudiano" para teóricos tais como Erich Fromm, Karen Horney e Harry Stack Sullivan (Wittels, 1939).

Viktor Frankl e Rollo May, célebres analistas existenciais, consideraram Adler um precursor influente da psiquiatria existencial (Frankl, 1970; May, 1970), e o interesse de Adler pelo holismo, intencionalidade e papel dos valores no comportamento humano antecipou muitos dos desenvolvimentos da psicologia humanista. Abraham Maslow escreveu: "Para mim, Alfred Adler torna-se mais e mais correto no decorrer dos anos. Na medida em que os fatos se sucedem, eles reforçam cada vez mais sua imagem de homem" (Maslow, 1970, p. 13).

Contudo, Adler, em geral, não conseguiu receber crédito por suas realizações. Seus empreendimentos originais são freqüentemente tidos como derivados da teoria psicanalítica, ou então óbvios ou insignificantes. Em seu estudo sobre as principais escolas psiquiátricas de pensamento, Ellenberger escreve:

> Não seria fácil encontrar outro autor como Adler de quem tanto tomou-se emprestado sem agradecimentos. Seus ensinamentos tornaram-se... um lugar do qual todos podem retirar qualquer coisa sem se arrepender. Um autor citaria meticulosamente a fonte de qualquer frase que tira de outro lugar, mas não ocorre a ele fazer o mesmo quando a fonte é a psicologia individual; é como se nada de original pudesse jamais vir de Adler" (Ellenberger, 1970, p. 645).

Uma razão da relativa falta de popularidade de Adler encontra-se em seu estilo literário. Adler era um excelente orador e preferia fazer conferências a escrever. Seus escritos nem sempre são precisos e suas teorizações tendem a ser fraseadas de um modo simples e banal que freqüentemente parece superficial e frívolo. Adler se interessava mais pela prática do que pela teoria. Ele se sentia melhor lidando com materiais de casos reais e, assim, seu trabalho tende a ser mais popular entre professores, assistentes sociais, clínicos e outros que necessitam de habilidades psicológicas práticas em seu trabalho profissional.

A TEORIA EM PRIMEIRA MÃO

O seguinte trecho fornece um exemplo dos métodos analíticos de Adler. Ele discute a importância teórica das primeiras recordações e depois demonstra sua técnica para analisá-las.

> As primeiras recordações têm um significado especial. Para começar, elas mostram o estilo de vida em suas origens e em suas expressões mais simples. A partir delas podemos avaliar se a criança foi mimada ou rejeitada; até que ponto ela treinou a cooperação com outros; com quem preferia cooperar; que problemas enfrentou e como lutou contra eles. Nas primeiras recordações de uma criança que teve dificuldades de visão e que treinava olhar mais acuradamente, encontraremos impressões de natureza visual. Suas recordações começarão assim: "Olhei à minha volta . . .", ou descreverá cores e formas. Uma criança que teve dificuldades de movimento, que queria andar ou correr ou pular, demonstrará esses interesses em suas recordações. Episódios de infância relembrados devem estar muito próximos do interesse principal do indivíduo, e se conhecermos seu interesse principal conheceremos seu objetivo e seu estilo de vida. É este fato que

torna as primeiras impressões tão valiosas em orientação vocacional. Podemos descobrir, além disso, as relações da criança com sua mãe, seu pai ou outros membros da família. É relativamente indiferente o fato das recordações serem precisas ou não; o mais importante é que representam o julgamento do indivíduo. "Desde a infância eu fui uma pessoa assim ou assado", ou "Desde a infância eu considerava o mundo desta forma".

O mais esclarecedor de tudo é a forma como o indivíduo inicia sua história, o primeiro incidente do qual ele pode recordar. A primeira lembrança mostrará a visão de vida fundamental do indivíduo; a primeira cristalização satisfatória de sua atitude. Isto nos dá a oportunidade de ver, num relance, o que ele tomou como ponto de partida para seu desenvolvimento. Eu nunca investigaria uma personalidade sem procurar a primeira recordação. Algumas vezes, as pessoas não respondem ou afirmam não saber que episódio aconteceu em primeiro lugar, mas isto, em si mesmo, é revelador. Podemos inferir que elas não querem discutir seu significado fundamental e que não estão preparadas para cooperação. Em geral, as pessoas estão perfeitamente dispostas a discutir suas primeiras recordações. Tomam-nas como meros fatos e não se dão conta do significado nelas escondido. É raro que alguém compreenda uma primeira recordação; por isso a maioria das pessoas é capaz de revelar seu propósito de vida, seu relacionamento com os outros e sua visão do meio ambiente, de um modo perfeitamente neutro e desembaraçado, através de suas primeiras recordações. Outro ponto de interesse, nas primeiras lembranças, é que sua síntese e simplicidade nos permite usá-las em investigações de massa. Podemos pedir a alunos de uma classe que escrevam suas recordações mais antigas e, se soubermos interpretá-las, teremos um quadro extremamente valioso de cada criança.

A título de ilustração, deixem-me apresentar algumas primeiras recordações e tentar interpretá-las. (Adler fez com que certos membros da platéia escrevessem suas primeiras recordações em pedaços de papel e lhe entregassem.) Eu não sei nada sobre os indivíduos além das recordações contidas nestes papéis, nem mesmo se são crianças ou adultos. O significado que encontramos em suas primeiras lembranças deveria ser confirmado por outras expressões de sua personalidade; mas podemos usá-las enquanto treino do aguçamento de nossa capacidade de adivinhar. Sabemos o que poderia ser verdadeiro e seremos capazes de comparar uma lembrança com outra. Particularmente, seremos capazes de ver se o indivíduo se educa em direção à cooperação ou contra ela, se tem ânimo ou é desanimado, se deseja ser apoiado e assistido ou ser autoconfiante e independente; se está preparado para dar ou ansioso somente em receber.

1. "Visto que minha irmã. . .". É importante observar quais pessoas do meio aparecem nas primeiras lembranças. Quando aparece uma irmã, podemos ter quase certeza de que o indivíduo sofreu muito sua influência. A irmã lançou uma sombra sobre o desenvolvimento da outra criança. Geralmente encontramos uma rivalidade entre as duas, como se estivessem competindo numa corrida; e podemos entender que tal rivalidade oferece dificuldades adicionais para o desenvolvimento. Quando uma criança está preocupada com rivalidade, ela não pode estender aos outros seu interesse tão bem quanto o faz quando é capaz de cooperar em termos de amizade. Contudo, não nos apressaremos em tirar conclusões: talvez as duas crianças tenham sido boas amigas.

"Visto que minha irmã e eu éramos as mais novas da família, não me foi permitido freqüentar a escola até que ela não tivesse idade suficiente para ir." Agora a rivalidade torna-se evidente. Minha irmã me atrapalhou! Ela era mais nova mas eu fui forçada a esperar por ela! Ela restringiu minhas possibilidades! Se este for realmente o significado da recordação, deveríamos esperar que essa menina ou menino sinta-se assim: "O maior perigo na minha vida é quando alguém me restringe e impede meu livre desenvolvimento". É provável que o escritor seja uma moça. Parece haver menor probabilidade de que um garoto tenha sido detido até que uma irmã mais nova tivesse idade para ir para a escola.

"Conseqüentemente, começamos no mesmo dia." Não devemos dizer que esta seja a melhor forma de educação para uma menina em tal situação. Podemos dar-lhe a impressão de que, por ser mais velha, deve ficar atrás. Em todo caso, vemos que esta determinada menina interpretou o fato neste sentido. Ela se sente preferida em favor de sua irmã. Acusará alguém desta rejeição, e este alguém será provavelmente sua mãe. Não ficaríamos surpresos se ela se inclinasse mais para seu pai e tentasse tornar-se sua predileta.

"Lembro claramente que mamãe contou a todo mundo como ela se sentiu sozinha em nosso primeiro dia de aula. Ela disse: 'Eu corri ao portão muitas vezes nesta tarde e procurei as meninas. Realmente pensei que elas jamais chegassem'."

Aqui está uma descrição da mãe, descrição esta que não a apresenta comportando-se de modo muito inteligente. É o retrato que a menina faz de sua mãe. "Pensou que jamais chegássemos"–a mãe era-lhes obviamente afeiçoada e as meninas conheciam sua afeição; mas, ao mesmo tempo, era ansiosa e tensa. Se pudéssemos falar com esta moça, ela poderia contar-nos mais a respeito da preferência de sua mãe pela irmã mais nova. Tal preferência não nos surpreenderia, pois a criança mais nova é quase sempre mimada. Do todo desta primeira recordação eu concluiria que a mais velha das duas irmãs sentiu-se prejudicada pela rivalidade com a mais nova. Em sua vida futura, deveríamos encontrar marcas de ciúme e medo de competição. Não nos surpreenderíamos de encontrá-la antipatizando com mulheres mais novas do que ela. Algumas pessoas sentem-se demasiado velhas por toda sua vida, e muitas mulheres ciumentas sentem-se inferiores em relação a membros de seu próprio sexo que são mais jovens do que elas (Adler, 1931, pp. 74-78).

EXERCÍCIOS

Objetivos

Reserve quinze minutos para este exercício. Sente-se com quatro pedaços de papel e uma caneta ou lápis. Escreva no alto da primeira folha: "Quais são meus objetivos de vida?" Leve dois minutos para responder esta pergunta. Coloque tudo que lhe vier à cabeça, não importando o fato de parecer-lhe geral e abstrato, ou insignificante. Você pode querer incluir objetivos pessoais, familiares, profissionais, sociais, comunitários ou espirituais. Depois dê-se dois minutos adicionais para examinar sua lista e fazer quaisquer acréscimos ou alterações. Coloque de lado esta primeira folha.

Pegue a segunda e escreva no alto: "Como eu gostaria de passar os três próximos anos?", e leve dois minutos para responder esta pergunta. Depois, mais dois minutos para examinar sua lista. Isto deveria ajudá-lo a localizar seus objetivos com maior precisão do que na primeira pergunta. Novamente, coloque esta lista de lado.

Para uma perspectiva diferente de seu objetivo, escreva em sua terceira folha: "Se eu soubesse que minha vida acabaria daqui a seis meses, como eu viveria até lá?" A finalidade desta pergunta é descobrir se há coisas que são importantes para você e que você não está fazendo ou até mesmo considerando no momento. Novamente, escreva durante dois minutos; volte a examinar suas perguntas durante outros dois minutos e deixe de lado esta folha.

No quarto pedaço de papel, escreva os três objetivos que você considera os mais importantes de todos os objetivos que você incluiu nas listas.

Compare suas listas. Existem temas que são comuns aos vários objetivos que você formulou? A maioria de seus objetivos está concentrada numa categoria, tal como social ou pessoal? Há alguns objetivos que aparecem em todas as três primeiras listas? Os objetivos que você escolheu como sendo os mais importantes diferem de alguma forma dos outros objetivos de suas listas?

Embora este método de análise de objetivos de vida não revele completamente os objetivos de vida inconscientes que Adler discutia, pode ser um modo poderoso de descobrir as relações entre seus objetivos e suas atividades diárias. É também um exercício vantajoso para ser repetido a cada seis meses, mais ou menos, a fim de verificar que mudanças podem ter ocorrido.(Adaptado de Alan Lakein – *How to Get Control of Your Time and Your Life.* New York: New American Library, 1974.)

Cooperação

A fim de compreender mais claramente o que Adler quer dizer com cooperação e interesse social, durante uma semana consagre o maior tempo que você puder ajudando os outros. Para este exercício, resolva que não recusará nenhum pedido razoável que os outros lhe fizerem, mesmo que seus pedidos tomem parte de seu valioso tempo, energia, ou até mesmo algum dinheiro. (Se você quiser tornar este exercício mais difícil, deixe que todos os seus amigos saibam que você está realizando este exercício e que está disponível para serviços durante uma semana.) Não espere apenas que alguém lhe peça um favor, mas procure ativamente oportunidades de oferecer sua ajuda a outros.

No fim da semana reveja suas experiências. Como as outras pessoas reagiram a você? Quais eram suas reações ajudando outros? O que você aprendeu através deste exercício?

BIBLIOGRAFIA COMENTADA

Adler, A., 1966. *The Individual Psychology of Alfred Adler: a Systematic Presentation in Selections from his Writings.* Org. por H. L. Ansbacher e Rowena R. Ansbacher. New York: Harper. A melhor introdução à obra de Adler; inclui material de outra forma inacessível em inglês. Duas seções principais: teoria da personalidade e psicologia anormal.

─── , 1964. *Superiority and Social Interest: a Collection of Later Writings.* Org. por H. L. Ansbacher e Rowena Ansbacher. New York: Viking. Inclui seções sobre teoria, estudos de caso, religião e várias aplicações da psicologia individual. Também um ensaio a respeito do crescente reconhecimento de Adler, uma biografia e uma bibliografia definitiva da obra de Adler.

─── , 1929. *The Practice and Theory of Individual Psychology.* London: Routledge. Uma coleção de ensaios e discussões sobre neurose e problemas psicológicos, incluindo um número considerável de estudos de casos.

─── , 1931. *What Life should Mean to You.* Boston: Little Brown. Uma clara exposição dos conceitos básicos de Adler, para leigos.

Dreikurs, R., 1957. *Psychology in the Classroom: a Manual for Teachers.* New York: Harper. Uma aplicação das teorias de Adler à educação, incluindo vasto material de casos.

REFERÊNCIAS

Ackerknecht, Lucy, s/d. Recent influences of Adlerian psychology on general psychology Ms.

Adler, A., 1928. *A Ciência da Natureza Humana.* São Paulo, Companhia Editora Nacional, 1967.

─── , 1929. *The Practice and Theory of Individual Psychology.* London: Routledge.

─── , 1930. *The Science of Living.* London: George Allen and Unwin.

─── , 1931. *What Life should Mean to You.* Boston: Little, Brown.

─── , 1956. *The Individual Psychology of Alfred Adler: a Systematic Apresentation in Selections from his Writings.* Org. por H. L. Ansbacher e Rowena Ansbacher, New York: Harper.

─── , 1964a. *Social Interest: a Challenge to Mankind.* New York: Capricorn Books.

─── , 1964b. *Superiority and Social Interest: a Collection of Later Writings.* Org. por H. L. Ansbacher e Rowena Ansbacher. New York: Viking.

Ansbacher, H., 1971. Alfred Adler and Humanistic Psychology. *Journal of Humanistic Psychology.* 2:53–63.

Bottome, Phyllis, 1957. *Alfred Adler: a Portrait from Life.* New York: Vanguard.

Dreikurs, R., 1950. *Fundamentals of Adlerian Psychology.* New York: Greenberg.

─── , 1957. *Psychology in the Classroom: a Manual for Teachers.* New York: Harper.

Ellenberger, H., 1970. *The Discovery of the Unconscious: the History and Evolution of Dynamic Psychiatry.* New York: Basic Books.

Frankl, V., 1970. Tributes to Alfred Adler on his Hundredth Birthday. *Journal of Individual Psychology,* 26:12.

Hall, C. e Lindzey, G., 1957. *Teorias da Personalidade,* São Paulo, E.P.U. Ltda., 1973.

Lakein, A., 1974. *How to Get Control of Your Time and Your Life.* New York: New American Library.

Maslow, A., 1970. Tributes to Alfred Adler on His Hindredth Birthday. *Journal of Individual Psuchology,* 26:13.

May, R., 1970. Tributes to Alfred Adler on His Hundredth Birthday. *Journal of Individual Psychology,* 26:13.

Orgler, Hertha, 1939. *Alfred Adler: The Man and His Work.* London: Daniel.

Way, L., 1950. *Adler's Place in Psychology.* London: George Allen and Unwin.

Wittels, F., 1939. The Neo-Adlerians. *American Journal of Sociology* 45:433–445.

CAPÍTULO 4

WILHELM REICH
E A
PSICOLOGIA DO CORPO

WILHELM REICH

Neste capítulo, vamos primeiramente discutir o trabalho de Wilhelm Reich, o fundador do que poderíamos chamar psicoterapia orientada para o corpo. Wilhelm Reich foi membro do Círculo Psicanalítico de Viena e dirigiu o seminário de treinamento técnico para analistas jovens. Em seu trabalho terapêutico, Reich veio, gradualmente, enfatizar a importância de lidar-se com os aspectos físicos do caráter de um indivíduo, em especial os modelos de tensão muscular crônica, que ele chamou de couraça muscular. Ele estava também interessado no papel que a sociedade desempenha na criação de inibições dos instintos—em particular os sexuais—do indivíduo. Segundo um crítico, Reich, "talvez mais consistentemente que qualquer outro, pôs em prática as implicações críticas e revolucionárias da teoria psicanalítica" (Robinson, 1969, p. 10).

A segunda parte deste capítulo consiste em breves sumários de várias outras abordagens importantes de terapia e crescimento pessoal também orientadas para o corpo. Estas incluem três áreas principais: 1 — trabalho com a estrutura corporal: bioenergética, integração estrutural, a técnica de Alexander e o método de Feldenkrais; 2 — sistemas propostos para melhorar o funcionamento do corpo: consciência sensorial e relaxamento dos sentidos, e 3 — teorias orientais dirigidas para o corpo: hatha ioga, t'ai-chi e aikido.

HISTÓRIA PESSOAL

Wilhelm Reich nasceu em 24 de março de 1897 na Galícia, uma parte da Áustria germano-ucraniana. Ele era filho de um fazendeiro judeu de classe média. O pai de Reich era um homem ciumento e autoritário com um forte temperamento, e sua esposa, muito atraente, parece ter sido dominada por ele. O pai era um judeu convertido que não deu educação religiosa a seus filhos. Ele era um nacionalista alemão e aparentemente insistia que em casa só se falasse alemão. Wilhelm ficava isolado tanto das crianças camponesas ucranianas do local, quanto das crianças judias que falavam iídiche. Ele tinha um irmão, três anos mais jovem, que era ao mesmo tempo companheiro e rival.

Reich idolatrava sua mãe. Ela suicidou-se quando ele tinha 14 anos, aparentemente depois que Reich contou a seu pai que ela tinha um caso com seu tutor. O pai de Reich ficou arrasado com a morte de sua mulher. Pouco depois, ele contraiu pneumonia, que evoluiu para tuberculose, e morreu três anos mais tarde. O irmão de Reich também morreu de tuberculose, com 26 anos.

Depois da morte de seu pai, Reich dirigiu a fazenda da família enquanto continuava seus estudos. Em 1916, a guerra espalhou-se por toda sua terra natal e destruiu a propriedade. Reich deixou a fazenda para alistar-se no exército austríaco; tornou-se oficial e lutou na Itália. Em 1918, Reich ingressou na escola médica, na Universidade de Viena. Dentro de um ano tornou-se membro da Sociedade Psicanalítica de Viena e começou a praticar a psicanálise. Ele recebeu seu diploma de médico em 1922.

Reich envolveu-se em política como estudante, subseqüentemente tornou-se um dos vários psicanalistas que procuravam conciliar as teorias de Freud e Marx. Na universidade, Reich encontrou sua primeira esposa, Annie Pink, que também era estudante de medicina e, posteriormente, psicanalista.

Em 1922, Freud fundou uma clínica psicanalítica em Viena. Reich foi o primeiro assistente clínico de Freud; mais tarde ele passou a ser vice-diretor da clínica. Em 1924, Reich tornou-se o diretor do Seminário para Terapia

Psicanalítica, o primeiro instituto de treinamento para psicanalistas. Muitos analistas jovens vieram a ele para análise pessoal, assim como para treinamento.

O próprio Reich submeteu-se à análise pessoal com vários psicanalistas, mas por razões variadas essas análises eram sempre interrompidas. Em 1927, Reich procurou fazer análise com Freud, que se recusou a fazer uma exceção à sua política de não tratar membros do círculo psicanalítico profundo. Nesta época, desenvolveu-se um sério conflito entre Reich e Freud. Ele começou, em parte, com a recusa de Freud em analisar Reich e, por outro lado, com o aumento das diferenças teóricas que resultaram do envolvimento marxista de Reich e sua forte insistência em que toda neurose era baseada numa falta de satisfação sexual. Reich contraiu tuberculose pulmonar nesta época e teve de passar muitos meses recuperando-se em um sanatório na Suíça.

Quando voltou a Viena, Reich reassumiu suas obrigações anteriores. Além disso, ele tornou-se extremamente ativo do ponto de vista político e aderiu ao partido comunista em 1928. Em 1929, Reich ajudou a fundar as primeiras clínicas de higiene sexual para trabalhadores, que forneciam informações gratuitas sobre controle da natalidade, educação de crianças e educação sexual.

Em 1930, Reich foi para Berlim a fim de começar sua análise pessoal com Rado, um psicanalista em voga, e também porque suas atividades políticas deixaram muitos psicanalistas vienenses apreensivos. Em Berlim, Reich envolveu-se mais profundamente com o movimento de higiene mental orientado pelos comunistas. Ele viajou por toda a Alemanha, fazendo conferências e ajudando a estabelecer centros de higiene.

Entretanto, o envolvimento político de Reich tornou-se inaceitável para os psicanalistas, e os comunistas não podiam tolerar sua insistência em programas radicais de educação sexual. Em 1933, Reich foi expulso do partido comunista alemão e, em 1934, foi expulso da Associação Internacional de Psicanálise.

Com a ascensão de Hitler ao poder, Reich imigrou para a Dinamarca em 1933. Ele separou-se de sua primeira mulher quando deixou Berlim por causa de diferenças pessoais, políticas e profissionais. Um ano antes, nesta mesma cidade, Reich havia encontrado Elsa Lindemberg, uma dançarina de balé e membro de sua célula do partido comunista. Ela mais tarde juntou-se a Reich na Dinamarca e tornou-se sua segunda esposa. Por causa de suas controvertidas teorias, Reich foi expulso tanto da Dinamarca como da Suécia. Ele e Elsa mudaram-se para Oslo, Noruega, em 1934, onde ele fez conferências e conduziu pesquisas em Psicologia e Biologia durante cinco anos.

Num período de seis meses, Reich havia sido expulso de suas duas principais afiliações profissionais, políticas e sociais—partido comunista e movimento psicanalítico—e também de três países diferentes. Não é surpreendente que seu subseqüente trabalho escrito tendesse a ser, de alguma forma, polêmico e defensivo. No caso de Reich, uma certa dose de paranóia representava uma avaliação razoavelmente realista de sua situação, mais do que uma atitude irracional e injustificada.

Depois de três anos de relativa paz e calma na Noruega, Reich tornou-se alvo da campanha difamatória de um jornal que atacava sua ênfase na base sexual da neurose e seus experimentos de laboratório com bioenergia. Ele iso-

Onde e como deverá o paciente expressar sua sexualidade natural quando esta for libertada de repressão? Freud não aludia a esta questão nem podia sequer tolerá-la, como ficou claro mais tarde. E, finalmente, porque se recusara a tratar desta questão central, o próprio Freud criou enormes dificuldades ao postular um impulso biológico para o sofrimento e a morte (Reich, 1948, p. 136 na ed. bras.).

lou-se cada vez mais, e suas relações com Elsa conseqüentemente pioraram e ela por fim separou-se dele.

Em 1939, ofereceram a Reich o cargo de professor associado de Psicologia Médica na Nova Escola para Pesquisa Social em Nova Iorque. Ele empacotou seu laboratório e mudou-se para os Estados Unidos. Em Nova Iorque ele encontrou Ilse Ollendorf, uma refugiada alemã que se tornou sua assistente de laboratório e, mais tarde, sua terceira esposa.

Reich fundou o Instituto Orgon para manter sua pesquisa em energia orgônica ou energia vital. Ele concluiu, de seus experimentos em laboratório, que existe uma energia vital básica presente em todos os organismos vivos e que esta energia é a força biológica subjacente ao conceito freudiano de libido. Por volta de 1950, Reich ocupou-se com experimentos envolvendo acumuladores de energia orgônica: caixas e outras invenções que, segundo ele, armazenam e concentram energia orgônica. Reich descobriu que várias doenças que resultavam de distúrbios do "aparelho automático" podiam ser tratadas, com graus variados de sucesso, pelo restabelecimento de um fluxo normal de energia orgônica no indivíduo. Isto poderia ser conseguido pela exposição a altas concentrações de energia orgônica nos acumuladores. Estas doenças incluíam câncer, angina de peito, asma, hipertensão e epilepsia.

Em 1954, argumentando que as alegações de Reich sobre o tratamento bem sucedido de várias doenças com acumuladores de energia orgônica eram falsas, a *Food and Drug Administration* obteve uma ordem judicial proibindo a distribuição de acumuladores de orgon e quaisquer usos posteriores dos acumuladores. Eles também proibiram a venda da maioria dos livros e revistas de Reich. Este transgrediu a proibição, continuou sua pesquisa e insistiu no fato de que as cortes não eram competentes para julgar questões de cunho científico. Reich foi finalmente condenado por desacato à autoridade do tribunal e sentenciado a dois anos de prisão. O *FDA* queimou seus livros e outras publicações relacionadas à venda ou manufatura de acumuladores orgônicos. Reich morreu de doença cardíaca, em 1957, na prisão federal.

ANTECEDENTES INTELECTUAIS
Psicanálise

Grande parte do trabalho de Reich fundamenta-se, sem sombra de dúvida, na teoria psicanalítica. As primeiras contribuições de Reich estão primordialmente baseadas em seus conceitos de caráter e couraça caracterológica, que se desenvolveram a partir do conceito psicanalítico da necessidade do ego de defender-se contra forças instintivas. Segundo Reich, o caráter de um indivíduo inclui um padrão de defesas consistente e habitual. Em primeiro lugar, Reich discutiu este padrão em termos psicológicos e, então, gradualmente, veio a associar várias formas de resistências caracterológicas a padrões específicos de couraça muscular. Ele enfatizou a importância de perder-se e dissolver-se a couraça muscular, além de lidar-se analiticamente com o material psicológico.

O trabalho posterior de Reich com energia vital e energia orgônica derivou em grande parte da concepção freudiana de libido. Teorias psicanalíticas ulteriores tenderam a reduzir a importância do conceito de libido de Freud; para este, entretanto, em especial em seus primeiros escritos, a libido era uma

---

Uma vez que o processo vital é idêntico ao processo sexual—um fato experimentalmente provado—a ampla ramificação da economia sexual é uma necessidade lógica. *Em tudo o que vive, a energia vegetativa sexual está trabalhando* (Reich, 1960, p. 55).

A análise (tem) uma meta terapêutica definida: se o paciente quer ficar bem e permanecer bem, ele deve tornar-se capaz de estabelecer *uma vida sexual genital satisfatória* (Reich, 1949, p. 15).

energia psíquica real, potencialmente mensurável. "(A libido) possui todas as características de quantidade (ainda que não tenhamos meios de medi-la), que são a capacidade de aumento, diminuição, deslocamento e descarga, e que estão espalhadas sobre os vestígios mnemônicos das idéias, assim como uma carga elétrica está espalhada sobre a superfície de um corpo" (Freud, 1904; citado em Rycroft, 1971, pp. 14–15).

Reich ampliou a teoria da libido de Freud para incluir todos os processos biológicos e psicológicos básicos. Ele via o prazer essencialmente como um livre movimento de energia do âmago do organismo em direção à periferia e ao mundo externo; a ansiedade é representada como uma retração de energia para longe do contato com o mundo externo. Reich eventualmente chegou a ver a terapia como um processo cujo propósito é permitir o livre fluxo de energia por todo o corpo, pela dissolução sistemática dos blocos da couraça muscular. Reich descobriu que esses blocos servem para distorcer e destruir os sentimentos naturais e, em particular, para inibir sentimentos sexuais e impedir o orgasmo completo e satisfatório.

> As neuroses são resultado de uma estase (represamento) da energia sexual. . . . A experiência clínica cotidiana não deixa dúvidas: *a eliminação da extase sexual através de descarga orgástica elimina toda manifestação neurótica* (Reich, 1960, p. 189).

Marxismo

Reich estava seriamente interessado nas teorias de Freud e Marx; ele tentou conciliar esses dois sistemas e escreveu muitos livros sobre este assunto (Robinson, 1969, p. 40). Ele argumentava que a psicanálise é uma "ciência materialista", visto que lida com as reais necessidades e experiências humanas; argumentava também que a psicanálise está baseada no tema fundamentalmente dialético do conflito psíquico e sua resolução. Reich afirmava que a psicanálise é uma ciência revolucionária, uma vez que completa a crítica marxista da economia burguesa com uma crítica de sua moralidade, baseada na repressão sexual.

Em *Psicologia de Massa do Fascismo*, Reich faz uma importante análise das raízes da ideologia no caráter do indivíduo, um tópico que ele sentia estar insuficientemente desenvolvido por Marx. Vinte anos antes da publicação de pesquisas sobre a personalidade autoritária, Reich discutia a relação existente entre a predileção germânica pelo autoritarismo e a formação do caráter das crianças na família alemã de classe média baixa.

> Qualquer organização social produz nas massas dos seus membros as estruturas de que necessita para os seus objetivos fundamentais (Reich, 1970, p. 25 na ed. port.).

Os interesses políticos de Reich levantaram, nos círculos psicanalíticos, controvérsias até mesmo maiores do que as provocadas por inovações teóricas. No clima político tenso da Áustria e da Alemanha, na década de 1930, a afiliação de Reich ao partido comunista e suas atividades políticas públicas criaram uma tensão considerável entre seus colegas analistas. Reich foi, no início, incitado a romper com suas atividades políticas. Quando se recusou a isto, foi afinal expulso da Associação Alemã de Psicanálise.

Num período posterior de sua carreira, Reich rejeitou a ambos, comunismo e socialismo, porque sentiu que estavam comprometidos com uma ideologia, às custas de considerações humanas. Ele veio a se considerar mais como um "individualista" e passou a desconfiar profundamente da política e dos políticos.

Sexualidade Humana

O interesse de Reich pela sexualidade humana constituiu um tema importante que persistiu durante toda sua carreira. Quando era um jovem estu-

O desejo do orgasmo, que desempenha um papel enorme na vida dos animais, aparece agora como expressão deste "esforçar-se para além de si mesmo", como um "anseio" por entrar em contato com alguma coisa mais que o estreito invólucro de seu próprio organismo (Reich, 1960, p. 348).

dante de Medicina, Reich visitou Freud pela primeira vez para procurar ajuda a fim de organizar um seminário sobre sexologia na escola médica que ele freqüentava (Higgens e Raphael, 1967). Além disso, a principal atividade política de Reich consistia em ajudar a fundar clínicas de higiene sexual patrocinadas pelos comunistas para a classe trabalhadora, na Áustria e na Alemanha.

As idéias de Reich e suas clínicas eram muito avançadas para sua época. Na década de trinta (quando Margaret Sanger havia sido recentemente aprisionada por defender o planejamento familiar para casais), o programa de Reich para suas clínicas incluía características que são maravilhosamente modernas e ainda hoje controvertidas:

1. Livre distribuição de anticoncepcionais para qualquer um que os quisesse; educação intensiva para o controle da natalidade.
2. Completa abolição das proibições com relação ao aborto.
3. Abolição da distinção legal entre casados e não-casados; liberdade de divórcio.
4. Eliminação de doenças venéreas e prevenção de problemas sexuais através de uma completa educação sexual.
5. Treinamento de médicos, professores etc., em todas as questões relevantes da higiene sexual.
6. Tratamento, ao invés de punição, para agressões sexuais. (Boadella, 1973.)

Toda pessoa que tenha conseguido conservar alguma naturalidade sabe disto: os que estão psiquicamente enfermos precisam de uma só coisa—completa e repetida satisfação genital (Reich, 1948, p. 64 na ed. bras.).

Em seu próprio trabalho de Psicologia, Reich veio a dar grande ênfase à importância de desenvolver uma livre expressão de sentimentos sexuais e emocionais dentro de um relacionamento amoroso e maduro. Reich enfatizou a natureza essencialmente sexual das energias com as quais lidava e descobriu que a bioenergia era bloqueada de forma mais intensa na área pélvica de seus pacientes. Ele chegou a acreditar que a meta da terapia deveria ser a libertação dos bloqueios do corpo e a obtenção de plena capacidade para o orgasmo sexual (que ele sentia estar bloqueado na maioria dos homens, assim como nas mulheres).

As opiniões radicais de Reich a respeito de sexualidade resultaram em consideráveis equívocos e distorções de seu trabalho e, além disso, levaram a muitos ataques difamatórios infundados a ele, a seu trabalho terapêutico e à sua pesquisa.

CONCEITOS PRINCIPAIS
Caráter

De acordo com Reich, o caráter é composto das atitudes habituais de uma pessoa e de seu padrão consistente de respostas para várias situações. Inclui atitudes e valores conscientes, estilo de comportamento (timidez, agressividade e assim por diante) e atitudes físicas (postura, hábitos de manutenção e movimentação do corpo).

O "como", isto é, a *forma* do comportamento e das comunicações era muito mais importante do que o que o paciente dizia ao analista. As palavras podem mentir. A expressão nunca mente (Reich, 1948, p. 151 na ed. bras.).

O conceito de caráter foi discutido primeiramente por Freud, em 1908, em *Caráter e Erotismo Anal*. Reich elaborou este conceito e foi o primeiro analista a tratar pacientes pela interpretação da natureza e função de seu caráter, ao invés de analisar seus sintomas.

Couraça Caracterológica. Reich sentia que o caráter se forma como uma defesa contra a ansiedade criada pelos intensos sentimentos sexuais da criança e o conseqüente medo da punição. A primeira defesa contra este medo é a repressão, que refreia os impulsos sexuais por algum tempo. À medida que as defesas do ego se tornam cronicamente ativas e automáticas, elas evoluem para traços ou couraça caracterológica. O conceito de couraça caracterológica de Reich inclui a soma total de todas as forças defensivas repressoras, que são organizadas num modelo mais ou menos coerente dentro do ego. "O estabelecimento de um traço de caráter . . . indica a solução de um problema de repressão: ou ele torna o processo de repressão desnecessário ou transforma a repressão, uma vez estabelecida, numa formação relativamente rígida e aceita pelo ego" (Reich, 1949, p. 161).

> Um conflito combatido em determinada idade sempre deixa atrás de si um vestígio no caráter do indivíduo. Esse vestígio se revela como um enrijecimento do caráter (Reich, 1948, p. 130 na ed. bras.).

Traços de caráter não são sintomas neuróticos. A diferença, segundo Reich, repousa no fato de que sintomas neuróticos (tais como medos e fobias irracionais) são experienciados como estranhos ao indivíduo, como elementos exteriores à psique, enquanto que traços de caráter neuróticos (ordem excessiva ou timidez ansiosa, por exemplo) são experimentados como partes integrantes da personalidade. A pessoa pode queixar-se do fato de ser tímida, mas esta timidez não parece ser significativa ou patológica como os sintomas neuróticos. As defesas de caráter são particularmente efetivas e, além disso, difíceis de se erradicarem pelo fato de serem tão bem racionalizadas pelo indivíduo e experimentadas como parte de seu autoconceito.

Reich esforçou-se continuamente para tornar seus pacientes mais conscientes de seus traços de caráter. Ele imitava com freqüência suas características, gestos ou posturas, ou fazia com que seus pacientes repetissem ou exagerassem uma faceta habitual do comportamento, por exemplo, um sorriso nervoso. À medida que os pacientes cessavam de tomar como certa sua constituição de caráter, aumentava sua motivação para mudar.

> O comportamento do paciente, seu olhar, sua maneira de falar, sua expressão facial, sua roupa, seu aperto de mão etc. . . ., todas essas coisas não são apenas subestimadas em sua significância analítica; são, via de regra, completamente ignoradas (Reich, 1949, p. 29).

A Perda da Couraça Muscular. Reich descobriu que cada atitude de caráter tem uma atitude física correspondente e que o caráter do indivíduo é expresso no corpo em termos de rigidez muscular ou couraça muscular. Reich começou a trabalhar de forma direta no relaxamento da couraça muscular, concomitantemente com seu trabalho analítico. Ele descobriu que a perda da couraça muscular libertava considerável energia libidinal e auxiliava o processo de psicanálise. O trabalho psiquiátrico de Reich lidava cada vez mais com a libertação de emoções (prazer, raiva, ansiedade) através do trabalho com o corpo. Ele descobriu que isto conduzia a uma vivência muito mais intensa do material infantil descoberto na análise.

Reich começou primeiramente com a aplicação de técnicas de análise de caráter a atitudes físicas. Ele analisava em detalhes a postura de seus pacientes e seus hábitos físicos a fim de conscientizá-los de como reprimiam sentimentos vitais em diferentes partes do corpo. Reich fazia os pacientes intensificarem uma tensão particular a fim de tornarem-se mais conscientes dela e de eliciar a emoção que havia sido presa naquela parte do corpo. Ele descobriu que só depois que a emoção "engarrafada" fosse expressa, é que a tensão crônica poderia ser abandonada por completo. Aos poucos, Reich começou a trabalhar diretamente com suas mãos sobre os músculos tensos a fim de soltar as emoções presas a eles.

> "O espasmo da musculatura é o lado somático do processo de repressão e a base de sua contínua preservação" (Reich, 1948, p. 256 na ed. bras.).

> Na análise final eu não podia livrar-me da impressão de que a rigidez somática representa a parte mais essencial do processo de repressão. Todos os nossos pa-

Essa couraça podia estar na superfície ou na profundeza, podia ser tão macia quanto uma esponja ou tão dura quanto uma rocha. A função, em todos os casos, era proteger o indivíduo de experiências desagradáveis. Entretanto, acarretará também uma redução da capacidade do organismo para o prazer (Reich, 1948, p. 130 na ed. bras.).

Eu digo, baseado na ampla experiência clínica, que em nossa civilização são poucos os casos em que o ato sexual é baseado no amor. O rancor, o ódio, as emoções sádicas e o desdém que intervêm são parte e parcela da vida amorosa do homem moderno (Reich em Rycroft, 1971, p. 81).

Você não se esforça para que seu coração bata ou para que suas pernas andem, assim como você não precisa esforçar-se ou buscar pela verdade. A verdade está em você e trabalha em você, como trabalham seu coração ou seus olhos, bem ou mal, segundo as condições de seu organismo (Reich, 1960, p. 496).

cientes relatam que atravessaram períodos em sua infância nos quais por meio de certos artifícios sobre o comportamento vegetativo (prender a respiração, aumentar a pressão dos músculos abdominais etc.), haviam aprendido a anular seus impulsos de ódio, de angústia ou de amor. . . . Não deixa nunca de ser surpreendente o modo como a dissolução de um espasmo muscular não só libera a energia vegetativa mas, além disso e principalmente, reproduz a lembrança da situação de infância na qual ocorreu a repressão do instinto (Reich, 1948, pp. 254–255 na ed. bras.).

Em seu trabalho sobre couraça muscular, Reich descobriu que tensões musculares crônicas servem para bloquear uma das três excitações biológicas: ansiedade, raiva ou excitação sexual. Ele concluiu que a couraça física e a psicológica eram essencialmente a mesma coisa. "As couraças de caráter eram vistas agora como funcionalmente equivalentes à hipertonia muscular. O conceito de 'identidade funcional' que tive de introduzir, significa apenas que as atitudes musculares e atitudes de caráter têm a mesma função no mecanismo psíquico, podem substituir-se e influenciar-se mutuamente. Basicamente, não podem separar-se. São equivalentes em sua função" (Reich, 1948, pp. 230–231 na ed. bras.).

Caráter Genital. O termo "caráter genital" foi usado por Freud para indicar o último estágio do desenvolvimento psicossexual. Reich adotou-o para exprimir especificamente a pessoa que adquiriu potência orgástica. "Potência orgástica é a capacidade de abandonar-se, livre de quaisquer inibições, ao fluxo de energia biológica; a capacidade de descarregar completamente a excitação sexual reprimida por meio de involuntárias e agradáveis convulsões do corpo" (Reich, 1948, p. 94 na ed. bras.). Reich descobriu que assim que seus pacientes renunciavam à sua couraça e desenvolviam potência orgástica, muitas áreas de funcionamento neurótico mudavam de forma espontânea. No lugar de rígidos controles neuróticos, os indivíduos desenvolviam uma capacidade para *auto-regulação*. Reich descreveu indivíduos auto-regulados como naturais, mais do que compulsivamente, morais. Eles agem em termos de suas próprias inclinações e sentimentos internos, ao invés de seguirem algum código externo ou ordens estabelecidas por outros.

Depois da terapia reichiana, muitos pacientes que antes eram neuroticamente promíscuos, desenvolviam grande ternura e sensibilidade e procuraram, de forma espontânea, relacionamentos mais duráveis e realizadores. Além disso, aqueles cujos casamentos eram estéreis e sem amor descobriram que já não poderiam mais ter relações sexuais com suas esposas por um mero senso de obrigação.

Os caráteres genitais não estão aprisionados em suas couraças e defesas psicológicas. Eles são capazes de se encouraçar, quando necessário, contra um ambiente hostil. Entretanto, sua couraça é feita mais ou menos conscientemente e pode ser dissolvida quando não houver mais necessidade dela.

Reich escreveu que caráteres genitais trabalharam sobre seu complexo de Édipo de maneira que o material edipiano já não é mais tão intensamente carregado ou reprimido. O superego tornou-se "sexo-afirmativo" e, portanto, id e superego estão via de regra em harmonia (Reich, 1949). O caráter genital é capaz de experimentar livre e plenamente o orgasmo sexual, descarregando por completo toda libido excessiva. O clímax da atividade sexual é caracterizado pela entrega à experiência sexual e pelo movimento desinibido, involuntário, ao contrário dos movimentos forçados e até mesmo violentos dos indivíduos encouraçados.

Bioenergia

Em seu trabalho sobre couraça muscular, Reich descobriu que a perda da rigidez crônica dos músculos resultava freqüentemente em sensações físicas particulares—sentimentos de calor e frio, formigamento, coceira e um "despertar" emocional. Ele concluiu que essas sensações eram devidas a movimentos de uma energia vegetativa ou biológica liberada.

Reich também descobriu que a mobilização e a descarga de bioenergia são estágios essenciais no processo de excitação sexual e orgasmo. Ele chamou a isto fórmula do orgasmo, um processo em quatro partes que Reich sentia ser característico de todos os organismos vivos.

tensão mecânica → carga bioenergética → descarga bioenergética → relaxamento mecânico

Depois do contato físico, a energia acumula-se em ambos os corpos e é por fim descarregada no orgasmo, que é essencialmente um fenômeno de descarga de bioenergia.

1. Órgãos sexuais enchem-se de fluido – tensão mecânica.
2. Resulta uma intensa excitação – carga bioenergética.
3. Excitação sexual descarregada em contrações musculares – descarga bioenergética.
4. Segue-se um relaxamento físico – relaxamento mecânico.

Energia Orgônica

Aos poucos Reich estendeu seu interesse pelo funcionamento físico dos pacientes à pesquisa de laboratório em Fisiologia e Biologia e finalmente à pesquisa em Física. Ele chegou a acreditar que a bioenergia no organismo individual não é nada mais do que um aspecto de uma energia universal, presente em todas as coisas. Ele derivou o termo energia "orgônica" a partir de organismo e orgasmo. "A energia orgônica cósmica funciona no organismo vivo como energia biológica específica. Assim sendo, governa o organismo total e expressa-se nas emoções e nos movimentos puramente biofísicos dos órgãos" (Reich, 1949, p. 358).

A extensiva pesquisa de Reich sobre energia orgônica e tópicos relacionados foi ignorada ou repudiada pela maioria dos críticos e cientistas. Seus achados contradizem muitos axiomas e teorias estabelecidos pela Física e Biologia, e é certo que o trabalho de Reich não deixa de ter falhas experimentais. Entretanto, sua pesquisa nunca foi rejeitada ou mesmo revista com cuidado e seriamente criticada por qualquer crítico científico respeitável. Um psicólogo que trabalhou com Reich afirmou: "Em vinte e tantos anos, desde que Reich anunciou a descoberta da energia orgônica, nenhuma repetição bem intencionada de qualquer experimento crítico em energia orgônica foi divulgada refutando os resultados de Reich. . . . O fato é que, apesar (e em parte por causa) do ridículo, da difamação e das tentativas dos ortodoxos de "queimar" Reich e a orgonomia, *não existe nenhuma contra-evidência de seus experimentos em qualquer publicação científica*, muito menos uma refutação sistemática dos volumes de trabalho científico que sustentam sua posição" (Kelley, 1962, pp. 72–73).

A energia orgônica tem as seguintes propriedades principais:

1. A energia orgônica é livre de massa; não tem inércia nem peso.
2. Está presente em qualquer parte, embora em concentrações diferentes, até mesmo num vácuo.
3. É o meio para a atividade eletromagnética e gravitacional, o substrato da maioria dos fenômenos naturais básicos.
4. A energia orgônica está em constante movimento e pode ser observada sob condições apropriadas.
5. Altas concentrações de energia orgônica atraem a energia orgônica de ambientes menos concentrados (o que "contradiz" a lei da entropia).
6. A energia orgônica forma unidades que se tornam o centro da atividade criativa. Estas incluem células, plantas e animais, e também nuvens, planetas, estrelas e galáxias (Kelley, 1962; resumido em Mann, 1973).

DINÂMICA
Crescimento Psicológico

Reich definiu crescimento como o processo de dissolução da nossa couraça psicológica e física, tornando-nos, gradualmente, seres humanos mais livres, abertos e capazes de gozar um orgasmo pleno e satisfatório.

Reich achava que a couraça muscular está organizada em sete principais segmentos de armadura, que são compostos de músculos e órgãos com funções expressivas relacionadas. Estes segmentos formam uma série de sete anéis mais ou menos horizontais, em ângulos retos com a espinha e o torso. Os principais segmentos da couraça estão centrados nos olhos, boca, pescoço, tórax, diafragma, abdômen e pélvis.[1]

É possível sair de uma armadilha. Entretanto, para romper uma prisão, a pessoa precisa, em primeiro lugar, admitir que está numa prisão. A armadilha é a estrutura emocional do homem, sua estrutura de caráter. Não adianta arquitetar sistemas de pensamento sobre a natureza da armadilha, uma vez que a única coisa a fazer para sair dela é conhecê-la e encontrar a saída (Reich, 1960, p. 470).

De acordo com Reich, a energia orgônica flui naturalmente por todo o corpo, de cima a baixo, paralela à espinha. Os anéis da couraça formam-se em ângulo reto com este fluxo e operam para rompê-lo. Reich afirma que não é por acaso que na cultura ocidental aprendemos a dizer sim movendo a cabeça para cima e para baixo, na direção do fluxo de energia do corpo, enquanto que aprendemos a dizer não movendo a cabeça de um lado para o outro, na direção transversa da couraça.

A couraça serve para restringir tanto o livre fluxo de energia como a livre expressão de emoções do indivíduo. O que começa inicialmente como defesa contra sentimentos de tensão e ansiedade excessivos, torna-se uma camisa-de-força física e emocional.

> No organismo humano encouraçado, a energia orgônica é presa nos espasmos musculares crônicos. Após a perda de um anel da couraça, o orgon do corpo

---

[1] Os sete segmentos da couraça de Reich estão estreitamente relacionados com os sete chakra da Ioga, embora a adaptação não seja perfeita. É interessante notar que Reich vai de cima para baixo; o paciente termina quando a pélvis, o segmento da couraça mais importante, é aberta e energetizada. Em Ioga, o movimento é da base da espinha para cima e o iogue está "completo" quando o lótus de mil pétalas do crânio, o chakra mais importante, é aberto e energetizado.

não começa de imediato a correr livremente. . . . Logo que os primeiros blocos da couraça são dissolvidos, nós descobrimos que, com os fluxos e as sensações orgônicas, a expressão do "dar" desenvolve-se cada vez mais. Entretanto, couraças ainda existentes evitam seu desenvolvimento total (Reich, 1949, p. 374).

A terapia reichiana consiste em dissolver cada segmento da couraça, começando pelos olhos e terminando na pélvis. Cada segmento é uma unidade mais ou menos independente com a qual se precisa lidar separadamente.

Três instrumentos principais são usados para dissolver a couraça:

1 — armazenamento de energia no corpo por meio de respiração profunda;
2 — ataque direto dos músculos cronicamente tensos (por meio de pressão, beliscões e assim por diante) a fim de soltá-los; 3 — manutenção da cooperação do paciente lidando abertamente com quaisquer resistências ou restrições que emerjam (Baker, 1967).

1. *Os olhos.* A couraça dos olhos é expressa por uma imobilidade da testa e uma expressão "vazia" dos olhos, que nos vêem por detrás de uma rígida máscara. A couraça é dissolvida fazendo-se com que os pacientes abram bem seus olhos, como se estivessem com medo, a fim de mobilizar as pálpebras e a testa, forçando uma expressão emocional e encorajando o movimento livre dos olhos—fazer movimentos circulares com os olhos e olhar de lado a lado.

Num sentido último, na autoconsciência e na luta pela perfeição do conhecimento e pela completa integração de nossas bio-funções, *a energia orgônica cósmica torna-se consciente de si mesma* (Reich, 1960, p. 52).

2. *Boca.* O segmento oral inclui os músculos do queixo, garganta e a parte de trás da cabeça. O maxilar pode ser excessivamente preso ou frouxo de forma antinatural. As expressões emocionais relativas ao ato de chorar, morder com raiva, gritar, sugar e fazer caretas são todas inibidas por este segmento. A couraça pode ser solta encorajando-se o paciente a imitar o choro, a produzir sons que mobilizem os lábios, a morder e a vomitar e pelo trabalho direto com os músculos envolvidos.

3. *Pescoço.* Este segmento inclui os músculos profundos do pescoço e também a língua. A couraça funciona principalmente para segurar a raiva ou o choro. Pressão direta sobre os músculos profundos do pescoço não é possível; portanto, gritar, berrar e vomitar são meios importantes para soltar este segmento.

4. *Tórax.* Este segmento inclui os músculos longos do tórax, os músculos dos ombros e da omoplata, toda a caixa toráxica, as mãos e os braços. Ele serve para inibir o riso, a raiva, a tristeza e o desejo. A inibição da respiração, que é um meio importante de suprimir toda emoção, ocorre em grande parte no tórax. A couraça pode ser solta através do trabalho com respiração, especialmente o desenvolvimento da expiração completa. Os braços e as mãos são usados para bater, rasgar, sufocar, triturar e entrar em contato com o desejo.

5. *Diafragma.* Este segmento inclui o diafragma, estômago, plexo solar, vários órgãos internos e músculos ao longo das vértebras torácicas baixas. A couraça é expressa por uma curvatura da espinha para frente, de modo que há um espaço considerável entre a parte de baixo das costas do paciente e o colchão. É muito mais difícil expirar do que inspirar. A couraça inibe principalmente a raiva extremada. Os quatro primeiros segmentos devem estar mais ou menos livres antes que o diafragma possa ser solto através do trabalho repetido com respiração e reflexo do vômito (pessoas com bloqueio intenso neste segmento acham virtualmente impossível vomitar).

". . . temos critérios seguros para determinar se uma função é 'sã' ou 'doentia', em termos de economia sexual. A capacidade do organismo vegetativo de participar da função de tensão-carga de modo unido e total é, sem dúvida, a característica básica da saúde psíquica e vegetativa... As perturbações da autopercepção não desaparecem realmente enquanto o reflexo do orgasmo não é plenamente desenvolvido em um todo unificado" (Reich, 1948, p. 293 na ed. bras.).

É uma cobra, portanto, um símbolo do falo e, simultaneamente, um símbolo do movimento biológico original, que persuade Eva a tentar Adão. . . "Todos aqueles que comerem da árvore do conhecimento conhecerão a Deus e à vida e isto será punido", assim somos prevenidos. O conhecimento da lei do amor conduz ao conhecimento da lei da vida que, por sua vez, conduz ao conhecimento de Deus (Reich, 1960, p. 273).

Descobri que as pessoas reagem com profunda aversão a qualquer perturbação do equilíbrio neurótico da sua couraça (Reich, 1948, p. 130 na ed. bras.).

6. *Abdômen*. O segmento abdominal inclui os músculos abdominais longos e os músculos das costas. Tensão nos músculos lombares está ligada ao medo de ataque. A couraça nos flancos de uma pessoa produz instabilidade e relaciona-se com a inibição do rancor. A dissolução da couraça, neste segmento, é relativamente simples, desde que os segmentos mais altos estejam abertos.

7. *Pélvis*. Este segmento contém todos os músculos da pélvis e membros inferiores. Quanto mais intensa a couraça, mais a pélvis é puxada para trás e saliente nesta parte. Os músculos glúteos são tesos e doloridos; a pélvis é rígida, "morta" e assexual. A couraça pélvica serve para inibir a ansiedade e a raiva, bem como o prazer. A ansiedade e a raiva resultam das inibições das sensações de prazer sexual, e é impossível experienciar livremente o prazer nesta área até que a raiva tenha sido liberada dos músculos pélvicos. A couraça pode ser solta primeiramente mobilizando a pélvis e fazendo com que o paciente chute os pés repetidas vezes e também bata no colchão com sua pélvis.

Reich descobriu que à medida que seus pacientes começavam a desenvolver capacidade para "plena entrega genital", toda sua existência e estilo de vida mudavam basicamente. "A unificação do reflexo do orgasmo também restaura as sensações de *profundidade* e *seriedade*. Os pacientes lembram-se do tempo da sua primeira infância, quando a unidade de suas sensações corporais não estava perturbada. Tomados de emoção, falam do tempo em que, crianças, sentiam-se identificados com a natureza e com tudo que os rodeava, do tempo em que se sentiam "vivos" e como finalmente tudo isto fora despedaçado e esmagado pela educação" (Reich, 1948, p. 295 na ed. bras.).

Estes indivíduos começavam a sentir que a rígida moralidade da sociedade, que anteriormente reconheciam como certa, era uma coisa estranha e antinatural. Atitudes em relação ao trabalho também mudavam de forma nítida. Aqueles que faziam seu trabalho como uma necessidade mecânica, via de regra largavam seus empregos para procurar um trabalho novo e vital que preenchesse suas necessidades e desejos interiores. Aqueles que já estavam interessados em sua profissão muitas vezes desabrochavam com energia, interesse e habilidades novos.

Obstáculos ao Crescimento

Couraça. A couraça é o maior obstáculo ao crescimento segundo Reich. "O indivíduo encouraçado é incapaz de dissolver sua couraça. Ele é também incapaz de expressar as emoções biológicas primitivas. Ele conhece a sensação de agrado mas não aquela de prazer orgônico. Ele não pode emitir um suspiro de prazer nem imitá-lo. Se tentar, irá produzir um gemido, um berro reprimido ou um impulso para vomitar. Ele é incapaz de deixar sair um grito de raiva ou de convincentemente imitar um punho atingindo o colchão com raiva" (Reich, 1949, p. 366).

Reich (1960) sentiu que o processo de encouraçamento havia criado duas tradições intelectuais distorcidas que formam a base da civilização: religião mística e ciência mecanicista. Os mecanicistas são tão bem encouraçados que não têm idéia real de seus próprios processos de vida ou de sua natureza interna. Eles têm um medo básico de emoções profundas, vivacidade e espontaneidade. Eles tendem a desenvolver um conceito rígido, mecânico, da natureza e estão primariamente interessados em objetos externos e nas ciências naturais. "Uma máquina tem que ser *perfeita*. Por conseguinte, o pensamento e as ações do físico têm que ser 'perfeitos'. *Perfeccionismo* é uma característica essencial do pensamento mecanicista. Ele não tolera erros; incertezas e situações de mudança são inoportunas. . . . Mas este princípio, quando aplicado a processos da natureza, conduz, inevitavelmente, à confusão. A natureza é inexata. *A natureza não opera mecanicamente, mas funcionalmente"* (Reich, 1960, p. 278).

Os místicos não desenvolveram sua couraça tão completamente; eles permanecem, em parte, em contato com sua própria energia vital, e são capazes de grande compreensão interna (*insight*) por causa deste contato parcial com sua natureza mais íntima. Entretanto, Reich via essa compreensão interna (*insight*) como distorcida, uma vez que os místicos tendem a se tornar ascéticos e anti-sexuais, a rejeitar sua própria natureza física e a perder o contato com seus corpos. Eles repudiam a origem da força vital em seus próprios corpos e localizam-na numa alma hipotética, que eles sentem ter apenas uma tênue conexão com o corpo. "No rompimento da unidade de sentimento do corpo pela supressão sexual e no contínuo anseio de restabelecer contato consigo mesmo e com o mundo, encontra-se a raiz de todas as religiões negadoras do sexo. 'Deus' é a idéia mistificada da harmonia vegetativa entre o eu e a natureza" (Reich, 1948, p. 295 na ed. bras.).

> Apenas os místicos—bastante distanciados do conhecimento científico—mantiveram-se em contato permanente com a função de viver. Portanto, uma vez que o viver tornou-se domínio do misticismo, as ciências naturais sérias relutaram a ocupar-se dele (Reich, 1960, pp. 197-198).

Repressão Sexual. Outro obstáculo ao crescimento é a repressão social e cultural dos instintos naturais e da sexualidade do indivíduo. Reich sentia que esta era a maior fonte de neuroses e que ela ocorre durante as três principais fases da vida: primeira infância, puberdade e idade adulta (Reich, 1948, p. 173 na ed. bras.).

Os bebês e as crianças pequenas são confrontados com uma atmosfera familiar neurótica, autoritária e repressora do ponto de vista sexual. Em relação a este período de vida, Reich basicamente reafirma as observações de Freud a respeito dos efeitos negativos das exigências dos pais relativas ao treinamento da toalete, às auto-restrições e ao "bom" comportamento por parte das crianças pequenas.

> A destrutividade que está ligada ao caráter não é nada mais do que raiva da frustração em geral e da recusa de gratificação sexual em particular (Reich, 1948, p. 197).

Durante a puberdade, os jovens são impedidos de atingir uma vida sexual real e a masturbação é proibida. Talvez até mais importantes que isto, a sociedade em geral torna impossível, aos adolescentes, lograr uma vida de trabalho significativa. Por causa deste estilo de vida antinatural, torna-se especialmente difícil aos adolescentes ultrapassar sua ligação infantil com os pais.

Por fim, na idade adulta, a maioria das pessoas vê-se envolvida na armadilha de um casamento compulsivo para o qual estão sexualmente despreparadas devido às exigências de continência pré-marital. Reich também salienta que há conflitos incorporados ao casamento em nossa cultura. "Os casamentos desmoronam em conseqüência das discrepâncias sempre intensificadas entre as necessidades *sexuais* e as condições *econômicas*. As necessidades sexuais podem ser satisfeitas com um e o mesmo companheiro durante algum tempo apenas. Por outro lado, o vínculo econômico, a exigência moralística e o hábito humano favorecem a permanência da relação matrimonial. Isso resulta na infelicidade do casamento" (Reich, 1948, p. 175 na ed. bras.). A situação familiar que se desenvolve segue de forma a recriar a mesma atmosfera neurótica para a próxima geração de crianças.

> *O processo vital é inerentemente racional*. Torna-se distorcido e grotesco se não lhe é permitido desenvolver-se livremente (Reich, 1948, na ed. bras.).

Reich sentia que indivíduos que são criados numa atmosfera que nega a vida e o sexo, desenvolvem um medo do prazer que é representado em sua couraça muscular. "Essa couraça do caráter é a base do isolamento, da indigência, do desejo de autoridade, do medo da responsabilidade, do anseio místico, da miséria sexual e da revolta neuroticamente impotente, assim como de uma condescendência patológica" (Reich, 1948, p. 16 na ed. bras.).

Reich não era otimista demais no que dizia respeito aos possíveis efeitos de suas descobertas. Ele acreditava que a maioria das pessoas, por causa de sua intensa couraça, seria incapaz de compreender suas teorias e distorceria suas idéias.

> Um ensino sobre a vida, dirigido e distorcido por indivíduos encouraçados, irá acarretar um desastre final a toda a humanidade e às suas instituições. . . . O resultado mais provável do princípio da 'potência orgástica' será uma perniciosa filosofia de 'bolso', espalhada por todos os cantos. Tal como uma flexa que, ao desprender-se do arco, salta firmemente retesada, a procura de um prazer genital rápido, fácil e deletério devastará a comunidade humana" (Reich, 1960, pp. 508–509).

A couraça serve para nos desligar de nossa natureza interna e também da miséria social que nos circunda. "Natureza e cultura, instinto e moralidade, sexualidade e realização tornam-se incompatíveis como resultado da cisão na estrutura humana. *A unidade e congruência de cultura e natureza, trabalho e amor, moralidade e sexualidade*—desejada desde tempos imemoriais— continuará a ser um sonho enquanto o homem continuar a condenar a exigência biológica de satisfação sexual natural (orgástica). A democracia verdadeira e a liberdade baseadas na consciência e responsabilidade estão também condenadas a permanecer como uma ilusão até que esta evidência seja satisfeita" (Reich, 1948, p. 17 na ed. bras.).

ESTRUTURA
Corpo

Reich via mente e corpo como uma só unidade. Como foi descrito anteriormente, ele aos poucos passou de um trabalho analítico baseado apenas na linguagem, para a análise dos aspectos físico e psicológico do caráter e da couraça caracterológica e para uma maior ênfase no trabalho com a couraça muscular e no desenvolvimento de um livre fluxo de bioenergia.

Relacionamento Social

Reich via o relacionamento social como função do caráter do indivíduo. O indivíduo médio vê o mundo através do filtro de sua couraça. Caráteres genitais, tendo ultrapassado seu encouraçamento rígido, são os únicos verdadeiramente capazes de reagir de forma aberta e honesta aos outros.

Reich acreditava firmemente nos ideais, enunciados por Marx, de "livre organização na qual o livre desenvolvimento de cada um torna-se a base do livre desenvolvimento de todos" (Boadella, 1973, p. 212). Reich formulou o conceito de democracia do trabalho, uma forma natural de organização social na qual as pessoas cooperam harmonicamente para favorecer suas necessidades e interesses mútuos, e ele tentou efetivar esses princípios no Instituto Orgon.

É exclusivamente a nossa sensação do processo natural dentro e fora de nós que tem as chaves dos enigmas profundos da natureza. . . . A sensação é o crivo através do qual todos os estímulos internos e externos são percebidos; a sensação é o elo de conexão entre o eu e o mundo externo (Reich, 1960, p. 275).

Vontade

Reich não se interessou diretamente pela vontade, embora tenha enfatizado a importância de um trabalho significativo e construtivo. "Você não precisa fazer nada de especial ou novo. Tudo o que você precisa fazer é continuar o que tem feito: lavrar seu campo, manejar seu martelo, examinar seus pacientes, levar suas crianças à escola ou ao parque de diversões, falar sobre os fatos do dia, penetrar sempre mais profundamente nos segredos da natureza. Todas essas coisas você já faz. Mas você pensa que nenhuma delas tem importância. . . . Tudo o que você tem a fazer é continuar o que você sempre fez e sempre quis fazer: seu trabalho, deixar suas crianças crescerem felizes, amar sua mulher" (Reich, 1945, em Boadella, 1973, p. 236).

Emoções

Reich descobriu que as tensões crônicas servem para bloquear o fluxo de energia subjacente às emoções mais intensas. A couraça impede que o indivíduo experiencie emoções fortes e, portanto, limita e distorce a expressão de sentimentos. As emoções que são deste modo bloqueadas não são nunca eliminadas pois jamais podem ser completamente expressas. Segundo Reich, um indivíduo só se liberta de uma emoção bloqueada experienciando-a de forma plena.

Reich notou também que a frustração do prazer muitas vezes conduz à raiva e à fúria. Na terapia reichiana, é preciso lidar em primeiro lugar com essas emoções negativas, para que os sentimentos positivos (que elas encobrem) possam ser completamente experienciados.

Intelecto

Reich se opunha a qualquer separação de intelecto, emoções e corpo. Ele afirmava que o intelecto é, na verdade, uma função biológica, e que ele pode ter uma carga afetiva tão forte quanto qualquer emoção (Reich, 1949). Reich argumentava que o desenvolvimento completo do intelecto requer o desenvolvimento de uma verdadeira genitalidade. "Pois a primazia do intelecto pressupõe uma disciplinada economia de libido, isto é, primazia genital. A primazia intelectual e genital têm a mesma inter-relação mútua que êxtase sexual e neurose, sentimento de culpa e religião, histeria e superstição . . ." (Reich, 1949, p. 170).

Reich acreditava igualmente que o intelecto via de regra opera como mecanismo de defesa. *"A linguagem falada muitas vezes funciona também como uma defesa*: ela obscurece a linguagem expressiva do núcleo biológico. Em muitos casos, isto vai tão longe que as palavras já não expressam nada e a linguagem falada já não é nada mais do que uma atividade sem sentido dos respectivos músculos (Reich, 1949, p. 362).

> A atividade intelectual tem muitas vezes uma estrutura e direção tais que nos impressiona como um aparelho extremamente perspicaz—e isto precisamente por *evitar* os fatos—como uma atividade que realmente despreza a realidade. O intelecto pode, então, trabalhar em ambas as direções básicas do aparelho psíquico, dirigindo-se para o mundo e afastando-se dele; ele pode trabalhar na mesma direção que um afeto intenso e estar em oposição a ele (Reich, 1949, p. 312).

Self

Para Reich, o *self* é o núcleo biológico saudável de cada indivíduo. A maioria das pessoas não está em contato com o *self* por causa da couraça física e das defesas psicológicas. "O que é que impedia uma pessoa de perceber sua própria personalidade (*self*)? Afinal, a personalidade (*himself*) é o que a pessoa é! Gradualmente comecei a entender que é o ser total que constitui a massa compacta e obstinada que obstrui todos os esforços da análise. A

Penetrando na mais íntima profundidade e no mais completo alcance da integração emocional do *self*, nós não apenas experimentamos e sentimos, mas aprendemos a *compreender,* ainda que obscuramente, o significado e o trabalho do oceano de energia orgônica cósmica, do qual somos uma parte íntima (Reich, 1950, pp. 519--520).

personalidade inteira do paciente, o seu caráter, a sua individualidade resistiam à análise" (Reich, 1948, p. 132 na ed. bras.).

Segundo Reich, a interação de impulsos reprimidos e forças defensivas repressoras cria uma terceira camada entre as duas correntes libidinais opostas: uma camada de falta de contato. Esta falta de contato não está interposta entre as duas forças; é uma expressão da interação concentrada das duas (Reich, 1948). O contato requer um livre movimento de energia. Ele só se torna possível quando o indivíduo dissolve sua couraça e torna-se plenamente consciente do corpo e de suas sensações e necessidades, entrando em contato com o núcleo, os impulsos primários. Enquanto há a presença de bloqueios, o fluxo de energia e a consciência são restritos, e a autopercepção é bastante diminuída e distorcida (Baker, 1967).

Terapeuta

Além de treino na técnica terapêutica, o terapeuta deve ter feito um progresso considerável em seu crescimento e desenvolvimento pessoais. Ao trabalhar tanto psicológica quanto fisicamente com um indivíduo, o terapeuta deve ter superado todos os medos de sons sexuais abertamente emitidos e do "ondular orgástico"—o livre movimento de energia no corpo.

Baker, um dos principais terapeutas reichianos nos Estados Unidos, recomenda que "nenhum terapeuta deveria tentar tratar pacientes que tenham problemas que ele não foi capaz de solucionar em si mesmo, e nem deveria esperar que um paciente faça coisas que ele não pode fazer e que não foi capaz de fazer" (1967, p. 223). Outro reichiano eminente escreveu que "o pré-requisito indispensável em qualquer método usado pelo terapeuta para libertar as emoções contidas na musculatura é que ele esteja em contato com suas próprias sensações e que seja capaz de empatizar completamente com o paciente e de sentir em seu próprio corpo o efeito das constrições particulares da energia do paciente" (Boadella, 1973, p. 120).

Reich era ele próprio considerado um terapeuta brilhante e teimoso. Mesmo sendo um analista ortodoxo, ele era extremamente honesto e até brutalmente direto com seus pacientes. Nic Waal, um dos melhores psiquiatras da Noruega, escreveu o seguinte a respeito de suas experiências em terapia com Reich:

> Eu era capaz de suportar ser subjugado por Reich porque eu gostava da verdade. E, coisa bastante estranha, eu não era subjugado por isto. No decorrer de toda esta atitude terapêutica em relação a mim, sua voz era amorosa e ele sentava-se a meu lado e fazia-me olhar para ele. Reich me aceitava e subjugava apenas minha vaidade e minha falsidade. Mas eu entendi, naquele momento, que a honestidade e o amor verdadeiros tanto de um terapeuta quanto dos pais é, por vezes, a coragem de ser aparentemente cruel sempre que necessário. Entretanto, isto exige muito do terapeuta, de seu treinamento e de seu diagnóstico do paciente" (Em Boadella, 1973, p. 365.).

AVALIAÇÃO

Reich foi o pioneiro na área da psicologia do corpo e na terapia orientada para o corpo. Apenas uma pequena minoria de psicólogos interessou-se seriamente pela psicologia do corpo. Entretanto, a valorização da importância dos hábitos e tensões físicas como hipóteses diagnósticas está crescendo continuamente; muitos terapeutas foram influenciados pelo trabalho de Fritz Perls, que fez análise com Reich e deve muito às suas teorias.

O trabalho direto de Reich com a couraça muscular e com a liberação emocional através do trabalho com o corpo atraiu menos interesse geral. O estímulo à expulsão das emoções contidas, tais como rancor, medo e agressão, ainda é uma questão controvertida em Psicologia. A terapia primal, por exemplo, foi severamente criticada por estimular a descarga emocional a tal ponto que os estudantes desta terapia tornaram-se incapazes de controlar a liberação emocional profunda em público e em outras situações inapropriadas (Kelley, 1971).

Leonard Berkowitz (1973), que por muitos anos estudou experimentalmente violência e agressão, atacou o que ele chama de abordagem "ventilacionista" da terapia, na qual a maior ênfase é colocada na expressão de emoções 'contidas'. Berkowitz cita uma série de estudos experimentais nos quais foi demonstrado que estimular a expressão da agressão resulta apenas no seu aumento ou em maior hostilidade, ao invés de resultar em emoções livremente expressas. De acordo com a teoria comportamental, estimular a expressão de uma dada emoção serve para reforçar este comportamento, aumentando a probabilidade da emoção ser expressa no futuro.

Estas críticas representam uma compreensão pouco profunda do trabalho de Reich, no qual a liberação emocional nunca é simplesmente estimulada como uma finalidade em si mesma. Pode ser verdade que a descarga de emoções intensas leve a um aumento de sua expressão, e Reich lidou de fato com liberação emocional profunda em terapia. Entretanto, sua ênfase estava sempre na dissolução da couraça, dos bloqueios dos sentimentos que distorcem o funcionamento psicológico e físico de um indivíduo.

Uma crítica mais válida das teorias de Reich refere-se a seu conceito de caráter genital como um estado ideal atingível. Kelley (1971) salientou que Reich desenvolveu um sistema que parece prometer cura final para todos os problemas de uma pessoa. Supõe-se que um tratamento bem sucedido deixe o indivíduo livre de toda couraça, um "produto final" que não precisa de crescimento ou desenvolvimento posteriores.

O modelo subjacente é um modelo médico de doença, no qual o paciente vem ao médico a fim de ser "curado". Este modelo tende a permear a maioria das formas de terapia, mas é especialmente forte naqueles em que existe a suposição de que o terapeuta é inteiramente sadio (não encouraçado etc.) e o paciente é doente. Os pacientes sempre estão um pouco abaixo do terapeuta; são geralmente colocados num papel passivo e eles confiam que o terapeuta onipotente e "perfeito" lhes proporcione algum tipo de cura dramática ou mágica. Este modelo exige, além disso, um tremendo esforço do terapeuta, que deve parecer sempre superior aos pacientes e nunca se permite erros ou falibilidade.

Aprender a libertar-se de bloqueios excessivos e inapropriados ao sentimento é apenas um aspecto do crescimento total de um indivíduo. O autocontrole e o comportamento dirigido para um objetivo são também partes essenciais da vida, e requerem uma curta dose de controle sobre os sentimentos imediatos. "Os bloqueios ao sentimento, que Reich chama de "couraça" . . ., são produtos da capacidade do homem para controlar seus sentimentos e seu comportamento e, assim, dirigir sua vida ao longo de um caminho que ele escolheu. Um de seus aspectos é a proteção do *self* contra emoções incapacitadoras, outro, é a canalização do comportamento em direção a objetivos" (Kelley, 1971, p. 9). Portanto, o indivíduo não pode nem deveria nunca se tornar totalmente "desencouraçado". Aprender a equilibrar o autocontrole e a livre expressão permanece como parte de um contínuo processo de crescimento.

As teorias de Reich relacionadas à terapia e ao crescimento psicológico são geralmente claras e diretas, assim como suas técnicas terapêuticas. Ele forneceu considerável evidência clínica e experimental para seu trabalho, embora até hoje suas idéias tenham sido controvertidas demais para terem aceitação geral. O interesse em Reich e em suas idéias relativas ao corpo está aumentando, e o desenvolvimento do trabalho orientado para o corpo é uma das mais excitantes possibilidades para desenvolvimentos futuros em Psicologia.

A TEORIA EM PRIMEIRA MÃO

As passagens que se seguem foram tiradas do livro de Orson Bean, *O Milagre da Orgonoterapia* (Rio de Janeiro, Ed. Artenova S.A., 1973)—um relato deste conhecido ator sobre suas experiências com o Dr. Elsworth Baker, o terapeuta reichiano ortodoxo da atualidade de maior evidência nos Estados Unidos.

O Dr. Baker sentou-se à mesa, e indicou-me a cadeira do outro lado. . . .
"Está bem" – disse o Dr. Baker. . . . "Agora, dispa-se e deixe-me examiná-lo". Senti os olhos vidrados quando me levantei e comecei a me despir. "Pode ficar de cueca e com as meias"–observou, para melhor alívio meu. Atirei as roupas sobre a cadeira encostada à parede, esperando que tudo corresse bem. "Deite-se"–ordenou. . . .
Começou, então, a apertar os músculos da parte mole dos meus ombros. Tive vontade de dar-lhe um soco na cara sádica, vestir-me e fugir dali. Em vez disso, fiz um "Ui!" e disse: "Como dói".
"Se está doendo assim, não parece"–observou.
"Mas, dói mesmo"–respondi, murmurando "Ui! Ui!"
"Agora respire forte"–ordenou, colocando a palma da mão sobre meu peito e calcando-a fortemente com a outra. A dor que senti era bastante forte. "E se a cama quebrar?"–pensei. "Se me partir a espinha, ou se ficar sufocado?"
Continuei a aspirar e expirar com força durante algum tempo, até que Baker encontrou minhas costelas e começou a apalpá-las e a comprimi-las. . . . Começou, então, a esmurrar-me o estômago, experimentando aqui e ali a fim de descobrir um pequeno músculo possivelmente retesado. . . . Felizmente, suas mãos desceram mais para baixo de minha calça de jóquei . . . e pôs-se a beliscar e cutucar os músculos da parte interna das minhas coxas. A essa altura, verifiquei que os ombros, as costelas e o estômago não tinham doído tanto. A dor que senti foi espantosa, sobretudo porque tratava-se de uma área que supunha incapaz de doer. . . .
"Vire-se"–ordenou Baker. Obedeci; então, começou pelo pescoço abaixo, trabalhando com um instinto infalível para encontrar todos os músculos retesados e doloridos. . . . "Volte-se novamente"–ordenou o Dr. Baker, e tive que obedecer. "Muito bem"–observou. "Agora, quero que aspire e expire o mais profundamente que puder e, ao mesmo tempo, faça um movimento circular com os olhos mas sem mover a cabeça. Procure olhar para as quatro paredes, uma de cada vez, e vire o globo ocular o mais que puder de um lado a outro." Comecei a fazer o que mandou, o que me pareceu uma tolice, mas contente porque já não me massacrava o corpo. Meus olhos viravam de um lado para outro. "Continue a respirar"–disse Baker. Comecei a experimentar uma estranha e gostosa sensação nos olhos, que pouco a pouco foi-se espalhando pelo meu rosto e descendo pelo

corpo inteiro. "Muito bem"–disse Baker. "Agora, quero que continue respirando e pedalando sobre a cama com as pernas". Comecei a levantar e abaixar ritmadamente as pernas, batendo com as pantorrilhas na cama. Minhas coxas começaram a doer, e fiquei calculando quando ele iria dizer que já fizera o bastante, mas não disse. Até que deixei as pernas caírem sobre a cama, extenuado pelo exercício. Então, pouco a pouco, a dor foi desaparecendo e a mesma gostosa sensação de prazer começou a se espalhar por todo o meu corpo, dessa vez mais forte. Tive a impressão de que o ritmo substituía o exercício, que nada tinha a ver com qualquer esforço de minha parte. Senti-me transportado e nas garras de algo maior que eu. Respirava mais profundamente que em qualquer outra ocasião, e senti a passagem de cada respiração através dos pulmões e até a pélvis. Pouco a pouco, senti-me suspenso fora do quarto cor de chocolate de Baker e levado aos céus. Respirava em ritmo astral. Finalmente, compreendi que era tempo de parar....

Na manhã de quarta-feira seguinte à minha primeira visita ao Dr. Baker levantei-me, depois de cinco horas de sono, satisfeitíssimo. O café pareceu-me melhor que nunca, e até mesmo o lixo que boiava nas águas do East River deu-me a impressão de possuir certo brilho e simetria. Essa sensação agradável prolongou-se pelo resto do dia. Era uma sensação de bem-estar e de absoluta paz com o mundo. Meu corpo parecia mais leve, e um ligeiro arrepio de prazer subia e descia pelos meus braços, pernas e torso. Quando respirava, essa sensação de movimento continuava até à base do torso e era bastante agradável. Sentia-me possuído de certa ternura e, ao pensar em mulheres, tinha a impressão de estar impregnado de amor....

Comecei a sentir que estava, por assim dizer, desembaraçando-me de alguma coisa. Os arrepios agradáveis estavam diminuindo, e senti-me tomado pouco a pouco por uma sensação de ansiedade. Marcas escuras, que no dia seguinte tornar-se-iam pretas e azuis, apareceram-me pelo corpo nos lugares que Baker havia beliscado e socado....

Meti-me na cama, senti frio e procurei apanhar um cobertor extra nos pés da cama. Então, compreendi que o frio que sentia era medo. Tentei examinar meus sentimentos da forma como aprendera na psicanálise. Era um medo diferente de tudo que experimentara anteriormente. Lembrei-me de um espetáculo de marionetes a que assistira, onde havia um garoto cercado por esqueletos fantoches que dançavam ao som da "Dança Macabra" e em seguida começavam a se desfazer, com pernas, braços e a caveira separando-se das costelas e da pélvis, que ficavam separados. Tive a impressão de que também eu começava a desfazer-me. A ansiedade que sentira era horrorosa, e percebi que retesava involuntariamente os músculos para manter-me unido. Aquela sensação maravilhosamente agradável estava desaparecendo para dar lugar a outra sensação: a de agarrar-me à vida. Minha blindagem, se era isso, parecia um amigo velho. Há quem diga, "Prefiro morrer na cadeira elétrica a passar o resto da vida na prisão"; no entanto, os presos nunca dizem tal coisa. Viver na cadeia é muito melhor do que não viver, exceto teoricamente.

Compreendi que precisava lançar mão de toda a coragem possível para desembaraçar-me da minha blindagem. Sabia que teria de contrariar todo o trabalho do Dr. Baker mas lembrei-me igualmente de como me sentira durante aquelas 36 horas que se seguiram ao meu primeiro tratamento, que desejava reconquistar mais que qualquer coisa....

"Como passou a semana?"–perguntou Baker....

"A reação de queda que experimentou depois de um período de sensações agradáveis foi perfeitamente natural e devia ser esperada"–observou. "O senhor nem sempre experimentará novamente esses sentimentos agradáveis mas o que importa é lembrar-se de como foram a fim de que possa trabalhar para senti-los de novo. Eu o ajudarei a suportar o medo que sente quando a sua blindagem se desfaz"....

Durante semanas, às duas horas das terças-feiras, respirava e pedalava. (Desde então compreendi que meu peito e minha respiração estavam sendo tratados em primeiro lugar a fim de mobilizar energia em meu organismo, o que auxiliaria o processo de destruir a blindagem. A energia é produzida com a aspiração do ar.)

Atualmente, Baker obriga-me a dar socos na cama enquanto estou pedalando. Permaneço esmurrando, pedalando e respirando; o ritmo do exercício toma-me por completo e acabo tendo a sensação de estar fora de mim. . . .

Para começar a libertação da blindagem dos meus olhos, o Dr. Baker tomou de um lápis que segurou à minha frente para que eu o olhasse fixamente. Depois, começou a fazê-lo girar rapidamente e à vontade, obrigando-me a observá-lo espontaneamente. Isso continuou pelo espaço aproximado de uns 15 ou 20 minutos, e o resultado deixou-me maravilhado. Meus olhos pareciam inteiramente livres na minha cabeça, e pude sentir a ligação direta existente entre eles e o cérebro. Em seguida, obrigou-me a girar os olhos de um lado para outro sem mover a cabeça, forçando-os a fixar cada uma das quatro paredes do quarto. Durante todo o tempo em que realizava mais esse exercício tive que continuar mantendo a mesma respiração profunda e ritmada.

Baker mandou-me fazer caretas de toda sorte. (Tive a impressão de ser um idiota.) Obrigou-me a fazer olhar de desconfiança, ou a tentar exprimir ansiedade. Gradativamente, todas essas coisas fizeram com que meus olhos se sentissem como se fossem usados pela primeira vez em muitos e muitos anos, e a sensação foi maravilhosa. . . .

Na terça-feira seguinte, em lugar do lápis, o Dr. Baker usou uma lanterna elétrica pequena do formato de uma caneta-tinteiro. Acendeu a luz, apontou-a para os meus olhos e começou a girá-la de um lado para outro. O efeito era psicodélico. Comecei a acompanhar as voltas da luz pelo quarto às escuras, e o efeito foi surpreendente. Pude realmente experimentar a esquisita sensação do cérebro que se movia no interior do meu crânio. Baker ficou volteando a luz à minha frente por uns quinze minutos; depois, apagou-a, examinou o fundo dos meus olhos e observou: "Estão aparecendo lindamente." Tudo sobre o tratamento a que me submeteu e a opinião que deu sobre as minhas reações nada tinham de mecânico mas, ao contrário, eram o resultado da habilidade de um ser humano ao entrar em contato com os sentimentos e as cargas de energia de outro.

"Olhe-me de frente"—disse Baker, e voltei-me para encará-lo com um ar estúpido. "Agora, procure acentuar essa expressão"—acrescentou. Transformei o rosto numa careta verdadeiramente horrível. "O que sente com essa careta?"—perguntou.

"Não sei"—respondi, mentindo.

"Mas, isso deve fazê-lo sentir alguma coisa".

"Bem, desconfio. . . sinto-me desprezível".

"Desconfia?"

"Está bem, que diabo! É muita bobagem. . . ficar aqui revirando os olhos de um lado para outro".

"Enfie o dedo na garganta" – ordenou Baker.

"O quê?" – perguntei.

"Vomite".

"Mas vou sujar a cama inteira".

"Se quiser pode fazê-lo. E continue a respirar enquanto vomita".– disse ele. Continuei deitado, a respirar profundamente; meti o dedo na garganta e vomitei. Depois, repeti a operação.

"Continue a respirar" –disse Baker. Meu lábio inferior começou a tremer como o de uma criança, as lágrimas desciam-me pelas faces e pus-me a gritar. Solucei durante cinco minutos como se sentisse o coração despedaçado. Por fim, extinguiu-se o choro.

"Aconteceu-lhe alguma coisa?" – perguntou Baker.

"Pensei em minha mãe, em como a queria e como me sentia por saber que jamais poderia encontrá-la; por isso, senti-me desesperançado e profundamente desgostoso"–respondi. "Foi como se tivesse sentido profundamente todas essas coisas pela primeira vez desde criança; é um grande alívio ser capaz de chorar, e não uma grande bobagem, como disse quando tive medo".

"Sim"—observou. "É uma coisa terrificante. O senhor tem enorme reserva de cólera de que deve livrar-se, uma enorme carga de raiva e ira e, depois, muitos anseios e muito amor. Okay"–disse. "Vê-lo-ei na próxima terça-feira".

Levantei-me, vesti-me e saí.

Sistemas de Crescimento Orientados para o Corpo

As abordagens corporais incluídas nesta seção de forma alguma abrangem todas aquelas que estão disponíveis. Existem dezenas de sistemas excelentes que trabalham primordialmente com o corpo, preocupados em melhorar o funcionamento psicológico e físico. As disciplinas e técnicas mencionadas neste capítulo são, talvez, mais conhecidas e mais amplamente utilizáveis do que outras. São também sistemas que deram contribuições tanto teóricas quanto práticas à psicologia do corpo.

BIOENERGÉTICA

A bioenergética pode também ser denominada terapia neo-reichiana. Foi fundada por um dos discípulos de Reich, Alexander Lowen, e enfatiza a função do corpo na análise do caráter e na terapia. Lowen usou termos mais facilmente aceitáveis que os de Reich—bioenergia ao invés de energia orgônica, por exemplo—e seu trabalho em geral encontrou menor resistência que o do mestre. Existem, nos Estados Unidos, muito mais bioenergeticistas do que reichianos.

A bioenergética inclui as técnicas reichianas de respiração e muitas das técnicas de Reich de liberação emocional, tais como fazer os pacientes chorarem, gritarem e baterem. Lowen também usa várias posturas de tensão a fim de energetizar partes do corpo que foram bloqueadas. Nestas posturas, a tensão aumenta em partes do corpo cronicamente tensas até tornar-se tão grande que o indivíduo às vezes é forçado a relaxar sua couraça. Estas posturas incluem: curvar-se para a frente até tocar o chão, arquear-se para trás com os punhos na base da espinha e inclinar-se para trás sobre um banco acolchoado.

A bioenergética enfatiza a necessidade de fundamentar-se, de basear-se em seus próprios processos físicos, emocionais e intelectuais. O trabalho bioenergético via de regra se concentra nas pernas e na pélvis, a fim de estabelecer com o solo uma conexão melhor e mais firmemente enraizada. "Começamos com as pernas e os pés pois estes são a base e o suporte da estrutura do ego. Entretanto, têm outras funções. É através de nossos pés e pernas que mantemos contato com a única realidade invariável em nossas vidas, a terra ou o solo" (Lowen, 1971, p. 99).

Nas mãos de um profissional experiente (bem treinado), a bioenergética é um excelente sistema que fornece muitos dos benefícios de uma análise reichiana ortodoxa—acabar com bloqueios ao sentimento, energetizar partes do corpo que são ignoradas e assim por diante.

Exercício — Posturas de Tensão

Fique de pé com as pernas afastadas numa distância mais ou menos igual à dos ombros, e com os joelhos levemente dobrados. Sem forçar nada, incline-se até tocar o chão. Deixe seu corpo solto e sua cabeça pender livremente. Mantenha-se nesta postura durante alguns minutos. Você pode achar que suas pernas começam a tremer ou a estremecer, ou observar outras mudanças em seu corpo. Continue respirando livre e naturalmente e não tente fazer com que algo aconteça.

Saia dessa posição devagar, gradualmente, sentindo sua espinha voltar à posição vertical, vértebra por vértebra.

Todo mundo busca vida, todo mundo quer estar mais vivo. O que não levamos em conta é que temos de *aprender* a suportar o fato de estarmos mais vivos, assimilá-lo e permitir que uma carga energética atravesse nosso corpo (Keleman, 1971, p. 39).

Agrada-me dizer que sou meu corpo, com plena compreensão do que esta afirmação realmente significa. Isto permite identificar-me com minha vida total sem nenhuma necessidade de divisão (Keleman, 1971, p. 28).

Em seguida, tente uma posição que curvará a espinha no sentido inverso. Fique de pé com os pés separados e os joelhos ligeiramente dobrados. Coloque as mãos sobre os rins e incline-se para trás. De novo, deixe o pescoço relaxado e a cabeça pendendo livremente para trás e respire à vontade.

Esses exercícios são planejados para levar energia às partes do corpo que são cronicamente tensas. De acordo com a teoria bioenergética, o tremor que em geral acompanha as posturas é uma indicação do relaxamento e energetização de partes encouraçadas do corpo.

INTEGRAÇÃO ESTRUTURAL (ROLFING)

A integração estrutural é um sistema de remodelagem e realiviamento da postura do corpo através de um estiramento profundo e freqüentemente doloroso da fáscia muscular, realizado pela manipulação profunda e direta. A integração estrutural é via de regra denominada rolfing por causa de sua fundadora, Ida Rolf. Rolf recebeu seu Ph.D. em Bioquímica e Fisiologia em 1920 e trabalhou como assistente de bioquímica no Instituto Rockfeller durante 12 anos. Por mais de 40 anos dedicou-se ao ensino e aperfeiçoamento do sistema de integração estrutural.

O objetivo da integração estrutural é levar o corpo a um melhor equilíbrio muscular e a um melhor alinhamento em relação à gravidade, mais próximo de uma postura ótima na qual uma linha reta poderia ser desenhada pela orelha, ombro, ílio, joelho e tornozelo. Isto leva a uma distribuição equilibrada do peso nas principais partes do corpo—cabeça, tórax, pélvis e pernas—e também a movimentos mais graciosos e eficientes.

O método rolfing trabalha primordialmente com o sistema fascial, o tecido conjuntivo que sustenta e liga os sistemas muscular e esquelético. Rolf (1958) salientou que um trauma psicológico ou mesmo danos físicos menores podem resultar em mudanças corporais sutis porém relativamente permanentes. O tecido ósseo ou muscular torna-se um pouco deslocado e o engrossamento ou crescimento de tecidos conjuntivos tende a restringir tais mudanças a este lugar. O desalinhamento não ocorrerá apenas na área imediata ao dano, mas também em pontos do corpo bastante distantes, como resultado da compensação. Por exemplo, "curtir" inconscientemente um ombro ferido ou dolorido durante um longo período de tempo pode afetar o pescoço, o outro ombro e os quadris.

O método rolfing trabalha diretamente no estiramento do tecido fascial para restabelecer o equilíbrio e a flexibilidade. A maior parte do trabalho de integração estrutural envolve o alongamento e o estiramento de tecidos que cresceram juntos ou engrossaram de forma não-natural. "A fim de realizar uma mudança permanente, é em geral necessário que a posição ou distribuição real das fibras musculares seja muito pouco alterada. Isto ocorre de forma espontânea na medida em que as fibras individuais esticam ou as bainhas fasciais novamente deslizam umas sobre as outras, ao invés de grudarem em alguma bainha adjacente. A não ser que tal mudança ocorra, o corpo retorna à sua postura original e as restrições para o fluxo de fluido e a comunicação interpessoal são reconstituídas" (Rolf, 1962, p. 13).

A integração estrutural é geralmente executada numa série de dez sessões de uma hora, que incluem as seguintes áreas de trabalho:

1. Inclui quase todo o corpo com ênfase especial naqueles músculos

---

Em qualquer tentativa de criação de um indivíduo integrado, um ponto de partida óbvio é seu corpo físico, nem que seja pela simples razão apontada pela velha premissa de que um homem pode projetar apenas aquilo que está dentro dele.... De algum modo ainda insatisfatoriamente definido, o corpo físico é de fato a personalidade, mais do que a expressão desta (Rolf, 1962, p. 6).

do tórax e do abdômen que governam a respiração, e na articulação entre o fêmur e o ílio, que controla a mobilidade pélvica.

2. Concentra-se nos pés, corrigindo o pé e as articulações do tornozelo e alinhando as pernas com o torso.

3. Dedica-se principalmente ao alongamento dos lados, em particular dos músculos largos entre a pélvis e a caixa torácica.

4–6. Dedica-se principalmente à liberação da pélvis. Rolf enfatizou que a maioria das pessoas mantém a pélvis projetada para trás. Por causa de sua tremenda importância na postura e movimento, uma das maiores ênfases do método rolfing é tornar a pélvis mais flexível e melhor alinhada com o resto do corpo.

7. Concentra-se no pescoço e cabeça e também nos músculos da face.

8–10. Lida principalmente com a organização e a integração do corpo inteiro.

Não é raro que o fato de trabalhar em algumas áreas do corpo provoque velhas lembranças ou uma profunda descarga emocional. Contudo, o método rolfing almeja em primeiro lugar a integração *física* e não lida diretamente com os aspectos psicológicos do processo. Vários indivíduos que combinaram o método rolfing com alguma forma de terapia psicológica ou com outro trabalho de crescimento relataram que o rolfing ajudou-os a liberar seus bloqueios psicológicos e emocionais, facilitando o progresso em outras áreas.

O método rolfing é de particular utilidade para as pessoas cujos corpos tornaram-se seriamente desalinhados em conseqüência de um trauma físico ou psicológico, embora, do ponto de vista teórico, qualquer um possa beneficiar-se do método. Muitas das mudanças provenientes do rolfing parecem ser de relativa permanência, mas um proveito máximo só ocorre se o indivíduo permanecer consciente das mudanças de estrutura e funcionamento corporais facilitadas pelo método. Um sistema denominado "padrão estrutural" foi desenvolvido com este propósito. Consiste num conjunto de exercícios que envolvem pequenas e sutis modificações na posição e no equilíbrio corporais.

> O homem é um campo de energia, assim como a terra e seu invólucro exterior de forças também o é. O grau de satisfatoriedade ao qual pode existir e funcionar depende do campo, que é ele próprio, sua personalidade fisiológica e psicológica, ser reforçado ou desorganizado pelo campo de gravidade (Rolf, 1962, p. 12).

Exercício — Observação da Postura

Embora não seja possível experienciar o processo de integração estrutural sem um profissional treinado, qualquer um pode aprender alguma coisa a mais sobre os princípios de postura com os quais o método rolfing está ligado. Faça este exercício com um parceiro. Deixe seu parceiro ficar de pé naturalmente e observe com cuidado sua postura.

Aqui estão alguns pontos a serem observados: Um ombro está mais alto que o outro? A cabeça está equilibrada sobre o pescoço ou está inclinada para frente ou para trás? O peito é afundado ou saliente? Um quadril é mais alto que o outro? A pélvis é projetada para trás? Os joelhos estão mais salientes que os pés? Os pés estão retos ou seus dedos apontam para dentro ou para fora?

Olhe para seu parceiro de frente, de lado e de trás. Então faça-o andar devagar e observe-o sob todos os ângulos. Finalmente, você pode querer que seu parceiro fique de pé frente a uma linha reta horizontal desenhada na parede (a linha formada por uma porta servirá bem para este propósito), a fim de observar seu alinhamento com maior cuidado.

Discuta então com seu parceiro o que você observou. Igualmente, tente imitar a postura e o andar de seu parceiro, a fim de ilustrar seus pontos de vista. Ao terminar, troquem de papéis.

Não encarem esse exercício como crítica negativa a si próprios. Virtualmente, ninguém tem uma postura "perfeita". Façam as observações recíprocas de modo objetivo e positivo, e tentem recebê-las da mesma forma.

A TÉCNICA DE ALEXANDER

A técnica de Alexander é um método para mostrar às pessoas como estão usando seus corpos de forma inadequada e ineficiente, e como podem evitar este uso incorreto quando estão em atividade ou em repouso. Por uso, Alexander refere-se a nossos hábitos de manter e mover nossos corpos, hábitos que afetam diretamente o modo como funcionamos física, mental e emocionalmente.

F. Mathias Alexander foi um ator shakesperiano da Austrália que criou este sistema no fim do século XIX. Ele sofria de periódicas perdas de voz, para as quais não parecia haver nenhuma causa orgânica. Alexander passou nove anos auto-observando-se e auto-estudando-se cuidadosamente num espelho de três lados; descobriu que sua perda de voz estava relacionada com um movimento de cabeça que fazia pressão para trás e para baixo. Ao aprender a inibir esta tendência, Alexander descobriu que ele não contraía mais laringite e, além do mais, a inibição da pressão atrás de seu pescoço surtia efeitos positivos por todo o corpo. A partir do trabalho com ele mesmo, Alexander desenvolveu uma técnica de ensino do movimento integrado, baseada numa relação equilibrada entre a cabeça e a espinha.

Um professor descreve o trabalho de Alexander da seguinte maneira: "Nas aulas, em primeiro lugar, o estudante não é solicitado a fazer nada. Mesmo que eu queira que ele se sente numa cadeira, eu não quero que ele o faça. Ele tem que ficar inteiramente sozinho consigo próprio e deixar que eu o mova. Não estamos impondo nada sobre os hábitos que ele já tem; estamos impedindo-o de se utilizar dos seus hábitos. Ele deve ficar livre, aberto e neutro a fim de experienciar alguma outra coisa. O que ele vivenciará é o modo como costumava funcionar antes que seus pobres hábitos assumissem a direção" (Stransky, 1969, p. 7).

Alexander achava que o pré-requisito para o movimento livre e eficiente, seja o que for que estivermos fazendo, é o maior alongamento possível da espinha. Não queria dizer com isso um estiramento forçado da espinha, mas um *alongamento ascendente* natural. Os estudantes de Alexander trabalham primeiramente com a fórmula: "Deixe o pescoço livre para deixar que a cabeça vá para a frente e para cima, para deixar que as costas se alonguem e se estendam". O objetivo não é tentar e engajar-se em alguma atividade muscular; é permitir ao corpo que se ajuste automática e naturalmente enquanto o indivíduo se concentra em repetir a fórmula e, durante a aula, responder ao toque condutor do professor. Os movimentos incluídos em aula são tirados de nossas atividades diárias mais comuns e o estudante aprende gradualmente a aplicar os princípios de Alexander. Este equilíbrio entre a cabeça e a espinha permite o alívio de tensões físicas, um melhor alinhamento e uma melhor coordenação muscular. Por outro lado, a interferência nestas relações resulta em tensão, desalinhamento do corpo e coordenação deficiente dos movimentos.

As lições de Alexander envolvem uma orientação sutil e gradual para o

> Ele (Alexander) estabeleceu não somente as bases de uma ciência de longo alcance dos movimentos involuntários que chamamos reflexos, mas também uma técnica de correção e autocontrole que traz um acréscimo substancial aos nossos escassos recursos em educação pessoal (George Bernard Shaw).

uso mais efetivo e eficiente do corpo. O professor é treinado a detectar os vários modos pelos quais bloqueamos o livre movimento de nossos corpos ou antecipamos o movimento com tensão preliminar e desnecessária. Movendo e reajustando o corpo do estudante aos poucos e de maneira delicada, o professor gradualmente proporciona ao aluno a experiência de repousar e atuar de forma integrada, alinhada e eficiente. As aulas alexanderianas em geral se concentram nas atividades de sentar-se, ficar de pé e andar, além do "trabalho de mesa" no qual o estudante deita-se e vivencia, através das mãos do professor, um maior senso do fluxo de energia e do alongamento e extensão do corpo. O trabalho de mesa é planejado para dar ao estudante uma sensação de liberdade e espaço em todas as juntas, uma experiência que reeduca o indivíduo de modo gradual para uma alternativa ao retesamento e ao estreitamento das juntas, acarretados pela tensão excessiva na vida diária. O trabalho alexanderiano é especialmente popular entre os atores, bailarinos e outros artistas que representam. Também é usado com grande eficácia em deficientes físicos e nos que sofrem de diversas doenças físicas crônicas.

O Sr. Alexander demonstrou um novo princípio científico com relação ao controle do comportamento humano tão importante quanto qualquer outro princípio que já foi descoberto no campo da natureza externa (John Dewey).

Exercício

Agora você está sentado ou deitado lendo este livro. Você está consciente da maneira como está segurando o livro, do modo como seus dedos e seu braço sustentam o peso dele? Como você está sentado? O peso de seu corpo está mais numa nádega do que na outra? Como você está mantendo seus braços? Há algum excesso de tensão em seu peito, ombros e antebraços e por todo seu corpo?

Você pode mudar para uma posição mais confortável? Se puder, isto indica que seus hábitos de usar o corpo não são tão eficientes ou efetivos quanto poderiam. Por causa desses hábitos, tendemos a nos sentar e mover de modos cujos níveis estão abaixo dos mais confortáveis e úteis; uma vez que entremos novamente em contato com nossos próprios corpos, podemos reconhecer este fato.

Este exercício não faz parte, é claro, da técnica de Alexander, que requer o toque e a direção de um professor alexanderiano treinado. Está planejado para dar a você um sentido da dinâmica do uso do corpo que Alexander enfatiza (adaptado de Barlow, 1973).

O MÉTODO FELDENKRAIS

O método Feldenkrais é destinado a ajudar os alunos a recuperarem a graça natural e a liberdade das quais desfrutamos todos quando crianças. Feldenkrais trabalha com padrões de movimento muscular, ajudando o indivíduo a encontrar o modo mais eficiente de se mover e eliminando as tensões musculares desnecessárias e os padrões ineficientes que aprendemos no decurso dos anos.

Moshe Feldenkrais doutorou-se em Física na França e trabalhou como físico até os 40 anos de idade. Interessou-se profundamente por judô e fundou a primeira escola no gênero da Europa, desenvolvendo finalmente seu próprio sistema de judô. Feldenkrais também trabalhou com F. Mathias Alexander e estudou Ioga, Freud, Gurdjieff e Neurologia. Depois da 2ª Guerra Mundial, dedicou-se ao trabalho com o corpo. Feldenkrais usa uma tremenda variedade de exercícios que diferem de uma aula à outra. Em geral eles começam com movimentos muito pequenos que gradualmente vão se combinando

Li muito sobre Fisiologia e Psicologia e, para meu espanto, descobri que, quanto ao uso da ação pelo ser humano inteiro, havia ignorância, superstição e absoluta estupidez. Não havia um único livro que se ocupasse da maneira como funcionamos (Feldenkrais, 1966, p. 115).

em padrões mais amplos e complexos. O objetivo é desenvolver facilidade e liberdade de movimentos em todas as partes do corpo.

Feldenkrais salienta que precisamos assumir maior responsabilidade para conosco, entender como funcionam nossos corpos e aprender a viver em harmonia com nossos dons e constituição naturais. Ele observou que o sistema nervoso está intimamente relacionado com o movimento e que os padrões de movimento refletem o estado do sistema nervoso. Toda ação envolve atividade muscular, incluindo ver, falar e até mesmo escutar (os músculos regulam a tensão do tímpano a fim de ajustá-lo ao nível sonoro). Feldenkrais enfatiza a necessidade de aprender a relaxar e a achar seu próprio ritmo e padrão natural de atividade, a fim de superar hábitos insatisfatórios ligados ao uso do próprio corpo. Precisamos relaxar, brincar e experienciar o movimento para aprender algo novo. Sempre que estivermos sob pressão ou tensão, ou estivermos apressados, não aprenderemos nada de novo. Tudo o que fazemos é repetir velhos padrões. Os exercícios de Feldenkrais em geral decompõem uma atividade aparentemente simples em séries de movimentos relacionados a fim de revelar o padrão antigo e de desenvolver um modo novo e mais eficiente de executar a mesma atividade.

> Para aprender necessitamos tempo, atenção e discriminação; para discriminar precisamos sentir. Quer dizer que, se queremos aprender, precisamos afinar nossa capacidade de sentir e, se tentarmos fazer as coisas por força bruta, conseguiremos precisamente o oposto do que precisamos (Feldenkrais, 1972, p. 58).

Feldenkrais salientou que todas as atividades humanas tendem a se desenvolver em três estágios: o primeiro é o *modo natural*, por exemplo, a maneira como uma criança aprende a falar, andar, lutar e dançar. A seguir, aparece o *estágio individual*, no qual certas pessoas desenvolvem seus próprios modos particulares e pessoais de executar uma atividade que aparece naturalmente. Por fim, há o terceiro estágio, o do *método aprendido*, no qual uma atividade é executada de acordo com um sistema ou método específico, e já não é mais natural.

O método sistemático, aprendido, apresenta certas vantagens em termos de eficiência e um alto nível de desenvolvimento de habilidades. Você, por exemplo, não gostaria de tentar aprender sozinho a dirigir um carro ou um avião. Contudo, a ênfase no aprendizado formal, em nossa civilização, levou a uma valorização excessiva do profissionalismo em áreas que têm constituído atividades naturais no decorrer de toda a história da humanidade. Sistemas conscientemente constituídos tomaram o lugar do aprendizado intuitivo, individual, e atividades que costumavam realizar-se de forma natural estão se tornando profissões reservadas a especialistas. Hoje, muitas pessoas não ousariam até mesmo tentar aprender sozinhas a tocar um instrumento musical, nadar, saltar ou desenhar. Outras afirmam serem incapazes de cantar ou dançar pois nunca aprenderam como fazê-lo, embora todas essas atividades costumassem ser encaradas como funções perfeitamente naturais.

Feldenkrais trabalha para restabelecer as conexões entre o córtex motor e a musculatura, conexões que entraram em curto-circuito ou foram desviadas por maus hábitos, tensão ou outras influências negativas. O objetivo é desenvolver um corpo que possa mover-se com um esforço mínimo e o máximo de eficiência, não através do aumento da força muscular mas de uma maior compreensão do funcionamento corporal. Segundo Feldenkrais, uma maior consciência e flexibilidade podem ser alcançadas por meio de equilíbrio e tranqüilização do córtex motor. Quanto mais ativo for o córtex, menos conscientes estaremos das mudanças sutis em nossas atividades. Feldenkrais salienta que esse princípio é sistematizado pela lei Weber-Fechner em Psicologia, que considera que qualquer mudança detectável de estímulo é proporcional à intensidade deste estímulo, isto é, quanto mais forte for o estímulo, maior será a mudança necessária para que a diferença seja percebida. Por exemplo, se você estiver carregando um piano, você nunca perceberá se uma borboleta pousar sobre ele ou mesmo se alguém colocar um pequeno livro sobre sua superfície. Equilibrando o córtex motor e reduzindo o nível de excitação, ele descobriu que podemos expandir tremendamente nossa consciência e que nos tornamos capazes de tentar novas combinações de movimentos que não eram possíveis quando as conexões entre o córtex motor e a musculatura estavam presas a padrões circunscritos e limitados.

Exercício — Girar a Cabeça

Sente-se no chão ou numa cadeira e lentamente vire sua cabeça para a direita sem forçar. Observe até onde sua cabeça vira e o quanto você pode ver atrás. Vire sua cabeça de volta para a frente.

Vire sua cabeça para a direita novamente. Deixe-a no lugar, movimente seus olhos para a direita. Veja se sua cabeça pode movimentar-se mais para a direita. Repita isso de três a quatro vezes.

Vire sua cabeça para a direita. Agora movimente seus ombros para a direita e veja se você pode virar sua cabeça mais para trás. Repita isto de três a quatro vezes.

Vire sua cabeça para a direita. Agora mova seus quadris para a direita e veja se você pode virar sua cabeça mais para trás. Repita isto de três a quatro vezes.

Finalmente, vire sua cabeça para a direita, deixe-a no lugar e movimente seus olhos, ombros e quadris para a direita. O quanto você pode virar sua cabeça agora?

Vire sua cabeça para a *esquerda* e veja o quanto você pode virá-la. Repita, então, cada passo do exercício que você fez com o lado direito *apenas mentalmente*. Visualize o movimento de sua cabeça e seus olhos movendo-se para a esquerda. Visualize cada passo de três a quatro vezes. Vire, então, sua cabeça para a esquerda e movimente seus olhos, ombros e quadris nesta direção. Quanto você pode virar agora?

CONSCIENTIZAÇÃO SENSORIAL

O sistema de conscientização sensorial é ensinado nos Estados Unidos por Charlotte Selver e Charles Brooks e por um pequeno número de seus alunos. O trabalho deles é baseado no de Elsa Glinder e Heinrich Jacoby, dois dos professores europeus da Srta. Selver. "O estudo deste trabalho tem como objeto nosso funcionamento organísmico total no mundo que percebemos, do qual somos parte—nossa ecologia pessoal: como empreendemos nossas atividades, como nos relacionamos com as pessoas, as situações e os objetos. Pretendemos descobrir o que é natural neste funcionamento e o que é condicionado: o que é nossa natureza, que a evolução delineou para nos manter em contato com o resto do mundo, e o que se tornou nossa "segunda natureza", como Charlotte gosta de chamá-la, que tende a nos manter à parte" (Brooks, 1974, p. 17).

A conscientização sensorial é um processo de aprendizagem para voltarmos a entrar em contato com nossos corpos e nossos sentidos, uma habilidade que todos nós possuíamos quando crianças mas perdemos no decorrer da infância e da educação formal. Os pais tendem a reagir à criança em termos de suas próprias idéias e preferências, ao invés de tentar perceber o que de fato intensifica o funcionamento da criança. Ensina-se às crianças o que e quais atividades são *boas* para elas, quanto tempo devem dormir e o que deveriam comer, ao invés de ensiná-las a julgar por elas próprias, a partir da experiência própria. Crianças "boazinhas" aprendem a atender prontamente toda vez que as mães as chamam, a interromper seu ritmo natural e a parar suas atividades no meio por conveniência de seus pais e professores. Após tantas interrupções o sentido inato de ritmo da criança torna-se confuso e o mesmo acontece com qualquer sentido interno do valor de sua experiência.

Outro problema causado pelas experiências da infância é o de *fazer esforços*. Muitos pais estimulam seus filhos a sentar-se, ficar em pé, andar e falar tão cedo quanto possível, sem esperar o processo natural de crescimento e desenvolvimento. As crianças aprendem que não basta deixar as coisas serem apenas; aprendem a lutar ao invés de brincar calmamente. Aprendem a *fazer mais*. Isto começa com o uso antinatural que os pais fazem da fala infantil, gestos e barulhos artificiais ao se relacionarem com um bebê. Pelo seu exemplo, os pais ensinam que até mesmo a comunicação não pode ser tranqüila e simples, que algo extra e forçado é necessário, e esta atitude é posta em prática em muitas outras áreas.

O trabalho de conscientização sensorial focaliza a percepção direta, ensinando a distinguir as sensações das imagens aprendidas cultural e socialmente e que com grande freqüência encobrem e distorcem nossa experiência. A simples atividade de sentir pode fornecer uma experiência rica e surpreendente, uma experiência da qual muitas vezes nos desligamos, vivendo "pelas nossas cabeças". Ela requer o desenvolvimento de um sentido de paz e quietude interior, uma habilidade para deixar as coisas acontecerem e simplesmente manter-se consciente sem forçar ou tentar mudar.

Muitos dos exercícios da conscientização sensorial lidam com atividades humanas básicas, tais como deitar-se, sentar-se, ficar em pé e andar. Essas atividades oferecem a oportunidade mais fácil para descobrir nossas atitudes com relação ao meio e desenvolver uma consciência sensorial do que estamos fazendo. Sentar-se num banco sem estofamento ou encosto permite a um indivíduo sentir o suporte da cadeira, a força da gravidade e o processo vital interior que ocorre com relação a essas e outras forças. Ficar em pé também oferece ricas possibilidades de sentir. Poucas pessoas aprenderam a ficar em pé confortavelmente como um fim em si mesmo; a maioria de nós encara este ato como o ponto inicial de uma outra atividade física: andar, correr e assim por diante. O ato de ficar em pé permite explorar o *equilíbrio* e tentar mover-se das posições e posturas habituais para novas formas de coordenação e vida.

Outro aspecto do trabalho de conscientização sensorial envolve a interação com os outros. Muitas pessoas precisam aprender como tocar nos outros e como ser tocadas. Várias formas deste ato podem ser exploradas: dar tapinhas, bofetadas e assim por diante. A qualidade do toque pode revelar timidez, agressividade, apatia, impaciência.

A maioria dos exercícios de conscientização sensorial tem uma orientação interior e meditativa. Selver e Brooks salientaram que na medida em que uma quietude interior se desenvolve gradualmente, a tensão e atividade desnecessárias diminuem, e a receptividade a processos internos e externos intensi-

---

O lírio não deve apenas ser regado, mas precisa ser enfeitado* (Selver e Brooks, 1966, p. 491).

* N.T.: *To gild the lily*, estritamente falando, significa enfeitar o lírio; na verdade, é uma expressão em inglês que significa "querer aperfeiçoar o que já é perfeito".

fica-se; outras mudanças ocorrem ao mesmo tempo na pessoa toda. "Quanto mais próximos chegamos de um estado de maior equilíbrio na mente, mais tranqüilos nos tornamos, mais nossas mentes "clareiam", mais iluminados e potentes nos sentimos. A energia anteriormente *presa* está, agora, cada vez mais à nossa disposição. Pressão e afobamento transformam-se em liberdade para velocidade. Sentimo-nos mais unos com o mundo onde antes tínhamos que atravessar barreiras. Pensamentos e idéias "vêm" à mente lúcida ao invés de serem produzidos. . . . Permitimos que as experiências sejam mais plenamente recebidas e que amadureçam dentro de nós" (Selver e Brooks, 1966).

Exercício — Conscientização Corporal; Deitar-se

Deite-se no chão e relaxe. Não tente apressar sua conscientização, a vivência chegará no tempo devido. Você pode estar consciente da "pressão" do chão em partes de seu corpo, sentir-se livre em algumas delas e preso em outras. Uma pessoa pode sentir-se leve, outra, pesada. Alguém pode ficar descansado, outro, cansado. Receba e aceite qualquer mensagem vinda de dentro ou de fora sem avaliá-la ou rotulá-la. Não é "errado" sentir-se constrangido ou "certo" sentir-se livre. Essas categorias são inadequadas uma vez que este é um exercício de *vivência*.

Na medida em que as tendências a "expectativas" diminuem, as sensações geralmente se tornam mais ricas e plenas. Você pode começar a tornar-se consciente de mudanças que acontecem por si próprias. A tensão pode mudar para relaxamento e o chão pode parecer mais confortável. Você pode tornar-se consciente de sua respiração ou de qualquer alteração nela.

O DESPERTAR SENSORIAL

Um dos livros mais populares que surgiu no movimento do potencial humano é *Sense Relaxation* (1968) de Bernard Gunther. O livro baseia-se em *workshops* orientados para os sentidos, os quais Gunther dirigiu durante vários anos em Esalen. Inclui uma variedade de excelentes exercícios planejados para que as pessoas entrem em contato com seus corpos e sentidos, aprendam a aceitar a tocar e a ser tocadas, a proteger e a ser protegidas. (O trabalho de Gunther foi muito influenciado por Charlotte Selver.) O livro de Will Schutz, *O Prazer* (1967), também fornece uma quantidade de excelentes exercícios corporais junto com os comentários e reações de pessoas que participaram deles nos *workshops* de Schutz. Este livro tornou-se igualmente um *best seller* dentro do movimento do potencial humano.

*O tato
é uma das linguagens
básicas
de músculos, nervos, amor.*

. . .

*Ser segurado é sustento;
ser tocado é contato,
ser tocado com sensibilidade é ser cuidado.*
(Gunther, 1968, p. 111).

Esses exercícios têm sido adotados por muitos terapeutas e líderes de grupo dos Estados Unidos. São instrumentos poderosos que podem levar as pessoas a uma maior consciência delas próprias e do mundo que as cerca. "O despertar sensorial é um processo de ressensitivização do corpo a uma vitalidade, uma vida, um contato mais intensos. O ato de tornar-se mais consciente da rica potencialidade interna. . . . Nascemos sensitivos, somos dessensitivizados e podemos nos ressensitivizar" (Gunther, 1968, p. 89).

Os exercícios do "despertar sensorial" incluem dar pancadinhas ou tapinhas suaves no próprio corpo, bater levemente ou tocar os outros, esticar, massagear e saborear. Esses exercícios não compõem em si mesmos um sistema de crescimento, mas parecem ser mais eficazes como atividades de aquecimento para desenvolver um senso de intimidade e confiança num grupo de

*Aprendam a conformar-se:
a nada expressar;
ajam como donzelas e cavalheiros; comportem-se
restrinjam-se
constrinjam-se.
Você precisa tentar arduamente,
fazer esforço,
prestar a-ten-ção.*
(Gunther, 1968, p. 56).

desconhecidos. Podem também ser úteis quando as pessoas estão num impasse intelectual ou emocional, na medida em que o fato de trabalhar com o corpo e com os sentidos pode freqüentemente fazer com que elas saiam do impasse.

Exercício — Um Passeio às Cegas

Este exercício pode ser feito com apenas duas pessoas ou com um grupo maior dividido em pares. Coloca-se uma venda nos olhos de uma pessoa e a outra dirige o parceiro cego num passeio de exploração durante vinte ou trinta minutos.

Ambos deveriam ficar em silêncio durante o passeio. O guia orienta o parceiro nos obstáculos e tenta oferecer-lhe tantas experiências interessantes quanto possível: tocar, cheirar e sentir diferentes partes do meio ambiente.

Troquem, então, de papéis.

Quando ambos tiverem terminado, partilhem suas experiências um com o outro.

Este exercício oferece a oportunidade de aprofundar sua interação com o mundo através de sentidos que geralmente ignoramos. Pode trazer uma nova apreciação dos cheiros e do "sentir" do mundo ao nosso redor. Um passeio às cegas também nos ajuda a desenvolver um senso de confiança em outra pessoa, e defrontamo-nos com o sentimento de ser muito dependentes do parceiro que enxerga. Igualmente, dá ao guia a oportunidade de desenvolver os sentimentos de proteção e empatia trabalhando no sentido de proporcionar ao parceiro experiências tão profundas e interessantes quanto possível.

HATHA IOGA

Hatha ioga é o nome dado ao grande número de práticas e disciplinas destinadas a controlar o corpo e as *pranas* ou energias vitais do corpo. É freqüentemente encarada como uma disciplina preliminar para purificar o corpo e superar os obstáculos físicos para a meditação e outras práticas espirituais da ioga.

Hatha ioga é um sistema de saúde e higiene que envolve tanto o corpo quanto a mente. Visa o homem inteiro para seu pleno desenvolvimento e auto-realização. Leva em conta não apenas o crescimento propriamente dito, a força e o tono nos diferentes músculos do corpo, mas também a eficiência e a função dos fatores básicos da saúde constitucional, a saber, os órgãos internos e as glândulas (Majumdar, 1964, p. 99).

O sistema conhecido no Ocidente por hatha ioga geralmente enfatiza a prática de posturas da ioga. Seu objetivo principal é o desenvolvimento de um funcionamento corporal saudável e apropriado. Na Índia, esta é conhecida como "ioga física", mais do que como "hatha ioga". As duas abordagens têm certo número de práticas comuns; são principalmente as atitudes e objetivos das práticas que diferem, na medida em que a hatha ioga tradicional é, em essência, uma disciplina religiosa, e a ioga física é um conjunto de exercícios visando a saúde pessoal.

Um dos maiores propósitos da hatha ioga é purificar e fortalecer o corpo enquanto veículo para vários tipos de energias vitais. Há cinco formas principais de energia vital que são discutidas nos Upanishads; elas lidam com a respiração, digestão, eliminação, circulação e cristalização. Essas e outras energias vitais correm através de pequenos canais no corpo, conhecidos como *nadis*. Muitas práticas de hatha ioga destinam-se a abrir e purificar os *nadis*, que foram obstruídos devido a uma alimentação falha e a padrões de vida impróprios. A hatha ioga inclui ensinamentos referentes à dieta e jejum e também técnicas de respiração destinadas a promover um fluxo livre de energia no corpo. E, em sânscrito, *prana* significa tanto respiração como energia vital. Ambas são encaradas como sendo intimamente relacionadas na Índia (assim como em muitas outras tradições).

Há também vários métodos diretos de purificação do corpo em hatha ioga. Esses incluem técnicas de lavar e limpar as passagens nasais e o sistema digestivo e exercícios para os músculos do estômago e vários órgãos internos.

O mais detalhado e também o mais conhecido aspecto da hatha ioga está ligado à prática de posturas iogues—suporte da cabeça, postura de lótus e assim por diante. Um objetivo importante da prática de posturas é capacitar o indivíduo a sentar-se confortavelmente, durante longos períodos de tempo, sem sentir mal-estar físico, o que interferiria na meditação. Certas posturas destinam-se a manter o corpo flexível, exercitar a espinha, estimular vários nervos e órgãos e aumentar a capacidade de respiração.

O princípio subjacente à prática de posturas iogues é, em primeiro lugar, habituar o corpo a uma determinada condição e, então, aumentar o intervalo de tempo nessa postura. Em várias delas a tensão é eliminada de algumas partes do corpo e intensificada em outras, o fluxo sangüíneo é aumentado em certas partes do corpo e vários órgãos são esticados ou comprimidos. Uma combinação de posturas pode fornecer uma estimulação bem distribuída e exercício para o corpo todo. Muitas pessoas na Índia praticam diariamente uma rotina de quinze a vinte posturas. Uma determinada postura pode ter muitas variações, e cada uma delas destina-se a exercitar diferentes músculos ou órgãos. É melhor estudar hatha ioga com um professor bem qualificado que não apenas é capaz de corrigir os erros principais na prática, mas que também é capaz de dar instruções individualizadas e apropriadas para a compleição específica e outras características físicas da pessoa.

Exercício — A Posição de Cadáver

Esta posição é designada para relaxamento profundo. Em geral é praticada no fim de uma série de exercícios posturais, ou quando o indivíduo deseja relaxar. É melhor praticá-la num tapete espesso ou numa almofada estendida sobre o chão.

Deite-se de costas com os braços repousando no chão, as palmas para cima. Feche os olhos e relaxe conscientemente todas as partes de seu corpo, começando pelos pés. Sinta seu corpo afundar no chão enquanto relaxa. Sinta-se como se tivesse abandonado completamente o corpo, de maneira que ele permaneça largado, separado de sua mente. Observe mentalmente seu corpo como se você estivesse fora dele. Observe sua inspiração e expiração sem tentar controlá-la ou regulá-la. Depois de ter observado sua respiração durante algum tempo, prolongue-a aos poucos e torne-a rítmica. Pratique de dez a vinte minutos.

Existem, em cada um de nós, intensas profundezas de quietude, serenidade e sabedoria escondidas sob inquietas paixões e desejos, sob nossos temores, ansiedades e ilusões— profundezas que podemos atingir através da meditação e do desprendimento (Majumdar, 1964, p. 173).

T'AI-CHI CH'UAN

T'ai-chi ch'uan significa literalmente "luta suprema final". Como exercício para saúde, esporte e autodefesa, t'ai-chi goza de grande popularidade entre os chineses há muito tempo, e está se difundindo com rapidez no Ocidente. Chineses de todas as idades e origens praticam esse exercício rítmico, que parece uma dança, ao amanhecer e ao anoitecer. Diz-se que quem pratica o t'ai-chi regular e corretamente obterá a flexibilidade de uma criança, a saúde de um lenhador e a paz de espírito de um sábio.

Há muitas teorias referentes à origem do t'ai-chi. A mais popular delas sustenta que Chang San-feng, um sacerdote taoísta que viveu no século XIII, aprendeu esta arte num sonho. Outra escola remonta o t'ai-chi à família Ch'en e situam-no entre os séculos XIV e XVIII.

T'ai-chi é conhecido como um sistema de "energia intrínseca". Um dos maiores objetivos da prática é desenvolver *ch'i*, ou energia vital, no corpo. O estudante de t'ai-chi deve aprender a relaxar por completo durante o treinamento. O propósito é eliminar toda tensão do corpo de forma que *ch'i* flua sem obstáculos. Com o tempo, a energia do corpo torna-se integrada e centrada na área do umbigo. Eventualmente, todo movimento de t'ai-chi torna-se coordenado com o fluxo de *ch'i*. Além de aprender a movimentar-se de modo completamente relaxado, o aluno deve manter sua espinha reta e sustentar a cabeça como se o corpo inteiro estivesse suspenso no teto pelo topo da cabeça. Isto permite o livre fluxo de energia na espinha e no pescoço e capacita o corpo a mover-se como uma só unidade.

A mente deve estar calma e concentrada nos movimentos durante a prática. Prontidão e concentração são de extrema importância; de fato, pensa-se no t'ai-chi como prática de meditação em movimento.

Outro fator importante na prática do t'ai-chi é a movimentação lenta e fluida. Todos os movimentos são feitos devagar, sem nenhuma mudança na velocidade. As posturas fluem tranqüilamente de uma para outra, sem nenhuma pausa que possa criar quebra na movimentação suave, fluida e concentrada e que possa bloquear o fluxo de *ch'i*. O aluno aprende a mover-se como se nadasse no ar, chegando a sentir que o ar é pesado e resistente, exatamente como a água, e desenvolvendo um senso de leveza e poder de flutuação no corpo.

Os seguintes trechos dos clássicos de t'ai-chi dão uma idéia das bases filosóficas e teóricas da arte:

> Em qualquer ação o corpo inteiro deve ser leve e ágil, e todas as suas partes ligadas como pérolas num fio.
> O *ch'i* deve ser cultivado, o espírito de vitalidade deve ser guardado internamente e não exposto externamente.
> O corpo inteiro é tão leve que uma pluma será sentida, e tão flexível que uma borboleta não poderá pousar sobre ele sem provocar movimentos.
> Mantenha-se como uma balança e movimente-se ativamente como a roda de uma carroça.
> A mente dirige o *ch'i* que penetra profundamente e espalha-se nos ossos. O *ch'i* circula com liberdade mobilizando o corpo de forma a cuidar da direção da mente.
> Ao repousar, fique tão imóvel quanto uma montanha; ao mover-se, corra como a corrente de um grande rio.
> Quando você agir, tudo se moverá; quando estiver imóvel, tudo estará tranqüilo.
> Ande como um gato e mobilize sua energia como se estivesse puxando os fios de seda de um casulo (Cheng e Smith, 1968, pp. 106–111).

Há várias escolas diferentes de t'ai-chi. Alguns estilos e professores tendem a enfatizar os aspectos práticos da luta do t'ai-chi, enquanto que outros acentuam o aspecto de exercícios. A forma tradicional do t'ai-chi consiste em 128 posturas, incluindo várias repetições. Uma série complexa demora cerca de quinze minutos quando feita à velocidade apropriada. Contudo, alguns professores desenvolveram sua própria "forma curta" de aproximadamente quarenta a cinquenta posturas, o que elimina muitas das repetições da forma mais longa. Esta versão mais curta pode em geral ser executada em dez minutos.

Embora haja vários livros disponíveis sobre t'ai-chi, é essencial estudar diretamente com um professor. Os movimentos são por demais sutis e complexos para serem aprendidos sem supervisão e correção direta dos erros.

Exercício

A fim de desenvolver *ch'i*, ou energia intrínseca, muitos alunos do t'ai-chi praticam a manutenção de uma das posições de t'ai-chi durante períodos consideráveis de tempo. Ao manter uma única postura, o estudante tenta permanecer tão relaxado quanto possível, sentindo que o corpo é sustentado mais pelo fluxo de energia do que pela tensão muscular.

Uma posição básica é a de ficar em pé com os joelhos levemente inclinados e as mãos na frente como se estivessem segurando um grande sino. Os cotovelos ficam ligeiramente inclinados, as palmas para dentro e as pontas dos dedos de cada mão frente a frente, separadas por várias polegadas. Pense nos dois braços como se formassem um anel de energia. No início, mantenha-se assim durante cinco minutos. Alunos que encaram o estudo do t'ai-chi com seriedade podem trabalhar até trinta minutos ou mais.

AIKIDO

Aikido foi fundado há mais de cinqüenta anos pelo mestre Morihei Ueshiba. Ele estudou muitas das artes marciais japonesas tradicionais, incluindo judô, ju-jitsu, espada, lança e vara. Também envolveu-se profundamente na prática de doutrinas espirituais, tanto na tradição budista como na xintoísta. Com o tempo, o mestre Ueshiba mudou sua visão a respeito das artes marciais—de uma forma de tornar-se forte e derrotar todos os outros para o ensino de aikido como um modo de autodesenvolver-se e de crescer pessoal e espiritualmente.

> Aikido não é uma técnica para lutar ou derrotar o inimigo. É a forma de reconciliar o mundo e fazer com que os seres humanos constituam uma só família.
> O segredo do aikido é harmonizar-nos com o movimento do universo e levar-nos a um acordo com o próprio universo. Aquele que alcançou o segredo do aikido tem o universo em si mesmo e pode dizer "Eu sou o universo".
> Aikido é não-resistência. Como é não-resistente, é sempre vitorioso.
> Vencer significa vencer o espírito da discórdia em você.
> Em aikido, é necessário um espírito que sirva à paz de todos os seres humanos do mundo, e não o espírito de quem deseja ser forte e pratica apenas para derrubar o adversário.
> O *budo* (artes marciais) real é um trabalho de amor. É um trabalho de dar a vida a todos os seres, e não de matar e lutar uns com os outros. O amor é a divindade guardiã de tudo. Nada pode existir sem ele. Aikido é a realização do amor (Ueshiba, 1963, pp. 177–179).

Em aikido não há competição. O objetivo da prática é aprender a harmonizar-se com os movimentos de um parceiro, em vez de verificar quem é o mais forte. O termo "aikido" poderia ser traduzido por "uma forma de harmonia espiritual". "Ai" significa unificar, juntar ou harmonizar, "ki" é energia de vida, vontade, força vital ou espírito, e "do" significa trilha ou caminho.

Um dos princípios fundamentais da prática do aikido é o de que a mente dirige o corpo. Se você puder controlar a mente de seu parceiro, o corpo dele ou dela seguirá facilmente. Um aspecto deste princípio é aprender não a lutar força contra força, mas, antes, a ir com a energia do parceiro e, então, tentar alterar sua direção. Outro aspecto importante do uso conjunto da mente e do corpo é empregar movimentos relaxados, fluidos, procurando harmonizar-se com o parceiro, em vez de forçá-lo a mover-se numa certa direção. Quanto mais tensos estivermos, mais o parceiro tornar-se-á tenso. Quanto mais relaxados nos tornarmos, mais nosso parceiro relaxará naturalmente.

A fim de praticar com eficácia, o aluno de aikido deve aprender a permanecer centrado. Em aikido, centrar-se refere-se a uma consciência do baixo ventre, ou *hara* em japonês. No Japão, este é visto como o centro físico e emocional de um indivíduo. Quanto mais uma pessoa for capaz de concentrar sua mente no baixo ventre e mover-se a partir desse centro, mais relaxado, fluido e eficiente será o movimento. Na psicologia japonesa, "desenvolver" seu *hara* é tornar-se mais calmo, mais maduro e mais empático.

O aikido difere da maioria das outras artes marciais por sua falta de ênfase na competição e sua atitude de trabalhar *com* um parceiro, ao invés de lutar *contra* um adversário. Aikido e t'ai-chi assemelham-se, pois ambos enfatizam o desenvolvimento pessoal e não a competição; há, também, em ambos, uma ênfase fundamental no "centrar-se" e o uso de energia vital.

Aikido é uma disciplina que só pode ser praticada com um parceiro, e harmonizar-se com os movimentos deste é um aspecto essencial da arte. A prática de t'ai-chi é feita pela pessoa sozinha, muito lentamente, a fim de habituar o corpo aos movimentos fluidos apropriados e suaves. Há, contudo, outros exercícios de t'ai-chi que são feitos com um parceiro. Uma diferença mais sutil encontra-se no fato de que as artes de aikido seguem a orientação de movimentos de arremesso, enquanto que t'ai-chi baseia-se principalmente em movimentos de chutes e golpes.

Exercício

Faça seu parceiro ficar em pé a uma distância de três a quatro metros e meio, e aproximar-se de você devagar, apontando o dedo para empurrar (levemente) seu peito. Tente as três respostas seguintes:

1. Permaneça em seu lugar observando seu parceiro aproximar-se (como seu corpo se sente enquanto ele ou ela se aproxima?)
2. Recue e tente desviar-se da direção do dedo, como se seu parceiro estivesse atacando você de verdade.
3. Observe o movimento de seu parceiro como se fosse um mero fluxo de energia. Em vez de tentar recuar e desviar do caminho enquanto seu parceiro se aproxima, vire-se e encare a direção para a qual aponta o dedo de seu parceiro. A volta deveria desviá-lo ligeiramente do caminho, de forma que a mão de seu parceiro passasse do lado de seu corpo. Pense em deixar a mão e a energia passar por você, ao invés de tentar pará-la ou tirá-la de seu caminho.

Esses três modos de lidar com a energia que se aproxima geralmente são sentidos de forma bastante diferente, tanto pela pessoa que se aproxima quanto pela que é abordada. O primeiro é um exemplo de colisão de energia, o segundo é um recuo negativo, e o terceiro é um exercício para fluir com a energia de outro sem ser desviado de seu centro.

AVALIAÇÃO

Os vários sistemas orientados para o corpo por nós abrangidos, que se desenvolveram independentemente em partes muito diferentes do mundo, têm muito em comum. Todos eles defendem o "não agir", aprendendo a deixar o corpo funcionar natural e suavemente. Todos favorecem a atividade relaxada ao invés da tensa, e tentam ensinar o indivíduo a reduzir as tensões habituais do corpo. Todos esses sistemas tratam mente e corpo como um todo único, um processo psicofisiológico contínuo em que uma mudança em qualquer nível afetará todas as outras partes.

Há também algumas diferenças interessantes entre esses sistemas. Cada um deles parece especializar-se numa área ligeiramente diferente do funcionamento físico. O trabalho reichiano e bioenergético lida com bloqueios corporais emocionalmente carregados, enquanto que o método rolfing trabalha para reestruturar os desalinhamentos do corpo que podem ter sido causados por danos físicos ou muitos outros fatores. O trabalho de Alexander enfoca o uso do corpo mais do que a estrutura, e o método Feldenkrais também lida com o uso; no entanto, os exercícios de Feldenkrais incluem padrões de comportamento consideravelmente mais complexos a fim de restaurar a capacidade e a eficiência físicas. A conscientização sensorial e o relaxamento dos sentidos enfoca estes mesmos sentimentos, o tocar e ser tocado e o tornar-se mais consciente do próprio corpo e do mundo que nos cerca. A hatha ioga é uma disciplina de fortalecimento e purificação do corpo. T'ai-chi e aikido derivam das artes marciais do Extremo Oriente; seus movimentos desenvolveram-se originalmente como técnicas eficientes de luta, mas sua prática principal nos dias de hoje liga-se a exercícios de centralização, equilíbrio e conscientização.

Todos esses sistemas tentam ensinar aos alunos como se tornarem mais relaxados e "naturais", tanto em repouso quanto em atividade. Todos eles estão preocupados em eliminar as tensões desnecessárias que carregamos conosco e em levar-nos de volta a uma ação "não-ativa", na qual aprenderemos a permitir que o corpo funcione natural e eficazmente, ao invés de forçar, pressionar e exceder-se. Esses sistemas partilham a convicção de que não precisamos aprender algo totalmente novo ou desenvolver novos músculos. A coisa mais importante é *des*aprender os hábitos insatisfatórios que adquirimos quando crianças e adultos, e voltar de novo à sabedoria, coordenação e equilíbrio naturais do corpo.

BIBLIOGRAFIA COMENTADA
Wilhelm Reich

Reich, W. 1973, *A Função do Orgasmo*. São Paulo, Editora Brasiliense, 1973. O melhor livro de Reich; inclui um excelente material sobre análise do caráter, bioenergia, caráter genital e terapia reichiana.

—— , 1972. *Character Analysis*. New York: Farrar. Um trabalho clássico, com as contribuições de Reich à psicanálise; reescrito desde a primeira edição para adaptar-se às suas perspectivas teóricas posteriores.

—— , 1960. *Selected Writings*. New York: Farrar. Uma excelente introdução a toda a gama do pensamento de Reich. Inclui capítulos sobre terapia, teoria orgônica e pesquisa orgônica.

Baker, E. 1967. *Man in the Trap*, New York: Avon. Detalhada discussão da teoria e da terapia reichiana por um eminente terapeuta reichiano.

Boadella, D., 1973. *Wilhelm Reich: The Evolution of His Work*. London: Vision. A melhor fonte secundária sobre Reich; detalha o desenvolvimento histórico de suas teorias.

Bioenergética

Keleman, S., 1971. *Sexuality, Self and Survival*. San Francisco: Lodestar Press. Um vivo tratamento de bioenergética, incluindo transcrições de sessões de trabalho. Por um importante profissional.

Lowen, A., 1971. *The Language of the Body*. New York: Macmillan. A melhor introdução aos escritos de Lowen sobre bioenergética.

Integração Estrutural

Keen, S., 1970. Sing the Body Electric. *Psychology Today* 4(5):56–58, 88.

———, 1970. My New Carnality. *Psychology Today* 4(5):59–61. Dois artigos de leitura agradável sobre rolfing, descrevendo tanto a técnica quanto a experiência de estar sendo "rolfeado".

Roy, I., 1962. *Structural Integration: Gravity, an Unexplored Factor in a More Human Use of Human Beings*. Boulder, Col.: Guild for Structural Integration. O principal ensaio teórico sobre integração estrutural, escrito pelo seu fundador.

Técnica de Alexander

Barlow, W., 1973. *The Alexander Technique*. New York: Knopf. Uma clara discussão da teoria do trabalho de Alexander, com vários estudos de casos. Escrito por um eminente profissional.

Maisel, E., 1969. *The Resurrection of the Body*. New York: University Books. Uma coleção de escritos de Alexander. Material difícil.

Método de Feldenkrais

Feldenkrais, M., 1950. *Body and Mature Behavior*. New York: International University Press. Discussão da teoria do movimento corporal e seu uso.

———, 1972. *Consciência pelo Movimento*. São Paulo, Summus Editorial, 1977. Discussão teórica e diversos exercícios fascinantes.

Conscientização Sensorial

Gunther, B., 1968. *Sensibilidade e Relaxamento*. São Paulo, Editora Brasiliense, 1974. Fotografias e exercícios maravilhosos. Livro extremamente influente, foi um *best seller* por muitos anos.

Schutz, W., 1967. *O Prazer*. Rio de Janeiro, Imago Editora Ltda., 1974. Excelentes exercícios e discussão dos participantes a respeito de suas experiências com cada exercício.

Hatha Yoga

Danielou, A. 1955. *Yoga: the Method of Re-integration*. New York: University Books. Inclui sumários e seleções de textos hindus clássicos sobre hatha ioga.

Iyengar, B., 1972. *Light on Yoga*. New York: Schocken. Para estudantes adiantados. Explanações detalhadas e técnicas.

Vishnudevanada, 1972. *The Complete Illustrated Book of Yoga*. New York: Pocket Books. Uma das melhores e mais disponíveis brochuras sobre hatha ioga.

T'ai-chi Ch'uan

Chen, M. e Smith, R., 1967. *T'ai-chi*. Rutland, Vt.: Tuttle. Um excelente livro sobre a teoria e a prática de t'ai-chi.

Huang, A., 1973. *Embrace Tiger, Return to Mountain–the Essence of T'ai-chi*. Moab, Utah: Real People Press. A prática de t'ai-chi e princípios aplicados à caligrafia, ao movimento e a exercícios de concentração.

Aikido

Ueshiba, K., 1963. *Aikido.* New York: Japan Publications. Excelente material sobre a história do aikido e de seu fundador; fotografias interessantes.

Tohei, K., 1966. *Aikido in Daily Life.* New York: Japan Publications. Excelente tratamento dos princípios de aikido e de sua filosofia prática.

Westbrook, A., e Ratti, O., 1970. *Aikido and the Dynamic Sphere.* Rutland, Vt.: Tuttle. Profusamente ilustrado com maravilhosos desenhos que exemplificam os princípios de aikido e as artes marciais japonesas em geral.

REFERÊNCIAS

Baker, E., 1967. *Man in The Trap.* New York: Macmillan.
Barlow, W., 1973. *The Alexander Technique.* New York: Knopf.
Bean, O., 1971. *O Milagre da Orgonoterapia.* Editora Artenova S.A., Rio de Janeiro, 1973.
Berkowitz, L., 1973. The Case for Bottling up Rage. *Psychology Today* 7(2):24–31.
Boadella, D., 1973. *Wilhelm Reich: the Evolution of His Work.* London: Vision.
Brooks, C., 1974. *Sensory Awareness.* New York: Viking.
Chen, M., e Smith, R., 1967. *T'ai-chi.* Rutland, Vt.: Tuttle.
Danielou, A., 1955. *Yoga: the Method of Re-integration.* New York: University Books.
Feldenkrais, M., 1950. *Body and Mature Behavior.* New York: International Universities Press.
―――, 1966. Image, Movement, and Actor: Restoration of Potentiality. *Tulane Drama Review* 3:112–126.
―――, 1972. *Consciência pelo Movimento.* São Paulo, Summus Editorial, 1977.
Frey, A., 1965. Behavioral Biophysics. *Psychological Bulletin* 63:322–337.
Gunther, B., 1968. *Sensibilidade e Relaxamento.* São Paulo, Editora Brasiliense, 1974.
―――, 1971. *What to Do Till the Messiah Comes.* New York: Macmillan.
Higgens, M. e Raphael, C., 1967. *Reich Speaks of Freud.* New York: Farrar. Straus & Giroux.
Huang, A., 1973. *Embrace Tiger, Return to Mountain–the Essence of T'ai-chi.* Moab, Utah: Real People Press.
Iyengar, B., 1972. *Light on Yoga.* New York: Schocken.
Keen, S., 1970a. Sing the Body Electric. *Psychology Today* (5):56–58,88.
―――, 1970b. My New Carnality. *Psychology Today* 4(5):59–61.
Keleman, S., 1971. *Sexuality, Self and Survival,* San Francisco: Lodestar Press.
―――, 1973a. *Todtmoos.* San Francisco: Lodestar Press.
―――, 1973b. *The Human Ground.* San Francisco: Lodestar Press.
Kelley, C., 1962. *What is Orgone Energy?* Santa Monica: Interscience Workshop.
―――, 1970. *Education in Feeling and Purpose.* Santa Monica: Interscience Workshop.
―――, 1971. *Primal Scream and Genital Character: a Critique of Janov and Reich.* Santa Monica: Interscience Workshop.
―――, 1972. *The New Education.* Santa Monica: Interscience Research Institute.
Leibowitz, J., 1967–68. For the Victims of Our Culture: the Alexander Technique. *Dance Scope* 4:32–37.
Linklater, K., 1972. The Body Training of Moshe Feldenkrais. *The Drama Review* 16:23–27.
Lowen, A., 1969. *The Betrayal of the Body.* New York: Macmillan.
―――, 1971. *The Language of the Body.* New York: Macmillan.
Macdonald, P., 1970. Psycho-physical Integrity. *Bulletin of Structural Integration* 2:23–26.
Maisel, E., 1969. *The Resurrection of the Body.* New York: University Books.
Mann, W., 1973. *Orgone, Reich and Eros.* New York: Simon and Schuster.
Reich, Ilse., 1969. *William Reich: A Personal Biography.* New York: St. Martin's Press.
Reich, W., 1948. *A Função do Orgasmo.* São Paulo, Editora Brasiliense, 1973.
―――, 1949. *Character Analysis.* New York: Orgone Institute Press.
―――, 1960. *Selected Writings.* New York: Farrar.
―――, 1969. *The Sexual Revolution.* New York: Farrar.
―――, 1970. *Psicologia de Massa do Fascismo.* Porto, Publicações Escorpião, 1974.
Robinson, P., 1969. *The Freudian Left.* New York: Harper.

Rolf, Ida., 1962. *Structural Integration: Gravity, an Unexplored Factor in a More Human Use of Human Beings.* Boulder, Col.: Guild for Structural Integration.

———, s/d. Exercise. *The Bulletin of Structural Integration Anthology,* 1:31–34.

Rycroft, C., 1972. *As Idéias de Reich.* Mestres da Modernidade, São Paulo. Editora Cultrix.

Schutz, W., 1967. *O Prazer.* Rio de Janeiro, Imago Editora, 1974.

———, 1971. *Here Comes Everybody: Body-mind and Encounter Culture.* New York: Harper & Row.

Selver, C., e Brooks, C., 1966. Report on Work in Sensory Awareness and Total Functioning. In *Explorations in Human Potentialities,* org. por H. Otto. Springfield, Ill.: Thomas.

Stransky, J., 1969. An Interview with Judith Stransky. *Bulletin of Structural Integration* 2:5–11.

Tohei, K., 1966. *Aikido in Daily Life.* New York: Japan Publications.

Ueshiba, K., 1963. *Aikido.* New York: Japan Publications.

Vishnudevananda, 1972. *The Complete Illustrated Book of Yoga.* New York: Pocket Books.

Westbrook, A., e Ratti, O., 1970. *Aikido and the Dynamic Sphere.* Rutland, Vt.: Tuttle.

CAPÍTULO 5

FREDERICK S. PERLS E A GESTALT-TERAPIA
(POR ELIZABETH LLOYD MAYER)

FREDERICK S. PERLS

Frederick S. Perls, o criador da Gestalt-terapia, ocupa uma posição um tanto singular no contexto deste manual. Ao contrário de Freud, Jung, Adler, James e outros, suas contribuições para a psicologia da personalidade ocorrem principalmente na área da prática da psicoterapia, mais do que na área da teoria da personalidade. No entanto, nos últimos anos, a popularidade da Gestalt-terapia e sua utilização numa ampla variedade de outros contextos além dos especificamente terapêuticos, sugerem que vale a pena examinar Perls e a visão "gestáltica" do ser humano; ambos representam uma corrente e uma tendência importante na psicologia da personalidade. De fato, a própria falta de uma ênfase estritamente teórica na maioria dos trabalhos posteriores de Perls reflete a direção para a qual ele tentava dirigir a Psicologia; Perls estava convencido de que uma visão das pessoas e da psicoterapia genuinamente holística e produtiva exigiria uma substancial desintelectualização, visto que o intelecto ocidental tinha-se tornado, em suas palavras "a prostituta da inteligência ... um substituto pobre e pálido da imediaticidade vivida do sentir e vivenciar" (Perls, 1967, p. 15).

No fim de sua vida, Perls percebeu que não obstante os perigos da superintelectualização, algumas afirmações teóricas de sua abordagem eram necessárias para impedir que suas idéias fossem reduzidas a um conjunto de truques e tentativas de curas psicoterapêuticas instantâneas. Perls nunca completou seu último manuscrito (*A Abordagem Gestáltica*, publicado postumamente), mas, mesmo em sua forma incompleta, o livro fornece, ao lado de outros trabalhos de menor especificidade teórica, uma base para compreender a visão gestáltica da psicologia da personalidade. Embora seja certo que vale a pena estrapolar a teoria coerente que fundamenta o trabalho de Perls a fim de compreender melhor o desenvolvimento e a utilidade da Gestalt-terapia, tal esforço não seria capaz de captar o carisma, a força e o contágio do estilo próprio e pessoal de Perls—um estilo que, tanto nas obras quanto na vida de Perls, contribuiu indubitavelmente para a recente popularidade da Gestalt-terapia tanto quanto seus méritos mais teóricos.

Dentro e fora da lata de lixo
Coloco minha criação
Seja ela viva ou antiquada
Tristeza ou exaltação.
Alegria e pesar como eu tive
Serão revistos;
Sentindo-me sadio e estando louco
Acolhido ou rejeitado.
Trastes e caos interrompem-se
Ao invés da selvagem confusão
Formam uma significativa Gestalt
No final de minha vida
(Perls, 1969b).

HISTÓRIA PESSOAL

Frederick S. Perls nasceu em Berlim em 1893, filho de pais judeus de classe média baixa. Em sua autobiografia, *Dentro e Fora da Lata de Lixo*, Perls descreve-se como a ovelha negra da família, freqüentemente irritado e desdenhoso em relação a seus pais, expulso da escola após ter repetido duas vezes a sétima série e envolvido em problemas com autoridades durante toda sua adolescência.

Conseguiu, no entanto, terminar seus estudos e recebeu o diploma de médico, especializando-se em psiquiatria. Enquanto terminava seu treinamento médico, juntou-se ao exército alemão e serviu como médico na Primeira Guerra Mundial. Depois da guerra voltou a Berlim e, entrando na Sociedade dos Boêmios Berlinenses, começou a formular algumas das idéias filosóficas que forneceriam fundamentos para o desenvolvimento da Gestalt-terapia. Em 1926, Perls trabalhou com Kurt Goldstein no Instituto de Soldados com Lesões Cerebrais e compreendeu, através de seu trabalho com Goldstein, a importância de considerar o organismo humano como um todo, ao invés de vê-lo como um aglomerado de partes funcionando desordenadamente.

Em 1927 mudou-se para Viena e começou seu treinamento em psicanálise; foi analisado por Wilhelm Reich e supervisionado por várias outras figuras importantes do movimento psicanalítico que se iniciava: Karen Horney, Otto Fenichel e Helene Deutsch, entre outros.

Em 1933, com a ascensão de Hitler ao poder, Perls partiu para a Holanda e depois para a África do Sul, onde fundou o Instituto Sul-Africano de

Psicanálise. Voltou à Alemanha em 1936 para apresentar um trabalho no Congresso Psicanalítico e encontrar-se com Sigmund Freud. O encontro foi uma grande decepção para Perls; recorda-se de que durou talvez quatro minutos e de que não ofereceu nenhuma oportunidade para explorar as idéias de Freud, o que Perls esperava há anos.

Muitos anos depois, Perls rompeu abertamente com o movimento psicanalítico e, em 1946, imigrou para os Estados Unidos. Prosseguiu com o desenvolvimento da Gestalt-terapia e, em 1952, fundou o Instituto Nova-iorquino de Gestalt-terapia. Mudou-se para Los Angeles e, então, no início dos anos sessenta, para o Instituto Esalen em Big Sur na Califórnia, onde propôs *workshops*, lecionou e passou a ser amplamente conhecido como expoente de uma filosofia e de um método de psicoterapia novos e viáveis. Pouco antes de sua morte, seu interesse voltou-se para o estabelecimento de um kibbutz gestáltico. Morreu em 1970 na ilha de Vancouver, o local da primeira comunidade gestáltica terapêutica.

> Meu rompimento com os freudianos aconteceu alguns anos mais tarde (após meu encontro com Freud), mas o fantasma nunca foi completamente tranqüilizado.... Tentei tornar a psicanálise meu lar espiritual, minha religião.... Sobreveio então a revelação.... Eu mesmo tinha que me responsabilizar pela minha existência (Perls, 1969b, pp. 59-60, parênteses acrescentados).

ANTECEDENTES INTELECTUAIS

As principais correntes intelectuais que influenciaram diretamente Perls foram a psicanálise (principalmente Freud e Reich), a psicologia da Gestalt (Kohler, Wertheimer, Lewin, Goldstein e outros) e o existencialismo e a fenomenologia. Perls também incorporou algumas das idéias de J. L. Moreno, um psiquiatra que desenvolveu a noção da importância do desempenho de papéis em psicoterapia. De um modo menos explícito, Perls descreve a filosofia e a prática do Zen como uma importante influência, particularmente em seus últimos trabalhos.

Psicanálise

Freud. O primeiro livro que Perls escreveu, *Ego, Hunger and Aggression*, não pretendia fornecer uma nova teoria da personalidade, mas deveria constituir uma revisão da teoria psicanalítica. De fato, uma boa parte do trabalho de Perls foi dedicado ao desenvolvimento do que considerava uma extensão do trabalho de Freud. Mesmo após seu rompimento formal com este último, Perls continuou a julgar suas próprias idéias como uma revisão do trabalho de Freud e, mais ainda, como uma revisão da psicanálise de acordo com a interpretação de muitos da segunda geração psicanalítica. As divergências entre Perls e Freud estavam relacionadas principalmente com os métodos de tratamento psicoterápico de Freud, mais do que com suas exposições teóricas sobre a importância das motivações inconscientes, a dinâmica da personalidade, padrões de relacionamentos humanos e assim por diante. "Não as descobertas de Freud, mas sua filosofia e técnica, tornaram-se obscuras" (Perls, 1969b, p. 14).

Na discussão da influência da psicologia da Gestalt sobre Perls, o conceito de organismo humano como um todo foi de grande importância. Perls sentia que o trabalho de Freud era basicamente limitado pela falta de ênfase numa visão holística do funcionamento do organismo, na qual indivíduo e meio são partes de um único campo em constante interação. Esta abordagem holística em que cada um dos elementos de expressão do organismo está em íntima relação com o todo, levou Perls a dar ênfase particular, ao contrário de Freud, ao material óbvio mais do que ao profundamente reprimido, como

> Nenhum de nós, provavelmente com exceção do próprio Freud, compreendeu a prematuridade em aplicar a psicanálise no tratamento.... Não a vimos como realmente era: um *projeto de pesquisa* (Perls, 1969b, p. 142).

elemento crucial para a compreensão e o trabalho com o conflito intrapsíquico. Do mesmo modo, Perls acentuava a importância do exame da situação da pessoa no presente, *ao invés* da investigação de causas passadas como sugeria Freud. Perls acreditava que a consciência do *como* a pessoa se comporta a cada momento é mais relevante para a autocompreensão e a capacidade para mudança do que uma compreensão do *porquê* de um determinado comportamento.

O início da divergência de Perls com relação à abordagem freudiana referia-se à teoria dos instintos e da libido. Quando Perls começou a formular sua própria teoria do que Freud denominava instinto, ele sugeriu que um organismo tem miríades de necessidades que são sentidas quando o equilíbrio psicológico e/ou fisiológico deste organismo é perturbado. Assim como há milhares de tipos de distúrbios do equilíbrio do organismo, há milhares de tipos de instintos que aparecem como meios pelos quais o organismo tenta reequilibrar-se.

> Se o paciente vai fechar o livro de seus problemas passados, deve fechá-lo no presente. Porque deve entender que se seus problemas passados fossem realmente passados, não seriam mais problemas e, certamente, não seriam atuais (Perls, 1973, p. 76 na ed. bras.).

Na visão de Perls, então, nenhum instinto (por exemplo, sexo ou agressão) é "básico"; todas as necessidades são expressões diretas de instintos do organismo. Perls sugeriu que os métodos psicanalíticos de interpretação e associação livre (em particular da maneira como vinham sendo geralmente usados, de acordo com Freud) constituíam uma fuga da experiência direta do material interpretado e associado e eram, portanto, métodos de auto-exploração ineficientes e via de regra ineficazes.

A ênfase que Freud dá à importância da resistência é ligeiramente alterada, na abordagem de Perls, para a ênfase na fuga da conscientização de qualquer tipo, acentuando-se em particular a *forma* da fuga, mais do que seu conteúdo específico (por exemplo, a questão relevante está ligada ao *como* estou evitando a consciência, e não a *o que* estou evitando).

> Se a sobrevivência de um indivíduo for ameaçada porque seu nível de açúcar no sangue está muito baixo, ele procurará comida. A sobrevivência de Scheherezade foi ameaçada pelo Sultão e para fazer frente à ameaça ela lhe contou estórias durante mil e uma noites. Poderíamos então dizer que ela tinha um instinto contador de estórias? (Perls, 1973, pp. 22-23 na ed. bras.)

Freud descreveu a relação transferencial (do paciente para o terapeuta) como sendo central para a eficiência do processo psicoterápico. Perls concordava quanto à existência do fenômeno da transferência e, de fato, encarava-o como um aspecto importante da projeção, um mecanismo neurótico ao qual atribuía grande importância. No entanto, ele não considera o trabalho através da transferência de importância fundamental para o processo psicoterápico, como o fez Freud.

Perls discordava da colocação de Freud segundo a qual a tarefa terapêutica importante era a de liberação de repressões, após a qual o trabalho e a assimilação do material ocorre naturalmente. Perls achava que todo indivíduo, pelo simples fato de existir, tem muito material de fácil acesso ao trabalho terapêutico; a tarefa importante e difícil é a de assimilação do próprio processo, o mastigar, digerir e integrar de traços, hábitos, atitudes e modelos de comportamento previamente introjetados (engolidos inteiros).

Talvez o mais importante seja que Perls e a abordagem gestáltica progressivamente chegaram a apresentar uma visão de mundo alternativa, uma *weltanschauung* diferente daquela da qual emerge a teoria psicanalítica. Nesse contexto, Freud e o racionalismo do século XIX oferecem uma perspectiva da natureza humana cuja ênfase é substancialmente diferente da visão mais existencial de Perls. Contudo, dada a compreensão desta diferença de visão de mundo (que leva aos estilos e características divergentes do trabalho psicanalítico e gestáltico), uma grande parte da teoria psicanalítica encontra seu correlato no trabalho gestáltico.[1]

Reich. A outra influência psicanalítica importante sobre Perls foi a de um de seus analistas, Wilhelm Reich. Reich desenvolveu a noção de "couraça muscular"; ele também acentuou a importância do caráter (ou modos habituais de reagir) na determinação da maneira pela qual uma pessoa atua. Reich sugeriu que o caráter se desenvolve cedo na vida do indivíduo e serve como um tipo de couraça contra estímulos externos ou internos considerados ameaçadores pelo indivíduo. Essa couraça caracterológica fixa-se fisiologicamente (isto é, couraça *muscular*) e funciona como resistência ao *insight* ou mudança psicológica.

Pouco depois de sua exposição sobre a importância da couraça muscular, Reich formulou o conceito de orgon, uma idéia que Perls, assim como muitos outros analistas mais ortodoxos, acharam difícil sustentar. O trabalho anterior de Reich influenciou fortemente Perls, em particular sua visão do corpo em relação à psique.

Psicologia da Gestalt

A teoria da Gestalt foi inicialmente formulada no final do século XIX na Alemanha e Áustria. Desenvolveu-se como um protesto contra a tentativa de compreender a experiência através de uma análise atomística—análise na qual os elementos de uma experiência são reduzidos aos seus componentes mais simples, sendo que cada componente é analisado separadamente dos outros e em que a experiência é entendida como uma mera soma destes componentes. A própria noção de "gestalt" contradiz a validade deste tipo de análise atomística. Embora não haja nenhum equivalente preciso em português para a palavra alemã *gestalt*, o sentido geral é de uma disposição ou configuração—uma organização específica de partes que contitui um todo particular. O princípio mais importante da abordagem gestáltica é o de propor que uma análise das partes nunca pode proporcionar uma compreensão do todo, uma vez que o todo é definido pelas interações e interdependências das partes. As partes de uma gestalt não mantêm sua identidade quando estão separadas de sua função e lugar no todo.

> Uma gestalt é um fenômeno irredutível. É uma essência que aí está e que desaparece se o todo é fragmentado em seus componentes (Perls, 1969b, p.63).

Max Wertheimer publicou, em 1912, o trabalho que é geralmente considerado o fundamento da escola gestáltica. Seu trabalho descrevia um experimento executado por Wertheimer e dois de seus colegas—também figuras centrais do movimento gestáltico— Wolfgang Kohler e Kurt Koffka. Este experimento foi planejado para explorar certos aspectos da percepção do movimento. Numa sala escura, eles faziam reluzir, em rápida sucessão, dois pontos de

---

[1] Brevemente, alguns dos correlatos podem ser encontrados nos seguintes pares de conceitos gerais: catexia de Freud e figura-fundo de Perls; libido de Freud e excitação básica de Perls; associação livre de Freud e continuum de consciência de Perls; consciência (*consciousness*) de Freud e conscientização (*awareness*) de Perls; o enfoque de Freud na resistência e o enfoque de Perls na fuga da conscientização; a compulsão à repetição de Freud e as situações inacabadas de Perls; a regressão de Freud e o retraimento (do meio ambiente) de Perls; o terapeuta que permite e encoraja a transferência, de Freud, e o terapeuta que é um "habilidoso frustrador", de Perls; a configuração neurótica de defesa contra impulsos, de Freud, e a formação rígida da gestalten, de Perls; a projeção transferencial de Freud e a projeção de Perls . . . e assim por diante.

luz próximos um do outro, variando os intervalos de tempo entre os clarões. Descobriram que quando o intervalo entre os clarões era menor que 3/100 de segundo, eles pareciam simultâneos. Quando o intervalo era de 6/100 de segundo, o observador dizia ver o clarão mover-se do primeiro ponto ao segundo. Quando o intervalo era de 20/100 de segundo ou mais, os pontos de luz foram observados como o eram na realidade: dois clarões de luz separados. A descoberta crucial do experimento refere-se à percepção de movimento quando os clarões estavam separados por aproximadamente 6/100 de segundo; o movimento aparente não era função de estímulos isolados, mas dependia das características relacionadas dos estímulos e da sua organização neural e perceptiva num único campo.

Os resultados deste experimento levaram a algumas reformulações fundamentais no estudo da percepção e, durante as décadas de vinte, trinta e quarenta do nosso século, a teoria da Gestalt foi aplicada ao estudo da aprendizagem, resolução de problemas, motivação, psicologia social e, até certo ponto, à teoria da personalidade. Uma visão gestáltica da teoria da personalidade foi exposta pelo psicólogo social Kurt Lewin. Lewin descrevia o comportamento como função de forças operando no "espaço vital" psicológico de um indivíduo, definido como a configuração total da realidade psicológica deste indivíduo num dado momento.[2]

A escola gestáltica causou enorme impacto em todo o campo da Psicologia; na metade do século XX, a abordagem desta escola tinha-se tornado tão intrínseca à corrente central da Psicologia que a noção de um movimento gestáltico por si próprio deixou de existir. Uma contribuição importante dos adeptos da Gestalt, como vimos sucintamente, refere-se à exploração da maneira como as partes constituem e estão relacionadas com um todo. Além disso, a teoria da Gestalt ofereceu algumas sugestões a respeito dos modos pelos quais os organismos se adaptam para alcançar sua organização e equilíbrio ótimos. Um aspecto desta adaptação envolve a forma pela qual um organismo, num dado campo, torna suas percepções significativas, a maneira pela qual distingue figura e fundo. A Figura 5.1 é um exemplo da forma através da qual dado estímulo pode ser interpretado como representando coisas diferentes, dependendo do que é percebido como figura e como fundo.

Se o branco for visto como figura e o preto como fundo, aparecerá um cálice branco; se, por outro lado, o preto for visto como figura e o branco como fundo, veremos duas cabeças de perfil. A escola gestáltica estendeu o fenômeno representado por esta imagem para descrever a maneira pela qual um organismo seleciona o que é de seu interesse num dado momento. Para um homem sedento, um copo de água colocado entre seus pratos favoritos emerge como figura contra o fundo constituído pela comida; sua percepção adapta-se, capacitando-o, assim, a satisfazer suas necessidades. Uma vez satisfeita a sede, sua percepção do que é figura e do que é fundo provavelmente se modificará de acordo com uma mudança nos interesses e necessidades dominantes.

---

[2] Durante a década de 1950, o trabalho de Lewin foi básico para o desenvolvimento da terapia de grupos; um pouco mais tarde, foi aplicado ao movimento de grupos de encontro. Veja a discussão de Lewin em Irving Yalom, *The Theory and Practice of Group Psychoterapy* (New York, Basic Books, 1970).

Figura 5.1 — Um Exemplo do Fenômeno Figura-Fundo.

Embora, por volta de 1940, a teoria da Gestalt já tivesse sido aplicada em muitas áreas da Psicologia, foi em grande parte ignorada no exame da dinâmica da estrutura da personalidade e do crescimento pessoal. Além do mais, ainda não havia nenhuma formulação de princípios da Gestalt específicos para psicoterapia. Assim, é a partir desse ponto que podemos começar a ver o papel de Fritz Perls, responsável pela ampliação da teoria da Gestalt a fim de incluir a psicoterapia e uma teoria de mudança psicológica.

Existencialismo e Fenomenologia

Perls descreveu a Gestalt-terapia como uma terapia existencial, baseada na filosofia existencial e utilizando-se de princípios em geral considerados existencialistas e fenomenológicos. Embora a Gestalt-terapia não se tenha desenvolvido diretamente a partir de antecedentes fenomenológicos e existenciais particulares, vários aspectos do trabalho de Perls equiparam-se àqueles desenvolvidos em muitas escolas do existencialismo e fenomenologia. A influência destas escolas foi difusa porém substancial; abaixo estão descritas algumas das principais semelhanças entre o trabalho de Perls e as principais tendências tanto do existencialismo como da fenomenologia.

Em geral, Perls contestava de forma ferrenha a idéia de que se poderia abranger o estudo do ser humano através de uma abordagem científico--natural-mecanicista inteiramente racional. A partir dessa premissa, Perls associou-se à maioria dos existencialistas insistindo que o mundo vivencial de um indivíduo só pode ser compreendido por meio da descrição direta que o próprio indivíduo faz de sua situação única. Do mesmo modo, Perls sustentou que o encontro do terapeuta com um paciente constitui um encontro existencial entre duas pessoas, e não uma variante do clássico relacionamento médico-paciente.

> Todos os órgãos, os sentidos, os movimentos e os pensamentos subordinam--se a esta necessidade emergente e logo mudam sua lealdade e função assim que aquela seja satisfeita e passe então para o fundo. . . . Todas as partes do organismo *identificam-se* temporariamente com a *gestalt* emergente (Perls, 1969b, p. 115).

> Sinto-me desesperado a respeito deste manuscrito. Tive uma visão olhando para uma tapeçaria quase completamente trançada, mas que, porém, é incapaz de produzir a imagem, a gestalt total. Explicações não ajudam muito a compreender. Não posso dar-lhes a compreensão: vocês podem pegar o que lhes ofereço, mas será que conheço seus desejos?. . . Ainda estou parado e decidido a passar por este impasse. Facilmente me inclino a desistir e a largar tudo. Eu não seria fenomenólogo se não pudesse ver o óbvio, isto é, a experiência de estar atolado. Eu não seria um gestaltista se não pudesse entrar na experiência de me atolar com a confiança de que alguma figura emergirá do fundo caótico (Perls, 1969b).

A idéia de que mente e corpo constituem dois aspectos da existência diferentes e completamente separados, era uma noção que Perls, junto com a maioria dos existencialistas, achava intolerável. De acordo com suas objeções a uma cisão mente-corpo, a aplicação que Perls fazia da teoria da Gestalt na compreensão da personalidade levou-o a abandonar a idéia da cisão entre sujeito e objeto, e, mesmo, a da cisão entre organismo e meio. Ao invés de considerar que cada ser humano encontra um mundo que ele experiencia como sendo completamente separado de si mesmo, Perls acreditava que as pessoas criam e constituem seus próprios mundos; o mundo existe para um dado indivíduo como sua própria descoberta do mundo.

O conceito de intencionalidade é básico tanto para o existencialismo e a fenomenologia quanto para o trabalho de Perls; a mente ou consciência é entendida como *intenção* e não pode ser compreendida à parte do que é pensado ou pretendido. Os sentidos dos atos psíquicos ou intenções devem ser alcançados em seus próprios termos, fenomenologicamente, e em termos de sua própria intenção particular. Assim, a crítica existencialista da noção freudiana de instintos é semelhante à de Perls, mencionada anteriormente; em contraste com a visão de Freud, a libido constitui um ato psíquico, mas não é nem mais básico nem mais universal que qualquer outro. Todo ato psíquico é intenção, e toda intenção deve ser compreendida em seus próprios termos, e não em termos de um ato psíquico mais "básico".

Dois temas importantes da maior parte do pensamento existencialista são a experiência do nada e a preocupação com a morte e o medo. Como veremos ao examinar a visão que Perls tem da estrutura da neurose, esses temas também constituem elementos importantes em sua teoria sobre o funcionamento psicológico.

O método fenomenológico de compreender através da descrição é básico no pensamento de Perls; todas as ações implicam escolha, todos os critérios de escolha são eles próprios selecionados e explanações causais não são suficientes para justificar as escolhas ou ações de alguém. Além disso, a confiança fenomenológica na intuição para o conhecimento das essências assemelha-se à confiança de Perls no que ele chama de inteligência ou sabedoria do organismo.

Finalmente, o próprio modo de Perls propor sua abordagem inclui, como qualquer descrição de uma abordagem fenomenológica, as características fenomenológicas e existenciais descritas acima. Seus livros não são argumentações descrevendo um ponto de vista particular, uma vez que, na estrutura fenomenológica, a argumentação perde o sentido a não ser que o leitor, fora do contexto de sua própria experiência, decida aceitar as premissas de Perls desde o início. O estilo de Perls é imaginativo e pessoal; sua tentativa é existencial no sentido em que constitui uma tentativa de propor uma teoria do desenvolvimento psicológico que é inseparável do envolvimento de Perls com seu próprio desenvolvimento.

CONCEITOS PRINCIPAIS
O Organismo Como Um Todo

Um conceito fundamental subjacente ao trabalho de Perls tem sua formulação explícita, como vimos, a partir do trabalho dos psicólogos da Gestalt. Na teoria de Perls, a noção de organismo como um todo é central—tanto em relação ao funcionamento intra-orgânico quanto à participação do organismo em seu meio para criar um campo único de atividades. No contexto do funcionamento intra-orgânico, Perls insistia em que os seres humanos são organismos unificados e em que não há nenhuma diferença entre o tipo de atividade física e mental. Perls definia atividade mental simplesmente como atividade da pessoa toda que se desenvolve num nível mais baixo de energia que a atividade física.

Esta concepção do comportamento humano consistir em níveis de atividades levou Perls a sugerir que qualquer aspecto do comportamento de um indivíduo pode ser considerado como uma manifestação do todo—*o ser* da pessoa. Assim, na terapia, o que o paciente *faz*—como ele ou ela se movimenta, fala e assim por diante—fornece tanta informação a seu respeito quanto o que ele ou ela pensa ou diz.

Além do holismo ao nível intra-orgânico, Perls acentuou a importância do fato de considerar o indivíduo como parte perene de um campo mais amplo que inclui o organismo e seu meio. Assim como Perls protestava contra a noção de divisão corpo/mente, protestava também contra a divisão interno//externo; considerava que a questão das pessoas serem dirigidas por forças internas ou externas não tinha nenhum sentido em si, uma vez que os efeitos causais de um são inseparáveis dos efeitos causais do outro. Há, no entanto, um limite de contato entre o indivíduo e seu meio; é esse limite que define a relação entre eles. Num indivíduo saudável este limite é fluido, sempre permitindo contato e depois afastamento do meio. Contatar constitui a formação de uma gestalt; afastar-se representa seu fechamento. Num indivíduo neurótico, as funções de contato e afastamento estão perturbadas, e ele se encontra frente a um aglomerado de gestalten que estão de alguma forma inacabadas— nem plenamente formadas nem plenamente fechadas.

Perls sugeriu que as pistas para este ritmo de contato e afastamento são ditadas por uma *hierarquia de necessidades*. As necessidades dominantes emergem como primeiro plano ou figura contra o fundo da personalidade total; a ação efetiva é dirigida para a satisfação de uma necessidade dominante. Os neuróticos são freqüentemente incapazes ou de perceber quais de suas necessidades são dominantes ou de definir sua relação com o meio de forma a satisfazer tais necessidades. Assim, a neurose acarreta processos disfuncionais de contato e afastamento que causam uma distorção na existência do indivíduo enquanto organismo unificado.

> O organismo age e reage a seu meio com maior ou menor intensidade; à medida que diminui a intensidade, o comportamento físico se transforma em comportamento mental. Quando a intensidade aumenta, o comportamento mental torna-se comportamento físico (Perls, 1973, p. 28 na ed. bras.).

Ênfase no Aqui e Agora

A visão holística levou Perls a dar ênfase particular à importância da autopercepção presente e imediata que um indivíduo tem de seu meio. Os neuróticos são incapazes de viver no presente pois carregam cronicamente consigo situações inacabadas (gestalten incompletas) do passado. Sua atenção é, pelo menos em parte, absorvida por essas situações e eles não têm nem consciência nem energia para lidar plenamente com o presente. Visto que a natureza destrutiva destas situações inacabadas aparece no presente, os indivíduos neuróticos sentem-se incapazes de viver com sucesso. Assim, a Gestalt-terapia não investiga o passado com a finalidade de procurar traumas ou situações inacabadas, mas convida o paciente simplesmente a se concentrar para tornar-se consciente de sua experiência presente, pressupondo que os fragmentos de situações inacabadas e problemas não resolvidos do passado emergirão inevitavelmente como parte desta experiência presente. À medida que estas situações inacabadas aparecem, pede-se ao paciente que as represente e experimente de novo, a fim de completá-las e assimilá-las no presente.³

Perls definiu ansiedade como a lacuna, a tensão entre o "agora" e o "depois". A inabilidade das pessoas para tolerar essa tensão, sugeria Perls, leva-as a preencher a lacuna com planejamentos, ensaios e tentativas de tornar o futuro seguro. Isto não apenas desvia a energia e a atenção do presente (daí criando perpetuamente situações inacabadas), mas também impede o tipo de abertura, para o futuro, decorrente do crescimento e da espontaneidade.

Além da natureza estritamente terapêutica deste enfoque ligado à conscientização do presente, uma tendência subjacente ao trabalho de Perls é a de que viver com a atenção voltada para o presente, ao invés do passado ou futuro, é, em si, algo bom que leva ao crescimento psicológico. Aqui vemos mais uma vez como o trabalho psicológico de Perls está fortemente baseado num contexto filosófico, num tipo de *weltanschauung* que pressupõe que a experiência presente de uma pessoa, num dado momento, é a única experiência presente possível e que a condição para se sentir satisfeito e realizado a cada momento da vida é a simples aceitação sincera desta experiência presente.⁴

A Preponderância do Como Sobre o Porquê

Uma conseqüência natural da orientação fenomenológica de Perls e de sua abordagem holística é a ênfase na importância da compreensão da experiência de uma maneira descritiva e não causal. Estrutura e função são idênticas; se um indivíduo compreende como ele ou ela faz alguma coisa, esta

---

> Nada é jamais realmente reprimido. Todas as gestalten relevantes estão emergindo, estão na superfície, são óbvias como a nudez do imperador. Seus olhos e ouvidos têm conhecimento das gestalten desde que seu pensamento cômputo-analítico não o tenha cegado (Perls, 1969b, p. 272).

> A ansiedade nada mais é do que a tensão entre o *agora* e o *depois*... por exemplo, se eu perguntar: "Quem quer subir aqui para trabalhar?", vocês provavelmente começariam rapidamente a ensaiar. "O que eu farei lá?" e assim por diante. É claro que, provavelmente, ficariam com medo frente à audiência porque deixariam a realidade segura do agora para dar um salto para o futuro (Perls, 1969a, p. 73 na ed. bras.).

---

³ Embora este enfoque no presente seja particularmente acentuado no trabalho da Gestalt, deriva da noção psicanalítica de que o passado é *transferido* de forma neurótica para o presente. Assim, tanto no trabalho psicanalítico quanto no gestáltico, a pessoa tenta "complexar", no presente, situações inacabadas no passado.

⁴ Como apontou Cláudio Naranjo em seu artigo "Present-Centeredness Technique, Prescription and Ideal" (em Fagan & Shepherd, *Gestalt Therapy Now*, 1970), centrar-se no presente é uma atitude que leva ao desenvolvimento psicológico, que é central em muitas psicologias orientais. Buda, num trecho de Pali Canon, sugere:

> *Não volte atrás em coisas que passaram,*
> *E para o futuro não acalente esperanças desejadas;*
> *O passado foi deixado para trás por ti,*
> *O estado futuro ainda não veio.*
>
> *Mas aquele que com clara visão pode ver*
> *O presente que está aqui e agora*
> *Tal sábio deveria aspirar a atingir*
> *O que nunca se perde ou se abala.*
>
> (Fagan & Shepherd, *Gestalt Therapy Now*, 1970, p. 67.)

E, na tradição sufista, Omar Khayyam sugere:

> *Nunca antecipe a tristeza de amanhã.*
> *Viva sempre neste paradisíaco Agora—...*
> *Levante-se, por que lamentar este transitório mundo dos homens?*
> *Passe toda sua vida em gratidão e alegria.*
>
> (*The Rubaiyat of Omar Khayyam*, traduzido por Robert Graves e Omar Ali-Shah, p. 54.)

pessoa está na posição de compreender a ação em si. Segundo Perls, o determinante causal—o porquê— da ação é irrelevante para qualquer compreensão plena da mesma; toda ação tem causas múltiplas, assim como toda causa tem causas múltiplas, e as explicações de tais causas nos distanciam mais e mais da compreensão do ato em si. Além disso, uma vez que todo elemento da existência de alguém só pode ser compreendido como parte de uma das várias gestalten, não há qualquer possibilidade deste elemento ser compreendido como sendo "causado" separadamente de toda a matriz de causas da qual participa. Uma relação causal não pode existir entre elementos que formam um todo; todo elemento causa e é causado por outros. Assim, na prática da Gestalt-terapia, a ênfase está em ampliar constantemente a consciência da maneira como a pessoa se comporta, e não em esforçar-se para analisar a razão pela qual a pessoa se comporta de tal forma.

Conscientização*

Os três principais conceitos da abordagem de Perls que examinamos até agora—o organismo como um todo, a ênfase no aqui e agora, e a preponderância do como sobre o porquê—constituem os fundamentos para entender a *conscientização*, o ponto central de sua abordagem terapêutica. O processo de crescimento, nos termos de Perls, é um processo de expansão das áreas de autoconsciência; o fator mais importante que inibe o crescimento psicológico é a fuga da conscientização.

> Eu acredito que esta é a grande coisa a ser compreendida: *a tomada de consciência em si—e de si mesmo—pode ter efeito de cura* (Perls, 1969a, p. 34 na ed. bras.).

Perls acreditava plenamente no que ele chamava de sabedoria do organismo. Considerava o indivíduo maduro e saudável um indivíduo auto-apoiado**e auto-regulador. Via o cultivo da autoconscientização como sendo dirigido para o reconhecimento da natureza auto-reguladora do organismo humano. Segundo a teoria da Gestalt, Perls sugeriu que o princípio da hierarquia de necessidades está sempre operando na pessoa. Em outras palavras, a necessidade mais urgente, a situação inacabada mais importante, sempre emerge se a pessoa estiver simplesmente *consciente* da experiência de si mesma a todo momento.

Perls desenvolveu a noção de um *continuum de consciência* como um meio de encorajar esta autoconscientização. Manter um continuum de consciência parece decepcionantemente simples—apenas estar consciente do que estamos experienciando a cada instante. No entanto, a maioria das pessoas interrompe o continuum quase de imediato, e esta interrupção em geral é causada pela conscientização de algo desagradável. Assim, estabelece-se a fuga em relação a pensamentos, expectativas, recordações e associações de uma experiência à outra. Nenhuma dessas experiências associadas são de fato *experienciadas*; são tocadas de leve, em *flashes* sucessivos, sem que haja assimilação do material, sendo que o sujeito deixa a conscientização desagradá-

---

* N.T.: Dada a dificuldade de encontrar equivalente em Português da palavra *awareness*, adotamos a norma seguida pelos tradutores de *Tornar-se Presente*, de John O. Stevens (Summus Editorial Ltda., 1976), que traduzem *awareness* por "consciência", "conscientização" ou "tomada de consciência", dependendo do contexto em que é empregada.

**N.T.: Apoiado é a palavra mais próxima de *supporting*, apesar de não ter a conotação de sustentação que tem o termo inglês.

vel inicial tão fora do contexto quanto o resto do material. Esta fuga de uma conscientização contínua, esta auto-interrupção, impede o indivíduo de encarar e trabalhar com a conscientização desagradável. Ele ou ela permanece empacado numa situação inacabada.

Estar consciente é prestar atenção às figuras perpetuamente emergentes de sua própria percepção. Evitar a tomada de consciência é enrijecer o livre fluir natural do delineamento figura e fundo.

Perls sugeria que para cada indivíduo existem três zonas de consciência: consciência de si mesmo, consciência do mundo e consciência do que está "entre"—um tipo de zona intermediária da fantasia. Ele considerava o exame desta última zona (que impede a conscientização das outras duas) como a grande contribuição de Freud. Sugeriu, contudo, que Freud concentrou-se tão completamente na compreensão desta zona intermediária que ignorou a importância de trabalhar para o desenvolvimento da capacidade de conscientizar-se nas zonas de si mesmo e do mundo. Em contraste, a maior parte da abordagem de Perls inclui uma tentativa muito deliberada de ampliar a conscientização e obter contato direto consigo e com o mundo.

DINÂMICA
Crescimento Psicológico

Perls definia a saúde e a maturidade psicológicas como sendo a capacidade de emergir do apoio e da regulação ambientais para um auto-apoio e uma auto-regulação. O processo terapêutico representa um esforço na direção desta emergência. O elemento crucial no auto-apoio e na auto-regulação é o equilíbrio. Uma das proposições básicas da teoria da Gestalt é que todo organismo possui a capacidade de realizar um equilíbrio ótimo consigo e com seu meio. As condições para realizar este equilíbrio envolvem uma conscientização desobstruída da hierarquia de necessidades, que descrevemos anteriormente.

Uma apreciação plena desta hierarquia de necessidades só pode ser realizada através da conscientização que envolve todo o organismo, uma vez que necessidades são experienciadas por cada parte do organismo e sua hierarquia é estabelecida por meio de sua coordenação.

Perls considera o ritmo de contato/fuga com o meio ambiente (que mencionamos anteriormente) como o componente principal do equilíbrio organísmico. A imaturidade e a neurose implicam uma percepção inapropriada do que constitui este ritmo ou uma incapacidade de regular seu equilíbrio.

Indivíduos auto-apoiados e auto-regulados caracterizam-se pelo livre fluir e pelo delineamento claro da formação figura-fundo (definição de sentido) nas expressões de suas necessidades de contato e retraimento. Tais indivíduos reconhecem sua própria capacidade de escolher os meios de satisfazer necessidades à medida que estas emergem. Têm consciência das fronteiras entre eles mesmos e os outros e estão particularmente conscientes da distinção entre suas fantasias sobre os outros (ou o ambiente) e o que experienciam através do contato direto.

Ao acentuar a natureza do auto-apoio e da auto-regulação do bem-estar psicológico, Perls não quer dizer que o indivíduo pode existir, de algum modo, separado de seu meio ambiente. Na verdade, o equilíbrio organísmico supõe uma constante interação com o meio. O ponto crucial para Perls é que

---

Qualquer distúrbio do equilíbrio organísmico constitui uma gestalt incompleta, uma situação inacabada, forçando o organismo a tornar-se criativo, a achar vias e meios de restabelecer este equilíbrio.... E a mais forte configuração figura-fundo assumirá temporariamente o controle de todo o organismo. Tal é a lei básica da auto-regulação organísmica (Perls, 1969b, pp. 79, 92).

podemos escolher a maneira *como* nos relacionamos com o meio; somos auto-apoiados e auto-regulados quanto ao fato de que reconhecemos nossa própria capacidade de determinar como nos apoiamos e regulamos dentro de um campo que inclui muito mais do que nós mesmos.

Perls descreve vários modos pelos quais se realiza o crescimento psicológico. O primeiro envolve o completamento de situações ou gestalten inacabadas, que já descrevemos pouco atrás. Ele também sugere que a neurose pode ser vagamente considerada como um tipo de estrutura em cinco camadas, e que o crescimento psicológico (e eventualmente a libertação da neurose) ocorre na passagem através destas cinco camadas.

Perls denomina a primeira camada de camada *dos clichês* ou da existência dos sinais. Ela inclui todos os sinais de contato: "bom dia", "oi", "o tempo está bom, não é?" A segunda camada é a *dos papéis* ou *jogos*. É a camada do "como se" em que as pessoas fingem que são aquelas que gostariam de ser: o homem de negócios sempre competente, a menininha sempre bonitinha, a pessoa muito importante.

Depois de termos reorganizado essas duas camadas, Perls sugere que alcançamos a *camada do impasse*, também denominada *camada da anti-existência* ou *do evitar fóbico*. Aqui experienciamos o vazio, o nada: é o ponto em que, para evitarmos o nada, geralmente interrompemos nossa tomada de consciência e retrocedemos à camada dos papéis. Se, no entanto, formos capazes de manter nossa autoconsciência neste vazio, alcançaremos a morte ou *camada implosiva*. Esta camada aparece como morte ou medo da morte pois consiste numa paralisia de forças opostas; experienciando esta camada contraimo-nos e comprimimo-nos—implodimos.

No entanto, se pudermos ficar em contato com esta morte, alcançaremos a última camada, a *explosiva*. Perls sugere que a tomada de consciência deste nível constitui a emergência da pessoa autêntica, do verdadeiro *self*, da pessoa capaz de experienciar e expressar suas emoções. E Perls adverte:

> Agora, não se apavorem com a palavra *explosão*. A maior parte de vocês sabe dirigir um carro. Existem milhares de explosões por minuto dentro do cilindro. Isto é diferente da violenta explosão do catatônico: esta seria como a explosão num tanque de gasolina. Outra coisa, uma única explosão não quer dizer nada. As assim chamadas quebras de couraça da teoria reichiana tem tão pouca utilidade quanto o *insight* da psicanálise. *As coisas ainda precisam ser trabalhadas* (Perls, 1969, p. 85 na ed. bras., com os grifos acrescentados).

Existem quatro tipos de explosões que o indivíduo pode experienciar ao emergir da camada da morte. Existe a explosão em *pesar*, que envolve o trabalho com uma perda ou morte que não tinha sido previamente assimilada. Existe a explosão em *orgasmo* em pessoas sexualmente bloqueadas. Existe a explosão em *raiva* quando sua expressão foi reprimida. E, por fim, existe a explosão no que Perls chama de *joie de vivre*—alegria e riso, alegria de viver.

A estrutura de nossos papéis é coesiva pois destina-se a absorver e controlar a energia destas explosões. A concepção errônea básica de que essa energia *precisa* ser controlada deriva de nosso medo do vazio e do nada (terceira camada). Interpretamos a experiência de um vazio como sendo um vazio estéril e não um vazio fecundo; Perls sugere que as filosofias orientais, a filosofia Zen em particular, têm muito a nos ensinar a respeito da experiência do nada, positiva e geradora de vida, e a respeito da importância de permitirmos a experiência do nada sem interrompê-la.

Em todas suas descrições de como um indivíduo se desenvolve, Perls mantém a idéia de que a mudança não pode ser forçada e que o crescimento psicológico é um processo natural e espontâneo.

Obstáculos ao Crescimento

Perls considera a fuga da conscientização e a conseqüente rigidez da percepção e do comportamento como os maiores obstáculos ao crescimento psicológico. Os neuróticos (aqueles que interrompem seu próprio crescimento) não podem ver claramente suas necessidades e tampouco podem distinguir de forma apropriada entre eles e o resto do mundo. Em conseqüência, são incapazes de encontrar e manter um equilíbrio adequado entre eles próprios e o resto do mundo. A forma que este desequilíbrio geralmente toma é a pessoa sentir que os limites sociais e ambientais penetram muito fundo dentro dela mesma; a neurose consiste em manobras defensivas destinadas ao equilíbrio e proteção contra este mundo invasor.

Perls sugere que existem quatro mecanismos neuróticos básicos—distúrbios de limites—que impedem o crescimento: introjeção, projeção, confluência e retroflexão. (Na estrutura em cinco camadas da neurose, descrita pouco atrás, estes mecanismos de defesa operam basicamente na segunda e terceira camadas.)

O introjetivo faz como os outros gostariam que ele fizesse, o projetivo faz aos outros aquilo que os acusa de lhe fazerem, o homem em confluência patológica não sabe quem está fazendo o que a quem e o reflexor faz consigo o que gostaria de fazer aos outros.... Como a introjeção se apresenta pelo uso do pronome "eu", quando o significado real é "eles"; como a projeção se apresenta pelo uso dos pronomes "ele", "ela", ou "eles", quando o verdadeiro significado é "eu"; como a confluência se apresenta pelo uso do pronome "nós", quando o significado verdadeiro está em questão; assim a retroflexão se apresenta pelo uso do reflexivo eu mesmo" (Perls, 1973, p. 54 na ed. bras.).

Introjeção. Introjeção ou "engolir tudo" é o mecanismo pelo qual os indivíduos incorporam padrões, atitudes e modos de agir e pensar que não são deles próprios e que não assimilam ou digerem o suficiente para torná-los seus. Um dos efeitos prejudiciais da introjeção é que os indivíduos introjetivos acham muito difícil distinguir entre o que realmente sentem e o que os outros querem que eles sintam—ou simplesmente o que os outros sentem. A introjeção também pode constituir uma força desintegradora da personalidade, uma vez que quando os conceitos e as atitudes engolidos são incompatíveis uns com os outros, os indivíduos introjetivos se tornarão divididos.

Projeção. Outro mecanismo neurótico é a projeção; num certo sentido, é o oposto da introjeção. A projeção é a tendência de responsabilizar os outros pelo que se origina no *self*. Envolve um repúdio de seus próprios impulsos, desejos e comportamentos, colocando fora o que pertence ao *self*.

Confluência. O terceiro mecanismo neurótico é a confluência (patológica)[5]. Na confluência, os indivíduos não experienciam nenhum limite entre eles mesmos e o meio ambiente. A confluência torna impossível um ritmo saudável de contato e de fuga, visto que tanto o primeiro quanto o segundo pressupõem um *outro*. Este mecanismo também impossibilita a tolerância das diferenças entre as pessoas, uma vez que os indivíduos que experienciam a confluência não podem aceitar um senso de limites e, portanto, a diferenciação entre si mesmo e as outras pessoas.

---

[5] Perls nota que a experiência da confluência não é sempre patológica; no entanto, fala aqui da confluência *neurótica*.

Retroflexão. O quarto mecanismo neurótico é a retroflexão. Retroflexão significa literalmente "voltar-se de forma ríspida contra"; indivíduos retroflexores voltam-se contra si mesmos e, ao invés de dirigir suas energias para mudança e manipulação de seu meio ambiente, dirigem essas energias para si próprios. Dividem-se e tornam-se sujeito e objeto de todas suas ações; são o alvo de seu comportamento.

Perls aponta que estes mecanismos raramente operam isolados um do outro, embora as pessoas equilibrem suas tendências neuróticas entre esses quatro mecanismos em variadas proporções. A função crucial que todos esses mecanismos preenchem é a confusão na discriminação de limites. Dada esta confusão de limites, o bem-estar de um indivíduo—definido como a capacidade de ser auto-apoiado e auto-regulado—é seriamente limitado.

A visão de Perls destes quatro mecanismos é básica na maior parte de sua abordagem psicoterapêutica. Por exemplo, Perls considerava a introjeção como sendo central no que ele chamou de luta entre o dominador (*topdog*) e o dominado (*underdog*). O dominador é um pacote de padrões e atitudes introjetados; Perls sugere que enquanto o dominador (ou, de acordo com Freud, o superego) permanece introjetado e não assimilado, as exigências expressas pelo dominador continuarão a ser irracionais e impostas a partir de fora. Perls sugeria que a projeção é crucial na formação e compreensão de sonhos. Sob seu ponto de vista, todas as partes de um sonho são projetadas, fragmentos desapropriados de nós mesmos. Todo sonho contém pelo menos uma situação inacabada que envolve estas partes projetadas. Trabalhar com o sonho é recuperar tais partes e, portanto, completar a gestalt inacabada.

> Prefiro trabalhar especialmente com sonhos. Eu creio que, em sonhos, nós recebemos uma clara mensagem existencial do que está faltando na nossa vida, o que evitamos fazer e viver; e nós temos material de sobra para reassimilar e recuperar as partes alienadas de nós mesmos (Perls, 1969a, pp. 109-110 na ed. bras.).

ESTRUTURA
Corpo

Perls considera a cisão mente/corpo da maioria das psicologias como arbitrária e falaciosa. A atividade mental é simplesmente uma atividade que funciona em nível menos intenso que a atividade física. Assim, nossos corpos são manifestações diretas de quem somos; Perls sugere que pela simples observação de nossos mais aparentes comportamentos físicos—postura, respiração, movimentos—podemos aprender muito sobre nós mesmos.

Relacionamento Social

Perls considera o indivíduo como participante de um campo do qual ele é diferenciado mas inseparável. As funções de contato e fuga são cruciais na determinação da existência de um indivíduo; um aspecto de contato e fuga do meio ambiente inclui o relacionamento com outras pessoas. Na verdade, o sentido de pertinência a um grupo, segundo Perls, é o nosso principal impulso de sobrevivência psicológica. A neurose resulta da rigidez na definição do limite de contato em relação às outras pessoas e de uma inabilidade em encontrar e manter um equilíbrio com eles.

Vontade

Perls acentua muito a importância de estar consciente de suas preferências e ser capaz de agir sobre elas. O conhecimento de suas próprias preferências leva ao conhecimento de suas necessidades; a emergência da necessidade dominante é experienciada como preferência pelo que satisfará a necessidade.

A discussão de Perls sobre preferência está muito próxima do que via de regra se chama de vontade. Ao usar o termo "preferência", Perls está enfatizando a qualidade natural e organísmica da vontade saudável. O "querer" é simplesmente uma das várias atividades mentais; acarreta a limitação de consciência a certas áreas específicas a fim de completar um conjunto de ações dirigidas para a satisfação de algumas necessidades determinadas.

Emoções

Perls considera a emoção como a força que fornece energia a toda ação. Emoções são a expressão de nossa excitação básica, as vias e modos de expressar nossas escolhas, assim como de satisfazer nossas necessidades. A emoção se diferencia de acordo com situações variadas—por exemplo, pelas glândulas supra-renais em raiva e medo ou pelas glândulas sexuais em libido. A excitação emocional mobiliza o sistema muscular. Se a expressão muscular da emoção for bloqueada, criaremos a ansiedade, que é a contenção da excitação. Uma vez ansiosos, tentamos dessensibilizar nossos sistemas sensoriais a fim de reduzir a excitação criada; é nesse ponto que sintomas como frigidez, não-ouvir—o que Perls chama de "furos de nossa personalidade"—se desenvolvem. Essa dessensibilização emocional é a raiz da fuga da conscientização que Perls considera básica na neurose.

> As emoções são a nossa própria vida. . . as emoções são a própria linguagem do organismo; modificam a excitação básica de acordo com a situação que é encontrada (Perls, 1973, p. 37 na ed. bras.).

Intelecto

Perls acreditava que o intelecto foi supervalorizado e superutilizado em nossa sociedade, em particular nas tentativas de compreender a natureza humana. Acreditava profundamente no que chamava de sabedoria do organismo, porém via esta sabedoria como sendo um tipo de intuição baseada mais na emoção que no intelecto, e mais em sistemas naturais do que em conceituais.

> Com uma tomada de consciência complexa, você pode tornar presente a auto-regulação organísmica, pode deixar o organismo dirigir sem interferência, sem interrupções: podemos confiar na sabedoria do organismo. E o contrário disto é toda a patologia da automanipulação, do controle ambiental, que interfere no sutil autocontrole organísmico (Perls, 1969a, p. 34 na ed. bras.).

Perls freqüentemente afirmava que o intelecto foi reduzido a um mecanismo de computação usado para tomar parte numa série de jogos de encaixe. A preocupação em perguntar *por que* as coisas acontecem impede as pessoas de experienciarem *como* elas acontecem; assim, a consciência emocional genuína é bloqueada em função do fornecimento de explicações. Explicar, de acordo com Perls, é propriedade do intelecto e constitui muito menos que compreender.

Perls sentia que a produção verbal, uma expressão do intelecto, é particularmente supervalorizada em nossa cultura; sugere que existem três níveis em tal produção: cocô-de-galinha (bate-papo social), cocô-de-boi (desculpas, racionalizações) e cocô-de-elefante (teorizar, especialmente de modo filosófico e psicológico).

Self

> Em Gestalt-terapia nós escrevemos "self" com s minúsculo, e não S maiúsculo. O S maiúsculo é uma relíquia do tempo em que tínhamos uma alma, ou um ego, ou algo extra, especial; "self" significa apenas "si mesmo": por melhor ou pior que seja, doente ou sadio, e nada mais (Perls, 1969a, p. 110 na ed. bras.).

Perls não tinha nenhum interesse em enaltecer o conceito de *self* a fim de incluir qualquer coisa além do cotidiano, manifestações óbvias de quem nós somos. Somos quem somos; maturidade e saúde psicológica envolvem o sermos capazes de proclamar isto, ao invés de sermos tomados pelo sentimento de que somos quem deveríamos ser ou quem gostaríamos de ser. Nossos autolimites estão constantemente mudando na interação com nossos ambientes. Podemos, dado um certo nível de consciência, confiar em nossa sabedoria organísmica para definir estes limites e dirigir o ritmo de contato e fuga em relação ao meio ambiente.

A noção de *"self"* ou "eu", para Perls, não é estática e objetivável; "eu" é simplesmente um símbolo para uma função de identificação. O "eu" identifica-se com qualquer que seja a experiência emergente da figura em primeiro plano; todos os aspectos do organismo saudável (sensorial, motor, psicológico e assim por diante) identificam-se temporariamente com a gestalt emergente, e a experiência do "eu" é essa totalidade de identificações. Função e estrutura, como já vimos antes, são idênticas.

Terapeuta

Perls sugere que o terapeuta é, basicamente, uma tela de projeção na qual o paciente vê seu próprio potencial ausente; a tarefa da terapia é a recuperação deste potencial do paciente. O terapeuta é sobretudo um habilidoso frustrador. Embora dê satisfação ao paciente dando-lhe atenção e aceitação, o terapeuta frustra-o recusando-se a dar-lhe o apoio de que carece. O terapeuta age como um catalisador que ajuda o paciente a passar pelos pontos da "fuga" e do impasse; o principal instrumento catalisador do terapeuta consiste em ajudar o paciente a perceber *como* ele ou ela constantemente se interrompe, evita a conscientização, desempenha papéis e assim por diante. (As projeções que estão envolvidas na relação do paciente com o terapeuta fornecem um aspecto bastante significativo da fuga daquele, mas, como mencionamos anteriormente, outros aspectos além dos elementos transferenciais da relação paciente-terapeuta também são considerados importantes.).

Finalmente, o terapeuta é humano e seu encontro com o paciente envolve o encontro de dois indivíduos, o que inclui mas também vai além do encontro definido de papéis terapeuta/paciente.

Perls acreditava que a terapia individual era obsoleta, tanto ineficiente quanto via de regra ineficaz. Sugeria que o trabalho em grupos tinha muito mais a oferecer, quer o trabalho envolva explicitamente o grupo inteiro, quer assuma a forma de uma interação entre o terapeuta e um indivíduo dentro do grupo. Sugeria que o grupo pode ser extremamente valioso ao fornecer uma situação de mundo microcósmica na qual as pessoas podem explorar suas atitudes e comportamentos uns em relação aos outros. O apoio do grupo na "emergência segura" da situação terapêutica também pode ser bastante útil ao indivíduo, assim como a identificação com os conflitos de outros membros e sua resolução dos mesmos.

Quando trabalho não sou Fritz Perls. Torno-me nada—coisa nenhuma, um catalisador, e eu gosto de meu trabalho. Esqueço de mim mesmo e mergulho no seu problema. E, uma vez que nós tenhamos terminado, retorno à platéia, a *prima donna* que exige uma apreciação. Eu posso trabalhar com qualquer pessoa. Não posso trabalhar com sucesso com todo mundo. . . . Neste curto fim-de-semana eu não os tocarei se vocês estiverem profundamente perturbados. Eu os provocaria mais do que vocês poderiam agüentar (Perls, 1969b, pp. 228-229).

AVALIAÇÃO

A Gestalt-terapia é sobretudo uma síntese de abordagens que visa a compreensão da psicologia e comportamento humanos. Isto não lhe tira a originalidade ou utilidade; em termos gestálticos, a originalidade e utilidade repousam na natureza do todo e não na derivação das partes.

Enquanto síntese, a Gestalt-terapia incorporou de forma útil muito da psicologia existencial e psicanalítica, assim como fragmentos e partes do behaviorismo (a ênfase no comportamento e no óbvio), psicodrama (a representação de conflitos), psicoterapia de grupo (trabalho em grupos) e Zen-budismo (mínimo de intelectualização e enfoque na consciência do presente). O espírito da Gestalt-terapia é humanista e orientado para o crescimento, o que, juntamente com as associações de Perls com o Instituto Esalen, tornou a Gestalt-terapia uma força importante no movimento do potencial humano. A natureza coloquial e de senso comum da literatura sobre Gestalt-terapia, assim como as atitudes de muitos terapeutas da Gestalt, começam a contribuir para uma desmistificação da psicoterapia, que muitos consideram bem-vinda.

Como mencionamos no início deste capítulo, o trabalho de Perls concentrou-se mais explicitamente em torno da prática da psicoterapia do que em uma teoria da personalidade. Não é de surpreender que isto faça com que haja certas falhas na tentativa de extrapolar uma teoria coerente de seu trabalho. Porém, o fato em si é consistente com sua visão da utilidade da teoria enquanto teoria. Se a atitude e a experiência que constituem a abordagem gestáltica ajustam-se basicamente às nossas próprias atitudes e experiências, ela então nos oferece muito no campo da expansão de nossa própria consciência.

É claro que existem perigos nesta abordagem aleatória. Alguns deles são visíveis em muitas das aplicações usuais da Gestalt-terapia. A abordagem, quando aplicada numa situação terapêutica, torna-se facilmente mágica, simplista, redutiva, ou simplesmente uma imitação do estilo pessoal particular de Perls.

> A maioria das pessoas acha que explicação é a mesma coisa que compreensão. Aí existe uma grande diferença. Como agora, eu posso explicar muita coisa a vocês. Posso dar-lhes uma porção de sentenças que os ajudarão a construir um modelo intelectual de como nós funcionamos. Talvez alguns de vocês sintam a coincidência destas sentenças e explicações com a sua vida real, e isto é compreensão. Neste momento posso apenas hipnotizá-los, persuadi-los e fazê-los crer que estou certo. Vocês não sabem. Eu estaria apenas pregando alguma coisa. Vocês não aprenderiam a partir de minhas palavras. Aprendizagem é descoberta. . . . E eu espero poder ajudá-los a aprender a descobrirem alguma coisa sobre si mesmos (Perls, 1969a, p. 46 na ed. bras.).

Um aspecto da Gestalt-terapia que suscitou críticas consideráveis refere-se às implicações da abordagem gestáltica de Perls em termos sociais e políticos. A idéia da capacidade de fazer escolhas, de assumir a responsabilidade pela própria vida, de tornar-se um indivíduo "auto-apoiado e auto-regulado" tem como premissa uma relativa liberdade, em termos de restrições sociais, o que é certamente inacessível para muitas pessoas. Críticas similares foram feitas a respeito do uso das técnicas gestálticas com indivíduos psicóticos; a Gestalt-terapia pressupõe uma substancial capacidade de se responsabilizar pelas próprias escolhas, e o próprio Perls questionava a conveniência de se usar Gestalt-terapia com psicóticos.

A Gestalt-terapia desenvolveu-se em reação ao que Perls considerava uma tendência crescente de rigidez e dogmatismo na Psicologia, particularmente na Psicologia Psicanalítica. Uma importante questão avaliativa que deve ser levantada a respeito da abordagem gestáltica (ou de qualquer outra) é a seguinte: tendo obtido certa popularidade no pensamento psicológico, com que facilidade se instalará nos mesmos tipos de rigidez e dogmatismo contra os quais Perls se rebelava? É certo que a facilidade com que a abordagem gestáltica é traduzida em séries de truques psicoterapêuticos e em curas psicoterapêuticas aparentemente instantâneas não ajuda a mantê-la como um propósito vital e sério, o que Perls pretendia. No entanto, colocados de lado tais problemas na aplicação da abordagem gestáltica, Perls contribuiu de forma significativa para uma psicologia holística do organismo humano e para a psicologia da consciência humana.

A TEORIA EM PRIMEIRA MÃO

Esta é a introdução da *Gestalt-Terapia Explicada*. É um exemplo direto e condensado do modo como Fritz Perls apresentava seu ponto de vista.

> Desejo falar sobre o desenvolvimento atual da psicologia humanista. Levamos bastante tempo para desmascarar todo o logro freudiano, e agora estamos entrando numa fase nova e perigosa. Estamos entrando na fase das terapias "estimulan-

tes"*, "ligando-nos" em cura instantânea, em consciência sensorial instantânea. Estamos entrando na fase dos homens charlatães e de pouca confiança, que pensam que se vocês obtiverem alguma quebra de resistência, estarão curados, sem considerar qualquer necessidade de crescimento, sem considerar o potencial real, sem considerar o gênio inato em todos vocês. Se isto estiver se tornando moda, será tão perigoso para a psicologia quanto deitar num divã durante um ano, uma década, um século. Pelo menos, os danos que sofremos com a psicanálise têm pouca influência sobre o paciente, a não ser por deixarem-no cada vez mais morto. Isto não é tão prejudicial quanto a coisa super-super-rápida. Os psicanalistas pelo menos tinham boa vontade. Devo dizer que estou *muito* preocupado com o que está acontecendo atualmente.

Uma das objeções que tenho contra qualquer pessoa que se diga um gestalt-terapeuta é quanto ao uso da técnica. Uma técnica é um truque. Um truque deve ser usado apenas em casos extremos. Existem muitas pessoas colecionando truques e mais truques, abusando deles. Estas técnicas, estes instrumentos são bastante úteis em seminários de consciência sensorial ou alegria, para dar a idéia de que ainda se está vivo, e que o mito de que o americano é um cadáver não é verdade, que ele *pode* estar vivo. Mas, o triste fato é que esta energetização freqüentemente se torna uma perigosa atividade substitutiva, uma outra falsa terapia que *impede* o crescimento.

Agora, o problema não é tanto em relação às "terapias estimulantes", mas em relação a toda cultura americana. Nós demos um giro de cento e oitenta graus, do puritanismo e moralismo até o hedonismo.** De repente, tudo tem que ser diversão e prazer, e qualquer envolvimento sincero, qualquer *estar aqui* real, é desencorajado.

Mil flores de plástico
Não fazem um deserto florescer
Mil rostos vazios
Não podem uma sala vazia preencher

Na Gestalt-terapia trabalhamos por algo mais. Estamos aqui para promover o processo de crescimento e desenvolver o potencial humano. Nós não falamos de alegria instantânea, de consciência sensorial instantânea, de cura instantânea. O processo de crescimento é um processo demorado. Não podemos apenas estalar os dedos e dizer: "Venha, vamos ser felizes! Vamos lá!" Se você quiser, pode conseguir isto com LSD, acelerando tudo, mas isso não tem nada a ver com o trabalho sincero da abordagem psiquiátrica que eu chamo Gestalt-terapia. Na terapia, não temos apenas que superar o desempenho de papéis. Temos também que preencher os buracos da personalidade, para torná-la novamente inteira e completa. E outra vez, da mesma forma que antes, isto não pode ser feito por meio de "terapias estimulantes". Na Gestalt-terapia temos uma forma melhor, mas que não é nenhum atalho mágico. Você não precisa se deitar num divã ou ficar "zendo" durante vinte ou trinta anos, mas tem que se empenhar na terapia; e crescer leva tempo.

Os "condicionadores" também partem de um falso pressuposto. Sua premissa básica de que o comportamento é "lei" não passa de um amontoado de mentiras, ou seja, nós aprendemos a respirar, a comer, aprendemos a andar. "A vida nada mais é do que as condições nas quais ela tem origem." *Se,* na reorganização behaviorista do nosso comportamento, obtivermos uma modificação em termos de uma maior auto-aceitação, e jogarmos fora todos os papéis sociais artificiais que aprendemos, então estou do lado dos behavioristas. O empecilho parece ser a an-

---

* N.T.: "Estimulantes"—*turning-onners*. *Turn-on*: expressão em gíria americana, que se refere ao estado em que se fica após ingerir alguma droga (maconha, estimulantes, alucinógenos etc.). Em gíria brasileira corresponderia a expressões como "ficar ligado", "de barato", "muito doido" etc. Uma vez que, em Português, estas expressões são menos difundidas entre o público em geral, conservamos a alternativa mais formal: estimulantes.

***Hedonismo:* crença no fato de o prazer ser o principal bem do homem.

siedade. Sempre a ansiedade. É claro que se fica ansioso se é preciso aprender uma nova forma de comportamento, e os psiquiatras têm medo da ansiedade. Eles não sabem o que é ansiedade. A ansiedade é a excitação, o *élan vital* que carregamos conosco, e que se torna estagnado se estamos incertos quanto ao papel que devemos desempenhar. Se não sabemos se vamos receber aplausos ou vaias, nós hesitamos; então o coração começa a disparar, e toda a excitação não consegue fluir para a atividade, e temos "medo de palco". Assim, a fórmula da ansiedade é muito simples: a ansiedade é o vácuo entre o *agora* e o *depois*. Se você estiver no agora não pode estar ansioso, porque a excitação flui imediatamente em atividade espontânea. Se você estiver no agora, você será criativo, inventivo. Se seus sentidos estiverem preparados, e seus olhos e ouvidos abertos, como em toda criança pequena, você achará a solução.

Uma liberação para a espontaneidade, para a aceitação da personalidade total— sim, sim, sim. A pseudo-espontaneidade dos estimulantes à medida que se tornam hedonistas—apenas o "vamos fazer alguma coisa, vamos tomar LSD, vamos ter alegria instantânea, consciência sensorial instantânea"—*não*. Assim, entre o Cila do condicionamento e o Caribdis das terapias estimulantes existe alguma coisa: uma pessoa que é real, uma pessoa que se assume.

Como vocês sabem, existe uma rebelião nos Estados Unidos. Nós descobrimos que produzir coisas, viver para coisas e trocar coisas não é o sentido fundamental da vida. Descobrimos que o sentido da vida é que ela deve ser vivida e não comercializada, conceituada e restrita a um modelo de sistemas. Achamos que a manipulação e o controle não constituem a alegria fundamental de viver.

Mas devemos também compreender que até agora temos apenas uma rebelião. Ainda não temos uma revolução. Ainda falta muita coisa. Existe uma disputa entre o fascismo e o humanismo. Neste momento, parece-me que a disputa está quase perdida para os fascistas. E que os selvagens hedonistas, os estimulantes não- -realistas e apressados nada têm a ver com o humanismo. É um protesto, uma rebeldia que é boa como tal, mas que não representa um objetivo. Eu tenho tido muito contato com jovens da nossa geração que estão desesperados. Eles vêem o militarismo e a bomba atômica por trás de tudo. Eles querem obter alguma coisa da vida. Querem tornar-se reais e existir. Se existe alguma chance de interromper a ascensão e queda dos Estados Unidos, cabe à nossa juventude aproveitá-la, e cabe a você apoiar essa juventude. Para conseguir isto existe apenas um caminho: tornar-se real, aprender a assumir uma posição, desenvolver seu centro, compreender a base do existencialismo: uma rosa é uma rosa é uma rosa. Eu sou o que sou, e neste momento não posso ser diferente do que sou. É isto que trata este livro. Dou-lhes a oração da Gestalt, talvez como uma diretriz. A oração da Gestalt-terapia é:

Eu faço minhas coisas, você faz as suas
Não estou neste mundo para viver de acordo com suas expectativas
E você não está neste mundo para viver de acordo com as minhas.
Você é você, e eu sou eu
E se por acaso nos encontramos, é lindo
Se não, nada há a fazer.

(Perls, 1976, pp. 13–17.)

EXERCÍCIOS

Continuum de Consciência

Ao discutir o conceito de Perls de conscientização, mencionamos seu uso de *continuum de consciência* como um meio de encorajar a autoconsciência ou consciência de si. Paradoxalmente, o continuum de consciência é um exercício que requer uma imensa disciplina em sua prática, embora tenha como objetivo o desenvolvimento da espontaneidade. A noção subjacente ao continuum de consciência é que a espontaneidade e a autoconsciência dependem de uma real compreensão do significado das palavras "como" e "agora". Trabalha sobre o princípio gestáltico de que, dada a capacidade do indivíduo de manter uma consciência contínua de sua própria experiência, a situação inacabada mais importante (a necessidade dominante) sempre emergirá para ser trabalhada.

As instruções são simples: apenas tenha consciência, a cada segundo, do que você está experienciando–*como* você experiencia sua existência *agora*. Observe o progresso de sua consciência. Quando é que você se interrompe com planos, ensaios, fantasias, recordações? Você avalia ao invés de permitir a pura conscientização? Como é a disciplina da conscientização? *Preste atenção especial aos modos pelos quais você sabota seus próprios esforços em sustentar a conscientização;* são esses os modos pelos quais você via de regra se impede de contatar plenamente com o mundo e com sua própria experiência.

Você também pode tentar prolongar e ficar em contato com o momento em que você quer evitar a conscientização contínua. Você pode sentir o que está evitando? Emerge uma situação em que você se sente incompleto?

A tentativa, neste exercício, é intensificar sua capacidade de experienciar, desenvolvendo a capacidade para a experiência plena do que é. A suposição é de que, *prestando atenção* à nossa experiência, a cada momento, podemos nos aproveitar do que necessitamos para viver uma vida plenamente satisfatória e significativa.

Trabalho com Sonhos

Perls sugere que sonhos são mensagens existenciais que podem nos ajudar a compreender quais as situações inacabadas que carregamos conosco, o que nos falta em nossas vidas, o que evitamos fazer e como evitamos e nos desapropriamos de partes nossas. Ele descreve as oportunidades de crescimento através do trabalho com sonhos desta forma:

> Em Gestalt-terapia nós não interpretamos sonhos. Fazemos com eles algo muito mais interessante. E em vez de analisar e contar o sonho, nós queremos trazê-lo de volta à vida. E o jeito de trazê-lo à vida é reviver o sonho como se ele estivesse ocorrendo agora. Em vez de contar o sonho como uma estória do passado, encene-o no presente, de modo que ele se torne parte de você, de modo que você realmente se envolva.
>
> Se você compreender o que pode fazer com os sonhos, poderá fazer muita coisa por você mesmo, sozinho. Pegue um velho sonho ou fragmento de sonho, não importa. Enquanto você ainda se lembra dele, ele ainda está vivo e é acessível, e ainda contém uma situação inacabada, não assimilada. Quando trabalhamos com sonhos, geralmente pegamos apenas um pedaço do sonho, porque se pode tirar muito de cada pedacinho.
>
> Assim, se você quiser trabalhar sozinho, eu sugiro que você escreva o sonho e faça uma lista de *todos* os detalhes. Ponha cada pessoa, cada coisa, cada sensação, e trabalhe com elas para *se tornar* cada uma delas. Envolva-se, e procure realmente transformar-se em cada um dos diferentes itens. *Torne-se* mesmo esta coisa–seja lá o que for–*torne-se* a coisa. Use sua magia. Transforme-se naquele sapo feio, ou no que lá estiver–a coisa morta, a coisa viva, o demônio, e pare de pensar. Cada pedacinho é uma peça de um quebra-cabeças, e, juntos, todos os pedacinhos formarão um todo maior, mais forte, mais feliz, uma personalidade mais completamente *real*.
>
> Em seguida, pegue cada um destes diferentes itens, personagens e partes, e faça com que eles se encontrem. Escreva um roteiro. Quando digo "escreva um roteiro" quero dizer faça com que as partes opostas mantenham um diálogo, e você

descobrirá (especialmente se pegar os opostos certos) que eles sempre acabam brigando entre si. Todas as diferentes partes, de qualquer parte do sonho, são você mesmo, uma projeção de você, e se existem lados inconsistentes, lados contraditórios, e você os utiliza para se combaterem mutuamente, você tem sempre o eterno jogo do conflito, o jogo da autotortura. À medida que o processo de encontro se desenvolve, há um aprendizado mútuo até chegarmos a uma compreensão e apreciação das diferenças, até chegarmos à unidade e integração das forças opostas. Então, a guerra civil terá terminado, e as energias estarão prontas para as batalhas com o mundo.

Cada bocadinho de trabalho que você fizer significará um pouco de assimilação de algo. Em princípio, você pode passar por toda a cura—vamos chamá-la de cura ou maturação—se tiver feito esta única coisa com um sonho. Tudo está aí. Os sonhos se modificam, mudam de forma, mas quando você começa deste jeito, você descobre que cada vez aparecem mais sonhos e que a mensagem existencial se torna cada vez mais clara.

De agora em diante, portanto, eu gostaria de colocar a ênfase sobre o trabalho com sonhos. Nós encontramos tudo que precisamos no sonho, na periferia do sonho, no ambiente do sonho. A dificuldade existencial, a parte da personalidade que está faltando, tudo está aí. É uma espécie de ataque central, bem no meio da sua não-existência.

O sonho é uma excelente oportunidade de descobrir os furos da personalidade. Eles aparecem como vazios, espaços em branco, e quando se chega à vizinhança de tais buracos, fica-se confuso ou nervoso. Há uma experiência apavorante, a expectativa: "Se eu me aproximar haverá uma catástrofe. Eu serei *nada*". Eu já falei um pouco sobre a filosofia do nada. Este é o impasse, quando você evita, quando você vira fóbico. De repente você fica com sono, ou se lembra de alguma coisa muito importante que precisa fazer. Assim, se você trabalhar com sonhos é melhor trabalhar junto com outra pessoa, que pode indicar quando você está evitando. Compreender o sonho significa perceber quando você está evitando o óbvio. O único perigo é que esta outra pessoa poderia vir muito depressa em seu socorro, e lhe dizer o que está se passando dentro de você, em vez de lhe dar a chance de descobrir por si só.

E se você descobre o significado, cada vez que se identifica com um pedacinho do sonho, cada vez que você transforma um *isso* em *eu*, você aumenta a sua vitalidade e o seu potencial.

(Perls, 1976, pp. 101–103.)

Exemplo de Trabalho com Sonho

Linda: Eu sonhei que estou olhando. . . um lago. . . que está secando, e no meio há uma pequena ilha, e um círculo de. . . botos. . . são como botos, só que podem ficar em pé; então são como botos que são como pessoas, e estão num círculo, uma espécie de cerimônia religiosa; e é muito triste. . . eu me sinto triste porque eles conseguem respirar, eles estão dançando em torno do círculo, mas a água, o elemento deles, está secando. Então, é como morrer. . . como ver uma raça de gente, uma raça de criaturas, morrendo. E a maioria são fêmeas, mas alguns têm um pequeno órgão masculino, então há alguns machos, mas eles não vão viver o suficiente para se reproduzir, e o seu elemento está secando. E um deles está sentado aqui ao meu lado e eu estou falando com este boto, e ele tem espinhos na barriga, uma espécie de porco-espinho, e os espinhos não parecem fazer parte dele. Eu acho que há uma coisa boa nessa água secando, eu penso. . . bem, pelo menos quando a água secar, no fundo provavelmente haverá algum tesouro, porque no fundo do lago deve haver coisas que caíram, como moedas ou coisas assim; mas eu olho com cuidado e tudo que consigo encontrar é uma placa de carro velha. . . Este é o sonho.

Fritz: Por favor, seja a placa de carro.
L: Eu sou uma placa de carro velha, jogada no fundo do lago. Eu não sirvo para nada porque não tenho valor—mesmo que eu não esteja estragada— eu já estou vencida, e então não posso ser usada como placa de carro... e eu estou simplesmente jogada num monte de lixo. Foi isto que eu fiz com uma placa de carro, joguei-a num monte de lixo.
F: Bem, e como você se sente com relação a isto?
L: (Baixinho.) Não gosto. Não gosto de ser uma placa de carro... é inútil.
F: Fale sobre isto. Foi um sonho tão comprido até você chegar a encontrar a placa; estou certo que ela deve ter muita importância.
L: (Suspiros.) Inútil. Vencida.... A utilidade de uma placa de carro é permitir... dar permissão para um carro... e eu não dou permissão a ninguém porque estou vencida.... Na Califórnia, eles só colam... a gente compra um rótulo... e gruda no carro, em cima da placa velha. (Pálida tentativa de humor.) Então talvez alguém pudesse me colocar no carro, e grudar o rótulo em mim, não sei....*
F: Muito bem. Agora seja o lago.
L: Eu sou um lago... eu estou secando, e desaparecendo, sendo absorvido pela terra... (com um toque de surpresa) *morrendo*.... Mas, quando eu penetro na terra, viro parte dela... então talvez eu molhe a área que está em volta, então... mesmo no lago, mesmo no meu leito, podem crescer flores (suspiros).... Pode crescer uma vida nova... de mim (chora)....
F: Você captou a mensagem existencial?
L: Sim. (Triste, mas com convicção.) Eu posso pintar... eu posso criar... eu posso criar beleza. Eu não posso mais reproduzir, eu sou como o boto... mas eu... eu estou... eu... continuo querendo dizer que eu sou *alimento*... eu... como a água se torna... eu molho a terra, e dou vida... coisas que crescem, a água... precisam tanto da terra quanto da água, e o... e o ar e o sol, mas assim como a água do lago, eu posso participar em alguma coisa, e produzir... alimentar.
F: Veja o contraste: Na superfície você acha algo artificial—uma placa de carro, você artificial—mas quando você chega mais fundo, você descobre que a morte aparente do lago, na verdade, é fertilidade....
L: E eu não preciso de uma placa, de permissão, de uma licença para...
F: (Delicadeza.) A natureza não precisa de uma placa para crescer. Você não será inútil, se conseguir criar organismicamente, o que significa, se você se envolver.
L: E eu não preciso de licença para ser criativa.... Obrigada.

(Perls, 1976, pp. 116–118.)

BIBLIOGRAFIA COMENTADA

Perls, Frederick S., 1947. *Ego, Hunger and Aggression.* New York: Random House. É o trabalho mais intelectualmente orientado de Perls, explica em detalhes a teoria da Gestalt-terapia em seu desenvolvimento a partir da psicanálise e da psicologia da Forma.

_____, 1973. *A Abordagem Gestáltica; Testemunha Ocular da Terapia.* Rio de Janeiro, Zahar Editores, 1977. Os últimos manuscritos de Perls, publicados em conjunto e postumamente. *A Abordagem Gestáltica* oferece uma exposição teórica excelente e de agradável leitura da Gestalt-terapia, enquanto que *Testemunha Ocular da Terapia* inclui os registros de uma série de filmes de sessões terapêuticas, que Perls planejou para usar como material de ensino.

---

* N.T.: A tentativa de humor se refere a um trocadilho intraduzível. Em inglês, o verbo *to stick* quer dizer enfiar, colocar, apegar; *sticker* é algo que se coloca, um rótulo adesivo, por exemplo; mas também quer dizer algo que se enfia, que se coloca dentro. A frase assume então um duplo sentido, com uma conotação nitidamente sexual, mas que não se faz presente na tradução.

_____, 1969a. *Gestalt Terapia Explicada*. São Paulo, Summus Editorial Ltda., 1976. Outra (além de *A Abordagem Gestáltica* acima) realmente excelente discussão da base da Gestalt-terapia, incluindo registros de sessões de terapia.

_____, 1969b. *In and Out The Garbage Pail*. Lafayette, Calif.: The Real People Press. Autobiografia de Perls, cheia de anedotas e escrita num estilo casual e humorístico: uma experiência em escritos de Gestalt, que descreve as origens e o desenvolvimento da Gestalt-terapia.

_____, 1969b. *Dentro e Fora da Lata de Lixo*, a ser publicado pela Summus Editorial Ltda., São Paulo.

Fagan, Joen e Shepherd, Irma, orgs. 1970. *Gestalt Therapy Now*. Palo Alto, Calif.: Science and Behavior Books. Inclui textos de um certo número de terapeutas da Gestalt além de várias das conferências de Fritz Perls. Oferece uma interessante seleção de pontos de vista referentes à teoria, técnicas e aplicações da Gestalt--terapia.

Naranjo, Claudio, 1973. *The Techniques of Gestalt Therapy,* Berkeley, Calif.: The SAT Press. Três breves trabalhos sobre Gestalt-terapia que oferecem excelentes contribuições teóricas e uma discussão da Gestalt-terapia a partir de um ponto de vista um pouco afastado da posição de Perls; Naranjo explora particularmente o uso de técnicas supressivas e expressivas na Gestalt-terapia.

REFERÊNCIAS

Fagen, Joen, e Irma Shepherd, orgs., 1970. *Gestalt Therapy Now.* Palo Alto, Calif.: Science and Behavior Books.

Khayaam, Omar., 1968. *The Original Rubaiyat of Omar Khayaam.* Traduzido por Robert Graves e Omar Ali-Shah. New York: Doubleday.

Naranjo, Claudio, 1973. *The Techniques of Gestalt Therapy.* Berkeley, Calif.: SAT Press.

Perls, Frederick S., 1947. *Ego, Hunger and Aggression.* New York: Random House.

_____, 1967. "Terapia de Grupo versus Terapia Individual", in *Isto é Gestalt,* John O. Stevens. São Paulo, Summus Editorial Ltda., 1977.

_____, 1969a. *Gestalt Terapia Explicada.* São Paulo, Summus Editorial Ltda., 1976.

_____, 1969b. *In and Out of the Garbage Pail.* Lafayette, Calif.: The Real People Press.

_____, 1973. *A Abordagem Gestáltica; Testemunha Ocular da Terapia.* Rio de Janeiro, Zahar Editores, 1977.

Perls, F.S.; Hefferline, R.F.; e Goodman, Paul, 1951. *Gestalt Therapy.* New York: Dell.

CAPÍTULO 6

WILLIAM JAMES E A PSICOLOGIA DA CONSCIÊNCIA

WILLIAM JAMES

William James é uma figura proeminente na história do pensamento norte-americano—sem dúvida, o psicólogo mais notável que este país produziu. Sua descrição da vida mental é fiel, vital, sutil. Em entusiasmo não há ninguém que se compare a ele (Allport, 1961, p. XIII).

A psicologia de William James (1842-1910) está emergindo de um período de relativa obscuridade. Apenas recentemente seus principais trabalhos foram reeditados e suas teorias reavaliadas. Seu interesse por experiências interiores saiu de moda, à medida que a Psicologia se envolveu com as descobertas da Psicanálise e do Behaviorismo. Além disso, a fixação crescente em dados objetivos deixou pouco espaço para as brilhantes e incisivas especulações da filosofia de James.

Atualmente estamos em meio a uma nova onda de pesquisas sobre a natureza da consciência. Os pesquisadores interessados nas implicações de estados alterados de consciência, em fenômenos paranormais e em estados intuitivos e místicos estão se voltando novamente para James, que investigou essas áreas.

Os trabalhos de James são livres dos argumentos que dividem geralmente os teóricos da Psicologia. Ele reconheceu que eram necessários diferentes modelos para investigar diferentes tipos de dados e estava mais interessado na classificação dos resultados do que no desenvolvimento de uma única abordagem unificada. As filosofias de James precederam o desenvolvimento do campo da Psicologia; ele antecipou o Behaviorismo de Skinner, a Psicologia Existencial, a teoria da Gestalt e o conceito de si mesmo rogeriano.

James declarava-se um psicólogo "moral", termo que foi quase abolido do nosso vocabulário moderno. Estava totalmente consciente de que nenhum pesquisador pode ser verdadeiramente objetivo. Procurava lembrar a outros professores que suas ações sempre tinham implicações éticas e morais: se seus alunos acreditam naquilo que lhes ensina e agem segundo essa convicção, seu ensino tem conseqüências reais. O próprio James responsabilizava-se totalmente por suas ações e lutava de forma apaixonada pelo lado que defendia. "Eu não posso afastar o mal da minha vista e atenuá-lo tal como tantos homens parecem fazer. O mal é tão real quanto o bem, e, se for repudiado, o bem também o deve ser. Precisa ser aceito, odiado e combatido, enquanto houver vida em nossos corpos" (James, 1926, I, p. 158).

James não era nem um fenomenólogo nem um existencialista... falar dele como um pragmatista também é inadequado. Ele era um gênio à sua maneira, que forneceu uma perspectiva e um contexto inteiramente originais em suas implicações (McDermott, 1967, p. XI).

Seus principais trabalhos: *The Principles of Psychology, The Varieties of Religious Experience* e *Pragmatism,* continuam a ser lidos. As questões que ele colocou em grande parte ainda não foram respondidas mas estão cada vez mais no centro das controvérsias correntes em Psicologia e Filosofia.

HISTÓRIA PESSOAL

William James nasceu numa família rica da Nova Inglaterra, em 11 de janeiro de 1842. Em sua infância, viajou com seus pais para Newport, Nova Iorque, Paris, Londres, Genebra, Bolonha e Bonn. Ele estudou pintura por um ano, depois do que se interessou por Ciência. Entrou em Harvard, inseguro quanto a área a seguir. Inicialmente estudou Química e depois Anatomia Comparada. Em 1863, transferiu-se para a Escola de Medicina. Em 1865, obteve permissão para ausentar-se, a fim de acompanhar o naturalista Louis Agassiz numa expedição para a Bacia Amazônica. Os riscos e o desconforto da viagem convenceram James de que ele seria mais feliz pensando e escrevendo sobre Ciência, do que engajando-se ativamente numa exploração científica.

Minha vida foi um erro.... Felizmente estou convencido agora de que estou desligado de uma vida especulativa, mais do que de uma vida ativa.... Tinha dúvidas quanto a este efeito antes de começar, mas estava tão cheio de entusiasmo e o romance da coisa me parecia tão grande que eu as reprimi. Agora, com os pés no chão, o romance desaparece e as dúvidas vêm à tona (James, 1926, I, pp. 61-63).

Retornou a Harvard por mais um ano e partiu novamente para estudar na Alemanha, voltou e afinal recebeu seu diploma de médico em 1869. Após sua graduação entrou numa longa e pronunciada depressão. Sentia-se impressível e por várias vezes pensou em suicídio. Um incidente acontecido durante este período teve efeitos profundos e duradouros. Ele relatou-o anos depois:

Enquanto estava neste estado de pessimismo filosófico e depressão geral a respeito de minhas possibilidades, fui certa tarde, durante o crepúsculo, a um quarto de vestir para procurar um artigo que estava lá; subitamente assaltou-me, sem qualquer aviso, como se estivesse saindo da escuridão, um medo terrível de minha própria existência. Ao mesmo tempo emergiu em minha mente a imagem de um paciente epiléptico que eu havia visto no asilo, um jovem de cabelos pretos com a pele esverdeada, completamente idiota, que costumava ficar sentado durante todo o dia em um dos bancos, ou melhor, prateleiras penduradas na parede, com os joelhos dobrados contra o queixo e a grosseira camiseta cinzenta, que era sua única vestimenta, esticada sobre eles, envolvendo toda sua figura. Ele se sentava lá como uma espécie de gato egípcio esculpido, ou múmia peruana, movendo apenas e nada mais que seus olhos pretos, e parecendo absolutamente não-humano. Esta imagem e meu medo entraram numa espécie de combinação mútua. *Esta forma sou eu*, sentia potencialmente. Nada do que eu possua pode me defender contra este destino, se esta hora tivesse que chegar para mim assim como chegou para ele. Eu tinha um tal horror dele,... era como se algo, até agora sólido dentro de meu peito, tivesse se rompido por completo, tendo eu me tornado uma massa trêmula de medo. Depois disso, todo o Universo mudou para mim. Eu acordava, manhã após manhã, com um horrível pavor no buraco do estômago, e com um sentimento de insegurança sobre a vida que eu nunca antes conhecera e que nunca senti desde então.... Gradualmente isto desapareceu, mas por meses eu permaneci incapaz de sair no escuro sozinho.

Em geral eu tinha pavor de ser deixado sozinho. Eu me lembro de haver me perguntado como as outras pessoas podiam viver e como eu mesmo já havia vivido tão inconsciente daquele abismo de insegurança abaixo da superfície da vida. Minha mãe em particular, uma pessoa muito alegre, parecia-me um perfeito paradoxo em sua inconsciência do perigo, o que eu, como vocês podem imaginar, cuidava para não perturbar através de revelações do meu próprio estado de espírito (James, 1958, pp. 135-136).

Seu diário e suas cartas registram os passos de sua recuperação:

1º de fevereiro de 1870 – Hoje eu cheguei mais ou menos ao fundo e percebo plenamente que preciso encarar a escolha com olhos abertos: devo *francamente* atirar fora as questões morais como incompatíveis com as minhas aptidões inatas, ou devo segui-las, e apenas a elas, fazendo de todo o resto mera substância para elas? Darei à última alternativa uma chance igual (em Perry, 1935, I, p. 132).

A depressão continuou, entretanto, até 30 de abril de 1870, quando James lhe pôs um fim consciente e proposital. Decidiu acreditar na vontade livre. "Meu primeiro ato de vontade livre deverá ser acreditar nela. No restante do ano,... voluntariamente cultivarei o sentimento de liberdade moral..." (James, 1926, I, p. 147).

Após sua recuperação, James assumiu o cargo de professor em Harvard. Lecionou primeiro no departamento de Fisiologia e Anatomia; muitos anos mais tarde, lecionou nos primeiros cursos de Psicologia e, ainda mais tarde, lecionou Psicologia e Filosofia no departamento de Filosofia. Mais ou menos em 1878 ele começou a trabalhar em seu livro-texto, *The Principles of Psychology*, publicado em 1890. O estilo pitoresco, assim como seu interesse por questões morais e práticas, fizeram dele um conferencista popular. Duas coleções de palestras *The Will to Believe and Other Popular Essays* (1896) e *Talks to Teachers* (1899), promoveram sua reputação nacional crescente. Em 1902, ele publicou uma série de conferências intitulada *The Varieties of Religious Experience*. Na última década de sua vida ele escreveu e fez conferências sobre o Pragmatismo, movimento filosófico fundado por James que propunha que o significado poderia ser avaliado por sua utilidade e que a verdade poderia ser testada pelas consequências práticas de se acreditar nela.

Após lecionar por um semestre na Universidade de Stanford (interrompido pelo grande terremoto de 1906), ele voltou para o leste, aposentando-se de Harvard, e continuou a escrever e a fazer conferências até sua morte, em 1910.

Ele foi o terceiro presidente da Associação Norte-Americana de Psicologia (1894-1895) e lutou ativamente pelo estabelecimento das disciplinas de Psicologia como um departamento independente da Neurologia e da Filosofia. Sua definição de Psicologia, "descrição e explanação sobre estados de consciência como tais" (1892, p. 1), está estimulando, hoje em dia, uma nova geração de estudantes e pesquisadores.

ANTECEDENTES INTELECTUAIS

Racionalistas e pragmatistas convictos nunca converterão um ao outro. Nós sempre os veremos como ameaçadores e eles nos verão como desprezíveis—ambos irredimíveis!... por que simplesmente não nos expressamos de forma positiva e confiamos em que a opinião mais verdadeira substituirá tranqüilamente a outra? (James, 1926, II, p. 272).

James conhecia bem a maioria dos principais filósofos, pesquisadores, escritores e educadores da época, correspondendo-se com vários deles. Ele muitas vezes reconhecia sua dívida para com este ou aquele pensador, mas não parecia ser discípulo de nenhum. A única exceção pode ser o filósofo francês Renouvier, cujo trabalho dirigiu a decisão inicial de James de acreditar na vontade livre. A abordagem de Renouvier com relação a outros dos espinhosos problemas metafísicos, influenciou o próprio pragmatismo de James. Em Psicologia, impressionou-se com o trabalho de Wundt, Helmholtz e Hobart na Alemanha; com a pesquisa de Binet e Charcot na França; com os escritos de Bain e Myers na Inglaterra, e com as contribuições do canadense Maurice Bucke. James lia bastante e crivou seu talento com longas citações de, literalmente, centenas de outros escritores.

CONCEITOS PRINCIPAIS

James escreveu sobre todos os aspectos da psicologia humana, do funcionamento cerebral até o êxtase religioso, da percepção espacial até a mediunidade psíquica. Ele freqüentemente argumentava de ambos os lados de uma questão com igual talento. "Não havia limite à curiosidade de James e não havia teoria, ainda que impopular, com a qual ele não desejasse jogar" (Mac Leod, 1969, p. V). Ele se concentrou na compreensão e explicação das unidades básicas do pensamento. Conceitos fundamentais, tais como as características do pensamento, atenção, hábito e sentimento de racionalidade, prenderam seu interesse. Ele intrigava-se mais com a atenção em si mesma do que com os objetos aos quais se presta atenção e fascinava-se mais pelo hábito do que por constelações de hábitos específicos.

A personalidade, para James, emerge da interação entre as facetas instintuais e habituais da consciência e os aspectos pessoais e volitivos. As patologias, as diferenças pessoais, os estágios de desenvolvimento, a tendência à auto-realização e todo o resto são redistribuições dos blocos de construção fundamentais fornecidos pela natureza e refinados pela evolução.

Uma leitura cuidadosa de James revela contradições em suas considerações teóricas. Ele estava consciente disso, chamando-o de "pensamento pluralístico", raciocinando que é válido para alguns casos mas não para outros. James considerava que a Psicologia não era ainda uma ciência madura; não possuía suficiente conhecimento para formular leis consistentes sobre a percepção, a sensação ou a natureza da consciência. Portanto, ele podia estar à vontade com opiniões que contradiziam a sua própria. Na introdução de um livro que atacava fortemente a maior parte de sua teoria da personalidade ele comenta, "Não estou convencido de todas as colocações do Dr. Sidis, mas posso cordialmente recomendar esse volume a todas as classes de leitores como um estudo tanto interessante como instrutivo e bastante original..." (Sidis, 1898, p. VII). Na conclusão da mais breve edição de seu livro-texto (1892) ele admite os limites da Psicologia, limites que ainda hoje estão presentes.

> Quando, então, falamos da "Psicologia como uma ciência natural", não devemos assumir que isto significa uma espécie de psicologia que se baseia, afinal, em fundamentos sólidos. Significa justamente o contrário, significa uma psicologia de particular fragilidade, dentro da qual as águas do criticismo metafísico vazam por todas as juntas.... Uma coleção de fatos crus; uma pequena fofoca e uma disputa de opiniões; uma pequena classificação e generalização, meramente num nível descritivo; um forte preconceito de que *temos* estados de mente e que nosso cérebro os condiciona: mas não uma lei única no sentido do que os físicos consideram leis.... Isto não é Ciência, é apenas uma esperança de Ciência (James, 1961, pp. 334-335).

CARACTERÍSTICAS DO PENSAMENTO

Consciência Pessoal

"Todo pensamento tende a ser parte de uma consciência pessoal" (James, 1890, I, p. 225). Portanto, diz James, não existe tal coisa como uma "consciência" individual independente da pessoa a quem pertence essa consciência. Há apenas o processo de pensamento, assim como é experienciado ou percebido por um indivíduo. A consciência implica um tipo de relação externa; não é um tipo especial de substância ou de modo de ser.

> A única coisa que a psicologia tem direito de postular de início é o fato do pensamento em si mesmo.... (James, 1890, I, p. 224).

Mudanças de Consciência

"Dentro de cada consciência pessoal o pensamento está sempre se transformando" (James, 1890, I, p. 225). Não podemos nunca ter exatamente o mesmo pensamento duas vezes. Podemos ver o mesmo objeto, ouvir o mesmo som, saborear a mesma comida, mas nossa consciência dessas percepções muda a cada vez. O que parece, numa inspeção apressada, ser um pensamento repetitivo é, na verdade, uma série em mudança contínua, sendo que cada pensamento é único, parcialmente determinado por modificações prévias do pensamento original.

> Freqüentemente nós nos impressionamos com as estranhas diferenças em visões sucessivas de uma mesma coisa. Perguntamo-nos como pudemos ter opinado da forma que o fizemos no mês passado sobre um certo assunto. Superamos a possibilidade daquele estado de mente, embora não saibamos como. De um ano para outro vemos as coisas sob uma nova luz. O que era irreal tornou-se real, o que era excitante é agora insípido. Os amigos por quem costumávamos virar o mundo são deixados de lado; as mulheres, divinas em certo momento, as estrelas, as florestas e as águas, quão monótonas e comuns são agora; as garotas que trouxeram uma aura do infinito são, no presente, existências dificilmente distinguíveis; os quadros, tão vazios; assim como os livros, o que havia de tão misteriosamente significativo em Goethe, ou de tão pesado em John Mill? (James, 1890, I, p. 233).

Pensamento Contínuo

"Dentro de cada consciência pessoal, o pensamento é sensivelmente contínuo" (James, 1890, I, p. 237). Enquanto alguns teóricos afastam-se do aparente paradoxo da personalidade como algo que é contínuo e que ao mesmo tempo passa por uma contínua mudança, James sugeriu uma resolução, baseada na maneira como o pensamento é experienciado. "O pensamento transitório, de acordo com o professor James, é o pensador. Cada onda de consciência momentânea, cada pensamento que passa, 'sabe' de todos os que precederam na consciência. Cada pulsação de pensamento, à medida que se extingue, transmite o título de propriedade de seu conteúdo mental ao pensamento sucessor" (Sidis, 1898, p. 190). O que está presente no momento, seja consciente ou não, é a personalidade.[1]

Cada pensamento emergente toma parte de sua força, foco, conteúdo e direção dos pensamentos precedentes. "A consciência, então, não aparece a si mesma como retalhada em pedaços. Palavras como 'corrente' ou 'caravana' não descrevem adequadamente a maneira pela qual ela se apresenta em primeira instância. Nada é desarticulado: ela flui. Um 'rio' ou um 'curso d'água' são metáforas através das quais ela é mais naturalmente descrita. *Ao falar dela daqui por diante, denominamo-la curso de pensamento, consciência ou vida subjetiva"* (James, 1890, I, p. 239).

Este curso é contínuo. James, e mais tarde Freud, basearam muitas de suas idéias sobre o funcionamento mental nas suposições de um pensamento contínuo. Mesmo quando se percebem brechas na consciência, não as acompanha o sentimento de descontinuidade. Por exemplo, quando você acorda pela manhã, você não se pergunta quem é que está acordando, você não sente necessidade de correr a um espelho para verificar ou ver se é você mesmo. Você não precisa ser convencido de que a consciência para a qual você acordou é contínua àquela que foi dormir.

Escolhas de Consciência

A consciência é seletiva, "está sempre mais interessada em uma parte de seu objeto do que em outra e recebe, rejeita ou escolhe durante todo o tempo que pensa" (James, 1890, I, p. 284). O que determina uma opção sobre outra é o tema central da maior parte da Psicologia. James dirige sua atenção para os principais determinantes do processo seletivo: atenção e hábitos.

Atenção

Escritores anteriores a James (incluindo Locke, Hume, Harley, Spencer e outros) assumiam que a mente é passiva e simplesmente experiencia chuvas sobre si. A personalidade, então, desenvolve-se na proporção direta da quantidade e variedade de experiência recebida. James considerava esta idéia ingênua e as conclusões patentemente falsas. Antes que a experiência possa ser *experienciada*, precisa-se dar atenção a ela. *"Minha experiência é aquilo a que eu concordo prestar atenção.* Apenas aqueles itens que eu *noto* formam minha mente—sem um interesse seletivo, a experiência é um caos absoluto. Somente o interesse dá acento e ênfase, luz e sombra, figura e fundo—numa palavra, a perspectiva inteligível" (James, 1890, I, p. 402). Uma pessoa incapaz de manter a atenção é atacada pelas experiências, incapaz de ordená-las e pode ser que aja de uma maneira confusa ou caótica. Embora a atenção seja comumente predeterminada pelos hábitos mentais, é possível fazer uma opção real mesmo contra estas correntes de respostas habituais.

A Psicologia tradicional fala como alguém que dissesse que um rio consiste apenas em baldes, colheres, copos, barris de água ou, ainda, em outras formas de água contida. Mesmo que os baldes e os copos estivessem de fato fixos na corrente, ainda assim a água livre continuaria a fluir entre eles. É justamente esta água livre da consciência que os psicólogos resolutamente ignoram (James, 1890, I, p. 255).

A mente é, em todos os estágios, um teatro de possibilidades simultâneas. A consciência consiste na comparação de umas com outras, na seleção de algumas e na supressão do resto (James, 1890, I, p. 288).

---

[1] Veja seções sobre *self* em Rogers, Perls, Skinner e Budismo com relação a diferentes conclusões derivadas dessa afirmação.

Hábitos

Hábitos são ações ou pensamentos que aparecem aparentemente como respostas automáticas a uma dada experiência. Diferem dos instintos pelo fato de que um hábito pode ser criado, modificado ou eliminado pela direção consciente. Os hábitos são valiosos e necessários. "O hábito simplifica o movimento necessário para obter um dado resultado. Torna-o mais acurado e diminui a fadiga (James, 1890, I, p. 112). Neste sentido, os hábitos constituem uma faceta da aquisição de habilidades. Por outro lado, "o hábito diminui a atenção consciente com a qual nossas ações são realizadas" (James, 1890, I, p. 114). Se isto é vantajoso ou não, depende da situação. Retirar a atenção de uma ação torna-a mais fácil de ser executada, mas também a torna resistente à mudança. "O fato é que nossas virtudes são hábitos, tanto quanto nossos vícios. Toda a nossa vida, à medida que tem forma definida, é nada mais que uma massa de hábitos–práticos, emocionais e intelectuais–sistematicamente organizados, para nossa alegria ou pesar, impelindo-nos de forma irresistível para o nosso destino, qualquer que ele venha a ser" (James, 1899, p. 33).

James impressionava-se com a complexidade dos hábitos adquiridos, assim como com sua resistência à extinção. O que se segue é um exemplo:

> Com o propósito de cultivar a rapidez das percepções visuais e tácteis e a precisão dos movimentos respondentes, necessários para o sucesso de qualquer tipo de prestidigitação, Houdin[2] praticou de início a arte de fazer malabarismos com bolas no ar; tendo-se tornado, após um mês de prática, um meticuloso mestre em manter no ar quatro bolas ao mesmo tempo, ele colocou um livro à sua frente e, enquanto quatro bolas estavam no ar, acostumou-se a ler sem hesitação. "Isto", ele diz, "provavelmente parecerá a meus leitores algo extraordinário; mas os surpreenderei ainda mais quando disser que eu me diverti repetindo esse curioso experimento. Embora tenham decorrido trinta anos desde o tempo em que eu escrevia e ainda que eu raramente tenha tocado nas bolas durante esse período, ainda consigo ler com facilidade enquanto mantenho três bolas no ar" (James, 1890, I, p. 117).

O Sentimento de Racionalidade

Por que você aceita uma idéia racional ou teoria e rejeita outra? James sugeriu que isto é, em parte, uma decisão emocional; aceitamos uma porque nos capacita a entender os fatos de uma forma emocionalmente mais satisfatória. James descrevia esta satisfação emocional como um "intenso sentimento de tranqüilidade, paz, descanso. Esta falta total de necessidade de explicar, de discutir, de justificar é o que chamamos de sentimento de racionalidade" (James, 1948, pp. 3-4). Antes que uma pessoa aceite uma teoria (por exemplo, qualquer das teorias expostas neste livro), dois conjuntos diferentes de necessidades devem ser satisfeitos. Em primeiro lugar, a teoria deve ser intelectualmente agradável, consistente, lógica e assim por diante. Em segundo lugar, ela deve ser emocionalmente atraente, deve encorajar-nos a pensar ou agir de forma que nos pareça satisfatória e aceitável ao nível pessoal.

Outro exemplo pode ser visto na maneira como procuramos conselhos. Se, por exemplo, você quer informações sobre os efeitos de fumar maconha, aonde iria para obter tais informações? Você pode predizer o tipo de informação e sugestões que seriam oferecidas por seus pais, amigos que não fumam

---

Todos sabem o que é a atenção. É o tomar posse, pela mente, de forma clara e vívida, de um objeto ou linha de pensamento entre vários simultaneamente possíveis. A focalização e a concentração da consciência são parte de sua essência. Implica na supressão de alguns objetos a fim de que se lide de forma eficaz com outros, e é uma condição realmente oposta ao estado confuso, atordoado, disparatado, que é chamado *distração, zerstreutheit* em alemão (James, 1890, I, pp. 403--404).

As únicas coisas que normalmente vemos são aquelas que pré-percebemos (James, 1890, I, p. 444).

O hábito é, portanto, o enorme volante da sociedade, seu agente conservador mais precioso. . . . É bom para o mundo que, na maioria de nós, lá pelos trinta anos, o caráter tenha endurecido como gesso, para nunca mais amolecer. . . . Quanto mais os detalhes da nossa vida diária puderem ser entregues à custódia passiva do automatismo, mais os mais elevados poderes de nossa mente estarão livres para seu próprio trabalho (James, 1890, I, pp. 121--122).

---

[2] Mágico profissional, homônimo do famoso Houdini.

> Um homem que pensava estar morto estava falando com um amigo. Incapaz de convencê-lo de outra forma, o amigo finalmente perguntou, "Homens mortos sangram?" "Claro que não". O homem pegou uma agulha e espetou o polegar de seu amigo. Ele começou a sangrar. O homem olhou para seu polegar e então virou-se para o amigo: "Ei! É verdade, homens mortos sangram!"

> Em nossa vida cognitiva, assim como na vida ativa, somos criativos.... O mundo é realmente maleável e espera receber de nossas mãos seus toques finais. Como o reino do céu, ele sofre voluntariamente a violência humana. O homem *engendra* a verdade sobre ele (James, 1907, pp. 256-257).

maconha, amigos que o fazem, alguém que vende maconha, um policial, um psiquiatra, um padre ou ministro ou um estudante que trabalha num centro de aconselhamento universitário. É possível que você possa predizer antecipadamente tanto o tipo de informações que você receberia quanto se você as iria aceitar como racionais ou não.

Este aspecto da tomada de decisão é via de regra ignorado. Gostamos de acreditar que tomamos decisões com bases puramente racionais; mas há sempre a tendência emocional, outra variável crítica no processo. O sentimento de racionalidade de James é primo-irmão do conceito de racionalização de Freud. A racionalização envolve o processo de desejo e a procura da razão para justificar um ato *cometido* por outras razões, freqüentemente irracionais. O sentimento de racionalidade é a carga emocional que emerge do relacionamento com uma idéia *antes* que nos mobilizemos para aceitá-la ou não.

DINÂMICA
Crescimento Psicológico

James rejeitava absolutos, tais como "Deus", "verdade" ou "idealismo", em favor da experiência pessoal e da descoberta do que funciona para o auto-aperfeiçoamento de uma pessoa. Um tema freqüente em suas obras é que a evolução pessoal é possível e que todos têm uma capacidade inerente de modificar ou mudar comportamentos e atitudes. Ele conclui que há um depósito de experiências latentes ou realizadas que subjaz ao impulso em direção ao crescimento. É esta a fundamentação das idéias práticas e sensíveis que James desenvolveu para serem usadas.

A maior expressão deste núcleo subjacente é exemplificada, para James, na experiência religiosa.

> As experiências... não têm uma saída *intelectual* própria, mas pertencem a uma região mais profunda, mais vital e prática do que aquela ocupada pelo intelecto. Por isso são também indestrutíveis a argumentos e críticas intelectuais.... Tornamo-nos, portanto, convincentemente conscientizados da presença de uma esfera de vida maior e mais poderosa do que nossa consciência habitual.... As impressões, impulsos, emoções e excitações que desde então recebemos ajudam-nos a viver, encontram uma segurança invencível em um mundo além dos sentidos, derretem nossos corações, transmitem significado e valor a tudo e fazem-nos felizes (James, 1926, II, pp. 149-150).

Formação de Hábitos. As instruções de James a professores enfatizavam a importância de ensinar hábitos corretos. "Na aquisição de novos hábitos ou no abandono de velhos.... *Nunca enfrente uma reprovação até que o novo hábito esteja seguramente enraizado em sua vida.* Cada lapso é como o deixar cair um rolo de barbante que está sendo cuidadosamente enrolado: um simples deslize desfaz muito mais do que várias voltas enrolarão novamente. A continuidade do treinamento é o grande meio de fazer o sistema nervoso agir de forma infalivelmente correta" (James, 1899, pp. 34-35).

Desapego dos Sentimentos. Era um ponto de vista sustentado por James o de que um equilíbrio entre a indiferença aos sentimentos e a expressão deles serve ao organismo da melhor forma. Ele cita Hannah Smith: "Deixe que suas emoções venham ou deixe-as ir embora... e não as leve em conta de qualquer maneira.... Elas, na verdade, nada têm com a questão.... Não são indicadoras de nosso estado de espírito, mas meras indicadoras de nosso temperamento ou de nossa condição física presente" (em James, 1899, p. 100).

Excitação Emocional. Ao mesmo tempo que o desapego é um estado desejável, há também vantagens em estar dominado pelos sentimentos; o transtorno emocional é um meio pelo qual hábitos duradouros podem ser rompidos; liberta as pessoas a tentarem novos comportamentos ou explorarem novas áreas de percepção. O próprio James experienciou e pesquisou estados psicológicos emergentes de experiências místicas, hipnose, curas milagrosas, mediunidade, drogas psicodélicas, álcool e crise pessoal. Ele concluiu que o evento precipitador não era o fator crítico, e sim a resposta que o indivíduo dava à excitação.

Saúde Mental. Saúde mental é o termo de James para o agir como se as coisas pudessem ir bem, o agir com base em ideais. Idealismo era mais que um conceito filosófico para James, era uma força ativa. Seu próprio retorno à saúde mental começou com o ideal de se agarrar ao ideal da vontade livre. James argumentava que uma atitude positiva era mais do que útil; era necessária. "Eu não creio que alimentar a noção de que os ideais são auto-suficientes e não requerem realização para nos satisfazer seja mentalmente sadio.... Os ideais devem almejar à *transformação da realidade*–não menos!" (1906, II, p. 270).

Obstáculos ao Crescimento

Maus Hábitos. Os obstáculos mais óbvios e prevalentes ao crescimento na nossa vida cotidiana são nossos maus hábitos. Eles são, por definição, aquelas forças que retardam nosso desenvolvimento e limitam nossa felicidade. James notou que nós temos até mesmo o mau hábito de passar por cima, ignorar ou compreender nossos outros maus hábitos. Os exemplos poderiam incluir pessoas gordas que "não notam" o tamanho das porções que servem a si próprias e estudantes pobres que se mantêm constantemente desatentos em relação às datas de seus deveres ou exames.

> O pessimismo é essencialmente uma doença religiosa (James, 1896).

Nós somos, antes de mais nada, criaturas com hábitos. A maioria de nossas atividades consome-se em ações que fazemos com uma mínima tomada de consciência. A preocupação de James é que muitas dessas rotinas diárias não nos ajudam, mas na verdade prejudicam sobretudo o bem-estar.

Emoções Não-expressas. Bem antes do surgimento da moderna psicoterapia ou do movimento de encontro mais evocativo, James viu que era imperativo fazer algo com nossa energia emocional. Bloqueá-la ou recalcá-la poderia conduzir à enfermidade emocional. Ele sentia que era desnecessário expressar a exata emoção, especialmente se isto pudesse ferir a própria pessoa ou os outros. Contudo, era importante encontrar algum escape para a excitação. Ele sentia que era tão necessário expressar sentimentos "nobres" quanto expressar os hostis. Se uma pessoa se sentisse corajosa, caridosa ou compassiva, estes sentimentos deveriam ser traduzidos em ações ao invés de serem aquietados.

> Se você passasse todo o tempo andando, levantando-se, sentando-se ou deitando-se, aprendendo a deter as atividades de formação de conceitos de sua mente, você poderia estar certo de finalmente atingir o objetivo (Huang Po em Perry, 1958, p. 887).

Erros de Excesso. É uma prática comum a de chamar algumas características pessoais de benéficas e outras de prejudiciais. Dizemos que ser amoroso é uma virtude e que ser mesquinho é um vício. James estava convicto de que essa dicotomia simples só é válida para demonstrações moderadas de sentimentos. Um excesso de amor torna-se possessividade, um excesso de lealdade torna-se fanatismo, um excesso de consideração torna-se sentimentalismo; cada virtude diminui seu possuidor uma vez que lhe permitamos assumir sua forma extrema.

Cegueira Pessoal. Em um ensaio que era seu favorito, James descreve uma "certa cegueira", a inabilidade de compreender uma outra pessoa. Nosso fracasso em tomarmos consciência de nossa cegueira é uma importante fonte de infelicidade no relacionamento com outras pessoas. Sempre que presumimos poder decidir por outros o que é bom para eles ou o que deveriam aprender ou quais são suas necessidades, caímos em erro.

A cegueira que demonstramos na relação com cada pessoa é apenas uma manifestação de uma cegueira mais penetrante—a cegueira em relação a uma visão interna da realidade.

Esta cegueira impede que nós tomemos consciência da intensidade do momento presente. "Onde quer que ela seja encontrada há o prazer, a comichão, o excitamento pela realidade; e *há* 'importância', no único sentido positivo e real em que pode estar a importância sempre e em qualquer lugar" (James, 1899, p. 115). James sugere que nós perdemos parte desta consciência ao perdermos contato com a natureza. "Somos educados para procurar o selecionado, o raro, exclusivamente o requintado e para subestimar o comum... tornamo-nos completamente cegos e insensíveis aos bens e às alegrias mais elementares e gerais da vida" (James, 1899, p. 126).

Outros sintomas desta cegueira são a inabilidade de expressar nossos sentimentos, a ausência de conscientização que leva aos erros de excesso, a aceitação voluntária de nossos maus hábitos que restringem a consciência e impedem sua remoção.

ESTRUTURA
Corpo

Os laços pessoais de James com a enfermidade física fizeram com que ele continuamente reexaminasse a relação entre o corpo e a consciência. Ele concluiu que até mesmo a pessoa mais espiritual devia considerar suas necessidades físicas e tomar consciência delas, uma vez que o corpo é a fonte original das sensações. Entretanto, a consciência pode transcender qualquer nível de excitamento físico por um período limitado de tempo. O corpo, necessário para a origem e manutenção da personalidade, é subserviente às atividades da mente. Por exemplo, a concentração intelectual pode ser tão firmemente focalizada "para não só expulsar sensações comuns mas até a mais severa dor" (James, 1890, I, p. 49). Há numerosos relatos de soldados que sofrem sérios ferimentos mas não os notam até que a intensidade da batalha se abata. São comuns também casos de atletas que quebram um pulso, uma costela ou uma clavícula, mas que não tomam consciência do fato até que o período de jogo termine. Examinando esta evidência, James conclui que é o foco de atenção que determina se as sensações físicas externas terão ou não efeito imediato na atividade consciente. O corpo é um instrumento expressivo da consciência que o habita, mais do que uma fonte de estimulação em si mesma.

> O julgamento do espectador certamente perde a essência da questão e não tem nada de verdadeiro. O sujeito julgado conhece uma parte do mundo ou da realidade que o espectador que julga não consegue ver; além disso, aquele sabe mais, enquanto que o espectador sabe menos... (James, 1899, p. 114).

Embora James tenha escrito que o corpo é apenas o lugar onde a consciência reside, ele nunca perdeu de vista a importância do corpo. Uma boa saúde física, rara na própria vida de James, tem sua própria lógica interna "que emana de todas as partes do corpo de um homem muscularmente bem treinado e penetra na alma que o habita com satisfação.... É um elemento de higiene espiritual de suprema significação" (James, 1899, p. 103).

Relacionamento Social

Os relacionamentos são inicialmente instintivos e formados para se adaptarem a diferentes exigências culturais. Muito do que chamamos de relacionamento é um padrão de hábito recíproco. Dois instintos predominam. O primeiro é a ânsia de estar com outras pessoas. "Estar sozinho é uma das maiores desgraças para [uma pessoa]. O confinamento solitário é por muitos considerado como um modo de tortura por demais cruel e antinatural para que países civilizados o adotem" (James, 1890, II, p. 430). O outro instinto é a necessidade de ser notado, de ser escolhido, de ser percebido como único, especial. James chamou a isto instinto, isto é, *o tipo de comportamento que parece acontecer sem que tenha sido aprendido e que se repete sem necessidade de recompensa ou apesar de punição.*

Algumas das experiências que James cita para sustentar esta posição são relatos de criminosos que perguntam, imediatamente após sua prisão, se seus nomes irão aparecer nos jornais com certeza. Assassinos políticos anseiam por notoriedade pessoal. As páginas sociais dos jornais não passam de meras listas de nomes de pessoas que querem ser notadas. "O que é notável sobre o desejo de ser 'reconhecido' por outros é que sua força tenha tão pouco a ver com o valor do reconhecimento computado em termos sensacionais ou racionais" (James, 1890, I, p. 308).

James chamava os padrões de hábitos pessoais que formam o esteio de nosso relacionamento social de "si mesmo social". Ele o via como uma personalidade superficial mutável e maleável, freqüentemente pouco mais que um conjunto de máscaras, mudadas para se adaptarem a públicos diferentes. Ele argumentava que os hábitos sociais são necessários; tornam a vida ordenada. O hábito é um moderador; torna os relacionamentos seguros e previsíveis. James acreditava que a constante interação entre a conformidade cultural e a expressão individual era benéfica a ambas as partes. "A comunidade estagna sem o impulso do indivíduo. O impulso desaparece sem a simpatia da comunidade" (James, 1896, p. 232).

Vontade

A vontade é o ponto central a partir do qual a ação significativa pode ocorrer. "Atos de vontade são considerados como tais apenas enquanto não possam ser desempenhados sem atenção. Uma idéia diferenciada do que são e um *fiat* deliberado da parte da mente devem preceder sua execução" (James, 1899, p. 83). James definiu vontade como uma combinação da atenção (consciência focalizadora) com o esforço (superação de inibições, preguiça ou distração). Segundo James, uma idéia produz inevitavelmente uma ação, a menos que uma outra idéia entre em conflito com a primeira. Vontade é o processo que mantém uma escolha entre alternativas o tempo suficiente para permitir que a ação ocorra. "Resumindo, a realização essencial da vontade, quando é voluntária ao máximo, é PERCEBER um objeto difícil e mantê-lo com firmeza perante a mente" (James, 1890, II, p. 561).

O exemplo clássico de James refere-se a alguém deitado na cama numa manhã fria. É confortável permanecer na cama, mas levantar é uma responsabilidade social. Para quem está na cama, o calor desta e o frio do quarto são muito evidentes, e é fácil percebê-los.

> Agora, como é que nós *sempre* levantamos sob essas circunstâncias? Se é possível generalizar a partir de minha própria experiência, nós muito freqüentemente levantamos sem luta e sem decisão alguma. De repente descobrimos que *já* estamos de pé. Um afortunado lapso de consciência ocorre; esquecemos tanto do calor quanto do frio; caímos num tipo de devaneio ligado ao dia a dia, no curso do qual passa uma idéia, 'Epa! Preciso levantar-me', idéia que, por sorte, neste instante, não desperta quaisquer sugestões contraditórias ou paralisadoras e, conseqüentemente, produz de imediato seus efeitos motores apropriados" (James, 1890, II, p. 524).

Uma vez que idéias inibidoras foram forçadas para fora da consciência, o ato de vontade prevalece.

Querer não é ato em si mesmo. O querer orienta a consciência de maneira que a ação desejada possa revelar-se por si própria. É desnecessário analisar o ato para entender o efeito da vontade. Ou melhor, a intenção e a capacidade de registrar e manter esta intenção são importantes. "O *querer* termina com a prevalência da idéia, e se a ação se segue ou não é uma questão quase imaterial, na medida em que o querer em si mesmo continue. Eu quero escrever e este ato se realiza. Eu quero espirrar e não o faço. . . . Em uma palavra, a volição é um fato psíquico ou moral puro e simples, e está absolutamente completa quando existe um estado de idéia estável" (James, 1890, II, p. 560).

James discutiu vários aspectos específicos da vontade. Ele escreveu sobre a vontade livre, a vontade de acreditar e a renúncia à vontade.

Vontade Livre. "Meu primeiro ato de vontade livre será acreditar nela" (James, 1926, I, p. 147). James retorna sempre à sua própria experiência precoce. Ele descreve argumentos religiosos, científicos, neurológicos e filosóficos a favor e contra a existência da vontade livre; contudo, em sua conclusão, a resolução pragmática ultrapassa a maioria dos argumentos com um apelo ao senso comum. Parece ser mais útil, mais benéfico e mentalmente mais sadio acreditar na vontade livre do que não o fazer. Manter tal fé permite à pessoa tratar as decisões morais com seriedade. "Todo o sentimento de realidade, toda a estimulação e o excitamento de nossa vida voluntária dependem de nossa impressão de que nela as coisas estão sendo decididas a cada momento, e que a vida não é o monótono ressoar de uma corrente que foi forjada há séculos" (James em Compton, 1957, p. 119).

James argumenta que nós temos uma capacidade inata para fazer escolhas reais, apesar das limitações genéticas, dos hábitos pessoais e de outras circunstâncias externas.

Vontade de Acreditar. Quando deveria a vontade determinar a fé? Quando é que é apropriado acreditar em algo sem evidência bastante para justificá-lo? James apresenta dois casos em que é benéfico acreditar. Em primeiro lugar, aquelas vezes em que suspender o julgamento lhe trará uma opor-

> O indeterminismo que eu defendo, a teoria do livre arbítrio do senso comum, baseada no julgamento do arrependimento, representa este mundo como vulnerável e passível de ser ferido por determinadas partes suas, se elas agirem de forma errada (James, 1896, pp. 176-177).

tunidade. Não agir, não tomar nenhuma decisão, não ocupar nenhuma posição, é um tipo de decisão em si mesma. É uma decisão de deixar que os outros decidam por você.

A segunda classe de situações inclui aquelas "em que o efeito da convicção é trazer à tona os próprios fatos que vão verificá-la. . . . Acreditar, neste caso, é confiar, e a confiança freqüentemente justifica *a si mesma*" (James em Perry, 1935, II, p. 210). James dá o seguinte exemplo:

> Suponha, por exemplo, que você esteja escalando uma montanha e colocou-se numa posição da qual a única saída é um terrível salto. Tenha fé de que você pode fazê-lo com sucesso e seus pés serão enervados para esta façanha. Mas desconfie de si mesmo e pense em todas as doces coisas que você ouviu os cientistas dizerem sobre os *talvez* e você hesitará por tanto tempo que, ao final, totalmente nervoso e trêmulo ao se lançar num momento de desespero, você rolará no abismo. Em tal caso (e ele pertence a uma enorme classe), a questão de sabedoria, assim como a de coragem, é *acreditar no que está na linha de suas necessidades,* pois só com esta fé a necessidade será preenchida. Recuse-se a acreditar e você poderá de fato estar certo, pois poderá irrecuperavelmente perecer. Mas acredite, e novamente você talvez esteja certo, pois poderá salvar-se. Você torna um ou outro dos universos possíveis verdadeiro por sua confiança ou desconfiança (James, 1896, p. 59).

Renúncia à Vontade. Em raras ocasiões, ao invés de lutar para fortalecer a vontade, as pessoas devem estar preparadas para colocá-la de lado, para renunciar a ela. Na vida religiosa, há ocasiões em que a vontade da pessoa é desarmada, outras facetas da consciência parecem assumir o controle. A vontade é necessária para trazer a "pessoa para perto da completa unificação que é aspirada para depois; parece que exatamente o último passo deve ser deixado para outras forças e realizado sem a ajuda de sua atividade" (James, 1958, p. 170). União mística, anulação do ego, transcendência de limitações, consciência cósmica ou consciência unificadora, são alguns dos termos usados para descrever esta transformação. De acordo com James, ela pode ir além dos confins da vontade e, em certo sentido, além das fronteiras da própria personalidade.

Fortalecimento da Vontade. Ser capaz de fazer o que desejamos não é fácil. O desenvolvimento de uma vontade suficientemente forte era um dos principais interesses de James em seus escritos. Ele sugeria que um método fácil e acessível era realizar diariamente um exercício *sem utilidade.* "Seja sistematicamente heróico em pequenos pontos desnecessários, faça todo dia alguma coisa tendo como única razão a sua dificuldade, de modo que, quando se aproximar a hora de uma necessidade terrível, ela não possa encontrá-lo desencorajado ou desarmado para suportar o teste. . . . O homem que tenha-se disciplinado diariamente em hábitos de atenção concentrada, volição enérgica e renúncia pessoal em coisas desnecessárias, erguer-se-á como uma torre quando tudo à sua volta se abater sobre ele; seus companheiros mortais mais fracos voarão como palha numa rajada de vento" (James, 1899, p. 38). O ato em si mesmo não é importante, mas ser capaz de fazê-lo, *apesar dele não ter importância,* é o teste crítico para a vontade.

Emoções

A teoria das emoções de James-Lange[3] delineia as conexões entre as emoções e as mudanças fisiológicas a elas associadas.

É uma teoria biológica da emoção, e não uma teoria psicológica. James diz que nós percebemos uma situação e então ocorre uma reação instintiva física e tomamos consciência de uma emoção (tristeza, alegria, surpresa). A emoção é baseada no reconhecimento dos sentimentos físicos, não no da situação inicial. "Se esta comoção corporal fosse suprimida nós não sentiríamos tanto medo a ponto de chamar a situação de amedrontadora; não nos sentiríamos surpresos, mas friamente reconheceríamos que, de fato, o objeto era surpreendente. Um entusiasta [o próprio James] chegou até mesmo a dizer que quando nos sentimos tristes é porque nós choramos, quando nos sentimos amedrontados é porque fugimos, e não o inverso" (James, 1899, p. 99).

Isto parece contrário às concepções populares. A maioria acredita que vemos uma situação, começamos a ter emoções como reação à situação e então temos a resposta física—rimos, choramos, rangemos os dentes ou xingamos. Se James estiver correto, então deveríamos esperar que diferentes emoções estivessem correlacionadas com diferentes reações físicas. Experimentos anteriores não confirmaram esta hipótese. Na verdade, o peso da evidência na direção contrária levou os investigadores a concluir que "as mesmas mudanças viscerais ocorrem em estados emocionais muito diferentes. . ." (Cannon, 1929, p. 109). Estudos mais recentes determinaram diferenças sutis que realmente diferenciam as emoções, mas a evidência até agora não está clara (Ax, 1953, Schacter, 1957).

O evento mais a situação vão determinar a emoção experienciada. Um trabalho de Schacter e Singer (1962) demonstrou que quando os sujeitos não compreendem a causa real de sua excitação emocional eles classificam seus sentimentos de acordo com sugestões externas. Eles decidem não confiar em sua percepção interna; ao invés disso, eles podem ser controlados por influências sociais e ambientais que, na verdade, talvez estejam em conflito com seus próprios sentimentos viscerais. Se eles tomarem consciência do porquê estão excitados (informados de que seus sentimentos são devidos a efeitos colaterais de uma droga, por exemplo), é menos provável que rotulem seus sentimentos inadequadamente. Os resultados sugerem que nossas reações emocionais são baseadas em nossas reações físicas mais nossa percepção da situação, e não apenas em nossas sensações físicas.

A posição geral de James parece ter sido parcialmente confirmada pelos sucessivos desenvolvimentos da Psicofarmacologia. Cada vez é mais possível evocar estados emocionais particulares pela inibição ou estimulação de processos fisiológicos através da ingestão de drogas específicas. Grupos de drogas são comumente classificados pelas mudanças de humor que produzem. As dificuldades emocionais via de regra experimentadas por pacientes de hospitais psiquiátricos podem ser controladas ou até mesmo eliminadas através de grandes doses dessas drogas.

---

[3] Assim chamada porque o psicólogo dinamarquês Carl Lange publicou uma teoria semelhante mais ou menos na mesma época.

Um dos autores recorda o seguinte evento:

> Uma manhã, enquanto seguia uma sessão de terapia grupal num hospital psiquiátrico, notei que um homem parecia ser feito de pedra, ele falava e se mexia sem o mínimo vestígio de sentimento. Havia sido o centro de uma desordem na noite anterior e, ou como terapia ou como punição, haviam-lhe dado uma grande dose de tranqüilizantes. Enquanto o grupo continuava a trabalhar, ficou claro que ele estava tentando expressar sentimentos, mas era incapaz de livrar-se do isolamento induzido pela droga. Com uma certa dose de temor, afinal eu lhe dei um forte tapa na altura da boca. Foi como gritar para dentro de um poço profundo. Lentamente ele se ajustou ao tapa, transferindo seu peso para trás e para frente, digerindo o golpe. Após trinta segundos completos sua face relaxou. "Eu precisava disto", disse. Enquanto o grupo continuava, ele recuperou muito de sua vivacidade e envolvimento normais.

A suposição de James de que a reação emocional das pessoas à situação depende do *feedback* de seu corpo está sendo validada também pela pesquisa em *biofeedback*. Pesquisadores descreveram mudanças em respostas emocionais quando os sujeitos aprenderam a controlar vários parâmetros físicos, incluindo o batimento cardíaco, a pressão sangüínea, a temperatura da pele e a freqüência de ondas cerebrais (*Biofeedback* e Autocontrole, 1971, 1972, 1973, 1974).

Intelecto

Há dois tipos de conhecimento: conhecimento através da experiência direta ou, como James chama, "conhecimento do familiar", e conhecimento através do intelecto. O "conhecimento do familiar" é a forma de conhecimento menos importante. "Conheço a cor azul quando a vejo e o sabor da pera quando a provo; conheço uma polegada enquanto movo meu dedo por ela; um segundo de tempo quando o sinto passar... mas *a respeito da natureza* interna desses fatos ou do que os faz ser o que são não posso dizer absolutamente nada.... No máximo posso dizer a meus amigos que se forem a certos lugares e agirem de determinadas formas esses objetos provavelmente aparecerão" (James, 1890, I, p. 221). Este conhecimento é também chamado conhecimento intuitivo; é metafórico, rico em associações, poético e emotivo.

A outra forma de conhecimento, "o conhecimento a respeito de", é intelectual. É focalizado e relacional; trabalha com abstrações e é objetivo. "Quando conhecemos algo, fazemos mais do que meramente tê-lo; à medida que pensamos sobre suas relações parecemos sujeitá-lo a uma espécie de *tratamento* e *operar* sobre isso com o nosso pensamento.... Através dos sentimentos relacionamo-nos com as coisas, mas apenas com nossos pensamentos é que realmente temos conhecimento a respeito delas" (James, 1890, I, p. 222).

Embora James discorra sobre o valor de cada tipo de conhecimento, ele prefere o conhecimento a respeito de; "ainda que pareça absurdo dizer, de qualquer maneira absoluta, que uma dada mente analítica é superior a uma intuitiva, não é menos verdade que a primeira *representa* o estágio mais alto" (James, 1890, II, p. 363).[4]

> A mente *engendra* a verdade *sobre* a realidade.... Nossas mentes não estão aqui simplesmente para copiar uma realidade que já está completa. Estão aqui para completá-la, para acrescentar-lhe importância por seu próprio remodelamento, para decantar seus conteúdos, por assim dizer, numa forma mais significativa. De fato, a *utilidade* da maior parte de nosso pensamento é ajudar-nos a *modificar* o mundo (James em Perry, 1935, II, p. 479).

---

[4] Veja Freud, Jung e Sufismo em "Intelecto" para pontos de vista contrários.

Self

O *self* é aquela continuidade pessoal que cada um de nós reconhece cada vez que acorda. James descreve várias camadas do *self*.

Self Material. A camada material do *self* inclui aquelas coisas com as quais nos identificamos. O *self* material abrange não apenas nossos corpos mas também nossas casas, posses, amigos e família. Na medida em que uma pessoa se identifica com uma pessoa ou objeto externos, este constitui parte de sua identidade.

> *No mais amplo sentido possível, entretanto, o self de um homem é a soma total de tudo o que ele PODE chamar de seu,* não apenas seu corpo e suas forças psíquicas, mas suas roupas e sua casa, sua esposa e filhos, seus ancestrais e amigos, sua reputação e seu trabalho, suas terras e seus cavalos, os iates e as contas bancárias. Todas essas coisas lhe dão as mesmas emoções. Se elas crescem e prosperam, ele se sente triunfante; se elas minguam e desaparecem, ele se sente deprimido— —não necessariamente no mesmo grau por cada coisa, mas na maioria das vezes da mesma forma para todas (James, 1890, I, pp. 291-292).

Teste você mesmo esta proposição. Imagine que alguém está ridicularizando uma pessoa, idéia ou coisa que importa a você. Você permanece objetivo avaliando os méritos do ataque ou será que você reage como se você mesmo estivesse sendo atacado? Se alguém insulta seus filhos, seus pais, seu penteado, seu país, seu casaco, seu aparelho de som, será que você pode tomar consciência do quanto investe em cada uma dessas coisas? Algumas das confusões entre a propriedade e a identificação podem ser esclarecidas desde que se entenda este conceito expandido do *self*.

Self Social. "O *self* social de um homem é o reconhecimento que ele tem por parte de seus companheiros" (James, 1890, I, p. 293). Constitui qualquer e todos os papéis que nós voluntária ou involuntariamente aceitamos. Uma pessoa pode ter muitos ou poucos *selves* sociais, consistentes ou inconsistentes, mas, o que quer que eles sejam, ela se identifica com cada um deles na situação apropriada. James sugere que o curso adequado de ação é escolher um e sobre ele alicerçar a vida. "Todos os outros *selves* daí em diante tornam-se irreais, mas o destino deste *self* é real. Seus fracassos são fracassos reais, seus triunfos, triunfos reais..." (James, 1890, I, p. 310).

Self Espiritual. O *self* espiritual é o ser interior e subjetivo de uma pessoa. É o elemento ativo de toda consciência. "É a morada do interesse— —não o agradável ou o doloroso, nem mesmo o prazer ou a dor, como tais, mas aquilo dentro de nós para o qual falam o prazer e a dor, o agradável e o doloroso. É a fonte de esforço e atenção e o lugar do qual parecem emanar as ordens da vontade" (James, 1890, I, p. 298). Ao fazer um exame cuidadoso, James descobriu que este *self* espiritual não é um fenômeno puramente espiritual mas que "nosso sentimento total da atividade espiritual, ou aquilo que comumente recebe esse nome, é na verdade um sentimento das atividades corporais cuja natureza exata é ignorada pela maioria dos homens" (James, 1890, I, pp. 301-302).

James permaneceu indeciso sobre a questão da alma pessoal; entretanto, ele realmente sentia que havia algo além da identidade individual. "De minha

---

Desistir das pretensões é um alívio tão abençoado quanto realizá-las.... Como é agradável o dia em que desistimos de lutar para permanecermos jovens—ou magros! Graças a Deus!, dizemos, *aquelas* ilusões se foram. Tudo que é acrescentado ao eu é uma carga, assim como tem um preço (James, 1890, I, pp. 310--311).

experiência ... uma conclusão estabelecida emerge dogmaticamente ... há um continuum de consciência cósmica, contra o qual nossa consciência apenas constrói cercas acidentais e dentro do qual nossas várias mentes mergulham como se dentro de um mar-mãe ou de um reservatório" (James em Murphy e Ballou, 1960, p. 324).

Professor

Em *Talks to Teachers*, James aplicou princípios psicológicos gerais para problemas específicos de aprendizagem. Ele via as crianças como organismos com capacidades inatas de aprendizagem. A tarefa do professor era de estabelecer um clima que encorajasse o processo natural de aquisição. Ensinar, para James, era primariamente o ensino de comportamentos, tais como atenção voluntária ou desenvolvimento da vontade, que são, em si mesmos, proveitosos para um ensino mais eficaz.

> Um professor tem duas funções: (1) ser erudito e distribuir informação bibliográfica; (2) comunicar a verdade. A primeira função é a essencial, oficialmente considerada. A segunda é a única com que me preocupo (James, 1926, p. 268).

Atenção Voluntária. A responsabilidade primordial do professor é encorajar o estudante a aumentar sua capacidade de manter atenção. Manter atenção em um único tema ou idéia não é um estado natural que prescinde de treino, tanto em crianças como em adultos. A consciência normal é uma série de interrupções configuradas; os pensamentos mudam rapidamente de um objeto ao outro. Um treino apropriado é necessário para alterar essa tendência até que períodos cada vez mais longos de atenção focalizada possam ser mantidos. O professor deveria conhecer e inibir os lapsos involuntários de atenção, para o próprio desenvolvimento da criança. "Esse caráter passivo e reflexo da atenção ... que faz com que a criança pareça pertencer menos a si mesma do que a qualquer objeto que possa captar sua atenção, é a primeira coisa que o professor deve superar" (James, 1890, I, p. 417).

> A atenção voluntária não pode ser mantida continuamente, chega em pulsações (James, 1899, p. 51).

Para ajudar os professores, James ofereceu algumas sugestões. Primeiro, o conteúdo da educação precisa ser relevante às necessidades dos estudantes ou parecer como tal. Os alunos deveriam tomar consciência das conexões entre o que estão aprendendo e suas próprias necessidades, ainda que estas conexões sejam, na realidade, remotas. Isto provoca na criança um interesse inicial, embora ele possa ser apenas passageiro. Segundo, talvez o assunto em questão tenha que ser enriquecido a fim de encorajar o retorno da atenção desviada por parte dos estudantes, uma vez que "de um tema imutável a atenção inevitavelmente se desvia" (James, 1899, p. 52). Ele sugere que se trabalhe sobre comportamentos específicos e observáveis. Seu objetivo, entretanto, não é facilitar estes comportamentos, mas melhorar a capacidade subjacente de controlar realidades internas não observáveis. O objetivo do ensino é treinar estudantes em habilidades e hábitos de aprendizagem básicos, de maneira que eles possam aprender qualquer coisa que decidam estudar. James rejeitava a punição como um modo de ensinar. Oferecer aos estudantes atividades alternativas ainda vinculadas à aprendizagem é superior à punição em qualquer caso.

> A experiência me ensinou que os professores têm menos liberdade de intelecto do que qualquer classe de pessoas que conheço. ... Um professor exaure sua própria alma para entender você e, se alguma vez ele entende qualquer coisa que você fala, ele se apóia sobre isto com todo o seu peso, como uma vaca que se deita no degrau de uma porta de forma que você não pode nem fazê-la sair ou entrar. Ele nunca se esquece desta declaração nem consegue conciliá-la com qualquer outra coisa que você diga, carregando-a para a sepultura como uma cicatriz (James em Perry, 1935, II, p. 131).

Treinamento da Vontade. Melhorar a atenção voluntária inclui treinar a vontade. Uma vontade desenvolvida permite que a consciência atenda às idéias, percepções e sensações que não são imediatamente agradáveis ou convidativas e que de fato podem ser difíceis ou até desagradáveis. Tente, por exemplo, imaginar-se comendo seu prato favorito. Guarde as imagens e sensações

Para alguém que propôs que na escola de Medicina as palestras deveriam ser substituídas pelo "sistema de análise de casos" ele disse: "Acho que você está inteiramente certo, mas seu sábio professor se rebelará. Ele sem dúvida prefere sentar-se e ouvir sua própria voz maravilhosa a guiar as inseguras mentes dos estudantes" (Perry, citando James, 1935, I, p. 444).

predominantes em sua memória por vinte segundos. Você provavelmente não achará que isso é tão difícil. Agora, por vinte segundos, imagine que está cortando a superfície de seu polegar com uma navalha. Observe como sua atenção dispara em todas as direções assim que você toma consciência da sensação subjetiva da dor, da cor e umidade de seu próprio sangue, e da mistura de medo, fascinação e repulsa. Apenas um ato de vontade pode inibir sua tentativa inicial e instintiva de escapar da experiência.

A não ser que uma pessoa desenvolva a capacidade de aprender, o conteúdo do ensino é de pouca importância. O importante em toda a educação *é fazer de nosso sistema nervoso um aliado ao invés de nosso inimigo.* É financiar e capitalizar nossas aquisições e viver confortavelmente dos juros do capital. *Para isso, precisamos o mais cedo possível tornar automáticas e habituais tantas ações úteis quanto pudermos,* e guardarmo-nos com cuidado do desenvolvimento por caminhos provavelmente desvantajosos" (James, 1899, p. 34).

A Psicologia da Consciência

> Todo o curso de minha educação chega a me persuadir de que o mundo de nossa consciência presente é apenas um dos numerosos mundos de consciência que existem, e que estes outros mundos devem conter experiências que também são significativas para nossa vida; embora essencialmente essas experiências e as deste mundo mantenham-se separadas, ainda assim se tornam contínuas em determinados pontos, e energias mais elevadas infiltram-se (James, 1958, p. 391).
>
> Os fenômenos mentais subjetivos não podem mais ser omitidos ou ignorados em explicações objetivas e modelos de função cerebral; a mente e a consciência reintegram-se ao domínio das ciências do qual estiveram de uma forma geral excluídas desde o advento do Behaviorismo e do Materialismo Dialético (Sperry, 1969, p. 533).

Apesar do trabalho inicial de James, o interesse pela consciência deixou de ser o centro das buscas da Psicologia. Em anos recentes, o pêndulo balançou de volta e o estudo da consciência está florescendo. Associações profissionais, incluindo a Sociedade de Pesquisa em *Biofeedback* e a Associação de Psicologia Transpessoal, apareceram, publicando jornais e apoiando as novas linhas de pesquisa. Houve uma onda correspondente de interesse popular e surgiram artigos e *best-sellers* sobre a consciência.

Algumas áreas têm implicações particulares para a teoria da personalidade. As pesquisas com drogas psicodélicas, *biofeedback*, hipnose, meditação e percepção extra-sensorial forneceram descobertas que questionam suposições básicas sobre a consciência e a natureza da realidade tal como nós a experienciamos. Estamos utilizando novos métodos, novos instrumentos e uma renovada vontade de pesquisar fenômenos subjetivos num esforço de dar um fundamento científico às especulações filosóficas de James.

Não podemos ainda responder à questão básica—a questão do que é a consciência—porque ela pode não ser passível de resposta, mas estamos aprendendo mais sobre os conteúdos da consciência e sobre as formas que ela assume. Ornstein (1972) argumenta que a consciência não poderá nunca ser compreendida se for usada apenas uma abordagem objetiva. "Não há meios de simplesmente escrever a resposta, como se pudéssemos dar uma definição de um livro-texto. As respostas devem surgir pessoalmente, experimentalmente" (p. IX).

Estados alterados de consciência podem ser provocados por hipnose, meditação, drogas psicodélicas, preces profundas, privação sensorial e por um ataque de psicose aguda. Privação de sono ou jejum podem induzi-los. Epiléticos e pessoas que sofrem de enxaqueca experienciam uma consciência alterada na aura que precede os ataques. A monotonia hipnótica, como vôos a elevadas altitudes feitos a sós, pode fazer emergir um estado alterado. A estimulação eletrônica do cérebro (ESB), o treinamento de ondas cerebrais alfa e teta, a clarividência ou penetrações telepáticas, o treinamento de relaxamento de músculos, o isolamento (como na Antártica) e a estimulação fótica (a luz piscando a determinadas velocidades) podem trazer agudas modificações à consciência" (Ferguson, 1973, p. 59).

PESQUISA PSICODÉLICA

A maioria das culturas primitivas ou civilizadas tem usado ervas, sementes ou plantas a fim de alterar a química corporal, perspectivas emocionais e o nível de percepção consciente. James experimentou-o com óxido nitroso (gás hilariante) e ficou impressionado com suas experiências.

> Comigo, tal como com tantas outras pessoas de quem ouvi falar, a tônica da experiência é o sentido tremendamente excitante de uma intensa iluminação metafísica. A verdade abre-se à percepção numa profundidade maior do que aquela de uma evidência que quase cega. A mente vê todas as relações lógicas do ser com uma sutileza e instantaneidade aparentes às quais a consciência normal não oferece paralelos; apenas quando a sobriedade retorna, o sentimento de *insight* enfraquece e a pessoa fica olhando espantada e vagamente para umas poucas palavras e frases desconjuntadas, assim como alguém que se sobressalta diante de um pico de neve cadavérico o qual o brilho do ocaso acabou de deixar ou diante das cinzas pretas deixadas por uma chama extinta (1969, pp. 359-360).

Embora de tempos em tempos aparecessem outros relatos sobre os efeitos não-usuais de drogas, estudos mais intensivos só começaram a partir da síntese da dietilamida-25 do ácido lisérgico (LSD-25), em 1943, pelo químico suíço Albert Hoffman. A viabilidade de um material sintético mensurável deu margem a um amplo esforço de pesquisa internacional. O difundido uso de drogas pela cultura jovem ocasionou muitos argumentos acadêmicos, científicos e éticos que em grande parte não foram ainda resolvidos. Os efeitos reais da ingestão de drogas psicodélicas eram quase ignorados numa onda de interesse a respeito das vendas, manufatura e distribuição. Os resultados dos estudos iniciais receberam uma ampla publicidade e despertaram o interesse do público. Um efeito durável foi a introdução difundida de drogas na vida norte-americana. Milhões de jovens que pessoalmente experimentaram tais drogas vieram a concordar com James de que "nossa consciência normal em vigília. . . nada mais é que um tipo especial de consciência, enquanto que por toda ela, separada pela mais transparente das cortinas, repousam formas de consciência inteiramente diferentes" (1958, p. 298).

Implicações da Pesquisa Psicodélica para a Teoria da Personalidade

1. A maioria dos teóricos da personalidade baseia-se na consciência normal em vigília. Uma característica desta consciência normal é a de que você sabe quem é; seu sentido de identidade e individualidade é estável e explícito. Estudos sobre a imagem corporal e as fronteiras do ego concluíram que qualquer desvio de um limite seguro de ego é um sintoma psicopatológico (Schilder, 1935; Fisher e Cleveland, 1958; Fadiman, 1962). Tal conclusão

está em vivo contraste com alguns dos relatos de pesquisadores de drogas psicodélicas. Grof, por exemplo, relata as seguintes séries de experiências correlacionadas com um declínio da patologia e uma restauração da saúde psicológica.

> No estado de consciência "normal" ou usual, o indivíduo se experiencia como existindo dentro dos limites de seu corpo físico (a imagem corporal), e sua percepção do meio ambiente é restringida pela extensão, fisicamente determinada, de seus órgãos de recepção externa; tanto a percepção interna quanto a percepção do meio ambiente estão confinadas dentro dos limites do espaço e tempo. Em experiências psicodélicas transpessoais, uma ou várias dessas limitações parecem ser transcendidas. Em alguns casos, o sujeito experiencia um afrouxamento de seus limites usuais de ego e sua consciência e autopercepção parecem expandir-se para incluir e abranger outros indivíduos e elementos do mundo externo. Em outros casos, ele continua experienciando sua própria identidade, mas num tempo diferente, num lugar diferente, ou num diferente contexto. Ainda em outros casos, o sujeito experiencia uma completa perda de sua própria identidade egóica e uma total identificação com a consciência de uma outra identidade. Finalmente, numa categoria bastante ampla dessas experiências psicodélicas transpessoais (experiências arquétipas, encontros com divindades jubilosas e coléricas, união com Deus etc.), a consciência do sujeito parece abranger elementos que não têm nenhuma continuidade com sua identidade de ego usual e que não podem ser considerados simples derivativos de suas experiências no mundo tridimensional (1972, p. 49).

É possível que algumas das distinções que mantemos entre nós mesmos e o resto do mundo sejam arbitrárias? A identidade pode estar mais próxima da noção de James de um campo constantemente flutuante do que de um conjunto de limites estável e definível. Nossa percepção usual de nós próprios pode ser apenas um artifício da consciência normal.

2. Quando James escreveu *The Varieties of Religious Experience*, em 1902, observou que experienciar aquela assim chamada "consciência mística" era um evento raro e imprevisível. O uso amplo dos psicodélicos configurou tais estados, ou ao menos a impressão subjetiva de se ter experienciado tais estados, de forma mais acessível. Vários pesquisadores de drogas psicodélicas relatam que seus sujeitos vivem o que chamam de experiências religiosas, espirituais e transpessoais. Tornou-se importante determinar o valor e a validade dessas experiências, agora que parecem ser mais comuns.

Esta questão é de interesse para a comunidade religiosa. A conversão religiosa, as experiências de oração, as visões e o falar em diferentes línguas, todos ocorrem em estados de consciência alterados. A validade dessas experiências é o fundamento de muitas das diversas doutrinas religiosas. A descoberta e o exame de substâncias usadas em rituais religiosos, que provaram ser ativos agentes psicodélicos, reaviou o interesse dos teólogos a respeito da origem e do significado da experiência religiosa quimicamente induzida.

3. Qual o relacionamento do tempo e do espaço com a consciência? Físicos modernos e velhos místicos parecem cada vez mais próximos uns dos outros em suas tentativas de descrever o universo conhecido (LeShan, 1969). Os resultados das experiências psicodélicas sugerem que a natureza e a gênese da consciência podem ser mais realisticamente descritas por místicos e físicos modernos do que pela mais estável concepção utilizada dentro da psicologia contemporânea.

4. Weil (1972) oferece evidência de que os assim chamados "estados alterados" são não só naturais como também necessários para o bem-estar e a

saúde continuada da pessoa. Ele acredita que a menos que tenhamos oportunidade de mudar nosso estado de consciência, podem desenvolver-se sintomas emocionais graves. Ele vê o impulso para alterar a percepção consciente—tal como expressa pelo uso exagerado de drogas, bebedeiras públicas, práticas religiosas, o ligar-se a alguma coisa dos adolescentes e a dança em êxtase—como reflexo de um impulso fisiológico inato que se origina da estrutura do cérebro. Da mesma forma que sabemos que há um impulso para a experiência sexual, pode haver um impulso equivalente para a mudança de níveis de percepção.

> Meu velho está quase sempre bêbado; minha mãe consome tranqüilizantes; minha irmã é viciada em bolinhas e meu irmão está geralmente "ligado" na maconha. Por que eu não posso "me ligar a alguma coisa"? (Um garoto de catorze anos em Malcolm, 1973).

PESQUISA EM BIOFEEDBACK

Biofeedback é uma aplicação do conceito de *feedback* utilizado em engenharia—é o princípio mecânico que controla a maioria da maquinaria automática. Uma fornalha e seu termostato, por exemplo, formam um sistema de *feedback* autônomo. *Biofeedback* liga a vontade humana a esse tipo de sistema. É o processo de monitorar um processo físico que ocorre em seu próprio corpo. Por exemplo, quando você usa seus dedos para sentir o pulso, você está recebendo *feedback* sobre seu batimento cardíaco.

Pesquisadores nessa área desenvolveram novos métodos de fornecer *feedback* imediato e preciso. À medida que mais processos fisiológicos eram monitorados, descobria-se que uma vez que o indivíduo recebesse *feedback* sobre um processo, tornava-se freqüentemente capaz de mantê-lo sob controle consciente. É seguro dizer que se uma pessoa tem informação imediata e precisa sobre qualquer processo fisiológico, tal processo pode ser conscientemente dirigido em qualquer direção desejada. O batimento cardíaco, a pressão sangüínea, a temperatura da pele, a freqüência das ondas cerebrais e a excitação sexual—todos podem ser elevados ou diminuídos de forma voluntária. Os sujeitos podem não perceber que sistemas musculares ou neurais específicos estão se retesando e relaxando, mas isso não limita, de forma alguma, a efetividade do controle. Pessoas e animais podem literalmente "imaginar" sua temperatura baixa ou alta, retardar ou acelerar seu batimento cardíaco, ou mudar a freqüência de suas ondas cerebrais.

> Um macaco aprendeu a estimular uma única célula nervosa para obter recompensa. Em Queen's University em Kingston, Ontário, John Basmajian treinou sujeitos humanos a descarregarem uma única célula nervosa motora, selecionada dentre os dez bilhões de células cerebrais. Os ratos de Miller (Neal Miller, da Rockefeller University) aprenderam a produzir urina em velocidades maiores ou menores, a corar uma orelha e empalidecer a outra e a aumentar ou diminuir o sangue das paredes intestinais (Ferguson, 1973, pp. 32-33).

As aplicações comuns incluem o controle voluntário da alta pressão sangüínea, cura de enxaquecas, intensificação das imagens visuais e o treinamento de pacientes cardíacos para controle de tais anormalidades como fibrilação atrial e contrações ventriculares prematuras.

Implicações da Pesquisa em Biofeedback para a Teoria da Personalidade

1. As capacidades do sistema nervoso estão sendo redefinidas. Costumávamos acreditar que existia um sistema nervoso voluntário, sujeito ao controle consciente, e um sistema nervoso automático ou involuntário—que não era passível de controle consciente. Entretanto, esta distinção extinguiu-se totalmente. Hoje em dia é mais realista falar-se de um sistema nervoso grosseiro—apto para o controle consciente através de pouco ou nenhum treino—e o sistema nervoso fino—apto para o controle consciente através de treino especializado. Essas definições modificadas tornaram nossa concepção da fisiologia mais próxima da dos sistemas orientais, cujas idéias sobre personalidade estão baseadas exatamente nessas e em outras distinções físicas relacionadas.

Todas as "maravilhas do misterioso Oriente"—iogues descansando sobre uma cama de agulhas, santos sendo enterrados vivos, devotos capazes de caminhar lentamente sobre carvão quente—eram proezas usadas pelos adeptos para demonstrar algo mais sobre a amplitude das possibilidades humanas. Visto que hoje em dia somos capazes de replicar tais façanhas em nossos próprios laboratórios, cabe a nós olhar novamente para as implicações dessas exibições (Brown, 1974; Karlins e Andrews, 1972).

O que significa estar "sob controle"? O controle físico subentende ou conduz ao controle emocional? Se for assim, quais as vantagens e desvantagens de se ensinar alguns tipos de *biofeedback* a crianças ou adultos perturbados ou a outros grupos com necessidades ou problemas especiais?

2. James definiu a vontade como a combinação de atenção e volição (desejo). Kimble e Perlmuter (1970) descobriram que o papel da vontade é crítico para a compreensão de como o treinamento de *biofeedback* realmente ocorre. Observam que o papel da atenção é crítico no processo de querer. Apresentam um exemplo trivial do que pode ocorrer se você deseja fazer algo mas não presta atenção suficiente.

VOCÊ ESTÁ PRESTANDO ATENÇÃO?
PERGUNTA: Repita várias vezes a palavra ema.
RESPOSTA: Ema, ema, ema, ema ...
PERGUNTA: Como se chama a parte branca do ovo?
RESPOSTA: ....*

Só se você prestar muita atenção é que escapa do padrão estabelecido que tende a eliciar a resposta incorreta "gema". (Se você quiser verificar isto posteriormente, tente propor a brincadeira para um amigo e pedir-lhe que responda.) Você pode desejar a resposta correta, mas é a combinação de seu desejo (volição) mais sua atenção que torna possível fazer o que quer.

3. A volição passiva é definida como a vontade de deixar que as coisas aconteçam. Refere-se ao particular estado de consciência que os sujeitos aprendem a usar num treinamento de *biofeedback* bem sucedido. É atenção sem esforço. Um exemplo de uma tarefa da pesquisa em *biofeedback* poderia ser abaixar a temperatura da sua mão direita. Primeiramente os sujeitos "tentarão". A temperatura da mão direita vai aumentar. Então muitos sujeitos "não tentarão mais". Isto costuma resultar num aumento da temperatura. Eventualmente, no curso do treinamento, o sujeito aprende a parar de tentar e a "permitir" que a temperatura caia. A volição passiva não é uma parte do treinamento cultural. Nós crescemos para sermos dogmáticos, bem sucedidos, para resistir às forças que nos impedem de fazer o que desejamos. Uma das

---

*N.T.: Tradução literal do original inglês:
PERGUNTA: Como se chama a árvore que dá bolotas?
RESPOSTA: Carvalho (*oak*).
PERGUNTA: Como se chama uma história engraçada?
RESPOSTA: Piada (*joke*).
PERGUNTA: O barulho do sapo?
RESPOSTA: Coaxar (*croak*).
PERGUNTA: Como se chama a parte branca do ovo?
RESPOSTA: .... (*yolk*).

(De Kimble e Perlmuter, 1970, p. 373.)
Substituímos o trecho acima por uma brincadeira comum no Brasil ao observar que a seqüência de perguntas em português, mesmo adaptada, dificilmente obteria o mesmo efeito do original, pela própria característica da língua.

poucas situações em que desenvolvemos volição passiva é no ato de urinar (Peper, 1974). Quando urinamos, relaxamos e permitimos que a urina saia. A distinção de James entre o querer passivo e ativo tornou-se uma importante variável no treinamento efetivo de *biofeedback*.

4. A maioria das teorias da personalidade especifica a gênese e as condições necessárias para vários tipos de doenças mentais. A pesquisa em *biofeedback* apresentou formas alternativas de induzir ou eliminar muitos sintomas "psicológicos" sem considerar as razões psicológicas para o sintoma. Como sugeriram Green e Green (1971), uma vez que podemos nos tornar fisicamente doentes em resposta à tensão psicológica, talvez possamos eliminar a doença aprendendo a controlar a resposta fisiológica.

MEDITAÇÃO

A meditação pode ser definida como o ato de dirigir, acalmar, aquietar ou focalizar a consciência normal de uma maneira sistemática. A meditação pode ser praticada em silêncio ou com barulho, com os olhos abertos ou fechados, sentado, andando ou quieto. Há centenas de técnicas, práticas e sistemas de meditação. A pesquisa está apenas começando a descobrir como a meditação afeta comportamentos psicológicos ou fisiológicos. Embora grande parte dos estudos detalhados de laboratório tenha sido realizado sobre um sistema de meditação específico, a meditação transcendental (Kannellakos e Lukas, 1974), é provável que os estudos desse sistema sejam de forma geral válidos para outros sistemas de meditação.

Há uma ampla proliferação de grupos e professores que oferecem treinamento em meditação diária. Grandes cidades e a maioria dos campus universitários abrigam diversas organizações dedicadas a tal ensino. Há um interesse crescente na aplicação das práticas de meditação à psicoterapia (Weide, 1973; Sutich, 1973). A pesquisa está sendo conduzida também para o uso da meditação como auxiliar no tratamento do câncer (Simonton, 1972) e do uso excessivo de drogas (Benson e Wallace, 1972).

Implicações da Pesquisa sobre Meditação para a Teoria da Personalidade

1. Quais são os conteúdos da consciência? James propôs que poderíamos considerar consciência como um curso d'água ou um rio. Relatos de pesquisas indicam que, para uma descrição mais completa, seria necessário considerar a consciência como tendo muitos caminhos ou fluxos, todos correndo simultaneamente. A percepção consciente pode mover-se de um caminho para outro como um holofote deslocando-se sobre diferentes trilhos numa estação ferroviária.

O que há na consciência além dos diferentes pensamentos? Relatos de meditadores sugerem algo mais do que as variadas formas de pensamento que pairam na superfície da mente. À medida que se explora a consciência, ocorrem mudanças nas formas de pensamento, e não apenas em seus conteúdos.

Tart (1972) incentivou os pesquisadores a considerar o fato de que o treino especializado pode ser necessário para atingir e observar esses estados específicos. Assim como um dentista precisa de treino especial para ser capaz de detectar pequenas irregularidades em Raios-X dos dentes, ou astronautas precisam de um treinamento especial para serem capazes de trabalhar em situações onde não há força da gravidade, assim também os cientistas que tra-

De todos os fatos seguros da ciência, não conheço nenhum mais sólido e fundamental do que aquele de que se você inibe o pensamento (e persevera) você finalmente chega a uma região da consciência abaixo ou oculta sob o pensamento... e dá-se conta de um eu total mais vasto do que aquele com o qual estamos acostumados (Edward Carpenter, 1844-1929).

balham numa "ciência de estados específicos" deveriam receber treinamento apropriado. A queixa de James de que o *insight* acessível sob o efeito de óxido nitroso "desapareceria gradualmente", pode refletir sua própria falta de treinamento, não apenas um efeito do gás.

2. Que efeitos tem a meditação sobre os valores pessoais, o estilo de vida e a motivação? Ram Dass (1974) comenta que suas crenças anteriores, desenvolvidas quando ensinava a psicologia ocidental da motivação, foram seriamente ameaçadas por suas experiências em meditação. Alguns dos sistemas com os quais trabalhou não assumiam sequer que os assim chamados impulsos "básicos" para afiliação, poder ou realização—ou mesmo os impulsos biologicamente estabelecidos para comida, água ou sobrevivência—eram necessários para o bem-estar pessoal. Os escritos de Ram Dass (1974), Sayadaw (1954) e outros tornam evidente que há modelos de personalidade baseados em considerações diferentes daquelas que temos considerado até agora.

HIPNOSE

Embora há cerca de cem anos a hipnose seja uma área de pesquisa, não é um fenômeno bem definido. Algumas de suas aplicações são a psicoterapia, ajudas no treino atlético, técnicas de modulação da dor e espetáculos de clubes noturnos. Sujeitos bem treinados demonstraram capacidades físicas, emocionais, perceptuais e até mesmo psíquicas incomuns quando em estado hipnoticamente induzido. Visto que as induções hipnóticas conduzem a tantos estados alterados, podemos considerar que a hipnose é um instrumento de exploração da consciência e não apenas um meio de induzir um único e específico estado alterado.

> Dentro do território da mente, o que eu acredito que seja verdade é verdade ou torna-se verdade dentro dos limites a serem encontrados vivencial e experimentalmente. Esses limites são convicções adicionais a serem transcendidas (John Lilly, 1972).

A realidade subjetiva e as respostas dos sujeitos a estímulos externos são acentuadamente modificadas na hipnose. Tart (1970) descreve algumas das séries de efeitos.

> Um dos testes padrões que usamos, por exemplo, é contar à pessoa que ela não tem olfato e, então, segurar uma garrafa de amoníaco sob seu nariz e dizer "respire profundamente". Ela senta-se lá com o rosto pálido se for um bom sujeito (isto me horroriza cada vez que é feito, mas funciona maravilhosamente). Pode-se induzir analgesia total para dor em operações cirúrgicas, por exemplo. Pode-se fazer com que as pessoas tenham alucinação. Se você lhes contar que há um urso polar na esquina, verão um urso polar na esquina. Pode-se de alguma forma mexer na memória. . . . Pode-se fazer com que as pessoas retrocedam no tempo, de forma que se sintam como se fossem crianças de determinada idade e assim por diante (pp. 27-28).

Implicações da Pesquisa em Hipnose para a Teoria da Personalidade

1. Quem tem o controle de nossa consciência? Na hipnose induzida em espetáculos parece que o hipnotizador tem pleno controle, forçando o sujeito a fazer coisas idiotas e embaraçosas. A pesquisa de laboratório indica que o relacionamento é mais cooperativo do que geralmente parece ser. O sujeito confia no hipnotizador e irá, portanto, concordar com vários tipos de sugestões. Se você fizer o que lhe foi ordenado, será responsável por seus atos? Você está consciente da fonte de sugestões? Até certo ponto, somos todos hipnotizados pelas propagandas e pela televisão (Harman, 1967): como este tipo de condicionamento se compara com a indução hipnótica?

2. Na hipnose dental, o paciente é ensinado a eliminar a dor do dente ou a "mandá-la embora". Como isto é feito? Não sabemos, mas a verdade é que há sucesso. Se a dor for subjetiva, isto é, sujeita a controle voluntário, o que significa dizer que sinto dor ou mesmo que estou cansado ou com raiva? Todas essas sensações podem ser "ligadas" e "desligadas" por um hipnotizador. Arnold (1950) pediu a certos indivíduos para enrijecer seus músculos de várias maneiras. Os sujeitos relataram emoções correlacionadas com os tipos de tensões musculares requeridas. Para James, o trabalho de Arnold seria uma evidência adicional de que é a sensação física mais a atenção a ela que determinam o efeito sobre a consciência. A evidência da hipnose sugere que a consciência *pode* ser altamente seletiva com relação ao que admite que seja conscientizado.

Uma abordagem diferente do controle da dor, que pode ser tentada por você, baseia-se na tendência natural da mente a divagar. Da próxima vez em que você sentir dor—de uma queimadura, picada de inseto ou de um tornozelo torcido—feche os olhos e conscientemente tente intensificar a dor. Concentre-se por completo apenas na dor e na parte afetada do corpo. Experiencie da forma mais plena que puder. Tente e mantenha esta absorção total ao menos por trinta segundos. Quando relaxar, a dor terá em grande parte diminuído ou desaparecido (adaptado de Ferguson, 1973).

Em que medida nossa aceitação da estimulação externa é um simples resultado da não compreensão de formas alternativas de lidar com as sensações?

3. Na chamada "hipnose profunda" (Tart, 1970; Sherman, 1972), a personalidade parece passar por uma série de transformações radicais. Um por um, os aspectos da identidade parecem ser postos de lado. A sensação da passagem do tempo, a percepção de nosso próprio corpo, a percepção da sala e da identidade pessoal em si mesma apagam-se gradualmente. Embora ainda haja comunicação entre sujeito e experimentador, até mesmo esta percepção diminui, até que o experimentador seja apenas uma voz distante.

> Perguntei-lhe sobre seu sentimento de identidade em vários momentos. "Quem é você?" "Qual é sua identidade?" Este tipo de coisa. Ele começa como ele mesmo, ego, e então seu sentimento de identidade tende a se tornar menos distribuído por seu corpo e mais em sua cabeça; apenas uma espécie de parte pensante. Isto se acentua um pouco mais e então começa um tipo de desligamento, até que sua identidade comum—chamemo-lo John Smith—começa a decrescer continuamente e, à medida que se aprofunda na hipnose, John Smith já não existe. No entanto, está havendo uma mudança em quem ele é. Torna-se cada vez mais identificado com uma nova identidade, e esta identidade é *potencial*. Ele não é ninguém em particular; é potencial. Poderia ser isto ou aquilo. Toma consciência da identificação com este fluxo de potencialidade que poderia evoluir para muitas espécies de coisas (Tart, 1970, p. 35).

4. Que efeito tem a percepção na personalidade? A maioria dos teóricos assume que todos nós vemos aproximadamente o mesmo mundo, as mesmas cores, temos o mesmo sentido de tempo e assim por diante. Aaronson (1968, 1973) conduziu uma série de estudos que questionam tal pressuposto. Ele descobriu que mudanças na percepção hipnoticamente induzidas (alterações na maneira de perceber tempo, espaço e forma) podem causar estados pseudo-psicóticos, eufóricos ou outras mudanças de curta duração na personalidade. Mudanças no parâmetro perceptual resultam em mudanças emocionais e

comportamentais que são análogas às descrições de catatonia, paranóia e outros distúrbios mentais. Eis um exemplo do trabalho de Aaronson com um sujeito normal e bem ajustado:

> O sujeito 5 reagiu [à instrução hipnótica de que não há dimensão de profundidade] com marcada tendência primitivista do comportamento. Apresentou um humor superficial inadequado e não podia imaginar o que acontece no pico de uma colina ou numa esquina. Ele fazia o sinal da cruz repetidamente, embora nada em sua formação sugerisse este tipo de simbolismo religioso. Seu afeto parecia superficial e embotado, suas impressões sensoriais pareciam insípidas e seu comportamento não diferia do de um esquizofrênico crônico (1973, pp. 207-208).

Para compreender o comportamento atual das pessoas, pode ser tão proveitoso investigar a maneira como percebem o universo quanto suas experiências infantis. Você conhece alguém que pareça sempre apressado, que não possa nunca ir mais devagar? Você conhece pessoas que parecem melancólicas de forma pouco natural, ou perpetuamente alegres? É possível que algumas das diferenças que supomos serem "variáveis de personalidade" sejam devidas, ao contrário, a "variáveis perceptuais".

ESP – PESQUISA PARANORMAL

Embora James tenha atraído estudantes que continuaram sua abordagem pragmática com relação à educação e à filosofia, seus interesses paranormais não foram retomados após sua morte. A Psicologia, até recentemente, tentou ignorar o trabalho nesta área. A razão para a repugnância coletiva é bem resumida por Tart (1966): "Uma das dificuldades para muitos cientistas em aceitar a existência da percepção extra-sensorial (ESP) é que ela não faz sentido em termos do que conhecemos sobre o universo físico. Não temos nenhuma teoria compreensiva, nenhum bom modelo ou tipo de explicação generalizadamente aceita do fenômeno" (p. 448). James estava mais interessado em investigar os exemplos disponíveis do que em desenvolver modelos teóricos. Estava também consciente, assim como os parapsicólogos da atualidade, de que freqüentemente há fraude associada ao fenômeno genuíno.

A onda nascente de pesquisa sobre estados alterados inclui o progresso das investigações parapsicológicas. Livros como *Psychic Discoveries Behind the Iron Curtain* (Ostrander e Schroeder, 1970) reavivaram interesses populares e profissionais semelhantes. Pesquisadores da atualidade tendem a se interessar por treinar, medir e controlar habilidades paranormais específicas, ao invés de se preocuparem com provas cada vez mais elaboradas de sua existência.

É interessante notar a distinção lógica que existe entre provar uma coisa e refutá-la. Por exemplo, eu inseri entre esta página e a imediatamente seguinte (em cada uma e em todas as cópias deste livro) uma pena da asa de um ser invisível. Aqueles que não perceberam tal pena, virem a página e observem se há um objeto imaterial e invisível lá. (Alguns de vocês, que perderam o treino ou a capacidade natural, podem não vê-la logo.) Vocês podem zombar disto, mas encontrarão extrema dificuldade em *refutar* minha afirmação. Para sua satisfação, talvez eu não possa prová-la, mas para minha própria satisfação é ainda mais improvável que você seja capaz de refutá-la. Este tipo de impasse entre pesquisadores e céticos no passado tornou impossível um diá-

---

Estamos tão longe de conhecer todas as forças da natureza e os diversos modos de sua ação que não é digno de um filósofo rejeitar fenômenos apenas porque são inexplicáveis no presente estágio de nosso conhecimento (Pierre LaPlace, matemático francês).

Não direi que é possível. Direi apenas que é verdade (Charles Richet, parapsicólogo, ganhador de um prêmio Nobel).

logo significativo sobre a validade ou plausibilidade de diversos tipos de experiências paranormais.

A tendência atual está longe deste tipo de confrontação e dirige-se às mensurações mais acuradas e à identificação mais concisa de variáveis críticas. A pesquisa inclui o treinamento de habilidades paranormais em pessoas que não demonstraram tais capacidades antes.

A maioria dos pesquisadores em Parapsicologia aceita os seguintes fenômenos:

1. Telepatia: comunicação de uma mente a outra.
2. Clarividência: obtenção de informações não disponíveis aos sentidos físicos, tal como informações de um livro fechado em outra sala.
3. Premonição: obtenção de informações do que ainda não existe; por exemplo, sonhar com um evento que ocorre dias depois.
4. Psicocinese: influenciar objetos ou processos físicos sem qualquer contato físico.

Há outras capacidades paranormais sendo investigadas, mas essas quatro ilustram o alcance dessa atividade.

> Eu lhes dei a impressão de que estou secretamente inclinado a apoiar a realidade da telepatia no sentido oculto? Se assim foi sinto muito que seja tão difícil impedir-me de causar tal impressão. Na realidade, entretanto, estava ansioso para ser rigorosamente imparcial. Tenho todas as razões para ser assim pois não tenho opinião. Não sei nada sobre isto (Freud, 1922).

Implicações da Pesquisa Paranormal para a Teoria da Personalidade

1. Em que medida há uma ligação telepática entre a mãe e a criança? O ponto de vista biológico supõe que a ligação entre a mãe e a criança é cortada no nascimento. A evidência indica que este vínculo, em parte físico e em parte telepático, permanece ativo depois do nascimento. Isto é especialmente evidente quando a criança ou a mãe passam por estimulações emocionais intensas.

2. Uma questão mais geral é o problema de determinar se quaisquer de nossas capacidades de empatisar com outros são devidas a sugestões telepáticas sutis. Os pesquisadores estão descobrindo que as ligações entre parentes ou mesmo entre animais de estimação e seus donos são contínuas e não limitadas pela percepção consciente de cada um.

3. Se é possível obter informações da mente de outra pessoa, de um quarto trancado ou mesmo de um tempo futuro, como podemos definir os limites da personalidade? A identidade é restrita ao corpo, como costumamos assumir, ou é vagamente localizada nele com possíveis extensões? Assim como na literatura psicodélica, os resultados publicados levantam questões sobre espaço e tempo. Se, como disse Einstein, "a distinção entre passado, presente e futuro é apenas uma ilusão, ainda que seja uma ilusão persistente", podemos então nos sentir seguros com relação aos nossos modelos presentes de causalidade psicológica?

4. Os dados sobre reencarnação levantam questões envolventes para todas as teorias da personalidade. Reencarnação é a crença de que, após a morte, a personalidade não desaparece, mas pode ser, em certo sentido, restabelecida numa criança recém-nascida ou em outra forma viva. Casos contemporâneos de reencarnação relatados foram pesquisados; as histórias são consistentes e foram verificadas em muitos casos (Stevenson, 1966; David-

> Esser, diretor da Fundação Psiquiátrica do hospital, descobriu que gêmeos idênticos separados um do outro exibiam mudanças plasmográficas (medição do fluxo sangüíneo, sensibilidade a mudanças emocionais) simultâneas mesmo quando o gêmeo agente reagia a afirmações de pequeno impacto emocional. Esser e Douglas Dean descobriram que um cachorro em isolamento mostrava reações fisiológicas intensas quando os pesquisadores jogavam água gelada em seu dono, em outro quarto (Ferguson, 1973, p. 324).

-Neel, 1971; Govinda, 1970; Gunaratna, 1971). Enquanto que outras partes do mundo endossam a realidade da reencarnação, ela não tem lugar no pensamento Ocidental. A situação nem sempre foi esta; a reencarnação era uma parte da doutrina cristã até seu repúdio formal em 533 DC, no Concílio de Constantinopla.

Se há possibilidade de aceitar o fenômeno, então a possível origem da personalidade e das características físicas pode incluir eventos ou experiências de encarnações anteriores. Tudo o que se pode definitivamente dizer é que existe uma evidência que não pode ser facilmente descartada.

> Não é qualquer um que é capaz de se recordar espontaneamente da memória de uma existência passada. Tal recordação é possível apenas em casos excepcionais... em quase todos os casos de recordação espontânea, as vidas anteriores haviam sido interrompidas na infância precoce por algum tipo de morte violenta, tal como um acidente ou doença grave (Gunaratna, 1971, p. 65).

AVALIAÇÃO

Para James, a Psicologia não é limitada pela Biologia, por um lado, e pela Metafísica por outro; incluía quaisquer questões não respondidas a respeito da existência humana. A extensão de seus escritos é inigualável. Ele era tão interessado e conhecedor dos fenômenos bioelétricos do sistema nervoso quanto da psicopatologia dos santos.

Lamentavelmente, há poucos livros de psicologia que possam ser recomendados pelo simples prazer de lê-los. *The Varieties of Religious Experience*, de James, é um deles; *Talks to Teachers* é outro. Ainda que grande parte de seu extenso manual já tenha deixado de ser válida, suas anotações pessoais, suas especulações e seus vivos exemplos são ainda úteis para os estudantes de hoje. Seu estilo é atordoante. Seus livros transbordam de idéias, histórias, apartes profundos e magistrais conclusões. Entretanto, trabalhando com James você pode perder de vista como um conjunto de idéias, tal como a atenção, relaciona-se com outros, como o uso da imaginação. Ele nunca tentou ser apenas sistemático e, como resultado, há uma tendência oculta de divagação caótica em seus trabalhos.

Quando James escreveu *Principles of Psychology* havia uma profusão de teorias parcialmente desenvolvidas, sustentadas por uma evidência bastante frágil. Hoje em dia, temos uma profusão de teorias bem desenvolvidas, cada qual favorecida por considerável evidência. No que diz respeito à capacidade de estabelecer argumentos para o mérito relativo de uma teoria sobre outra, a situação alterou-se muito pouco.

Ler James nos desperta para a unidade essencial dos fatos, dos sentimentos, da moralidade e do comportamento. James importava-se com o que as pessoas faziam de suas vidas. Ele atribuía à ciência que ajudou a desenvolver um papel ativo, comprometido—uma Psicologia dentro do mercado de trabalho. Em certo sentido, ainda estamos em dívida com ele e com sua sombra. O alcance que ele propôs para o estudo psicológico é mais amplo do que muitos de nós somos capazes de compreender. Ele era o que hoje chamamos de psicólogo humanista, profundamente consciente das responsabilidades inerentes ao lecionar sobre a consciência; era também um psicólogo transpessoal, sensível aos estados de consciência mais elevados e impressionado com os efeitos que esses estados ocasionam nos que os experienciam.

Sua insistência de que havia algo a aprender com os curandeiros e os médiuns, com as visões dos místicos e com as agudas percepções do óxido nitroso foi confirmada pelas descobertas da pesquisa de estados alterados. Pode ser que as principais brechas em nosso conhecimento da personalidade surjam não de alas de hospitais nem de exames intensivos de indivíduos em terapia, mas que se revelem em laboratórios de fisiologia e parapsicologia de todo o mundo.

James exerceu influência duradoura na Educação (através de seu aluno Dewey e dos seguidores deste), na Filosofia e na Psicologia norte-americanas. Seu trabalho em Educação e Filosofia foi absorvido pelas principais linhas dessas disciplinas. Sua influência em Psicologia foi irregular e menos reconhecida.

Num simpósio para a celebração do septuagésimo quinto aniversário da Associação Norte-americana de Psicologia, proeminentes teóricos reconheceram seu débito para com James e descreveram algumas das áreas de interesse atual em que ele foi pioneiro (MacLeod, 1969).

As idéias de James entram e saem de moda; seus interesses morais e éticos foram considerados como vitais ou rejeitados como divagações metafísicas; sobre seu interesse pela vida do espírito, falou-se que era profundo ou uma bobagem. Entretanto, nenhum de seus críticos sugeriu que a forma como ele ilustrava suas descobertas e idéias fosse algo mais do que inspiradora. Como os editores do simpósio sobre James escreveram (Bray et al., 1969) "*Principles*, de James, é sem dúvida o mais literário, o mais provocativo e, ao mesmo tempo, o mais inteligível livro de Psicologia que já apareceu em inglês ou em qualquer outra língua" (p. III).

A TEORIA EM PRIMEIRA MÃO

Devido à ampla variedade de assuntos sobre os quais James escreveu, incluímos dois excertos. O primeiro faz parte de uma conferência para professores. E é James mais moral e pragmático. O segundo é um excerto de *The Varieties of Religious Experience*; indica alguns dos interesses mais transpessoais de James.

> É muito importante que os professores compreendam a importância do hábito e a Psicologia pode ajudar-nos muito neste ponto. Falamos, é verdade, de bons e maus hábitos; mas, quando as pessoas usam a palavra "hábito", na maioria das vezes têm em mente um mau hábito. Falam do hábito de fumar e do hábito de praguejar e de beber, mas não do hábito de abstenção ou do hábito da moderação ou da coragem. Mas o fato é que nossas virtudes são hábitos, assim como nossos vícios. Toda nossa vida, na medida em que tem uma forma definida, não é nada mais que um conjunto de hábitos–práticos, emocionais e intelectuais–sistematicamente organizados para o nosso prazer ou pesar, que nos levam de forma irresistível em direção a nosso destino, seja este qual for.
>
> Considerando que os alunos podem entender estas afirmações numa idade relativamente precoce, e considerando que compreendê-lo contribui em grande parte para seu senso de responsabilidade, seria bom se o professor pudesse falar a eles sobre a filosofia do hábito em termos abstratos como me disponho a fazê-lo agora.
>
> Acredito que estamos sujeitos à lei do hábito pelo fato de termos corpo. A plasticidade da matéria viva de nosso sistema nervoso, em resumo, é a razão pela qual fazemos uma coisa pela primeira vez com dificuldade, mas logo adquirimos mais e mais facilidade e, finalmente, com prática suficiente, fazemo-lo de forma quase mecânica ou com quase nenhuma consciência. Nossos sistemas nervosos (nas palavras do Dr. Carpenter) *desenvolveram-se* e tomaram determinada forma de acordo com aquilo para que foram exercitados, assim como um pedaço de papel ou um paletó, uma vez amassados ou dobrados, tendem a manter, depois, as mesmas dobras para sempre.
>
> O hábito é, portanto, uma segunda natureza, ou melhor, como disse o Duque de Wellington, é "dez vezes a natureza"–pelo menos quanto à sua importância na

vida adulta, pois os hábitos adquiridos em nossa educação, a esta altura de nossa existência, já inibiram ou sufocaram a maioria de nossas tendências instintivas naturais que originalmente existiam. Da hora em que despertamos até a que nos deitamos à noite, noventa e nove por cento, ou, talvez, novecentos e noventa e nove por milhar de nossa atividade é puramente automática e habitual. O vestir-se e o despir-se, o comer e o beber, saudações e despedidas, o tirar o chapéu e dar passagem às senhoras e, ainda mais, até a maior parte de nossa linguagem usual, são ações tão fixas pela repetição que quase podem ser classificadas como ações reflexas. Para cada classe de impressões temos uma resposta já pronta, automática. Até minhas palavras a vocês, agora, são um exemplo do que quero dizer; pelo fato de já ter feito conferências sobre hábito e de ter um capítulo impresso sobre esse assunto num livro, e pelo fato de tê-lo lido quando foi publicado, percebo que minha linguagem está caindo inevitavelmente em suas velhas frases e que estou repetindo de forma quase literal o que já disse antes.

Então, na medida em que somos meros feixes de hábito, somos criaturas estereotipadas imitadoras e copiadoras de nossos eus (*selves*) passados. E desde que isto, sob quaisquer circunstâncias, é o que tendemos a nos tornar, segue-se, em primeiro lugar, que o interesse fundamental dos professores deveria ser proporcionar aos alunos um sortimento de hábitos que lhes possa ser útil por toda a vida. A educação se dirige para o comportamento e o hábito é a matéria que constitui este último....

Não há ser humano mais miserável do que a pessoa em que nada é habitual mas indeciso, e para quem o acender cada cigarro, o beber cada cálice, o horário de levantar-se e deitar-se todo dia e o começo de cada atividade de trabalho estão sujeitos à deliberação volitiva expressa. A metade do tempo de tal homem é despendida na decisão ou remorso ligados a questões que deveriam estar tão interiorizadas a ponto de praticamente não existirem para sua consciência. Se existem tais deveres cotidianos não-introjetados em algum de meus ouvintes, deixemo-lo aproveitar este momento para acertar a questão de forma correta.

No capítulo do professor Bain sobre "Os Hábitos Morais" há algumas observações práticas admiráveis. Dois grandes aforismos emergem do tratamento. O primeiro é que na aquisição de um novo hábito ou no abandono de um velho precisamos cuidar para *lançarmo-nos com uma iniciativa tão forte e decidida quanto possível*. Acumule todas as circunstâncias possíveis que irão reforçar os motivos corretos; ponha-se assiduamente em condições que incentivem a nova forma; mantenha compromissos incompatíveis com a velha; faça uma promessa pública se o caso permitir; em resumo, envolva sua resolução com toda ajuda possível. Isto dará a seu novo começo um tal impulso que a tentação de voltar atrás não ocorrerá tão cedo como o poderia de outra forma; cada dia que passa sem que haja uma interrupção aumenta as chances de que ela não ocorra mais.

Lembro-me de que há algum tempo atrás li num jornal austríaco o anúncio de um certo Rudolph Não-sei-de-quê, que prometia recompensa de cinqüenta florins a qualquer um que, após aquela data, o encontrasse na casa de vinhos de Ambrosius Não-sei-das-quantas. "Faço isto", continuava o anúncio, "em conseqüência de uma promessa que fiz à minha esposa". Com tal esposa e tal compreensão sobre a forma de iniciar um novo hábito, seria seguro apostar dinheiro no sucesso definitivo de Rudolph....

Uma máxima pode ser adicionada à precedente: *Agarre a primeira oportunidade possível para cumprir dada resolução que tomar e todo estímulo emocional que puder experimentar na direção dos hábitos que aspira a adquirir.* Não é no momento de sua formação, mas no momento da produção de seus efeitos motores que as resoluções e aspirações comunicam a nova "tendência" ao cérebro.

Não importa o quão completo é o reservatório de máximas que se possui e não importa o quanto podem ser bons os sentimentos de uma pessoa; se ela não tirar vantagem de cada oportunidade concreta para agir, seu caráter pode permanecer totalmente impermeável ao melhor. De acordo com o provérbio, de boas intensões o inferno está cheio. Esta é uma conseqüência óbvia dos princípios que propus. Um "caráter", como diz J.S. Mills, "é uma vontade completamente ajustada", e a vontade, no sentido em que ele a usa, é um agrupado de tendências para agir de maneira firme, pronta e definida em todas as principais emergências da vida. Uma tendência para agir só se torna efetivamente enraizada em nós na proporção da freqüência ininterrupta em que as ações ocorrem e em que o cérebro se "desenvolve" para seu uso. Permitir que uma resolução ou um puro reluzir de sentimentos se apaguem sem fazer nascer frutos práticos, é pior do que uma chance perdida: funciona de forma positiva para impedir que futuras resoluções e emoções tomem o caminho normal de descarga. Não há tipo de caráter humano mais desprezível do que o do sentimental e sonhador desanimado, que passa sua vida num tumultuoso mar de sensibilidade, mas nunca efetua uma ação máscula concreta (1899, pp. 33-36).

O material de nosso estudo sobre a natureza humana está agora espalhado à nossa frente; nesta hora inicial, livres do dever da descrição, podemos esboçar nossas conclusões práticas e teóricas. Em minha primeira conferência, defendendo o método empírico, adiantei-me dizendo que quaisquer conclusões a que chegássemos poderiam ser alcançadas por julgamentos apenas espirituais, apreciações da significância para a vida de religião tomadas "no global". Nossas conclusões não chegam a ser tão penetrantes quanto o seriam conclusões dogmáticas, mas formulá-las-ei no devido tempo, de forma tão clara quanto puder.

Resumindo da forma mais ampla possível as características da vida religiosa, assim como as encontramos, estão incluídas as seguintes convicções:

1. Que o mundo visível é parte de um universo mais espiritual do qual retira seu principal significado;
2. Que a união ou a relação harmônica com este universo mais elevado é nosso verdadeiro fim.
3. Que a oração ou a comunhão interior com este espírito – seja ele "Deus" ou "ordem" – é um processo no qual um trabalho é realmente feito, e a energia espiritual flui, produz efeitos, psicológicos ou materiais, no mundo fenomenal.

A religião inclui também as seguintes características psicológicas:

4. Um novo interesse que se acrescenta como um presente à vida e toma a forma de um encantamento lírico ou de um apelo à seriedade e ao heroísmo.
5. Uma certeza de segurança e um temperamento pacífico e, na relação com os outros, uma preponderância de sentimentos de amor.

Ao ilustrar essas características através de documentos, ficamos literalmente inundados por sentimentos. Ao reler meu manuscrito, sinto-me estarrecido frente à quantidade de emoção que encontro nele. Depois de tanta sentimentalidade, permitimo-nos ser mais secos e menos solidários ao resto do trabalho que se coloca à nossa frente.

O sentimentalismo de muitos de meus documentos é conseqüência do fato de tê-los procurado entre as particularidades do assunto. Se qualquer de vocês é inimigo daquilo que nossos ancestrais chamavam de entusiasmo e, não obstante, ainda estão me ouvindo agora, vocês provavelmente sentiram que minha seleção foi algumas vezes quase perversa e desejaram que eu me restringisse a exemplos mais simples. Replico que tomei esses exemplos extremos para fornecer uma informação mais profunda. Para aprender os segredos de qualquer ciência, dirigimo-nos a especialistas versados no assunto, ainda que sejam pessoas excêntricas, e não a alunos comuns. Confrontamos o que eles nos dizem com o resto de nossa sabedoria e formamos nosso julgamento final independentemente. O mesmo se dá com a religião. Nós que buscamos suas expressões tão radicais podemos estar certos de que conhecemos seus segredos de forma tão autêntica quanto qualquer um que os aprende de outra pessoa pode conhecê-los. Temos, em seguida, que responder, cada um por si, à questão prática: quais os perigos deste elemento da vida? Em que proporção ele pode ser limitado por outros elementos para oferecer o equilíbrio adequado?

Contudo, esta questão sugere uma outra que responderei imediatamente e descartarei, pois ela já nos aborreceu mais de uma vez. Devemos aceitar que, em todos os homens, a combinação da religião com outros elementos seja idêntica? Devemos, na verdade, assumir que as vidas de todos os homens apresentam elementos religiosos idênticos? Em outras palavras, a existência de tantos tipos, seitas e credos religiosos é lamentável?

A estas questões respondo de forma enfática "Não". E a minha razão é que não acho possível criaturas em tais posições diferentes e com tais poderes diferentes, como são os seres humanos, terem exatamente as mesmas funções e os mesmos deveres. Nem dois de nós têm dificuldades idênticas, e muito menos deveríamos esperar encontrar idênticas soluções. Cada um, de seu peculiar ângulo de visão, toma para si uma certa esfera do fato e do problema, com a qual lida de uma maneira singular. Alguns de nós devem abrandar-se, outros devem endurecer-se; uns devem conceder seu lugar, outros devem manter-se firmes—a fim de melhor defender a posição que lhes for destinada. Se um Emerson fosse forçado a ser um Wesley, ou um Moody forçado a ser um Whitman, a consciência humana total do divino sofreria. O divino não pode significar uma qualidade única, mas deve significar um grupo de qualidades, e, sendo especialistas em cada uma delas alternadamente, homens diferentes podem todos encontrar missões dignas. Se cada atitude é uma sílaba na mensagem total da natureza humana, todos nós somos necessários para que ela seja soletrada por completo. Então, deve-se admitir que um "deus da guerra" seja o deus para um tipo de pessoa, e um deus da paz, do céu e do lar o seja para outras. Precisamos reconhecer com franqueza o fato de que vivemos em sistemas parciais e de que as partes não são intercambiáveis na vida espiritual. Se somos irritadiços e ciumentos, então a destruição do eu deve ser um elemento de nossa religião; por que ela deve aparecer se somos bons e compassivos desde o princípio? Se somos almas enfermas, necessitamos de uma religião de redenção, mas por que pensar tanto em redenção se somos mentalmente sadios? Sem dúvida alguma, alguns homens têm a mais completa experiência e a mais elevada vocação nesta área, assim como no mundo social; mas, que cada homem permaneça em sua própria experiência, qualquer que seja ela, e que os outros o tolerem como ele é, é com certeza a melhor alternativa. . . .

Precisamos, em seguida, ir além do ponto de vista de utilidade meramente subjetiva e perguntar sobre o próprio conteúdo intelectual.

Em primeiro lugar, sob todas as discrepâncias existentes entre os credos, há um núcleo comum sobre o qual eles mantêm unanimemente seu testemunho?

E, em segundo, devemos considerar o testemunho verdadeiro?

Dedicar-me-ei de início à primeira questão e respondo-a de imediato afirmativamente. Os deuses em luta e as fórmulas das várias religiões na verdade se anulam mutuamente, mas há uma determinada libertação uniforme que todas as religiões parecem encontrar. Ela consiste em duas partes:

1. Uma inquietude, reduzida a seus termos mais simples, é um sentimento de que há *algo errado em nós*, da maneira como nos encontramos naturalmente.
2. Uma solução é um sentimento de que *somos salvos do erro* colocando-nos em conexão adequada com poderes mais elevados.

Nas mentes mais desenvolvidas que estamos estudando isoladamente, o erro toma um caráter moral e a salvação tem um toque místico. Acho que conseguiremos nos manter dentro dos limites daquilo que é comum a todas essas mentes se formularmos a essência de sua experiência religiosa nos seguintes termos:

O indivíduo, enquanto sofre por causa de seu erro e o critica, está, nesta medida, conscientemente além dele e, no mínimo, em possível contato com algo mais elevado, se é que este algo existe. Junto com a parte errada há, portanto, uma parte sua melhor, ainda que possa ser apenas um gérmen impotente. Não é nada óbvio, neste estágio, descobrir a parte com a qual ele deveria identificar seu ser real; mas, quando chega o estágio 2 (o estágio da solução ou salvação), o homem identifica seu ser real com o embrião de sua parte mais elevada, e o faz da seguinte maneira: *Torna-se consciente de que esta parte mais elevada é contérmina e contínua a um ALGO MAIS, com a mesma qualidade, que é operativo no universo externo a ele e que ele pode preservar mantendo contato com o mesmo. De certo modo, o homem embarca e salva-se quando todo seu ser inferior tiver se despedaçado em ruínas.*

Parece-me que todos os fenômenos podem ser descritos acuradamente nesses termos simples e gerais. Eles levam em conta o eu dividido e a luta; envolvem a mudança do centro pessoal e a renúncia do eu inferior; expressam a aparência de exterioridade do poder de ajuda e ainda explicam nosso sentimento de união com tal poder, e justificam plenamente nossos sentimentos de segurança e satisfação. É provável que não haja nenhum documento autobiográfico, dentre os que consultei, ao qual esta descrição não se aplique. É necessário apenas acrescentar alguns detalhes específicos e ela pode ser adaptada às diversas teologias e aos diversos temperamentos pessoais e ter-se-ão, então, as diversas experiências reconstruídas em suas formas individuais.

Até o ponto atingido por esta análise, as experiências são, entretanto, apenas fenômenos psicológicos. Elas possuem, é verdade, enorme valor biológico. A força espiritual realmente se desenvolve no sujeito quando ele tem essas experiências; uma nova vida abre-se para ele e as experiências parecem ser um momento de "confluência" onde as forças de dois universos se encontram, e, no entanto, esta pode ser apenas sua forma subjetiva de sentir as coisas, uma disposição de sua própria fantasia, apesar dos efeitos produzidos. Volto agora à minha segunda questão: Qual é a "verdade" objetiva de seu conteúdo?

A parte do conteúdo que a questão sobre a verdade desperta mais pertinentemente é aquele "ALGO MAIS de mesma qualidade" com o qual, na experiência, nosso próprio eu mais elevado parece atingir uma relação ativa e harmônica. Será que esse ALGO MAIS é uma mera noção subjetiva ou ele existe de fato? Se existir, sob que forma ele se apresenta? Ele atua, tanto quanto existe? E de que maneira deveríamos conceber tal "união" com ele, união da qual os gênios religiosos estão tão convictos?

É respondendo a essas questões que as diversas teologias demonstram seu trabalho teórico e que a maior parte de suas divergências vêm à luz. Todas elas concordam em que o ALGO MAIS existe realmente; embora algumas delas considerem que ele existe sob a forma de um deus ou deuses pessoais, enquanto que outras se satisfazem em concebê-lo como um fluxo de uma tendência ideal inserida na estrutura eterna do mundo. Concordam todas, além disso, com a afirmação de que o ALGO MAIS atua, da mesma forma que existe, e que de fato alguma coisa se realiza para o melhor quando jogamos nossas vidas em suas mãos. É quando elas tratam da experiência de "união" com o ALGO MAIS que suas diferenças especulativas aparecem mais claramente. Sobre esse ponto, o panteísmo e o teísmo, a natureza e o renascimento, trabalhos, graça e carma, a imortalidade e a reencarnação, o racionalismo e o misticismo, levam adiante disputas inveteradas (1958, pp. 367-369, 383-385).

EXERCÍCIOS
Regeneração

James faz várias afirmações a respeito da consciência. Poucas são facilmente comprováveis. Eis uma que o é:

> A maneira de ter sucesso é render-se à passividade, à não-atividade. Relaxamento e não-intencionalidade deveriam passar a ser a regra. Desista do sentimento de responsabilidade, deixe que seu controle vá embora. ... Isto é nada mais que deixar que seu eu convulsivo privado descanse e descobrir que já há um eu muito maior.
>
> Os fenômenos regenerativos que resultam do abandono do esforço permanecem como fatos seguros da natureza humana (James, 1890).

Escolha um momento em que esteja engajado numa longa e difícil atividade, intelectual ou física. Se você costuma beber café ou comer doces, escolha um momento em que realmente deseja tal estimulação. Ao invés de concretizá-la, deixe-se cair no chão por cinco minutos, tentando respirar lenta e profundamente. Não tente fazer nada, apenas deixe que seus músculos relaxem, que seus pensamentos vagueiem, que sua respiração se acalme. Não faça isso na cama; você está muito habituado a cair no sono em camas. Use o chão ou a tampa de uma mesa.

Após cinco minutos levante-se e observe-se. Você se aliviou? Como esta inatividade se compara com andar de um lado para outro ou pegar algo para comer? Você pode agora determinar melhor o que James chama de fenômenos regenerativos?

Fluxo de Consciência

1. Disponha de cinco minutos para sentar-se calmamente e deixar que seus pensamentos vagueiem. Depois escreva todos os diferentes pensamentos dos quais conseguir lembrar-se.

2. Use um outro minuto, ainda, permitindo que seus pensamentos vagueiem. Quando o minuto terminar, tente e recorde-se de que pensamentos teve durante esse minuto. Escreva, se possível, a série de pensamentos. Um exemplo poderia ser o seguinte: "O exercício... lápis para escrever... minha escrivaninha tem lápis... contas em minha escrivaninha... será que ainda quero comprar água mineral... ano passado, Yosemite... lagos congelados à margem pela manhã... o zíper do meu saco de dormir enguiçou à noite, frio de congelar."

3. Novamente disponha de um minuto. Desta vez controle seus pensamentos, mantenha-os numa única direção. Escreva a série de pensamentos relacionados, como o fez na sessão anterior.

Examinando seus próprios registros de seu pensamento, parece realístico considerar sua consciência como um fluxo? Quando você controlou seus pensamentos eles pareciam realmente estar sob controle ou eles continuaram a "fluir", movendo-se de uma idéia ou imagem para outra? Este exercício será mais útil se você puder compartilhar e discutir suas descobertas com outros em sua classe.

A Teoria das Emoções de James-Lange

James diz que sua teoria é observada com maior facilidade com emoções mais "primitivas", que incluem amor, raiva e medo. Este exercício fornece a você uma oportunidade de experienciar a inter-relação entre as sensações físicas e os sentimentos que as acompanham.

I

1. Permita-se ficar com raiva. Pode ser mais fácil se você visualizar uma pessoa ou situação ou um personagem político de que você tem raiva. Permita que a emoção se forme, admitindo que sua postura mude, que suas mãos se apertem com os punhos fechados, que seus dentes se cerrem, que seu queixo se mova ligeiramente para a frente e para cima. Tente tomar consciência dessas ou outras mudanças físicas. Se possível, trabalhe com um companheiro. Peça a ele que anote as mudanças musculares e de postura que você assume quando sente raiva.

2. Relaxe, passeie, sacuda-se, respire profundamente algumas vezes. Deixe que a emoção flua e olhe à sua volta.

3. Então permita-se ficar só, retraído, isolado. Provavelmente será mais fácil fazer isto no chão. Deixe seu corpo enrolar-se; seus joelhos podem ficar perto de seu corpo, sua cabeça perto do peito. Note o que fazem suas mãos.

Assim como antes, seu parceiro deveria estar prestando muita atenção e anotando.

4. Relaxe como anteriormente.

5. Troque de papel e permita que seu parceiro vivencie as mesmas duas seqüências: raiva e relaxamento, solidão e relaxamento. Você observa e anota as mudanças físicas.

II

1. Assuma as posturas físicas, imitando seu estado físico precedente e instruído por seu parceiro.

2. Observe seus próprios sentimentos. As posturas eliciaram emoções?

Exercício Voluntário — Fortalecimento da Vontade

James escreve que é possível treinar a vontade, fortalecer sua capacidade. Uma de suas sugestões era realizar um exercício voluntário por alguns minutos todo dia. Aqui está um para experimentar.

1. Arranje uma pequena caixa com fósforos, clipes de papel, grampos ou doces.

2. Ponha a caixa na mesa à sua frente.

3. Abra a caixa.

4. Tire as peças que estão dentro uma a uma.

5. Feche a caixa.

6. Abra a caixa.

7. Ponha as peças de volta uma a uma.

8. Feche a caixa.

9. Repita as instruções de 3 a 8 vezes até que o tempo se esgote.

Depois que o exercício for completado, anote os sentimentos que teve enquanto o fazia. Preste atenção especial a todas as razões em que você pensou para não fazer este tipo de exercício inútil.

Se você o repetir por vários dias ocorrerão mudanças. Cada dia você descobrirá uma multidão de novas razões pelas quais você deveria parar. Nos primeiros dias você poderá achar este exercício extremamente difícil. Se você continuar, entretanto, seguir-se-á um período em que não apenas será fácil completar os cinco minutos, como também você terá uma impressão de poder pessoal e autocontrole depois do exercício.

As razões que você arranja para *não* fazer este exercício são uma lista parcial dos elementos de sua própria personalidade que inibem sua vontade. Você tem contra essas muitas (e excelentes) razões apenas a sua vontade. Não há uma "boa razão" para continuar o exercício, apenas sua decisão de fazê-lo.

Depois que tiver feito o exercício por cinco dias, pode ser que você deseje reconsiderar o papel da vontade em sua vida.

BIBLIOGRAFIA COMENTADA
Livros de William James

James, William, 1961. *Psychology: The Briefer Course.* New York: Harper and Row. Uma versão editada de *Principles of Psychology,* seu livro-texto básico. De fácil leitura, é sensível e contém a maioria dos capítulos de James que hoje em dia ainda são de interesse para estudantes.

———, 1958. *The Varieties of Religious Experience.* New York: Mentor. As conferências de James sobre psicologia da religião e experiências religiosas. Uma completa introdução à psicologia dos estados alterados da consciência, embora muitos dos exemplos venham especificamente da literatura religiosa.

———, 1962. *Talks to Teachers and Other Essays.* New York: Dover. Uma exposição popular das idéias de James relativas à educação. Cheias de sensíveis recomendações sobre a forma de cultivar e treinar mentes jovens.

———, 1967. *The Writings of William James.* Org. por John J. McDermot. New York: Random House. A melhor coleção de textos de James em um só volume. Uma boa introdução com amplas seleções de textos psicológicos e filosóficos.

Biografia de William James

Perry, Ralph Barton, 1935. *The Thought and Character of William James.* 2 vols. Boston: Little, Brown. 1948, Cambridge: Harvard University Press (resumido). Uma obra-prima de exposição, essencialmente composta de cartas para e de James. Principalmente James, mas com o suficiente de Perry para fazer o discurso fluir facilmente.

Livros sobre Estados Alterados

Brown, Barbara, 1974. *New Mind, New Body.* New York: Harper and Row. Uma visão meticulosa mas não excessivamente técnica sobre todo o campo do *biofeedback.* Algumas implicações da pesquisa no cuidado com a saúde, na Psicologia, na Filosofia e nas Ciências Biológicas são claramente explicitadas.

Eastcott, Michael, 1969. *The Silent Path: An Introduction to Meditation,* New York: Weiser. Uma boa introdução às práticas e à teoria da meditação. Escrito para pessoas que desejam praticar meditação mais do que para aqueles que desejam estudá-la.

Ferguson, Marilyn, 1974. *The Brain Revolution.* New York: Taplinger. Uma ampla visão de pesquisa sobre estados alterados, desde a pesquisa com o cérebro até a meditação Zen. Centenas de experimentos em todas as áreas são descritos.

Ostrander, Sheila e Schroeder, Lynn, 1970. *Psychic Discoveries Behind the Iron Curtain.* Englewood Cliffs, N.J.: Prentice-Hall. Embora por demais rebuscado para o gosto escolar, o livro traz uma cuidadosa exploração da pesquisa feita na Rússia e na Europa Oriental. Excitante e bem documentado.

Tart, Charles, 1969. *Altered States of Consciousness.* New York: Wiley. O primeiro e mais usado livro didático sobre o assunto. A introdução de Tart a cada capítulo lhe fornecerá a base necessária para compreender os textos mais técnicos.

REFERÊNCIAS

Aaronson, Bernard S., 1968. Hypnotic Alterations of Space and Time. *International Journal of Parapsychology* 10:5–36.

———, 1973. Hypnotic Alterations of Space and Time: their Relationship to Psychopathology. In *Exploring madness: Experience, Theory, and Research,* org. por James Fadiman e Donald Kewman, pp. 203–216. Monterey, Calif.: Brooks/Cole.

Allport, Gordon, 1961. Introduction to *William James: Psychology, the Briefer Course,* org. por Gordon Allport. New York: Harper and Row.

Arnold, M. B., 1950. An Excitatory Theory of Emotion. In *Feelings and Emotions: the MooseheartSymposium,* org. por M.L. Reymett, pp. 11–13. New York: McGraw-Hill

Ax, A. F. 1953. The Physiological Differentiation Between Fear and Anger in Humans. *Psychosomatic Medicine* 15:433–442.

Benson, H. e Wallace, R. K., 1972. Decreased Drug Abuse with Transcendental Meditation: a Study of 1862 Sybjects. In *Proceedings of Drug Abuse, International Symposium for Physicians,* pp. 369–376. Philadelphia: Lea and Ferbinger.

Biofeedback and Self-control: an Aldine Annual, 1971, 1972, 1973, 1974. Org. por T. X. Barber, Leo Dicara, Joe Kamiya, David Shapiro, Johann Stoyva. Chicago: Aldine, Atherton.

Bray, C. W.; Boring, E. G.; Macleod, R. B.; e Solomon, R. L., 1969. Preface to *William James: Unfinished Business.* Org. por Robert Macleod, pp. iii-iv. Washington, D.C.: American Psychological Association.

Brown, Barbara, 1974. *New Mind, New Body*. New York: Harper and Row. Também inserido em *Psychology Today* 8(3):48–56, 74–107.

Cannon, Walter B., 1917. The James-Lange Theory of emotions; a Critical Examination and an Alternative Theory. *American Journal of Psychology* 39:106–124.

———, 1929. *Bodily Changes in Pain, Hunger, Fear, and Rage*. 2ª ed. New York: Appleton.

Compton, Charles Herrick, 1957. *William James, Philosopher and Man*. Metuchen, N.J.: Scarecrow Press.

David-Neel, Alexandra, 1971 *Magic and Mystery in Tibet*. Baltimore: Penguin Books.

Erickson, Milton H., 1964. The Confusion Technique in Hypnosis. *The American Journal of Clinical Hypnosis* 6:183–207.

Fadiman, James, 1962. Distortion of the Body Image Under LSD and in Schizophrenia. Master's thesis. Stanford University.

Ferguson, Marilyn, 1973. *The Brain Revolution*. New York: Taplinger.

Fisher, Roland, e Cleveland, Sidney, 1958. *Body Image and Personality*. Princeton, N.J.: Van Nostrand.

Freud, Sigmund, 1922. Dreams and Telepathy. Edição Standard, vol. 18, pp. 196–200.

Govinda, Lama Anagarika. 1970. *The Way of the White Clouds: a Buddhist Pilgrim in Tibet*. Berkeley, Calif.: Shambala.

Green, E., e Green, A., 1972. How to Make Use of the Field of Mind Theory. In *The Dimensions of Healing*. Los Altos, Calif.: Academy of Parapsychology and Medicine.

Grof, Stanislav, 1971. Varieties of Transpersonal Experience: Observations from LSD Psychotherapy. *Journal of Transpersonal Psychology* 4:45–80.

Gunaratna, V. F., 1971. *Rebirth Explained*. The Wheel Publication No. 167/168/169. Kandy, Ceylon: Buddhist Publication Society.

Harman, Willis W., 1967. Old Wine in New Wineskins—the Reasons for the Limited World View. In *Challenges of Humanistic Psychology*, org. por James Bugenthal, pp. 321–335. New York: McGraw-Hill. Também em 1971, *The Proper Study of Man*, org. por James Fadiman, pp. 132–145. New York: Macmillan.

Huang Po., 1958. *The Zen Teaching of Huang Po*. Traduzido por John Biofeld. London: Rider.

Kanelakos, Demetri e Lukas, Jerome, 1974. *The Psychobiology of Transcendental Meditation: a Literature Review*. Menlo Park, Calif.: Benjamin.

James, Henry, org. 1926. *The Letters of William James*. 2 vols. Boston: Little Brown.

James, William, 1890. *The Principles of Psychology*. 2 vols. Dover, N.Y.: Henry Holt and Company. Reedição inalterada 1950; New York: Dover.

———, 1892. *Psychology: the Briefer Course*. Henry Holt and Company. Nova edição 1961. New York: Harper and Row.

———, 1896. *The Will to Believe and Other Essays in Popular Philosophy*. New York e London: Longmans, Green and Company.

———, 1899. *Talks to Teachers on Psychology and to Students on Some of Life's Ideals*. Henry Holt and Company. Reimpressão inalterada, 1962. New York: Dover.

———, 1907. *Pragmatism: a New Name for Some Old Ways of Thinking*. New York e London: Longmans, Green and Company.

———, 1948. *Essays in Pragmatism*. Org. por Alburey Casteil. New York: Hafner Press.

———, 1955. *Pragmatism and Four Essays from the Meaning of Truth*, org. por Ralph Barton Perry. World Publishing.

———, 1955. The Tigers in India. In *Pragmatism and Four Essays from the Meaning of Truth*, org. por R. B. Perry, pp. 225–228. Cleveland, Ohio: World Publishing.

———, 1958. *The Varieties of Religious Experience*. New York: New American Library.

———, 1969. Subjective Effects of Nitrous Oxide. In *Altered States of Consciousness*, org. por C. Tart, pp. 359–362. New York: Wiley.

Karlins, Marvin. e Andrews, Lewis, 1972. *Biofeedback: Turning on the Power of your Mind*. Philadelphia: Lippincott.

Kimble, Gregory A., e Perlmuter, Lawrence C., 1970. The Problem of Volition. *Psychology Record* 77:361–384.

LeShan, Lawrence, 1969. Physicists and Mystics: Similarities in World View. *Journal of Transpersonal Psychology* 1:1–20.

Lilly, John C., 1973. *The Center of the Cyclone*. New York: Bantam Books.

McDermott, John J., 1967. *The Writings of William James: a Comprehensive Edition.* New York: Random House.

MacLeod, Robert B., 1969. *William James: Unfinished Business.* Washington, D.C.: American Psychological Association.

Malcolm, Andrews, 1973. *The Case Against the Drugged Mind.* Toronto: Clarke, Irwin and Company.

Murphy, Gardner, e Ballou, Robert, orgs. 1960. *William James on psychical research.* New York: Viking.

Ornstein, Robert, 1972. *The Psychology of Consciousness.* San Francisco: Freeman. Também New York: Viking.

Ostrander, Sheila e Schroeder, Lynn, 1970. *Psychic Discoveries Behind the Iron Curtain.* Englewood Cliffs, N.J.: Prentice-Hall.

Peper, Eric, 1974. Urination: a Model for Biofeedback Training. Inédito.

Perry, Ralph Baton, 1935. *The Thought and Character of William James.* 2 vols. Boston: Little Brown.

Plutchik, Robert, 1962. *The Emotions: Facts, Theories, and a New Model.* New York: Random House.

Ram Dass, 1974. *The Only Dance There Is.* New York: Doubleday.

Sayadaw, Mahasi, 1954. *Satipatthana Vipassana Meditation.* Edição original em Birmanês. Edição inglesa, s/d. San Francisco: Unity Press.

Schacter, Stanley, 1957. Pain, Fear, and Anger in Hypertensives and Normotensives; a Psychophysiologic Study. *Psychosomatic Medicine* 19:17–29.

Schacter, Stanley, e Singer, Jerome, 1962. Cognitive, Social, and Physiological Determinants of Emotional States. *Psychological Review* 69:379–399.

Schilder, Paul, 1935. *The Image and Appearance of the Human Body.* London: Kegan Paul.

Sherman, Spencer E, 1972. Brief Report: Continuing Research on "Very Deep Hypnosis." *Journal of Transpersonal Psychology* 4:87–92.

Sidis, Boris, 1898. *The Psychology of Suggestion.* Introdução de William James. New York: Appleton.

Simonton, Carl, 1972. The Role of the Mind in Cancer Therapy. In *The Dimensions of Healing: a Symposium,* pp. 139–145. Los Altos, Calif.: The Academy of Parapsychology and Medicine.

Sperry, R. W., 1969. A Modified Concept of Consciousness. *Psychological Review* 76: 532–536.

Stevenson, Ian, 1966. *Twenty Cases Suggestive of Reincarnation.* Proceedings of the American Society for Psychical Research, vol. 26. New York.

Sutich, Anthony, J., 1973. Transpersonal Therapy. *Journal of Transpersonal Psychology* 5:1–6.

Tart, Charles T., 1966. Models for the Explanation of Extrasensory Perception. *International Journal of Neuropsychiatry* 2:488–504.

_____, 1970. Transpersonal Potentialities of Deep Hypnosis. *Journal of Transpersonal Psychology* 2:27–40.

_____, 1971. Scientific Foundations for the Study of Altered States of Consciousness. *Journal of Transpersonal Psychology* 3:93–124. Versão menor em 1972, *Science* 176:1203–1210.

Weide, Thomas N., 1973. Varieties of Transpersonal Therapy. *Journal of Transpersonal Psychology* 5:71–74.

Weil, A., 1972. *The Natural Mind.* Boston: Houghton Mifflin.

CAPÍTULO 7

B. F. SKINNER
E O
BEHAVIORISMO RADICAL

B. F. Skinner é hoje, talvez, o psicólogo de maior influência na América. Seus trabalhos são estudados e conhecidos muito além das fronteiras da psicologia profissional. A pesquisa derivada de suas idéias básicas tem sido amplamente acumulada. O impacto de Skinner na Psicologia provocou o aumento dos programas comportamentais de treinamento, assim como o aumento contínuo do número de livros e classes baseados nos princípios fundamentais e aplicações do behaviorismo (Benassi e Lanson, 1972).

O grande interesse pelo behaviorismo é paralelo ao número crescente de instituições que utilizam técnicas de modificação de comportamento, mudando antes comportamentos específicos do que atitudes globais. As instituições incluem hospitais para doentes mentais, centros de detenção juvenil, centros de saúde, clínicas particulares e um número crescente de sistemas escolares (Goodall, 1972b).

Suas contribuições são aqui apresentadas devido aos efeitos amplamente difundidos que seus trabalhos surtiram no pensamento psicológico. Talvez nenhum teórico tenha sido tão glorificado, citado, deturpado, atacado e defendido desde Freud. Skinner, por sua vez, aprecia o encontro com seus críticos e freqüentemente discutiu com os principais pensadores que se opõem à sua posição (Wann, 1964). O encanto pessoal de Skinner, sua disponibilidade em considerar todas as implicações de sua posição e sua fé absoluta em seus pressupostos iniciais, fizeram dele uma figura central do pensamento psicológico contemporâneo.

Freud escreveu que seus caluniadores revelavam, pela natureza emocional de suas críticas, as mesmas facetas da teoria psicanalítica cuja existência negavam de forma tão vigorosa. Do mesmo modo, os críticos de Skinner, a seu ver, revelam os modos de pensamento não-científicos e inexatos que seu trabalho tenta superar. Ambos têm sido ardorosamente criticados e aclamados; ambos foram responsáveis pelo desenvolvimento de visões alternativas da natureza humana.

Skinner baseia seu trabalho nos comportamentos observáveis das pessoas e dos animais. Sua aversão e a desconfiança de explicações mentais, subjetivas, intervenientes ou "fictícias" levaram-no a propor formas distintas de observação, discussão e compreensão da personalidade.

HISTÓRIA PESSOAL

B. F. Skinner (1904-   ) nasceu e cresceu em Susquehanna, Pensilvânia, uma pequena cidade no nordeste do Estado. Seu pai exercia a advocacia. Lembra que seu lar era "quente e estável. Vivi na casa em que nasci até ir para o colégio" (Skinner, 1967a, p. 387).

Sua fascinação de garoto por invenções mecânicas prenunciou seu interesse posterior em modificação de comportamento observável.

> Algumas das coisas que construí tinham relação com o comportamento humano. Eu não tinha permissão para fumar, então eu construí uma engenhoca que incorporava um atomizador através do qual "fumava" cigarros e expelia anéis de fumaça higienicamente (poderia haver uma procura disto hoje em dia). Uma vez minha mãe iniciou uma campanha para me ensinar a pendurar meus pijamas. Toda manhã quando estava tomando café, ela ia até o meu quarto, descobria que meus pijamas não estavam pendurados e me mandava subir imediatamente. Isto prosseguiu durante semanas. Quando a estimulação aversiva se tornou insuportável, construí um dispositivo mecânico que resolveu meu problema. Um cabide especial no armário de meu quarto foi ligado por um sistema de roldana a um sinal pendurado atrás da porta do aposento. Quando meus pijamas estavam no lugar, o sinal era mantido acima da porta, fora do caminho. Quando os pijamas não estavam no cabide o sinal ficava pendurado no meio do batente da porta. Ele anunciava: "Pendure seus pijamas!" (Skinner, 1967a, p. 396).

Após completar seu curso em Hamilton College, que manteve e enriqueceu seu interesse por literatura e artes, voltou para casa e tentou tornar-se escritor. "Construí um pequeno estúdio no sótão e me pus a trabalhar. Os resultados foram desastrosos. Desperdiçava meu tempo, lia sem objetivo, construía modelos navais, tocava piano, ouvia o recém-inventado rádio, colaborava para a coluna humorística do jornal local, mas não escrevi quase nada além disso e pensei em procurar um psiquiatra" (Skinner, 1967a, p. 394).

Finalmente terminou essa experiência e foi para Nova Iorque por seis meses; passou o verão na Europa e, na volta, entrou na Faculdade de Psicologia de Harvard. Seu fracasso pessoal como escritor levou-o a uma desconfiança generalizada do método de observação literário. "Fracassei como escritor porque não tinha nada de importante a dizer, mas não podia aceitar essa explicação. O erro deve ser da literatura. Um escritor pode retratar o comportamento humano acuradamente, mas nem por isso o entende. Continuava interessado no comportamento humano, mas o método literário falhou para mim; eu me voltaria para o método científico" (Skinner, 1967a, p. 395).

Na faculdade tornou-se um aluno estudioso e assíduo, em vivo contraste com seu modo de ser como colegial. "Em Harvard eu me submeti ao primeiro regime severo de minha vida. Além do fato de estar longe, num novo campo, agora eu seguia um esquema rigoroso e o mantive por cerca de dois anos. Eu me levantava às seis, estudava até a hora do café, ia às aulas, laboratórios e livrarias, não dispunha de mais do que quinze minutos livres durante o dia, estudava até exatamente nove horas da noite e ia para a cama. Não via filmes ou espetáculos, raras vezes ia a concertos e praticamente não tinha encontros e só lia Psicologia e Fisiologia" (Skinner, 1967a, pp. 397-398).

Após receber seu Ph.D. trabalhou durante cinco anos na Faculdade de Medicina de Harvard, fazendo pesquisas com o sistema nervoso de animais. Em 1936, Skinner aceitou um cargo de professor na Universidade de Minnesota, onde ensinou Psicologia Experimental e Introdução à Psicologia. Observa com orgulho que grande número de seus alunos continuaram os estudos na faculdade e são hoje importantes behavioristas.

Em 1938 publicou *O Comportamento de Organismos,* que firmou Skinner como um importante teórico de aprendizagem e estabeleceu os fundamentos de suas publicações subseqüentes. O trabalho de Skinner pode ser visto como expansão, elaboração e esclarecimento das idéias embrionárias de seu primeiro livro importante.

Após nove anos em Minnesota, aceitou a chefia do departamento de Psicologia da Universidade de Indiana. Três anos depois transferiu-se para Harvard onde permanece até hoje. Enquanto prosseguia sua pesquisa de laboratório com animais, dirigiu esporadicamente sua inventividade para outras áreas. Inventou, por exemplo, uma "caixa de ar" (1945). É uma caixa de vidro com temperatura controlada e a base feita de tecido absorvente. Nela uma criança pode movimentar-se livremente sem incômodas fraldas, calças e outras roupas. A base absorvente é substituída com facilidade quando a criança a suja. No início, quando a caixa apareceu, houve um grande interesse da parte da população. No entanto, o fato da criança estar dentro de um vidro, ao invés de atrás das grades (como no berço convencional), opôs-se a muitas opiniões firmemente sustentadas a respeito da educação de crianças. Embora Skinner tenha sido bem sucedido usando-a com um de seus próprios filhos, a caixa nunca se tornou popular. Skinner lastima que sua utilidade não tenha sido melhor compreendida.

Em 1948 Skinner escreveu um romance, *Walden Two,* no qual descreve uma comunidade utópica baseada nos princípios de aprendizagem que defendia. Foi sua primeira tentativa importante de generalizar suas descobertas de laboratório a situações humanas complexas. Desde o seu lançamento, o livro é polêmico e vendeu mais de um milhão de cópias. Para Skinner, escrevê-lo foi uma forma de esclarecer um conflito interno. "Em geral escrevo muito devagar e à mão. Levei dois minutos para escrever cada palavra de minha tese e este é ainda o meu ritmo. Escrevendo todos os dias durante três ou quatro horas eventualmente salvo cerca de uma centena de palavras publicáveis. *Walden Two* foi uma experiência bem diferente. Escrevi-o à máquina em sete semanas. É óbvio que o livro constitui uma aventura de autoterapia, na qual me esforcei para reconciliar dois aspectos do meu próprio comportamento representados por Burris e Frazier (os principais personagens do romance)" (Skinner, 1967a, p. 403).[1]

Skinner escreveu vários outros livros que são importantes para compreender sua visão da personalidade e comportamento humanos. Estes incluem: *Ciência e Comportamento Humano* (1953), *Cumulative Record* (1959, 1961, 1972), *The Technology of Teaching* (1968), *O Mito da Liberdade* (1971) e *About Behaviorism* (1974).

Seu trabalho atual não inclui nem o ensino formal nem a pesquisa. Dá algumas palestras "para manter meu interesse" e tem vários projetos de elaboração de livros, incluindo uma biografia científica. Gostaria de escrever um romance com a terminologia behaviorista apenas para ilustrar que isto pode ser feito (Skinner, 1972d).

ANTECEDENTES INTELECTUAIS

Skinner diz, como Francis Bacon o fizera antes dele: " 'Estudei a natureza e não os livros', propondo questões sobre o organismo e não àqueles que estudaram o organismo. . . . Estudei Bacon enquanto organizava meus dados. . . classifico não pela classificação mas para revelar propriedades" (Skinner, 1967a, p. 409). Esta posição levou Skinner a começar com experimentação cuidadosa de laboratório e com acumulação de dados comportamentais visíveis.

O behaviorismo é uma proposta que torna possível uma abordagem experimental do comportamento humano.... Ele pode necessitar de esclarecimento, mas não necessita ser questionado. Não tenho dúvidas sobre o triunfo eventual da posição—não que será provada sua validade, mas que ela fornecerá o caminho mais direto para uma bem sucedida ciência do homem (Skinner, 1967a, pp. 409-410).

Quando consideramos a possível riqueza da personalidade humana, isto pode parecer austero, porém é a base sobre a qual repousam firmemente todas as proposições de Skinner. Quando pressionado a dar explicações outras, sua resposta é que a melhor forma de resolver as diferenças não é engajar-se em discussão e sim olhar para os dados.

Darwinismo

A idéia de que trabalhar com estudos sobre animais pode ser relevante para a compreensão do comportamento humano é um resultado indireto da pesquisa de Darwin e do subseqüente desenvolvimento das teorias da evolução. Muitos psicólogos, incluindo Skinner, agora pressupõem que seres humanos não são essencialmente diferentes de outros animais (Kantor, 1971).

---

[1] O primeiro nome de Skinner é Burrhus; seu nome do meio é Frederic.

Os primeiros pesquisadores de comportamentos animais estavam interessados em descobrir as capacidades de raciocínio destes. Na verdade, tentavam elevar a condição dos animais à de seres pensantes. Esta idéia—de que os animais têm personalidades complexas—sempre constituiu parte de nosso folclore. As criações de Walt Disney personificam a idéia de que animais têm características humanas. Snoopy, de Charles Schultz, leva adiante este tema com a posse, por parte de Snoopy, de um Van Gogh e de uma mesa de bilhar em sua casa de cachorro.

Preferimos imaginar que os animais são como nós, ao invés do contrário. Os behavioristas, entretanto, consideram que somos mais parecidos com animais do que queremos observar ou admitir. O impulso inicial na investigação dos processos de pensamentos mais elevados em animais foi detido pelas sugestões de Lloyd Morgan e pela pesquisa de Edward Thorndike. Morgan propôs um "princípio da parcimônia", uma máxima que afirma que, dadas duas explicações, o cientista deveria sempre aceitar a mais simples. Thorndike conduziu uma pesquisa que demonstrou que, embora os animais parecessem manifestar raciocínio, seus comportamentos poderiam ser explicados mais parcimoniosamente como o resultado de processos não-cognitivos (Skinner, 1964). Em conseqüência, a ênfase mudou. Pesquisadores começaram a especular livremente que o comportamento humano também poderia ser compreendido sem levar em consideração as pouco conhecidas complexidades da consciência.

> Após o horror do ateísmo, não há nada que desvie mais as mentes fracas do caminho certo da virtude que a idéia de que a mente de outros animais se assemelha à nossa própria e que, portanto, não temos maior direito à vida futura do que têm os mosquitos e as formigas (René Descartes, "Tratado sobre as Paixões da Alma", 1649).

Watson

John B. Watson, o primeiro psicólogo behaviorista reconhecido, definiu o behaviorismo como se segue: "A Psicologia, da maneira como é vista pelo behaviorista, constitui um ramo puramente objetivo da Ciência Natural. Seu objetivo teórico é a predição e o controle do comportamento. A introspecção não é parte essencial de seus métodos. . . . O behaviorista, em seus esforços para conseguir um esquema unitário da resposta animal, não reconhece uma linha divisória entre o homem e a besta" (Watson, 1913, p. 158). Watson argumentava que não existia uma coisa chamada consciência, que toda aprendizagem dependia do meio externo, que toda atividade humana é condicionada e condicionável, a despeito da variação na constituição genética. Watson era um escritor popular e persuasivo. Skinner foi atraído pelos esboços filosóficos mais amplos de seus trabalhos e mesmo por algumas de suas sugestões mais extremadas (Watson, 1928a). Por exemplo, um dos livros mais lidos de Watson sobre a educação dos filhos contém o seguinte conselho: "Nunca as abrace ou beije (as crianças), nunca as deixe sentar-se em seu colo. Se preciso, beije-as uma vez na testa quando dizem boa noite. Dê-lhes um aperto de mão" (Watson, 1928b, pp. 81-82).

A ênfase de Watson foi considerada extrema, até mesmo na época. Skinner critica Watson pela sua negação das características genéticas, assim como pela sua tendência a generalizar, sem base em dados reais. "Sua nova ciência também nasceu, por assim dizer, prematuramente. Havia muito poucos fatos científicos a respeito de comportamento—em particular de comportamento humano. Escassez de fatos é sempre um problema para uma nova ciência, mas no programa agressivo de Watson, num campo tão vasto como o do comportamento humano, foi especialmente prejudicial. Ele necessitava de mais fundamento fatual do que podia encontrar, e não é surpreendente que muito do que disse pareça supersimplificado e ingênuo" (Skinner, 1974, p. 6).

Pavlov

Ivan Pavlov realizou o primeiro trabalho moderno importante sobre comportamento condicionado (1927). Sua pesquisa demonstrou que funções autônomas, tal como a salivação frente a alimentos, poderiam ser condicionadas, de forma que a salivação pudesse ser eliciada por outro estímulo diferente do alimento, tal como um sinal luminoso. Foi capaz de ir além da mera previsão estatística do comportamento de um animal. A análise estatística pode ajudar a prever a probabilidade de um determinado evento, mas não pode predizer os resultados de uma experiência única. Pavlov não estava simplesmente observando e prevendo os comportamentos que estudava, podia provocá-los.

> A previsão do que um indivíduo *médio* fará é, freqüentemente, de pouco ou nenhum valor ao se tratar com um indivíduo particular (Skinner, 1953, p. 19 na ed. bras.).

Enquanto outros experimentadores de animais contentavam-se com uma análise estatística para prever a probabilidade de ocorrência de um comportamento, Skinner ficou fascinado com o passo além da predição—o controle. O trabalho de Pavlov dirigiu Skinner para experimentos de laboratório com animais, em situações onde as variáveis eram rigorosamente controladas. Descobriu que restringindo o meio ambiente de um animal sob condições limitadas, podia conseguir resultados quase perfeitamente replicáveis. Havia possibilidade de se controlar com eficácia diferenças individuais e de se descobrir leis de comportamento válidas para qualquer membro de uma espécie. A alegação de Skinner era de que, desta forma, a pesquisa psicológica poderia eventualmente elevar-se de ciência probabilística para ciência exata.

Filosofia da Ciência

Skinner se impressionou com as idéias de filósofos da ciência, incluindo Percy Bridgeman, Ernst Mach e Jules Henri Poincaré. Estes criaram novos modelos de pensamento explanatório que não dependiam de nenhuma subestrutura metafísica. O behaviorismo, para Skinner, é um caso especial da filosofia da ciência; "não é a ciência do comportamento humano, é a filosofia desta ciência" (Skinner, 1976, p. 3). O behaviorismo permite que questões sejam formuladas com clareza, questões para as quais podem ser encontradas respostas. Por exemplo, só quando a Biologia esqueceu a metafísica, deixando de lado sua preocupação com "fluidos vitais" e outras noções imprevisíveis, improváveis e não mensuráveis, pôde tornar-se uma ciência experimental. Skinner afirma que sua posição é essencialmente não-teórica. Ele sente que trabalhou a partir de dados e somente a partir deles.

> Digo freqüentemente que quando você pode mensurar aquilo a que está se referindo e expressá-lo em números, você sabe algo a respeito; mas quando você não pode expressá-lo em números, seu conhecimento é de ordem escassa e insatisfatória; pode ser o início do conhecimento, mas, em seus pensamentos, você mal progrediu no nível da ciência (Lord Kelvin, 1824-1907).

Levando em consideração seus escritos, que foram bem além de estudos de laboratório, é realista dizer que o trabalho de Skinner tornou-se bem mais teórico. Contudo, Skinner deve ser visto como um filósofo e pesquisador que insiste em que as diferenças deveriam ser resolvidas na base de evidência real e não de abstratas especulações. Com sua experiência em ciência e filosofia, ele forjou uma abordagem sistemática para compreender o comportamento humano, uma abordagem de efeito considerável nas crenças e práticas culturais correntes.

CONCEITOS PRINCIPAIS

Na Psicologia, Skinner é considerado um teórico da aprendizagem. No entanto, suas últimas publicações (1971, 1974) lidaram quase que exclusivamente com amplos problemas culturais. A exposição desses problemas inclui aquelas variáveis que são pertinentes à compreensão das idéias de Skinner sobre personalidade e comportamento social. Tais variáveis incluem *análise científica do comportamento, personalidade, condicionamento, ficções explanatórias* e *controle de comportamento*.

Análise Científica do Comportamento

"A ciência é uma disposição de tratar com os fatos, ao invés daquilo que se possa ter dito sobre eles.... É a busca da ordem, da uniformidade, de relações ordenadas entre os eventos da natureza. Começa como todos nós começamos, pela observação de episódios singulares, mas rapidamente avança da regra geral para a lei científica" (Skinner, 1953, pp. 15-16 na ed. bras.). Os eventos passados são assumidos como dados suficientes para começar a prever eventos futuros similares.

O comportamento, embora muito complexo, pode ser investigado como qualquer fenômeno observável. "Desde que é um processo, e não uma coisa, não pode ser facilmente imobilizado para observação. É mutável, fluido e evanescente, e, por esta razão, faz grandes exigências técnicas da engenhosidade e energia do cientista. Contudo não há nada essencialmente insolúvel nos problemas que surgem deste fato" (Skinner, 1953, p. 17 na ed. bras.). "O comportamento é aquilo que se pode observar o organismo fazendo. É mais exato dizer que o comportamento é aquela parte do funcionamento de um organismo que está engajada em agir sobre ou manter intercâmbio com o mundo exterior" (Skinner, 1938, p. 6).

A análise científica do comportamento começa pelo isolamento das partes simples de um evento complexo de modo que esta parte possa ser melhor compreendida. A pesquisa experimental de Skinner seguiu tal procedimento analítico, restringindo-se a situações suscetíveis de uma análise científica rigorosa. Os resultados de seus experimentos podem ser verificados independentemente e suas conclusões podem ser confrontadas com os dados registrados.

Embora Freud e os teóricos psicodinâmicos estivessem igualmente interessados na base ontológica da ação, Skinner adotou uma posição mais extrema, afirmando que apenas o comportamento pode ser estudado. O comportamento pode ser totalmente descrito, isto é, ele é mensurável, observável e perceptível através de instrumentos de medida.

Personalidade

Personalidade, no sentido de um eu separado, não tem lugar numa análise científica do comportamento. Personalidade é definida por Skinner como uma *coleção de padrões de comportamento*. Situações diferentes evocam diferentes padrões de respostas. Cada resposta individual é baseada apenas em experiências prévias e história genética. Skinner argumenta que, se você basear sua definição do eu em comportamento observável, não é necessário discutir o eu ou a personalidade.

O budismo também conclui que não há eu. A teoria budista não acredita que haja uma entidade chamada "personalidade"; há uma superposição de comportamentos e sensações, sendo que nenhum deles é permanente. Skinner e os budistas desenvolveram suas idéias com base no pressuposto de que não há ego, eu ou personalidade, exceto se os caracterizarmos como uma coleção de comportamentos. Ambas as teorias chegam a enfatizar que uma compreensão adequada das causas do comportamento evita confusão e mal-entendidos. As teorias divergem em suas explicações das causas, pois a análise de Skinner não se refere a aspectos éticos e motivacionais, aspectos que são importantes no budismo; permanece enfocada no comportamento em si mesmo no decorrer de sua apresentação.

Condicionamento e Reforçamento

Condicionamento Respondente. Comportamento respondente é comportamento reflexo. O organismo responde automaticamente a um estímulo. Seu joelho move-se de forma abrupta quando se dá uma pancadinha no tendão patelar; seu corpo começa a transpirar quando a temperatura externa aumenta; a pupila de seu olhos contrai-se ou dilata-se dependendo da quantidade de luz que chega à sua superfície. Pavlov descobriu que o comportamento respondente pode ser condicionado. Seu experimento clássico uniu um estímulo neutro, uma campainha, com a chegada do alimento de um cão. O cão geralmente saliva quando a comida lhe é mostrada. Pavlov demonstrou que após algumas exposições à comida junto com o som da campainha, o cão passa a salivar ao som desta, sem a apresentação da comida. O cão foi condicionado de modo que agora respondia a um estímulo que previamente não evocava nenhuma resposta. Como o cão de Pavlov, podemos ser condicionados a salivar quando entramos num restaurante ou ouvimos a campainha do jantar. O condicionamento respondente é facilmente aprendido e manifestado; grande parte da publicidade é baseada neste fato.

Condicionamento Operante. Skinner sempre se interessou mais pelo comportamento operante. "O comportamento operante é fortalecido ou enfraquecido pelos eventos que *seguem* a resposta. Enquanto o comportamento respondente é controlado por seus antecedentes, o comportamento operante é controlado por suas conseqüências" (Reese, 1966, p. 3). O condicionamento depende do que acontece depois que o comportamento termina.

O seguinte exemplo ilustra algumas facetas do condicionamento operante: estou tentando ensinar minha filha a nadar. Ela gosta de água, mas não tem vontade ou tem medo de molhar a cabeça ou o rosto, ou de soltar bolhas embaixo da água. Isto tem retardado consideravelmente o processo. Concordei em lhe dar uma bala se ela molhar o rosto. Quando ela o fizer livremente, eu lhe darei uma bala somente se mergulhar toda a cabeça. Depois que ela for capaz de fazer isto, ganhará uma bala apenas se soltar bolhas embaixo da água. Atualmente, ainda estamos nas fases iniciais deste acordo. Às vezes ela deseja ganhar uma bala e coloca seu rosto na água. Outras vezes ela não quer a bala e se recusa a executar o comportamento de molhar o rosto.[2]

> Condicionamento operante não é puxar cordas para fazer uma pessoa dançar; é planejar um mundo no qual uma pessoa faz coisas que afetam esse mundo, que, por sua vez, afeta a pessoa (Skinner, 1972b, p. 69).

---

[2] Minha filha é uma behaviorista melhor que eu. Eu tinha assumido que molhar o rosto significava colocar o rosto dentro da água. Minha filha, entretanto, foi mais precisa ao definir "molhar o rosto"; ela pediu uma recompensa para pegar água com as mãos e molhar o rosto. Aceitei sua correção como um passo adicional na seqüência do treinamento.

O condicionamento operante é o processo de modelar e manter por suas conseqüências um (determinado) comportamento particular. Por conseguinte, leva em conta não somente o que se apresenta antes que haja uma resposta como também o que acontece após a mesma. Com minha filha, estou tentando condicionar seu comportamento dando-lhe uma bala após a execução de certos atos. A bala é usada para reforçar alguns de seus comportamentos na água. "Quando um dado comportamento é seguido por uma dada conseqüência, apresenta maior probabilidade de repetir-se. Denominamos reforço à conseqüência que produz tal efeito" (Skinner, 1971, p. 26 na ed. bras.).

Reforçamento. Um reforço é qualquer estímulo que aumenta a probabilidade de uma resposta. No exemplo acima, a bala era o reforço. Era oferecida somente depois que um determinado comportamento se completava com sucesso.

Reforços podem ser positivos ou negativos. Um *reforço positivo* causa a ocorrência de um comportamento ou resposta desejados. É um estímulo que incentiva o comportamento desejado. Um *reforço negativo* reduz ou elimina uma resposta. "Os reforços negativos denominam-se adversos no sentido em que constituem aquilo de que os organismos 'fogem' " (Skinner, 1971, p. 26 na ed. bras.). Os reforços positivos ou negativos regulam ou controlam comportamentos. Este é o cerne da posição de Skinner; ele propõe que o comportamento seja compreendido como condicionado por uma combinação de reforços positivos ou negativos. Além disso, é possível explicar a ocorrência de qualquer comportamento se houve um conhecimento suficiente dos reforços em jogo.

A pesquisa inicial de Skinner foi feita com animais; os reforços que ele usava incluem alimento, água e choques elétricos. A conexão entre os reforços e as necessidades do animal era direta. Um animal faminto aprendia a executar uma tarefa, tal como abrir uma janelinha ou puxar uma alavanca, e era recompensado. É mais difícil perceber os reforços quando se investigam situações mais abstratas ou complexas. Quais são os reforços que levam a comer demais? O que reforça uma pessoa que se oferece como voluntária num trabalho que será provavelmente a causa de sua morte? O que mantém estudantes freqüentando cursos cujo conteúdo não os interessa?

Reforços primários são recompensas físicas diretas. Reforços secundários são estímulos neutros que se associaram a reforços primários de modo a, por sua vez, atuarem como recompensas. Dinheiro é um exemplo de reforço secundário. Não tem nenhum valor de recompensa em si, mas aprendemos a associá-lo com vários reforços primários. Dinheiro ou a eventual promessa de dinheiro é um dos reforços mais amplamente usados e eficazes em nossa cultura.

A eficiência do dinheiro como reforço secundário não se limita aos seres humanos. Chimpanzés aprenderam a trabalhar a fim de receber fichas que podiam "gastar" em vendedoras automáticas que distribuem bananas e outras recompensas. Quando o acesso às vendedoras lhes era vedado por um certo tempo, continuavam a trabalhar, acumulando suas fichas até que a máquina pudesse ser novamente utilizada.

Ficções explanatórias

As ficções explanatórias são aqueles termos que os não-behavioris-

Quando eu era freudiano, se alguém dissesse: "Estive pensando na vagina da minha mãe", e eu escreveria "vagina da mãe", você sabe, e muito em breve teria o paciente reforçado de modo que toda vez que pegasse a caneta ele teria um lampejo... estaria ganhando minha atenção e amor... muito em breve ele estaria falando na vagina de sua mãe durante 15 minutos em uma hora. E então eu pensaria: "Ah! estamos chegando a alguma coisa" (Ram Dass, 1970, p. 114).

tas usam para descrever o comportamento. Skinner descreve-os como conceitos usados pelas pessoas quando não entendem o comportamento envolvido ou desconhecem os reforços que precedem ou sucedem o comportamento. Alguns exemplos de ficções explanatórias são homem autônomo, liberdade, dignidade e criatividade. Usar qualquer destes termos, como se eles explicassem tudo, constitui prejuízo para todos os envolvidos. "Skinner crê que são os tipos de explicação mais perigosos simplesmente por que têm a aparência enganadora de serem satisfatórios e, no entanto, tendem a retardar a investigação daquelas variáveis objetivas que podem produzir o genuíno controle comportamental" (Hall e Lindzey, 1970, p. 484).

Homem Autônomo. Esta ficção explanatória é descrita por Skinner como um "agente secreto", uma pessoa interior, movida por vagas forças internas independentes das contingências comportamentais. Ser autônomo é iniciar o comportamento que é "não-causado", que não nasce de comportamentos antecedentes e que não é atribuível a eventos externos. Dado que Skinner não encontra evidência da existência de tal ser, decepciona-se com o fato de tanta gente acreditar nele.

> A objeção aos estados interiores não é a de que eles não existem, mas a de que não são relevantes para uma análise funcional (Skinner, 1963, p. 28 na ed. bras.).

Desde que coloquemos de lado o "agente secreto", podemos livremente examinar as semelhanças entre os padrões de aprendizagem de homens e animais. A pesquisa de Skinner demonstrou que, se nós planejarmos certos tipos de experiência de aprendizagem, a forma das curvas resultantes (e a quantidade de aprendizagem) será a mesma para pombos, ratos, macacos, gatos, cães e crianças (Skinner, 1956). O paralelismo entre aprendizagem animal e humana é subjacente à análise do comportamento humano de Skinner. Desde seu primeiro livro, *O Comportamento dos Organismos* (1938), executou e interessou-se por experimentos que postulavam a inexistência de maiores diferenças entre seres humanos e de outras espécies. Nesse livro Skinner afirma: "Posso dizer que a única diferença que espero seja revelada entre o comportamento do rato e do homem (além da enorme diferença de complexidade) esteja no campo do comportamento verbal" (p. 442).

> As pessoas instruídas não acreditam mais que os homens sejam possuídos por demônios, . . . mas ainda é comum atribuir-se o comportamento humano a agentes internos (Skinner, 1971, p. 10 na ed. bras.).

Liberdade. Liberdade é um outro rótulo que atribuímos ao comportamento quando desconhecemos suas causas. Embora não haja possibilidade de apresentar o argumento todo aqui, um exemplo pode esclarecer o pensamento de Skinner. Uma série de estudos conduzidos por Milton Erickson (1939) demonstrou que, através da hipnose, sujeitos podem produzir vários tipos de sintomas psicopatológicos. Quando o indivíduo estava em transe, Erickson fazia sugestões pós-hipnóticas. Em muitos casos, os sujeitos levaram adiante a sugestão e desenvolveram o sintoma. Em nenhum caso o sujeito se lembra, quando indagado, de que houve sugestão por hipnose. Quando o sujeito era argüido sobre as razões de seu comportamento pouco usual, inventava (e aparentemente acreditava em) um monte de explicações. Em cada caso, se ouvíssemos simplesmente a explicação do sujeito, concluiríamos que estava agindo de acordo com a sua vontade livre. Os sujeitos estariam convencidos de que seus comportamentos eram devidos às suas próprias decisões. Os observadores, sabendo que os sujeitos não tinham lembrança dos eventos precedentes, estariam igualmente convencidos de que a "vontade livre" não era a explicação completa.

Skinner sugere que o "sentimento de liberdade" não é liberdade; mais do que isto, acredita que as mais repressivas formas de controle são aquelas que reforçam o "sentimento de liberdade" mas de fato restringem e controlam a ação através de meios sutis que não são facilmente descobertos pelas pessoas que são controladas.

Dignidade. Dignidade (ou crédito ou reputação) é uma ficção explanatória tão sutil quanto a liberdade. "A maior ou menor aprovação que alguém recebe curiosamente se relaciona com a visibilidade das causas de seu comportamento. Negamos aplausos quando essas causas são evidentes... não aplaudimos ninguém por tossir, espirrar ou vomitar, mesmo que os resultados sejam bons. Pela mesma razão não concedemos louvores por um comportamento mesmo proveitoso que esteja sob controle adverso evidente" (Skinner, 1971, p. 40 na ed. bras.).

Não louvamos atos de caridade se sabemos que são feitos apenas para reduzir o imposto de renda. Não louvamos a confissão de um crime se esta surgiu sob extrema pressão. Não censuramos uma pessoa cujos atos inadvertidamente causam prejuízo aos outros. Skinner sugere que deveríamos admitir nossa ignorância e conter-nos tanto no louvor quanto na censura.

Criatividade. Com certo deleite travesso, Skinner dispersou o último baluarte do agente secreto, o ato criativo ou poético. Esse é, para Skinner, mais um exemplo da utilização de um rótulo metafísico para esquivar o fato de não conhecermos as causas específicas de um dado comportamento.

Skinner menospreza as opiniões de artistas criativos que sustentam o fato de seus trabalhos serem espontâneos e de que surgem de fontes além da experiência vital do artista. A evidência da hipnose, as provas do vasto corpo de literatura sobre a eficiência da propaganda e da publicidade e as descobertas da psicoterapia são concordes em que um indivíduo pode não ter consciência do que está por trás de seu próprio comportamento. É improvável que poetas ou qualquer outra pessoa estejam conscientes de toda sua pré-história. Skinner faz a pergunta: "Será que o poeta cria, dá origem, inicia a coisa chamada poema, ou será que seu comportamento é um mero produto de suas histórias genética e ambiental?" (Skinner, 1972c, p. 34). Sua conclusão é que a atividade criadora não é diferente de outros comportamentos, exceto que os elementos que a precedem e determinam são mais obscuros. Toma o partido de Samuel Butler que, diz ele, escreveu uma vez que "um poeta escreve um poema assim como uma galinha põe um ovo, e ambos sentem-se melhor depois".

Skinner está convencido de que se olhássemos novamente para este comportamento ajudaríamos, e não impediríamos, a produção de novas expressões artísticas. "Aceitar uma explicação errônea porque ela nos lisonjeia é correr o risco de perder a explicação correta—que, afinal de contas, pode oferecer mais, à guisa de satisfação" (Skinner, 1972c, p. 35).

Controle do Comportamento

Muitos psicólogos preocupam-se com a predição do comportamento; Skinner está interessado no controle do comportamento. Se podemos provocar mudanças no ambiente, podemos começar a controlar os comportamentos.

A hipótese de que o homem não é livre é essencial para a aplicação do método científico ao estudo do comportamento humano. O homem interior livre que se responsabiliza pelo comportamento do organismo biológico é um mero substituto pré-científico para o tipo de causas que são descobertas através da análise científica. *Todas* estas causas permanecem *fora* do indivíduo. ... A ciência insiste que a ação é iniciada por forças que se impõem ao indivíduo, e que a liberdade é apenas outro nome dado ao comportamento cujas causas ainda não foram descobertas (Skinner, 1953, p. 251 na ed. bras.).

Nunca fui capaz de entender porque ele (o poeta I. A. Richards) acha que Coleridge deu uma importante contribuição para nossa compreensão da natureza humana, e ele nunca foi capaz de entender porque me sinto do mesmo modo em relação aos pombos (Skinner, 1972c, p. 34).

> Somos todos controlados pelo mundo em que vivemos, e parte deste mundo tem sido e será construída pelos homens. Eis a questão: Devemos ser controlados pela casualidade, por tiranos ou por nós mesmos num modelo cultural eficaz?
> O perigo do uso impróprio do poder é possivelmente maior do que nunca. Ele não é mitigado pela dissimulação dos fatos. Não podemos tomar decisões sensatas se continuamos fingindo que o comportamento humano não é controlado, ou se recusamos o engajamento no controle quando resultados valiosos podem estar próximos. Tais medidas enfraquecem somente a nós mesmos, deixando a força da ciência para outros. O primeiro passo na defesa contra a tirania é a revelação mais completa possível das técnicas de controle. . . .
> Não é hora para autodecepção, indulgência emocional, ou adoção de atitudes que já não são úteis. O homem se defronta com uma difícil prova. Deve conservar a cabeça no lugar, agora, ou deve recomeçar—um longo caminho de volta" (Skinner, 1955, pp. 56-57).

DINÂMICA

Crescimento Psicológico

Nos termos de Skinner, crescimento é minimizar condições adversas e aumentar o controle benéfico de nosso meio ambiente. Pelo esclarecimento de nosso pensamento, podemos fazer melhor uso dos instrumentos disponíveis para prever, manter e controlar nosso próprio comportamento.

Análise Funcional. Análise funcional é uma análise de comportamentos em termos de relações de causa e efeito. Trata todo aspecto do comportamento como "função" de uma condição que pode ser descrita em termos físicos. Assim, o comportamento e suas causas podem ser descritas sem ficções explanatórias.

> Quando vemos um homem movendo-se de um lado para outro num quarto, abrindo gavetas, olhando debaixo de revistas e assim por diante, podemos descrever seu comportamento em termos plenamente objetivos. "Agora ele está em alguma parte do quarto; apanhou um livro entre o polegar e o indicador de sua mão direita; está levantando o livro e inclinando a cabeça de modo que qualquer objeto sob o livro possa ser visto". Podemos também interpretar seu comportamento ou "ler o significado dele" dizendo: "ele está procurando alguma coisa", ou, mais especificamente, "ele está procurando seus óculos". O que acrescentamos não é uma descrição adicional do comportamento mas uma inferência a respeito de algumas das variáveis responsáveis por ele. Isto é verdadeiro mesmo se perguntássemos o que ele está fazendo e ele respondesse: "Estou procurando meus óculos". Isto não é uma descrição mais extensa de seu comportamento, mas das variáveis das quais o comportamento é uma função; equivale a "Perdi meus óculos", "Interromperei o que estou fazendo quando achar meus óculos" ou "Quando fiz isso no passado, eu encontrei meus óculos" (Skinner em Fabun, 1968, p. 18).

Descrições precisas do comportamento ajudam a fazer previsões exatas de comportamentos futuros e a melhorar a análise dos reforçamentos anteriores que levaram ao comportamento. Para nos compreendermos, temos que reconhecer que nosso comportamento não é nem casual nem arbitrário, mas é um processo contínuo e legítimo que pode ser descrito considerando o ambiente no qual o comportamento está inserido.

Skinner não nega o uso de termos tais como "vontade", "imaginação", "inteligência" ou "liberdade"; ele diz que explicações que dependem destes termos não são funcionais. Não descrevem verdadeiramente o que está ocorrendo; encobrem, ao invés de esclarecer, as causas do comportamento.

Recompensa. Recompensar respostas corretas melhora a aprendizagem. É mais eficaz que o controle aversivo (punição), uma vez que recompensas dirigem comportamentos para um objetivo. O uso de recompensas é um modo bastante seletivo e eficiente de controlar o comportamento.

Obstáculos ao Crescimento

Punição. Punições informam somente sobre o que não fazer, ao invés de informar sobre o que fazer. Não capacitam uma pessoa a aprender qual é o melhor comportamento para uma dada situação. É o maior impedimento para uma real aprendizagem.

Comportamentos punidos não desaparecem. Quase sempre voltam, disfarçados ou ligados a novos comportamentos. Estes podem ser modos de evitar punições adicionais ou podem ser formas de represália contra a punição original. A prisão é um caso exemplar que demonstra a ineficiência da punição. A vida da prisão não ensina aos reclusos meios socialmente mais aceitáveis de receber as recompensas que desejam; apenas os pune por terem cometido vários comportamentos criminais. Se um prisioneiro não aprendeu nada de novo, não é absurdo pressupor que uma vez em liberdade—exposto ao mesmo ambiente e ainda dominado pelas mesmas tentações—este prisioneiro repita os mesmos comportamentos. O alto índice de criminosos que voltam à prisão pelos mesmos crimes parece corroborar estas observações.

Outro problema relativo à punição é que esta reforça exclusivamente a pessoa que está punindo.

> Por isso, o feitor usa o chicote para obrigar o escravo a prosseguir no trabalho. Trabalhando, o escravo escapa do chicote (e conseqüentemente reforça o comportamento do feitor em usar o chicote). O pai reclama do filho até que cumpra uma tarefa; ao cumpri-la, o filho escapa às reclamações (reforçando o comportamento do pai). O chantagista ameaça revelar um fato se a vítima não lhe pagar; ao pagar, a vítima afasta a ameaça (e reforça a prática). Um professor ameaça seus alunos de castigos corporais ou de reprovação, até que resolvam prestar atenção à aula; se obedecerem, estarão afastando a ameaça do castigo (e reforçam seu emprego pelo professor). De uma forma ou de outra, o controle adverso intencional é o padrão de quase todo o ajustamento social—na ética, na religião, no governo, na economia, na educação, na psicoterapia e na vida familiar (Skinner, 1971, pp. 26-27 na ed. bras.).

Skinner conclui que a punição não satisfaz às exigências de longo alcance da pessoa que está punindo, nem beneficia a pessoa que recebe punição.

Ignorância. Skinner define ignorância como o não-conhecimento do que causa um determinado comportamento. O primeiro passo para ultrapassar a ignorância é admiti-la; o segundo é mudar os comportamentos que a mantêm. Uma mudança proposta por Skinner é parar de descrever eventos com palavras que não são descrições de comportamento mas termos mentais não-descritivos. Skinner dá um exemplo de como a descrição que o indivíduo faz de um evento o impede de ver as causas do comportamento que está observando.

A prática é muito difundida. Num experimento de demonstração, um pombo faminto foi condicionado a se virar no sentido dos ponteiros do relógio. Um padrão de comportamento final facilmente executado foi modelado pelo reforçamento de aproximações sucessivas com a comida. Pediu-se aos alunos que tinham observado a demonstração que escrevessem um relato do que tinham visto. Suas respostas incluíram o seguinte: (1) O organismo foi condicionado a *esperar* reforçamento pelo tipo certo de comportamento. (2) O pombo perambulou *com a esperança* de que algo trouxesse a comida de volta. (3) O pombo *observou* que um certo comportamento parecia produzir um resultado particular. (4) O pombo *sentiu* que a comida lhe seria dada por causa de sua ação; e (5) O pássaro veio a *associar* sua ação com o clique do dispensador de alimento. Os fatos observados poderiam ser constatados respectivamente do seguinte modo: (1) O organismo era reforçado *quando* apresentava um certo tipo de comportamento. (2) O pombo perambulou *até que* o recipiente de comida apareceu novamente. (3) Um certo comportamento *produziu* um resultado particular. (4) A comida era dada ao pombo quando este agia de determinada maneira, e (5) O clique do dispensador de alimento *foi relacionado temporalmente* com a ação do pássaro. Estas afirmações descrevem as contingências de reforçamento. As expressões "esperar", "com esperança", "observar", "sentir" e "associar" vão mais longe que isso para identificar efeitos no pombo. O efeito realmente observado era bastante claro; o pombo virava-se com mais habilidade e maior freqüência; mas este efeito não foi o relatado pelos alunos. (Se pressionados, teriam sem dúvida dito que o pombo se virava com mais habilidade e maior freqüência porque esperava, tinha esperança e sentia que se assim o fizesse a comida apareceria) (Skinner em Wahn, 1964, pp. 90-91).

ESTRUTURA
Corpo

O papel do corpo num sistema baseado exclusivamente em dados observáveis é de importância fundamental. Contudo, não é necessário conhecer os processos fisiológicos e neuro-anatômicos que ocorrem ao mesmo tempo que o comportamento, a fim de compreender como e por que as pessoas se comportam desse modo. Skinner considera a pessoa como uma caixa fechada, mas certamente não vazia. Os behavioristas enfatizam os *inputs* e *outputs* uma vez que eles constituem aquilo que é observável. "Ao invés de levantar hipóteses sobre as necessidades que podem impelir para uma atividade particular, eles tentam descobrir os eventos que fortalecem sua probabilidade futura e que a mantêm ou modificam-na. Assim, buscam as condições que regulam o comportamento em vez de levantar hipóteses sobre estados de necessidade dentro da pessoa" (Mischel, 1971, p. 62).

Ampla pesquisa sobre as variáveis que afetam o condicionamento operante levou às seguintes conclusões:

1. *Condicionamento pode ocorrer e ocorre sem consciência.* Numerosas demonstrações ilustram que o que percebemos depende, em grande parte, de nossas percepções passadas que, por sua vez, foram parcialmente condicionadas. Por exemplo, pensou-se que as ilusões óticas utilizadas por Ames (1951) eram função da fisiologia da visão. No entanto, quando as mesmas ilusões são apresentadas a pessoas em cujas culturas as residências e janelas não são construídas em ângulos retos, estas não têm a ilusão. É uma resposta culturalmente condicionada. Um sumário de pesquisas conclui que o condicionamento pode ocorrer "em pessoas. . . no estado de sono e no estado de vigília, enquanto o sujeito está inteiramente inconsciente do fato de estar aprendendo a responder a um estímulo condicionado" (Berelson e Steiner, 1964, p. 138).

2. *O condicionamento se mantém a despeito da consciência.* É desconcertante perceber que podemos ser condicionados apesar de sabermos o que está acontecendo e decidirmos conscientemente não permanecer condicionados. Um experimentador treinou sujeitos a levantar um dedo a um som associado a um choque. Os sujeitos continuaram a levantar seus dedos mesmo depois de serem avisados de que o choque tinha sido desligado. Continuaram a erguer seus dedos mesmo quando o experimentador lhes pedia para não fazê-lo. Somente após a remoção dos eletrodos de seus dedos, eles puderam controlar suas próprias respostas recentemente condicionadas (Lindley e Moyer, 1961).

Num contexto inteiramente diverso, o índio norte-americano *shaman*, Don Juan, diz a seu aprendiz, Carlos Castañeda, que parte do treinamento tinha-se restringido ao corpo de Carlos. Castañeda chega então a perceber que, independentemente de seus sentimentos emotivos, intenções ou falta delas, seu corpo tinha aprendido e respondido a Don Juan (Castañeda, 1972). Evidências tais como esta ajudam a corroborar a proposição de Skinner de que foi dado crédito indevido ao aparato mental no controle do comportamento.

3. *O condicionamento é mais eficaz quando o sujeito tem consciência e coopera* (Goldfried e Merbaum, 1973). O condicionamento eficaz é uma colaboração. Há uma instabilidade inerente ao condicionamento quando este é empreendido sem plena cooperação. A seguinte estória exemplifica o problema:

> Uma meia dúzia de alcoólatras velhos e esfarrapados num hospital para veteranos do meio-oeste foi submetido a esse tratamento anti-alcoólico alguns anos atrás.[3] Os homens foram cuidadosamente condicionados e só pensar em bebida os fazia tremer.
>
> Uma tarde, os velhos começaram a conversar a respeito de suas novas vidas e cada um deles descobriu que os outros as odiavam. Decidiram que prefeririam correr o perigo de ser novamente bêbados do que serem aterrorizados pela garrafa.
>
> Assim, planejaram fugir uma noite. Escaparam para um bar, amontoaram-se no balcão e, em meio ao suor, tremor e vômito, apoiaram-se e censuraram-se uns aos outros por engolir bebida após bebida. Beberam o suficiente para que o medo os deixasse (Hilts, 1973).

O corpo é aquilo que se comporta. Comportamentoo é tudo o que pode ser observado e tudo o que responde à mudança em contingências de reforçamento. Outros processos ocorrem simultaneamente aos observáveis. Na medida em que novos métodos nos permitem observar estes processos, eles podem ser considerados como qualquer outro comportamento.

Relacionamento Social

Pouca atenção é dada à dinâmica que pode existir em situações sociais. A ênfase está nas forças que modelam, selecionam e dirigem os indivíduos a partir de fora deles. Na realidade, a teoria não parece considerar os relacionamentos como um tipo diferente de atividade. Não há "um significado especial do comportamento social diferente de outro comportamento. O comportamento social é caracterizado somente pelo fato de que envolve uma interação entre duas ou mais pessoas" (Hall e Lindzey, 1970, p. 497).

> Eu sou um behaviorista radical simplesmente no sentido de que não acho lugar algum na proposta para qualquer coisa que seja mental (Skinner, 1964, p. 106).

---

[3] O tratamento associava a bebida a uma droga que causava vômito. Os homens foram condicionados até que apenas a bebida levava ao comportamento de vomitar.

Skinner dedica considerável atenção à importância da *comunidade verbal* e seu papel em modelar quase todo comportamento, especialmente o desenvolvimento precoce da linguagem e outros comportamentos infantis. A comunidade verbal é definida como as pessoas (incluindo nós mesmos) do meio ambiente que respondem ao comportamento verbal de modo a modelar e manter o comportamento. O comportamento de uma pessoa é continuamente modificado e modelado por outros do meio ambiente. Isto é senso comum; mas Skinner continua dizendo que não há outras variáveis relevantes além da história passada da pessoa, seus dotes genéticos e os fatores externos da situação imediata.

Um aspecto das situações sociais é que os reforços que uma pessoa recebe dependem apenas parcialmente de seu comportamento. Numa conversa, você diz algo e recebe então um *feedback*. No entanto, este *feedback* que você recebe é baseado não apenas naquilo que você disse, como também na maneira pela qual a outra pessoa o percebeu. Assim, modificamos nossos comportamentos, em relacionamentos interpessoais, tanto na base das reações de outros como de nossas próprias percepções. Esta é a comunidade verbal em ação.

Embora Skinner não discuta as relações sociais, os personagens de seu romance *Walden Two* discutem-nas longamente. Frazier, o planejador da comunidade utópica, discute a situação da família convencional.

> Uma comunidade deve resolver os problemas da família revisando certas práticas já estabelecidas. É absolutamente inevitável. A família é uma forma antiga de comunidade e os costumes e hábitos estabelecidos para perpetuá-la estão deslocados numa sociedade que não se baseia em laços de sangue. *Walden Two* suprimiu a família, não só como unidade econômica, como também, até certo ponto, como unidade social e psicológica. O que sobreviver dela é uma questão experimental (Skinner, 1962, p. 141 na ed. bras.).

Vontade

Vontade, livre arbítrio, força de vontade são termos que Skinner classifica como sendo ficções explanatórias mentais não observáveis. A alternativa para a crença em um sentido interior que ajuda a determinar a ação é admitir que nenhum comportamento é livre. "Quando reconhecermos isto, estaremos aptos a abandonar a noção de responsabilidade e com ela, a doutrina do livre arbítrio como agente causal interior" (Skinner, 1953, p. 72 na ed. bras.).

Há, contudo, alguma evidência experimental de que uma pessoa que acredita que forças externas condicionam o comportamento comporta-se de modo diferente daquela que se sente pessoalmente responsável.

Davison e Valins descobriram que "se uma pessoa se dá conta de que sua mudança de comportamento depende totalmente de recompensa e punição externas, não há razão para que o novo comportamento perdure, uma vez que tenham mudado as contingências ambientais" (1969, p. 33).

Lefcourt reviu estudos nos quais sujeitos foram testados quando operavam sob a convicção de que podiam controlar as conseqüências e quando operavam sob a convicção de que não podiam fazê-lo. Os resultados indicam que a privação em animais e pessoas da "ilusão" da liberdade tem efeitos comportamentais mensuráveis. "O sentido de controle e a ilusão de que se pode exercer uma escolha pessoal têm um papel definitivo e absoluto na subsistência. A

As filosofias predominantes sobre a natureza humana reconhecem uma vontade interna que tem o poder de interferir em relações causais, e que torna impossível a predição e o controle do comportamento (Skinner, 1953).

ilusão da liberdade não será facilmente desfeita sem precipitar conseqüências indesejáveis" (Lefcourt, 1973, pp. 425-426).

Skinner considera a noção de "vontade" como um modo confuso e irreal de encarar o comportamento. A natureza controvertida deste ponto de vista está longe de ser decidida mesmo entre os behavioristas.

Emoções

"Definimos uma emoção, na medida em que se quer fazê-lo, como um estado particular de alta ou baixa freqüência de uma ou mais respostas induzidas por qualquer uma dentre uma classe de operações" (Skinner, 1953, p. 100 na ed. bras.). Skinner defende uma abordagem essencialmente descritiva das emoções; salienta que mesmo uma emoção bem definida como a raiva incluirá diferentes comportamentos em diferentes ocasiões, até no mesmo indivíduo.

> As "emoções" são excelentes exemplos das causas fictícias às quais comumente atribuímos o comportamento (Skinner, 1953, p. 97 na ed. bras.).

Ao invés de considerar as emoções como vagos estados interiores, Skinner propõe a abordagem mais pragmática de observar os comportamentos associados.

> Quando o homem da rua diz que alguém está com medo, ou zangado, ou amando, geralmente está falando de predisposições para agir de certas maneiras. O homem "zangado" mostra uma alta probabilidade de lutar, insultar, ou de algum modo inflingir danos e uma pequena probabilidade de auxiliar, favorecer, confortar ou amar. O homem "que ama" mostra uma grande tendência para auxiliar, favorecer, estar com e cuidar de, e uma pequena inclinação para ofender de qualquer maneira. "No medo", o homem tende a reduzir ou evitar contato com estímulos específicos—correndo, escondendo-se ou cobrindo os olhos e os ouvidos; ao mesmo tempo, tem menor probabilidade de avançar contra esses estímulos ou para um território desconhecido. Esses fatos são úteis, e algo parecido com o modo de classificação do leigo tem seu lugar em uma análise científica (Skinner, 1953, p. 98 na ed. bras.).

As dificuldades usuais na compreensão, predição e controle de comportamentos emocionais poderiam ser menores se observássemos padrões de comportamento. Skinner duvida que, ao fazer referências a estados internos desconhecidos, seja possível diminuir estas dificuldades.

Intelecto

Skinner define o conhecimento como repertório de comportamentos. "Um homem 'sabe a tábua de integrais' no sentido de que em circunstâncias adequadas irá recitá-la, ou fazer as substituições correspondentes no curso de um cálculo etc. 'Sabe história' no sentido de possuir outro repertório altamente complexo. . . . (O Saber) habilita o indivíduo a reagir com sucesso ao mundo ao seu redor, exatamente porque é o comportamento com o qual faz isso" (Skinner, 1953, pp. 129-130 na ed. bras.).

O conhecimento é o comportamento que se manifesta quando um estímulo particular é aplicado. Outros teóricos tendem a considerar comportamentos tais como nomear o personagem principal de *Hamlet*, ou explicar a influência da produção alemã de prata na História da Europa medieval, como "sinais" ou indícios do conhecimento; Skinner considera esses comportamentos como o próprio conhecimento. Outro modo pelo qual ele define o conhecimento é a probabilidade de comportamento especializado. Se uma pessoa "sabe ler", Skinner interpretaria isto como a ocorrência de uma ocasião onde a leitura é reforçada; a pessoa produz o repertório comportamental chamado ler. Skinner sente que os métodos convencionais de ensino pecam por não compreender e por não usar os instrumentos da análise behaviorista. Seu interesse levou-o a planejar situações de aprendizagem e esquemas que aceleram o passo e ampliam o alcance do ensino convencional.

Ensino Programado

A obra de Skinner é crucial na proposição do ensino programado como um dos modos de apresentar materiais educacionais. Em sua forma mais comum, o aluno senta-se diante de uma "máquina de ensinar" especialmente planejada. Uma única construção ou afirmação lhe é apresentada. O estudante responde de forma ativa, geralmente escrevendo. A resposta correta é então mostrada ao aluno e ele verifica se sua resposta estava certa. O *feedback* ocorre *antes* da afirmação seguinte ser feita. A resposta correta é sempre apresentada ao estudante.

Em programas simples, o aluno passa à afirmação seguinte, tendo oportunidade de mais tarde refazer os itens errados (Skinner, 1958). Em programas mais complexos, a resposta dirigirá o aluno para um de vários caminhos: passar para o item seguinte, voltar a um item anterior, consultar itens que incluem uma explicação mais detalhada de um item anterior ou consultar itens que incluem uma explicação mais detalhada do material concernente ao item respondido de maneira incorreta. As pessoas aprendem mais facilmente quando lhes é dado um *feedback* preciso e imediato.

A aprendizagem é acelerada se unidades discretas de material forem apresentadas. Cada unidade de conteúdo é dada como entidade distinta embora inserida num programa de ensino amplo e complexo. Assim, embora $4 \cdot 7 = 28$ seja uma unidade singular, faz parte da tabuada do 4 e da tabuada do 7. Estas tabuadas fazem parte, por sua vez, de um grupo de métodos utilizados na execução de cálculos matemáticos. No ensino programado, unidades mais simples são apresentadas em primeiro lugar. Unidades mais complexas tornam-se acessíveis somente depois que aquelas forem aprendidas. "Por outro lado, aulas, livros-texto e seus equivalentes mecanizados, procedem sem ter certeza de que o estudante entende e podem facilmente deixá-lo para trás" (Skinner, 1958, p. 971).

O aprendiz deve dar uma resposta. Há maior probabilidade do ensinamento ser retido se o aprendiz participar ativamente do processo de aprendizagem. Em instrução programada, o estudante escolhe uma resposta, escreve uma resposta, aperta um botão, abre um dispositivo ou dá alguma outra resposta. Se o estudante não estiver suficientemente interessado em responder ao item do programa, então o programa espera até que o aluno resolva continuar. Holland e Skinner (1961, 1971 na ed. bras.), no prefácio de seu livro de ensino programado, retomam os argumentos que favorecem esta técnica de ensino.

> O ensino programado com o sistema de tutor individual tem muitas vantagens em relação às outras técnicas de ensino: (1) Cada aluno progride no seu próprio ritmo; quem aprende mais rapidamente avança mais, enquanto aquele que aprende mais devagar avança na velocidade que lhe é mais conveniente. (2) O estudante passa para o material mais adiantado somente depois de ter dominado completamente os primeiros estágios. (3) Devido a essa progressão gradual, e com o auxílio

de certas técnicas de insinuação e instigação, o estudante quase sempre acerta. (4) O estudante se mantém continuamente ativo e recebe imediata confirmação de seu êxito. (5) Os itens são construídos de tal maneira que o aluno precisa compreender o ponto crítico a fim de dar a resposta. (6) Os "conceitos" estão representados no programa em muitos exemplos e arranjos sintátitos, em um esforço para aumentar a generalização a outras situações. (7) Um registro das respostas do estudante fornece ao programador valiosas informações para futuras revisões.

[O presente programa foi inteiramente revisto duas vezes e pequenas alterações foram introduzidas de vez em quando. O número de erros apresentados pelos estudantes foi reduzido à metade (reduzido a cerca de 10 por cento) depois da primeira revisão. Pp. v-vi.]

Se a campainha tocar muitas vezes sem que nada toque no olho, o reflexo condicionado de piscar o olho será ____. (TT)		extinto
	5.6	5.6
Depois de um número suficiente de associações do som à comida, o som torna-se um (1) _____ _____ que irá (2) _____ salivação.		(1) estímulo condicionado (2) eliciar
	5.15	5.15
As condições que dão lugar às emoções chamadas medo, raiva e ansiedade produzem também _____ na resistência elétrica da pele.		queda (mudança aceitável)
	5.24	5.24
Se o comportamento do dentista continua a prover estímulos incondicionados para os reflexos de medo, o medo da criança, condicionado ao consultório, não se _____ . (TT)		extinguirá
	5.33	5.33
Uma predisposição favorável a um candidato político pode ser condicionada servindo-se um churrasco de graça no comício político. A comida é um _____ usado para condicionar muitas respostas reflexas "favoráveis".		estímulo incondicionado
	5.42	5.42
Um estímulo que adquiriu a propriedade de evocar uma resposta reflexa é (1) _____ _____ ; a resposta evocada é (2) _____ _____ .		(1) estímulo condicionado (2) resposta condicionada
	5.51	(5.51)

Talvez a parte mais inovadora do ensino programado seja o papel modificado do professor. O redator do programa é responsável pela organização do conteúdo de forma a que este seja aprendido. O professor está assim livre para assistir os estudantes individualmente, ou desenvolver atividades de classe além dos limites dos materiais programados.

Existem objeções ao ensino programado. Antes de tudo, é socialmente isolador; os estudantes se fecham em seu próprio mundo privado enquanto

De acordo com o nosso atual conhecimento, um sistema educacional deve ser considerado um fracasso se só puder levar os alunos a aprenderem pela ameaça de não o fazerem (Skinner, 1958, p. 977).

O que parece ser uma revolução na educação, iniciada somente há seis anos, está ocorrendo na medida em que professores altamente preparados elaboram programas em áreas que abrangem desde a aritmética para principiantes até o cálculo, do behaviorismo moderno ao Velho Testamento, da soletração da gramática inglesa ao conhecimento de muitas das línguas modernas, da biologia e da física a cursos para escola de medicina, e em centenas de campos da educação industrial (Holland e Skinner, 1961, ed. bras. 1969).

aprendem. *Faltam* os benefícios da experiência de grupo e a utilização da energia e entusiasmo grupais (assim como os efeitos negativos das pressões de grupo e da competição). Além disso, o ensino baseado numa hierarquia cuidadosamente planejada de conceitos que se ligam é cada vez menos útil em áreas que não podem ser tão claramente definidas. Também, os estudantes não têm oportunidade de discordar da tendência do redator do programa.

Ensino Melhorado. O desenvolvimento do ensino com computadores que interagem é um passo além do simples ensino programado. O aluno ainda trabalha com unidades discretas. Ainda deve responder e ainda recebe *feedback* imediato, mas o *feedback* do computador é muito mais detalhado, individual e complexo do que o da máquina de ensinar. A experiência de aprendizagem torna-se um diálogo entre o estudante e o computador. Os estudantes não são apenas informados acerca dos erros e acertos de suas respostas. Podem receber incentivos, imagens, sugestões, abordagens alternativas, lembranças de sucessos anteriores com itens similares ou apresentações da questão sob outra forma. Embora alguns textos programados e máquinas de ensinar tenham falhado em manter o interesse do estudante, isto não constitui problema em situações computadorizadas (veja ilustração acima).

A flexibilidade do computador tem também outras implicações.

> Como resultado de uma aplicação mais imaginativa, estamos começando a reconhecer mais outro aspecto do ensino pela máquina que com o tempo se tornará o mais importante de todos. A criança, num diálogo íntimo com a máquina, encontra-se numa situação psicológica única. O computador torna-se um espelho não-crítico de seus pensamentos. O aluno é incentivado a revelar sua imaginação, tentar algumas das possibilidades improváveis, seguir sua curiosidade e ver o que acontece. Uma resposta errada é tão valiosa quanto a correta quando as alternativas podem ser exploradas e quando se mostra ao aluno porque a resposta está errada (Brown e El-Ghannam, 1971, p. 2).

Este tipo de ensino não se limita ao material fatual; pode igualmente estimular a expressão criativa. Aqui está parte de uma situação de ensino com computador. O computador está usando um programa desenvolvido antes para cursos destinados a escritores calouros na Universidade de Stanford. Nesse caso, o estudante descreve-se como "alguém que jamais escreve poesia".

COMPUTADOR: Oi! Como te chamarei hoje?
ESTUDANTE: Gail.
COMPUTADOR: Está bem, Gail, desta vez falaremos sobre o que você pode e não pode ver, ouvir, tocar, provar e sentir. Você acabou de tocar o terminal do computador. Que tal lhe parece?
ESTUDANTE: Parece plástico e aço, cinzento e resmungão.
COMPUTADOR: Ótimo. Agora, diga-o de forma diferente. Parece...
ESTUDANTE: Fios de aço roçando a extremidade de meus dedos.
COMPUTADOR: Bom. E além disso? Parece...
ESTUDANTE: Um ruído vindo do nada ressoando numa sala vazia.
COMPUTADOR: Acredite ou não, você acabou de escrever um poema. Ei-lo:

O TERMINAL

Como plástico e aço, cinzento e resmungão.
Como fios de aço roçando a extremidade de meus dedos.
Como um ruído vindo do nada ressoando numa sala vazia.

COMPUTADOR: Você quer mudar o poema para melhorá-lo.
ESTUDANTE: Sim.
COMPUTADOR: Bom. Use as três próximas linhas para datilografar suas mudanças.
ESTUDANTE: Cinzento e resmungão, o terminal roça meus dedos. Fios de aço cobertos de cinza. Ruídos vindos do nada cantam em salas vazias.
COMPUTADOR: Isso mesmo! Agora, Gail, você gostaria de fazer uma caminhada imaginária pelo bosque?
ESTUDANTE: Claro que sim. É legal.
COMPUTADOR: Bom. É outono e você anda pelo bosque. Que cores você vê?
ESTUDANTE: Amarelo, marrom, manchas de rosa e vermelho, céu azul.
COMPUTADOR: O que te recordam o amarelo, marrom, manchas de rosa e vermelho e céu azul?
ESTUDANTE: Um vaso pintado por uma carruagem do sol.
COMPUTADOR: Caminhar pelo bosque pode levar a pensar em idéias abstratas, tais como morte, mudança, beleza ou ciclos. Você pode pensar em algo mais? Datilografe-o.
ESTUDANTE: Renovação, quietude, deslumbramento, silêncio.
COMPUTADOR: Como você se sente quando pensa em renovação, quietude, deslumbramento, silêncio?
ESTUDANTE: Admirada diante da beleza perfeita do desconhecido.
COMPUTADOR: Você gostaria de escrever um pequeno poema, Gail?
ESTUDANTE: Certamente.
COMPUTADOR: O.K. Uma sugestão é datilografar três linhas usando as cores amarelo, marrom, manchas de rosa e vermelho, céu azul, que você mencionou, renovação, quietude, deslumbramento, silêncio, suas idéias abastratas, e os sentimentos que você tem a respeito de renovação, quietude, deslumbramento, silêncio.

O POEMA DE GAIL

ESTUDANTE: Amarelo como trigo morrendo para ser renovado em pão.
Marrom da terra viva mesmo no silêncio e na morte.
Silêncio só quebrado em certos momentos pelo sussurro das folhas vermelhas caindo.
COMPUTADOR: Lindo, Gail.   (Nold, 1974, usado com permissão)

Self

Como o leitor provavelmente imaginará, Skinner considera o termo *self* ficção explanatória. "Se não podemos mostrar o que é responsável pelo comportamento do homem dizemos que ele mesmo é responsável pelo comportamento. Os precursores da ciência física adotavam outrora o mesmo procedimento, mas o vento já não é soprado por Eolo, nem a chuva é precipitada por Júpiter Pluvius. . . . A prática aplaca a nossa ansiedade a respeito dos fenômenos inexplicados e por isso se perpetua. . . . Um conceito de eu não é essencial em uma análise do comportamento. . ." (Skinner, 1953, p. 164 na ed. bras.).

> Não há lugar na posição científica para um *self* como verdadeiro originador ou iniciador da ação (Skinner, 1974, p. 225).

Embora Skinner explore o repertório de comportamento denominado autoconhecimento, ele também descreve inúmeros casos onde falta autoconhecimento. "Um homem pode não saber que *fez alguma coisa*. . . pode não saber que *está fazendo alguma coisa* . . . pode não saber que *tende a,* ou *está indo fazer alguma coisa*. . . pode não reconhecer *as variáveis das quais seu comportamento é função*" (Skinner, 1953, pp. 166-167, na ed. bras.). Estes casos são de enorme interesse para os não-behavioristas, visto serem considerados manifestações de vários estados internos (por exemplo, complexos, padrões de hábitos, repressões, fobias). Skinner classifica esses incidentes como meros comportamentos cuja observação ou recordação não foi reforçada positivamente. "O ponto crucial não é saber se o comportamento que um homem deixa de relatar é realmente por ele observável, mas sim saber se alguma vez houve alguma razão para observá-lo" (Skinner, 1953, p. 167 na ed. bras.).

Terapeuta

As terapias derivadas do behaviorismo tornaram-se uma força importante no desenvolvimento de novos métodos e novas tecnologias de tratamento. Os profissionais denominados "modificadores de comportamento" ou "terapeutas comportamentais" exploraram áreas de tratamento que vão muito além daquelas geralmente consideradas território próprio de psicoterapeutas psicodinâmicos. Por exemplo, o programa de um curso sobre modificação de comportamento (1972) incluía sessões de treinamento e apresentações sobre defeitos da fala, educação do professor, pacientes cardíacos, problemas médicos e dentários, abuso de drogas, frigidez, obesidade e depressão.

Embora haja inúmeras abordagens diferentes para a prática da terapia comportamental, concorda-se geralmente que um terapeuta comportamental está antes de mais nada interessado em comportamentos reais e não em estados interiores ou antecedentes históricos. De acordo com os behavioristas, *o sintoma é a doença,* e não uma manifestação de uma doença subjacente. O "sintoma"—tal como um tique facial, ejaculação precoce, o ato de beber cronicamente, medo de multidões ou úlcera péptica—é tratado diretamente. Sintomas não são usados como vias de acesso para a investigação de lembranças passadas ou para a perspectiva existencial do paciente.

O terapeuta oferece ao paciente uma sessão não ameaçadora, como acontece nas terapias psicodinâmicas. O cliente está desta forma livre para expressar comportamentos antes não expressos, tais como choro, sentimentos hostis ou fantasias sexuais. No entanto, o terapeuta não está interessado em reforçar estas expressões. Ele está interessado em ensinar, treinar e recompensar comportamentos que podem efetivamente competir com e eliminar comportamentos desagradáveis ou capazes de suscitar incapacidade. Por exemplo, relaxamento progressivo pode ser ensinado para neutralizar reações de ansiedade específica, ou treinamento assertivo pode ser utilizado para superar comportamentos tímidos.

As seguintes afirmações descrevem a natureza especial da terapia comportamental, assim como seus pontos em comum com outras formas de terapia.

1. A terapia comportamental tenta ajudar as pessoas a se tornarem capazes de responder às situações de vida do modo como gostariam de fazê-lo. Isto inclui o aumento da freqüência e/ou classe de comportamentos, pensamentos e sentimentos de uma pessoa e a diminuição ou eliminação de comportamentos, pensamentos e sentimentos indesejáveis.
2. A terapia comportamental não tenta modificar o cerne emocional de atitudes ou sentimentos da personalidade.
3. A terapia comportamental assume a postura de que um relacionamento terapêutico positivo é uma condição necessária, mas não suficiente, para uma psicoterapia eficaz.
4. Na terapia comportamental as queixas do cliente são aceitas como material válido, a ser enfocado pela psicoterapia—não como sintomas de algum problema subjacente.
5. Na terapia comportamental o cliente e o terapeuta chegam a uma compreensão explícita do problema apresentado, em termos do comportamento real do cliente (por exemplo, ações, pensamentos, sentimentos). Ambos decidem mutuamente as metas terapêuticas específicas, formuladas de maneira tal que tanto o cliente quanto o terapeuta sabem quando estas metas foram atingidas (Jacks, 1973).

Skinner descreve a terapia como um instrumento de controle de poder quase ilimitado. No relacionamento, o terapeuta é apontado como uma fonte de alívio bastante provável; qualquer promessa ou alívio torna-se positivamente reforçadora, aumentando, assim, a influência do terapeuta.

Outros teóricos que reconhecem o efeito do papel do terapeuta no processo de cura atribuem-no, em larga escala, ao sistema de crenças do paciente (Frank, 1961); Skinner faz uma nova interpretação dessas idéias em termos de paradigmas de condicionamento operante.

A constante rejeição de Skinner da utilidade de trabalhar com estados interiores induziu alguns terapeutas comportamentais a se afastarem de suas idéias e da teoria da aprendizagem em geral. London sugere que os terapeutas comportamentais aliaram-se desnecessariamente a uma ideologia que tem pouco a ver com sua prática clínica.

> Aí se mantêm, no mínimo, uma tradição de acatar os princípios de aprendizagem como fonte última de boas modificações e um ritual paralelo de combater psicanalistas, rogerianos, existencialistas e psiquiatras que ainda não dominaram ou endossaram o jargão de respondentes, operantes e reforçamentos. . . . Para fins públicos, modificadores de comportamento dos anos sessenta em geral descreviam suas atividades como conseqüências logicamente inevitáveis de teoremas e princípios de aprendizagem e de contínuas descobertas a respeito de como se aplicavam

ao desordenado comportamento humano. Na realidade, havia apenas cerca de três princípios aos quais sempre se referiam, sendo que todos podem ser reduzidos a um princípio ou a um princípio e meio—a saber, que a aprendizagem depende das conexões no tempo, espaço e atenção entre o que fazemos e o que nos acontece subseqüentemente (London, 1972, p. 913).

Seja qual for sua fidelidade, os terapeutas comportamentais constituem o grupo que cresceu mais rapidamente e que é o mais eclético do país (Estados Unidos), especialmente em instituições.

Aplicações Institucionais

As teorias de Skinner surgiram de seu trabalho com simples animais. Os resultados e suas ramificações enveredaram-se a uma variedade de estabelecimentos institucionais, incluindo institutos penais e sistemas escolares.

Análise Comportamental Aplicada. Ao invés de censurar e punir as pessoas quando apresentam comportamento desviante, pode ser mais realista modificar os reforços em seu meio ambiente. Se o comportamento é devido a reforçamento seletivo, então comportamento desviante é função do meio ambiente. Esta linha de pensamento levou ao desenvolvimento da análise comportamental aplicada, onde se dá atenção ao ambiente total, ao invés da psicodinâmica do comportamento do desviante.

Se os reforços são modificados de modo a não mais recompensar o comportamento desviante, este deveria desaparecer do repertório comportamental. Além disso, o ambiente pode ajustar-se para recompensar quaisquer novos comportamentos julgados mais desejáveis (Goodall, 1972a, 1972c). O enfoque está em extinguir comportamentos que são em si desviantes ou que levaram a atividades delinqüentes ou criminais. Estas idéias estão sendo aplicadas em instituições educacionais e penais, incluindo hospitais, prisões, centros de recuperação juvenil e escolas.

Os críticos argumentaram que a quantidade de controle necessária para extinguir os comportamentos indesejáveis é excessiva; os defensores se opõem salientando que sua abordagem é um simples prolongamento mais completo e metódico daquilo para o que suas instituições foram originalmente criadas. A universidade é criada para educar estudantes mas opera de forma ineficiente. A prisão tem a incumbência de dissuadir e reformar pessoas que apresentam comportamento criminal, mas freqüentemente falha nesta missão. O hospital de doenças mentais existe para ajudar as pessoas a voltarem a um funcionamento adequado, mas via de regra não consegue realizar seu intento. A conhecida ineficiência de nossas instituições tradicionais torna mais fácil implementar modelos comportamentais que impõem controles mais firmes sobre uma maior parte do ambiente. Se, por exemplo, um catatônico regressivo pode ser recompensado por falar, alimentar-se, vestir-se e cuidar de suas necessidades pessoais, isto constitui claramente uma melhora para o paciente, assim como um alívio para os assistentes responsáveis por seu bem-estar.

A prática do amplo controle comportamental levantou questões éticas e legais (Robinson, 1973). A eficiência dos programas não foi questionada, mas considera-se que os direitos de jovens, prisioneiros e pacientes mentais incluem alguma liberdade e conforto mínimos, tais como uma cama ou as refeições. Em alguns dos ambientes onde a análise comportamental é aplicada, estes confortos básicos são usados como recompensas, de modo que é possível negar a um paciente o acesso a uma cama; em seu lugar, seria oferecido a este paciente apenas o chão para dormir, como um primeiro passo na mudança das contingências globais. As acusações e contra-acusações de tratamento cruel e desumano podem confundir os propósitos globais destes programas. Tais programas constituem abordagens comportamentais projetadas para extinguir comportamentos improdutivos e encorajar a aprendizagem de novos comportamentos.

Contrato de Ensino. Contrato de ensino é um termo aplicado a um contrato que é assumido por um sistema escolar e uma "associação de ensino". A associação encarrega-se de parte ou de todo o ensino dentro da escola por um determinado período de tempo. A empresa será paga se, no fim do período contratado, os resultados dos testes dos estudantes estiverem no nível de classificação previamente designado ou acima dele. Ambas as partes concordam no que diz respeito aos objetivos antes que qualquer trabalho se inicie. Então, a equipe de ensino da associação, utilizando os dispositivos, programas ou auxiliares de ensino que julgar necessário, assume o controle do ambiente instrutivo. Estabelecem uma situação de ensino onde os comportamentos desejados são seletivamente reforçados para melhorar a velocidade e a qualidade do ensino. Experiências estão em andamento numa ampla série de estabelecimentos escolares, com várias empresas diferentes usando diferentes abordagens. Os resultados têm sido variados; alguns distritos ficaram satisfeitos e pagaram, outros se decepcionaram e não pagaram. A abordagem está menos preocupada em enriquecer o mundo global da criança do que em fazer com que aprenda a matéria que está sendo ensinada. O contrato de ensino compromete-se a elevar o nível médio de compreensão num sistema escolar, independentemente do resto do meio ambiente da criança. O compromisso está baseado no controle seletivo e cuidadoso dos reforços no ambiente escolar.

AVALIAÇÃO

O trabalho de Skinner teve enorme repercussão na Psicologia. Levou a novas escolas de psicoterapia, práticas institucionais inovadoras e uma nova tecnologia do ensino. Comunidades formaram-se de acordo com os princípios de Skinner (Roberts, 1971; Kinkade, 1973) e surgiram indústrias para executar suas propostas.

O que Skinner propôs aconteceu; ele disse que se começássemos a olhar para o comportamento humano de modo diferente, trataríamo-no de modo diferente. Se pensássemos em termos de predição e controle, desenvolveríamos métodos mais sofisticados para predição e controle. Skinner nos oferece uma visão intransigente da natureza humana, que pouco deixa às forças ocultas e nada ao acaso. Um de seus apelos constantes tem sido o de ignorar ou considerar irrelevantes questões relativas à natureza da existência interior, que perturbou psicólogos, filósofos e teólogos durante gerações.

Skinner tem sido criticado pela imprensa popular pelo fato de negar idéias consagradas e queridas sobre liberdade, criatividade, personalidade e outras mais. Embora estas críticas sejam freqüentemente eloqüentes, em geral se reduzem a uma questão de preferência pessoal. Pode-se descrever o mundo como Skinner o faz ou descrevê-lo de outras maneiras. Cada descrição levará a diferentes conclusões.

Os críticos de Skinner dentro da psicologia experimental não discordam de suas conclusões filosóficas mas da evidência experimental na qual diz ter baseado seu trabalho. Muitos levantam questões sobre suas generalizações de estudos experimentais com animais para afirmações mais abrangentes sobre o comportamento humano ou animal.

Estes criticam Skinner por ignorar resultados que foram mais facilmente explicados por outras teorias da aprendizagem. "Descobrimos razões substanciais para duvidar que a lei do efeito, ou o princípio do reforço, possa seguramente ser generalizada além de uma classe específica de situações experimentais. . . . No caso de um aprendiz humano normal, não é imprescindível que uma recompensa fortaleça, ou uma punição enfraqueça, a resposta que a produz" (Estes, 1972, pp. 728-729). Bolles (1972) conclui que a aprendizagem pode ser explicada sem nenhuma referência ao reforço, que existem explicações mais simples que são suficientes. Breland e Breland (1961) descobriram, em seus estudos, que animais podiam ser treinados com métodos de condicionamento operante, mas se o comportamento estivesse muito além dos limites normais da espécie, os reforços eram ignorados e a aprendizagem não ocorria. Num caso, um *raccon** foi ensinado a levar uma moeda de madeira até um pequeno cofre, em forma de porquinho, e lá depositá-la. Quando o *raccon* teve que levar duas moedas ao cofre, respondeu com um comportamento mais habitual de um *raccon*—esfregava as moedas, uma contra a outra, puxando-as para dentro e para fora do cofre. Finalmente, o treinamento teve que ser interrompido. Falhou, pois os animais não respondiam aos reforços, respondiam ao que Bolles chama uma "lei maior". Os animais "agiam como age um animal de sua espécie quando espera alimento" (Bolles, 1972, p. 397). Depois de rever vários outros estudos, Bolles conclui que o comportamento animal tende a voltar em direção aos padrões instintivos normais. Animais podem ser treinados apenas a realizar aqueles comportamentos que apresentam menos freqüentemente sem treinamento. Bolles sente que ampliar este limitado conjunto de resultados a todos os animais e a todo comportamento é menos do que prudente.

> Penso que a principal objeção ao behaviorismo é o fato das pessoas serem tão apaixonadas pelo aparato mental. Se você diz que isso realmente não existe, é ficção e que devemos voltar aos fatos, então elas vão ter de renunciar ao seu primeiro amor (Skinner, 1967b, p. 69).

Esta espécie de resultados sugere que a inevitabilidade do reforçamento central às idéias de controle e predição sociais de Skinner, não é uma verdade biológica universal. Skinner, assim como Watson antes dele, pode ter subestimado seriamente a importância de fatores genéticos. Deve ser mencionado que Skinner e outros behavioristas têm pesquisas abundantes que demonstram situações em que o reforçamento é eficaz e pode ser generalizado. A crítica não é a de que os resultados não são válidos, mas apenas que não são explicações tão gerais quanto os escritos de Skinner nos fariam crer.

A despeito das críticas técnicas e polêmicas ao trabalho de Skinner, é inegável que ele mostrou ter aplicações efetivas que vão muito além do seu começo com ratos e alavancas de alimentos. O curioso a respeito de uma idéia é que seus resultados não são determinados, a curto prazo, pela sua verdade ou falsidade, mas pela maneira como afetam vidas.

---

* N.T.: *Raccon* é um procionídeo da América do Norte afim do quati e do mão pelada.

Na sua ânsia em tornar a vida mais compreensível, Skinner propôs uma visão da natureza humana inerentemente sedutora pela sua densidade, clareza e abandono de toda especulação metafísica. Enraíza-se firmemente na metodologia da ciência moderna e traz a esperança de compreendermos a nós mesmos sem recorrer à intuição ou à intervenção divina.

A TEORIA EM PRIMEIRA MÃO
Humanismo e Behaviorismo[4]

Parece haver dois meios de conhecer ou de saber a respeito de uma outra pessoa. Um está associado com existencialismo, fenomenologia e estruturalismo. Trata-se de saber o que é uma pessoa, com que se parece ou o que está vindo a ser ou se tornando. Tentamos conhecer outra pessoa do mesmo modo que conhecemos a nós mesmos. Partilhamos seus sentimentos através da simpatia ou empatia. Por meio da intuição descobrimos suas atitudes, intenções e outros estados da mente. Comunicamo-nos com eles no sentido etimológico de tornar idéias e sentimentos comuns a ambos. Fazemos isso com maior eficácia se estabelecemos boas relações *interpessoais*. Este é um modo passivo de conhecimento. Se queremos predizer o que uma pessoa faz ou é provável que faça, presumiremos que ela, como nós, comportar-se-á de acordo com o que é; seu comportamento, como o nosso, será uma expressão de seus sentimentos, estados de espírito, intenções, atitudes e assim por diante.

A outra maneira de conhecer é uma questão do que *faz* uma pessoa. Em geral isto pode ser observado tão diretamente quanto qualquer outro fenômeno no mundo; nenhum tipo especial de conhecimento é necessário. Explicamos porque uma pessoa se comporta de determinada forma, voltando para o meio ambiente e não para os estados ou atividades internos. O meio ambiente foi eficaz durante a evolução da espécie, e denominamos o resultado de dote genético humano. Um membro de uma espécie, durante sua vida, está exposto à outra parte deste meio e dele adquire um repertório de comportamentos que converte um organismo com dote genético numa pessoa. A análise destes efeitos do meio ambiente dirige-nos para a predição e controle do comportamento.

Mas pode esta formulação do que *faz* uma pessoa negligenciar qualquer informação proveitosa sobre o que *é* esta pessoa? Há lacunas no tempo e no espaço entre o comportamento e os eventos ambientais aos quais ele é atribuído e é natural tentar preenchê-las com descrições dos estados intervenientes do organismo. Fazemos isto quando resumimos uma longa história de evolução falando em dote genético. Não deveríamos fazer o mesmo em relação a uma história pessoal?

Um fisiologista onisciente seria capaz de nos dizer, por exemplo, como uma pessoa muda quando um pouco de seu comportamento é reforçado, e aquilo que ela vem a ser deveria poder explicar porque depois ela se comporta de modo diferente. Argumentamos desta forma, por exemplo, com respeito à imunização. Começamos com o fato de que a vacina diminuirá a probabilidade de que uma pessoa contraia uma doença mais tarde. Dizemos que ela se torna imune e falamos de um estado de imunização, que nós então passamos a examinar. Um fisiologista onisciente seria capaz de fazer o mesmo para estados comparáveis no campo do comportamento. Deveríamos também ser capazes de mudar o comportamento modificando diretamente o organismo, ao invés de modificar o ambiente. Será que o existencialista, fenomenólogo ou estruturalista não está dirigindo sua atenção previamente para tal estado mediador?

Um dualista meticuloso diria não pois, para ele, o que uma pessoa observa através da introspecção e o que um fisiologista observa com suas técnicas especiais estão em universos diferentes. No entanto, é razoável o ponto de vista de que o que sentimos quando temos sentimentos são estados de nossos próprios corpos, e de que os estados da mente que percebemos através da introspecção são outras variedades do mesmo tipo de coisas.

---

[4] De *The Humanist,* julho/agosto, 1972. Reimpresso com permissão.

Não podemos nós, portanto, antecipar a chegada de um fisiologista onisciente e explorar a lacuna entre o ambiente e o comportamento tornando-nos mais agudamente conscientes do que somos?

É nesse ponto que uma análise behaviorista do autoconhecimento torna-se mais importante e, infelizmente, tem maior probabilidade de ser mal entendida. Cada um de nós possui uma pequena parte do universo dentro de sua própria pele. Não é, por este motivo, diferente do resto do mundo, mas é uma possessão particular: temos meios de conhecê-la que são negados a outros. É um erro, contudo, concluir que a intimidade que gozamos desta forma significa um tipo especial de compreensão. Somos, claro, estimulados diretamente por nossos próprios corpos. O assim chamado sistema nervoso interoceptivo responde a condições importantes na privação e emoção. O sistema proprioceptivo está envolvido na postura e movimento, e sem ele certamente não nos comportaríamos de modo coordenado. Estes dois sistemas, junto com o sistema nervoso exteroceptivo, são essenciais para o comportamento efetivo. No entanto, conhecer é mais do que responder a estímulos. Uma criança responde às cores das coisas antes de "conhecer as cores". O conhecimento requer contingências especiais de reforçamento que devem ser planejadas por outras pessoas, e as contingências referentes a eventos privados não são nunca muito precisas, pois outras pessoas não estão em contato efetivo com eles. Apesar da intimidade de nossos próprios corpos, nós os conhecemos de forma menos acurada que conhecemos o mundo à nossa volta. E, claro, há outros motivos pelos quais conhecemos ainda menos precisamente o mundo privado de outras pessoas.

A questão importante, contudo, não é precisão, mas o assunto em questão. Exatamente o que pode ser conhecido quando "nós conhecemos a nós mesmos?" Os três sistemas nervosos mencionados há pouco evoluíram sob contingências práticas de sobrevivência, a maioria destas não-social. (Contingências sociais importantes para a sobrevivência devem ter surgido em campos tais como o comportamento sexual e maternal.) Eram, presumivelmente, os únicos sistemas disponíveis quando as pessoas começaram a "conhecer-se a si próprias", em conseqüência das respostas dadas a perguntas feitas sobre seu comportamento. Ao responder perguntas tais como "Você está vendo isto?", "Você ouviu isto?" ou "O que é aquilo?", uma pessoa aprende a observar suas próprias respostas a estímulos. Ao responder perguntas tais como "Você está com fome?" ou "Você está com medo?", ela aprende a observar estados de seu corpo relacionados com a privação ou excitação emocional. Ao responder perguntas tais como "Você irá?", "Você pretende ir?", "Você tem vontade de ir?" ou "Você está inclinado a ir?", ela aprende a observar a força ou probabilidade de seu comportamento. A comunidade verbal faz tais perguntas porque as respostas são importantes para ela e, de certo modo, assim as torna importantes para a própria pessoa. O fato essencial é que tais contingências, sociais ou não-sociais, não envolvem nada além de estímulos ou respostas; *não envolvem processos mediadores*. Não podemos preencher a lacuna entre comportamento e o meio do qual ele é função através da introspecção porque, para colocar o problema em termos fisiológicos brutos, não temos nervos que vão aos lugares certos. Não podemos observar os estados e eventos aos quais um fisiologista onisciente teria acesso. O que sentimos quando temos sentimentos e o que observamos pela introspecção não passa de um conjunto antes heterogêneo de produtos colaterais ou subprodutos das condições ambientais às quais está relacionado o comportamento. (Não agimos porque temos vontade de agir, por exemplo; agimos *e* temos vontade de agir por uma razão comum a ser buscada em nossa história ambiental.) Pretendo dizer com isso que Platão jamais descobriu a mente? Ou que Aquinas, Descartes, Locke e Kant se preocuparam com subprodutos incidentais, amiúde irrelevantes, do comportamento humano? Ou que as leis mentais de psicólogos fisiologistas, como Wundt, o limiar da consciência de William James ou o aparato mental de Sigmund Freud não têm um lugar útil na compreensão do comportamento humano? Sim, pretendo. E coloco fortemente a questão pois, se quisermos resolver os problemas que enfrentamos no mundo atual, esta preocupação com a vida mental não deve mais desviar nossa atenção das condições ambientais das quais o comportamento humano é função. . . .

Uma vez que os únicos *selves* que conhecemos são *selves* humanos, é freqüente ouvir dizer que o homem se distingue das outras espécies precisamente porque ele tem consciência de si próprio e participa da determinação de seu futuro. O que distingue a espécie humana, contudo, é o desenvolvimento de uma cultura, de um ambiente social que contém as contingências geradoras de autoconhecimento e autocontrole. É este ambiente que é negligenciado há muito tempo por aqueles que têm se preocupado com a determinação interior da conduta. O descaso significou que práticas melhores para a construção do autoconhecimento e automanipulação não foram aproveitadas.

Via de regra se diz que uma análise comportamental "desumaniza o homem". Contudo, ela simplesmente prescinde de uma ficção explanatória prejudicial. Assim fazendo, dirige-se de forma muito mais direta para as metas a que a ficção foi erroneamente destinada a servir. As pessoas compreendem a si mesmas e controlam-se com muito mais eficácia quando compreendem as contingências relevantes.

Processos importantes na automanipulação situam-se no campo da ética e da moral, onde são considerados os conflitos entre conseqüências imediatas e retardadas. Uma das maiores realizações de uma cultura é a de aplicar conseqüências remotas ao comportamento do indivíduo. Podemos planejar uma cultura na qual os mesmos resultados serão conseguidos muito mais eficientemente pela transferência de nossa atenção da resolução de problemas éticos ou da luta moral para as contingências externas. . . .

Os valores que afetam aqueles que são responsáveis por outras pessoas fornecem bons exemplos da importância de abandonar supostos atributos de um homem interior e voltar-se para as contingências que afetam o comportamento. Há cinco tipos clássicos de seres humanos que têm sido maltratados: os jovens, os idosos, os presos, os psicóticos e os retardados. Eles são maltratados porque aqueles que os têm sob custódia carecem de simpatia, compaixão, benevolência ou não têm consciência? Não, o fato importante é que eles são incapazes de se vingar. É fácil maltratar qualquer um desses cinco tipos de pessoas sem ser, por sua vez, maltratado.

Formas melhores de governo não devem ser achadas em melhores legisladores, práticas educacionais melhores em melhores professores, sistemas econômicos melhores em administradores mais esclarecidos ou uma terapia melhor em terapeutas mais compassivos. Tampouco devem ser achadas em melhores cidadãos, estudantes, trabalhadores ou pacientes. O velho erro é procurar a salvação no caráter dos homens e mulheres autônomos, em vez de procurá-la no ambiente social que apareceu na evolução das culturas e que pode agora ser explicitamente planejado. . . . (1972).

EXERCÍCIOS
Modifique seu Próprio Comportamento

Mantenha um registro do tempo que você passou trabalhando em diferentes assuntos. Um simples histograma, demarcado em horas para cada assunto, seria apropriado. Mantenha registros durante uma semana para estabelecer uma linha de base. Depois escolha um assunto no qual você acha que deveria passar mais tempo trabalhando.

Na semana seguinte, cada vez que você trabalhar no assunto escolhido, dê a você mesmo uma verdadeira recompensa: o capítulo de um romance, uma bala, um cigarro, algum tempo com um amigo e assim por diante. Certifique-se de que a recompensa é algo que você realmente quer.

Você acha que a quantidade de tempo gasto nesta atividade aumentou? Quais são as possíveis causas deste aumento (se houve algum)?

Modifique o Comportamento de Outro

Foi estabelecido através de vários experimentos que se pode condicionar o comportamento verbal recompensando de forma seletiva partes ou tipos de discurso (Berelson e Steiner, 1964). A recompensa que você pode usar é simplesmente aprovar com a cabeça ou dizer "mmm-hmmm" ou "sim".

Numa conversa, aprove inclinando a cabeça ou expressando concordância toda vez que um determinado comportamento for expresso (por exemplo, o uso de palavras longas e complexas; promessas ou declarações emocionais). Observe se o número de tais expressões começa a aumentar na medida em que você continua a reforçá-las.

Modifique o Comportamento de seu Professor

Esta é uma proeza popular planejada por estudantes behavioristas. Escolha como sujeito um professor que anda pela classe enquanto fala. Os experimentadores são todos os elementos da classe que concordarem em participar. Enquanto o professor anda e fala eles reforçarão o andar em direção a um lado da sala. Quando o professor se vira ou se move para a direita, por exemplo, os experimentadores inclinam-se para a frente, tomam notas diligentemente e prestam muita atenção no que ele está dizendo. Se o professor se vira para a esquerda, os experimentadores relaxam, parecem distraídos e não demonstram muita atenção. A maioria das classes descobriu que, após várias aulas, pode manter seu professor num canto quase todo o tempo. Seria bom restringir este exercício a professores de Psicologia, de modo que quando isto lhes for explicado, não punirão seu esforço, mas com boa vontade behaviorista os recompensarão.

Efeitos da Recompensa e Punição

Reforço Aversivo. Anote um hábito seu que deseja modificar. Você pode escolher: chegar atrasado na aula, escrever cartas durante a aula, comer demais, dormir tarde ou ser rude com estranhos. Se você é casado, vive com alguém ou tem um companheiro de quarto, cada um pode escolher um hábito e ajudar-se mutuamente.

Uma vez escolhido um hábito-alvo, puna-se ou faça com que seu co-experimentador o puna toda vez que ocorrer este comportamento desagradável. A punição pode ser um insulto ("Ei, porco, você comeu demais outra vez!"), o negar-se um prazer ou qualquer outra privação. Uma punição fácil é multar-se com determinada quantia toda vez que o comportamento ocorrer. Dê as multas a uma instituição de caridade. (Uma variação desta alternativa é dar as multas para o co-experimentador, de modo que ele ou ela seja recompensado toda vez que você for punido. Para relacionamentos que resistem ao esforço, esta opção fará com que seu co-experimentador se envolva bastante no exercício.)

Após uma semana, observe seu progresso. A força do hábito diminuiu? Você o está fazendo menos freqüentemente? Que tal lhe parece este exercício?

Reforço Positivo. Pare com a punição. Escolha um comportamento que é preferível ao hábito com o qual você tem trabalhado a fim de causar aversão; um comportamento que você apreciaria apresentar. Por exemplo, se você roe unhas, seria preferível para você limpá-las e cortá-las? Seria uma xícara de café uma sobremesa melhor para você? Se você chega cedo ao invés de tarde, isto relaxa e dá tempo para se preparar para as coisas?

Escolha o comportamento que você deseja realizar ao invés daquele que você tem punido. Agora comece a se recompensar toda vez que você executar o comportamento preferido. Dê-se e faça com que seu co-experimentador lhe dê pequenos presentes, elogios, estrelas de ouro, ou qualquer outra recompensa. Ser notado é uma das recompensas mais eficazes; assim, certifique-se de que você e seu co-experimentador reparem no comportamento desejado quando ele ocorrer.

Após uma semana, observe seu padrão de comportamento. Houve alguma mudança? Que tal lhe parece este modo de modificar o comportamento? Considere os diferentes efeitos que a punição e a recompensa têm em sua vida.

Dessensibilização

Um dos procedimentos utilizados por terapeutas comportamentais é chamado dessensibilização. *Este exercício não pretende mostrar-lhe como de fato trabalharia um terapeuta.* É um modo de você vivenciar um pouco da dinâmica que ocorrerá se você enfocar um item único de comportamento.

É um exercício difícil. Se você for tentá-lo, faça-o cuidadosamente.

Identificação de um Problema. Pense num medo que você tem há algum tempo. Se você tem uma fobia, estas são as mais fáceis de serem trabalhadas; medo de cobras, vermes, sangue ou altitude são bons exemplos de fobias. Se você não for capaz de pensar nisto ou não quiser considerar uma fobia, pense numa reação emocional que você tem em dada situação. Por exemplo, você pode tornar-se ansioso toda vez que um carro de polícia está atrás de você, ou pode ficar na defensiva toda vez que alguém menciona sua religião. O que você está procurando é uma resposta que você dá, que parece estereotipada e perturbadora.

Relaxamento. Sente-se numa cadeira confortável ou deite-se. Deixe seu corpo relaxar. Concentre-se em cada parte do corpo, dizendo-lhe que relaxe e observando o relaxamento. Relaxe os dedos do pé, os pés, tornozelos, joelhos, pernas e assim por diante. Isto levará alguns minutos. Pratique este relaxamento progressivo algumas vezes até ter certeza de sua habilidade em relaxar. Se você não pode dizer se uma parte de seu corpo relaxou ou não, enrijeça os músculos nesta área e depois relaxe. Você logo aprenderá a sentir a diferença.

Primeiros Passos em Dessensibilização. Agora que você está relaxado e acordado, pense em alguma coisa que tem relação muito distante com a fobia ou os hábitos com os quais você está trabalhando. Se é medo de cobra, pense que você leu a respeito de uma pequena cobra inofensiva que somente é encontrada em outro país. Se você tem medo de policiais, pense num palhaço vestido como policial, distribuindo balões num circo.

O que você está tentando fazer é manter em sua cabeça uma imagem relacionada com o estímulo provocador de ansiedade enquanto você está fisicamente relaxado. Se você começar a se tornar tenso (por exemplo, "Puxa, uma cobra. . .") pare de se concentrar na imagem e recomece seu relaxamento, voltando a seu corpo até que ele relaxe novamente. Continue com este procedimento até que você possa manter a imagem em sua cabeça enquanto permanece plenamente relaxado.

Dessensibilização Ulterior. O próximo passo e todos os passos seguintes é pensar numa imagem ou situação mais vívida, mais parecida com o objeto real ou situação. Visualize-a ou olhe para ela e mantenha seu relaxamento. Para a fobia da cobra, por exemplo, outros passos podem incluir verdadeira leitura sobre cobras, desenhos de cobras, uma cobra numa jaula do outro lado da sala, a jaula próxima a você e finalmente a cobra segura em sua mão.

Enquanto prossegue sua prática, continue a passar um tempo antes de cada sessão trabalhando em melhorar seu relaxamento.

BIBLIOGRAFIA COMENTADA

Skinner, B.F., 1948. *Walden II.* S.P., E.P.U. Editora Pedagógica e Universitária Ltda, 1975. Um romance a respeito de uma madura comunidade utópica planejada e administrada por um behaviorista. Nenhum enredo digno de ser mencionado, mas todas as facetas da cultura são plenamente descritas e discutidas, desde a educação de filhos até os planos de trabalho e lazer.

———, 1953. *Ciência e Comportamento Humano.* SP, EDART – São Paulo Livraria Editora Ltda.,Editora da Universidade de São Paulo, 1974, 2a. ed. A mais completa exposição das idéias básicas de Skinner.

———, 1971. *O Mito da Liberdade.* RJ, Edições Bloch, 1977, 3a. ed. Um exame da cultura contemporânea, especialmente seu fracasso em aplicar a análise comportamental à compreensão pessoal. Um livro popular e poderoso sobre a insensatez do pensar como a maioria de nós ainda pensa.

———, 1972. *Cumulative Record.* New York: Appleton-Century-Crofts. Escolha de Skinner do que ele considera seus escritos mais importantes; abrange algumas áreas não incluídas neste capítulo.

———, 1974. *About Behaviorism.* New York: Knopf. Uma resposta direta aos críticos de Skinner. Explora as interpretações populares errôneas que as pessoas fazem sobre o behaviorismo. É uma versão reduzida de *Ciência e Comportamento Humano,* escrita para o público em geral.

Bandura, A., 1969. *Principles of Behavior Modification.* New York: Holt, Rinehart e Winston. Um resumo técnico e completo sobre as evidências de pesquisa nas quais estão baseados os princípios de modificação do comportamento. Em toda biblioteca de behavioristas.

Krumboltz, John, e Krumboltz, Helen, 1972. *Changing Chindren's Behavior.* Englewood Cliffs, N.J.: Prentice-Hall. É uma coleção de idéias sensata e bem escrita. O como, quando, aonde e porque da mudança de modelos específicos de comportamento de crianças. Desenhos, diálogos e exemplos tornam este livro mais interessante do que os textos comuns.

Lazarus, Arnold, 1971. *Behavior Therapy & Beyond.* New York: McGraw-Hill. Um excelente tratamento de uma variedade de técnicas de terapia comportamental por um importante renovador no campo.

Schwitzgebel, Ralph K., e Kolb, David, 1974. *Changing Human Behavior: Principles of Planned Intervention.* New York: McGraw-Hill. Uma análise sólida e bem documentada dos mais importantes métodos que têm sido usados para mudar o comportamento. É incluído um valioso capítulo sobre ética na pesquisa de modificação do comportamento.

REFERÊNCIAS

Ames, A., Jr., 1951. Visual perception and the rotating trapezoidal window. *Psychological Monographs* 65 (324).

Program of Fourth Annual Southern California Conference of Behavior Modification, 1972. Los Angeles.

Benassi, Victor, e Lanson, Robert, 1972. A survey of the teaching of behavior modification in colleges and universities. *American Psychologist* 27:1063–1069.

Berelson, Bernard, e Steiner, Gary A., 1964. *Human Behavior: an Inventory of Scientific Findings.* New York: Harcourt, Brace, and World.

Bolles, R. C., 1972. Reinforcement, expectancy, and learning. *Psychological Review* 79(5):394–409.

Breland, K., e Breland, M. 1961. The misbehavior of organisms. *American Psychologist* 16:681–684.

Brown, Dean, e El-Ghannam, Mohammed, A., 1971. *Computers for Teaching.* Transcrito de uma série de conferências apresentadas no Segundo Curso de Especialização sobre Novas Tecnologias em Educação no Regional Center of Planning and Administration of Education for the Arab Countries, Beirut, Lebanon.

Casteneda, Carlos., 1972. *The Journey to Ixtlan.* New York: Simon and Schuster.

Davidson, G., e Valins, S., 1969. Maintenance of self-attributed and drug-attributed behavior change. *Journal of Personality and Social Psychology* 11:25:33.

Estes, W. K., 1972. Reinforcement in human behavior. *American Scientist* 60: 723–729.

Erickson, Milton, H., 1939. Experimental demonstrations of the psychopathology of everyday life. *The Psychoanalytic Quarterly* 8:338–353.

Fabun, Don., 1968. On motivation. *Kaiser Aluminium News* 26(2).

Frank, Jerome, 1961. *Persuasion and Healing.* Baltimore: Johns Hopkins Press.

Goldfield, Marvin R., e Merbaum, Michael, orgs. 1973. *Behavior Change through Self Control.* New York: Holt, Rinehart and Winston.

Goodall, Kenneth, 1972a. Field report: shapers at work. *Psychology Today* 6(6):53–63, 132–138.

———, 1972b. Who's who and where in behavior shaping. *Psychology Today* 6(6): 58–62.

———, 1972c. Margaret, age ten, and Martha, age eight: a simple case of behavioral engineering. *Psychology Today* 6(6):132–133.

Hall, Calvin, e Lindzey, Gardner, 1970. *Theories of Personality.* 2^a ed. New York: Wiley.

Hilts, Philip J., 1973. Pros and cons of behaviorism. *San Francisco Chronicle*, 3 maio, originalmente publicado no *Washington Post*).

Holland, James G., e Skinner, B. F., 1961. *The Analysis of Behavior: a Program for Self-Instruction.* New York: McGraw-Hill.

Kinkade, Kathleen., 1973. *A Walden Two Experiment: the First Five Years of Twin Oaks Community.* New York: William Morrow. Excertos publicados em 1973. *Psychology Today* 6(8):35–41, 90–93, e 6(9):71–82.

Jacks, Richard N., 1973. What therapies work with today's college students: behavior therapy. Documento apresentado no Annual Meeting of the American Psychiatric Association, Honolulu, Hawaii.

Lefcourt, Herbert M., 1973. The function of the illusion of control and freedom. *American Psychologist* 28:417–425.

Lindley, Richard H., e Moyer, K. E., 1961. Effects of instructions on the extinction of conditioned finger-withdrawal response. *Journal of Experimental Psychology* 61:82–88.

London, Perry, 1972. The end of ideology in behavior modification. *American Psychologist* 27:913–920.

Mischel, Walter, 1971. *Introduction to Personality.* New York: Holt, Rinehart and Winston.

Palo Alto, Calif.: Stanford University Library of Creative Writing Programs, 1974. [Por Ellen Nold]

Pavlov, I. P., 1927. *Conditioned Reflexes.* London: Oxford University Press.

Ram Dass, Baba., 1970. Baba Ram Dass lecture at the Menninger Clinic. *Journal of Transpersonal Psychology* 2:91–140.

Reese, Ellen P. 1966. The analysis of human operant behavior. In *General psychology: a Self-selection Textbook,* org. por Jack Vernon. Dubuque, Iowa: W. C. Brown.

Roberts, Ron E. 1971. *The New Communes: Coming Together in America.* Englewood Cliffs, N.J.: Prentice-Hall.

Robinson, Daniel N. 1973. Therapies: a clear and present danger. *American Psychologist* 28:129–133.

Skinner, B. F. 1938. *The Behavior of Organisms: an Experimental Analysis.* New York: Appleton-Century.

─── , 1945. Baby in a Box. *Ladies Home Journal* (outubro). Também em 1961. *Cummulative Record.* Ed. aumentada, pp. 419–426. New York: Appleton-Century-Crofts.

─── , 1948. *Walden II.* SP, E.P.U. Editora Pedagógica e Universitária Ltda., 1975.

─── , 1955. Freedom and the Control of Men. *The American Scholar* 25:47-65.

─── , 1956. A Case History in Scientific Method. *The American Psychologist* 2:211-233.

─── , 1958. Teaching Machines. *Science* 128:969-977.

─── , 1959. *Cumulative Record.* New York: Appleton-Century-Crofts.

─── , 1961. *Cummulative Record.* Ed. aumentada. New York: Appleton-Century-Crofts.

─── , 1964. Behaviorism at Fifty. In *Behaviorism and Phenomenology: Contrasting Bases for Modern Psychology,* org. por W. T. Wann, pp. 79-108. Chicago: University of Chicago Press.

─── , 1967a. Autobiography. In *History of Psychology in Autobiography,* org. por E. G. Boring e G. Lindzey, vol. 5, pp. 387-413. New York: Appleton-Century-Crofts.

─── , 1967b. An Interview with Mr. Behaviorist: B. F. Skinner. *Psychology Today* 1(5):20-23, 68-71.

─── , 1953. *Ciência e Comportamento Humano.* SP, EDART – São Paulo Livraria Editora Ltda.,Editora da Universidade de São Paulo, 1974, 2ª ed.

─── , 1971. *O Mito da Liberdade.* RJ, Edições Bloch, 1977, 3ª ed.

─── , 1972a. *Cumulative Record: a Selection of Papers.* 3ª ed. New York: Appleton-Century-Crofts.

─── , 1972b. Interview with E. Hall. *Psychology Today* 6(6):65-72, 130.

─── , 1972c. On "Having" a Poem, *Saturday Review* 15 jul., pp. 32-35. Também em 1972 *Cumulative Record: a Selection of Papers,* 3ª ed. New York: Appleton-Century-Crofts.

─── , 1972d. "I Have Been Misunderstood. . .", an interview with B. F. Skinner. *The Center Magazine* 5(2):63-65.

─── , 1974. *About Behaviorism.* New York: Knopf.

Wann, T.W., org. 1964. *Behaviorism and Phenomenology: Contrasting Bases for Modern Psychology.* Chicago: University of Chicago Press.

Watson, John B. 1913. Psychology as the Behaviorist Views it. *Psychological Review* 20:158-177.

─── , 1928. *The Ways of Behaviorism.* New York: Harper.

─── , 1928. *Psychological Care of Infant and Child.* New York: Norton.

CAPÍTULO 8

CARL ROGERS E A PERSPECTIVA CENTRADA NO CLIENTE

CARL ROGERS

Carl Rogers escreveu vários livros e artigos que atraíram e conservaram considerável número de seguidores. Ele criou e promoveu a "terapia centrada no cliente", foi pioneiro no movimento de grupos de encontro e um dos fundadores da Psicologia Humanista.

Embora sua posição e filosofia tenham mudado bastante nos últimos quarenta anos, sua visão permaneceu consistentemente otimista e humanista.

> Sinto pouca simpatia pela idéia bastante generalizada de que o homem é fundamentalmente irracional e que os seus impulsos, quando não controlados, levam à destruição de si e dos outros. O comportamento humano é extremamente racional, evoluindo com uma complexidade sutil e ordenada para os objetivos que o seu organismo se esforça por atingir. A tragédia, para muitos de nós, deriva do fato de as nossas defesas nos impedirem de surpreender essa racionalidade, de modo que estamos conscientemente a caminhar numa direção, quando organicamente seguimos outra (Rogers, 1969, p. 173 na ed. bras.).

A visão por nós apresentada implica, evidentemente, que a natureza básica do ser humano, quando atua livremente, é construtiva e fidedigna (Rogers, 1969, p. 268 na ed. bras.).

A posição teórica de Rogers evoluiu através dos anos. Ele é o primeiro a indicar em que mudou seu pensamento, transferiu sua ênfase ou modificou sua abordagem. Ele estimula os outros a testarem suas afirmações, ao mesmo tempo que desencoraja a formação de uma "escola de pensamento" que se inspire em suas conclusões pessoais. Seu trabalho não se limitou a influenciar a Psicologia; antes, "foi um dos fatores responsáveis pelas mudanças conceituais que ocorreram na área da liderança na indústria (e também na área militar), na prática do serviço social, da enfermagem e da assistência religiosa.... Exerceu influência até mesmo sobre os estudiosos da Teologia e da Filosofia" (Rogers, 1974, p. 30 na ed. bras.). Rogers faz um retrospecto dos efeitos desdobrados de suas idéias como se segue:

> O que para mim teve início na década de 30 como uma maneira diferente mas talvez bem aceita de trabalhar terapeuticamente com indivíduos foi mal articulada como minha própria opinião no começo da década de 40.... Poder-se-ia dizer que uma "técnica" de aconselhamento transformou-se numa prática de psicoterapia; esta, por sua vez, veio a se tornar uma teoria de terapia e de personalidade. A teoria forneceu as hipóteses que abriram todo um novo campo de pesquisa. Daí desenvolveu-se uma abordagem para todas as relações interpessoais. Agora alcança a educação, como uma forma de facilitar a aprendizagem em todos os níveis. É uma forma de conduzir experiências de grupos intensivos, e influenciou a teoria da dinâmica de grupo (1970a).

HISTÓRIA PESSOAL

Carl Rogers nasceu a 8 de janeiro de 1902, em Oak Park, Illinois, numa família cuja religião era rigorosamente fundamentalista. Sua infância foi limitada pelas crenças e atitudes de seus pais e pela assimilação que ele próprio fez de suas idéias.

> Creio que as atitudes em relação às outras pessoas que não faziam parte de nossa família extensa podem ser resumidas esquematicamente da seguinte maneira: Outras pessoas comportam-se de formas duvidosas, não aprovadas em nossa família. Muitas delas jogam cartas, vão ao cinema, fumam, dançam, bebem e mantêm ou-

tras atividades—algumas delas não mencionáveis. Sendo assim, a melhor coisa a fazer é ser tolerante pois talvez não conheçam coisa melhor, e manter-se afastado de qualquer comunicação mais próxima com eles e levar a vida no seio da família (Rogers, 1973a, p. 195 na ed. bras.).

Enquadrado neste sistema de crenças, relata que seus anos de meninice foram vividos em isolamento. "Qualquer coisa que hoje eu consideraria como um relacionamento interpessoal, próximo e comunicativo com outro, esteve completamente ausente durante este período" (Rogers, 1973a, p. 196 na ed. bras.). No colegial tornou-se um excelente estudante, com ávidos interesses científicos. "Já conseguia perceber que eu era diferente, um solitário, sem um lugar ou possibilidade de encontrar um lugar no mundo das pessoas. Era socialmente incompetente em qualquer tipo de contato que não fosse superficial. Durante esse período, minhas fantasias eram nitidamente bizarras, e se viessem a ser diagnosticadas provavelmente seriam classificadas como esquizóides, mas felizmente nunca cheguei a entrar em contato com nenhum psicólogo" (Rogers, 1973a, p. 197 na ed. bras.).

Algo da atmosfera familiar mansamente repressiva é talvez indicado pelo fato de que três de seis filhos tiveram úlcera em algum período de suas vidas (Rogers, 1967, p. 352).

Suas experiências na Universidade de Wisconsin foram significativas e recompensadoras. "Pela primeira vez em minha vida encontrei aproximação e intimidade reais longe de minha família" (Rogers, 1967, p. 349). Em seu segundo ano de faculdade, começou a estudar para o ministério religioso. No ano seguinte foi para China para assistir a uma conferência da Federação Mundial de Estudantes Cristãos em Pequim; a isto seguiu-se uma expressiva excursão pela China Ocidental. A viagem tornou suas atividades religiosas fundamentalistas mais liberais e proporcionou-lhe a primeira oportunidade de desenvolver independência psicológica. "A partir desta viagem, meus objetivos, valores, propósitos e minha filosofia passaram a ser os meus próprios, bastante divergentes das opiniões sustentadas por meus pais, com os quais havia chegado até este ponto" (Rogers, 1967, p. 351).

Começou estudos de graduação em Teologia no *Union Theological Seminary*, mas optou por terminar seu trabalho em Psicologia no *Teachers College*, na Universidade de Colúmbia. Esta mudança em parte foi propiciada por um seminário dirigido de estudantes que lhe deu oportunidade de examinar dúvidas crescentes a respeito de seu comprometimento religioso. Mais tarde, num curso de Psicologia, ficou agradavelmente surpreso por descobrir que uma pessoa poderia ter mérito *fora* da igreja, trabalhando próximo a indivíduos que precisavam de ajuda.

Seu primeiro emprego foi em Rochester, Nova Iorque, num centro de orientação infantil, trabalhando com crianças que haviam sido encaminhadas por várias agências sociais. "Não estava ligado a nenhuma universidade, ninguém me supervisionava a partir de qualquer orientação específica de treinamento. . . (as agências) não ligaram a mínima para a sua forma de procedimento, mas esperavam que você pudesse dar alguma assistência" (Rogers, 1970a, pp. 514-515). Durante os doze anos em Rochester, a compreensão de Rogers sobre o processo de psicoterapia progrediu de uma abordagem formal e diretiva para o que ele iria denominar mais tarde de terapia centrada no cliente. Um seminário de dois dias com Otto Rank impressionou-o. "Notei que em sua terapia (não em sua teoria) ele destacava algumas das coisas que eu começava a aprender" (Rogers, 1973a, p. 202 na ed. bras.).

Começou a me ocorrer que a menos que eu tivesse necessidade de demonstrar minha própria inteligência e aprendizagem, seria melhor confiar no cliente para a direção do movimento no processo (Rogers, 1967, p. 359).

Em Rochester, Rogers escreveu *The Clinical Treatment of the Problem Child* (1939). O livro foi bem recebido e motivou uma proposta de magistério na Universidade do Estado de Ohio. Rogers disse que, começando de cima, escapou das pressões e tensões que existem nos níveis mais baixos da carreira acadêmica—pressões que sufocam a inovação e a criatividade. Seu ensino e o estímulo que recebeu de estudantes graduados induziram Rogers a fazer um exame mais formal sobre a natureza da relação terapêutica em *Psicoterapia e Consulta* (1942).

Em 1945 a Universidade de Chicago ofereceu-lhe a oportunidade de estabelecer um novo centro de aconselhamento baseado em suas idéias. Ele foi diretor deste centro até 1957. A ênfase crescente de Rogers na confiança refletia-se na política democrática de tomada de decisão do centro. Se era possível confiar nos pacientes para a direção de sua própria terapia, com certeza poder-se-ia confiar na equipe para administrar seu próprio ambiente de trabalho.

Em 1951 Rogers publicou *Terapia Centrada no Cliente;* continha sua primeira teoria formal sobre a terapia, sua teoria da personalidade e algumas pesquisas que reforçaram suas conclusões. Neste livro sugere que a maior força orientadora da relação terapêutica deveria ser o cliente, não o terapeuta. Esta inversão da relação usual era revolucionária e atraiu considerável crítica. Atingiu de modo direto a autoridade do terapeuta e a suposta falta de consciência do paciente—suposições na maioria indiscutíveis segundo outros teóricos. As implicações gerais desta posição, além da terapia, foram expressas em *Tornar-se Pessoa* (1961).

Embora sua estadia em Chicago tenha sido excitante e satisfatória, houve também um período de dificuldades pessoais. Enquanto trabalhava intimamente com uma cliente muito perturbada, Rogers envolveu-se com sua patologia. À beira de um esgotamento ele literalmente fugiu do centro, tirou férias de três meses e voltou para se submeter à terapia com um de seus colegas. Após a terapia, as próprias interações de Rogers com os clientes tornaram-se cada vez mais livres e espontâneas.

Gratifiquei-me muitas vezes com o fato de que, em épocas em que sentia uma terrível necessidade de ajuda pessoal, treinei terapeutas que eram pessoas que agiam por sua própria conta, não dependentes de mim, capazes mesmo de me oferecer o tipo de ajuda de que eu necessitava (Rogers, 1967, p. 367).

Em 1957 foi para a Universidade de Wisconsin em Madison com uma indicação para psiquiatria e psicologia. Profissionalmente, foi uma época difícil; Rogers viu-se num conflito crescente com o departamento de Psicologia. Sentia que tanto sua liberdade para ensinar como a liberdade para aprender dos estudantes estavam sendo limitadas. "Gosto de viver e deixar que vivam, mas quando não permitem que meus alunos vivam, esta experiência se torna pouco satisfatória" (Rogers, 1970a, p. 528).

A crescente indignação de Rogers é captada no artigo "Pressupostos Correntes sobre a Educação Universitária: Uma Exposição Apaixonada" (1969). Embora tenha sido rejeitado para publicação pelo *The American Psychologist*, gozou de uma ampla distribuição entre os estudantes graduados antes de ser finalmente impresso. "O tema da minha exposição é, muito resumidamente, que, no preparo de psicólogos, estamos fazendo um trabalho pouco inteligente, ineficaz e perdulário, em detrimento de nossa disciplina e da sociedade" (Rogers, 1969, p. 164 na ed. bras.). Alguns dos pressupostos implícitos que Rogers atacava eram: "Não se pode confiar em que o estudante busque sua própria aprendizagem profissional e científica". "Avaliação é educação; educação é avaliação". "A exposição da matéria é igual à aprendizagem: o que é apresentado na lição é o que o estudante aprende". "Conhecem-se verdades em Psicologia". "Aprendizes passivos podem se tornar estudantes criativos" (Rogers, 1969, pp. 165-174 na ed. bras.).

Como era de se esperar, Rogers deixou o magistério em 1963 e foi para o recém-fundado Instituto Ocidental da Ciência do Comportamento em La Jolla, Califórnia. Poucos anos depois ajudou a estabelecer o Centro de Estudos da Pessoa, uma livre associação de pessoas em profissões de ajuda.

Sua crescente influência na educação tornou-se tão evidente que escreveu um livro para esclarecer os tipos de condições educacionais que defendia e com cujo estabelecimento estava comprometido de forma ativa. *Liberdade para Aprender* (1969) contém uma exposição bastante clara sobre a natureza do ser humano.

Seu trabalho com grupos de encontro origina-se de seus últimos doze anos na Califórnia, onde foi livre para experimentar, inventar e testar suas idéias sem as influências restritivas de instituições sociais ou da respeitabilidade acadêmica. Sua pesquisa com grupos de encontro é resumida em *Grupos de Encontro* (1970b).

Mais recentemente, Rogers explorou as tendências atuais do casamento. Seu estudo naturalista, *Novas Formas de Amor* (1972), analisa as vantagens e desvantagens de diversos padrões de relacionamento.

Lecionou por pouco tempo na Universidade Internacional dos Estados Unidos em San Diego, e abandonou o cargo por discordar de seu presidente a respeito dos direitos dos estudantes, e atualmente dedica tempo integral ao Centro de Estudos da Pessoa. Escreve, faz conferências e trabalha em seu jardim. Tem tempo para conversar com colegas mais jovens e para estar com sua esposa, filhos e netos.

Resume sua própria posição citando Lao-Tsé:

Se eu deixar de interferir nas pessoas, elas
 se encarregarão de si mesmas,
Se eu deixar de comandar as pessoas, elas se
 comportam por si mesmas,
Se eu deixar de pregar às pessoas, elas se
 aperfeiçoam por si mesmas,
Se eu deixar de me impor às pessoas, elas se
 tornam elas mesmas.

(Freedman, 1972, em Rogers, 1973, p. 206 na ed. bras.)

E pratico jardinagem. Nas manhãs que não tenho tempo... sinto-me logrado. Meu jardim me coloca diante da mesma questão intrigante que tentei responder durante toda a minha vida profissional: Quais as condições favoráveis ao crescimento? Mas, em meu jardim, embora as frustrações sejam imediatas, os resultados, sejam eles positivos ou negativos, tornam-se visíveis mais rapidamente (Rogers, 1974, p. 45 na ed. bras.).

ANTECEDENTES INTELECTUAIS

A teoria de Rogers desenvolveu-se essencialmente a partir de sua própria experiência clínica. Ele sente que conservou a objetividade evitando a estreita identificação com qualquer escola ou tradição específica. "Na verdade, nunca *pertenci* a *qualquer* grupo profissional. Fui educado por, ou tive íntimas relações de trabalho com psicólogos, psicanalistas, psiquiatras, psiquiatras sociais, assistentes sociais, educadores e religiosos, mas nunca senti que pertencia de fato num sentido total ou comprometido, a qualquer um desses grupos.... Para que não se diga que tenho sido profissionalmente um completo nômade, acrescentaria que os únicos grupos aos quais *na realidade* pertenci algum dia foram os intimamente ligados, forças de trabalho agradáveis que organizei ou ajudei a organizar" (Rogers, 1967, p. 375).

Nunca houve nenhuma pessoa que se destacasse em minha aprendizagem... então, quando seguia em frente, não havia ninguém contra quem me estivesse rebelando ou deixando para trás (Rogers, 1970a, p. 502).

Seus alunos da Universidade de Chicago sugeriram que Rogers encontraria nas idéias de Martin Buber e Soren Kierkegaard um eco de sua própria posição emergente. Na verdade, estes escritores são uma fonte de fundamentação para as marcas que Rogers traz da filosofia existencial. Recentemente, ele descobriu paralelos ao seu trabalho em fontes orientais, notavelmente no Zen Budismo e nos trabalhos de Lao-Tsé. Ao mesmo tempo que o trabalho de Rogers foi sem dúvida influenciado por sua compreensão do trabalho de outros, é nitidamente uma contribuição norte-americana para a compreensão da natureza humana.

CONCEITOS PRINCIPAIS

Uma premissa fundamental da teoria de Rogers é o pressuposto de que as pessoas usam sua experiência para se definir. Em seu principal trabalho teórico (1959), Rogers define uma série de conceitos a partir dos quais delineia teorias da personalidade e modelos de terapia, mudança da personalidade e relações interpessoais. Os construtos básicos aqui apresentados estabelecem uma estrutura através da qual as pessoas podem construir e modificar suas opiniões a respeito de si mesmas.

O Campo da Experiência

> As palavras e os símbolos estão para a realidade na mesma relação que um mapa para o território que o represente. . . . Vivemos num "mapa" de percepções que nunca é a própria realidade (Rogers, 1951, p. 469 na ed. bras.).

Há um campo de experiência único para cada indivíduo; este campo de experiência ou "campo fenomenal" contém "tudo o que se passa no organismo em qualquer momento, e que está potencialmente disponível à consciência" (1959, p. 161 na ed. bras.). Inclui eventos, percepções, sensações e impactos dos quais a pessoa não toma consciência, mas poderia tomar se focalizasse a atenção nesses estímulos. É um mundo privativo e pessoal que pode ou não corresponder à realidade objetiva.

De início a atenção é colocada naquilo que a pessoa experimenta como seu mundo, não na realidade comum. O campo de experiência é limitado por restrições psicológicas e limitações biológicas. Temos tendência a dirigir nossa atenção para perigos imediatos, assim como para experiências seguras ou agradáveis, ao invés de aceitar todos os estímulos que nos rodeiam.[1]

Self

Dentro do campo de experiência está o *self*. O *self* não é uma entidade estável, imutável; entretanto, observado num dado momento, parece ser estável. Isto se dá porque congelamos uma secção da experiência a fim de observá-la. Rogers concluiu que a idéia do eu "não representa uma acumulação de inumeráveis aprendizagens e condicionamentos efetuados na mesma direção.... Essencialmente é uma gestalt cuja significação vivida é suscetível de mudar sensivelmente (e até mesmo sofrer uma reviravolta) em conseqüência da mudança de qualquer destes elementos" (Rogers, 1959, p. 167 na ed. bras.). O *self* é uma gestalt organizada e consistente num processo constante de formar-se e reformar-se à medida que as situações mudam.

---

[1] Contraponha esta afirmação à posição de Skinner segundo a qual a idéia de uma realidade individual é insustentável e desnecessária. Fica evidente o porquê de Rogers e Skinner serem apresentados como representantes de posições teóricas opostas.

Assim como uma fotografia é uma "parada" de algo que está mudando, da mesma forma o *self* não é nenhuma das "fotografias" que tiramos dele mas o processo fluido subjacente. Outros teóricos usam o termo *self* para designar aquela faceta da identidade pessoal que é imutável, estável ou mesmo eterna. Rogers usa o termo para se referir ao contínuo processo de reconhecimento. É esta diferença, esta ênfase na mudança e na flexibilidade, que fundamenta sua teoria e sua crença de que as pessoas são capazes de crescimento, mudança e desenvolvimento pessoal. O *self* ou autoconceito é a visão que uma pessoa tem de si própria, baseada em experiências passadas, estimulações presentes e expectativas futuras.

Self Ideal

O *self* ideal é "o conjunto das características que o indivíduo mais gostaria de poder reclamar como descritivas de si mesmo" (Rogers, 1959, p. 165 na ed. bras.). Assim como o *self,* ele é uma estrutura móvel e variável, que passa por redefinição constante. A extensão da diferença entre o *self* e o *self* ideal é um indicador de desconforto, insatisfação e dificuldades neuróticas. Aceitar-se como se é na realidade, e não como se quer ser, é um sinal de saúde mental. Aceitar-se não é resignar-se ou abdicar de si mesmo; é uma forma de estar mais perto da realidade, de seu estado atual. A imagem do *self* ideal, na medida em que se diferencia de modo claro do comportamento e dos valores reais de uma pessoa é um obstáculo ao crescimento pessoal.

Um trecho da história de um caso pode esclarecê-lo. Um estudante estava planejando desligar-se da faculdade. Havia sido o melhor aluno no ginásio e o primeiro no colegial e estava indo muito bem na faculdade. Estava desistindo, explicava, porque havia recebido um "C" num curso. Sua imagem de ter sido sempre o melhor estava em perigo. A única seqüência de ações que ele vislumbrava era escapar, deixar o mundo acadêmico, rejeitar a discrepância entre seu desempenho atual e sua visão ideal de si próprio. Disse que iria trabalhar para ser o "melhor" de alguma outra forma.

Para proteger sua auto-imagem ideal ele desejava cortar pela raiz sua carreira acadêmica. Ele deixou a escola, viajou pelo mundo e por vários anos teve uma grande quantidade de empregos originais. Quando foi visto novamente era capaz de discutir a possibilidade de que *talvez* não fosse necessário ser o melhor desde o começo, mas tinha ainda grandes dificuldades em explorar qualquer atividade na qual pudesse experimentar fracasso.

Congruência e Incongruência

Congruência é definida como o grau de exatidão entre a experiência da comunicação e a tomada de consciência. Ela se relaciona às discrepâncias entre experienciar e tomar consciência. Um alto grau de congruência significa que a comunicação (o que você está expressando), a experiência (o que está ocorrendo em seu campo) e a tomada de consciência (o que você está percebendo) são todas semelhantes. Suas observações e as de um observador externo seriam consistentes.

Crianças pequenas exibem alta congruência. Expressam seus sentimentos logo que seja possível com o seu ser total. Quando uma criança tem fome ela toda está com fome, neste exato momento! Quando uma criança sente amor ou raiva, ela expressa plenamente essas emoções. Isto pode justificar a

> Quanto mais o terapeuta souber ouvir e aceitar o que se passa em si mesmo, quanto mais souber ser a complexidade dos seus sentimentos, sem receio, maior será o seu grau de congruência (Rogers, 1961, p. 64 na ed. bras.).

rapidez com que a criança substitui um estado emocional por outro. A expressão total de seus sentimentos permite que elas liquidem a bagagem emocional que não foi expressa em experiências anteriores.

A congruência é bem descrita por um Zen-budista ao dizer: "Quando tenho fome, como; quando estou cansado, sento-me; quando estou com sono, durmo".

A incongruência ocorre quando há diferenças entre a tomada de consciência, a experiência e a comunicação desta. As pessoas que parecem estar com raiva (punhos cerrados, tom de voz elevado, praguejando) e que (se interpeladas) replicam que de forma alguma estão com raiva, ou as pessoas que dizem estar passando por um período maravilhoso mas que se mostram entediadas, isoladas ou facilmente doentes, estão revelando incongruência. É definida não só como inabilidade de perceber com precisão mas também como inabilidade ou incapacidade de comunicação precisa. Quando a incongruência está entre a tomada de consciência e a experiência, é chamada *repressão*. A pessoa simplesmente não tem consciência do que está fazendo. A maioria das psicoterapias trabalha sobre este sintoma de incongruência ajudando as pessoas a se tornarem mais conscientes de suas ações, pensamentos e atitudes na medida em que estes as afetam e aos outros.

Quando a incongruência é uma discrepância entre a tomada de consciência e a comunicação a pessoa não expressa o que está realmente sentindo, pensando ou experienciando. Este tipo de incongruência é muitas vezes percebido como mentiroso, inautêntico ou desonesto. Muitas vezes esses comportamentos tornam-se foco de discussões em terapias de grupo ou em grupos de encontro. Embora tais comportamentos pareçam ser realizados com malícia, terapeutas e treinadores relatam que a ausência de congruência social — aparente falta de boa vontade em comunicar-se — é com freqüência uma falta de autocontrole e consciência pessoal. A pessoa não é capaz de expressar suas emoções e percepções reais em virtude do medo e de velhos hábitos de encobrimento que são difíceis de superar. Por outro lado, é possível que a pessoa tenha dificuldade em compreender o que os outros esperam dela.

A incongruência pode ser sentida como tensão, ansiedade ou, em circunstâncias mais extremas, como confusão interna. Um paciente internado em hospital psiquiátrico que declara não saber onde está, em que hospital, qual a hora do dia, ou mesmo quem ele é, está exibindo alto grau de incongruência. A discrepância entre a realidade externa e aquilo que ele está subjetivamente experienciando tornou-se tão grande que ele não é capaz de atuar.

A maioria dos sintomas descritos na literatura psiquiátrica podem ser vistos como formas de incongruência. Para Rogers, a forma particular de distúrbio é menos crítica do que o reconhecimento de que há uma incongruência que exige uma solução.

A incongruência é visível em observações como estas. "Não sou capaz de tomar decisões", "Não sei o que quero", "Nunca serei capaz de persistir em algo". A confusão aparece quando você não é capaz de escolher dentre os diferentes estímulos aos quais se acha exposto. Considere o caso de um cliente que relata: "Minha mãe pede-me que cuide dela, é o mínimo que posso fazer. Minha namorada recomenda-me que eu me mantenha firme para não ser puxado de todo lado. Penso que sou muito bom para minha mãe, mais do que ela merece. Às vezes a odeio, às vezes a amo. Às vezes é bom estar com ela, às vezes ela me diminui."

O cliente está assediado por estímulos diferentes. Cada um deles é válido e conduz a ações válidas *por algum tempo*. É difícil diferenciar, dentre estes estímulos, aqueles que são genuínos daqueles que são impostos. O problema pode estar em reconhecê-los como diferentes e ser capaz de trabalhar sobre sentimentos diferentes em momentos diferentes. A ambivalência não é rara ou anormal; não ser capaz de reconhecê-la ou enfrentá-la pode ser uma causa de ansiedade.

Tendência à Auto-Atualização

Há um aspecto básico da natureza humana que leva uma pessoa em direção a uma maior congruência e a um funcionamento realista. Além disso, este impulso não é limitado aos seres humanos; é parte do processo de todas as coisas vivas. "É este impulso que é evidente em toda vida humana e orgânica—expandir-se, estender-se, tornar-se autônomo, desenvolver-se, amadurecer—a tendência a expressar e ativar todas as capacidades do organismo na medida em que tal ativação valoriza o organismo ou o *self*" (Rogers, 1961, p. 35 na ed. norte-americana).*

Rogers sugere que em cada um de nós há um impulso inerente em direção a sermos competentes e capazes quanto o que estamos aptos a ser biologicamente. Assim como uma planta tenta tornar-se saudável, como uma semente contém dentro de si impulso para se tornar uma árvore, também uma pessoa é impelida a se tornar uma pessoa total, completa e auto-atualizada.[2]

O impulso em direção à saúde não é uma força esmagadora que supera obstáculos ao longo da vida; pelo contrário, é facilmente embotado, distorcido e reprimido. Rogers o vê como a força motivadora dominante numa pessoa que está "funcionando de modo livre", não paralisada por eventos passados ou por crenças correntes que mantêm a incongruência. Maslow chegou a conclusões semelhantes; chamava esta tendência de uma voz interna e fraca que é facilmente abafada. A suposição de que o crescimento é possível e central para o projeto do organismo é crucial para o restante do pensamento de Rogers.

Para Rogers, a tendência à auto-atualização não é simplesmente mais um motivo. "É importante observar que esta tendência atualizante é o postulado fundamental de nossa teoria. . . . A este respeito, lembremos a noção do eu (*self*). O eu (*self*) nada 'faz', representa simplesmente uma expressão da tendência geral do organismo para funcionar de maneira a se preservar e se valorizar" (Rogers, 1959, p. 160 na ed. bras.).

DINÂMICA
Crescimento Psicológico

As forças positivas em direção à saúde e ao crescimento são naturais e inerentes ao organismo. Baseado em sua própria experiência clínica, Rogers

---

* N.T.: Esta citação foi traduzida por não ter sido encontrada na edição brasileira.

[2] Embora Rogers não inclua nenhuma dimensão religiosa ou espiritual em sua formulação, outros estenderam a teoria rogeriana para descrever alguns aspectos da experiência mística (Campbell, 1972; Campbell e McMahon, 1973).

conclui que os indivíduos têm a capacidade de experienciar e de se tornarem conscientes de seus desajustamentos. Isto é, você pode experienciar as incoerências entre seu autoconceito e suas experiências reais. Esta capacidade que reside em nós é associada a uma tendência subjacente à modificação do autoconceito, no sentido de estar realmente de acordo com a realidade. Rogers postula, portanto, um movimento natural para a resolução e distante do conflito. Vê o ajustamento não como um estado estático, mas como um processo no qual novas aprendizagens e novas experiências são cuidadosamente assimiladas.

Rogers está convencido de que estas tendências em direção à saúde são facilitadas por qualquer relação interpessoal na qual um dos membros esteja livre o bastante da incongruência para estar em contato com seu próprio centro de autocorreção. A maior tarefa da terapia é estabelecer tal relacionamento genuíno. Aceitar-se a si mesmo é um pré-requisito para uma aceitação mais fácil e genuína dos outros. Em compensação, ser aceito por outro conduz a uma vontade cada vez maior de aceitar-se a si próprio. Este ciclo de autocorreção e auto-incentivo é a forma principal pela qual se minimiza os obstáculos ao crescimento psicológico.

Obstáculos ao Crescimento

Rogers sugere que os obstáculos aparecem na infância e são aspectos normais do desenvolvimento. O que a criança aprende em um estágio como benéfico deve ser reavaliado nos estágios posteriores. Motivos que predominam na primeira infância mais tarde podem inibir o desenvolvimento da personalidade.

Quando a criança começa a tomar consciência do *self*, desenvolve uma necessidade de amor ou de consideração positiva. "Esta necessidade é universal, considerando-se que ela existe em todo ser humano e que se faz sentir de uma maneira contínua e penetrante. A teoria não se preocupa em saber se se trata de uma necessidade inata ou adquirida" (Rogers, 1959, p. 198 na ed. bras.). Uma vez que as crianças não separam suas ações de seu ser total, reagem à aprovação de uma *ação* como se fosse aprovação de *si mesmas*. Da mesma forma, reagem à punição de um ato como se estivessem sendo desaprovadas em geral.

O amor é tão importante para a criança que ela "acaba por ser guiada, não pelo caráter agradável ou desagradável de suas experiências e comportamentos, mas pela promessa de afeição que elas encerram" (Rogers, 1959, p. 200 na ed. bras.). A criança começa a agir da forma que lhe garante amor ou aprovação, sejam os comportamentos saudáveis ou não para ela. As crianças podem agir contra seu próprio interesse, chegando a se perceber em termos *destinados a princípio a agradar ou apaziguar os outros*. Teoricamente esta situação poderia não se desenvolver se a criança sempre se sentisse aceita e houvesse aprovação dos sentimentos mesmo que alguns comportamentos fossem inibidos. Em tal situação ideal a criança nunca seria pressionada a se despojar ou repudiar partes não atraentes mas autênticas de sua personalidade.

Comportamentos ou atitudes que negam algum aspecto do *self* são chamados de *condições de valor*. "Quando uma *experiência relativa ao eu* é procurada—ou evitada—unicamente porque é percebida como mais—ou menos—digna de *consideração de si*, dizemos que o indivíduo adquiriu um *modo de avaliação condicional*" (Rogers, 1959, p. 199 na ed. bras.). Condições de valor são os obstáculos básicos à exatidão da percepção e à tomada de consciência realista. Há vendas e filtros seletivos destinados a assegurar um suprimento interminável de amor da parte dos parentes e dos outros. Acumulamos certas condições, atitudes ou ações cujo cumprimento sentimos necessário para permanecermos dignos. Na medida em que essas atitudes e ações são idealizadas, elas constituem áreas de incongruência pessoal. De forma extrema, as condições de valor são caracterizadas pela crença de que "preciso ser respeitado ou amado por todos aqueles com quem estabeleço contato".[3] As condições de valor criam uma discrepância entre o *self* e o autoconceito. Para mantermos uma condição de valor temos que negar determinados aspectos de nós mesmos.

Por exemplo, se lhe falaram "Você deve amar seu irmãozinho recém-nascido senão mamãe não gosta mais de você", a mensagem é a de que você deve negar ou reprimir seus sentimentos negativos genuínos em relação a ele. Se você conseguir esconder sua vontade maldosa, seu desejo de machucá-lo e seu ciúme normal, sua mãe continuará a amá-lo. Se você admitir que tem tais sentimentos você arrisca a perder este amor. Uma solução que cria uma condição de valor é rejeitar tais sentimentos sempre que ocorrem, bloqueando-os de sua consciência. Agora você pode reagir de formas tais como: "Eu realmente amo meu irmãozinho, apesar das vezes em que o abraço tanto até ele gritar" ou, "Meu pé escorregou sob o seu, eis porque ele tropeçou".

Posso ainda lembrar-me da enorme alegria demonstrada por meu irmão mais velho quando lhe foi dada uma oportunidade de bater em mim por algo que fiz. Minha mãe, meu irmão e eu ficamos todos assombrados com sua violência. Ao recordar o incidente, meu irmão lembrou-se de que ele não estava especialmente bravo comigo, mas que havia compreendido que aquela era uma rara ocasião e queria descarregar toda a maldade possível enquanto tinha permissão. Admitir tais sentimentos e permitir-lhes alguma expressão quando ocorrem é mais saudável, segundo Rogers, do que rejeitá-los ou aliená-los.

Quando a criança amadurece, o problema persiste. O crescimento é impedido na medida em que a pessoa nega impulsos diferentes do autoconceito artificialmente "bom". Para sustentar a falsa auto-imagem a pessoa continua a distorcer experiências—quanto maior a distorção maior a probabilidade de erros e da criação de novos problemas. Os comportamentos, os erros e a confusão que resultam dão manifestações de distorções iniciais mais fundamentais.

A situação realimenta-se a si mesma. Cada experiência de incongruência entre o *self* e a realidade aumenta a vulnerabilidade, a qual, por sua vez, ocasiona o aumento de defesas, interceptando experiências e criando novas ocasiões de incongruência.

Por vezes as manobras defensivas não funcionam. A pessoa toma consciência das discrepâncias óbvias entre os comportamentos e as crenças. Os resultados podem ser pânico, ansiedade crônica, retraimento ou mesmo uma psicose. Rogers observou que o comportamento psicótico parece ser muitas

Isto é o que, em nossa opinião, constitui o estado de alienação de si. O indivíduo faltou com a sinceridade consigo mesmo, para com a significação "organísmica" de sua experiência, a fim de conservar a consciência positiva do outro, falsificou certas experiências vividas e representou para si mesmo com os mesmos índices de valor que tinham para o outro. Tudo isto se produziu involuntariamente, como um processo natural e trágico alimentado durante a infância (Rogers, 1959, p. 202 na ed. bras.).

---

[3] Seria mais claro se Rogers tivesse rotulado essas condições como "condições de pouco valor" ou "falso valor" ou "sem valor", uma vez que não apresentam nenhum aspecto positivo.

vezes a representação externa de um aspecto anteriormente negado da experiência. Perry (1974) o corrobora, apresentando evidência de que o episódio psicótico é uma tentativa desesperada da personalidade de se reequilibrar e de permitir a realização de necessidades e experiências internas frustradas. A terapia centrada no cliente esforça-se por estabelecer uma atmosfera na qual condições de valor prejudiciais possam ser postas de lado, permitindo, portanto, que as forças saudáveis de uma pessoa retomem sua dominância original. Uma pessoa recupera a saúde reivindicando suas partes reprimidas ou negadas.

ESTRUTURA
Corpo

Embora Rogers defina a personalidade e a identidade como uma gestalt contínua, não dá ao papel do corpo uma atenção especial. Mesmo no seu trabalho com encontros ele não promove ou facilita o contato físico nem trabalha diretamente com gestos físicos. Como ele mesmo assinala, "A minha formação não é das que me tornem especialmente liberto a esse respeito" (Rogers, 1970b, p. 65, na ed. bras.). Sua teoria é baseada na tomada de consciência da *experiência;* não seleciona a experiência física como diferente em espécie ou valor das experiências emocionais, cognitivas ou intuitivas.

Relacionamento Social

O valor dos relacionamentos é de interesse central nas obras de Rogers. Os relacionamentos mais precoces podem ser congruentes ou podem servir como foco de condições de valor. Relações posteriores são capazes de restaurar a congruência ou retardá-la.

Rogers acredita que a interação com o outro capacita um indivíduo a descobrir, encobrir, experienciar ou encontrar seu *self* real de forma direta. Nossa personalidade torna-se visível a nós através do relacionamento com os outros. Na terapia, em situações de encontro e em interações cotidianas, o *feedback* dos outros oferece às pessoas oportunidade de experienciarem a si mesmas.

Se pensamos em pessoas que não têm relacionamentos, imaginamos dois estereótipos contrastantes. O primeiro é o do ermitão relutante, inábil para lidar com outros. O segundo é o contemplativo que se retirou do mundo para cumprir outras tarefas.

Nenhuma dessas imagens atrai Rogers. Para ele, os relacionamentos oferecem a melhor oportunidade para estar "funcionando por inteiro", para estar em harmonia consigo mesmo, com os outros e com o meio ambiente. Através dos relacionamentos, as necessidades organísmicas básicas do indivíduo podem ser satisfeitas. A esperança desta satisfação faz com que as pessoas invistam uma quantidade de energia incrível em relacionamentos, até mesmo naqueles que não parecem ser saudáveis ou satisfatórios.

Casamento. O casamento é um relacionamento não usual; é potencialmente de longo prazo, intensivo, e carrega dentro de si a possibilidade de manutenção do crescimento e do desenvolvimento. Rogers acredita que o casamento siga as mesmas leis gerais que mantêm a verdade dos grupos de encontro, da terapia ou de outros relacionamentos. Os melhores casamentos ocorrem com parceiros que são congruentes consigo mesmos, que têm poucas

---

Gostaria de propor. . . que a principal barreira à comunicação interpessoal é nossa tendência muito natural a julgar, avaliar, aprovar ou desaprovar a colocação da outra pessoa ou do outro grupo (Rogers, 1952a).

condições de valor como empecilho e que são capazes de genuína aceitação dos outros. Quando o casamento é usado para manter uma incongruência ou para reforçar tendências defensivas existentes, é menos satisfatório e é menos provável que se mantenha.

As conclusões de Rogers sobre qualquer relação íntima a longo prazo, tal como o casamento, são focalizadas sobre quatro elementos básicos: compromisso contínuo, expressão de sentimentos, não-aceitação de papéis específicos e capacidade de compartilhar a vida íntima. Ele resume cada elemento como uma promessa, um acordo sobre o ideal de um relacionamento contínuo, benéfico e significativo.

> Todos os nossos problemas, diz alguém que é sábio, acometem-nos porque não conseguimos ficar sozinhos. E isto está muito bem. Precisamos ser capazes de estarmos sós, de outra forma somos apenas vítimas. Mas quando somos capazes de estarmos sós, percebemos que a única coisa a fazer é iniciarmos um novo relacionamento com outro—ou até o mesmo—ser humano. É bobagem pensar que as pessoas deveriam ser isoladas como postos telegráficos, isto é bobagem (D. H. Lawrence, 1960, pp. 114--115).

1. Dedicação e compromisso—Cada membro de um casamento deveria ver "a união como um processo contínuo e não um contrato. O trabalho feito visa tanto a satisfação *pessoal* como a satisfação mútua" (Rogers, 1972, p. 200 na ed. bras.). Uma relação é trabalho; é um trabalho tendo em vista objetivos separados ou comuns. Rogers sugere que este compromisso seja expresso da seguinte maneira: "Nós dois nos comprometemos a cultivar juntos o processo mutável de nosso atual relacionamento, porque este relacionamento está enriquecendo nosso amor e a nossa vida e nós queremos que ele cresça" (Rogers, 1972, p. 200 na ed. bras.).

2. Comunicação—expressão de sentimentos—Rogers insiste na comunicação total e aberta. "Arriscar-me-ei tentando comunicar qualquer sentimento persistente, positivo ou negativo, ao meu companheiro—com a mesma profundidade com que o percebo em mim—como uma parte presente e viva em *mim*. Em seguida, arriscar-me-ei ainda mais tentando compreender, com toda a empatia de que eu for capaz, a sua resposta, seja acusativa e crítica, seja compartilhante e auto-reveladora" (Rogers, 1972, p. 203 na ed. bras.). A comunicação tem duas fases igualmente importantes: a primeira é expressar a emoção. A segunda é permanecer aberto e experienciar a resposta do outro.

   Rogers não defende simplesmente o colocar para fora os sentimentos Ele sugere que devemos nos comprometer tanto com os efeitos que nossos sentimentos causam em nosso parceiro quanto com a expressão original dos sentimentos em si mesmos. Isto é muito mais difícil do que simplesmente "desabafar" ou "ser aberto e honesto". É a disposição de aceitar os riscos reais envolvidos: rejeição, desentendimento, sentimentos feridos e retribuição. A crença de Rogers na necessidade de instituir e manter este nível de troca contrapõe-se a posições que advogam o ser polido, diplomático, o contornar questões perturbadoras ou o não mencionar interesses emocionais que apareçam.

3. Não-aceitação de papéis—Numerosos problemas desenvolvem-se na medida em que tentamos satisfazer as expectativas do outro, ao invés de determinarmos as nossas próprias. "Viveremos de acordo com as nossas opções, com a sensibilidade orgânica mais profunda de que somos capazes, mas não seremos afeiçoados pelos desejos, pelas regras e pelos papéis que os outros insistem em impor-nos" (Rogers,

1972, p. 204 na ed. bras.). Rogers relata que muitos casais sofrem graves tensões na tentativa de fazer sobreviver sua aceitação parcial e ambivalente das imagens que seus pais e a sociedade impuseram a eles. Um casamento efetuado com tal quantidade de expectativas e imagens irreais é inerentemente instável e potencialmente pouco recompensador.

4. Tornar-se um *self* separado—Este compromisso é uma profunda tentativa de descobrir e aceitar a natureza total da pessoa. É o mais desafiador dos compromissos, é dedicar-se à remoção das máscaras tão logo elas se formem. "Eu talvez possa descobrir mais do que sou realmente em meu íntimo e chegar mais perto disso—sentindo-me, às vezes, encolerizado ou aterrado, às vezes amante e solícito, de vez em quando belo e forte ou desordenado e medonho—sem esconder de mim mesmo esses sentimentos. Eu talvez possa estimar-me como a pessoa ricamente variada que sou. Talvez possa ser espontaneamente mais essa pessoa. Nesse caso, poderei viver de acordo com os meus próprios valores experimentados, conquanto tenha consciência de todos os códigos da sociedade. Nesse caso, poderei ser toda esta complexidade de sentimentos, significados e valores com meu companheiro—suficientemente livre para dar o amor, a raiva e a ternura que existem em mim. É possível, então, que eu venha a ser um participante real de uma união, porque estou em vias de ser uma pessoa real. E espero poder incentivar meu companheiro a seguir o seu caminho na direção de uma personalidade única, que eu gostaria imensamente de partilhar" (Rogers, 1972, p. 207 na ed. bras.).

Emoções

O indivíduo saudável toma consciência de suas emoções, sejam ou não expressas. Sentimentos negados à consciência distorcem a percepção de e a reação às experiências que os desencadearam.

Um caso específico é sentir ansiedade sem tomar conhecimento da causa. A ansiedade aparece quando uma experiência que ocorreu, *se admitida na consciência,* poderia ameaçar a auto-imagem. A reação inconsciente a estas subcepções*(McCleary e Lazarus, 1949) alerta o organismo para possíveis perigos e acarreta mudanças psicofisiológicas. Estas reações defensivas são uma forma do organismo manter crenças e comportamentos incongruentes. Uma pessoa pode agir com base nestas subcepções sem tomar consciência do porquê está agindo assim. Por exemplo, um homem pode sentir-se desconfortável ao ver homossexuais declarados. A informação que tem de si mesmo incluiria o desconforto, mas não mencionaria sua causa. Ele não poderia admitir seu próprio interesse, sua identidade sexual não resolvida, ou talvez as expectativas e medos que tem a respeito de sua própria sexualidade. Distorcendo suas percepções ele pode, em compensação, reagir com hostilidade aberta a homossexuais, tratando-os como uma eterna ameaça ao invés de admitir seu conflito interno.

Caso estejamos realmente conscientes, porém, ouviremos o "grito calado" de emoções negadas ecoando por todos os muros e corredores de uma universidade. E se formos suficientemente sensíveis, conseguiremos ouvir as idéias e os pensamentos criativos que muitas vezes surgem quando expressamos abertamente nossos sentimentos (Rogers, 1973b, pp. 177-178 na ed. bras.).

---

* N.T.: *Tornar-se Pessoa*, p. 166.

Intelecto

Rogers não segrega o intelecto de outras funções; valoriza-o como um tipo de instrumento que pode ser usado de modo efetivo na integração de experiências. Mostra-se cético em relação a sistemas educacionais que dão ênfase exagerada a desempenhos intelectuais e desvalorizam os aspectos intuitivos e emocionais do funcionamento total.

Em particular, Rogers pensa que cursos de graduação em campos diversos são exigentes, pouco significativos e desanimadores. A pressão para a produção de trabalhos limitados e pouco originais, associada aos papéis passivos e dependentes atribuídos aos estudantes de graduação, na realidade sufocam ou retardam suas capacidades criativas e produtivas. Cita a queixa de um estudante: "Essa coerção teve sobre mim um efeito tão desencorajador, que, depois que fiz o exame final, a consideração de qualquer problema me repugnava, durante um ano inteiro"[4] (Rogers, 1969, p. 170 na ed. bras.).

Se o intelecto, como outras funções, ao operar de forma livre, tende a dirigir o organismo à tomada de consciência mais congruente, então forçar o intelecto por vias específicas pode não ser benéfico. O ponto de vista de Rogers é de que as pessoas estão em melhor situação decidindo o que fazer por si mesmas, com o apoio de outros, do que fazendo o que os outros decidem por elas.

> Todos nós sabemos dos efeitos do espinafre e do ruibarbo obrigatórios sobre as crianças. Dá-se o mesmo com a aprendizagem compulsória. Eles dizem, "É espinafre e pro inferno com ele!" (Rogers, 1969).

Conhecimento. Rogers descreve três maneiras de conhecer, de verificar hipóteses, acessíveis ao indivíduo psicologicamente maduro.

A mais importante é o *conhecimento subjetivo*, o discernimento entre amar e odiar, entender e apreciar uma pessoa, uma experiência ou um evento. O conhecimento subjetivo aumenta à medida que o contato com nossos processos internos torna-se maior. É estar atento a sentimentos viscerais, a indicações de que um curso de ação nos faz sentir melhores do que outros. É a capacidade de conhecer sem nenhuma evidência verificável. O valor desta forma de conhecimento para a ciência está em dirigir a atenção do pesquisador para áreas problemáticas específicas. Na solução de problemas, pesquisas demonstraram que uma pessoa "sabe" que está na pista certa muito antes de "saber" qual será a solução real (Gordon, 1961).

O *conhecimento objetivo* é uma forma de testar hipóteses, especulações e conjecturas em relação a sistemas de referência externos. Em Psicologia, os pontos de referência podem incluir observações do comportamento, resultados de testes, questionários ou o julgamento de outros psicólogos.

A utilização dos colegas baseia-se na idéia de que se pode confiar nas pessoas treinadas em uma determinada disciplina para aplicar os mesmos métodos de julgamento a um dado evento. A opinião de um especialista pode ser objetiva mas também pode ser uma percepção coletiva errônea. Qualquer grupo de especialistas pode mostrar-se rígido e defender-se quando se lhes pede para considerar dados que contradizem aspectos axiomáticos de sua própria formação. Rogers observa que teólogos, comunistas dialéticos e psicanalistas exemplificam esta tendência.

Rogers é o único a questionar a validade do conhecimento objetivo, em especial na tentativa de compreender a experiência de uma outra pessoa.

> Quem poderia fazer surgir esta pessoa inteira? Segundo a minha própria experiência, professores universitários são os que menos provavelmente o fariam. Seu grau de tradicionalismo e auto-suficiência chega às raias do incrível (Rogers, 1973b, p. 178 na ed. bras.).

> Foi considerado quase uma obscenidade admitir que os psicólogos sentem, têm pressentimentos ou perseguem apaixonadamente direções incertas (Rogers, 1964).

---

[4] O estudante citado foi Albert Einstein.

Não julgue o caminho de outro homem até que tenha caminhado uma milha com seus mocassins. (Dizer dos Índios Pueblos.)

Polanyi (1958) esclareceu a diferença entre conhecimento pessoal e público. Cada um deles é útil para a compreensão de diferentes categorias de fenômenos. Tart (1971) descreve a necessidade de diferentes tipos de treinamento até mesmo para perceber e avaliar sem interferência diferentes modos de consciência.

A terceira forma de conhecimento é *o conhecimento interpessoal ou conhecimento fenomenológico,* que é a essência da terapia centrada no cliente. É a prática da compreensão empática: penetrar no mundo subjetivo particular do outro para ver se nossa compreensão da opinião dele é correta—não apenas para ver se é objetivamente correta ou se concorda com o nosso próprio ponto de vista, mas se é correta no sentido de compreender a experiência do outro como *ele* a experiencia. Esta compreensão empática é testada pela resposta àquilo que se entendeu, perguntando-se ao outro se foi ouvido corretamente. "Você está se sentindo deprimido esta manhã?", "Parece-me que você está contando ao grupo que seu choro é um pedido de ajuda", "Aposto que você está muito cansado para concluir isto agora".

Self

Autores de manuais de Psicologia que dedicaram espaço a Rogers, em geral classificam-no como um teórico do *self* (Hall e Lindzey, 1970; Bischof, 1970; Krasner e Ullman, 1973). Pretendem que o *self* é um conceito importante no pensamento de Rogers. De fato, embora Rogers encare o *self* como o foco da experiência, ele está mais interessado na percepção, na tomada de consciência e na experiência do que num construto hipotético, o *self.* Como já descrevemos a definição de Rogers sobre o *self,* podemos agora voltarmo-nos para a descrição da *pessoa de funcionamento integral:* a pessoa que está mais plenamente consciente de seu *self* contínuo. "A noção de funcionamento ótimo é sinônimo das noções de adaptação psicológica perfeita, de maturidade ótima, de acordo interno completo, de abertura total à experiência. Como estas noções... têm a desvantagem de sugerir algum estado mais ou menos estático, final ou acabado, devemos ressaltar que todas as características que acabamos de enumerar a propósito do indivíduo hipotético têm o caráter não de estagnação, mas de um *processo*. A personalidade que funciona plenamente é uma personalidade em contínuo estado de fluxo, uma personalidade constantemente mutável" (Rogers, 1959, p. 212 na ed. bras.).

A pessoa de funcionamento integral tem diversas características distintas, a primeira das quais é uma *abertura à experiência*. Há pouco ou nenhum uso das "subcepções", estes primeiros sinais de alerta que restringem a percepção consciente. A pessoa está continuamente afastando-se de suas defesas na direção da experiência direta. "Está mais aberto a seus sentimentos de receio, de desânimo e de desgosto. Fica igualmente mais aberto aos seus sentimentos de coragem, de ternura e de fervor.... Torna-se mais capaz de viver completamente a experiência do seu organismo, em vez de a impedir de atingir a consciência" (Rogers, 1961, pp. 166-167 na ed. bras.).

Uma segunda característica é *viver no presente*—realizar completamente cada momento. Este engajamento contínuo e direto com a realidade permite "dizer que o eu *(self)* e a personalidade emergem da experiência em vez de dizer que a experiência foi traduzida ou deformada para se ajustar a uma estrutura preconcebida do eu (*self-structure*)" (Rogers, 1961, p. 167 na ed.

bras.). Uma pessoa é capaz de reestruturar suas respostas à medida que a experiência permite ou sugere novas possibilidades.

Uma característica final é a *confiança nas exigências internas e no julgamento intuitivo,* uma confiança sempre crescente na capacidade de tomar decisões. Quando uma pessoa está melhor capacitada para coletar e utilizar dados, é mais provável que ela valorize sua capacidade de resumir esses dados e de responder. Esta não é uma atividade apenas intelectual, mas uma função da pessoa inteira. Rogers sugere que na pessoa de funcionamento integral os erros efetuados serão devidos à informação incorreta e não ao processamento incorreto.

Isto se assemelha ao comportamento de um gato que é jogado ao chão de uma determinada altura. O gato não considera a velocidade do vento, o momentum angular ou o tamanho da queda; ainda assim, tudo isto está sendo levado em conta em sua resposta total.

O gato não reflete sobre quem poderia tê-lo empurrado, quais teriam sido seus motivos ou o que pode acontecer no futuro. O gato lida com a situação imediata, o problema mais gritante. Roda em meio ao ar e aterriza ereto, ajustando na mesma hora a sua postura para enfrentar o próximo evento.

A pessoa de funcionamento integral é livre para responder e experienciar suas respostas às situações. Esta é a essência do que Rogers chama de viver uma vida plena. Tal pessoa "estará comprometida num contínuo processo de atualização" (Rogers, 1959, p. 235 na ed. bras.).

> A "vida plena" é um *processo,* não um estado de ser. É uma direção, não um destino (Rogers, 1961, p. 165 na ed. bras.).

Terapia Centrada no Cliente

Rogers foi um terapeuta praticante durante toda a sua carreira profissional. Sua teoria da personalidade emerge de seus métodos e idéias sobre terapia e é integrada a eles. A teoria psicoterápica de Rogers passou por diversas fases de desenvolvimento e mudanças de ênfase, e ainda assim há alguns pontos básicos que se mantiveram inalterados. Rogers (1970a) faz uma citação de uma palestra de 1940, onde pela primeira vez descreveu suas novas idéias sobre terapia:

1. "Esta nova abordagem coloca um peso maior sobre o impulso individual em direção ao crescimento, à saúde e ao ajustamento. [A terapia] é uma questão de libertar [o cliente] para um crescimento e desenvolvimento normais."
2. "Esta terapia dá muito mais ênfase ao aspecto afetivo de uma situação do que aos aspectos intelectuais."
3. "Esta nova terapia dá muito mais ênfase à situação imediata do que ao passado do indivíduo."
4. "Esta abordagem enfatiza o relacionamento terapêutico em si mesmo como uma experiência de crescimento" [p. 12].

Rogers usa a palavra "cliente" ao invés do termo tradicional "paciente". Um paciente é em geral alguém que está doente, precisa de ajuda e vai ser ajudado por profissionais formados. Um cliente é alguém que deseja um serviço e que pensa não poder realizá-lo sozinho. O cliente, portanto, embora possa ter muitos problemas, é ainda visto como uma pessoa inerentemente capaz de entender sua própria situação. Há uma igualdade implícita no modelo do cliente, que não está presente no relacionamento médico-paciente.

A terapia atende a uma pessoa ao revelar seu próprio dilema com um mínimo de intrusão por parte do terapeuta. Rogers define a psicoterapia como "a liberação de capacidades já presentes em estado latente. Isto é, implica que o cliente possua, potencialmente, a competência necessária à solução de seus problemas. Tais opiniões se opõem diretamente à concepção da terapia como uma manipulação, por especialista, de um organismo mais ou menos passivo" (Rogers, 1959, p. 192 na ed. bras.). A terapia é apontada como dirigida pelo cliente ou centrada no cliente, uma vez que é quem assume toda direção que for necessária.

A terapia centrada no cliente e a modificação de comportamento têm algumas semelhanças: ambas ouvem as idéias do cliente sobre suas dificuldades e ambas aceitam o cliente como capaz de compreender seus próprios problemas. Entretanto, na terapia centrada no cliente, a pessoa continua a dirigir e modificar as metas da terapia e iniciar as mudanças comportamentais (ou outras) que deseja que ocorram. Na modificação de comportamento, os novos comportamentos são escolhidos pelo terapeuta. Rogers sente de modo intenso que tais "intervenções do especialista", qualquer que seja a sua natureza, são em última instância prejudiciais ao crescimento da pessoa.

Suas opiniões sobre a natureza do homem e sobre os métodos terapêuticos não somente amadureceram durante sua vida, passaram por uma inversão quase que total. "Espero ter deixado claro que, no decorrer dos anos, distanciei-me muito de algumas das coisas em que inicialmente acreditei: de que o homem é em essência pecador; de que, profissionalmente, ele é melhor tratado enquanto objeto; de que a ajuda fundamenta-se na perícia; de que o perito pode aconselhar, manipular e moldar o indivíduo a fim de produzir o resultado desejado" (Rogers, 1973a, p. 206 na ed. bras.).

Terapeuta Centrado no Cliente. O cliente tem a chave de sua recuperação mas o terapeuta deveria ter determinadas qualidades pessoais que ajudam o cliente a aprender como usar tais chaves. "Estes poderes [dentro do cliente] tornar-se-ão efetivos se o terapeuta puder estabelecer com o cliente um relacionamento de aceitação e compreensão suficientemente caloroso" (Rogers, 1952b, p. 66). Antes do terapeuta ser qualquer coisa para o cliente, ele deve ser autêntico, genuíno, e não estar desempenhando um papel—especialmente o de um terapeuta quando está com o cliente. Isto "envolve a vontade de ser e expressar com minhas próprias palavras e meus comportamentos, os diversos sentimentos e atitudes que existem em mim. Isto significa que preciso, na medida do possível, perceber os meus próprios sentimentos, ao invés de apresentar uma fachada externa de uma atitude enquanto na verdade mantenho outra" (Rogers, 1961, p. 33 na ed. norte-emericana).*

Terapeutas que estão se formando por vezes perguntam, "Como você se comporta se não gosta do paciente ou se está aborrecido ou bravo?" Não serão estes sentimentos genuínos justamente os que ele desperta em todas as pessoas que ofende?"

> O indivíduo tem dentro de si a capacidade, ao menos latente, de compreender os fatores de sua vida que lhe causam infelicidade e dor, e de reorganizar-se de forma a superar tais fatores (Rogers, 1952b).

---

* N.T.: Esta citação foi traduzida por não ter sido encontrada na edição brasileira.

A resposta centrada no cliente a estas questões envolve diversos níveis de compreensão. Em um nível, o terapeuta serve como modelo de uma pessoa autêntica. O terapeuta oferece ao cliente um relacionamento através do qual este pode testar sua própria realidade. Se o cliente confia que vá receber uma resposta honesta, pode descobrir se suas antecipações ou defesas são justificadas. O cliente pode aprender a esperar uma reação real—não distorcida ou diluída—à sua busca interior. Este teste de realidade é crucial se o cliente quer afastar-se das distorções e experienciar a si mesmo de modo direto.

Num outro nível, o terapeuta centrado no cliente proporciona uma relação de ajuda enquanto aceita e é capaz de manter uma "consideração positiva incondicional". Rogers a define como "uma preocupação que não é possessiva, que não exige qualquer favor pessoal. É simplesmente uma atmosfera que demonstra, 'Eu preocupo-me', e não 'Eu preocupo-me consigo *se se comportar* desta ou daquela maneira' " (Rogers, 1961, p. 256 na ed. bras.). *Não é uma avaliação positiva* porque toda avaliação é uma forma de julgamento moral. A avaliação tende a restringir o comportamento respeitando algumas coisas e punindo outras; a consideração positiva incondicional permite à pessoa ser realmente o que é, não importando o que possa ser.

Esta atitude aproxima-se daquilo que Maslow denomina "amor taoístico", um amor que não faz julgamento prévio, que não restringe nem define. É a promessa de aceitar alguém simplesmente como ele revela ser. Para fazer isto, um terapeuta centrado no cliente deve ser sempre capaz de ver o centro auto-atualizador do cliente e não os comportamentos destrutivos, prejudiciais e ofensivos. Se se puder reter uma consciência da essência positiva do indivíduo, poder-se-á ser autêntico com tal pessoa, ao invés de ficar aborrecido, irritado ou bravo com expressões particulares de sua personalidade. Esta atitude é similar à dos mestres espirituais da tradição oriental que, vendo o divino em todos os homens, podem tratar a todos com igual respeito e compaixão.

O diálogo que se segue (adaptado de uma história de Allan Wats) pode esclarecer esta atitude.

Um estudante universitário dos Estados Unidos, em uma viagem à Índia, obtém uma audiência com um mestre espiritual hindu. O mestre vê o estudante aproximando-se e o saúda:

> Não trato as pessoas como pacientes. Trato-as como seres em busca de algo. Eles (outros professores orientais) as tratam como pessoas que buscam mas que não "vêem" adequadamente (Swami Nitya, 1973).

MESTRE: Ah, é você Shiva (um dos nomes para Deus). Seja bem-vindo.
ESTUDANTE: (confuso, olhando a seu redor) Não sou Shiva. Sou Nathan Bellingham, de Twin Forks, Idaho.
MESTRE: (sorrindo) Eu o vejo Shiva. Não brinque comigo.
ESTUDANTE: Honestamente, não sou Shiva!
MESTRE: Curvo-me diante de você, Shiva (curva-se).
ESTUDANTE: Mas sou apenas um estudante de Psicologia.
MESTRE: Vejo-o, Shiva, em todos os seus disfarces.

Não importa o que o estudante diga, pense ou acredite, ainda assim o mestre o trata como a encarnação viva de Shiva. Seus protestos são tomados como uma evidência da ignorância a respeito de sua própria natureza interna. O mestre sabe que toda pessoa é um aspecto desta natureza divina e não constitui, portanto, nenhum esforço de sua parte ignorar até mesmo o comportamento não divino das pessoas que o visitam.

De forma paralela, o terapeuta centrado no cliente mantém uma certeza de que a personalidade interior, e talvez não desenvolvida do cliente, é capaz de entender a si mesma. Na prática, isto é extremamente difícil. Terapeutas rogerianos admitem que são com freqüência incapazes de manter esta qualidade de compreensão quando trabalham.

A aceitação pode ser uma mera tolerância, uma postura não julgadora que pode ou não incluir uma real compreensão. Esta aceitação é inadequada; a consideração positiva incondicional deve incluir também "uma compreensão empática. . . captar o mundo particular do cliente como se fosse o seu próprio mundo, mas sem nunca esquecer esse caráter de 'como se' " (Rogers, 1961, p. 256 na ed. bras.). Esta nova dimensão permite ao cliente maior liberdade para explorar sentimentos internos. O cliente está certo de que o terapeuta fará mais do que aceitá-lo, pois está engajado de maneira ativa na tentativa de sentir as mesmas situações dentro de si próprio.

O critério final para um bom terapeuta é que ele deve possuir a habilidade para comunicar esta compreensão ao cliente. O cliente precisa saber que o terapeuta é autêntico, preocupa-se, ouve e compreende de fato. É necessário que o terapeuta seja claro apesar das distorções seletivas do cliente, das subcepções de ameaça e dos efeitos danosos de uma autoconsideração mal colocada. Desde que esta ponte entre terapeuta e cliente seja estabelecida, o cliente pode começar a trabalhar a sério.

A descrição acima pode parecer estática, como se o terapeuta alcançasse um "platô" e então fizesse terapia; é, no entanto, um processo dinâmico em andamento, num estado de contínua renovação. O terapeuta, assim como o cliente, está sempre num processo de se tornar mais congruente.

Em um de seus primeiros livros, *Psicoterapia e Consulta* (1942, pp. 42-56 na ed. bras.), Rogers delineia os passos característicos do processo de ajuda como se segue:

O indivíduo vem procurar ajuda.

A situação de ajuda está normalmente definida.

O conselheiro estimula a livre expressão (dos sentimentos em relação com o problema).

O conselheiro aceita, reconhece e clarifica (os sentimentos negativos).

Expressão receosa e hesitante dos impulsos positivos (que promovem a maturidade).

(O conselheiro) aceita e reconhece os sentimentos positivos.

Compreensão, apreensão e aceitação de si.

Esclarecimento de possíveis decisões, linhas de ação.

Ações positivas.

Aprofundamento da autocompreensão.

Confiança na ação autodirigida → maior independência.

Decrescente necessidade de ajuda.

Esta série sugerida de eventos demonstra o interesse de Rogers em que o cliente determine seu próprio caminho com os esforços de encorajamento e apoio por parte do terapeuta.

Enquanto que alguns aspectos da terapia rogeriana podem ser facilmente aprendidos e são de fato usados por muitos terapeutas, as características pessoais que um terapeuta eficiente deve manter são extremamente difíceis de compreender, experienciar e praticar. A capacidade de estar verdadeiramente presente para um outro ser humano—empático com a dor dessa pessoa, confiante em seu crescimento e capaz de lhe comunicar tudo isto—é uma exigência pessoal quase esmagadora.

Grupos de Encontro. A passagem de Rogers de terapeuta centrado no cliente para líder de encontros e pesquisador foi quase inevitável. Suas afirmações de que as pessoas, não especialistas, eram terapeutas, foram correlacionadas com os primeiros dados de encontro. Quando Rogers foi para a Califórnia foi capaz de dedicar mais tempo para participar, estabelecer e pesquisar este tipo de trabalho de grupo.

À parte da terapia de grupo, os grupos de encontro têm uma história que prenuncia seu ressurgimento nas décadas de 1950 e 1960. Dentro da tradição protestante norte-americana e, numa extensão menor, no Judaísmo Hassídico, tinha havido experiências de grupo elaboradas para alterar as atitudes de uma pessoa em relação a si mesma e para modificar seu comportamento para com os outros. As técnicas incluíam pequenos grupos de colegas, insistência na honestidade e na abertura, ênfase no aqui e agora e manutenção de uma atmosfera calorosa, de apoio. Mesmo as maratonas (encontros de grupos durante o dia e a noite) não são invenções recentes (Oden, 1972).

Os grupos de encontro modernos originaram-se em Connecticut em 1946 com um programa de treinamento para líderes comunitários. Este programa incluía encontros à noite de treinadores e observadores para discutir os eventos do dia. Os participantes começaram a comparecer para ouvir e eventualmente tomar parte nestas sessões extras. Os treinadores perceberam que dar um *feedback* aos participantes intensificava a experiência de todos.

Alguns dos treinadores dos grupos de Connecticut juntaram-se a outros para estabelecer os *National Training Laboratories* (NTL) em 1947. Os NTL ajudaram a estender e desenvolver o *T-group*, ou grupo de treinamento, como um instrumento no governo e na indústria. A participação nesses grupos forneceu às pessoas experiência em observar seu próprio funcionamento e em aprender como responder ao *feedback* direto a respeito delas mesmas.

Na década de 1960 o *T-group* começou a cair em descrédito, à medida que as corporações perceberam que executivos que estavam mais confortáveis e conscientes de si mesmos não trabalhavam necessariamente com maior afinco por sua companhia.

O que era impressionante nas experiências com *T-group* era que algumas semanas de trabalho com colegas num contexto de relativa aceitação levavam a importantes mudanças de personalidade, antes apenas associadas a traumas graves ou psicoterapias demoradas. Embora a pesquisa tenha demonstrado efeitos tanto positivos como negativos, a maioria dos pesquisadores concorda que a experiência de grupo é poderosa e pode resultar em mudanças reais para os membros. Gibb (1971), revendo 106 estudos, concluiu que "há forte evidência de que as experiências de treino de grupo intensivo têm efeitos terapêuticos" (Rogers, 1970b, p. 117 na ed. bras.).

Enquanto os NTL estavam-se formando e desenvolvendo principalmente na costa oriental, o Instituto Esalen, na Califórnia, explorava processos de grupo mais intensivos e menos estruturados. O Instituto Esalen, dedicado a compreender as novas tendências que "enfatizam as potencialidades e valores da existência humana", desenvolveu uma série de *workshops* na década de 1960, que vieram a ser chamados de encontros ou grupos de encontro básicos. O trabalho com grupos de Rogers, desenvolvido independentemente, assemelha-se às formas dos encontros básicos desenvolvidos em Esalen. Seus grupos não são, entretanto, tão desinibidos, e refletem alguns dos componentes estruturais (incluindo o papel de não intrometimento do líder) do modelo NTL.

Características comuns a todos os grupos de encontro incluem um clima de segurança psicológica, o encorajamento à expressão dos sentimentos imediatos e a resposta subseqüente por parte dos membros do grupo. O líder, qualquer que seja sua orientação, é responsável por estabelecer e manter o tom e o enfoque de um grupo. Este pode estender-se desde a atmosfera funcional de negócios à estimulação emocional ou à excitação sexual, à promoção de medo, raiva ou mesmo violência. Há relatos de grupos de todas as descrições (Howard, 1970; Maliver, 1973).

A contribuição de Rogers e seu trabalho contínuo com grupos de encontro são aplicações de sua teoria. Em *Grupos de Encontro* (1970b) ele descreve os principais fenômenos que ocorrem nos grupos que se prolongam por vários dias. Embora haja muitos períodos de insatisfação, incerteza e ansiedade na descrição de encontros que se segue, cada um desses períodos conduz a um clima mais aberto, menos defensivo, mais exposto e mais confiante. A intensidade emocional e a capacidade de tolerar a intensidade parecem aumentar à medida que o grupo prossegue.

Processo de Encontro. Um grupo começa *andando à volta*,* esperando que lhe seja dito como se comportar, o que esperar, como trabalhar com as expectativas sobre o grupo. Há uma crescente frustração à medida que o grupo percebe que os próprios membros determinarão a forma pela qual o grupo funcionará.[5]

Há uma *resistência inicial* à expressão ou exploração pessoais. "É o eu exterior que os membros têm tendência para mostrar e só gradual, tímida e ambiguamente vão revelando algo do eu íntimo" (Rogers, 1970b, p. 27 na ed. bras.). Esta resistência é visível na maioria das situações de grupo—coquetéis, bailes ou piqueniques—onde em geral há alguma atividade, além da auto-exploração, à disposição dos participantes. Um grupo de encontro desencoraja a busca de qualquer outra atividade.

À medida que as pessoas continuam a interagir elas compartilham *sentimentos passados* associados a pessoas ausentes no grupo. Ainda que possam ser experiências importantes para o indivíduo, não passam de uma forma de

---

* N.T.: Em "grupos de encontro" traduz-se a expressão *milling around* por hesitar, andar à volta.

[5] A seguinte descrição aplica-se a grupos que Rogers conduziu ou observou. Outros estilos de liderança grupal levam a outros tipos de efeitos. Veja Schutz (1971, 1973); Egan (1970); e Lieberman, Miles e Yalom (1973) para formas alternativas de descrição do processo grupal.

resistência inicial; as experiências passadas são mais seguras e é pouco provável que sejam afetadas por críticas ou apoio. As pessoas podem ou não responder ao relato de um evento passado, mas ainda assim é um evento passado.

Quando as pessoas começam a expressar seus sentimentos presentes, o mais freqüente é *serem as primeiras expressões negativas.* "Não me sinto bem com você". "Você tem uma maneira de falar vulgar". "Não acredito que você na realidade queria dizer o que disse sobre sua esposa".

"Os sentimentos profundos positivos são muito mais difíceis e perigosos de exprimir que os negativos. Se digo que te amo fico vulnerável e exposto à mais terrível rejeição. Mas se digo que te detesto, fico quando muito sujeito a um ataque de que posso defender-me" (Rogers, 1970b, p. 30 na ed. bras.). A não compreensão deste paradoxo aparente levou a uma série de programas de encontro cujo fracasso era previsível. Por exemplo, a Força Aérea desenvolveu programas de relacionamento racial incluindo sessões de encontro entre brancos e negros, conduzidas por líderes treinados. O resultado final desses encontros, no entanto, sempre parecia ser uma intensificação dos sentimentos racistas de ambos os lados. Em virtude das dificuldades de planejar horário para as pessoas inseridas no regime militar, tais encontros não duravam mais do que três horas—o tempo bastante para que as expressões negativas fossem expressas, mas insuficiente para desenvolver o restante do processo.

Quando os sentimentos negativos são expressos e o grupo não se desintegra, divide-se ou desaparece no fogo do inferno, começa a aparecer um *material com significado pessoal.* Sendo ou não aceitável para os membros do grupo, o "clima de confiança" começa a se formar e as pessoas começam a assumir riscos reais. Rogers recorda-se da seguinte troca:

GEORGE: "Creio que alguns de vocês sabem porque estou aqui, do que me acusam. . . . Bem, eu violei minha irmã. É o único problema que tenho em casa e parece-me que o venci (silêncio prolongado).
FREDA: "Oh, que horror!"
MARY: "Sabe que as pessoas têm problemas, Freda, quer dizer, sabe. . ."
FREDA: "Sim, sei, mas que HORROR!!!"
FACILITADOR: (Para Freda) "Você conhece esses problemas e no entanto ainda lhe parecem anormais."
GEORGE: "Vêem o que eu queria dizer, é difícil falar nisto."
(Rogers, 1970b, p. 31 na ed. bras.)

Quando o material significativo emerge, as pessoas começam a *expressar* umas às outras seus *sentimentos imediatos* tanto positivos quanto negativos. "Acho bom que você esteja compartilhando isto com o grupo." "Toda vez que falo algo você me olha como se quisesse me estrangular." "Gozado, eu pensei que não iria gostar de você. Agora tenho certeza disso."

Quanto mais expressões emocionais vêm à tona e sofrem as reações do grupo, Rogers nota *o desenvolvimento de umá capacidade terapêutica no mesmo.* As pessoas começam a fazer coisas que parecem ser de grande auxílio, que ajudam os outros a tomar consciência de sua própria experiência de uma forma não-ameaçadora. O que o terapeuta bem treinado aprendeu a fazer durante anos de supervisão e prática, começa a emergir de modo espontâneo da própria situação. "Esta espécie de faculdade manifesta-se tão freqüentemente em grupos, que me leva a considerar que a capacidade de tratamento ou terapêutica é muito mais freqüente do que supomos na vida humana. Muitas vezes, para se manifestar, apenas necessita da licença concedida—ou da liberdade tornada possível—pelo clima de uma experiência de grupo em liberdade" (Rogers, 1970b, p. 32 na ed. bras.).

Um dos efeitos da disposição do grupo para a aceitação e *feedback* é que *as pessoas podem aceitar a si mesmas*. "Creio que realmente tento impedir que as pessoas se aproximem de mim." "Sou forte e mesmo cruel às vezes." "Quero tanto ser amado que chego a fingir ser meia dúzia de coisas." Paradoxalmente, esta aceitação de si mesmo, incluindo suas falhas, inicia a mudança. Rogers nota que quanto mais perto estivermos da congruência, mais fácil será de tornarmo-nos sadios. Se uma pessoa for capaz de admitir que é de uma certa maneira, será então capaz de considerar possíveis alternativas de comportamento. Se negar parte de si mesma, não fará qualquer esforço para mudar. "A aceitação, no domínio das atitudes psicológicas, por vezes ocasiona uma mudança naquilo que foi aceito. É irônico, mas verdadeiro" (Nelson, 1973).

> Está certo eu ser eu próprio, com todas as minhas forças e fraquezas. A minha mulher disse-me que pareço mais autêntico, mais real, mais verdadeiro (Rogers, 1970b, p. 36 na ed. bras.).

À medida que o grupo continua, há uma crescente *impaciência para com as defesas*. O grupo parece exigir o direito de ajudar, de curar, de provocar a abertura das pessoas que parecem constrangidas e defendidas. Por vezes gentilmente, outras de forma quase que selvagem, o grupo *exige* que o indivíduo seja ele mesmo, isto é, que não esconda os sentimentos comuns. "A expressão pessoal de alguns membros do grupo tornou evidente que é *possível* um encontro mais profundo e essencial, e o grupo parece procurar intuitiva e inconscientemente este objetivo" (Rogers, 1970b, p. 37 na ed. bras.).

Em qualquer troca ou encontro há *feedback*. O líder está sendo informado a todo instante de sua eficiência ou da falta dela. Cada membro que reage a outro pode, por sua vez, obter um *feedback* à sua reação. Este pode ser difícil de aceitar, mas uma pessoa, num grupo, não pode evitar facilmente o conflito com a opinião do mesmo.

Rogers chama de confrontação às formas extremas de *feedback*. "Há momentos em que o termo *feedback* é excessivamente moderado para descrever as interações que se processam—momentos em que é mais correto dizer que um indivíduo se *confronta* com outro, diretamente, em pé de igualdade. Tais confrontações podem ser positivas, porém são muitas vezes nitidamente negativas" (Rogers, 1970b, p. 41 na ed. bras.). A confrontação leva os sentimentos a uma intensidade tal que um tipo de resolução é exigida. Este é um momento perturbador e difícil para um grupo e, potencialmente, muito mais perturbador para os indivíduos envolvidos.

> A maioria de nós se compõe de duas partes separadas que desesperadamente buscam se juntar numa soma integrada onde as distribuições entre mente e corpo, sentimentos e intelecto, fossem anuladas (Rogers, 1973b, p. 178 na ed. bras.).

Para cada onda de sentimentos negativos, para cada irrupção de um medo, parece haver também uma subseqüente expressão de apoio, de sentimento positivo e intimidade. Rogers, citando um membro de grupo: "O fato inacreditável experimentado mais de uma vez pelos membros do grupo foi que, quando um sentimento negativo era manifestado francamente, a relação desenvolvia-se e esse sentimento era substituído por uma compreensão profunda do outro..." (Rogers, 1970b, p. 43 na ed. bras.). Parece claro que toda vez que o grupo demonstra de modo efetivo que pode aceitar e tolerar os sentimentos negativos sem rejeitar a pessoa que os expressa, os membros do grupo tornam-se mais confiantes e abertos uns com os outros. Muitas pessoas relatam suas experiências em grupos como as experiências de aceitação mais positivas e empáticas de suas vidas. A popularidade das experiências de grupo repousa tanto no calor emocional que geram como em sua capacidade de facilitar o crescimento pessoal.

O grupo apóia uma pessoa que toma consciência de novos aspectos de si mesma. Esta aceitação e tomada de consciência de si é, para Rogers, o começo da subseqüente mudança de comportamento. O tempo de duração dessas mudanças depende da informação acessível à consciência após a experiência. Um *insight* do comportamento que não recebe confirmação do ambiente externo pode ser difícil de manter. Do mesmo modo, se uma mudança de atitude for aceita por pessoas próximas ao membro do grupo, ele é capaz de manter a nova atitude.

Há perigos na experiência de encontro? Assim como em qualquer forma de interação intensa, pode haver e há resultados infelizes. Já houve crises psicóticas, suicídios e depressões, talvez precipitados por participações em grupos de encontro. Na maioria dos casos, a experiência de encontro parece promover os mecanismos subjacentes que permitem que um ser humano ajude a outro. Não deve ser surpreendente o fato de que esta ajuda não ocorre inevitavelmente. O que pode ser dito é que, devido ao trabalho de Rogers e outros, experiências em pequenos grupos são agora entendidas como uma forma de desenvolver habilidades pessoais, de aconselhar pessoas, estimulá-las, ajudá-las e dar-lhes oportunidade para uma experiência pessoal intensa e pouco usual.

AVALIAÇÃO

Em uma palestra, em 1966, Rogers descreveu sua posição: "Não tenho muito prestígio na própria Psicologia e isto não me importa. Mas na educação, na indústria, em dinâmica de grupo e trabalho social, na filosofia da ciência e na psicologia e na teologia pastorais e em outros campos, minhas idéias penetraram e tiveram uma influência tal que eu não poderia sequer imaginar" (Rogers, 1970a, p. 507).

Os críticos concentram-se na sua visão da condição humana, vendo-a como menos universal do que Rogers sugere. Muitos escritores comentam que basear a terapia e a aprendizagem na capacidade inata para a auto-atualização é ser irremediavelmente ingênuo (Thorne, 1957; Ellis, 1959). Argumentam que Rogers não leva em conta os padrões psicopatológicos habituais e arraigados que podem e impedem qualquer possibilidade de melhora. Outro nível de crítica é que sua teoria não pode ser rigorosamente comprovada. "É com certeza questionável se a natureza humana, não estragada pela sociedade, é tão satisfatória quanto este ponto de vista nos leva a crer. E será difícil tanto confirmar como rejeitar com bases empíricas esta proposição. . . . A ênfase na auto-atualização. . . sofre, a nosso ver, da imprecisão de seus conceitos, da indefinição de sua linguagem e da insuficiência de evidência relacionada aos seus principais conteúdos" (Coffer e Apply, 1964, pp. 691-692).

Outros sugerem que a auto-atualização não é nem inata nem fundamental no desenvolvimento humano, mas deriva de um impulso mais primário, a necessidade de estimulação (Butler e Rice, 1963). Um possível ponto fraco na posição de Rogers é o fato dele não delinear quaisquer razões que justifiquem que a tendência ao crescimento é inata; apenas o afirma como pressuposto básico, fundamentando-o em suas próprias observações.

Embora possa ser verdade que, a não ser nas Psicologias Humanista e Transpessoal, a existência de uma motivação para o crescimento e de impulsos de auto-atualização não tenha sido amplamente aceita (Martin, 1972), mesmo os críticos de Rogers não negam que ele montou e conduziu o exame mais extensivo de uma escola de psicoterapia, até a mais recente explosão behaviorista.

Ao ler tanto as críticas emocionais como as sensíveis a respeito de Rogers, chega-se à conclusão de que ou eles viram tipos diferentes de pacientes, ou simplesmente não aceitam as idéias rogerianas de confiança em que as pessoas encontrem seu próprio caminho. Karl Menninger (1963) sente que a insistência de Rogers sobre o empuxo inerente em direção à saúde expressa é, no melhor dos casos, uma verdade parcial. "Muitos pacientes que vimos parecem ter-se comprometido, consciente ou inconscientemente, com a estagnação ou com a lenta morte espiritual" (1963, p. 398).

Coffer e Apply, revendo a literatura sobre psicoterapia, concluem que os "presentes resultados terapêuticos relatados apóiam uma visão particularmente positiva da natureza humana" (1964, p. 683).

A imagem da humanidade, assim como Rogers a descreve, parece fazer tão pouco sentido a seus críticos que é duvidoso que o prosseguimento de descobertas favoráveis através da pesquisa teria algum efeito.

Para Rogers, o teste de validade de sua posição não depende da elegância teórica mas da utilidade geral. A pesquisa continua (*Aldine Annual*, 1971, 1972), os trabalhos de Rogers são cada vez mais considerados, sua popularidade dentro da psicologia clínica continua a crescer (Lipsey, 1974) e suas obras são lidas por um número cada vez maior de pessoas a cada ano que passa.

Apesar de ser claramente uma simplificação, é também verdade que assim como as idéias de Freud encontraram uma necessidade crescente de compreender certos aspectos da natureza humana, da mesma forma as idéias de Rogers encontram uma necessidade diferente, uma necessidade que pode ser vista como especificamente norte-americana. A filosofia de Rogers "adapta-se perfeitamente à tradição democrática americana. O cliente é tratado como um igual e tem, dentro de si, o poder de 'curar-se' sem necessidade de se apoiar demais na sabedoria de uma autoridade ou de um perito" (Harper, 1959, p. 83). Seu estreito alinhamento à mentalidade (*zeitgeist*) americana ajudou a facilitar a aceitação amplamente difundida de suas idéias, de seu modelo de terapia, de seu interesse em afirmar a capacidade e o desejo de que o indivíduo seja total.

A TEORIA EM PRIMEIRA MÃO

Os dois trechos incluídos aqui ilustram aspectos diferentes do trabalho de Rogers. O primeiro é um capítulo sobre terapia centrada no cliente; o segundo (nunca publicado antes) descreve um evento que ocorreu durante uma experiência de grupo extensiva.

Ilustração da Teoria da Terapia[6]

Os conceitos teóricos definidos e as breves afirmações formais sobre o processo e os resultados da psicoterapia centrada no cliente são ilustrados de forma surpreendente numa carta escrita ao autor por uma jovem mulher chamada Susan que esteve sob terapia com um indivíduo que obviamente criou condições para um clima terapêutico. A carta é reproduzida abaixo, seguida por uma explicação sobre como as afirmações teóricas operaram em seu caso.

Caro Dr. Rogers: Acabei de ler seu livro *Tornar-se Pessoa,* que deixou em mim uma profunda impressão. Achei-o por acaso um dia e comecei a ler. É um tipo de coincidência pois neste exato momento preciso de algo que me ajude a *me* encontrar. Deixe-me explicar... (Relata sobre sua situação educacional presente e sobre alguns de seus planos e tentativas de se preparar para uma profissão)... Sinto que não posso fazer muito pelos outros antes de me encontrar.

Acho que comecei a me perder quando estava no ginásio. Sempre quis executar um trabalho que ajudasse às pessoas, mas minha família resistiu e pensei que eles deviam estar certos. As coisas continuaram tranqüilas para todo mundo por quatro ou cinco anos, até que, há mais ou menos dois anos, encontrei um rapaz que pensava ser ideal. Então, há mais ou menos um ano atrás, olhei de frente o nosso relacionamento e percebi que eu era tudo quanto *ele* queria que eu fosse e nada do que *eu* era. Sempre fui emotiva e cheia de sentimentos. Não conseguia separá-los e identificá-los. Meu noivo me dizia que eu estava simplesmente louca ou alegre e eu concordava com ele e as coisas paravam por aí. Então, quando eu dei essa encarada em nosso relacionamento percebi que estava com raiva porque não estava seguindo minhas verdadeiras emoções.

Rompi este relacionamento de forma digna e tentei descobrir onde estavam os pedaços que havia perdido. Passados alguns meses de busca, descobri que havia muito mais partes do que o que sabia fazer com elas e aparentemente não conseguia separá-las. Resolvi procurar um psicólogo e ainda hoje o vejo. Ele me ajudou a descobrir partes de mim das quais não havia tomado consciência. Algumas delas são más, segundo os padrões de nossa sociedade, mas descobri que são muito boas para mim. Desde que comecei a procurá-lo tenho-me sentido mais ameaçada e confusa, mas sinto-me ao mesmo tempo mais confiante e segura de mim mesma.

Lembro-me de uma noite em particular. Tinha tido a consulta regular com o psicólogo e voltara para casa sentindo raiva. Estava com raiva porque queria falar sobre algo mas não havia conseguido identificar o que era. Lá pelas oito horas da noite estava tão transtornada que fiquei assustada. Chamei-o e ele me pediu para ir a seu consultório assim que pudesse. Cheguei lá e chorei pelo menos durante uma hora, e então as palavras vieram. Ainda agora não sei tudo o que estava dizendo. Tudo o que sei é que saiu de mim *tanta dor e tanta raiva* como na realidade não *poderia jamais imaginar que existissem.* Voltei para casa e parecia-me que um *estranho* havia tomado conta de mim e que eu estava tendo alucinações como alguns dos pacientes que havia visto num hospital do Estado. Continuei a me sentir assim até que, uma noite, estava sentada, pensando, e percebi que este estranho era o *eu* que eu estava tentando encontrar.

A partir daquela noite notei que as pessoas não mais pareciam tão estranhas para mim. Agora tenho a impressão de que a vida para mim está apenas no início. Neste momento estou sozinha, mas não estou assustada e não *tenho* que estar fazendo algo. Gosto de me encontrar comigo mesma e de me tornar amiga de meus pensamentos e sentimentos. Por causa disto aprendi a apreciar as outras pessoas. Há um senhor, em particular, muito doente, que me faz sentir muito viva. Ele aceita todos. Disse-me, outro dia, que eu mudei muito. De acordo com ele, eu comecei a me abrir e a amar. Penso que sempre amei as pessoas e contei isso a ele. Ele disse "Será que elas percebiam isto?" Não suponho que expressasse meu amor mais do que o fazia com a dor e com a raiva.

Entre outras coisas, estou descobrindo que nunca senti tanto respeito por mim mesma. E agora que estou realmente aprendendo a gostar de mim estou afinal encontrando paz interior. Obrigada por sua parte nisto.

---

[6] Copyright © 1975, Williams & Wilkins Co., Baltimore.

Ligação com a Teoria

Resumindo algumas das partes chaves da carta de Susan, o relacionamento entre suas afirmações e as colocações teóricas ficará evidente.

"Estava me perdendo. Precisava de algo que me ajudasse a *me* encontrar." Olhando para trás, percebe que sente uma vaga discrepância entre a vida que estava experienciando e a pessoa que acreditava ser. Esta espécie de vaga consciência da discrepância ou incongruência é um recurso real para a pessoa que toma consciência e responde a isto. Ela também propicia pistas sobre algumas das razões para a perda de contato com o experienciar.

"Minhas reações internas para mim significavam que eu queria realizar determinado tipo de trabalho, mas minha família mostrou-me que aquilo não era o que elas queriam dizer. Isto certamente sugere a forma pela qual seu falso autoconceito foi construído. Sem dúvida, o processo começou na infância, caso contrário ela não teria aceito o julgamento atual da família. Uma criança experiencia algo em seu organismo–um sentimento de medo, raiva, ciúmes, amor, ou, como neste caso, um sentido de escolha, apenas para que seus pais lhe digam que não é isto que está experienciando. Daí, nasce o construto "Meus pais são mais sábios do que eu e conhecem-me melhor do que eu me conheço." Ao mesmo tempo nasce uma crescente desconfiança de nosso próprio experienciar e uma progressiva incongruência entre o *self* e a experiência. Neste caso, Susan desconfia de seu sentimento íntimo de que sabe o trabalho que quer realizar e aceita o julgamento de sua família como certo e seguro. Apenas o vago senso de discrepância oferece alguma pista sobre a extensão em que muitas percepções sobre si mesma foram introjetadas de seus pais e sem dúvida de outros também.

"As coisas continuaram tranqüilas para todos." Esta é uma afirmação maravilhosamente esclarecedora. Ela se tornou uma pessoa muito satisfatória para aqueles a quem tentava agradar. Este conceito falso de si mesma que eles construíram sem perceber é exatamente o que querem. É pouco provável que o comportamento de seus pais tenha sido proposital, mas, de qualquer forma, eles impediram o desenvolvimento de um *self* real ou congruente. Então, por causa da falta de confiança advinda de sua experiência com seus pais, ela permite a si mesma ser moldada por uma outra pessoa.

"Deixei-me para trás e tentei ser a pessoa que meu namorado queria." Mais uma vez, negou à sua consciência (não conscientemente) o experienciar de seu próprio organismo e está apenas tentando ser o *self* desejado por seu namorado. É o mesmo processo mais uma vez. O fato de chegar a pedir ao namorado que descubra o que está sentindo e aceitar sua resposta indica em que medida sacrificou sua experiência organísmica.

"Por fim, algo em mim se rebelou e tentei reencontrar-me, mas não podia fazê-lo sem ajuda." Por que ela se rebelou contra a forma pela qual havia traído a si mesma? Esta revolta indica a força da tendência à atualização. Embora tenha sido por tanto tempo distorcida e suprimida, esta tendência reafirmou-se. Não há dúvida de que alguma experiência ou experiências particulares a provocaram, mas seu organismo reconheceu, embora de forma confusa, que seu caminho presente só poderia conduzir a um desastre. Portanto, ela se encarou honestamente, mas beneficiar-se disso era difícil, uma vez que por tanto tempo ela havia desconfiado de seu próprio experienciar e que o *self* com o qual ela estava vivendo era tão agudamente diferente da experiência vivida por ela. Quando esta discrepância é muito grande, o indivíduo muitas vezes precisa voltar-se para uma ajuda terapêutica. Ela teve sorte de encontrar um psicólogo que criou, evidentemente, um relacionamento real e pessoal, preenchendo as condições para uma terapia.

"Agora estou descobrindo *minhas* experiências–algumas más, de acordo com a sociedade, com meus pais e meu namorado–mas todas construtivas tanto quanto to me dizem respeito." Ela está agora reclamando para si o direito de avaliar suas próprias experiências. O "locus de avaliação" agora reside nela mesma, não nos outros. É através da exploração de seu próprio experienciar que ela determina o significado da evidência produzida dentro de si mesma. Quando ela diz "algumas partes são más segundo os padrões de nossa sociedade, mas descobri que são boas para mim", ela pode estar se referindo a qualquer um de inúmeros sentimentos, sua revolta contra seus pais, contra seu namorado, seus sentimentos sexuais, sua raiva e amargura ou outros aspectos de si mesma. Pelo menos quando confia em sua capacidade de avaliar a sua própria experiência ela descobre que isto tem valor e significado para ela.

"Um momento de decisão importante surgiu quando estava assustada e transtornada com sentimentos desconhecidos dentro de mim." Quando aspectos do experienciar são negados à consciência podem, num clima terapêutico, chegar à beira da consciência, resultando em forte ansiedade ou medo. A teoria centrada no cliente explicaria isto pelo fato da emergência de quaisquer sentimentos que mudam o autoconceito ser sempre ameaçadora. Susan não sabe conscientemente que aquilo que se agita subliminarmente modificará de modo brusco seu autoconceito, mas ela o pressente. O termo "subcepção" foi criado para descrever este "perceber" sem tomar consciência. O organismo inteiro pode perceber a ameaça mesmo quando a mente consciente não o faz.

"Chorei pelo menos durante uma hora." Sem saber ainda o que está experienciando, de alguma forma ela se prepara para entrar em contato com estes sentimentos e significados que são tão estranhos ao seu autoconceito.

"Quando as experiências rejeitadas quebraram as barreiras, revelaram ser feridas profundas e raiva, das quais eu *absolutamente* não tinha consciência." Os indivíduos são bem capazes de negar por completo experiências altamente ameaçadoras para o autoconceito. No entanto, elas podem ser libertadas num relacionamento seguro e não ameaçador. Agora, pela primeira vez em sua vida, Susan está *experienciando* todos os sentimentos cerceados de dor e fúria que haviam fervido sob a fachada de seu falso eu. Experienciar algo *de modo completo* não é um processo intelectual; de fato, Susan nem mesmo se recorda com clareza do que disse, mas naquele exato momento ela sentiu realmente emoções que durante anos haviam sido negadas à consciência.

"Pensei que estava louca e que alguma pessoa estranha havia tomado conta de mim." Descobrir que "Sou uma pessoa cheia de raiva, dor e revolta", quando antes havia pensado "Sou uma pessoa que sempre agrada aos outros, que nem mesmo sabe quais são seus próprios sentimentos", é uma mudança muito drástica do autoconceito. Não é de admirar que ela tenha sentido que se tratava de um estranho, de alguém amedrontador a quem ela não conhecia. Talvez fosse até uma prova de sua insanidade.

"Só aos poucos reconheci que este estranho era o *eu* real. O que ela descobriu foi que o *self* maleável, submisso, com o qual ela estivera vivendo, o *self* que tentava agradar aos outros e era guiado pela avaliação que dele faziam, pelas atitudes e expectativas deles, já não é o seu *self*. Este novo *self* é um eu ferido, irado, sentindo-se, com as partes de si que os outros desaprovam, experienciando muitas coisas, desde pensamentos alucinatórios selvagens até sentimentos de amor. Ela é agora capaz de explorar mais profundamente seu experienciar. É provável que ela descubra que parte de sua raiva é dirigida contra seus pais e contra seu namorado. É provável que alguns dos sentimentos e experiências que a sociedade vê como ruins mas que ela acha bons e satisfatórios sejam experiências que dizem respeito à área sexual. Em qualquer evento o *self* de Susan está se baseando de modo muito mais firme em seus próprios processos organísmicos. Seu autoconceito está começando a se alicerçar nos significados espontaneamente sentidos de seu experienciar. Ela está se tornando uma pessoa mais congruente, mais integrada.

"Gosto de me encontrar comigo mesma e de me tornar amiga de meus pensamentos e sentimentos." Aqui estão o auto-respeito, a auto-aceitação, a autoconfiança nascentes dos quais foi privada por tanto tempo. Sente até alguma afeição por si mesma. Agora que ela se aceita mais, será capaz de se dar mais livremente aos outros e de se interessar pelos outros de modo mais autêntico.

"Comecei a me abrir e a amar." Ela descobrirá que quando é mais expressiva em seu amor pode ser também mais expressiva em sua raiva e em sua mágoa, em seus gostos e desgostos, em seus pensamentos e sentimentos "selvagens", que mais tarde podem bem tornar-se impulsos criativos. Ela está num processo de mudança, de uma pessoa com uma falsa fachada e um falso autoconceito para uma personalidade mais sadia, com um *self* que é muito mais congruente com o experienciar, um *self* que é capaz de mudar conforme mudem as experiências.

"Estou finalmente encontrando paz interior." Ela descobriu uma harmonia tranqüila em ser uma pessoa total e congruente—mas está enganada se pensa ser esta uma reação permanente. Ao contrário, se estiver na realidade aberta à sua experiência, encontrará outros aspectos de si escondidos, aspectos que ela havia negado à percepção consciente, e cada uma destas descobertas lhe trará momentos ou dias difíceis e inquietantes, até que sejam assimiladas numa imagem revista e móvel de si mesma. Ela descobrirá que procurar uma congruência entre seu organismo que experiencia e seu autoconceito é uma aventura excitante, por vezes perturbadora, mas interminável.

Esta ilustração de caso descreve bem o processo e alguns dos resultados da terapia centrada no cliente (Rogers em Freedman *et al.*, 1975).

O Luto de Linda *por* Um Participante[7]

Quero escrever, enquanto meus sentimentos ainda são recentes, sobre um incidente que ocorreu num grande *workshop*. Era um *workshop* de 17 dias, constituído por 70 pessoas bastante variadas, que enfocava a aprendizagem cognitiva e experiencial. Todos haviam comparecido às 6 sessões nos 6 primeiros dias. Havia grupos de interesses específicos e, quase que diariamente, encontros de todas as 70 pessoas. Esses encontros de comunidade haviam-se tornado mais profundos e confiantes. Este episódio ocorreu no 8º dia, num encontro comunitário pela manhã.

O grupo discutira com grande sensibilidade, ouvindo todos os pontos de vista, o problema despertado pelo fato de algumas pessoas terem trazido visitantes para as sessões comunitárias. Linda fora uma dessas pessoas, tendo trazido seu marido ao encontro anterior, mas não estava presente nesta manhã. Chegou-se por fim a um consenso de que, no futuro (sem críticas a quaisquer pessoas até aquele momento), qualquer um que pensasse trazer um visitante deveria antes levantar a questão para a comunidade. O grupo passou para um outro assunto.

Neste momento Linda chegou, bastante atrasada. Stephen, tentando ser útil, descreveu-lhe de modo rápido a conclusão à qual chegáramos. Nenhum de nós deu a Linda oportunidade de responder, embora, é claro, ela o tivesse tentado. O grupo continuou sua discussão. Após algum tempo, uma pessoa que estava sentada perto de Linda chamou nossa atenção para o fato de que ela estava tremendo e chorando, e a comunidade, imediatamente, deu espaço a seus sentimentos. A princípio, parecia que ela se sentia criticada, mas Susan lhe deu uma descrição mais completa do que havia ocorrido, e ela pareceu aceitar que não estava sendo culpada ou criticada. Mas ainda estava tremendo fisicamente e muito perturbada porque havia se sentido podada. Não era a primeira vez, disse. Já havia se sentido podada antes. Estimulada a falar mais, ela se voltou para Natalie, filha de Carl, e disse, "Tenho sentido você muito fria e você me interrompeu duas vezes. Eu continuo te chamando de Ellen—não sei porquê, e quando me dirigi a você para lhe pedir desculpas, você simplesmente disse que era problema meu e foi embora."

Natalie replicou que sua percepção era bem diferente. "Percebi que você estava realmente perturbada por ter-me chamado pelo nome errado, mas disse que, embora percebesse que era um problema para você, não me incomodara de forma alguma. Percebo que não consegui atingi-la e penso que você quer realmente entrar em contato comigo, mas não sinto que a rejeitei."

Parecia que Linda sentia tudo isto de forma cada vez mais intensa e que não ouvira ou, com certeza, não aceitara a resposta de Natalie. Ela dizia que observara o relacionamento íntimo que Natalie mantinha com Lola, uma mexicana, e que talvez Natalie só pudesse se relacionar com pessoas da minoria e não com ela—alta, loira e de classe média. Isto conduziu a um acesso de raiva por parte de Lola devido ao fato de ter sido rotulada, e mais ou menos cinco minutos foram despendidos para restabelecer o relacionamento entre Linda e Lola. O grupo trouxe Linda de

---

[7] Copyright © 1976 por Carl Rogers.

volta à questão entre ela e Natalie. Parecia bastante óbvio que seus sentimentos eram tão intensos que não podiam ter emergido simplesmente do incidente mencionado por ela. Robert disse que havia notado que ele, Linda e Natalie eram bastante parecidos–altos, magros, loiros–e que talvez Linda estivesse sentindo que Natalie deveria pelo menos relacionar-se com pessoas como ela, mais do que com Lola, que era baixa e morena. Linda considerou esta idéia, perguntou-se se teria algo a ver, mas na realidade não foi profundamente tocada por ela.

Ao menos duas outras possíveis bases para seus intensos sentimentos foram sugeridas. À primeira ela respondeu "Estou tentando vestir este chapéu, mas não parece caber." Em relação à segunda, disse "Isto tampouco parece adequado."

Sentei-me ali, sentindo-me completamente confuso. Queria apenas entender com que ela estava aborrecida, mas não consegui qualquer pista para seguir. Creio que muitas pessoas sentiam-se da mesma maneira. Ali estava ela, com lágrimas nos olhos, sentindo algo mais do que uma possível rejeição imaginária, mas, o que era?

Então Annette disse, "Isto pode ser inadequado, mas vou dizê-lo de qualquer forma. Quando você chegou, Linda, pensei que você *fosse* Natalie, tão parecida estava. Sinto inveja quando observo a relação aberta e maravilhosa entre Natalie e seu pai. Tive este tipo de relacionamento com meu pai. Pergunto-me se há alguma conexão entre você e seu pai e Carl?" "É isto!", Linda soluçou, agindo como se tivesse sido atingida por um raio de luz. Ela se desmoronou, pondo o coração pela boca. Entre soluços, ela dizia "Não chorei nem um pouco na morte de meu pai. . . . Na verdade, ele morreu para mim muito antes de sua morte. . . . O que eu faço?" As pessoas responderam que ele ainda fazia parte dela e que ela ainda podia chorar por ele. Annette, que estava perto de Linda, abraçou-a e confortou-a. Após algum tempo ela se acalmou e então, numa voz quase inaudível, perguntou a Carl se poderia segurar suas mãos. Ele se dirigiu a ela, ela atravessou o círculo e caiu em seus braços e todo seu corpo se sacudia em soluços à medida que ele a abraçava estreitamente. Aos poucos ela foi-se sentindo melhor e sentou-se entre Carl e Natalie e disse a Carl "E você também se parece com ele, mas nunca percebi que *isto* era o que eu sentia."

Quando os três se sentaram, abraçados, alguém observou como Linda e Natalie eram parecidas. Podiam ser irmãs. Carl disse, "Aqui estamos, sentados para um retrato de família." Linda disse "Mas perguntarão 'Por que aquela garota do meio está ali sentada com um sorriso tão grande estampado no rosto?' " e o incidente foi compartilhado à medida que todo o grupo se unia ao seu riso de alívio e relaxamento.

Comentários Posteriores de Carl Rogers

Estava muito envolvido, pessoal e emocionalmente, neste acontecimento, que creio ter sido descrito de modo bem preciso. Também pensei muito a respeito desde que ocorreu o fato. É tentadoramente fácil diagnosticar as causas: Linda, reprimindo sua dor ao perder o pai, e vendo um bom relacionamento pai-filha, projeta sua dor em Natalie, primeiro distorcendo um incidente de modo que pudesse ficar com raiva de Natalie e então expressando sua dor, de forma distorcida, através da raiva que sentia de um relacionamento íntimo de Natalie com uma outra mulher–etc., etc. Para mim, tais "explanações" são irrelevantes. Entretanto, quando tento observar o fato de uma certa distância, ele exemplifica muitos aspectos da dinâmica existencial de mudança da personalidade e do comportamento.

1. Mostra a profundidade em que os sentimentos podem ser enterrados, de modo a serem totalmente desconhecidos a seu possuidor. Neste caso, é em particular interessante, pois era óbvio para Linda e para o grupo que ela estava sentindo *algo* de modo muito profundo. No entanto, ela estava classificando o fato de formas que não eram realmente significativas. O organismo fecha-se à dor de reconhecer com clareza um sentimento se isto envolver a reorganização de algum modo significativa do autoconceito.

2. É um esplêndido exemplo de como o fluxo da experiência (conceito de Gendlin) é usado como uma referência para descobrir o sentimento significativo.

Linda tentou várias descrições e rótulos que lhe foram oferecidos e eles não "cabiam". Não cabiam em relação a quê? É claro que ela está se confrontando com algo organísmico. Mas quando Annette apontou—relatando seu próprio sentimento—em direção a outra possibilidade, Linda percebeu *imediatamente* com segurança completa que era *isto* que estava experienciando. *Combinou* com o que se passava nela. Como em geral acontece quando uma pessoa é compreendida, ela agora era capaz de levar adiante seu experienciar e de perceber que, além da inveja, ela sentia muita dor, e que ela nunca havia chorado por seu pai, pois ele morrera para ela alguns anos antes de sua morte.

3. Para mim, este é um exemplo muito preciso de um momento de mudança irreversível, a unidade de mudança momentânea que, acrescentada a outras unidades como esta, constitui toda a base para a alteração da personalidade e do comportamento. Defini estes momentos de mudança da seguinte forma. Quando um sentimento, anteriormente negado, é experienciado de forma plena e total, em expressão e consciência, e é experienciado com aceitação, não como algo errado ou ruim, uma mudança fundamental e quase irreversível ocorre. O que quero dizer com o termo irreversível é que Linda poderia, mais tarde, sob certas circunstâncias, negar a validade deste momento e acreditar que não tinha inveja ou que não estava de luto. Mas todo o seu organismo *experienciou* por completo tais sentimentos e ele poderia, no máximo, negá-los temporariamente à consciência.

4. Vemos aqui um exemplo de mudança na forma com que ela percebe a si mesma. Ela havia sido, em sua própria opinião, uma pessoa sem um relacionamento íntimo com seu pai, não mobilizada por sua morte, uma pessoa que não se importava. Possivelmente, ela também se acreditava culpada por tais elementos. Agora esta faceta de seu autoconceito está claramente mudada. Ela pode agora ver a si mesma como uma pessoa que quer muito um relacionamento íntimo e que lamenta a falta dele, tanto quanto sua morte. O resultado quase inevitável desta alteração em seu autoconceito será uma mudança em alguns de seus comportamentos. Que mudanças serão essas, só poderá haver especulação neste momento—possivelmente uma mudança no comportamento em relação a homens mais velhos, talvez uma tristeza mais aberta em relação à tragédia dos outros. Ainda não se pode saber.

5. É um exemplo do tipo de clima terapêutico no qual a mudança pode ocorrer. É um grupo cuidadoso, um grupo que respeita seu valor o bastante para ouvi-lo atentamente, mesmo quando este ouvir interrompe a "tarefa" em que o grupo estava trabalhando. Tentam com afinco comunicar tanta compreensão quanto possível. A honestidade de Annette expondo seus próprios sentimentos é um exemplo de abertura e "transparência" dos membros do grupo. Desta forma, todos os ingredientes para o crescimento e a mudança aí estão, e Linda faz uso deles.

6. É uma evidência excitante de que este clima promovedor de crescimento pode surgir, mesmo num grupo tão grande quanto este. Sessenta e nove pessoas podem ser terapeutas, talvez até de modo mais efetivo do que uma, se o grupo for digno de confiança e se o indivíduo puder vir a perceber isto, e a confiar em sua preocupação, compreensão e sinceridade.

Para mim é uma pequena jóia—pessoalmente significativa em minha experiência, mais rica também em suas implicações teóricas.

EXERCÍCIOS
O Conceito de Self* Real e Ideal

A lista de adjetivos da página seguinte foi retirada de uma longa lista e é uma mera amostra de inúmeras características de personalidade. Na pri-

---

* N.T.: Embora tenhamos mantido *self* no título, como fizemos no decorrer de todo o texto, nos exercícios traduziremos *self* por *eu* para facilitar a compreensão e a execução dos mesmos.

meira coluna, verifique os que se aplicam a você. Essas características refletem o que você sabe a respeito de si mesmo, não importa se alguma outra pessoa o caracterize assim ou não. Dirija-se à segunda coluna, Como os Outros me Vêem, e faça o mesmo, desta vez verificando apenas aquelas qualidades que seriam atribuídas a você por pessoas que o conhecem. Na última coluna, marque os atributos que o descrevem em seu melhor estado. Lembre

Adjetivo	Eu Real	Como os Outros me Vêem	Eu Ideal
alegre			
persistente			
barulhento			
responsável			
distraído			
inquieto			
exigente			
esnobe			
franco			
honesto			
excitável			
imaturo			
corajoso			
autocompassivo			
ambicioso			
calmo			
individualista			
sério			
amigável			
maduro			
artístico			
inteligente			
bem-humorado			
idealista			
compreensivo			
caloroso			
relaxado			
sensível			
sensual			
ativo			
simpático			
egoísta			
esperto			
afetuoso			
dogmático			

que esta última coluna é *seu* eu ideal, não alguma estátua de santo com a qual você não poderia na verdade se identificar.

Admitimos que nenhum de nós é quaisquer destas características por todo o tempo; portanto, não se preocupe se você não for sempre alegre mas desejar assim mesmo marcá-lo.

Agora, se você quiser, faça um círculo nos adjetivos em que há alguma inconsistência entre as colunas. Eles representam possíveis áreas de incongruência em sua própria vida.

Assinalar muitos ou poucos adjetivos não é o que importa. Poucas pessoas ao fazer este exercício descobrem que são completamente congruentes.

Daqui para diante, o exercício está em suas mãos. Você pode trabalhar em pequenos grupos para discutir suas discrepâncias internas, ou pode escrever sobre elas, se mantém um diário. Para trabalhos adicionais em classe, você pode representar a personagem de qualquer das três colunas e verificar como se sente agindo como se fosse uma das estruturas do eu que você assinalou.

O objetivo deste exercício é ajudá-lo a tomar consciência da natureza do eu tal como Rogers o descreveu. Enquanto Rogers inclui especificamente o eu tal como é visto pelos outros, nós o incluímos para esclarecer de forma mais profunda a idéia de congruência em nossa experiência cotidiana.

Ouvir e Compreender

Este exercício é de Rogers (1952a). Ele o sugere como uma forma de avaliar a qualidade de sua compreensão em relação aos outros.

> Da próxima vez que você tiver uma discussão com sua esposa ou com seu amigo, ou com um pequeno grupo de amigos, simplesmente pare de discutir por um momento e, como um experimento, institua esta regra: "Cada pessoa só pode falar por si mesma *depois* de ter reafirmado com exatidão as idéias da pessoa que falou anteriormente, de forma satisfatória para essa pessoa." Você pode entender o que isto significa. Significa que antes de apresentar seu próprio ponto de vista, será necessário colocar-se realmente no ponto de referência da outra pessoa que falou— —compreender seus pensamentos e sentimentos o bastante para ser capaz de resumi-los para ela. Parece simples, não? Mas se você o tentar, descobrirá que é uma das coisas mais difíceis que você já tentou fazer. Entretanto, desde que você seja capaz de enxergar o ponto de vista do outro, seus próprios comentários terão de ser revistos de modo drástico. Você também descobrirá que a emoção se esvai da discussão, que as diferenças são reduzidas e que aquelas que permanecem são racionais e compreensíveis.

Eu *Versus* Eu Ideal

Escreva uma lista de suas faltas, desvantagens e limitações. Use sentenças completas. Por exemplo:

1. "Tenho um excesso de peso de cinco quilos."
2. "Sou egoísta, especialmente com meus livros."
3. "Nunca entenderei os conceitos matemáticos."

Reescreva as afirmações como discrepâncias entre seu eu e seu eu ideal. Por exemplo:

1. "Meu eu ideal pesa cinco quilos a menos do que eu."

2. "Meu eu ideal é generoso, empresta ou dá livros aos amigos que lhe pedem.
3. "Meu eu ideal é um bom matemático, não profissional, mas capaz de aprender facilmente a se recordar do que eu aprendo."

Avalie seu eu ideal. Será que algumas de suas aspirações são pouco realísticas? Há alguma razão para pensar que você poderia modificar alguns dos objetivos assumidos por sua autodescrição ideal? Você tem alguma razão para fazer isto?

O Terapeuta Centrado no Cliente

Escolha um parceiro para trabalhar com você. Um de vocês decide quem será o terapeuta e quem será o cliente. O cliente conta ao terapeuta uma estória, *verdadeira* ou *não*, que seja potencialmente embaraçosa e que possa ser difícil de relatar. (Exemplos podem ser as vezes que você mentiu ou trapaceou, foi inadequado ou injusto.)

Como terapeuta, você fará todo o esforço para compreender aquilo que se lhe está contando, ouvindo de forma a poder repetir o que ouviu. Exprima de outro modo o que está ouvindo, de forma a se assegurar de que está compreendendo o que é dito. Como terapeuta, você não pode julgar se é certo ou errado, nem oferecer conselhos, nem consolar ou criticar. Você deve continuar a apreciar o cliente como outro ser humano, não obstante o que ele lhe estiver relatando.

Este é um exercício difícil—Tente anotar as vezes em que você quer comentar, quando você está julgando, sentindo pena, ou perturbado por seu cliente. Você pode começar a observar as dificuldades em estar simultaneamente atento à sua própria experiência, permanecer empático e manter sua consideração positiva. Você pode achar fácil representar como se estivesse se comportando desta forma, mas tente estar consciente de seus sentimentos reais.

Troquem de papéis e deixem o terapeuta ser cliente. Como cliente, você pode tomar consciência do efeito que o ser ouvido tem sobre aquilo que você resolveu falar.

Este é um exercício desafiador que não é fácil nem para o cliente nem para o terapeuta. Não tem a intenção de lhe dar uma idéia do que é a terapia centrada no cliente, mas de lhe dar uma vaga idéia das exigências que Rogers sugere serem vitais para um aconselhamento ou uma terapia efetivos.

BIBLIOGRAFIA COMENTADA

Rogers, C. R., 1951. *Terapia Centrada no Cliente.* Moraes Editores, Lisboa – Livraria Martins Fontes Editora, SP, 1975. O volume essencial para o que é chamado Terapia Rogeriana. O próprio Rogers vê parte deste conteúdo como um pouco rígido. Continua sendo um livro útil e importante.

―――, 1959. Uma teoria da terapia, personalidade e relacionamento interpessoal, assim como se desenvolve no contexto centrado no cliente. Em *Psicoterapia e Relações Humanas,* Carls Rogers e G. Marian Kinget, Belo Horizonte, Interlivros, 1977, vol. 1. A única vez que Rogers colocou seu trabalho como uma teoria formal, detalhada e organizada. Conseguiu-o, mas ele permanece um de seus livros menos lidos. A obscuridade é desmerecida. Se você se "ligar" em Rogers, eventualmente quererá ler este livro.

———, 1961. *Tornar-se Pessoa*. Moraes Editores, Lisboa — Livraria Martins Fontes Editora, SP, 1976, 2a. ed. *On Becoming a Person: A Therapist's View of Psychotherapy*. Boston: Houghton Mifflin. Uma consideração pessoal, prática e extensiva dos principais temas do trabalho de Rogers. Um livro lúcido e útil às pessoas que têm profissões de ajuda.

———, 1969. *Liberdade para Aprender*. Belo Horizonte, Interlivros, 1973. Um conjunto de desafios a educadores. Rogers vê que a maior parte do ensino é colocado de forma a desmotivar a aprendizagem e a incentivar a ansiedade e o desajustamento. Mais enfático do que seus suaves volumes orientados para a terapia.

———, 1970. *Grupos de Encontro*, Moraes Editores, Lisboa — Livraria Martins Fontes Editora, SP, s/ data. Uma sensível discussão sobre os altos e baixos de um grupo de encontro. A maior parte da discussão é tirada de grupos que Rogers conduziu ou observou e, portanto, é tão representativa quanto explícita. Provavelmente é a melhor introdução impressa a esta forma de reunião interpessoal. Nem sensacional nem crítico.

———, 1972. *Novas Formas de Amor — O Casamento e suas Alternativas*. RJ, José Olímpio Editora, 1977. Rogers entrevista uma série de casais que encaravam o casamento de formas diferentes. Ele aponta as forças e as fraquezas dos relacionamentos. Essencialmente falando, ele chama a atenção para aquelas forças que conduzem a relacionamentos duradouros bem ou mal sucedidos. Útil.

Rogers, C. R.; Stevens, Barry et. al., 1967. *De Pessoa Para Pessoa: O Problema do Ser Humano. Uma Nova Tendência na Psicologia*. SP, Livraria Pioneira Editora, 1976. Uma deliciosa troca de artigos, a maior parte escrita por Rogers e comentada por Barry Stevens. Os artigos criam vida com os comentários questionadores de Stevens.

Hart, J. T., e Tomlinson, M. E., eds. 1970. *New Direction in Client-Centered Therapy*. Boston: Houston Hifflin. Um livro útil para a compreensão do alcance da terapia centrada no cliente. Inclui as principais figuras, em vários campos, que ampliaram com sucesso o trabalho de Rogers em educação, terapia e pesquisa.

Martin, David G., 1972. *Learning-Based Client-Centered Therapy*. Monterey, Calif.: Brooks/Cole. Martin combinou a teoria da aprendizagem com conceitos rogerianos de uma forma que beneficia ambas as posições. Não é elementar, mas vale o esforço.

Livros Sobre Encontro

Estes são alguns que julgamos úteis:

Howard, Jane, 1970. *Please Touch: A Guided Tour of the Human Potential Movement*. New York: McGraw-Hill. Um dos melhores relatos em primeira pessoa. Howard freqüentou grande número de grupos diferentes, experienciou ativamente seus efeitos, mas não perdeu sua capacidade de observar o que estava acontecendo.

Maliver, Bruce, 1973. *The Encounter Game*. New York: Stein and Day. Um ataque áspero e mordaz aos grupos de encontro. Maliver dispõe todos os resultados negativos, os charlatanismos e as explorações num relato tranqüilamente escrito. Se você tem idéias diferentes não explícitas sobre o valor do encontro este livro lhe fornece os fatos, as histórias terríveis, os detalhes desagradáveis. Não é de forma alguma equilibrado, nem pretende ser.

Schutz, William, 1971. *Here Comes Everybody*. New York: Harper & Row.

———, 1973. *Elements of Encounter*. Big Sur, Calif.: Joy Press. Ambos os livros são relatos favoráveis sobre os tipos de encontro em Esalen. Schutz inclui uma variedade de técnicas que ampliam o conceito de encontro além de um simples esclarecimento e intensidade emocionais.

REFERÊNCIAS

Bischof, Ledford, 1970. *Interpreting Personality Theories*. 2ª. ed. New York: Harper and Row.

Butler, J. M., e Rice, L. N., 1963. Adience, self-actualization, and drive theory. In *Concepts of Personality*, org. por J. M. Wepman e R. W. Heine, pp. 70–110. Chicago: Aldine Atherton.

Coffer, Charles N., e Appley, Mortimer, 1964. *Motivation Theory and Research.* New York: Wiley.

Egan, Gerard, 1970. *Encounter: Group Processes for Interpersonal Growth.* Monterey, Calif.: Brooks/Cole.

Ellis, A., 1959. Requisite conditions for basic personality change. *Journal of Consulting Psychology* 23:538-540.

Freedman, Alfred M., Kaplan, Harold I., e Sadock, Benjamin J., 1975. *Comprehensive Textbook of Psychiatry.* Baltimore: William & Wilkins.

Friedman, M., 1972. *Touchstones of Reality.* New York: Dutton.

Gibb, Jack R., 1970. The effects of human relations training. In *Handbook of Psychotherapy and Behavior Change,* org. por Allan E. Bergin e Sol. L. Garfield, pp. 2114-2176. New York: Wiley.

Hall, Calvin, e Lindzey, Gardner. 1970. *Theories of Personality.* 2ª ed. New York: Wiley.

Harper, R. A., 1959. *Psychoanalysis and Psychotherapy.* Englewood Cliffs, N.J.: Prentice-Hall.

Howard, Jane, 1970. *Please Touch: A Guided Tour of the Human Potential Movement.* New York: McGraw-Hill.

Kite, Richard, e Flowers, Dale. 1972. *Developing Training Programs.* Seminários dados na Universidade da Califórnia, Santa Cruz.

Krasner, Leonard, e Ullman, Leonard, 1973. *Behavior Influence and Personality: The Social Matrix of Human Action.* New York: Holt, Rinehart & Winston.

Lawrence, D. H., 1970. *The Ladybird and The Captain's Doll.* London: Harborough.

Lieberman, Morton A.; Milles, Matthew B., e Yalom, Irvin D., 1973. *Encounter Groups: First Facts.* New York: Basic Books.

Lipsey, Mark W., 1974. Research and relevance: A Survey of graduate students and faculty in psychology. *The American Psychologist* 29:541-554.

Martin, David G., 1972. *Learning-Based Client-Centered Therapy.* Monterey, Calif.: Brooks/Cole.

Maliver, Bruce L., 1973. *The Encounter Game.* New York: Stein and Day.

McClearly, R.A., e Lazarus, R. S., 1949. Autonomic discrimination without awareness. *Journal of Personality* 19:171-179.

Menninger, Karl, 1963. *The Vital Balance: The Life Process in Mental Health and Illness.* New York: Viking.

Odgen, Thomas, 1972. The new pietism. *Journal of Humanistic Psychology* 12:24-41. Também em Ogden, Thomas, 1972. *The Intensive Group Experience: The New Pietism.* Philadelphia: Westminster Press.

Nitya, Swami, 1973. Excerpts from a discussion. *Journal of Transpersonal Psychology* 5:200-204.

Perry, John W., 1974. *The Far Side of Madness.* Englewood Cliffs, New Jersey: Prentice-Hall.

Polanyi, M., 1958. *Personal Knowledge.* Chicago: University of Chicago Press.

———, 1959. *The Study of Man.* Chicago: University of Chicago Press.

Psychotherapy: An Annual, 1971. 1972. Org. por Joseph Matarazzo; Allen E. Bergin; Jerome D. Frank; Peter J. Lang; Isaac M. Marks; e Hans H. Strupp, Chicago: Aldine, Atherton.

Psychotherapy and Behavior Change: An Aldine Annual, 1972. 1973. Org. por Isaac M. Marks; Allen E. Bergin; Peter J. Lang; Joseph D. Matarazzo; Gerald R. Patterson e Hans H. Strupp. Chicago: Aldine, Atherton.

Rogers, C. R., 1939. *The Clinical Treatment of The Problem Child.* Boston: Houghton Mifflin.

———, 1972. *Counseling and Psychotherapy.* Boston: Houghton Mifflin.

Rogers, 1951. *Terapia Centrada no Cliente.* Moraes Editores, Lisboa – Livraria Martins Fontes Editora, SP, 1975.

———, 1952a. Communication: its blocking and its facilitation. *Northwestern University Information* 20(25).

———, 1952b. Client-centered psychotherapy. *Scientific American* 187(5):66-74.

———, 1959. Uma teoria da terapia, personalidade e relacionamento interpessoal, assim como se desenvolve no contexto centrado no cliente. Em *Psicoterapia e Relações Humanas,* Carl Rogers e G. Marian Kinget, Belo Horizonte, Interlivros, 1977, vol. 1.

———, 1961. *Tornar-se Pessoa.* Moraes Editores. Lisboa – Livraria Martins Fontes Editora, SP, 1976, 2a. ed.

———, 1969. *Liberdade para Aprender,* Belo Horizonte, Interlivros, 1973.

———, 1964. Towards a science of the person. In a *Behaviorism and Phenomenology: Contrasting Bases for Modern Psychology,* org. por T. W. Wann, pp. 109–133. Chicago: University of Chicago Press.

———, 1967, Carl Rogers. In *History of Psychology in Autobiography,* org. por E. Boring e G. Lindzey, vol. 5. New York: Appleton-Century-Crofts.

———, 1970b. *Grupos de Encontro.* Moraes Editores – Lisboa, Livraria Martins Fontes Editora, SP, s/data.

———, 1972. *Novas Formas de Amor – O Casamento e Suas Alternativas.* RJ, José Olímpio Editora, 1977.

———, 1973a. Minha Filosofia das Relações Interpessoais e como ela se Desenvolveu. Em *A Pessoa Como Centro.* SP, EDUSP, 1977.

———, 1973b. Alguns Novos Desafios. Em *A Pessoa Como Centro.* SP, EDUSP, 1977.

———, 1974. Em Retrospecto: Quarenta e Seis Anos. Em *A Pessoa Como Centro.* SP, EDUSP, 1977.

Rogers, C. R.; Gendlin, E. T.; Kiesler, D. J., e Truax, C. G. 1967. *The Therapeutic Relationship and Its Impact: A Study of Psychotherapy with Schizophrenics.* Madison: The University of Wisconsin Press.

Rogers, C. R. com Hart, Joseph, 1970a. Looking back and ahead: a conversation with Carl Rogers. In *New Directions of Client-Centered Therapy,* org. por K. T. Hart e T. M. Tomlison, pp. 502-534. Boston: Houghton Mifflin.

Schutz, William C., 1971. *Here Comes Everybody.* New York: Harper and Row.

———, 1973. *Elements of Encontour,* Big Sur, Calif.: Joy Press.

Tart, Charles T., 1971. Scientific foundation for the study of altered states of consciousness. *Journal of Transpersonal Psychology* 3:93-124.

Thorne, F. C., 1957. Critique of recent developments in personality counseling therapy. *Journal of Clinical Psychology* 13:234-244.

CAPÍTULO 9

ABRAHAM MASLOW E A PSICOLOGIA DA AUTO-ATUALIZAÇÃO

ABRAHAM MASLOW

Durante toda sua carreira como psicólogo, Maslow interessou-se profundamente pelo estudo do crescimento e desenvolvimento pessoais, e pelo uso da Psicologia como um instrumento de promoção do bem-estar social e psicológico. Insistiu que uma teoria da personalidade precisa e viável deveria incluir não somente as profundezas, mas também os pontos altos que cada indivíduo é capaz de atingir. Maslow é um dos fundadores da teoria humanista. Forneceu considerável incentivo teórico e prático para os fundamentos de uma alternativa para o behaviorismo e a psicanálise, correntes estas que tendem a ignorar ou deixar de explicar a criatividade, o amor, o altruísmo e os outros grandes feitos culturais, sociais e individuais da humanidade.

Maslow estava principalmente interessado em explorar novas saídas, novos campos. Seu trabalho é mais uma coleção de pensamentos, opiniões e hipóteses, do que um sistema teórico plenamente desenvolvido. Sua abordagem em Psicologia pode ser resumida pela frase de introdução de seu livro mais influente, *Introdução à Psicologia do Ser*: "Está surgindo agora no horizonte uma nova concepção da doença humana e saúde humana, uma Psicologia que acho tão emocionante e tão cheia de maravilhosas possibilidades que cedi à tentação de apresentá-la publicamente, mesmo antes de ser verificada e confirmada, e antes de poder ser denominada conhecimento científico idôneo" (Maslow, 1968, p. 27 na ed. bras.).

HISTÓRIA PESSOAL

Abraham Maslow nasceu na cidade de Nova Iorque em 1908, filho de pais judeus, imigrantes. Cresceu em Nova Iorque e freqüentou a Universidade de Wisconsin como estudante de graduação e pós-graduação. Recebeu o título de bacharel (B.A.) em 1930, de mestre (M.A.) em 1931 e de doutor (Ph.D.) em 1934. Maslow estudou o comportamento primata com Harry Harlow e o behaviorismo com Clark Hull, um eminente psicólogo experimental.

Depois de receber seu Ph.D., retornou a Nova Iorque, a fim de realizar estudos avançados na Universidade de Colúmbia e, nesta ocasião, aceitou um cargo no Departamento de Psicologia do Brooklin College. Na época, Nova Iorque era um centro intelectual extremamente estimulante, abrigando muitos dos estudiosos mais brilhantes, que haviam escapado à perseguição nazista. Maslow estudou com vários psicoterapeutas, incluindo Alfred Adler, Erich Fromm e Karen Horney. Foi muito influenciado por Max Wertheimer, um dos fundadores da Psicologia da Gestalt, e por Ruth Benedict, uma brilhante antropóloga cultural.

O interesse de Maslow pelas aplicações práticas da Psicologia data do começo de sua carreira. Sua tese tratava do relacionamento entre a dominância e o comportamento sexual entre os primatas. Depois de deixar Wisconsin, Maslow começou uma extensa investigação a respeito do comportamento sexual humano. Sua pesquisa nesta área foi inspirada na noção psicanalítica de que o sexo é de importância central para o comportamento humano. Maslow acreditava que qualquer avanço em nossa compreensão do funcionamento sexual iria melhorar tremendamente o ajustamento humano. Durante a Segunda Guerra Mundial, quando percebeu a contribuição reduzida que a Psicologia havia dado para a solução dos principais problemas mundiais, deslocou seus interesses da Psicologia Experimental para a Psicologia Social e da Personalidade. Maslow queria dedicar-se a "descobrir uma psicologia para a conferência da paz" (Hall, 1968, p. 54).

Além de seu trabalho profissional, Maslow esteve envolvido com negócios de família durante uma prolongada doença. Seu interesse por negócios e pela aplicação prática da Psicologia resultou, eventualmente, em *Eupsychian Management,* uma compilação de pensamentos e artigos relacionados à Psicologia Industrial e Administrativa, escrita durante um verão em que Maslow esteve na Califórnia como "membro visitante" de uma pequena fábrica.

Em 1951, Maslow mudou-se para a recém-instalada Universidade de Brandeis, onde foi coordenador do primeiro Departamento de Psicologia. Promoveu o desenvolvimento dessa Universidade, onde permaneceu até 1968, pouco antes de sua morte em 1970. Foi presidente da Associação Americana de Psicologia em 1967-1968 e de 1968 a 1970 foi membro da W.P. Laughlin Charitable Foundation na Califórnia.

Embora Maslow seja considerado um dos fundadores da Psicologia Humanista, desagradavam-lhe as limitações dos rótulos. "Nós não deveríamos ter que dizer 'Psicologia Humanista'. O adjetivo deveria ser desnecessário. Eu sou antidoutrinário... Eu sou contra qualquer coisa que feche portas e corte possibilidades" (Hall, 1968, p. 57).

> A natureza humana está longe de ser tão má quanto se pensava (Maslow, 1968, p. 28 na ed. bras.).

ANTECEDENTES INTELECTUAIS
Psicanálise

A teoria psicanalítica influenciou significativamente a vida e o pensamento de Maslow. Sua própria análise pessoal afetou-o profundamente e demonstrou a tremenda diferença que existia entre o conhecimento intelectual e a experiência real sentida na própria pele.

Maslow acreditava que a psicanálise fornecia o melhor sistema para a análise da Psicopatologia, e também a melhor psicoterapia disponível (isto em 1955). No entanto, achava que o sistema psicanalítico era bastante insatisfatório enquanto psicologia geral para todo o pensamento e comportamento humanos. "O quadro do homem que a psicanálise apresenta é um esboço desequilibrado e distorcido de suas fraquezas e deficiências que pretende, dessa forma, descrevê-lo de forma completa... Praticamente todas as atividades de que o homem se orgulha e que dão sentido, riqueza e valor à sua vida, são omitidas ou classificadas como patológicas" (Maslow, 1972, p. 71).

> Para simplificar a questão, é como se Freud nos tivesse fornecido a metade doente da Psicologia e nós devêssemos preencher agora a outra metade sadia (Maslow, 1968, p. 30 na ed. bras.).

Antropologia Social

Enquanto estudante em Wisconsin, Maslow interessou-se seriamente pelo trabalho dos antropólogos sociais, tais como Malinowski, Mead, Benedict e Linton. Em Nova Iorque teve a oportunidade de estudar com figuras proeminentes no campo da cultura e da personalidade, no que concerne à aplicação de teorias psicanalíticas à análise do comportamento em outras culturas. Além disso, Maslow ficou fascinado pelo livro de Sumner, *Folkways,* e pela análise do autor sobre o modo pelo qual grande parte do comportamento humano é determinado por padrões e normas culturais. Maslow foi tão profundamente inspirado por Sumner que prometeu dedicar-se às mesmas áreas de estudo.

Psicologia da Gestalt

Maslow foi também um sério estudioso da psicologia da Gestalt. Foi um admirador sincero de Max Wertheimer, cujo trabalho sobre pensamento produtivo está intimamente relacionado com os escritos de Maslow sobre cognição e com seu trabalho sobre criatividade. Para Maslow, como para os psicólogos da Gestalt, um elemento essencial no pensamento criativo e na resolução efetiva de problemas é a habilidade para perceber e pensar em termos do todo ou padrões, ao invés de pensar em termos de partes isoladas.

Outra influência extremamente importante no pensamento de Maslow foi o trabalho que Kurt Goldstein, um neuropsiquiatra que enfatizou o fato de que o organismo é um todo unificado, que é afetado na sua totalidade pelo que acontece em qualquer uma de suas partes. O trabalho de Maslow sobre auto-atualização foi inspirado em parte por Goldstein, que foi o primeiro a usar o termo.

Maslow dedicou *Introdução à Psicologia do Ser* a Goldstein. No prefácio declarou: "Se eu tivesse que exprimir numa única frase o que a psicologia humanista significou para mim, eu diria que constitui uma integração de Goldstein (e da psicologia da Gestalt) com Freud (e as várias psicologias psicodinâmicas), o todo combinado com o espírito científico que me foi ensinado pelos meus professores na Universidade de Wisconsin" (Maslow, 1968, p. 14 na ed. bras.).

CONCEITOS PRINCIPAIS
Auto-Atualização*

Maslow definiu vagamente auto-atualização como "o uso e a exploração plenos de talentos, capacidades, potencialidades etc." (Maslow, 1970, p. 150). "Eu penso no homem que se auto-atualiza não como um homem comum a quem alguma coisa foi acrescentada, mas sim como o homem comum de quem nada foi tirado. O homem comum é um ser humano completo com poderes e capacidades amortecidos e inibidos" (Maslow em Lowry, 1973b, p. 91).

As investigações de Maslow sobre auto-atualização foram inicialmente estimuladas por seu desejo de entender de uma forma mais completa os dois professores que mais o influenciaram, Ruth Benedict e Max Wertheimer. Embora Benedict e Wertheimer fossem personalidades diferentes e estivessem envolvidos em diferentes campos de estudo, Maslow sentiu que eles compartilhavam o mesmo nível de satisfação pessoal, tanto na vida profissional como na particular, o que ele raramente havia sentido em outros.

Maslow via em Benedict e Wertheimer não somente cientistas brilhantes e eminentes, mas seres humanos profundamente realizados e criativos. Iniciou seu próprio projeto de pesquisa para tentar descobrir o que os fazia tão especiais, e tinha um caderno com todos os dados que podia acumular sobre suas vidas, atitudes, valores pessoais e assim por diante. A comparação entre Benedict e Wertheimer feita por Maslow foi o primeiro passo do estudo que desenvolveria durante toda sua vida.

Pesquisa em Auto-Atualização. Maslow começou a estudar a auto-atualização mais formalmente através da análise das vidas, valores e atitudes das

---

* N.T.: Embora se pudesse, em respeito à elegância literária, traduzir de outra forma o termo *self-actualization*, preferimos mantê-lo, dado que atualização se refere a potencial, o que caracteriza toda lista dos autores da chamada Terceira Força em Psicologia.

pessoas que considerava mais saudáveis e criativas. Começou por olhar aqueles que ele acreditava serem altamente auto-atualizados: os que haviam alcançado um nível de funcionamento melhor, mais eficiente e saudável do que o homem ou a mulher comuns. Maslow argumentava que era mais exato generalizar sobre a natureza humana estudando os melhores exemplos que pudesse encontrar, do que catalogando os problemas e falhas dos indivíduos comuns ou neuróticos. "Certamente um visitante de Marte que descesse a uma colônia de inválidos, anões, corcundas congênitos etc. não poderia deduzir o que eles *deveriam* ter sido. Estudemos, então, não os inválidos, mas a abordagem mais próxima que podemos conseguir de homens completos e saudáveis. Neles nós encontramos diferenças, um sistema diferente de motivação, emoção, valor, pensamento e percepção. Num certo sentido, somente os santos *são* a humanidade" (Maslow em Lowry, 1973a, p. 90).

Estudando homens e mulheres melhores e mais saudáveis, é possível explorar os limites da potencialidade humana. Por exemplo, para estudar a rapidez com que os seres humanos podem correr, deveríamos trabalhar com os melhores atletas e corredores disponíveis. Não teria sentido testar uma "amostra média" da população geral. Do mesmo modo, argumentava Maslow, para estudar saúde e maturidade psicológica, deveríamos investigar as pessoas mais maduras, criativas e bem integradas.

Maslow tinha dois critérios para incluir pessoas em seu estudo inicial. Primeiro, todos os sujeitos estavam relativamente livres de neurose ou de problemas pessoais maiores. Segundo, todos aqueles que foram estudados usavam da melhor forma possível seus talentos, capacidades e outras forças.

Este grupo consistia em dezoito indivíduos: nove contemporâneos e nove figuras históricas, incluindo Abraham Lincoln, Thomas Jefferson, Albert Einstein, Eleanor Roosevelt, Jane Adams, William James, Albert Schweitzer, Aldous Huxley e Braruch Spinoza.

Maslow (1970, pp. 153-172) relaciona as seguintes características de pessoas auto-atualizadoras:

As pessoas auto-atualizadoras estão, sem uma única exceção, envolvidas numa causa estranha à sua própria pele, em algo externo a si próprias (Maslow, 1971, p. 43).

1. "percepção mais eficiente da realidade e relações mais satisfatórias com ela"
2. "aceitação (de si, dos outros, da natureza)"
3. "espontaneidade, simplicidade, naturalidade"
4. "concentração no problema", em oposição ao estar centrado no ego
5. "a qualidade do desprendimento, a necessidade de privacidade"
6. "autonomia; independência em relação à cultura e ao meio ambiente"
7. "pureza permanente de apreciação"
8. "experiências místicas e culminantes"
9. "*gemeinschaftsgefühl*" (o sentimento de parentesco com outros)
10. "relações interpessoais mais profundas e intensas"
11. "a estrutura de caráter democrático"
12. "discriminação entre os meios e os fins, entre o bem e o mal"
13. "Senso de humor filosófico e não hostil"
14. "Criatividade auto-atualizadora"
15. "Resistência à aculturação: a trascendência de qualquer cultura específica"

Maslow salientou que os auto-atualizadores estudados por ele não eram perfeitos ou nem mesmo livres de defeitos maiores. O fato de se comprometerem fortemente com o trabalho e valores pelos quais optaram pode até mesmo levá-los algumas vezes a serem muito cruéis, na busca de seus próprios objetivos; seu trabalho pode ter precedência sobre sentimentos ou necessidades de outros. Além disso, auto-atualizadores podem levar sua independência a ponto de chocar suas relações mais convencionais. Eles também compartilham muitos dos problemas das pessoas comuns: culpa, ansiedade, tristeza, conflito e assim por diante.

> *Não existem seres humanos perfeitos!* Pode-se encontrar pessoas que são boas, realmente muito boas, na verdade excelentes. Existem, na realidade, criadores, videntes, sábios, santos, agitadores e instigadores. Este fato, com certeza, pode nos dar esperança em relação ao futuro da espécie, mesmo considerando que pessoas deste tipo *são* raras e *não* aparecem às dúzias. E, ainda assim, estas mesmas pessoas às vezes podem ser aborrecidas, irritantes, petulantes, egoístas, bravas ou deprimidas. Para evitar a desilusão com a natureza humana, devemos antes de mais nada abandonar nossas ilusões a este respeito (Maslow, 1970, p. 176).

Teoria da Auto-Atualização. Em seu último livro, *The Farther Reaches of Human Nature* (1971), Maslow descreve oito modos pelos quais os indivíduos se auto-atualizam, oito comportamentos que levam à auto-atualização. Não é uma lista relacionada logicamente, ordenada e clara, mas representa o auge do pensamento de Maslow sobre a auto-atualização.

1. "*Em primeiro lugar,* auto-atualização significa experienciar de modo pleno, intenso e desinteressado, com plena concentração e total absorção" (Maslow, 1971, p. 45). Em geral, estamos relativamente alheios ao que acontece dentro de nós e ao nosso redor. (A maioria das testemunhas, por exemplo, relatará diferentes versões do mesmo acontecimento.) Entretanto, todos nós tivemos momentos de exaltada consciência e intenso interesse, momentos que Maslow chamaria de auto-atualizadores.
2. Se pensarmos na vida como um processo de escolhas, então a auto-atualização significa fazer de cada escolha uma opção para o crescimento. Muitas vezes temos que escolher entre o crescimento e a segurança, entre progredir e regredir. Toda escolha tem seus aspectos positivos e negativos. Preferir a segurança significa optar pelo conhecido e pelo familiar, mas também significa arriscar tornar-se inútil e velho. Escolher o crescimento é abrir-se para experiências novas e desafiadoras, mas arriscar o novo e o desconhecido.
3. Atualizar é tornar verdadeiro, existir de fato e não somente em potencial. E, para Maslow, o *self* é o âmago ou a natureza essencial do indivíduo, incluindo o temperamento da pessoa, seus gostos e valores únicos. Assim, auto-atualizar é aprender a sintonizar-se com sua própria natureza íntima. Isto significa decidir sozinho se gosta de determinadas comidas ou de determinado filme, independentemente das idéias ou opiniões dos outros.
4. A honestidade e o assumir a responsabilidade de seus próprios atos são elementos essenciais na auto-atualização. Ao invés de posar e dar

---

Individuação* não é uma ausência de problemas, mas um deslocamento dos problemas transitórios ou irreais para os problemas reais (Maslow, 1968, p. 147 na ed. bras.).

Uma pessoa não pode optar sabiamente por uma vida a menos que ouse ouvir-se, *ouvir seu próprio self,* a cada momento de sua vida (Maslow, 1971, p. 47).

---

* N.T.: Na nossa tradução o termo corresponde a auto-atualização.

respostas calculadas para agradar outra pessoa ou dar a impressão de sermos bons, Maslow pensa que as respostas devem ser procuradas em nós mesmos. Toda vez que fazemos isto entramos em contato com o nosso íntimo.

5. Os primeiros quatro passos ajudam-nos a desenvolver a capacidade de "melhores escolhas de vida". Aprendemos a confiar em nosso próprio julgamento e em nossos próprios instintos e a agir em termos deles. Maslow acredita que isto leva a melhores decisões sobre o que está constitucionalmente certo para cada pessoa—decisões sobre arte, música e alimentação, assim como escolhas de vida mais importantes, tais como um marido ou esposa e uma profissão.

6. Auto-atualização é também um processo contínuo de *desenvolvimento* das próprias potencialidades. Isto significa usar suas habilidades e inteligência e "trabalhar para fazer bem aquilo que queremos fazer" (Maslow, 1971, p. 48). Um grande talento ou inteligência não é o mesmo que auto-atualização; muitas pessoas dotadas não conseguem usar plenamente suas capacidades, e outras, talvez com talentos apenas médios, realizam uma extraordinária quantidade de coisas. Auto-atualização não é uma "coisa" que alguém tem ou não tem. É um processo jamais findo, similar ao caminho budista para a iluminação. Refere-se a um modo contínuo de viver, trabalhar e relacionar-se com o mundo, e não a uma simples realização.

7. "Experiências culminantes são momentos transitórios de auto-atualização" (Maslow, 1971, p. 48). Durante momentos culminantes estamos mais inteiros, mais integrados e mais conscientes de nós mesmos e do mundo. Em tais momentos pensamos, agimos e sentimos mais clara e acuradamente. Amamos e aceitamos mais os outros, estamos mais livres de conflitos interiores e ansiedade e mais capazes de usar nossas energias de modo construtivo.

8. Um passo além na auto-atualização é reconhecer as próprias defesas e então trabalhar para abandoná-las. Precisamos nos tornar mais conscientes das maneiras pelas quais distorcemos nossa auto-imagem e a do mundo exterior através da repressão, projeção e outros mecanismos de defesa.

Auto-Atualização Segundo Goldstein. Como o trabalho de Maslow sobre auto-atualização é uma de suas mais importantes contribuições à Psicologia, pode ser útil examinar o conceito original que foi desenvolvido por Kurt Goldstein. O conceito de Goldstein é bem diferente da formulação posterior de Maslow. Goldstein, um Neurofisiologista cujo trabalho principal estava ligado a pacientes com lesões cerebrais, via a auto-atualização como um processo fundamental em todo organismo, um processo que pode ter, no indivíduo, efeitos tanto negativos quanto positivos. Goldstein escreveu que cada organismo tem um impulso primário, que "um organismo é governado pela tendência a atualizar, tanto quanto possível, suas capacidades individuais, sua 'natureza' no mundo" (Goldstein, 1939, p. 196).

Goldstein argumentava que o alívio de tensão é um forte impulso somente em organismos doentes. Para um organismo saudável, a meta principal é "a *formação* de um certo nível de tensão, isto é, aquela que torna possível uma posterior atividade organizada" (Goldstein, 1939, pp. 195-196). Um impulso como a fome é um caso especial de auto-atualização, na qual se busca a redução da tensão a fim de que o organismo volte a uma condição ótima para posterior expressão de suas capacidades. Entretanto, somente numa situação anormal tal impulso torna-se exigente. Goldstein afirma que um organismo normal pode temporariamente dispensar a comida, o sexo, o sono e assim por diante, se outros motivos, tais como a curiosidade ou a alegria, estiverem presentes.

Segundo Goldstein, enfrentar com sucesso o ambiente freqüentemente envolve um tanto de incerteza e choque. O organismo auto-atualizador saudável atrai este choque aventurando-se em situações novas, a fim de usar suas capacidades. Para Goldstein (e também para Maslow), a auto-atualização não significa o fim dos problemas e dificuldades; ao contrário, o crescimento pode freqüentemente trazer certa dor e sofrimento. Goldstein escreveu que as capacidades de um organismo determinam suas necessidades. A posse de um sistema digestivo torna o alimento uma necessidade; músculos requerem movimento. Um pássaro *precisa* voar e um artista precisa criar, mesmo se o ato de criação exigir uma luta penosa e muito esforço.

> As capacidades pedem para ser usadas e só cessam seu clamor quando *estão* suficientemente usadas (Maslow, 1968, p. 184 na ed. bras.).

Experiências Culminantes

Experiências culminantes são momentos especialmente felizes e excitantes na vida de todo indivíduo. Maslow observa que experiências culminantes são provocadas por intensos sentimentos de amor, exposição à arte ou à música, ou vivência da beleza irresistível da natureza. "Todas as experiências culminantes podem ser proveitosamente entendidas como consumação do ato... ou como o fechamento dos psicólogos da *Gestalt,* ou de acordo com o paradigma do orgasmo completo, do tipo reichiano, ou como descarga total, cartase, culminação, clímax, consumação, esvaziamento ou conclusão" (Maslow, 1968, p. 141 na ed. bras.).

A maioria de nós teve inúmeras experiências culminantes embora não as tenhamos classificado como tais. As relações de alguém enquanto contempla um belo pôr-de-sol ou ouve um trecho de música especialmente comovente, são exemplos de experiências culminantes. De acordo com Maslow, experiências culminantes tendem a ser provocadas por acontecimentos inspiradores e intensos. "É como se qualquer experiência de real excelência, de real perfeição... tendesse a produzir uma experiência culminante" (Maslow, 1971, p. 175). A vida da maioria das pessoas é preenchida por longos períodos de relativa desatenção, falta de envolvimento, ou até mesmo tédio. Ao contrário, em seu sentido mais amplo, experiências culminantes são aqueles momentos em que nos tornamos profundamente envolvidos, excitados e absorvidos no mundo.

> O termo experiências culminantes é uma generalização para os melhores momentos do ser humano, para os momentos mais felizes da vida, para experiências de êxtase, enlevo, beatitude, de maior felicidade (Maslow, 1971, p. 105).

As experiências culminantes mais poderosas são relativamente raras. Têm sido configuradas pelos poetas como momentos de êxtase, pelos religiosos como profundas experiências místicas. Para Maslow, os "cumes" mais elevados incluem "sentimentos de horizontes ilimitados que se descortinam, o sentimento de ser ao mesmo tempo mais poderoso e também mais indefeso do que alguém jamais o foi, o sentimento de grande êxtase, deslumbramento e admiração, a perda de localização no tempo e no espaço..." (Maslow, 1970, p. 164).

Experiências Platô. Uma experiência culminante é um "auge" que pode durar poucos minutos ou algumas horas, mas raramente mais. Maslow também comenta uma experiência mais estável e duradoura à qual se refere como "experiência platô". A experiência platô representa uma maneira nova e mais profunda de encarar e vivenciar o mundo. Envolve uma mudança fundamental na atitude, uma mudança que afeta todo o ponto de vista de alguém, e cria uma nova apreciação e uma consciência intensificada do mundo. Maslow experienciou ele próprio isso, tarde em sua vida, após o primeiro ataque cardíaco. Sua consciência intensificada da vida e a possibilidade iminente da morte provocaram todo um novo modo de perceber o mundo. (Para uma descrição mais completa com as próprias palavras de Maslow, veja a Teoria em Primeira Mão.)

A Transcendência da Auto-Atualização. Maslow percebeu que alguns indivíduos auto-atualizados tendem a ter muitas experiências culminantes, enquanto outros raramente as têm, se as tiverem. Chegou a distinguir entre auto-atualizadores psicologicamente saudáveis, seres humanos produtivos, com pouca ou nenhuma experiência de transcendência, e outros para os quais o vivenciar transcendente era importante ou até mesmo central.

Maslow escreveu que auto-atualizadores que transcendem são na maioria das vezes mais conscientes do sagrado de todas as coisas, da dimensão transcendente da vida, no meio de atividades cotidianas. Suas experiências culminantes ou místicas tendem a ser valorizadas como os aspectos mais importantes de suas vidas. Tendem a pensar de modo mais holístico que os auto-atualizadores "apenas saudáveis", e são mais capazes de transcender as categorias de passado, presente e futuro, bem e mal, e perceber a unidade sob a aparente complexidade e contradições da vida. É mais provável que sejam inovadores e pensadores originais do que sistematizadores das idéias de outros. À medida que seu conhecimento se desenvolve, também se desenvolve seu senso de humildade e ignorância, e é provável que considerem o universo com crescente admiração.

Nos mais altos níveis de desenvolvimento da humanidade, o conhecimento está correlacionado de modo positivo, mais do que negativo, com um sentido de mistério, admiração, humildade, máxima ignorância, reverência e um senso de oblação (Maslow, 1971, p. 290).

Os que transcendem são mais propensos a se considerar portadores de seus talentos e habilidades; portanto, estão menos comprometidos com seu ego em seu trabalho. São capazes de dizer honestamente: "Eu sou a melhor pessoa para este trabalho, e, portanto, o assumirei", ou, por outro lado, admitir: "Você é o melhor para este trabalho e deveria tirá-lo de mim".

Nem todo mundo que teve uma experiência mística é um auto-atualizador transcendente. Muitos dos que tiveram tais experiências não desenvolveram a saúde psicológica e a produtividade consideradas por Maslow como um aspecto essencial da auto-atualização. Maslow também salientou que encontrou pessoas que transcendem tanto entre homens de negócio, administradores, professores e políticos quanto entre aqueles socialmente qualificados como tais—poetas, músicos, padres e outros de profissões semelhantes.

Hierarquia de Necessidades

Maslow define a neurose e o desajustamento psicológico como "doenças de carência", isto é, são causadas pela privação de certas necessidades básicas, assim como a falta de certas vitaminas causa doenças. Os melhores exemplos de necessidades básicas são necessidades fisiológicas, tais como a fome, a sede e o sono. A privação leva de modo claro a uma conseqüente doença, e a satisfação dessas necessidades é a única cura para a doença. Em todos os indivíduos encontram-se necessidades básicas. A quantidade e tipo de satisfação variam em diferentes sociedades, mas as necessidades básicas (como a fome) nunca podem ser completamente ignoradas.

Algumas necessidades psicológicas também devem ser satisfeitas para a manutenção da saúde. Maslow inclui as seguintes necessidades entre as básicas: a necessidade de segurança, garantia e estabilidade; a necessidade de amor e um sentido de pertinência e a necessidade de auto-respeito e estima. Além disso, todo indivíduo tem necessidades de crescimento: uma necessidade de desenvolver seus potenciais e capacidades e uma necessidade de auto-atualização.

HIERARQUIA DE NECESSIDADES BÁSICAS DE MASLOW

necessidades fisiológicas (fome, sono e assim por diante)
necessidades de segurança (estabilidade, ordem)
necessidades de amor e pertinência (família, amizade)
necessidades de estima (auto-respeito, aprovação)
necessidades de auto-atualização (desenvolvimento de capacidades)

A natureza superior do homem repousa sobre a natureza inferior do homem, precisando desta última como alicerce e desmoronando se esse alicerce lhe faltar. Quer dizer, para a grande massa da humanidade, a natureza superior do homem é inconcebível sem uma natureza inferior satisfeita como sua base (Maslow, 1968, p. 208 na ed. bras.).

De acordo com Maslow, as primeiras necessidades em geral são preponderantes, isto é, elas devem ser satisfeitas antes que apareçam aquelas relacionadas posteriormente. "É inteiramente verdadeiro que o homem vive apenas de pão—quando não há pão. Mas o que acontece com os desejos do homem quando *há* muito pão e sua barriga está cronicamente cheia? Imediatamente emergem outras (e superiores) necessidades e são essas, em vez de apetites fisiológicos, que dominam seu organismo. E quando elas, por sua vez, são satisfeitas, novamente novas (e ainda superiores) necessidades emergem e assim por diante" (Maslow, 1970, p. 38).

Metamotivação. A metamotivação refere-se ao comportamento inspirado por valores e necessidades de crescimento. Segundo Maslow, este tipo de motivação é mais comum entre pessoas auto-atualizadoras, que estão, por definição, já gratificadas em suas necessidades inferiores. A metamotivação freqüentemente toma a forma de devoção a ideais ou metas, a algo "fora de si próprio". Maslow salienta que as metanecessidades estão também num contínuo em relação às necessidades básicas, e que a frustração dessas necessidades ocasiona "metapatologias". A metapatologia refere-se à falta de valores, sentido ou realização na vida. Maslow argumenta que um sentido de identidade, uma carreira meritória e o compromisso com um sistema de valores são tão essenciais ao bem-estar psicológico quanto a segurança, amor e auto-estima.

O crescimento é teoricamente possível só porque as inclinações "superiores" são melhores que as "inferiores" e porque a satisfação "inferior" torna-se enfadonha (Maslow, 1971, p. 147).

Queixas e Metaqueixas. Maslow sugere que existem diferentes níveis de reclamações que correspondem aos níveis de necessidades que são frustradas. Numa situação de fábrica, por exemplo, queixas de nível inferior podem se referir a condições perigosas de trabalho, chefes autoritários e arbitrários e uma falta de segurança no emprego de um dia para outro. Estas são reclamações que se referem a privações das necessidades mais básicas de garantia e segurança físicas. Um nível superior de reclamação pode se referir à falta de reconhecimento adequado por realizações, ameaças ao prestígio da pessoa ou falta de solidariedade do grupo, isto é, reclamações baseadas em ameaças às necessidades de pertinência ou estima.

Metaqueixas referem-se a frustrações de metanecessidades, tais como perfeição, justiça, beleza e verdade. Este nível de queixa é uma boa indicação de que tudo na verdade está indo razoavelmente bem. Quando as pessoas protestam contra a natureza não-estética de seu meio-ambiente, isto significa que estão relativamente satisfeitas com relação às necessidades mais básicas.

Maslow pensa que nunca deveríamos aguardar o fim das reclamações; deveríamos apenas ter a esperança de progredir para níveis mais elevados de reclamações. Queixas sobre a imperfeição do mundo, a falta de justiça perfeita e assim por diante, são indicações saudáveis de que, a despeito de um alto grau de satisfação básica, as pessoas lutam para um maior aperfeiçoamento e crescimento. De fato, Maslow sugere que uma boa medida do grau de esclarecimento de uma comunidade é o nível das queixas de seus membros.

> A existência de comitês de mulheres que se reúnem com entusiasmo e reclamam que os jardins de rosas nos parques não estão sendo suficientemente cuidados... é em si uma coisa maravilhosa, pois indica o nível de vida em que vivem aqueles que estão protestando (Maslow, 1965, p. 240).

Motivação de Deficiência e do Ser

Maslow salientou que a maioria das psicologias ocupa-se apenas da motivação de deficiência, isto é, concentra-se no comportamento que se orienta para satisfazer uma necessidade que foi privada ou frustrada. Fome, dor e medo são exemplos principais de motivações de deficiência.

Contudo, um exame acurado do comportamento animal ou humano revela outro tipo de motivação. Quando um organismo não está com fome, dor ou medo, novas motivações emergem, tais como a curiosidade e a alegria. Sob estas condições, as atividades podem ser desfrutadas como fins em si mesmas, nem sempre buscadas apenas como meio de gratificação de necessidades. "Motivação do ser" refere-se principalmente ao prazer e à satisfação no presente ou ao desejo de procurar uma meta considerada positiva (motivação de crescimento ou metamotivação). Por outro lado, "a motivação de deficiência inclui uma necessidade de mudar o estado de coisas atual porque este é sentido como insatisfatório ou frustrador. As experiências culminantes em geral estão relacionadas com o domínio do ser, e a psicologia do ser também tende a ser mais apropriada para auto-atualizadores. Maslow distingue entre cognição*S e D (Ser e Deficiência), valores S e D e amor S e D.

Cognição de Deficiência e do Ser. Na cognição D os objetivos são vistos unicamente como preenchedores de necessidades, como meios para outros fins. Isto é especialmente verdadeiro quando as necessidades são fortes. Maslow (1970) salienta que necessidades fortes tendem a canalizar o pensamento e a percepção, de modo que o indivíduo tem consciência apenas daqueles aspectos do ambiente relacionados à satisfação da necessidade. Uma pessoa faminta tende a ver apenas comida, um sovina somente dinheiro.

A cognição S é mais acurada e efetiva porque é menos provável que a pessoa que percebe distorça suas percepções para harmonizá-las com suas necessidades ou desejos. A cognição S não julga, não compara e nem avalia. A atitude fundamental é a de valorização daquilo que é. Dá-se atenção exclusiva e total aos estímulos e a percepção parece mais rica, mais plena e completa.

---

* N.T.: No original temos B e não S, dado que se refere a *being cognition*.

A pessoa que percebe permanece de certo modo independente daquilo que é percebido. Os objetos externos são avaliados em e por si mesmo, e não por sua relevância para os interesses pessoais. De fato, num estado de cognição S, o indivíduo tende a permanecer absorvido na contemplação ou observação passiva, e a intervenção ativa é vista como irrelevante ou inapropriada. Uma vantagem em relação à cognição D é que o indivíduo pode sentir-se impelido a agir e tentar alterar as condições existentes.

Valores de Deficiência e do Ser. Maslow não trata explicitamente dos valores D, embora discuta com detalhes os valores S. Ele sentia que existem certos valores intrínsecos a todo indivíduo. Maslow argumenta que: "os valores supremos (existem) na própria natureza humana, onde devem ser descobertos. Isto está em contradição frontal com as crenças mais antigas e habituais, segundo as quais os valores supremos provêm unicamente de um Deus sobrenatural ou alguma outra fonte alheia à própria natureza humana" (Maslow, 1968, p. 204 na ed. bras.).

Maslow relacionou os seguintes valores S: verdade, bondade, beleza, totalidade, transcendência de dicotomia, vivacidade, unicidade, perfeição, necessidade, inteireza, justiça, ordem, simplicidade, riqueza, tranqüilidade, alegria e auto-suficiência.

Uma seção de câncer vista através de um microscópio, se conseguirmos esquecer que se trata de câncer, pode ser contemplada como uma organização intrincada de grande beleza e inspiradora de silencioso espanto (Maslow, 1968, p. 105 na ed. bras.).

Amor de Deficiência e do Ser. Amor de deficiência é o amor por outros porque eles preenchem uma necessidade. Quanto mais a pessoa é gratificada, mais se intensifica este tipo de amor. É o amor causado por necessidade de auto-estima ou sexo, medo da solidão e assim por diante.

Amor do ser é amor pela essência, pelo "ser" do outro. É não possessivo e está mais interessado no bem do outro do que na satisfação egoísta. Maslow escreveu muitas vezes sobre o amor S como demonstração da atitude taoísta de não interferir ou de deixar as coisas serem, apreciando o que *são*, sem tentar mudá-las ou "melhorá-las". O amor S da natureza tende a expressar a apreciação pela beleza das flores contemplando seu crescimento e deixando-as, enquanto que o amor D é mais propenso a colher as flores e fazer um arranjo. O amor S é também o amor ideal incondicional de um pai por seu filho, o que inclui até mesmo amar e apreciar as pequenas imperfeições da criança.

Maslow argumenta que o amor S é mais rico, mais satisfatório e duradouro que o amor D. Permanece novo enquanto o amor D tende a tornar-se velho com o tempo. O amor do ser pode provocar experiências culminantes e é com freqüência descrito nos mesmos termos exaltados usados nas descrições de experiências profundamente religiosas.

Eupsiquia

Maslow inventou o termo "eupsiquia" para se referir a uma sociedade ideal, como alternativa para a utopia, que para ele parecia muito visionária e impraticável. Ele acreditava que uma sociedade ideal podia ser desenvolvida a partir da construção de uma comunidade de indivíduos psicologicamente saudáveis e auto-atualizadores. Todos os membros da comunidade estariam engajados na busca do desenvolvimento pessoal e na realização em seu trabalho e em suas vidas pessoais.

Há um tipo de feedback entre a Boa Sociedade e a Boa Pessoa. Elas necessitam uma da outra.... (Maslow, 1971, p. 19).

Contudo, mesmo uma sociedade ideal não *produzirá* indivíduos auto--atualizadores. "Um professor ou uma cultura não criam um ser humano. Não implantam nele a capacidade de amar, ou de ser curioso, ou de filosofar, ou de simbolizar, ou de ser criativo. O que fazem, sim, é permitir, ou promover, ou encorajar, ou ajudar o que existe em embrião a que se torne real e concreto" (Maslow, 1968, p. 193 na ed. bras.).

Maslow também discutiu as práticas de administração eupsiquianas ou esclarecidas, como opostas à administração autoritária de empresas. Administradores autoritários pressupõem que os operários e a administração têm objetivos basicamente diferentes e mutuamente incompatíveis—que os operários querem ganhar o máximo possível com o mínimo de esforço e que, portanto, devem ser vigiados de perto.

Administradores esclarecidos pressupõem que os empregados *querem* ser criativos e produtivos e que eles precisam ser apoiados e encorajados, e não limitados e controlados pela gerência. Maslow salienta que a abordagem esclarecida trabalha melhor com empregados estáveis e psicologicamente saudáveis. Algumas pessoas desconfiadas e hostis trabalham de modo mais efetivo numa estrutura autoritária e tirariam vantagem injusta de uma liberdade maior. A administração eupsiquiana trabalha somente com pessoas que podem e gostam de lidar com responsabilidade e autodireção, razão pela qual Maslow sugeriu que as comunidades eupsiquianas fossem compostas por pessoas auto-atualizadoras.

Sinergia

O termo "sinergia" foi usado originalmente por Ruth Benedict, professora de Maslow, para se referir ao grau de cooperação e harmonia interpessoal numa sociedade. Sinergia significa ação combinada ou "cooperação". Também se refere à ação cooperativa de elementos, que resulta num efeito global maior do que todos os elementos tomados separadamente.

Como antropóloga, Benedict tinha consciência dos perigos de fazer juízos de valor na comparação de sociedades e de avaliar outra civilização através da verificação do grau de proximidade com nossos próprios padrões culturais. No entanto, em seu estudo sobre outras civilizações, Benedict viu de modo claro que, em algumas sociedades, as pessoas eram mais felizes, saudáveis e eficientes do que em outras. Alguns grupos tinham crenças e costumes que eram em princípio harmoniosos e satisfatórios para seus membros, enquanto que as práticas de outros grupos promoviam suspeita, medo e ansiedade.

Sob condições de baixa sinergia social, o sucesso de um membro causa perda ou fracasso de outro. Por exemplo, se cada caçador reparte sua presa apenas com a família imediata, é mais provável que a caça se torne fortemente competitiva. Um homem que aperfeiçoa suas técnicas de caça ou que descobre uma nova fonte de animais pode experimentar e esconder suas façanhas de seus companheiros. Quando um caçador alcança grande êxito, há bem menos comida disponível para os outros caçadores e suas famílias.

Sob elevada sinergia social a cooperação atinge o máximo. Um exemplo seria um grupo-caçador análogo, com uma única e importante diferença—a divisão comunitária da presa. Nestas condições, cada caçador beneficia-se com o sucesso dos outros. Sob alta sinergia social o sistema de crença cultural reforça a cooperação e os sentimentos positivos entre os indivíduos e ajuda a minimizar os conflitos e discórdias.

Maslow também escreve a respeito de sinergia em indivíduos. A identificação com outros tende a promover uma alta sinergia individual. Se o sucesso de outro for fonte de satisfação genuína para o indivíduo, então a ajuda é oferecida livre e generosamente. Em certo sentido, motivos egoístas e altruístas fundem-se. Ajudando o outro, o indivíduo também busca sua própria satisfação.

A sinergia também pode ser encontrada dentro do próprio indivíduo como unidade entre pensamento e ação. Forçar-se a agir indica algum conflito de motivações. Num plano ideal, os indivíduos fazem o que *deveriam* fazer porque *querem* fazê-lo. O melhor remédio é tomado não só porque é eficaz mas também porque é gostoso.

Psicologia Transpessoal

Maslow anunciou o desenvolvimento do novo campo da Psicologia Transpessoal em seu prefácio à segunda edição de *Introdução à Psicologia do Ser:*

> Devo também dizer que considero a Psicologia Humanista, ou Terceira Força em Psicologia, apenas transitória, uma preparação para uma Quarta Psicologia ainda "mais elevada", transpessoal, transumana, centrada mais no cosmos do que nas necessidades e interesses humanos, indo além do humanismo, da identidade, da individuação e quejandos.... Necessitamos de algo "maior do que somos", que seja respeitado por nós próprios e a que nos entreguemos num novo sentido, naturalista, empírico, não-eclesiástico, talvez como Thoreau e Whitman, William James e John Dewey fizeram" (Maslow, 1968, p. 12 na ed. bras.).

> Sem o transcendente e o transpessoal, ficamos doentes, violentos e niilistas, ou então vazios de esperança e apáticos (Maslow, 1968, p. 12 na ed. bras.).

Muitos dos tópicos incluídos neste novo campo são centrais na teoria de Maslow: experiências culminantes, valores do ser, metanecessidades etc. Anthony Sutich, o fundador e primeiro editor do *Jornal de Psicologia Transpessoal*, definiu a Psicologia Transpessoal como a investigação das "capacidades e potencialidades humanas máximas" (Sutich, 1969, p. 15), capacidades que não têm um lugar sistemático em outras abordagens da psicologia.

A Psicologia Transpessoal inclui o estudo da religião e da experiência religiosa. Sob o ponto de vista histórico, as concepções de potencial humano máximo têm sido primordialmente expressas em termos religiosos, e a maioria dos psicólogos tem relutado em examinar com seriedade essas áreas em virtude de terem sido descritas de forma mística, dogmática ou não científica. A popularidade das religiões orientais no Ocidente em parte reflete sua abordagem menos teológica e mais psicológica da natureza humana. Estas tradições também oferecem técnicas claramente definidas, voltadas para o desenvolvimento espiritual e psicológico.

> O ser humano necessita de uma estrutura de valores, uma filosofia de vida...por que possa pautar sua vida e compreensão, aproximadamente no mesmo sentido em que precisa de sol, cálcio ou amor (Maslow, 1968, p. 241 na ed. bras.).

Maslow encontrou nos indivíduos auto-atualizadores estudados por ele uma dimensão essencialmente espiritual ou religiosa. "Há alguns séculos atrás estas (pessoas auto-atualizadoras) teriam sido descritas como homens que seguem o caminho de Deus ou como homens Divinos.... Se a religião for definida somente em termos sócio-comportamentais, então todas essas pessoas, incluindo os ateus, serão pessoas religiosas" (Maslow, 1970, p. 169).

Os psicólogos transpessoais estudaram empiricamente a meditação, os exercícios respiratórios da Ioga, e outras disciplinas espirituais. (Para uma excelente bibliografia sobre pesquisa em meditação e outros assuntos relacionados, veja Timmons e Kamiya, 1970; Timmons e Kanellakos, 1974.) Outros tópicos em Psicologia Transpessoal incluem Parapsicologia, investigações sobre a natureza da consciência e estados alterados de consciência, tais como pesquisas sobre hipnose, privação sensorial e drogas (veja, por exemplo, Ornstein, 1972, 1973; Tart, 1969).

DINÂMICA
Crescimento Psicológico

Maslow aborda o crescimento psicológico em termos de satisfação bem sucedida de necessidades mais "elevadas" e satisfatórias. A busca de auto-atualização não pode começar até que o indivíduo esteja livre da dominação de necessidades inferiores, tais como a necessidade de segurança e estima. Segundo Maslow, a frustração precoce de uma necessidade pode fixar o indivíduo naquele nível de funcionamento. Por exemplo, alguém que, quando criança, não foi muito popular, pode continuar a se preocupar profundamente com necessidades de auto-estima por toda a vida.

A busca de necessidades mais elevadas é, em si, um índice de saúde psicológica. Maslow argumenta que necessidades mais elevadas são intrinsecamente mais satisfatórias, e que a metamotivação indica que o indivíduo progrediu além de um nível deficiente de funcionamento.

Maslow acentua que o crescimento ocorre através do trabalho de auto-atualização. Auto-atualização representa um compromisso a longo prazo com o crescimento e o desenvolvimento máximo das capacidades, e não um acomodamento no mínimo por causa de preguiça ou falta de auto-confiança. O trabalho de auto-atualização envolve a escolha de problemas criativos e valiosos. Maslow escreve que indivíduos auto-atualizadores são atraídos por problemas mais desafiantes e intrigantes, por questões que exigem os maiores e mais criativos esforços. Estão dispostos a enfrentar a incerteza e a ambigüidade e preferem o desafio a soluções fáceis.

> À medida que a pessoa se torna integrada, a mesma coisa acontece com seu mundo. À medida que ela se sente bem, assim também o mundo parece bom (Maslow, 1971, p. 165).

Obstáculos ao Crescimento

Maslow salientou que a motivação para o crescimento é relativamente fraca, comparada às necessidades fisiológicas e necessidades de segurança, estima etc. O processo de auto-atualização pode ser limitado por 1) influências negativas de experiências passadas e de hábitos resultantes que nos mantêm presos a comportamentos improdutivos; 2) influência social e pressão de grupo que muitas vezes operam contra nossa própria preferência e opinião, e 3) defesas internas que nos mantêm fora de contato conosco mesmo.

Hábitos pobres freqüentemente inibem o crescimento. Para Maslow, eles incluem vício de drogas ou bebida, alimentação pobre e outros hábitos que prejudicam a saúde e a eficiência. Maslow salienta que um mero ambiente destrutivo ou uma educação autoritária rígida pode facilmente levar a padrões habituais improdutivos baseados numa orientação de deficiência. Da mesma forma, qualquer hábito forte em geral tende a interferir no crescimento psicológico pois diminui a flexibilidade e a abertura necessárias para atuar de modo mais eficiente e efetivo numa variedade de situações.

A pressão de grupo e a propaganda social também tendem a limitar o indivíduo. Elas agem para diminuir a autonomia e reprimir o julgamento independente, na medida em que o indivíduo é pressionado para substituir seus próprios gostos e critérios por padrões externos e sociais. Uma sociedade também pode inculcar uma visão tendenciosa da natureza humana—por exemplo, a visão ocidental de que a maioria dos instintos humanos é em essência, pe-

> Há dois conjuntos de forças puxando o indivíduo, não um apenas. Além das pressões no sentido do desenvolvimento e da saúde, existem também pressões regressivas, geradas pelo medo e a ansiedade, que o empurram para a doença e a fraqueza (Maslow, 1968, p. 197 na ed. bras.).

caminosa e deve ser continuamente controlada ou dominada. Maslow argumentava que esta atitude negativa tende a frustrar o crescimento e que na verdade o oposto é o correto; nossos instintos são essencialmente bons e os impulsos para o crescimento são a maior fonte da motivação humana.

As defesas do ego são vistas por Maslow como obstáculos internos para o crescimento. O primeiro passo ao se lidar com as defesas do ego é conscientizar-se delas e ver claramente como funcionam. Assim, cada indivíduo deveria tentar minimizar as distorções criadas por essas defesas. Maslow acrescenta dois novos mecanismos de defesa à tradicional lista psicanalítica: *dessacralização* e *complexo de Jonas*.

Dessacralização refere-se ao empobrecimento de uma vida pela recusa em tratar qualquer coisa com interesse profundo e seriedade. Hoje, são poucos os símbolos religiosos ou culturais que recebem o cuidado e respeito que antes desfrutavam e, como conseqüência, estes símbolos perderam seu poder de nos emocionar, inspirar ou mesmo motivar. Maslow muitas vezes referia-se a valores modernos relativos ao sexo como um exemplo de dessacralização. Embora uma atitude negligente em relação ao sexo possa levar a uma menor frustração e traumas, é também verdade que a experiência sexual perdeu o poder que antes tinha de inspirar artistas, escritores e amantes.

O "complexo de Jonas" refere-se a uma recusa em tentar realizar suas plenas capacidades. Da mesma forma como Jonas tentou evitar as responsabilidades de se tornar um profeta, assim também muitas pessoas têm, na realidade, medo de usar ao máximo suas capacidades. Preferem a segurança do comum e as realizações não-exigentes em contraposição às metas verdadeiramente ambiciosas que lhes exigiriam plena expansão. Esta atitude não é rara entre muitos estudantes que "dão um jeito", utilizando apenas uma parte de seus talentos e habilidades. Isto também é verdadeiro para mulheres que temiam que uma profissão bem sucedida fosse algo incongruente com a feminilidade ou que a realização intelectual pudesse torná-las menos atraentes para os homens (veja, por exemplo, Horner, 1972).

> Conquanto, em princípio, a individuação seja fácil, na prática ela raramente acontece (pelos meus critérios, certamente em menos de 1% da população adulta) (Maslow, 1968, p. 239 na ed. bras.).

ESTRUTURA
Corpo

Maslow não descreve detalhadamente o papel do corpo no processo de auto-atualização. Ele pressupõe que, uma vez satisfeitas as necessidades fisiológicas, o indivíduo está livre para lidar com necessidades mais elevadas na hierarquia de necessidades. Entretanto, Maslow escreve que é importante que se dê ao corpo o que lhe é devido. "Ascetismos, abnegação, rejeição deliberada das exigências do organismo, pelo menos no Ocidente, tendem a produzir um organismo diminuído, tolhido em seu desenvolvimento ou mutilado; e até no Oriente levam a individuação apenas a muito poucos indivíduos excepcionalmente fortes" (Maslow, 1968, p. 234 na ed. bras.).

Maslow menciona a importância de estimulação intensa das sensações físicas em experiências culminantes, as quais são com freqüência provocadas pela beleza natural, arte, música ou experiência sexual. Ele também assinala que o treinamento em dança, arte e outros meios físicos de expressão poderiam fornecer um importante suplemento à educação tradicional, orientada cognitivamente, e que os sistemas de instrução físicos e orientados para os sentidos requerem o tipo de aprendizagem participante e ativa que deveria ser incluído em todas as formas de educação.

Relacionamento Social

Segundo Maslow, amor e estima são necessidades básicas essenciais a todos e têm precedência sobre a auto-atualização na hierarquia de necessidades. Maslow amiúde deplorou a falha da maioria dos manuais de psicologia até mesmo em mencionar a palavra amor, como se os psicólogos considerassem o amor irreal, algo que devesse ser reduzido a conceitos tais como projeção ou reforçamento sexual.

> O fato é que as pessoas são boas, desde que seus desejos fundamentais (de afeição e segurança) sejam satisfeitos. . . . Dê-lhes afeto e segurança, e darão afeto e serão seguros em seus sentimentos e comportamento (Maslow em Lowry, 1973b, p. 18).

Vontade

Vontade é um ingrediente vital no processo de auto-atualização a longo prazo. Maslow viu que indivíduos auto-atualizadores trabalham muito e com afinco para atingir os objetivos que escolheram. "Auto-atualização significa trabalhar para fazer bem aquilo que a pessoa quer fazer. Tornar-se um médico de segunda classe não é um bom caminho para a auto-atualização. A pessoa quer ser de primeira classe ou tão bom quanto possível" (Maslow, 1971, p. 48). Em virtude de sua fé na saúde e bondade essenciais da natureza humana, Maslow não se interessou pela necessidade da força de vontade para superar instintos ou impulsos inaceitáveis. Para Maslow, indivíduos saudáveis estão relativamente livres de conflitos internos, fora, talvez, a necessidade de superar hábitos pobres. Precisam empregar a vontade para desenvolver suas habilidades ainda mais e atingir objetivos ambiciosos e de longo alcance.

> Se você deliberadamente planejar ser menos do que você é capaz de ser, então eu o previno que você será profundamente infeliz pelo resto de sua vida (Maslow, 1971, p. 36).

Emoções

Maslow enfatizou a importância das emoções positivas na auto-atualização. Encorajou outros psicólogos a iniciar pesquisas sérias sobre felicidade, tranqüilidade e alegria e a investigar brincadeiras, jogos e divertimentos. Ele acreditava que emoções negativas, tensão e conflito consomem energia e inibem o funcionamento efetivo.

Intelecto

Maslow salientou a necessidade de um pensamento holístico, que lide com sistemas de relações e conjuntos, ao invés de partes individuais. Ele descobriu que experiências culminantes amiúde contêm exemplos notáveis de pensamento que superou as dicotomias usuais com que encaramos a realidade. Os indivíduos com freqüência relataram que viam passado, presente e futuro como uma coisa só, que consideravam a vida e a morte como parte de um processo único, ou que viam o bem e o mal dentro do mesmo todo.

O pensamento holístico também é encontrado em pensadores criativos que são capazes de romper com o passado e ver além das categorias convencionais na investigação de novas relações possíveis. Isto requer liberdade, abertura e uma habilidade em lidar com inconsistência e incerteza. Enquanto que para alguns essa ambigüidade pode ser ameaçadora, para auto-atualizadores ela é parte da satisfação essencial na resolução criativa de problemas.

Maslow (1970) escreveu que pessoas criativas são "centradas no problema", mais do que "nos meios". Atividades centradas no problema são determinadas principalmente pelas exigências e requisitos das metas desejadas. Por outro lado, indivíduos centrados nos meios freqüentemente se preocupam tanto com os meios, técnicas ou metodologia que tendem a executar um trabalho preciso sobre tópicos insignificantes. O centrar-se no problema está também em contraste com o centrar-se no ego, que tende a predispor a pessoa a ver as coisas como ela gostaria que fossem, e não como são.

Self

Maslow define o *self* como a essência interior da pessoa ou sua natureza inerente—seus próprios gostos, valores e objetivos. Compreender a própria natureza interna e agir de acordo com ela é essencial para atualizar o *self*.

Maslow aborda a compreensão do *self* através do estudo daqueles indivíduos que estão em maior harmonia com suas próprias naturezas, daqueles que fornecem os melhores exemplos de auto-expressão ou auto-atualização. No entanto, Maslow não discutiu explicitamente o *self* como uma estrutura específica da personalidade.

> As pessoas que lograram sua individuação, aqueles que atingiram um alto nível de maturação, saúde e realização pessoal, têm tanto a ensinar-nos que, por vezes, parecem quase ser uma estirpe ou raça diferente de seres humanos (Maslow, 1968, p. 100 na ed. bras.).

Terapeuta

Para Maslow, a psicoterapia é eficaz primeiramente porque ela envolve um relacionamento íntimo e confiante com outro ser humano. Junto com Adler, Maslow sentia que um bom terapeuta é como um irmão ou irmã mais velhos, alguém que trata o outro de modo desvelado e amoroso. Maslow propôs o modelo do "ajudante taoísta", alguém que é capaz de ajudar sem interferir. Um bom treinador faz isto quando trabalha com o estilo natural de um atleta, a fim de fortalecer o estilo do indivíduo e aperfeiçoá-lo. Não tenta amoldar todos os atletas da mesma maneira.

Em suas obras, Maslow raramente discute a psicoterapia. Embora tenha se submetido à psicanálise por muitos anos e tenha recebido um treinamento informal em psicoterapia, seus interesses sempre concentraram-se na pesquisa e escrita mais do que na terapia.

> Tem sido assinalado que um terapeuta pode repetir os mesmos erros durante 40 anos e chamar-lhes depois "uma rica experiência clínica" (Maslow, 1968, p. 116 na ed. bras.).

Maslow considerava a terapia como um modo de satisfazer as necessidades básicas de amor e estima que são frustradas em quase todos que procuram ajuda psicológica. Ele argumentava (1970) que relações humanas íntimas podem fornecer grande parte do mesmo apoio encontrado na terapia.

Bons terapeutas deveriam amar e cuidar do ser ou essência das pessoas com que trabalham. Maslow (1971) escreveu que aqueles que procuram mudar ou manipular outros carecem desta atitude essencial. Por exemplo, ele acreditava que um verdadeiro amante de cães nunca cortaria as orelhas ou o rabo do cão e uma pessoa que realmente amasse as flores não as cortaria ou arrancaria para fazer arranjos extravagantes.

AVALIAÇÃO

A maior força de Maslow está em seu interesse pelas áreas do funcionamento humano que foram completamente ignoradas pela maioria dos outros teóricos. É um dos poucos psicólogos que investigou seriamente as dimensões positivas da experiência humana.

O trabalho experimental de Maslow é, em sua maior parte, inconclusivo; "explanatório" seria um termo mais adequado, e ele foi o primeiro a reconhecer isto:

> Simplesmente é que não tenho tempo de fazer eu mesmo experimentos cuidadosos. Demoram muito em vista dos anos que deixei para trás e da extensão daquilo que quero fazer.
>
> Assim, eu mesmo faço apenas "mal e porcamente" pequenas explorações-pi-

loto, a maioria com poucos sujeitos, inadequadas para publicação mas suficientes para me convencer de que é provável que sejam verdadeiras e que um dia serão confirmadas. São batidas de comando rápidas e pequenas, ataques de guerrilha" (Maslow, 1972, pp. 66-67).

Há certamente algumas desvantagens sérias nesse procedimento; por exemplo, os dados das pequenas e distorcidas amostras de Maslow não são estatisticamente de confiança. Contudo, ele nunca buscou "provar" experimentalmente ou verificar suas idéias. Sua pesquisa foi mais uma forma de esclarecer e acrescentar detalhes às suas teorias.

Mesmo assim, Maslow às vezes parece muito um filósofo de gabinete que permanece um tanto distante das possíveis contradições de novos fatos ou experiências. Era, em geral, completamente claro naquilo que queria demonstrar em sua pesquisa, e era raro parecer encontrar qualquer dado novo que alterasse suas idéias preconcebidas. Por exemplo, Maslow sempre enfatizou a importância de "desencadeantes" positivos para experiências culminantes: experiência de amor, beleza, música clássica e assim por diante. Desencadeantes negativos foram ignorados nos escritos de Maslow, embora muitas pessoas relatem que suas experiências culminantes mais intensas são precedidas de emoções negativas—medo, depressão—que são então transcendidas e tornam-se estados fortemente positivos (veja, por exemplo, *Varieties of Religious Experience* de William James). Por algum motivo as investigações de Maslow raramente pareciam revelar este tipo de informação nova.

Esta crítica é, contudo, insignificante. A maior força de Maslow reside no fato de ter sido um pensador psicológico que salientou continuamente as dimensões positivas da experiência humana, o potencial que os homens e mulheres são capazes de atingir. Maslow foi uma inspiração para quase todos os psicólogos humanistas. Ele foi chamado "o maior psicólogo norte-americano desde William James" (*Journal of Transpersonal Psychology* 2 (1979: IV). Embora muitos possam considerar este elogio um pouco extravagante, nenhum psicólogo de orientação humanista negaria a importância central de Maslow como um pensador original e um pioneiro na psicologia do potencial humano.

> Sou de uma nova estirpe—um psicólogo teórico paralelo aos...biólogos teóricos.... Penso em mim como um cientista mais do que como um ensaísta ou filósofo. Sinto-me muito limitado aos e pelos fatos que estou tentando *perceber*, e não criar (*International Study Project*, 1972, p. 63).

> Depressa tive de chegar à conclusão de que o grande talento era não só mais ou menos independente da excelência ou saúde de caráter mas também de que sabíamos muito pouco a esse respeito (Maslow, 1968, p. 167 na ed. bras.).

A TEORIA EM PRIMEIRA MÃO

A citação seguinte foi tirada do *Journal of Transpersonal Psychology*. São trechos de uma discussão entre Maslow e diversos psicólogos.

> Percebi que à medida que eu envelhecia, minhas experiências culminantes tornavam-se menos intensas e também menos freqüentes. Ao discutir este problema com outras pessoas que estão envelhecendo, recebi este mesmo tipo de reação. Minha impressão é que este fato pode estar relacionado com o processo de envelhecimento. Isto tem sentido pois, até certo ponto, aprendi que me tornei algo temeroso de experiências culminantes uma vez que me pergunto se meu corpo pode agüentá-las. Uma experiência culminante pode produzir grande tumulto no sistema nervoso autônomo; pode ser que um decréscimo nas experiências culminantes seja uma forma da natureza proteger o corpo....
>
> Enquanto essas descargas emocionais e pungentes feneciam em mim, acontecia outra coisa da qual tomei consciência, algo muito precioso. Ocorria um tipo de precipitação daquilo que pode ser chamado sedimentação, ou precipitação radioativa das iluminações, *insights* e outras experiências de vida que foram muito importantes—incluindo as experiências trágicas. O resultado é um tipo de cons-

ciência unitária que tem certas vantagens e desvantagens em relação às experiências culminantes. No meu caso, posso definir muito simplesmente esta consciência unitária como a percepção simultânea do sagrado e do comum, ou do milagroso e do tipo de coisa constante ou cômoda.

Percebo agora sob o ângulo da eternidade e torno-me místico, poético e simbólico com relação às coisas banais. Esta, como sabem, é a experiência Zen. Não há nada de excepcional e especial, mas a pessoa vive num mundo de milagres o tempo todo. Há um paradoxo pois é miraculoso e apesar disso não produz uma explosão autônoma.

Este tipo de consciência tem certos elementos em comum com as experiências culminantes—admiração, mistério, surpresa e choque estético. Estes elementos estão presentes, mas são constantes e não produzem clímax. É certamente uma tentação usar como modelo, como um paradigma para a experiência culminante, o orgasmo sexual, que é uma ascensão a um cume e clímax e depois uma queda no completamento e seu fim. Bem, este outro tipo de experiência deve ter outro modelo. As palavras que eu usaria para descrever este tipo de experiência seriam um "platô elevado". É viver num nível constantemente alto, no sentido da iluminação ou consciência, ou no Zen, no fácil ou no miraculoso, no nada de especial. É captar de forma casual a comoção, a preciosidade e a beleza das coisas, mas não fazer alarde disto, pois está acontecendo a toda hora, você sabe, o tempo inteiro.

Este tipo de experiência, em primeiro lugar, tem a vantagem de ser mais voluntário que experiências culminantes. Por exemplo, para centrar profundamente neste tipo de consciência, posso ir a um museu de arte ou a um campo, e não ao metrô. Nas experiências platô, você não se surpreende tanto pois estas são mais volitivas do que as experiências culminantes. Mais do que isso, eu acho que você pode ensinar experiências platô; você poderia manter as classes no estado miraculoso.

Outro aspecto notado por mim é que é possível sentar e olhar para algo milagroso durante uma hora e dela desfrutar cada segundo. Por outro lado, você não pode ter um orgasmo de uma hora. Nesse sentido, o tipo de experiência platô é melhor. Tem grande vantagem, por assim dizer, sobre o clímax, o orgasmo, o cume. Descer um vale e viver num platô elevado não envolve isto. É muito mais casual.

Há alguns outros aspectos desta experiência. Tende a haver mais serenidade do que emotividade. Nossa tendência é encarar a pessoa emocional como um tipo explosivo. Tranqüilidade, contudo, também deve ser trazida ao mundo psicológico de uma pessoa. Precisamos do tranqüilo, assim como do pungentemente emocional.

Meu palpite é que a experiência platô será um dia observada através de instrumentos psicofisiológicos. Acredito que experiências culminantes têm algo a ver com descargas automáticas, que seríamos capazes de captar assaz facilmente se dispuséssemos de instrumentação. Técnicas de mensuração de ondas cerebrais e *biofeedback* parecem-se muito com uma possibilidade de medir, detectar e ensinar serenidade, calma e quietude. Neste caso, deveríamos ser capazes de trabalhar com isso, o que significa que poderíamos ensinar serenidade aos nossos filhos e transmiti-la....

O ponto importante que emerge destas experiências platô é que são essencialmente cognitivas. Na verdade, quase por definição, representam um testemunho do mundo. A experiência platô é um testemunho da realidade. Envolve a visão do simbólico, ou do místico, do poético, do transcendente, do milagroso e do inacreditável, coisas que, de acordo com meu ponto de vista, fazem parte do mundo real, ao invés de existir somente aos olhos do contemplativo.

Há uma sensação de certeza em experiências platô. É muito, muito bom ser capaz de ver o mundo como milagroso e não meramente no concreto, reduzido ao comportamental, limitado ao aqui e agora. Você sabe, se você permanece imobilizado no aqui e agora, há uma redução.

Bom, é muito fácil emocionar-se com as próprias palavras e você pode continuar falando sobre a beleza do mundo, mas o fato é que estas experiências platô são muito bem descritas em muitas obras literárias. Esta não é a descrição padrão da experiência mística penetrante, mas o modo pelo qual aparece o mundo se uma experiência mística realmente ocorrer. Se sua experiência mística mudar sua vida, você se meterá com o que é da sua conta, tal como o fizeram os grandes místicos. Por exemplo, grandes santos podiam ter revelações místicas, mas também podiam dirigir um monastério. Você pode dirigir uma mercearia e pagar as contas e, ainda assim, prosseguir com esta sensação de testemunhar o mundo do modo como o fez nos grandes momentos de percepção mística" (*Journal of Transpersonal Psychology* 4 (1972): 112-115).

EXERCÍCIOS
Um Exercício de Amor S

Para Maslow, o amor do ser é desinteressado; não exige nada em troca. O próprio ato de amar, de apreciar a essência e a beleza do objeto de amor é sua própria recompensa. Em nossa experiência diária, sentimos usualmente uma mistura de amor do ser e de deficiência. Em geral, esperamos e recebemos algo em troca por nossos sentimentos de amor.

Este exercício deriva de uma velha prática cristã, destinada a desenvolver sentimentos de amor puro. Sente-se num quarto escuro frente a uma vela acesa. Relaxe e tome contato, gradualmente, com seu corpo e seu ambiente. Permita à sua mente e ao seu corpo diminuírem a velocidade, tornarem-se calmos e tranqüilos.

Olhe atenta e fixamente para a chama da vela. Expanda sentimentos de amor de seu coração para a chama. Seus sentimentos de amor por ela não têm qualquer relação com o valor da chama em si. Você ama por amor ao amor. (Pode parecer estranho, à primeira vista, tentar amar um objeto inanimado, uma mera chama, mas este é exatamente o ponto—experienciar o sentimento de amor numa situação em que não há volta, nenhuma recompensa além do sentimento de amor em si.) Expanda seus sentimentos de amor para incluir todo o quarto e tudo que há nele.

A Análise de Experiências Culminantes

Tente se lembrar claramente de uma experiência culminante em sua própria vida—um momento alegre, feliz, jubiloso, que se destaca em sua memória. Reviva a experiência durante algum tempo.

1. O que ocasionou esta experiência? Havia algo único na situação que a provocou?

2. Como você se sentia no momento? Este sentimento era diferente de sua experiência habitual—emocional, física ou intelectualmente?

3. Você parecia diferente a você mesmo? O mundo lhe parecia diferente?

4. Quanto durou a experiência? Como você se sentiu depois?

5. A experiência teve qualquer efeito duradouro (em sua perspectiva ou em suas relações com os outros, por exemplo)?

6. Como sua própria experiência pessoal pode ser comparada com as teorias de Maslow referentes às experiências culminantes e à natureza humana?

Para ter uma visão mais clara de experiências culminantes, compare suas experiências com outros. Procure diferenças bem como semelhanças. As diferenças são resultado de situações diferentes ou, talvez, de variações na personalidade ou na história passada? O que as semelhanças implicam das idéias de Maslow ou da potencialidade humana em geral?

BIBLIOGRAFIA COMENTADA

Maslow, A.H., 1971. *The Farther Reaches of Human Nature.* New York: Viking. Em vários aspectos, o melhor livro de Maslow. Uma coleção de artigos sobre saúde psicológica, criatividade, valores, educação, sociedade, metamotivação e transcendência; também, uma bibliografia completa das obras de Maslow.

———, 1968. *Introdução à Psicologia do Ser.* RJ, Eldorado, s/data, 2a. ed. O livro mais popular e mais amplamente disponível de Maslow. Inclui material a respeito de deficiência *versus* ser, crescimento psicológico, criatividade e valores.

———, 1970. *Motivation and Personality.* New York: Harper and Row. Um manual de Psicologia que fornece um tratamento mais técnico do trabalho de Maslow. Capítulos que tratam da teoria da motivação, da hierarquia de necessidades e da auto-atualização.

REFERÊNCIAS

Benedict, R., 1970. Synergy Patterns of the Good Culture. *American Anthropologist* 72:320-333.

Goble, F., 1971. *The Third Force: The Psychology of Abraham Maslow.* New York: Pocket Books.

Goldstein, K., 1939. *The Organism.* New York: American Book Co.

———, 1940. *Human Nature in the Light of Psychopathology.* New York: Schocken Books.

Hall, M., 1968. A Conversation with Abraham Maslow. *Psychology Today* 2(2):34-37, 54-57.

Horner, M., 1972. The Motive to Avoid Success and Changing Aspirations of College Women. In *Readings on the Psychology of Women*, org. por J. Bardwick, pp. 62-67. New York: Harper and Row.

Huxley, A., 1963. *Island.* New York: Bantam.

International Study Project, 1972. *Abraham H. Maslow: a Memorial Volume.* Monterey, Calif.: Brooks/Cole.

James, W., 1943. *The Varieties of Religious Experience.* New York: Modern Library.

Journal of Transpersonal Psychology Editorial Staff, 1970. An Appreciation. *Journal of Transpersonal Psychology* (2)2:iv.

Krippner, S., 1972. The Plateau Experience. A. H. Maslow e outros. *Journal of Transpersonal Psychology* 4:107-120.

Lowrey, R. org. 1973a. *Dominance, Self-esteem, Self-actualization: Germinal Papers of A. H. Maslow.* Monterey, Calif.: Brooks/Cole.

———, 1973b. *A. H. Maslow: An Intellectual Portrait.* Monterey, Calif.: Brooks/Cole.

Maslow, A., 1964. *Religious, Values and Peak Experiences.* Columbus: Ohio State University Press.

———, 1965. *Eupsychian Management: A Journal.* Homewood, Ill.: Irwin-Dorsey.

———, 1966. *The Psychology of Science: A Reconnaisance.* New York: Harper and Row.

———, 1968. *Introdução à Psicologia do Ser.* RJ, Eldorado, s/data, 2a. ed.

———, 1970. *Motivation and Personality.* Ed. rev. New York: Harper and Row.

———, 1971. *The Farther Reaches of Human Nature.* New York: Viking.

Maslow, A. H., com Chiang H., 1969. *The Healthy Personality: Readings.* New York: Van Nostrand.

Ornstein, R., 1972. *The Psychology of Consciousness.* New York: Viking.

———, 1973. *The Nature of Human Consciousness.* New York: Viking.

Summer, W., 1940. *Folkways.* New York: New American Library.

Sutich, A., 1969. Some Considerations Regarding Transpersonal Psychology. *Journal of Transpersonal Psychology* 1:11-20.

Tart, C. 1969. *Altered States of Consciousness.* New York: Wiley.

Timmons, B., e Kamiya, J., 1970. The Psychology and Psysiology of Meditation and Related Phenomena: a Bibliography. *Journal of Transpersonal Psychology* 2:41-39.

Timmons, B., e Kanellakos, D., 1974. The Psychology and Physiology of Medication and Related Phenomena: Bibliography II. *Journal of Transpersonal Psychology* 6:32-38.

PARTE III

INTRODUÇÃO ÀS TEORIAS ORIENTAIS DA PERSONALIDADE

Os três capítulos finais deste livro são dedicados às teorias da personalidade implícitas em três doutrinas orientais: Zen-budismo, Ioga e Sufismo. Uma vez que este é o primeiro manual a tratar dessas doutrinas no contexto das teorias da personalidade, achamos apropriado discutir sua relação com as teorias ocidentais e com a orientação deste livro.

Interesse Contemporâneo por Sistemas Orientais

Há um crescente interesse pelo pensamento oriental nos Estados Unidos. Numa época de contínuo questionamento a respeito dos pontos de vista estabelecidos sobre religião, ciência e sistemas políticos organizados, há uma busca correspondente por modelos de comportamento humano alternativos, modelos que sejam baseados em uma observação diferente e que conduzam a conclusões alternativas.

A proliferação de professores, livros e organizações baseadas em diversos modelos orientais é uma indicação deste interesse. Um número crescente de estudantes, amigos e colegas de nossas relações dedicaram-se a um estudo intensivo ou à prática de doutrinas orientais em busca de novos valores e de crescimento pessoal e espiritual. A Psicologia torna-se cada vez mais um campo de estudo internacional, menos amarrado aos pressupostos intelectuais e filosóficos dos Estados Unidos e da Europa Ocidental.

Estes capítulos foram incluídos para lhe fornecer a oportunidade de considerar, avaliar e até certo ponto experienciar tais perspectivas adicionais sobre a personalidade no contexto de um curso crítico e comparativo dentro da Psicologia. Temos ampla evidência sobre o interesse e o tempo que os estudantes têm dedicado a estas questões. Ainda assim, o grau de conhecimento fundamental sobre as tradições orientais é freqüentemente muito baixo em comparação com o interesse ou mesmo tempo que muitas pessoas têm despendido nestas atividades. Portanto, a Parte Dois representa uma ampliação dos limites tradicionais da "teoria da personalidade".

Moralidade e Valores nas Doutrinas Orientais

Zen, Ioga e Sufismo originaram-se de uma necessidade comum de compreender a relação entre a prática religiosa e a vida cotidiana. Diferem da maioria das teorias orientais em seu grande interesse por valores e considerações morais, assim como em sua ênfase na conveniência de viver de acordo com certos padrões espirituais. Entretanto, todos os três encaram a moral e os valores de forma prática e até mesmo iconoclástica. Argumentam que deveríamos viver dentro de um código moral, pois tal modo de vida tem efeitos definidos, reconhecíveis e benéficos sobre nossa consciência e, acima de tudo, sobre o "viver bem", não por qualquer consideração artificial e externa sobre "bondade" ou virtude.

De fato, cada uma destas tradições enfatiza a futilidade e a insensatez da valorização de padrões externos em detrimento de um desenvolvimento interior. Uma história Zen conta sobre um monge errante que se aquecia frente a uma fogueira que havia feito com uma estátua de madeira do Buda. O sacerdote local aproximou-se:

"O que você está fazendo?" pergunta, horrorizado diante de tal sacrilégio.

"Estou queimando esta imagem para extrair o *sarira*" (uma relíquia santa encontrada nas cinzas de um santo budista).

"Como você pode obter uma relíquia de uma estátua?"

"Pois então," replicou o monge, "é apenas um pedaço de madeira e o estou queimando para me aquecer."

Apesar das diferenças de linguagem, ênfase e alcance, estas teorias, assim como suas cópias ocidentais, derivaram de cuidadosas observações sobre a experiência humana. São construídas sobre séculos de observações empíricas a respeito dos efeitos de diversas idéias, atitudes, comportamentos e exercícios sobre os indivíduos.

Embora o âmago central e ético de cada tradição seja baseado em experiências pessoais e *insights* de seus fundadores, a vitalidade e importância destes sistemas repousam no contínuo teste, reelaboração e modificação destes *insights* originais para novos contextos, novas condições culturais e situações interpessoais. Apesar de sua antiguidade, estas tradições representam hoje em dia as perspectivas de milhões de pessoas em mais ou menos cem países diferentes. São realidades vivas para seus adeptos e não apenas abstrações acadêmicas, escolares ou pouco práticas.

Experiência Transpessoal

O principal enfoque destas doutrinas é o crescimento transpessoal: a tendência de cada pessoa a relacionar-se mais intimamente com algo *maior* do que o *self* individual. Teóricos ocidentais discutiram o crescimento mais em termos do fortalecimento do *self*: desenvolvimento da autonomia, da autodeterminação, da auto-atualização, libertação de processos neuróticos e saúde mental.

Angyal (1956) descreve cada um destes pontos de vista. Um deles se centraliza no crescimento pessoal e no desenvolvimento integral do *self*. O outro lida com o crescimento transpessoal, ou seja, a tendência a expandir as fronteiras do *self*.

> Visto sob uma destas perspectivas [o desenvolvimento integral do *self*], o ser humano parece lutar basicamente para afirmar e expandir sua autodeterminação. É um ser autônomo, uma entidade que cresce por si mesma e que se faz valer de modo ativo, ao invés de reagir passivamente como um corpo físico aos impactos do mundo que o rodeia. Essa tendência fundamental expressa-se na luta da pessoa para consolidar e desenvolver seu autogoverno, em outras palavras, para exercer sua liberdade e organizar os itens relevantes de seu mundo a partir do centro de governo autônomo que é o seu *self*. Esta tendência–que chamei de "propensão para autonomia crescente"–expressa-se na espontaneidade, na auto-afirmação, no esforço pela liberdade e pelo domínio de si (pp. 44-45).

> Vista sob outra perspectiva, a vida humana revela um padrão básico bastante diferente do acima descrito. Sob este ponto de vista, a pessoa parece buscar um lugar para si numa unidade maior, da qual ela se esforça por tornar-se parte. Na primeira tendência nós a vemos lutando pela centralização em seu mundo, tentando moldar e organizar os objetos e eventos de seu mundo, trazê-los para sua própria jurisdição e controle. Na segunda tendência, pelo contrário, a pessoa parece entregar-se voluntariamente à busca de um lar para si e tornar-se UMA PARTE ORGÂNICA DE ALGO QUE CONCEBE COMO MAIOR DO QUE ELA. A uni-

dade supra-individual da qual a pessoa se sente parte, ou deseja tornar-se parte, será formulada de diferentes formas, de acordo com sua formação cultural e com sua compreensão pessoal (pp. 45-46).

Esta segunda tendência pareceria mais aplicável àqueles que já adquiriram um certo grau de autocontrole, maturidade e auto-atualização. O desenvolvimento de uma personalidade profundamente autônoma e de um senso de *self* parecem ser pré-requisitos para este segundo tipo de crescimento.

Muitos psicólogos e outros cientistas foram fortemente influenciados por idéias preconcebidas e preconceitos ao analisar o crescimento transpessoal e as experiências transcendentais ou religiosas. As conotações associadas a esses temas levaram alguns a acreditar que tais tópicos são mais artigos de fé do que temas a serem investigados pela Psicologia. Tais preconceitos são fortalecidos pelo fato de que virtualmente os únicos conceitos disponíveis para descrever fenômenos transpessoais vêm da terminologia religiosa.

> Na verdade, esta identidade está tão profundamente estabelecida na língua inglesa que é quase impossível falar "vida espiritual" (frase desagradável para um cientista, em particular para os psicólogos) sem usar o vocabulário da religião tradicional. Simplesmente ainda não existe outra linguagem satisfatória. Uma excursão pelos léxicos poderia demonstrá-lo com rapidez. Isto constitui um problema quase insolúvel para o escritor que pretende demonstrar que a base comum de todas as religiões é humana, natural e empírica e que os assim chamados valores espirituais são também naturalmente deriváveis. Mas disponho apenas de uma linguagem teísta para este trabalho "científico" (Maslow, 1964, p. 4n).

Experiências transpessoais têm sido aspectos importantes da vida humana em toda a história. A maioria das culturas e sociedades foi profundamente religiosa; seu sistema de valores apoiou tais experiências e deu-lhes valor. A sociedade moderna ocidental tem-se mostrado menos aberta aos fenômenos transpessoais há algumas décadas, espaço de tempo na realidade muito pequeno em relação a toda a história do Ocidente. Deveríamos lembrar que a dimensão transpessoal foi de importância central na maioria das sociedades através da história.

Para um estudante da personalidade, seria tão insensato negligenciar este setor da consciência como o seria ignorar a psicopatologia. É um reflexo da imaturidade da Psicologia, e não de sua sofisticação, o fato dela ter dedicado maior esforço à compreensão da doença humana do que à transcendência humana. As teorias orientais lentamente adquiriram os instrumentos e conceitos necessários à investigação deste aspecto mais impreciso e subjetivo da consciência.

Em resumo, os três capítulos que se seguem apresentam teorias da personalidade abrangentes e práticas, descritas em termos psicologicamente relevantes. Cada sistema está envolvido de modo profundo com questões de valor definitivo, com experiências transpessoais e com o relacionamento entre o *self* individual e o todo mais amplo. Cada uma dessas teorias recebeu considerável alteração no Ocidente e muitos aspectos destes sistemas já estão sendo aplicados a diferentes facetas da Psicologia.

A análise dessas teorias orientais não é diferente das avaliações que você fez das teorias ocidentais anteriormente apresentadas. Você não precisa ser budista para apreciar e utilizar alguns dos conceitos ou perspectivas encontrados no Zen e não precisa tornar-se um iogue para praticar exercícios de respiração ou relaxamento. Esperamos que você aprecie os sistemas de pensamento orientais como expansões de sua formação psicológica ocidental e tire deles tudo o que considerar valioso.

REFERÊNCIAS
Campbell, Peter, e McMahon, Edwin. 1974. Religious Type Experience in the Context of Humanistic and Transpersonal Psychology. *Journal of Transpersonal Psychology* 6:11-17.
Goleman, Daniel, 1974. Perspective on Psychology, Reality and the Study of Consciousness. *Journal of Transpersonal Psychology* 6:73-85.
Maslow, Abraham, 1964. *Religious, Values and Peak Experiences.* Columbus: Ohio State University Press.

CAPÍTULO 10

ZEN-BUDISMO

ZEN-BUDISMO

O Zen-budismo está essencialmente interessado em levar as pessoas a uma compreensão direta e pessoal dos ensinamentos de Buda, sobrepondo a experiência à teologia ou filosofia abstrata. Uma vez perguntaram ao Buda como se poderia avaliar os ensinamentos religiosos e os mestres espirituais. Ele respondeu: "Vocês, que me seguem, considerem cuidadosamente esta questão. Buscadores da verdade, mantenham os olhos abertos. Pesem os rumores, os costumes e os boatos. Não permitam que a superioridade de qualquer pessoa a respeito das Escrituras desencaminhe vocês. Cuidem-se para não confiar demais na lógica e no argumento, num cabedal de razões elaboradas, na aprovação de opiniões consideradas, na plausibilidade de idéias, no respeito pelo mestre que os conduz. Apenas quando *conhecerem* e estiverem certos de que conhecem—isto não é bom, isto é errôneo, isto é censurado pela inteligência, isto conduzirá a perdas e desgostos—apenas quando conhecerem, devem aceitar ou rejeitar tal coisa" (*Dhammapada,* 1967, p. 17).[1]

HISTÓRIA

O Budismo é baseado nos ensinamentos de Sidarta Gautama, o Buda. O termo "Buda" é um título, não um nome próprio. Significa "aquele que sabe", ou aquele que exemplifica um certo nível de entendimento, aquele que atingiu a plenitude da condição humana. O Buda nunca pretendeu ser mais do que um homem cujas realizações, sucessos e empreendimentos foram o resultado de suas capacidades puramente humanas. Desenvolveu-se como um ser humano completamente maduro, o que é uma realização tão rara que tendemos a encará-la como algo sobre-humano ou divinamente inspirado. No entanto, a ênfase central do Budismo está em que todo indivíduo possui esta natureza Buda: a potencialidade de se tornar um Buda, a capacidade de se desenvolver como um ser humano completo.

Lembrai que deveis caminhar sozinhos; os Budas apenas apontam o caminho (Buda Shakyamuni em Kennett, 1972a, p. 6).

A vida de Gautama tem sido registrada como a história religiosa budista; há pouca evidência confiável de datas e atividades específicas. Entretanto, sua história de vida oficial pode ser lida como a ilustração dos ideais e princípios budistas.

Gautama nasceu príncipe num pequeno reino do norte da Índia no século VI A.C. Casou-se com dezesseis anos com uma bonita princesa e morava em seu palácio rodeado de conforto e luxo. Em quatro viagens nas quais saiu do palácio, Gautama confrontou-se subitamente com a realidade da vida e com o sofrimento da humanidade. Da primeira vez, Gautama encontrou um velho, cansado de uma vida de labuta e miséria. Na segunda viagem viu um homem que sofria de uma moléstia grave. Em sua terceira viagem, Gautama observou um defunto carregado numa dolorosa procissão fúnebre. Por fim, ele se encontrou com um asceta religioso, comprometido com o caminho hindu tradicional de disciplina espiritual. Ele percebeu que a doença, a velhice e a morte são fins inevitáveis, mesmo da vida mais alegre e próspera. A inevitabilidade do sofrimento humano tornou-se o problema fundamental e central da busca espiritual de Gautama. Ele viu que sua forma de vida atual não poderia fornecer resposta ao problema do sofrimento e decidiu deixar sua família e o palácio e buscar uma solução através da prática religiosa.

---

[1] Todas as citações do *Dhammapada* foram tiradas da tradução feita por P. Lal (New York: Farrar, Straus & Giroux, 1967).

Com vinte e nove anos, logo após o nascimento de seu único filho, Gautama deixou seu reino e estudou por seis anos com dois mestres diferentes, comprometido com uma autodisciplina severa. Casualmente, sentou-se sob uma árvore Bodhi e resolveu que não iria comer ou deixar esse lugar até que alcançasse a iluminação, mesmo que morresse nessa tentativa. Por fim, enfraquecido pelo longo jejum, Gautama descobriu que a mortificação do corpo não poderia jamais causar a iluminação e aceitou alguma comida para lhe dar forças para continuar com seus esforços espirituais. Este foi o primeiro exemplo do conceito budista de Caminho Intermediário: buscar uma disciplina saudável e útil sem chegar à completa indulgência dos sentidos nem à autotortura. Após profunda e prolongada meditação, Gautama tornou-se finalmente o Buda; experienciou uma profunda transformação interna que alterou toda a sua perspectiva de vida. Seu modo de encarar a questão da doença, da velhice e da morte mudou porque *ele* mudou.

No reino da morte a pessoa deve entrar sozinha, tendo como companhia apenas seu próprio Karma, bom e mau (Dogen em Kennett, 1972a, p. 130).

O Buda decidiu expandir sua compreensão a outros e ensinou, durante quarenta e quatro anos, andando de cidade em cidade na Índia com um grupo cada vez maior de seguidores. Morreu em 483 A.C. aos oitenta anos.

Há duas importantes tradições dentro do Budismo. A tradição Theravada ou Hunayana, estabelecida originalmente no sudoeste da Ásia, Ceilão, Birmânia e Tailândia, e a Escola Mahayana que floresceu principalmente na China, Coréia e Japão.

O Zen é uma das principais seitas da tradição Mahayana. Foi fundado na China no século VI por Bodhidarma, um monge budista hindu que dava mais importância à contemplação e à disciplina pessoal do que a rituais religiosos. Nos séculos XI e XII, vários budistas japoneses viajaram à China para estudar o Zen. Quando retornaram ao Japão, esses homens fundaram grandes templos, ensinaram proeminentes discípulos e divulgaram os ensinamentos Zen-budistas de todo o Japão.

PRINCIPAIS CONCEITOS
As Três Características da Existência

De acordo com o pensamento budista, são três as principais características da existência: temporalidade, desprendimento e insatisfação.

Temporalidade. O conceito de temporalidade acarreta a compreensão de que tudo está em constante mudança, de que nada é permanente. Com certeza, nada que é físico dura para sempre. Arvores, edifícios, o Sol, a Lua, as estrelas—tudo tem uma existência finita; além disso, tudo está em fluxo num dado momento. A temporalidade também se aplica a pensamentos e idéias. O conceito de temporalidade implica que não pode haver uma autoridade suprema ou uma verdade permanente. Há apenas um nível de compreensão adequado para um certo tempo e lugar. Uma vez que as condições mudam, o que parece ser verdade numa época é visto como falso e inadequado em outras. Portanto, não se pode dizer que o budismo tenha uma doutrina fixa. Aceitar verdadeiramente o conceito de temporalidade é perceber que nada, em nenhum momento, torna-se completamente Buda, que mesmo Buda está sujeito à mudança e ainda pode progredir, que Buda *é* mudança.

O tempo voa mais depressa do que uma flecha, e a vida passa com maior transitoriedade do que o orvalho. Por mais habilidoso que você possa ser, como pode reviver um único dia do passado? (Dogen em Kennett, 1972a, p. 135).

Desprendimento. A filosofia hindu enfatizou a temporalidade de todas as coisas, exceto do *self* ou alma, que é imutável e imortal. A noção budista de temporalidade não faz nem mesmo esta exceção. O conceito de desprendimento sustenta que não há alma imortal ou *self* eterno em cada indivíduo.

O indivíduo é visto como um agregado de atributos—intelecto, emoções, corpo—os quais são todos temporais e estão em constante mudança. Nagasena, sábio budista, tentou explicar este princípio ao Rei Milinda usando o exemplo da carruagem do rei:

> "Ouça, ó grande rei, por acaso o timão é a 'carruagem'?"
> "De fato não é, reverendo senhor."
> "O eixo é a 'carruagem'? – "De fato não é, reverendo senhor."
> "Será que as rodas são a 'carruagem'? – "De fato não, reverendo senhor."
> "O corpo da carruagem é a 'carruagem'?" – "De fato não, reverendo senhor."
> "O mastro da carruagem é a 'carruagem'?" – "De fato não, reverendo senhor."
> "A canga é a 'carruagem'?" – "De fato não, reverendo senhor."
> "As rédeas são a 'carruagem'?" – "De fato não, reverendo senhor."
> "O chicote é a 'carruagem'?" – "De fato não, reverendo senhor."
> "Bem, grande rei, a soma total do timão, eixo, rodas, corpo da carruagem, mastro, canga, rédeas e chicote—constitui a 'carruagem'?" – "De fato não, reverendo senhor."
> "Bem, grande rei, a 'carruagem' é algo além da soma total do timão, eixo, rodas, corpo da carruagem, mastro, canga, rédeas e chicote?" – "De fato não é, reverendo senhor."
> "Grande rei, fiz todas as perguntas de que posso pensar, mas não consigo descobrir a 'carruagem'! Aparentemente, a 'carruagem' não passa de um som."
> [O rei explicou] "Por causa do timão e por causa do eixo, por causa das rodas e por causa do corpo da carruagem e por causa do mastro, o epíteto, a designação, o título, o estilo, o nome–'carruagem'–é usado correntemente."
> [Nagasena replicou que o mesmo é válido para o indivíduo. Por causa dos vários órgãos do corpo, por causa da sensação, da percepção e da consciência,] "por causa de tudo isto, entra em uso o epíteto, a designação, o título, o nome–mas apenas o nome–'Nagasena'. No sentido mais elevado da palavra, entretanto, não se pressupõe, a partir daí, que qualquer 'indivíduo' exista."
>
> (Burlingame, 1922, pp. 202-204.)

Em outras palavras, nossos corpos e personalidades são constituídos de componentes mortais, em constante mudança. O indivíduo não é algo mais do que estas partes que o compõem. Quando as partes perecem, o mesmo acontece com o indivíduo.

Insatisfação. Insatisfação, ou sofrimento, é a terceira característica da existência. Inclui nascimento, morte, decadência, tristeza, dor, desgosto, desespero e a existência em si mesma. O problema básico não é externo. Repousa num *self* limitado–a consciência relativa–de cada indivíduo. Os ensinamentos budistas são propostos para nos ajudar a mudar ou transcender nosso senso de egoísmo e limitação e, portanto, adquirir um senso de relativa satisfação conosco e com o mundo.

Interpretar este princípio como significando que o sofrimento é uma parte inevitável da existência faria do Budismo uma religião extremamente negativa e pessimista. Entretanto, os ensinamentos budistas indicam que a fonte de sofrimento está dentro do próprio indivíduo e, de forma otimista, concluem que algo pode ser feito com esta insatisfação.

As Quatro Verdades Nobres

Gautama buscou uma forma de superar o sofrimento e a limitação que via como partes inevitáveis da vida humana. Delineou as características essenciais da existência humana em termos das Quatro Verdades Nobres.

A primeira Verdade é a da existência da insatisfação. Dado o estado psicológico do indivíduo comum, a insatisfação ou sofrimento é inevitável.

A segunda Verdade é que a insatisfação é o resultado de anseios ou desejos. A maioria das pessoas é incapaz de aceitar o mundo como ele é porque é levada pelos vínculos com o desejo do positivo e do agradável e com sentimentos de aversão pelo negativo e doloroso. O anseio sempre cria uma estrutura mental instável, na qual o presente nunca é satisfatório. Se os desejos não são satisfeitos, o indivíduo é guiado por uma necessidade de mudar o presente; se são satisfeitos, o resultado é o medo da mudança que acarreta novas frustrações e insatisfações. Se todas as coisas passam, o desfrutar a realização dos desejos é sempre compensado pela percepção de que nosso 'desfrutar' é apenas temporário. Quanto mais forte o anseio, mais intensa a insatisfação ao saber que tal realização não vai durar.

> Como a aranha enredada em sua própria teia está o homem preso a seus desejos (*Dhammapada*, 1967, p. 159).

A terceira Verdade é a de que a eliminação dos desejos leva à extinção do sofrimento. De acordo com a doutrina budista, é possível aprender a aceitar o mundo como ele é, sem sentir insatisfação pelas suas limitações. Eliminar o desejo não significa extinguir todos os desejos. Significa não estar mais amarrado a ou controlado por nossos desejos, nem acreditar que a felicidade dependa da satisfação de determinados desejos. Os desejos são normais e necessários, pois precisamos comer e dormir para nos mantermos vivos. Os desejos também nos ajudam a nos manter acordados. Se todas as necessidades são imediatamente preenchidas, é fácil passar para um estado passivo e alienado de complacência. A aceitação refere-se a uma atitude serena de desfrutar os desejos realizados sem nos perturbarmos seriamente com os inevitáveis períodos de insatisfação.

> Os prazeres divinos não extinguirão as paixões. O encanto repousa apenas na destruição do desejo (*Dhammapada*, 1967, p. 102).

A quarta Verdade é a de que há uma forma de eliminar os desejos e a insatisfação: o Nobre Caminho Óctuplo ou o Caminho Intermediário. A maioria das pessoas busca o mais alto grau possível de gratificação dos sentidos. Outros, que percebem as limitações desta abordagem, tendem ao outro extremo, da automortificação. O ideal budista é a moderação.

> Evitem esses dois extremos, monges. Quais? Por um lado, a indulgência baixa, vulgar, ignóbil e inútil pela paixão e pelo luxo; por outro, a dolorosa, ignóbil e inútil prática da autotortura e da mortificação. Tomem o Caminho Intermediário aconselhado pelo Buda, pois ele conduz à compreensão (*insight*) e à paz, à sabedoria e à iluminação. . . (*Dhammapada*, 1967, p. 22).

O Caminho Óctuplo consiste no discurso, ação, modo de vida, esforço, cautela, concentração, pensamento e compreensão adequados. O princípio básico é o de que determinadas formas de pensamento, ação e assim por diante tendem a magoar os outros e a ferir e limitar a nós mesmos.

> Projetistas fazem canais, arqueiros atiram flechas, artífices modelam a madeira, o homem sábio molda-se a si próprio (*Dhammapada*, 1967, p. 65).

Em última instância, o que é "adequado" deveria ser determinado por cada indivíduo, responsabilizando-se por suas ações e trabalhando para se tornar um ser humano mais maduro.

Iluminação

O próprio termo "iluminação" tende a ser enganoso porque parece se referir a algum estado que se pode permanentemente obter; isto é, claro, violaria o conceito budista de temporalidade.

Uma palavra japonesa que tem sido muito usada no Zen é *satori*, que significa, literalmente, compreensão intuitiva. Outro termo é *kensho*, que significa olhar para dentro de nossa própria natureza. Estes dois termos referem-se à experiência imediata do indivíduo com relação aos ensinamentos budistas. A experiência a que se referem não é passível de uma definição precisa ou adequada porque a iluminação não é uma coisa estática; é um estado de ser progressivo e dinâmico, sempre em mudança, muito parecido com o conceito de auto-atualização de Maslow.

> Quando um homem tem conhecimento incompleto da Verdade, sente que já sabe o bastante, mas quando ele compreendeu completamente a Verdade, tem certeza de que falta alguma coisa (Dogen em Kennett, 1972a, p. 144).

Arhat e Bodhisattva

As tradições Therevada e Mahayana contêm diferentes concepções sobre a natureza do ser humano ideal. O ideal Therevada é Arhat, alguém que se desligou por completo das limitações de um vínculo com a família, as posses e o conforto, a fim de se tornar perfeitamente livre deste mundo. O Arhat é basicamente um asceta não mundano. Arhat significa alguém que matou o inimigo, ou alguém que matou todas as paixões no processo de uma disciplina espiritual intensa.

> Ninguém é mais elevado que ele, que não será enganado, que conhece a essência, que abandonou o desejo e renunciou ao mundo e vive insensível ao fluir do tempo (*Dhammapada*, 1967, p. 72).

Um texto budista, *Avadana Sataka*, descreve o Arhat. "Ele se esforçou, empenhou-se e lutou e então percebeu que este ciclo de 'Nascimento e Morte'... está em fluxo constante. Rejeitou todas as condições da existência que trazem consigo um grupo de condições, uma vez que faz parte de sua natureza decair e desmoronar-se, mudar e destruir-se. Abandonou todas as 'corrupções' e ganhou a condição de Arhat.... O ouro e o barro eram a mesma coisa para ele. Para sua mente, o céu e a palma de sua mão eram o mesmo" (em Conze, 1959a, p. 94).

O ideal Mahayana é o Bodhisattva, literalmente, "ser iluminado". O Bodhisattva é um ser profundamente compassivo que fez voto de permanecer no mundo até que todos os outros tenham se libertado do sofrimento.

Compreendendo verdadeiramente o princípio do desprendimento, o Bodhisattva dá-se conta de que é uma parte de todos os outros seres sensíveis e de que, até que todos os seres estejam livres do sofrimento, não poderá obter a satisfação completa. O Bodhisattva faz voto de não entrar no Nirvana até que todos os seres sensíveis, cada folha de grama, sejam iluminados.

> Como há muitos seres no universo de seres... nascidos de um ovo, nascidos de um útero, nascidos da umidade ou milagrosamente nascidos; com ou sem forma; com percepção, sem percepção ou sem um ou outro—até onde todas as formas de vida concebíveis são concebidas: todos estes eu devo conduzir ao Nirvana.... (Diamond Sutra em Conze, 1969b, p. 164).

A compaixão é a grande virtude do Bodhisattva, resultado do sentir verdadeiramente o sofrimento de todos os outros como seu próprio. Do ponto de vista Mahayana, esta atitude *é* iluminação. Na experiência de iluminação, o mundo não é transcendido, mas o *self* egoísta o é.

> Quando alguém estuda o Budismo, estuda a si mesmo; quando estuda a si mesmo, esquece-se de si; quando se esquece de si, é iluminado por tudo e esta grande iluminação rompe a escravidão do apego ao corpo e à mente, não apenas para a própria pessoa, mas também para todos os seres (Dogen em Kennett, 1972a, pp. 142-143).

O caminho Bodhisattva inclui o abandono do mundo, mas não dos seres que nele estão. A concepção do Arhat enfatiza a busca de perfeição espiritual e o abandono do mundo, sem ênfase no "servir". A atitude do Arhat é de que aqueles que desejam ajudar aos outros devem primeiramente trabalhar consigo mesmos. Alguém que está perdido na ilusão não consegue ajudar ou ensinar os outros e, portanto, o autodesenvolvimento deve naturalmente ocorrer primeiro.

Estes dois ideais podem ser vistos como complementares ao invés de contraditórios. O modelo Arhat enfoca a autodisciplina e o trabalho consigo mesmo, enquanto que o ideal Bodhisattva enfatiza o serviço dedicado aos outros; ambos são ingredientes essenciais para o desenvolvimento espiritual (Kennett, 1972a).

Meditação Zen

Zen vem da palavra sânscrita que significa meditação, *dyhāna* (que evoluiu para *ch'an* em Chinês e *zen* em Japonês). A meditação é um tema central no Zen, e há duas práticas principais na meditação Zen, ou *zazan* (literalmente, "zen sentado"). Pode-se meditar sobre um *koan* ou simplesmente sentar-se com atenção consciente concentrada e sem ajuda externa.

Um koan é tradicionalmente expresso como um diálogo entre um estudante Zen e um mestre Zen. Alguns koans são baseados em questões feitas por importantes estudantes Zen na China antiga. Outros são tirados de questões colocadas por um mestre Zen a fim de estimular ou despertar a compreensão do estudante.

As respostas ilustram de modo vívido e imediato alguns aspectos da profunda compreensão do mestre sobre o Budismo. As respostas tendem a ser paradoxais e além da lógica, e forçam o questionador a ir além das limitações inerentes das categorias com as quais tem encarado a experiência até aquele momento. A meditação sobre koans clássicos ainda é praticada hoje em dia por estudantes Zen da escola Rinzai de Zen.

Um dos mais famosos koans é conhecido como "Mu": Um monge com toda a seriedade perguntou a Joshu: "Um cão tem a natureza Buda ou não?" Joshu retorquiu: "Mu!"

A resposta de Joshu poderia ser traduzida como "nada" ou lida como uma exclamação. Não é uma simples resposta sim-ou-não. O monge estava profundamente interessado no ensino budista de que todos os seres sensíveis têm natureza Buda. (Na China, naquela época, o cão era considerado sujo, o mais baixo dos animais, e o monge estava questionando seriamente se poderia dizer que uma criatura tão baixa tinha natureza Buda.) Joshu não cai na armadilha de aceitar o pressuposto de seu questionador de que há uma coisa peculiar chamada Natureza Buda que pode ser possuída. "Mu" é uma vigorosa rejeição do pensamento dualístico, uma janela pela qual o estudante pode vislumbrar a perspectiva não dualística de Joshu. Um outro professor Zen comenta: "É claro, então, que o Mu nada tem que ver com a existência ou não existência da natureza Buda, mas é ele mesmo a Natureza Buda" (Kapleau, 1965, p. 88 na ed. bras.).

Ao meditar sobre este koan, o indivíduo não deveria se entregar às especulações intelectuais sobre a pergunta e a resposta ou às implicações de cada uma. O propósito do koan é conduzir estudantes Zen a ver sua própria ignorância, levá-los a superar a conceitualização abstrata e buscar a verdade dentro de si mesmos.

> Deixem que todos vocês se tornem uma massa de dúvida e de questionamento. Concentrem-se e penetrem completamente em Mu. Penetrar em Mu significa adquirir unidade absoluta com ele. Como vocês podem adquirir esta unidade? Segurando-se a Mu tenazmente dia e noite!... Sempre focalizem nele suas mentes.

Para um monge Zen, o pré-requisito essencial de seu aprimoramento é a prática do zazen concentrado. Sem discutir sobre quem é esperto ou inapto, quem é sábio ou tolo, apenas pratique zazen. Então, naturalmente, você se aperfeiçoará (Dogen em Masunaga, 1971, p. 8).

"Não interpretem o Mu como um nada e não o concebam em termos de existência ou não existência." Não devem, noutras palavras, pensar no Mu como um problema que envolve a existência ou a não existência da natureza Buda. Então o que farão vocês? Parem de especular e concentrem-se totalmente no Mu—somente no Mu! (Kapleau, 1965, p. 91 na ed. bras.).

Na escola Soto de Zen, os estudantes aprendem que o aspecto mais importante do treinamento Zen refere-se à sua vida cotidiana, e que eles devem aprender a lidar com seu próprio koan pessoal, o problema da vida cotidiana, assim como se manifesta em cada indivíduo.

Um koan pessoal não tem solução final. O problema só pode ser manipulado pela mudança da própria pessoa, de seu ponto de vista, o que resulta da mudança da personalidade da pessoa. O problema não se torna diferente, mas a atitude da pessoa em relação a ele e a maneira pela qual o aborda são alteradas. O indivíduo nunca termina um koan completamente, mas aprende a trabalhar com o problema em nível mais elevado. Por exemplo, Gautama começou sua busca religiosa na esperança de solucionar o koan da doença, da velhice e da morte. Mesmo após ter-se tornado Buda, tais problemas permaneceram inalterados. O Buda não deixou de ser mortal e de envelhecer; entretanto, sua compreensão transcendeu o interesse que tinha por estas questões anteriormente.

Pode-se pensar na abordagem Soto à meditação como um "mero sentar-se" sem um koan ou outros exercícios para ocupar a mente. O meditador esforça-se por manter um estado de atenção consciente concentrada, nem tenso nem relaxado mas totalmente alerta. A atitude é como a de alguém sentado na calçada observando o tráfego. O meditador observa os pensamentos que passam, sem se tornar presa deles e, em conseqüência, esquecer-se de permanecer como um observador alerta.

Visões e experiências semelhantes não deveriam resultar da meditação Zen adequadamente realizada. Em geral, são o resultado de tensões que se acumulam ao sentar-se de modo inadequado para a meditação ou de sonhos diurnos que emergem num determinado ponto da meditação de alguém. Visões e experiências semelhantes são consideradas sem valor no crescimento espiritual de uma pessoa. São, no melhor dos casos, distrações, e no pior, uma fonte de orgulho, egoísmo e ilusão. Um professor Zen salientou que "ter uma bela visão de um Bodhisattva não significa para alguém estar mais perto de se tornar um deles, como o sonho de ser milionário não significa que será mais rico quando acordar" (Kapleau, 1965, p. 55 na ed. bras.).

A meditação é uma disciplina importante para desenvolvermos paz e calma interiores e aprendermos a permanecer centrados e equilibrados. A pessoa aprende em primeiro lugar a centrar-se durante a meditação, e depois a estender este sentido de consciente calma à atividade. Finalmente, nada pode tirar um meditador experiente de seu centro. Ele aprende a enfrentar os problemas a partir deste centro calmo, com um certo desprendimento.

DINÂMICA
Crescimento Psicológico

O caminho do crescimento espiritual foi ilustrado na tradição Zen por uma série de dez figuras sobre a captura de um boi. O Boi é um símbolo da natureza Buda, e o processo de encontrá-lo refere-se à busca interna e ao desenvolvimento espiritual do estudante Zen.

Os mestres Zen discutem com freqüência o desenvolvimento de seus estudantes em termos das figuras sobre a captura do boi, que fornecem ilustrações bastante claras e gráficas do pensamento Zen. Um professor delineou os principais pontos desta série ao aconselhar um estudante Zen adiantado:

> Assim como o ferreiro tira os defeitos da prata, também um homem sábio tira seus próprios defeitos, lentamente, um por um, cuidadosamente (*Dhammapada*, 1967, p. 121).

> Tudo o que vocês devem fazer é parar com a erudição, retirar-se para dentro e refletir sobre si mesmos. Se vocês forem capazes de abandonar o corpo e a mente com naturalidade, a Mente do Buda imediatamente se manifestará por si mesma (Culto Noturno em Kennett, 1972a, p. 231).

1. "PROCURANDO O BOI"

Esta figura representa o começo da busca espiritual. Aqueles que estão procurando devem chegar a acreditar no final que podem "encontrar" a natureza Buda dentro de si mesmos. Kakuan, o mestre Zen que desenhou primeiro esta série, acrescentou comentários a cada figura: "O Boi nunca se extraviou realmente e, então, por que procurá-lo? Tendo voltado as costas para sua Verdadeira natureza, o homem não pode vê-lo. Por causa de sua corrupção, perdeu de vista o Boi. Repentinamente, ele se defronta com um labirinto de caminhos entrecruzados. A ambição de ganho terreno e o pavor da perda surgem como chamas extintas, idéias de certo e de errado projetam-se como adagas" (Kakuan em Kapleau, 1965, pp. 313-314 na ed. bras.).

2. "ENCONTRANDO OS RASTROS"

A pessoa que procura começou a estudar o Budismo com seriedade. O estudo profundo de várias escrituras e relatos das vidas de sábios budistas trazem uma compreensão intelectual das verdades básicas do Budismo, embora o estudante não tenha ainda experienciado estas verdades diretamente. "Ele é incapaz de distinguir o bem do mal, a verdade da mentira. Não passou realmente pelo portão, mas tenta ver os rastros do Boi" (Kakuan em Kapleau, 1965, p. 315 na ed. bras.).

3. "PRIMEIRO VISLUMBRE DO BOI"

Ver o Boi é a primeira experiência direta de que o *self* do estudante e a natureza Buda são uma só coisa. "Se ele apenas escutar atentamente os sons cotidianos, chegará à compreensão e no mesmo instante verá a verdadeira Fonte. Os... sentidos não são diferentes desta verdadeira Fonte. Em qualquer atividade a Fonte está manifestamente presente. É algo análogo ao sal na água ou à liga na tinta" (Kakuan em Kapleau, 1965, p. 316 na ed. bras.).

4. "AGARRANDO O BOI"

Agora o estudante Zen deve estar certo de que a autodisciplina budista permeia toda a vida cotidiana. A meta é estender a percepção da natureza Buda a todas as atividades e manifestar tal percepção em todas as circunstâncias. "Hoje ele encontrou o Boi, que tinha estado longamente corcoveando nos campos agrestes, e, realmente, o agarrou. Por tanto tempo ele esteve vagando pelos arredores que não era fácil romper com os velhos hábitos. Continua a ansiar por pastagens cheirosas, é ainda obstinado e indomável. Se o homem quiser domá-lo inteiramente, tem de usar seu chicote" (Kakuan em Kapleau, 1965, p. 317 na ed. bras.).

5. "DOMANDO O BOI"
Este é o estágio de treinamento preciso e perfeito. Todo ato, todo pensamento, começa a refletir o Verdadeiro *Self*. O indivíduo trabalha incessantemente para manifestar o Budismo todo o tempo, sem uma única interrupção. "Ele deve segurar com firmeza o cabresto e não permitir ao Boi vaguear, para que ele não se extravie em lugares lamacentos. Devidamente cuidado, torna-se limpo e gentil. Solto, segue de bom grado o seu dono" (Kakuan em Kapleau, 1965, p. 318 na ed. bras.).

6. "MONTADO NO BOI VOLTA PARA CASA"

O treinamento formal externo já não é necessário uma vez que a pessoa esteja firmemente ancorada na consciência da natureza Buda. A disciplina que era vista como um fardo é agora abraçada como uma fonte de real liberdade e satisfação. "Cessou a luta, 'ganho' e 'perda' não mais o afetam. Ele cantarola as melodias rústicas dos lenhadores e toca os cantos simples das crianças da aldeia. Montado no Boi contempla serenamente as nuvens no alto. Não volta a cabeça na direção das tentações. Embora alguém possa tentar perturbá-lo, permanece impassível" (Kakuan em Kapleau, 1965, p. 319 na ed. bras.).

7. "O BOI FOI ESQUECIDO, ELE ESTÁ SÓ"

O explorador voltou para casa e o boi é esquecido. A distinção entre categorias religiosas e mundanas desaparece, uma vez que todas as coisas são vistas como possuidoras de natureza Buda. Tudo é sagrado e já não há distinção entre a iluminação e a ignorância. "No Dharma não há dualidade. O Boi é a Natureza primitiva: ele o reconhece agora. Uma armadilha não é mais necessária quando se apanhou um coelho, uma rede torna-se inútil quando se pegou um peixe. Como o ouro separado da escória, como a lua que atravessa as nuvens, um raio de Luz irradiante brilha eternamente" (Kakuan em Kapleau, 1965, p. 320 na ed. bras.).

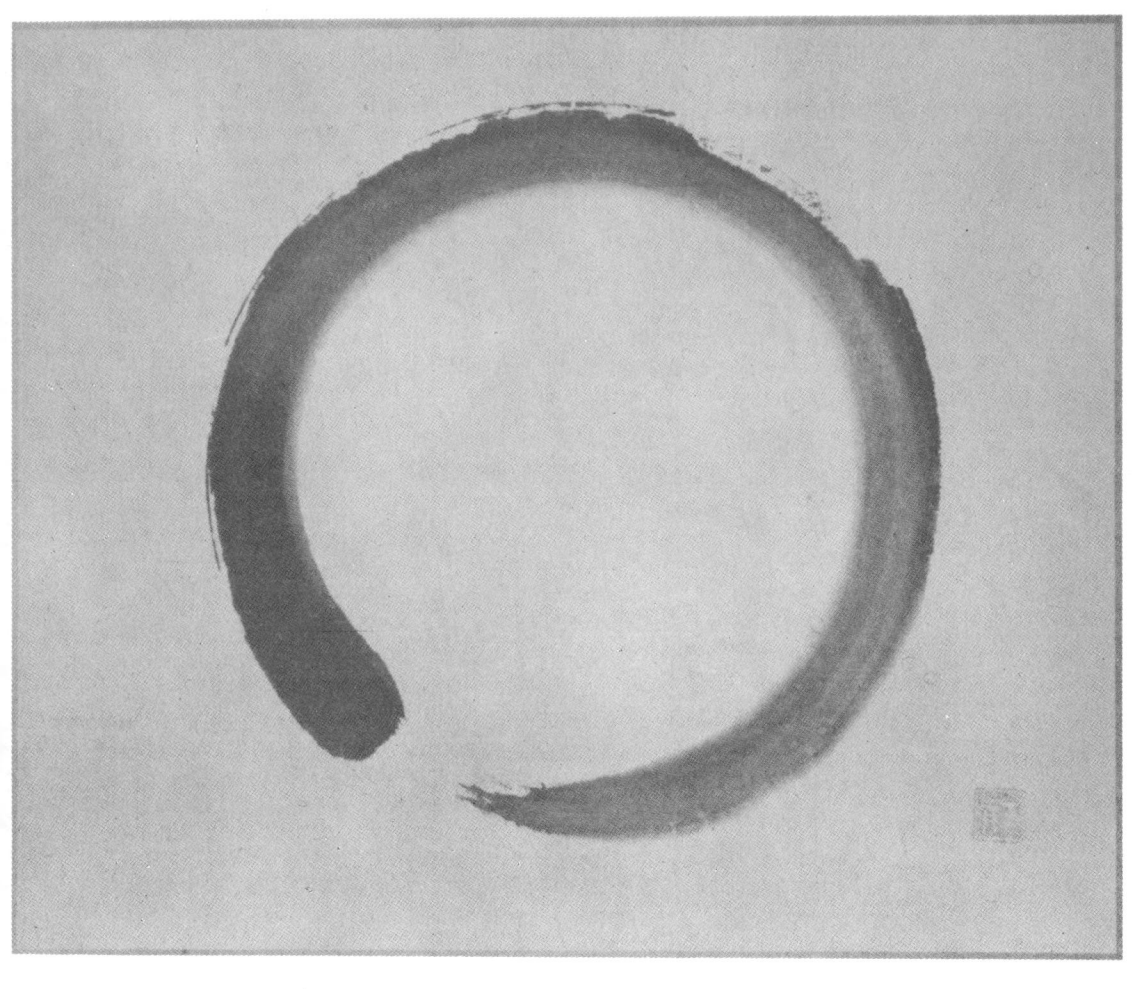

8. "ESQUECIDO DO BOI E DE SI MESMO"

Isto se refere à experiência do vazio, o nada essencial de toda a criação. Na fase anterior, a natureza do indivíduo e a natureza Buda foram transcendidas e agora é a própria iluminação que é transcendida. "Todos os sentimentos ilusórios pereceram e as idéias de santidade também se extinguiram. Ele não permanece no estado de 'Eu sou um Buda' e supera rapidamente o estágio de 'Agora me purifiquei do orgulhoso sentimento de que não sou Buda'. Mesmo os mil olhos [dos quinhentos Budas e Patriarcas] não podem discernir nele uma qualidade específica. Se centenas de pássaros fossem agora juncar de flores o seu quarto, ele não poderia envergonhar-se de si mesmo"[2] (Kakuan em Kapleau, 1965, p. 321 na ed. bras.).

---

[2] Há uma lenda sobre um mestre Zen chinês que era tão santo que os pássaros vinham lhe oferecer flores enquanto ele se sentava para meditar em seu retiro nas montanhas. Depois que ele se tornou totalmente iluminado, os pássaros cessaram suas oferendas, pois ele já não emitia nenhuma aura, nem mesmo de devoção e santidade.

9. "VOLTANDO À FONTE"

Se se pensar que o oitavo estágio é um aspecto estático da Verdade absoluta, poder-se-á dizer que o nono estágio traz uma nova apreciação dinâmica do mundo. A Natureza não é meramente vazia ou sagrada, ela *é*. Se visto claramente, qualquer aspecto do mundo pode servir como um perfeito espelho para nos mostrar a nós mesmos. "Ele observa o crescer e o decrescer da vida no mundo enquanto permanece imparcial, num estado de imperturbável serenidade. Esse [crescer e decrescer] não é fantasma ou ilusão, porém, uma manifestação da Fonte. Por que então há necessidade de lutar por alguma coisa? As águas são azuis, as montanhas verdes. Só consigo mesmo ele observa a mudança incessante das coisas" (Kakuan em Kapleau, 1965, p. 322 na ed. bras.).

10. "ENTRANDO NA PRAÇA DO MERCADO COM MÃOS SERVIÇAIS"

Este é o estágio final, o estágio do Bodhisattva que está livre para se associar com todos os outros seres e ajudá-los sem limitações. O mercado refere-se ao mundo secular, em contraste com o solitário templo Zen ou retiro de contemplação. O Bodhisattva é mostrado com uma grande barriga e com uma cabaça de vinho dependurada nos ombros. Ele quer compartilhar de todos os divertimentos e atividades do mundo, não por desejos ou ligações pessoais, mas a fim de ensinar os outros. "O portão de sua casinha está fechado e mesmo os mais sábios não podem encontrá-lo. Seu panorama mental desapareceu por fim. Segue seu próprio caminho não tentando seguir os passos de antigos sábios. Carregando uma cabaça [de vinho], passeia pelo mercado; apoiado em seu bordão, volta para casa. Ele guia os estalajadeiros e peixeiros no caminho de Buda" (Kakuan em Kapleau, 1965, p. 323 na ed. bras.). O mestre Zen, que "sabe" que tudo é Buda, pode agora voltar às atividades dos estágios iniciais com uma perspectiva diferente.

Ponham fim ao mal, façam apenas o bem, façam o bem para os outros (Os Três Preceitos da Pureza).

Se continuar com o zazen, chegará ao ponto de agarrar o Boi, isto é, o quarto estágio. Até agora, por assim dizer, você não "possui" sua compreensão. Além do estágio de agarrar o Boi, há o estágio de amansá-lo, seguido do de montá-lo, que é um estado de consciência em que a iluminação e o ego são vistos como um e o mesmo. Depois, o sétimo estágio é o de esquecer o Boi; o oitavo é de se esquecer do Boi e de si mesmo; o nono, a imensa iluminação que penetra no próprio fundo e onde não se diferencia mais a iluminação da não-iluminação. O último, o décimo, é o estágio no qual . . . a pessoa se move, como ela mesma, em meio às pessoas comuns, ajudando-as sempre que possível, livre de todo apego pela iluminação (Taji-roshi em Kapleau, 1965, pp. 242-243 na ed. bras.).

Obstáculos ao Crescimento

As três fontes principais de sofrimento, os "Três Fogos" do Budismo são a cobiça, o ódio e o erro. Alguns indivíduos são dominados pela cobiça, outros pelo ódio, outros pelo erro. Virtualmente, toda pessoa é uma mistura de todas as três qualidades, sendo que uma é predominante, embora o equilíbrio possa também mudar, dependendo das circunstâncias. Determinadas situações podem despertar a cobiça do indivíduo, outras irão estimular tendências em direção à raiva ou ao erro.

A cobiça é o principal problema para a maioria das pessoas. A maioria de nós quer sempre mais—mais dinheiro, mais comida, mais prazer. Em geral, as crianças são as mais obviamente gananciosas e muitas vezes é virtualmente impossível satisfazer a cobiça de uma criança. Um pedaço de doce apenas estimula o desejo de mais um; não importa quantos eu traga para casa, minha filha sempre quer mais um. As escrituras budistas descreveram tipos gananciosos como caracterizados pela vaidade, pelo descontentamento, pela malícia e pelo amor às comidas suculentas, doces e roupas finas (Visuddhimagga em Conze, 1959b).

Aqueles que são dominados pelo ódio têm um temperamento áspero e encolerizam-se rapidamente. Para eles a vida é um contínuo ciclo de brigas com inimigos, de desforras em outros por injúrias reais e imaginadas e de defesas de si mesmos contra ataques possíveis. Tipos raivosos tendem a se encolerizar com facilidade, a guardar rancor, a menosprezar os outros e a sofrer de orgulho, inveja e sovinice (Conze, 1959b).

O erro refere-se a um estado geral de confusão, falta de atenção e vacilação. Aqueles em que o erro é o mais forte encontram dificuldade em tomar decisões ou em entrar de modo profundo em alguma coisa. Ao invés de formarem suas próprias opiniões, as reações e opiniões destas pessoas dependem da imitação dos outros. Tipos falsos tendem a fazer tudo sem atenção ou de qualquer modo. São caracterizados pela preguiça, teimosia, confusão, aborrecimento e excitabilidade (Conze, 1959b).

Em seu extremo, estas tendências podem evoluir para o que os ocidentais chamam de neurose ou psicose. Entretanto, de acordo com o pensamento budista, mesmo uma psicose não é nada mais que uma intensificação temporária de uma destas tendências, um estado transitório, como são todos os estados mentais ou físicos.

No trabalho consigo mesmo, todos os três obstáculos podem ser transcendidos pela pessoa. A cobiça pode ser transformada em compaixão, o ódio em amor e o erro em sabedoria. A autodisciplina, ou a disciplina da vida monástica, oferece aos indivíduos uma oportunidade de se confrontarem com sua cobiça e controlarem-na. Os ensinamentos budistas, com sua ênfase no

---

Um homem no campo de batalha conquista um exército de mil homens. Um outro conquista a si mesmo—e este é maior (*Dhammapada*, 1967, p. 75).

Quando você encontra um mestre Zen que ensina a Verdade, não considere sua casta, sua aparência, seus defeitos ou comportamentos. Curve-se diante dele por respeito à sua grande sabedoria e não faça nada que possa aborrecê-lo (Dogen em Kennett, 1972a, pp. 134-135).

amor e no respeito pelos outros, fornecem um caminho para a superação do ódio. E a compreensão de que tudo é Buda controla a falsidade.

O orgulho pode ser um outro obstáculo importante ao crescimento. O orgulho pode conduzir uma pessoa a uma falta de respeito por seu professor e a distorcer os ensinamentos. Um professor Zen tentará conduzir os estudantes verem e conhecerem seu próprio orgulho e egoísmo. Um dos patriarcas Zen salienta, "Se o ensinamento que você ouve de seu mestre Zen for contra a sua opinião, é provável que ele seja um bom mestre Zen; se não há confronto de opiniões no começo, este é um mau sinal" (Dogen em Kennett, 1972a, p. 111).

O orgulho pode entrar virtualmente em qualquer ponto de um treinamento, mesmo após uma experiência inicial de iluminação. Em geral, a experiência direta da iluminação confirma a compreensão que o estudante tem do Budismo, e suas convicções sobre a validade dos ensinamentos budistas tornam-se verdadeiramente inabaláveis. Entretanto, neste estágio, muitos estudantes tendem a acreditar que já aprenderam tudo, que compreendem totalmente o Budismo e que já não necessitam de um professor.

Um bom professor insistirá, neste momento, para que o estudante continue com deveres regulares e com o treinamento a fim de garantir que o orgulho e a ambição não distorçam a compreensão inicial profunda do Budismo. É extremamente difícil romper o erro se ele se desenvolver neste ponto, pois as convicções do estudante agora se acham firmemente fundamentadas na experiência real. Se o treinamento continuar, a pessoa pode superar o inevitável orgulho e o sentimento de santidade, ou o que alguns mestres Zen chamaram de "odor de iluminação". O estudante deve se recordar da doutrina da temporalidade e do fato de que, no Budismo, o treinamento é interminável.

ESTRUTURA
Corpo

O conceito budista do Caminho Intermediário é de central importância nas atitudes de uma pessoa em relação a seu corpo. Não envolve nem a completa indulgência a respeito de todos os seus desejos, nem tampouco um extremo ascetismo ou automortificação. O corpo é um veículo para o serviço aos outros e para a busca da verdade. Deveria ser considerado sob este aspecto.

O cerimonial da hora das refeições recitado em templos budistas afirma:

A primeira mordida é para descartar todo o mal.
A segunda mordida é para que possamos nos treinar na perfeição.
A terceira mordida é para ajudar a todos os seres.
Oremos para que todos possam ser iluminados.
Devemos pensar profundamente sobre os caminhos e meios pelos quais esta comida chegou.
Devemos considerar nosso mérito quando a aceitamos.
Devemos nos proteger do erro tirando a cobiça de nossas mentes.
Comeremos para não emagrecer e morrer.
Aceitamos esta comida para que nos tornemos iluminados.

(Cerimonial da hora das refeições in Kennett, 1972a, pp. 236-237.)

Tanto sua vida como seu corpo merecem amor e respeito, pois é por meio deles que a Verdade é praticada e que o poder de Buda é exibido (Dogen em Kennett, 1972a, p. 135).

"Um dia de não trabalho é um dia de não comida" é uma regra básica da vida monástica Zen. Hyakujo, que foi o fundador da vida monástica Zen, sempre trabalhou com seus monges em lides manuais, mesmo quando já estava na casa dos oitenta. Embora seus alunos tentassem impedi-lo de trabalhar tão duramente quanto eles, Hyakujo insistia, dizendo, "Não acumulei nenhum mérito para ser digno do serviço de outros; se eu não trabalho, não tenho direito de fazer minhas refeições" (Ogata, 1959, p. 43).

Relacionamento Social

O princípio fundamental quanto aos relacionamentos sociais é que cada indivíduo deveria lembrar que todos os seres têm a natureza Buda; todos os outros seres humanos deveriam ser tratados como se fossem o próprio Buda. Em geral, os relacionamentos sociais oferecem uma importante oportunidade de praticar esses ideais budistas e de pôr em prática a calma atenção consciente desenvolvida na meditação.

Vontade

Um princípio budista básico é o de que a vida e a atividade cotidianas deveriam ser harmonizadas com os ideais e os valores. O treinamento pessoal não é apenas um meio para um fim, mas é um fim em si mesmo. Dogen, o fundador do Zen Soto no Japão, escreveu: "É uma heresia acreditar que o treinamento e a iluminação são separáveis, pois no Budismo os dois são uma só e a mesma coisa. . . . sendo assim, o professor fala a seus discípulos para nunca buscar a iluminação fora do treinamento pois este último espelha a iluminação. Visto que treinamento já é iluminação, a iluminação é interminável; visto que iluminação já é treinamento, não pode haver outro começo para o treinamento" (Kennett, 1972a, p. 172).

Há apenas uma coisa, treinar arduamente, pois esta é a verdadeira iluminação (Culto Noturno em Kennett 1972a).

O treinamento é um processo contínuo porque não há fim para a realização dos princípios budistas. Quem pára e fica satisfeito com uma experiência inicial de iluminação logo terá apenas uma bonita lembrança.

Um professor Zen contemporâneo advertiu a um de seus discípulos: "Sua iluminação é de tal espécie que você poderá facilmente perdê-la de vista se se tornar preguiçoso ou abandonar a prática no futuro. Além disso, ainda que você tenha chegado à iluminação, permanece o mesmo você antigo—nada foi acrescentado, você não se tornou melhor" (Taji-roshi em Kapleau, 1965, p. 242 na ed. bras.).

Ó Buda, indo, indo, indo para mais além, e sempre indo mais além, e sempre se tornando Buda (Escritura da Grande Sabedoria em Kennett, 1972a, p. 224).

Dogen escreveu, "é por meio da vontade que nos apoderamos da vontade" (Kennett, 1972a). A vontade desenvolve-se através de exercícios de vontade. Apoderar-se da vontade é comprometer-se realmente com o treinamento e assumir responsabilidade por suas próprias ações, dando-se conta de que ninguém pode fazer o treinamento em seu lugar.

Emoções

Uma importante meta do treinamento budista é a pessoa aprender a controlar suas emoções ao invés de ser controlada por elas. Não há nada de errado na maioria das emoções; entretanto, poucas pessoas experienciam suas emoções apropriada ou adequadamente. Ficam bravas ou sentem-se ultrajadas com trivialidades e então descarregam essas emoções em outras situações inapropriadas. Um professor Zen comentou que se a pessoa realmente se zangasse, deveria ser como uma pequena explosão ou trovoada; a raiva é assim experienciada em sua plenitude e pode depois disso cessar completamente (Suzuki-roshi, sem data).

O estado emocional ideal para o Budismo é a compaixão. Pode-se pensar na compaixão como uma emoção transcendente, um sentimento de unidade com todos os outros seres. Através do treinamento, o indivíduo aos poucos desenvolve um estado de atenção meditativa em todas as atividades cotidianas. Tornando-se mais consciente das reações emocionais a diversas situações, tais emoções tendem a perder sua influência.

Intelecto

O estudo das escrituras budistas e a compreensão intelectual de seus ensinamentos são os primeiros passos importantes no treinamento budista, assim como foi mencionado nos comentários às figuras sobre a captura do Boi. Entretanto, confiar apenas no intelecto traz grandes obstáculos à verdadeira compreensão. Ananda, o discípulo de Buda mais brilhante e mais instruído, levou quase cinco vezes mais tempo do que os outros para alcançar a iluminação. Depois da morte de Buda, os outros discípulos foram a Ananda, cuja memória era tão prodigiosa que era capaz de recitar, palavra por palavra, todas as conversas de Buda. Contudo, seu amor pela discussão e seu orgulho pela aprendizagem adquirida obstruíram o caminho para uma compreensão mais plena.

Embora a erudição em si mesma não seja particularmente útil, a compreensão intelectual, acrescida da prática efetiva de tal compreensão, é essencial. Idealmente, a compreensão intelectual se aprofunda e esclarece através da meditação e de uma vida cotidiana coerente com os princípios budistas. A pessoa que lê sobre o conceito de compaixão sem na realidade servir aos outros, entende a compaixão apenas como uma abstração superficial. Os ensinamentos budistas pretendem ser verdades vivas, ativamente expressas na vida das pessoas.

Self

No pensamento budista há uma distinção entre o *self* menor e o grande *self*. O *self* menor é o ego, a consciência que tem uma pessoa de sua mente e de seu corpo. O *self* menor permanece enfocado nas limitações do indivíduo, na consciência da separação entre o indivíduo e o resto do mundo. Este nível de consciência deve ser transcendido a fim de que se desenvolva um real sentido de unidade com os outros seres e com a natureza.

É possível que a pessoa se identifique com seu grande *self*, que é tão grande como o universo inteiro e inclui todos os seres e toda a criação. Este nível de compreensão é um elemento essencial na experiência de iluminação.

Entretanto, a identificação com o grande *self* não significa que se tenha que destruir o *self* menor. O treinamento faz com que seja possível transcender o *self* menor de modo que a pessoa não seja mais dominada por ele. O Nirvana não é uma aniquilação do ego ou do *self* menor, mas uma transcendência sobre a orientação do ego. Na arte budista, Monju Bodhisattva é retratado sentado numa besta feroz. Monju está sentado, em serena meditação, embora a besta esteja acordada, com seus olhos ferozes abertos. A besta representa o ego, um instrumento útil que não se deve matar, embora deva ser mantido em observação e firmemente domado.

Professor

Um verdadeiro professor budista não só acredita nos princípios budistas mas, além disso, é visto por todos como alguém que vive inteiramente estes ensinamentos. Se não conseguir viver de acordo com este ideal, o professor deve estar pronto para reconhecer sua falha. Os alunos encaram o professor como o exemplo ideal a seguir, como o Buda vivente. Entretanto, professores Zen autênticos compreendem suas limitações reais e procuram não se desligar de seus alunos não se colocando em pedestais. Os discípulos devem ver a humanidade e as limitações de seu mestre e, ainda assim, reconhecer nele o Buda, apesar de suas falhas.

Um professor está primeiramente envolvido em seu próprio treinamento, e as outras pessoas que reconhecem nele determinadas qualidades excepcionais decidem segui-lo. O professor não tenta ser bom para os outros, nem se aborrece pelo fato dos alunos o escolherem ou não. Pelo exemplo e pela grande paciência, amor e resignação, um bom professor pode servir como inspiração para que os outros façam o maior esforço possível em seu próprio treinamento. É inevitável que um professor que tenta ensinar muito severamente crie nos alunos um sentimento de culpa por não estarem à altura dos diversos padrões externos. O professor pode servir melhor como um modelo em relação ao qual os discípulos comparam livremente suas próprias atitudes e seu treinamento.

Dogen enfatizou a necessidade de um professor.

> Se não for encontrado um verdadeiro mestre, então é melhor nem estudar o Budismo. Os chamados bons professores, entretanto, não são necessariamente velhos ou jovens, mas pessoas simples que podem tornar claros os verdadeiros ensinamentos e receber a confirmação de que são mestres autênticos. Nem a aprendizagem nem o conhecimento têm muita importância, pois o que caracteriza tais professores é a extraordinária influência que têm sobre os outros e sua própria força de vontade. Eles nem confiam em suas próprias opiniões egoístas, nem tampouco aderem a qualquer obsessão, pois o treinamento e a compreensão estão em perfeita harmonia dentro deles. Tais são as características de um verdadeiro professor (Kennett, 1972a, p. 109).

Seguir um mestre Zen não é segui-lo de maneiras velhas nem criar novas; é simplesmente receber o ensinamento (Dogen em Kennett, 1972a.).

Muitas vezes os estudantes decidem julgar seu professor, para decidir se ele é um "mestre Zen" ou não. É necessária alguma discriminação, pois há os que se dizem professores e que podem não estar preparados ou qualificados. Contudo, para um aluno, preocupar-se com o grau de realização de um professor Zen qualificado não passa de egoísmo. Na verdade, o estudante está perguntando: "Este professor merece *me* ensinar?"; "Ele se enquadra nos *meus* padrões?" Os ensinamentos budistas sustentam que qualquer coisa e tudo podem ensinar, basta que o indivíduo tenha a mente aberta.

Originalmente, não havia estátuas do Buda nos templos budistas; havia apenas as pegadas do Buda. Isto era, para o estudante, um lembrete do princípio "Deveis caminhar sozinhos, os Budas apenas apontam o caminho". Além disso, quando há uma imagem concreta, os estudantes começam a acreditar que um professor deveria se parecer com o Buda e que apenas aqueles que se assemelham superficialmente com aquela imagem são professores.

AVALIAÇÃO

Um aspecto excitante e intrigante do Budismo é um sentido de dialética vital, a apreciação simultânea do real e do ideal e o reconhecimento da tensão entre os dois. Junto com os ideais do Budismo, são conhecidas as limitações da realidade. O indivíduo precisa compreender que "Eu sou Buda, mas eu não sou Buda, mas eu sou Buda" (Kennett-roshi, comunicação pessoal). Esta abordagem dialética manifesta-se em todos os aspectos da vida e do pensamento budista. Provê uma tensão criativa, ao mesmo tempo uma forma de lidar com as limitações presentes e também um atrativo para ir em direção ao ideal.

Veja! Com o ideal vem o real, como uma caixa com sua tampa... como duas flechas que se encontram no ar (Sandokai em Kennett, 1972a, p. 225).

Há uma grande profundidade na noção Zen de que o treinamento *é* iluminação. O aprendiz que mantém esta atitude não cai na armadilha de trabalhar por um ideal inacessível. Trabalhar continuamente por um objetivo ou recompensa futura pode significar que você nunca está plenamente envolvido no presente. Se o caminho não está em harmonia com o objetivo, como você pode atingi-lo?

A questão torna-se clara numa estória Zen bem conhecida sobre Baso, um monge que estava fazendo grandes esforços na meditação. Nangaku, seu professor, perguntou: "Ó grande homem, que estás procurando conseguir pela postura sentada?"

> Baso respondeu: "Estou tentando tornar-me Buda".
> Diante disto, Nangaku apanhou um pedaço de telha do teto e começou a esfregá-lo numa pedra diante dele.
> "O que estás fazendo, ó mestre?", perguntou Baso.
> "Estou polindo-a para fazer um espelho", disse Nangaku.
> "Como poderia se fazer um espelho polindo uma telha?"
> "Como poderia, sentando-se em zazen, tornar-se um Buda?"
> Baso perguntou: "O que deveria eu fazer, então?"
> Nangaku respondeu: "Se estivesse dirigindo uma carroça e ela não se movesse, fustigarias a carroça ou o boi?"
> Baso não respondeu.
> Nangaku continuou: "Estás te exercitando no zazen? Estás te esforçando por seres um Buda sentado? Se estás te exercitando no zazen, deixa-me dizer-te que a substância do zazen não é nem sentar, nem deitar. Se te estás exercitando para te tornares um Buda sentado, deixa-me dizer-te isto: Buda não tem forma alguma tal como a sentada. O Dharma, que não tem residência fixa, não reconhece quaisquer distinções. Se tentares transformar-te num Buda sentado, isto nada mais é do que matares o Buda. Se te prenderes à forma sentada não conquistarás a verdade essencial" (em Kapleau, 1965, pp. 37-38 na ed. bras.).

Dogen assinalou: "visto que os aprendizes budistas não fazem quase nada para si mesmos, como é possível que eles façam algo por amor à fama e ao lucro? Alguém se treina no Budismo apenas por amor ao Budismo" (em Kennett, 1972a, p. 107).

A dialética budista também se aplica ao papel de professor. Como foi mencionado antes, o professor budista ideal reconhece suas próprias limitações e admite essas limitações para seus alunos. Este é o aspecto mais contrastante em relação à tradição ioga hindu, na qual o guru tende a ser venerado como a encarnação de todas as virtudes e características divinas.

Embora muitos seres humanos possam *teoricamente* chegar a se aproximar destes ideais divinos, a grande maioria dos professores religiosos é apenas humana, e ainda conserva suas próprias fraquezas e imperfeições. A tentativa de manter um papel de perfeição divina diante de seus discípulos inevitavelmente leva a uma certa pose e hipocrisia. O budismo assinala corretamente que os professores precisam admitir suas limitações reais, sem o que tendem a se tornar egoístas e defensivos a respeito de suas menores falhas ou enganos.

Um professor aparentemente perfeito tende a fazer com que os discípulos evitem aceitar a responsabilidade de seu próprio desenvolvimento, pois não podem estabelecer uma conexão real entre suas próprias imperfeições e a perfeição assumida do mestre. Em vez de continuar o trabalho penoso de treino e autodisciplina, os estudantes podem se convencer de que o professor é um "mestre" que pode realizar tudo que eles não podem, portanto, eles não precisam nem se esforçar.

> Viver pelo Zen é o mesmo que viver uma vida diária comum (Culto Noturno em Kennett, 1972a, p. 233).

Zen acentua a relação da religião com a vida cotidiana. A religião e a vida diária não estão separadas, elas são vistas como uma só e a mesma coisa. A experiência prática e pouco grandiosa é enfatizada e os aspectos miraculosos e esotéricos da religião são diminuídos. Uma vez um mestre Zen disse: "*Meu* milagre é que quando tenho fome eu como e quando sinto sede eu bebo" (Reps, sem data, p. 68). A vida deve ser vivida com plena consciência, aceitando e cumprindo as exigências da vida diária. O mestre Zen Jyoshu foi solicitado a dar instruções a um monge neófito.

> Jyoshu: "Você ainda não tomou o café da manhã?"
> Monge: "Eu já tomei."
> Jyoshu: "Então... vomite."

O monge compreendeu de imediato a verdadeira natureza de Zen.

Não há doutrina final ou dogma pois não pode haver verdades absolutas, ou mesmo um Buda absoluto, diante da temporalidade. Os ensinamentos budistas são orientados para as realidades humanas. Eles são orientados no sentido de eliminar o senso de insatisfação e inadequação causado por um ego limitado e voltado para si mesmo. No trecho citado no início deste capítulo, conta-se que o Buda disse aos seus seguidores que não seguissem quaisquer ensinamentos por causa da reputação do professor ou de sua habilidade verbal, mas que confiassem no seu próprio julgamento e experiência. O critério final para o Zen é a experiência. Se os ensinamentos e a disciplina ajudarem as pessoas a se tornarem mais maduras, mais responsáveis e seres humanos mais completos, então isto é considerado como sendo um bom Budismo.

A TEORIA EM PRIMEIRA MÃO

Os seguintes trechos foram tirados do diário (*The Wild White Goose*, manuscrito) de Kennett-roshi, uma mulher inglesa que estudou durante anos num importante templo de treinamento Zen no Japão. No presente ela está ensinando nos Estados Unidos em seu próprio templo Zen, Shasta Abbey, em Mt. Shasta, Califórnia.

> 11 de janeiro
> O reverendo Hajime chamou-me para ir ao seu quarto esta tarde de forma que pudéssemos prosseguir na tradução por um tempo tão longo quanto possível antes que soasse o sino para se recolher.
> "Buda Shakyamuni[3] e eu somos um, assim como todos os budistas o são com

---

[3] Em sânscrito, Shakyamuni significa "homem sábio dos shakyas". É um dos termos usados com freqüência para se referir ao Buda, Sidarta Gautama, um príncipe da clã Shakya.

ele e comigo, e não só todos os budistas mas todas as pessoas e coisas tanto animadas quanto inanimadas. E nenhum de nós tem nada a ver com Buda Shakyamuni". Fiz uma pausa por alguns momentos de modo que ele pudesse digerir totalmente o que escrevi, então continuei: "Buda Shakyamuni não tem nenhuma importância no momento presente e Buda Shakyamuni vive para sempre em mim."

Ele estava em silêncio, apenas olhando profundamente em meus olhos; então, falou de modo suave.

"Você deveria pedir a Zenji Sama a Transmissão," ele disse.

"Se Transmissão é o que eu penso que é, eu não compreendo o senhor. Pelo que sei, a Transmissão é recebida quando todo o treinamento está terminado e o mestre deseja dar o testemunho de sua aprovação para um discípulo, antes que ele vá ensinar. De maneira alguma estou pronta para isto."

"Esta é uma falsa noção popular. Admito que seja o testemunho de aprovação do mestre a alguém que, segundo ele, entendeu sua própria natureza, mas este testemunho só é dado quando o mestre está certo de que o referido discípulo encara seu treinamento como algo que se inicia a cada minuto de sua vida, e não quando pensa que o treinamento terminou. Em outras palavras, não quando ele pensa em si mesmo como iluminado e sem nada para fazer. Compreenda o 'gyate, gyate' do *Hannyashingyo* como 'indo, indo', não 'ido, ido'."

"As pessoas não têm que ter alguma grande *Kenshō* (iluminação) antes que uma coisa destas aconteça? Tudo o que aconteceu comigo em outubro foi que compreendi que não podia fazer nada além de me treinar constantemente cada dia de minha vida e que eu era o pior aprendiz do mundo."

"Tão pouco tempo após o fato, isto é tudo que você está compreendendo a respeito," disse ele sorrindo suavemente. "Mas à medida que você continuar treinando constantemente, muitas coisas tornar-se-ão mais profundas e claras para você, em conseqüência deste kenshō. A paz interior tornar-se-á mais profunda. Olhe para você mesma no último verão e o que você vê? Releia esta conversa sobre Shakyamuni Buda; você não sabia que podia realizá-la e você sabe que ela não surgiu do seu intelecto, e eu não falei dela a você. Portanto, quem falou?"

16 de janeiro

"Zenji Sama disse que se você continuar como está você será Transmitida em algum momento no final da primavera ou no início do verão."

"Realmente? Na realidade ele me julga bem o suficiente?" disse espantada de fato.

"Não é o caso de estar bem ou mal o suficiente. Normalmente você seria Transmitida de imediato mas, por você ser estrangeira e mulher, ele quer ter absoluta certeza de que nunca ninguém poderá acusá-lo de fazer algo que ele na verdade não deveria ter feito. Ele teme Transmitir você e ouvir que ele o fez muito cedo. É razoável, sabendo das dificuldades que tem só pelo fato de ter sido capaz de mantê-la no templo."

Eu fui iluminado simultaneamente com o universo (*Denkoroku* em Kennett, 1972a, p. 6).

"Você compreendeu o Senhor da Casa. Compreendeu que você é indestrutível. Compreendeu a meditação eterna, mas você ainda não compreendeu o 'com' no *Denkoroku*,[4] pois o seu 'com' é tudo o mais ao seu redor e você deve olhar para tudo isto como se fosse Buda."

"O que você está me dizendo é que devo encarar a rainha da Inglaterra, o presidente dos Estados Unidos e o imperador do Japão como símbolos da natureza Buda como você e Eu, e, meu Deus, você compreende que teremos também que incluir Hitler nisto?" O tom de sua voz foi esquecido. Tudo o que importa agora é a compreensão.

"Não teríamos que incluir Hitler, nós incluímos Hitler. Se você é incapaz de ver que ele também possui a natureza Buda por mais desorientado que possa ter sido, você nunca compreenderá o Budismo completamente. Você estará sempre cortando uma parte da natureza Buda e dirá 'Este pedacinho não é limpo; este pedacinho não é belo.' Você não pode fazer isto."

---

4 O *Denkoroku* é uma coleção de ditos atribuídos aos grandes patriarcas budistas. Foi compilado na China em 1004.

Mesmo enquanto ele falava eu compreendi completamente o que ele queria dizer. Não há nenhuma parte de mim que possa ser cortada fora. Não há emoção, sentimento, pensamento, palavra, ação que não tenha vindo da mente de Buda. Eu disse isto a ele e prossegui: "Então o ato sexual é uma parte da natureza Buda e expressa a natureza Buda a cada passo, pois ele é, em si mesmo, limpo. O que fazemos é torná-lo sujo com nossas próprias culpas e abusos."

"Você está certa."

"Comer e ir ao banheiro, lavar a roupa e esfregar o chão, tudo isto faz parte do 'com' pois tudo isto é expressão da natureza Buda." Eu parei, espantada comigo mesma.

"Prossiga," ele disse.

". . . e o Sol e a Lua e as estrelas e a terra; e o cavar a terra e a água corrente; estes também são expressões da natureza Buda, e a língua que eu uso para dizer estas palavras, e o alimento que como, e as diferenças de gosto; 'comparando-os você pode' — Sim! é isto que a escritura quer dizer. 'Comparando-os você pode distinguir um do outro' — contudo, eles são todos a mesma coisa; eles são todos expressões da natureza Buda, e não há forma pela qual possam ser separados dela; e não há forma pela qual se possa separar qualquer pessoa ou ser ou qualquer coisa viva. . ."

"Voltando ao assunto Hitler, o que falávamos ainda há pouco é que aquilo que não podíamos suportar nele, aquilo que nos horrorizou tanto foi a compreensão de que poderíamos fazer igualmente as mesmas coisas que ele fez; todos nós temos o potencial de crueldade em nós e isto nos chocou de modo tão terrível que tivemos que matá-lo nele. Compreendemos que isto estava dentro de nós, sendo que o bem e o mal fazem parte da natureza Buda; ele permitiu que o mal aparecesse na ascendência e nós sabíamos que ele estava errado. Nosso erro era que não podíamos *aceitar*, e assim transcender, o lado mau de nós mesmos.

Não estou dizendo que deveríamos admitir que Hitler corresse o mundo; é óbvio que não poderíamos permitir que saísse ileso com o mal; nós tivemos que ir para a guerra. Mas nós desejávamos afastar nossos olhos do fato de que *poderíamos* fazer as mesmas coisas que Hitler fez. Decidimos que apenas ele era o mal, ao invés de dizer 'Eu poderia ser o mal também. Hitler é um exemplo poderoso do que eu *não* devo ser. Visto desta forma, Hitler torna-se um professor importante para mim e eu preciso lhe ser grato por me mostrar o que eu poderia vir a ser.'

Esta é a razão porque é tão difícil conservar os Preceitos e porque a Verdade não pode ser dada a nós até que os conservemos e aprendamos a torná-los nosso sangue e nossos ossos. Nós não desejamos *saber* que podemos ser maus e, então, onde está a necessidade de Preceitos? Portanto, ninguém pode penetrar nas Verdades do Budismo até que tenha assumido o compromisso de se tornar um monge, sem o que ele poderia usar o conhecimento de sua própria indestrutibilidade para toda a sorte de maus propósitos. Eles conheceriam sua verdadeira liberdade e não se importariam nem um pouco com o que estivesse ocorrendo com outras pessoas."

"Isto está completamente certo. Você compreendeu o 'com' afinal. Veja, a partir de agora você pode continuar e não será difícil compreender, e você saberá que precisa abranger todos e todas as coisas com o aspecto 'com' da mente Buda e reconhecer que, qualquer que seja o aspecto da mente Buda mostrado por ele, os Preceitos precisam sempre abrangê-lo dentro dele mesmo."

"Então, tornar os Preceitos parte do meu sangue e dos meus ossos significa que os Preceitos eventualmente serão abandonados."

"Você não percebeu que, em seu caso, a forma moral primitiva deles já existe? Você foi além da moralidade."

"Eu pensei que eles existissem, mas. . . ó céus, ali está o sino. Seria melhor ir para o culto. Podemos continuar mais tarde?"

"Amanhã. Preciso sair esta tarde."

Nós nos curvamos um para o outro, a primeira vez que ele se curvou inteiramente diante de mim, e eu saí do quarto.

EXERCÍCIOS
Meditação Zen

Primeiro, é essencial que a sua postura de sentar-se esteja correta. Você deveria ser capaz de sentar-se de maneira confortável com as costas retas sem se tornar tenso. Por costas retas os professores Zen entendem a espinha naturalmente curvada logo abaixo do meio das costas. (Tentar sentar-se com as costas literalmente retas só distorce a curva natural da espinha e causa desconforto e tensão.)

Se você quiser, não há nada de errado em sentar-se numa cadeira, desde que a exigência primordial de costas retas possa ser mantida com facilidade. Use uma cadeira pouco funda. Uma pequena almofada plana é opcional. Sente-se para frente na terceira parte frontal da cadeira, com seus pés estendidos no chão. A parte inferior das pernas deverá estar mais ou menos em ângulo reto com o chão e com a parte superior da perna.

Se você for se sentar no chão, use uma almofada pequena e firme para levantar as nádegas. (Almofadas para meditação são acessíveis nos centros Zen locais.) É melhor sentar-se num tapete ou num cobertor do que no próprio chão. Você se senta na beira da almofada somente, apenas com a ponta da base da espinha descansando na almofada. Desta forma, nada comprime suas coxas restringindo a circulação do sangue. Você pode colocar suas pernas em lótus pleno (com os pés sobre as coxas opostas) ou em lótus parcial (com apenas o pé esquerdo sobre a coxa direita). Para muitos ocidentais de pernas compridas é mais confortável sentar-se no estilo birmanês, o pé esquerdo colocado na junta da coxa direita e da pélvis e a perna direita colocada imediatamente na frente de sua perna esquerda e paralela a ela. Ambas as pernas são achatadas no chão.

A cabeça deveria estar reta, nem para frente nem para trás. Você deveria senti-la confortável e quase sem peso quando estivesse adequadamente posicionada. Coloque sua mão esquerda sobre a direita no seu colo com os polegares tocando-se de leve.

Sente-se olhando para uma parede, longe o suficiente para você poder enfocar confortavelmente (cerca de 1,82 a 2,74 metros de distância). Conserve seus olhos abaixados num lugar confortável da parede. Não os feche completamente.

Oscile suavemente de um lado para o outro, para a frente e para trás, a fim de encontrar a postura ereta mais confortável. Levante a caixa torácica de leve para eliminar a pressão do dorso inferior e deixar a espinha curvar-se naturalmente. Inspire duas ou três vezes vagarosa e profundamente antes de começar a se concentrar.

Agora vem a parte mais fácil de descrever e mais difícil de fazer. Sente-se apenas. Não tente fazer nada, mas também não tente *não* fazer nada. Sente-se apenas, com uma atitude mental positiva.

Instruções mais explícitas relativas à atividade mental durante a meditação foram dadas por Kennett-roshi:

> Agora não tente deliberadamente pensar e não tente deliberadamente não pensar; em outras palavras, os pensamentos virão à sua mente; você pode brincar com eles ou você pode apenas sentar-se aí e olhar para eles à medida que passam direto por sua cabeça para fora, do outro lado. É isto o que você precisa fazer—apenas continue sentado; não se incomode com os pensamentos, não seja seqüestrado por eles e não tente arrancá-los—as duas atitudes estão erradas...

Enquanto você estiver fazendo o zazen, nem despreze nem acaricie os pensamentos que surgem, apenas busque sua mente, a própria fonte destes pensamentos (Bassui em Kappleau, 1965, p. 172 na ed. bras.).

Muitas vezes eu apontei a semelhança com o estar sentado sob uma ponte observando o trânsito. Você tem que notar os pensamentos que vão e voltam mas não deve se incomodar com eles de modo algum. Se você for apanhado por um pensamento—e no começo isto é muito provável—então tudo bem. Certo. Então você foi apanhado por um pensamento. Volte para o princípio novamente e recomece outra vez sua meditação. Não é bom ficar sentado aí dizendo: "Oh, agora fui apanhado por outro pensamento", porque você será tomado pela irritação em relação ao outro pensamento, e então ela crescerá e você nunca voltará à paz consigo mesmo. Se você for apanhado neste caminho, volte e recomece novamente (Kennett, 1974, pp. 16-17).

Meditação e Atividade

Meditação pode ser vista primariamente como um meio de desenvolver a calma e um senso de calma centrada, aprendendo a não ser apanhado por seus pensamentos e emoções. Uma vez que você comece a entender esta atitude de meditação enquanto se senta silenciosamente, você pode muito bem começar a estender este sentimento às suas atividades exteriores.

Comece com uma hora de atividade diária. Primeiro sente-se calmamente durante cinco minutos e, então, diga para você mesmo que você permanecerá autoconsciente, um observador de seus pensamentos, emoções e atividade durante a próxima hora. Se algo o tirar de seu centro, pare o que você está fazendo e tente e recupere este sentido de calma e atenção.

É mais fácil começar com uma hora de trabalho físico silencioso—lavando, cozinhando e assim por diante. A atividade intelectual é mais difícil e a conversa ainda mais. Na medida em que você ampliar esta prática para um número maior de situações de sua vida diária, você poderá começar a ver em que pontos você é mais sensível e facilmente perturbado. Faça uma lista destas situações e veja o que a lista lhe diz.

Temporalidade

A maioria de nós parece acreditar que as coisas à nossa volta durarão para sempre e que nós viveremos para sempre. Tente e aja como se você estivesse fazendo tudo pela última vez, como se você estivesse indo embora amanhã para um lugar distante, de modo que cada experiência sua—as pessoas que você encontra, o pôr-do-sol—nunca voltará outra vez. Ou, por outro lado, viva hoje como se fosse morrer amanhã, compreendendo que cada coisa que você fizer será feita pela última vez.

Além de focalizar sua própria temporalidade, considere a temporalidade de todas as coisas ao seu redor. Olhe para uma flor e lembre que há pouco tempo atrás ela era um minúsculo botão e que ela breve murchará e morrerá. Veja todas as coisas como parte de um processo de crescimento que nunca pára. Até as rochas e as montanhas gradualmente envelhecem e se desgastam. E, através desta consciência da mudança constante, tente ver a beleza absoluta das coisas como elas são no presente, sem desejar que elas mudem e encaixem-se em qualquer uma de nossas idéias preconcebidas de forma e beleza.

BIBLIOGRAFIA COMENTADA

Conze, Edward, 1959a. *Buddhism: Its Essence and Development*. New York: Harper & Row. Uma visão excelente das principais tradições budistas.

———, trad., 1959b. *Buddhist Scriptures*. Baltimore: Penguin. Uma boa coleção de vários textos budistas.

Kapleau, P., org., 1965. *Os Três Pilares do Zen.* Belo Horizonte, Ed. Itatiaia Limitada, 1978. Inclui leituras sobre treino e meditação de um mestre Zen contemporâneo e uma narração em primeira pessoa de experiências de treinamento Zen.

Kennett, J., 1972. *Selling Water by the River.* New York: Pantheon. Escrito por um bem treinado mestre Zen ocidental. Inclui uma excelente introdução ao pensamento Zen-budista; dois trabalhos Zen clássicos recém-traduzidos e as principais escrituras e cerimônias Zen. Para os estudantes sérios de Zen.

Lal, P., trad., 1967. The Dhammapada. New York: Farrar, Straus & Giroux. Uma bela tradução da principal escritura budista.

Rahula, Walpola, 1959. *What the Buddha Taught.* New York: Grove. Uma explicação clara e direta dos principais conceitos budistas–as Quatro Verdades Nobres, a doutrina do desprendimento, a meditação e assim por diante.

Reps, Paul, org., s/d., *Zen Flish Zen Bones.* New York: Anchor. Uma coleção maravilhosa de histórias e koans Zen.

REFERÊNCIAS

Burlingame, E., 1922. *Buddhist Parables.* New Haven: Yale University Press.
Conze, E., 1959a. *Buddhism: its Essence and Development.* New York: Harper & Row.
_____, 1959b. *Buddhist Scriptures.* Baltimore: Penguin.
Dhammadudhi, S., 1968. *Insight Meditation.* London: Committee for the Advancement of Buddhism.
Evans-Wentz, W., 1951. *Tibet's Great Yogi, Milarepa.* New York: Oxford University Press.
_____, 1954. *The Tibetan Book of the Great Liberation.* Oxford.
_____, 1958. *Tibetan Yoga.* Oxford.
_____, 1960. *The Tibetan Book of the Dead.* Oxford.
Glozer, G., 1974. Sitting on a Chair or Meditation Bench. *Journal of the Zen Mission Society* 5(3):18–20.
Kapleau, P., org., 1965. *Os Três Poderes do Zen.* Belo Horizonte, Ed. Itatiaia Limitada, 1978.
Kennett, J., 1972a. *Selling Water by the River.* New York: Pantheon.
_____, 1972b. The Five Aspects of Self. *Journal of the Zen Mission Society* 3(2):2–5.
_____, 1972c. The Disease of Second Mind. *Journal of the Zen Mission Society* 3(10)::13–17.
_____, 1974. How to Sit. *Journal of the Zen Mission Society* 5(1):12–21.
_____, s/d. *The Wild White Goose.* Ms.
Lal, P., trad., 1967. *The Dhammapada.* New York: Farrar, Straus & Giroux.
Legett, T., 1964. *The Tiger's Cave: Translations of Japanese Zen Texts.* London: Rider.
_____, 1960. *A First Zen Reader.* London: Rider.
Masunaga, R., trad., *A Primer of Soto Zen.* Honolulu: East-West Center Press.
Olcott, H. 1970. *The Buddhist Catechism.* Wheaton, Ill.: Quest.
Ogata, S. 1959. *Zen for the West.* London: Rider.
Rahula, W. 1959. *What the Buddha Taught.* New York: Grove.
Sangharakshita, 1970. *The Three Jewels.* New York: Anchor.
Stryl, L., e Ikemoto, T., orgs. e trads., 1963. *Zen: Poems, Sermons, Anedotes, Interviews.* New York: Anchor.
Suzuki, D.T., 1956. *Zen Buddhism.* New York: Anchor.
_____, 1959. *Zen and Japanese Culture.* New York: Pantheon.
_____, 1960. *Manual of Zen Buddhism.* New York: Grove Press.
Suzuki, S. s/d., Teachings and Disciplines of Zen. Lecture, San Rafael, Calif.: Big Sur Recordings.
Woodward, F. L., 1973. *Some Sayings of the Buddha.* New York: Oxford University Press.
Yampolsky, P., 1971. *The Zen Master Hakuin: Selected Writings.* New York: Columbia University Press.

CAPÍTULO 11

IOGA
E A
TRADIÇÃO HINDU

IOGA

Ioga é uma palavra que em sânscrito significa juntar ou unir. A Ioga abrange virtualmente todas as práticas religiosas e ascéticas da Índia, incluindo a meditação, a disciplina física e as canções e cânticos religiosos. Ioga é também uma escola específica de filosofia hindu, sistematizada nos Sutras Iogues de Patanjali e mencionada pela primeira vez nos antigos Vedas da Índia, a literatura registrada mais antiga do mundo. As raízes da prática da Ioga indubitavelmente remontam a tempos ainda mais antigos, à pré-história hindu.

O objetivo da prática da Ioga é a união do *self* individual com o espírito cósmico, ou auto-realização. Ioga também significa método. Inclui tanto o objetivo de união quanto as várias técnicas destinadas a realizar este fim. Em seu sentido mais amplo, a Ioga abarca todas as disciplinas sistemáticas destinadas a promover auto-realização através de tranqüilização da mente e de concentração da consciência no *Self*. Embora a Ioga esteja interessada principalmente na prática direta, também inclui elementos de filosofia, psicologia e religião, na medida em que eles estão relacionados com a disciplina espiritual prática.

> Ioga não é uma religião especial ou uma doutrina filosófica particular. É a sabedoria da vida. É experiência (Majumdar, 1964, p. 11).

HISTÓRIA
O Período Védico

Os Vedas eram originalmente uma literatura oral, transmitida de professor para discípulo durante muitos séculos; os primeiros Vedas remontam aos anos 2.500 A.C. Os Vedas são constituídos por quatro partes, sendo que a mais antiga são os hinos védicos que vão desde o culto à natureza politeísta até a filosofia mais sofisticada. A segunda parte trata de rituais e sacrifícios: acreditava-se que a execução adequada de longos e complexos rituais era essencial para assegurar boas colheitas, boa sorte e assim por diante. A terceira secção é conhecida como tratados da floresta, escritos para ascetas que habitavam a floresta, e ocupam-se com verdades interiores e contemplação. A última parte são os Upanishads, ou Vedanta, literalmente "o final dos Vedas", que discutem o propósito de conhecer o *Self*, a essência imortal e imutável de todas as pessoas. Esses trabalhos formaram a base para todo pensamento e filosofia hindu subseqüente.

> Conduza-me do irreal para o real. Da escuridão conduza-me para a luz. Da morte conduza-me para a imortalidade (Brihadaranyaka Upanishad, I, iii, 28).

No período védico a Ioga estava intimamente ligada ao xamanismo (Eliade, 1969). Os xamãs hindus davam grande valor ao transe estático e ao desenvolvimento de poderes sobrenaturais através da prática de severo ascetismo. Acreditavam que os indivíduos podiam literalmente levar os deuses hindus a realizar seus pedidos através de autodisciplina e automortificação sobre-humanas. A prática de ascetismo e autocontrole permanece até hoje como um componente importante da prática da Ioga.

Bhagavad Gita

O Bhagavad Gita é o primeiro e talvez o melhor tratado sobre Ioga. O Gita constitui uma parte da grande epopéia hindu, o Mahabharata, que é a história dos cinco irmãos Pandu, sua criação e educação e suas numerosas aventuras—exílio, grandes batalhas e eventual triunfo sobre seus inimigos malignos. Todos os personagens do Gita representam várias qualidades físicas e psicológicas. Os cinco irmãos são os cinco sentidos e o campo de batalha é o corpo e a consciência do indivíduo.

O Bhagavad Gita é um diálogo entre Arjuna (ego) e Krishna (*self*). Arjuna é um poderoso guerreiro e Krishna, seu condutor, é uma encarnação de Deus e um grande mestre espiritual. Krishna discute o dever e a Ioga da ação. Ensina a Arjuna a importância da devoção, o autocontrole, a meditação, várias outras práticas iogues e a necessidade de dar exemplo aos outros. Enquanto condutor, Krishna simboliza o *guru,* ou mestre espiritual, que pode levar estudantes a encarar os problemas a serem resolvidos e os conflitos a serem enfrentados no desenvolvimento espiritual. Contudo, o *guru,* como o condutor, não pode disputar a batalha no lugar dos estudantes.

CONCEITOS PRINCIPAIS
Espírito

Na filosofia iogue, Espírito (*Purusha*) é consciência pura. O espírito não se manifesta e desconhece limitações ou qualificações. O espírito inclui consciência dentro e além do universo; a manifestação do espírito no indivíduo é o *Self.* "O Vidente (Espírito) é visão em si, porém, embora puro, aparece como se estivesse contaminado pelos caprichos do intelecto" (Sutras Iogues, II, 20)[1]. Isto é, o *Self* é imutável e não é afetado pela atividade física ou mental; no entanto, as operações mentais falseiam ou distorcem nossa *consciência* do *Self.*

> O universo todo é preenchido por Purusha (Espírito), a quem nada há de superior, de quem nada há de diferente, em relação a quem nada há de menor ou maior; que é o único, imóvel como uma árvore, estabelecido em Sua própria glória (Svetasvatara Upanishad, III, 9).

O *Self* é infinito e imutável, essencialmente da mesma forma que o Espírito. O *Self* é como uma onda no oceano, uma manifestação temporária, uma forma que o oceano assume por um tempo. Os Vedas ensinam que somente o Espírito existe, que *somos* o *Self* e *temos* uma mente e um corpo. No entanto, a maioria das pessoas acredita exatamente no contrário—que *somos* mente e corpo e que podemos só eventualmente ter uma alma ou *Self.* A prática da disciplina da Ioga é necessária para corrigir esta ilusão pela realização do *Self.*

> Todo mundo é o *Self* e, na verdade, é infinito. Contudo, cada pessoa confunde seu corpo com seu *Self* (Ramana Maharshi em Osbourne, 1962).

Embora os Sutras Iogues descrevam Espírito como consciência, outras escrituras acrescentam duas características fundamentais: existência eterna e beatitude infinita. Isto é, o Espírito é o estado de consciência mais agradável que se pode imaginar—beatitude eterna da qual nunca se pode cansar. O *Self* partilha essas características, embora estejamos fadados a permanecer inconscientes delas até atingirmos a auto-realização.

> Para o vidente, todas as coisas realmente se tornaram o *Self:* que ilusão, que dor pode existir para o que contempla tal unicidade? (Isa Upanishad, 7).

A maior parte das pessoas é levada a buscar felicidade e excitação em atividades exteriores, sem jamais procurar satisfação dentro de si. Uma parábola hindu refere-se ao almiscareiro, cujas glândulas de almíscar ativam-se quando o cervo maduro entra no período do cio. O cervo é muitas vezes tomado de tal forma por este aroma arrebatador que começa a correr pela floresta, buscando a fonte do odor. Frustrado e fora de si, o cervo pode perder todo sentido de direção e emaranhar-se nos arbustos ou mesmo atirar-se de um penhasco escarpado. Porque busca almíscar fora de si o cervo jamais encontrará a fonte do aroma nele próprio.

Embora o Espírito seja amorfo, também pode se manifestar em formas—como uma das diversas concepções de Deus, por exemplo. "Deus é a Personalidade Única (*Self*), intocável ao desejo, desgraça, ação ou seus resultados" (Sutras Iogues, I, 24). Comentando esta passagem, Purohit escreve que o Espírito não é limitado por qualquer forma ou ausência de forma. "Deus, embora amorfo, também tem forma; Ele tem o poder de assumir qualquer

---

[1] Citações dos Sutras Iogues de Patanjali são tiradas de Purohit, 1938.

forma de acordo com os desejos do devoto. O iogue que deseja mediar em uma forma pode escolher qualquer forma que queira, concentrar-se nela e resolver seu problema" (Purohit, 1938, pp. 37-38). Em outras palavras, a pessoa pode se concentrar num Deus com determinada forma e determinadas qualidades, tais como beleza, amor, paz, força, sabedoria ou beatitude.

Aqueles cuja índole apresenta maior capacidade para devoção geralmente preferem venerar Deus com forma. Outros preferem acreditar no Espírito amorfo, concebê-lo como luz ou amor puros ou consciência cósmica. O grande santo hindu, Ramakrishna, aconselhou um discípulo: "É suficiente ter fé em qualquer aspecto. Você acredita em Deus amorfo; isto está absolutamente certo. Mas nunca, nem por um momento, pense que apenas isto é verdade e todo o resto, falso. Lembre-se que Deus com forma é tão verdadeiro quanto Deus sem forma. Porém, sustente firmemente sua própria convicção" (Nikhilananda, 1948, pp. 61-62).

Os Três Princípios da Criação

A natureza é criada por três princípios, os três *gunas: tamas* (inércia), *rajas* (atividade) e *sattva* (claridade ou luz). Estes três princípios constituem os aspectos básicos da criação, que atua hoje para gerar toda a atividade. Todas as manifestações concebíveis da natureza—matéria, pensamento e assim por diante—são compostas das três *gunas*.

No processo de criação de uma estátua, por exemplo, *tamas* pode ser visto na pedra não tocada, inerte. *Rajas* é o ato de esculpir e *sattva* é a imagem na fantasia do escultor. A combinação de todos os três é essencial. *Tamas* puro é inerte, matéria morta. *Rajas* puro é energia sem direção ou meta. *Sattva* puro é um plano ou conceito que permanece não realizado.

O Bhagavad Gita descreve os *gunas* deste modo:

> SATTVA, RAJAS, TAMAS—luz, fogo e escuridão—são os três constituintes da natureza. Aparecem para limitar, em corpos finitos, a liberdade de seu Espírito infinito. Destes, *Sattva*, porque é puro, dá luz e é a saúde da vida, vincula-se à felicidade terrena e ao conhecimento inferior. *Rajas* é da natureza da paixão, a fonte de desejo e devoção. Vincula a alma do homem à ação. *Tamas*, que nasce da ignorância, obscurece a alma de todo homem. Vincula-os ao embotamento letárgico e, então, eles nem observam nem trabalham. *Sattva* vincula-se à felicidade; *Rajas* à ação; *Tamas*, sabedoria obscurecida, vincula-se à falta de vigilância" (Bhagavad Gita, XIV, 5-9).[2]

Todo indivíduo apresenta algum equilíbrio entre estas três qualidades, embora a maioria das pessoas seja dominada por um ou outro dos *gunas*. Virtualmente, tudo pode ser classificado em termos dos *gunas*. Alimentos pesados ou substanciosos são tamásicos pois sua digestão é difícil e levam à sonolência ou à indisposição para a atividade. Alimentos condimentados, quentes, são rajásicos na medida em que levam à ação, às emoções ou ao nervosismo. Frutas e legumes frescos são *sáttvicos* e estimulam tranqüilidade e outros estados espirituais. Alguns lugares, tais como montanhas ou litoral, são mais fortemente sáttvicos e, portanto, mais apropriados para a meditação e outras práticas espirituais.

> Toda ação é realmente desempenhada pelos *gunas*. O homem, iludido por seu egoísmo, pensa: "Eu sou o agente". Mas aquele que tem a verdadeira compreensão das operações dos *gunas* e de suas várias funções, sabe que quando os sentidos se vinculam a objetos, *gunas* estão simplesmente se vinculando a *gunas* (Bhagavad Gita, III, 27-28).

---

[2] Citações do Bhagavad Gita são tiradas de Mascaro, 1962, e Prabhavananda e Isherwood, 1951.

Consciência

Na terminologia iogue, consciência (*chitta*) abrange todos os processos de pensamento. Inclui a consciência de sensação e percepção, o sentido de ego, e a inteligência intuitiva ou discriminativa. Nos Sutras Iogues, Patanjali define a Ioga como controle das "ondas da consciência". A mente ou consciência do indivíduo reflete o *Self* de modo claro quando está calma. Quando processos mentais ou ondas de consciência estão ativos, o *Self* é obscurecido, como uma lâmpada brilhante suspensa num tanque de água que se agita rapidamente.

Todas as práticas iogues trabalham para um mesmo fim—aquietar as ondas e acalmar a mente. Algumas escolas de Ioga focalizam o controle do corpo e outras, as técnicas de respiração; outras ainda ensinam práticas de meditação. Em certo sentido, todas as técnicas e práticas iogues são somente preliminares, ou exercícios preparatórios, destinados a tranqüilizar a mente. Uma vez que mente e corpo estejam calmos e disciplinados, a realização do *Self* torna-se possível.

> A mente é como um elástico milagroso que pode se estender ao infinito, sem se romper (Yogananda, 1968a).

Tendências Subconscientes

As tendências subconscientes (*samskaras*) influenciam de modo significativo a atividade mental. Estas tendências formam-se como um resultado de ações passadas e experiências desta vida e também de encarnações anteriores. As tendências constróem-se pela ação contínua das ondas de pensamento ou de consciência. Por exemplo, ondas de consciência de raiva gradualmente criam tendências de raiva, que, por sua vez, predispõem o indivíduo a reagir com raiva em várias situações.

O controle das ondas de consciência só é possível quando as tendências subconscientes são diminuídas ou eliminadas. Assim, a disciplina da Ioga deve incluir uma reformulação completa da consciência. De outro modo, as tendências subconscientes tentarão eventualmente se atualizar, como sementes adormecidas que de repente começam a brotar. Por meio da meditação, auto-análise e outras disciplinas, é possível "torrar" tais sementes, destruir seu potencial para qualquer atividade posterior. Isto é, através de uma mudança interior fundamental podemos nos livrar das influências passadas.

> Você não pode ser livre a menos que tenha queimado as sementes de suas ações passadas no fogo da sabedoria e meditação (Yogananda, 1968b).

Carma

Carma significa tanto ação como seus resultados. Toda a atividade traz com ela certas conseqüências, e a vida de todo indivíduo é influenciada por suas ações passadas. Esta influência ocorre em parte através da criação de tendências subconscientes, na seguinte seqüência:

> Antes de agir você tem liberdade mas, depois de agir, o efeito da ação o seguirá quer você queira ou não. Esta é a lei do Carma. Você é um agente livre mas, quando realiza certa ação, você colherá os resultados dela (Yogananda, 1968b).

tendências subconscientes → ondas de consciência → ações → tendências subconscientes

A fim de evitar a formação de novas tendências subconscientes ou o fortalecimento de antigas tendências, o iogue tenta se abster de realizar estas tendências. Em outras palavras, tendências de raiva são fortalecidas por pensamentos e sentimentos de raiva, e mais reforçadas ainda quando se expressa raiva nos discursos ou ações. O ideal iogue não é a repressão ou negação de tendências inaceitáveis, mas a transmutação da ação e pensamento negativos em ação e pensamentos positivos. Um modo eficaz de lidar com emoções negativas é observar calma e profundamente as raízes destas tendências. A consciência interna ela mesma contribuirá muito para transformar os pensamentos e sentimentos que emergirão em seguida. Assim também, exigindo autodisciplina, ação justa e prática iogue, o indivíduo gradualmente muda sua consciência, transformando todos os velhos hábitos e padrões de pensamento.

Carma Ioga, a Ioga da Ação

Um dos ensinamentos centrais da Ioga da ação é aprender a agir sem criar conseqüências cármicas negativas. O Bhagavad Gita acentua a importância da ação sem apego, sem preocupação com seus frutos ou resultados.

> Oferecei todos os vossos trabalhos a Deus, livrai-vos de laços egoístas e fazei vosso trabalho. Nenhum pecado pode então vos macular, assim como as águas não maculam a pétala de lótus. O iogue trabalha para a purificação da alma: ele se livra de ligações egoístas e, assim, é somente seu corpo, seus sentidos, sua mente ou sua razão que trabalha. Este homem da harmonia renuncia à recompensa de seu trabalho e assim atinge a paz final: o homem da discórdia, impelido pelo desejo, está preso à sua recompensa e permanece na escravidão" (Bhagavad Gita, V, 10-12).

Aquele que trabalha não por uma recompensa terrena, mas faz o trabalho que deve ser feito. . . este é um iogue (Bhagavad Gita, VI, 1).

Carma Ioga é uma disciplina importante para todos aqueles que vivem em cavernas isoladas no Himalaia e aqueles que aceitaram empregos e responsabilidades familiares. O Bhagavad Gita mostra que, enquanto vivermos, seremos compelidos a agir.

> Não é abstendo-se da ação que o homem atinge a liberdade de ação. Não é pela mera renúncia que atinge a perfeição suprema. Pois nem por um momento um homem pode ficar sem ação. Impotentemente são todos levados à ação pelas forças inatas da Natureza (os *gunas*). Aquele que se priva de ações mas medita sobre seus prazeres em seu coração, está iludido e é um falso seguidor do Caminho. Mas grande é o homem que, livre de ligações e com a mente dirigindo seus poderes em harmonia, trabalha no caminho da Carma Ioga, o caminho da ação consagrada (Bhagavad Gita, III, 4-7).

O trabalho pode ser uma forma de adoração e autodisciplina se ele for dedicado a algo maior que a própria pessoa, e se o indivíduo se esforçar para agir sem egoísmo e para servir aos outros.

Gandhi é um dos mais notáveis exemplos de Carma Ioga na Índia. Durante toda sua carreira pública, Gandhi sempre lutou para agir estritamente de acordo com seus ideais. No início de seu trabalho para libertar a Índia do domínio britânico, a campanha de Gandhi de rebeldia civil foi amplamente apoiada em toda a Índia. Entretanto, quando as manifestações se tornaram violentas, Gandhi decidiu deter imediatamente o movimento de rebeldia civil. Embora isto tenha causado um recuo importante no movimento, Gandhi pensou que se seus ideais fossem esquecidos na luta pela independência, então toda luta seria vã—que fins dignos nunca podem ser atingidos por meios menos que honrosos.

Nossos desejos e motivos podem ser divididos em duas classes—egoístas e altruístas. Todos os desejos egoístas são imorais, ao passo que o desejo de nos aperfeiçoarmos para fazer o bem aos outros é verdadeiramente moral. Trabalhar incansavelmente pelo bem da humanidade é a lei moral mais elevada (Gandhi, 1958, p. 76).

Jnana Ioga, a Ioga do Conhecimento

A Ioga do conhecimento é uma disciplina rigorosa de auto-análise, um caminho para aqueles dotados de um intelecto lúcido, altamente desenvolvi-

O auto-exame, a disciplina inflexível dos próprios pensamentos é uma experiência rigorosa e lancinante. Destrói o ego mais robusto. Mas, a verdadeira auto-análise funciona matematicamente para produzir videntes (Yogananda, 1972).

do. É, em essência, um caminho de discriminação. O iogue busca compreender com clareza as forças da ilusão e escravidão e opor-se ou evitar as influências da paixão, servidão dos sentidos e identificação com o corpo. O indivíduo busca o *self*, descartando-se de tudo que não é *Self*—aquilo que é limitante, perecível ou ilusório.

Ramana Maharshi, considerado por muitos como o maior sábio moderno da Índia, ensinava a seus seguidores uma técnica chamada "Auto-inquirição" para reaver a identificação com o *Self*. Este é um método de indagação contínua do "Quem sou eu?" e de busca da fonte de consciência além do corpo, dos pensamentos e das emoções.

Através de contínua e constante investigação sobre a natureza da mente, esta se transforma naquilo a que se refere o "Eu"; e isto é de fato o *Self* (Ramana Maharshi em Osbourne, 1962, p. 113).

> O primeiro e mais importante de todos os pensamentos que emergem na mente é o primitivo "Eu"—pensamento. É somente após o nascimento do "Eu"—pensamento que emergem inúmeros outros pensamentos. . . . Uma vez que qualquer outro pensamento só pode ocorrer após o aparecimento do "Eu"—pensamento, e que a mente não é nada além de um feixe de pensamentos, somente através da pergunta "Quem sou eu?" a mente aquieta-se. . . . Mesmo quando pensamentos estranhos brotam durante tal indagação, não procure completar o pensamento emergente mas, ao invés disto, interrogue-se profundamente, "A quem ocorreu este pensamento?". Não importa então quantos pensamentos lhe ocorram se você, com vigilância aguçada, perguntar imediatamente no momento em que aparecer cada pensamento individual, a quem ele ocorreu, e descobrir que é a "mim". Se então você perguntar "Quem sou eu?", a mente tornar-se-á introvertida (focalizada para dentro) e o pensamento emergente também se aquietará. Deste modo, enquanto você persevera cada vez mais na prática da "Auto-inquirição", a mente adquire força e poder crescentes para permanecer em sua Fonte" (Osbourne, 1969, p. 41).

Ramana Maharshi acentuou que a tarefa de auto-realização é de eliminar a compreensão ilusória e não uma questão de adquirir algo novo. "Uma vez que a falsa noção de que 'eu sou o corpo' ou de que 'eu não estou realizado' tenha sido eliminada, permanecem somente a Consciência Suprema ou o *Self* e, no atual estado de conhecimento das pessoas, isto é denominado 'Realização'. Mas a verdade é que a Realização é eterna e já existe, aqui e agora" (Osbourne, 1962, p. 23).

Um pouco do sabor desta abordagem da Ioga pode ser sentido pelo modo com que Maharshi lidava com as perguntas de seus discípulos.

— Como alguém realiza o *Self*?
— Que *Self*? Descubra.
— O meu, mas, quem sou eu?
— É você quem deve descobrir.
— Eu não sei.
— Pense a respeito deste problema: Quem é que diz: "Eu não sei?" Quem é o "eu" em sua afirmação? O que não é sabido?

— Por que nasci?
— Quem nasceu? A resposta é a mesma para todas as perguntas.

— Por mais que eu tente, parece que não atinjo o "eu". Ele nem mesmo é claramente discernível.
— Quem está dizendo que o "eu" não é discernível? Existem dois "eus" em você, de forma que um não é discernível para o outro?

(Osbourne, 1962, pp. 121-122).

Bhakti Ioga, a Ioga da Devoção

A prática da Ioga da devoção está mais próxima da religião tradicional do que qualquer outra forma de Ioga. Inclui a realização de cultos rituais, cânticos e a adoração a Deus. As grandes encarnações de Deus, tais como Rama e Krishna, são os focos principais de devoção em algumas partes da Índia, enquanto que em outras, Kali, ou a Mãe Divina, é o centro mais comum de adoração. É mais fácil para a maioria das pessoas desenvolver amor e devoção em relação a um Deus personificado, e muito mais difícil amar consciência ou espírito abstratos.

Longas sessões de cânticos espirituais tradicionalmente constituem uma parte importante da prática religiosa na Índia. Com freqüência os cânticos são simples e repetitivos, inspirando profunda devoção e concentração em um aspecto do Divino. Várias disciplinas iogues envolvem cânticos para ajudar a canalizar as emoções, desenvolver a acuidade da mente, dirigir a energia vital, sintonizar-se com as vibrações sonoras ou criar energia e magnetismo na mente e no corpo. Um cântico espiritual é "uma canção nascida das profundezas da verdadeira devoção a Deus e continuamente cantada de forma audível ou mental, até que a resposta Dele seja conscientemente recebida sob a forma de alegria infinita" (Yogananda, 1963, p. xiii).

O desenvolvimento espiritual provem do desenvolvimento da devoção e do desejo de Deus. De acordo com Ramakrishna, um grande iogue devoto, hábitos pobres e desejos mundanos desaparecem gradualmente pois são menos satisfatórios que a felicidade das experiências espirituais. "Quando se extingue a atração do prazer dos sentidos (*sic*)? Quando a pessoa realiza a consumação de toda a felicidade e de todos os prazeres em Deus—o indivisível e eterno oceano de beatitude" (Ramakrishna, 1965, p. 93).

Em contraste com a autodisciplina, vontade ou discriminação, a Ioga da devoção é um modo de reformular a personalidade através do desenvolvimento do amor, alegria, devoção e outras qualidades positivas. Seus proponentes argumentam que este caminho mais simples e menos árduo é mais apropriado para a era moderna, em que poucas pessoas têm tempo e disciplina para seguir plenamente os outros caminhos tradicionais da Ioga.

Hatha Ioga, a Ioga do Corpo

A prática de posturas iogues constitui somente uma pequena parte da disciplina da hatha ioga. Na verdade, a maioria da assim chamada "hatha ioga" ensinada nos Estados Unidos é mais uma forma de ginástica feita para a saúde física que um sistema tradicional de Ioga. Além das posturas iogues, a hatha ioga clássica inclui a prática de celibato absoluto, dieta vegetariana, exercícios de respiração e concentração e técnicas para lavar e purificar as passagens nasais e todo o canal alimentar desde a garganta até os intestinos. As práticas da hatha ioga são destinadas a purificar e fortalecer o corpo para preparar o indivíduo para formas superiores de meditação e estados superiores de consciência. O corpo é visto como um veículo de várias energias vitais, ou *pranas*. As disciplinas de hatha ioga ajudam a fortalecer estas energias e capacitam o indivíduo a controlar as energias vitais, intensificando o funcionamento físico, mental e espiritual.

A disciplina de hatha ioga inclui aspectos físicos, psicológicos e espirituais; no entanto, a prática de técnicas de hatha ioga como disciplina espiritual exclusiva tem sido às vezes severamente criticada por outros iogues. Eles

---

Se você deve ser louco, não o seja pelas coisas do mundo. Seja louco pelo amor a Deus (Ramakrishna, 1965, p. 187).

Ele é o mais próximo dos próximos, o mais amado dos amados. Ame-O como o avarento ama o dinheiro, como um homem apaixonado ama sua namorada, como um afogado ama a respiração. Quando você anseia por Deus com intensidade, Ele virá até você (Yogananda, 1968a, p. 1).

Quando a flor se desenvolve em fruto, as pétalas desaparecem por si mesmas. Assim, quando a divindade se intensificar em você, a fraqueza da natureza humana que existe em você desaparecerá de modo espontâneo (Ramakrishna, 1965, p. 139).

admitem que é possível desenvolver grandes habilidades físicas e mentais através do controle do corpo, mas advertem que, sem a disciplina mental e espiritual, esses poderes tendem a alimentar o ego. Uma autoridade comentou que os seguidores de hatha ioga que havia encontrado "tinham grandes poderes, corpos fortes e saudáveis e imensa vaidade. ... Em geral eram receptivos ao elogio e alguns, mais mundanos que a média dos homens mundanos" (Purohit, 1938, p. 30). Um dos autores encontrou um iogue deste tipo na Índia. Este homem tinha sido sujeito de considerável pesquisa fisiológica, e era capaz de demonstrar um extraordinário controle sobre suas ondas cerebrais, batimentos cardíacos e outras funções corporais. No entanto, em uma grande conferência sobre Ioga, o homem insistiu em desafiar todos os outros iogues presentes a demonstrar "cientificamente" sua perícia em Ioga, a fim de determinar quem era o "mais iogue".

Kundalini

De acordo com a fisiologia iogue, uma energia sutil conhecida como kundalini encontra-se enrolada na base da espinha de todo indivíduo. Todas as energias da mente e do corpo são essencialmente manifestações da energia kundalini, que pode ser controlada por um iogue completo.

Quando a mente e corpo de uma pessoa estão suficientemente fortalecidos e purificados, diz-se que kundalini percorre a espinha através de seis centros de consciência (*chakras*), alcançando o sétimo, o centro do cérebro. Quando alcança os centros superiores, esta energia espiritual produz vários graus de iluminação. Cada centro de consciência está associado a diferentes atributos físicos e espirituais; alguns se relacionam com os vários sentidos e elementos e alguns, a outras qualidades, tais como forma ou cor.

1. O *muladhara chakra* localiza-se na base da coluna vertebral. Está associado ao elemento terra, à inércia, à origem do som e ao sentido do olfato.[3]
2. O *svadisthana chakra* situa-se vários centímetros acima do primeiro centro. Está associado ao elemento água, à cor branca e ao sentido do paladar.
3. O *manipura chakra* localiza-se na altura do umbigo. Relaciona-se com o elemento fogo, o sal e o sentido da visão.
4. O *anahata chakra* localiza-se na altura do coração. Associa-se à cor vermelha, ao elemento ar e ao sentido do tato.
5. O *vishuddha chakra* localiza-se na região da garganta. Está associado ao elemento éter, à cor branca e ao som.
6. O *ajna chakra* situa-se entre as sobrancelhas. É a sede das várias faculdades cognitivas e dos sentidos refinados.
7. O *sahasrara chakra* localiza-se no alto da cabeça. É conhecido como o *chakra* do lótus de mil pétalas.

O sétimo centro inclui o cérebro. Quando o cérebro é estimulado e energetizado por kundalini, o indivíduo experimenta uma tremenda mudança de consciência, uma experiência de profunda iluminação, ou *samadhi,* a qual é conhecida como "o florescimento do lótus de mil pétalas".

---

[3] As descrições dos *chakras* são tiradas de Eliade (1969).

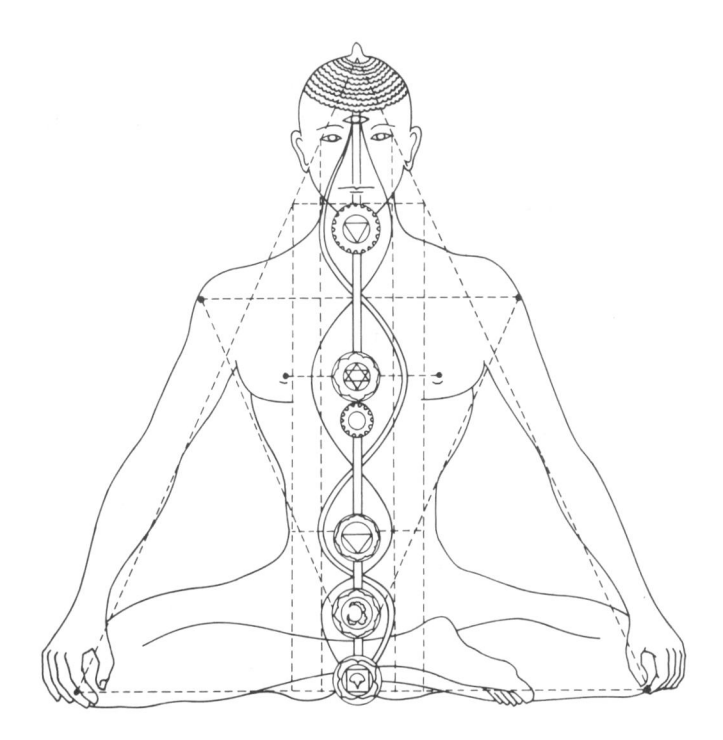

Figura 11.1. Os centros de consciência no corpo. (De Danielou, 1955, p. ii.)

Raja Ioga

Raja Ioga ou Ioga "real" acentua o desenvolvimento do controle mental como a disciplina mais eficaz e ativa. Inclui também as outras disciplinas da Ioga. Este caminho foi classicamente sistematizado nos oito estágios da Ioga formulados por Patanjali: 1) abstenções, 2) observâncias, 3) posturas, 4) controle da energia vital, 5) interiorização, 6) concentração, 7) meditação, 8) iluminação.

Pode-se pensar nesses estágios como níveis sucessivos de realização, em que cada estágio se constrói sobre aquilo que o precedeu. No entanto, os oito aspectos de Raja Ioga formam oito ramos inter-relacionados de uma única disciplina, e o progresso em qualquer ramo tende a beneficiar também todos os outros.

As *abstenções* e *observâncias* são o código moral que serve de fundamento à prática iogue. As abstenções incluem a não violência, a honestidade, o não roubar, a castidade e o não cobiçar. As observâncias são pureza, abnegação, contentamento, estudo e devoção. São os equivalentes iogues dos dez mandamentos, os princípios de ação justa encontrados em todas as religiões. As abstenções e observâncias não são simplesmente um sistema arbitrário de moralidade. São seguidas por razões práticas, para aumentar a eficácia do resto da prática iogue. Sem uma vida cotidiana calma e disciplinada, a concentração e a paz conquistadas através da prática iogue dissipam-se logo, como na tentativa de carregar água num balde cheio de furos.

Postura refere-se à habilidade de se sentar relaxado e com a espinha ereta durante longos períodos de tempo. Patanjali escreve que "a postura envolve estabilidade e conforto. Requer relaxamento e meditação sobre o Imóvel"

> São seus hábitos mentais cotidianos, mais do que suas inspirações momentâneas ou idéias brilhantes que controlam sua vida (Yogananda, 1968b).

(Sutras Iogues, II, pp. 46-47). Na Índia, estudantes de Ioga tentam aumentar gradualmente o tempo durante o qual podem se sentar numa dada postura. O domínio de uma determinada postura é atingido quando o estudante é capaz de se manter nesta posição sem se movimentar durante cerca de três horas.

O *controle da energia vital* é, sob muitos pontos de vista, o aspecto mais excepcional e importante da Raja Ioga. O termo sânscrito original, *pranayama*, tem sido freqüentemente mal traduzido por controle da respiração. O controle da respiração através de vários exercícios respiratórios serve para reduzir o metabolismo e liberar um pouco da energia vital normalmente utilizada para o funcionamento do corpo. No entanto, este é apenas um modo indireto de controlar a energia vital.

O objetivo é o domínio completo da energia vital, e pode ser atingido por meio de várias práticas de Ioga. Iogues completos demonstraram este domínio parando à vontade seus batimentos cardíacos ou sua respiração e, no passado, alguns iogues permitiram até mesmo que os enterrassem vivos durante dias ou semanas (veja, por exemplo, Yogananda, 1972).

Estudos fisiológicos modernos também confirmaram a habilidade de iogues praticantes em controlar seus batimentos cardíacos e conseguir parar de respirar. (Para uma bibliografia detalhada sobre pesquisa em Ioga e várias formas de meditação, veja Timmons e Kamiya, 1970; Timmons & Kanellakos, 1974.)

A *interiorização* refere-se ao desligamento dos sentidos. A energia vital é retirada dos órgãos dos sentidos e o iogue não é mais perturbado pelo bombardeamento incessante de estímulos provenientes do mundo exterior. Esta façanha foi verificada por cientistas hindus que descobriram que as ondas cerebrais de iogues que meditam permanecem inalteradas diante de estímulos externos (Anand *et al.*, 1969). Patanjali define interiorização como "a restauração dos sentidos à pureza original da mente, renunciando a seus objetos" (Sutras Iogues, II, 54).

Para o iogue, que pode perfeitamente ser comparado a um cirurgião, *prana* é semelhante a uma faca que ele utiliza cuidadosamente para operar sua própria mente, para cortar os pensamentos e sentimentos malévolos a fim de penetrar em níveis mais elevados de consciência (Feuerstein e Miller, 1972, p. 111).

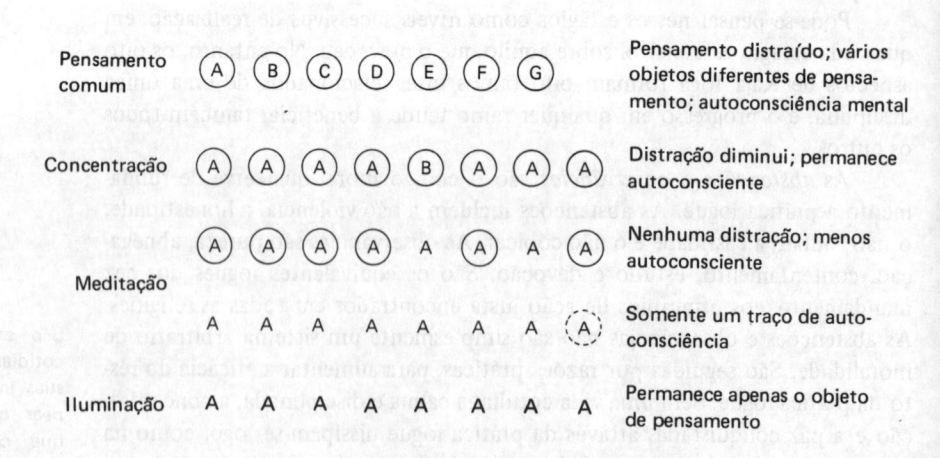

Figura 11.2. Processos de pensamento na prática iogue. (Adaptação de Taimni, 1967, p. 284.)

IOGA E A TRADIÇÃO HINDU 327

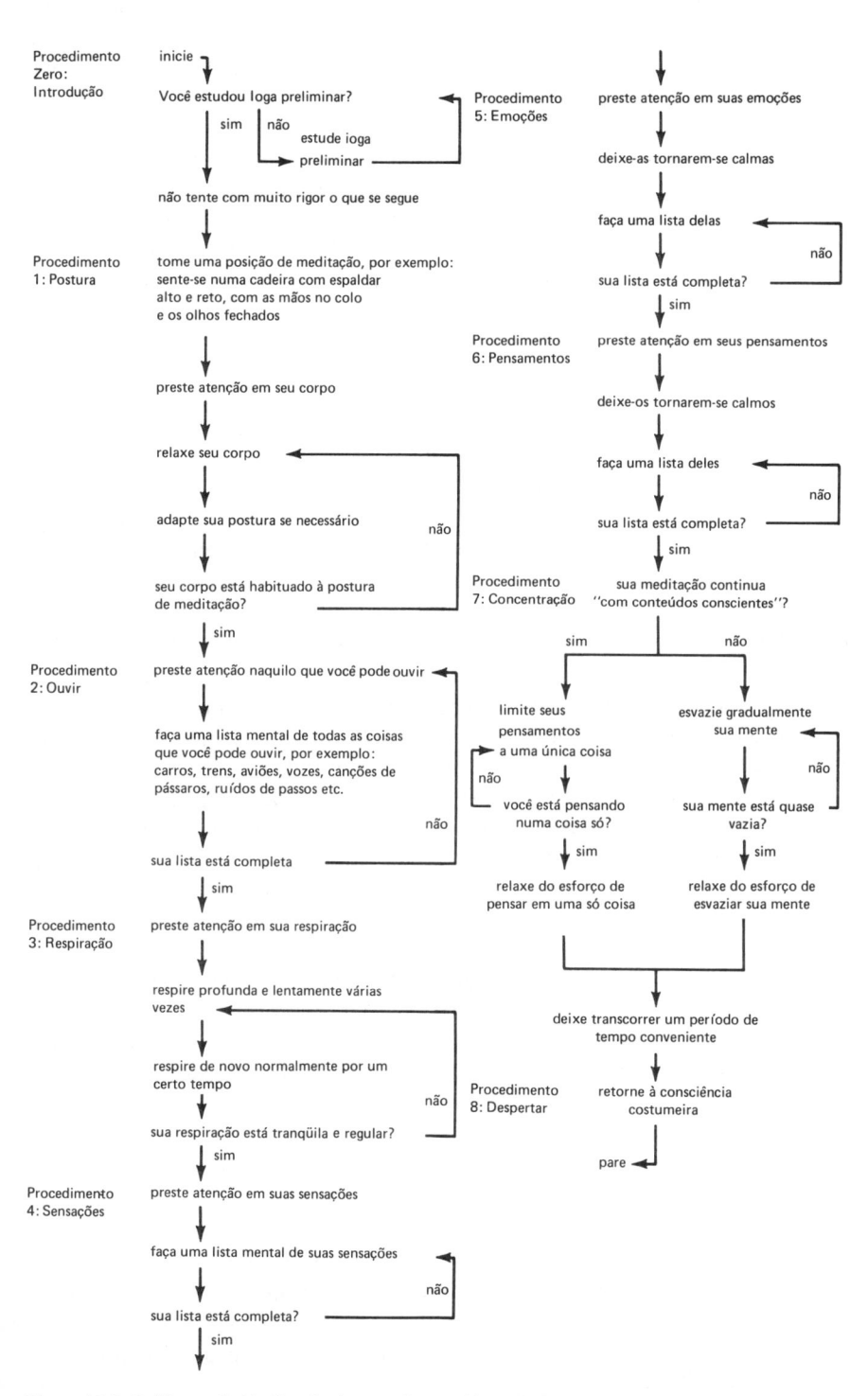

Procedimento Zero: Introdução
inicie
Você estudou ioga preliminar?
- sim →
- não → estude ioga preliminar →
não tente com muito rigor o que se segue

Procedimento 1: Postura
tome uma posição de meditação, por exemplo: sente-se numa cadeira com espaldar alto e reto, com as mãos no colo e os olhos fechados
↓
preste atenção em seu corpo
↓
relaxe seu corpo ←
↓
adapte sua postura se necessário
↓
seu corpo está habituado à postura de meditação? — não →
↓ sim

Procedimento 2: Ouvir
preste atenção naquilo que você pode ouvir ←
↓
faça uma lista mental de todas as coisas que você pode ouvir, por exemplo: carros, trens, aviões, vozes, canções de pássaros, ruídos de passos etc.
↓
sua lista está completa — não →
↓ sim

Procedimento 3: Respiração
preste atenção em sua respiração
↓
respire profunda e lentamente várias vezes ←
↓
respire de novo normalmente por um certo tempo
↓
sua respiração está tranqüila e regular? — não →
↓ sim

Procedimento 4: Sensações
preste atenção em suas sensações
↓
faça uma lista mental de suas sensações ←
↓
sua lista está completa? — não →
↓ sim

Procedimento 5: Emoções
preste atenção em suas emoções
↓
deixe-as tornarem-se calmas
↓
faça uma lista delas ←
↓
sua lista está completa? — não →
↓ sim

Procedimento 6: Pensamentos
preste atenção em seus pensamentos
↓
deixe-os tornarem-se calmos
↓
faça uma lista deles ←
↓
sua lista está completa? — não →
↓ sim

Procedimento 7: Concentração
sua meditação continua "com conteúdos conscientes"?
- sim → limite seus pensamentos a uma única coisa ←
  ↓
  você está pensando numa coisa só? — não ↑
  ↓ sim
  relaxe do esforço de pensar em uma só coisa
- não → esvazie gradualmente sua mente ←
  ↓
  sua mente está quase vazia? — não ↑
  ↓ sim
  relaxe do esforço de esvaziar sua mente

↓
deixe transcorrer um período de tempo conveniente

Procedimento 8: Despertar
retorne à consciência costumeira
↓
pare

Figura 11.3. O Fluxo de Meditação. Instruções em *Yoga Aphorisms of Patanjali*, formalizadas pelo Dr. John H. Clark da Universidade de Manchester, num esquema de fluxo do tipo preparado para computadores. (Adaptado do artigo do Dr. Clark na revista *New Society* [23 de julho de 1970].)

Concentração é simplesmente "atenção fixada sobre um objeto" (Sutras Iogues, III, 1). Há dois aspectos relativos à concentração: a *retirada* da atenção de objetos que distraem, e o *enfoque* desta atenção recuperada sobre uma coisa de cada vez. Um certo desenvolvimento da interiorização constitui um pré-requisito para a prática da concentração. Se os cinco sentidos estiverem ativos, é como sentar-se numa escrivaninha tentando se concentrar com cinco telefones tocando constantemente. Sensações externas trazem pensamentos que, por sua vez, levam a seqüências infinitas de recordações e especulações. O som de um carro leva-nos a pensar "Oh, há um carro passando". Começamos então a pensar nos carros que já tivemos, carros que gostaríamos de comprar e assim por diante.

Meditação é um termo via de regra utilizado de modo muito vago no Ocidente. Na terminologia iogue, meditação é uma prática altamente avançada, na qual apenas um único pensamento, somente o objeto da meditação, permanece na consciência do meditador. Para Patanjali, meditação é "a união da mente e do objeto" (Sutras Iogues, III, 2).

Iluminação (samadhi) é o "objetivo" e também a essência da prática iogue. É o estado que de certo modo define a Ioga, e somente os que atingiram a iluminação podem ser considerados iogues verdadeiros. Todos os outros são estudantes de Ioga. Segundo Patanjali, iluminação é um estado em que "união enquanto união desaparece, permanecendo presente apenas o significado do objeto no qual a atenção se fixa" (Sutras Iogues, III, 3).

> Quando a atividade da mente é controlada, ocorre a iluminação, a mente reflete a natureza daquele que vê, daquilo que é visto ou do ato de ver, assim como um cristal puro reflete a cor do que quer que seja colocado sobre ele (Sutras Iogues, I, 41).

Iluminação é um estado de consciência ou realização do *Self*. Ela ocorre quando a mente está totalmente calma e concentrada e começa a refletir as qualidades do *Self* interior. Como o *Self* é infinito, a iluminação não é um estado final ou estático. Inclui inúmeros níveis de consciência do *Self* e do Espírito. Patanjali distingue dois tipos principais de iluminação: iluminação com e sem conteúdos no campo da consciência. Os conteúdos do campo da consciência tornam-se cada vez mais sutis à medida que a meditação se aprofunda. Evoluem desde a consciência de uma representação mental, tal como a imagem de uma divindade, até a consciência de idéias abstratas, tal como o amor. Conseqüentemente, existe apenas a consciência de alegria ou paz profundas e, afinal, tudo o que permanece é a consciência do *Self*.

A iluminação sem conteúdo desafia a descrição, pois no campo da consciência não há nada a que as palavras se refiram. Diz-se que aqueles que atingiram este estágio tornaram-se totalmente livres das influências do Carma e de suas tendências subconscientes.

DINÂMICA
Crescimento Psicológico

Quatro Estágios da Vida. No Ocidente, o modo de vida iogue mais conhecido é o da renúncia ascética, que inclui o celibato, a pobreza e o "abandono" do mundo a fim de se dedicar completamente às disciplinas da Ioga. Na Índia, há um outro caminho ideal de crescimento espiritual, o de uma vida equilibrada de trabalho e responsabilidades terrenas mais a prática da disciplina espiritual.[4]

---

[4] Os Vedas descrevem vários tipos de ascetas que praticavam o ascetismo e outras disciplinas de Ioga, e que provavelmente constituíram os precursores dos ascetas io-

Existem quatro estágios neste ciclo de vida hindu ideal: estudante, chefe de família, habitante da floresta e renunciante (Smith, 1958). Segundo as concepções hindus tradicionais, cada fase deveria durar 25 anos, uma vez que se dizia que a extensão da vida normal era de 100 anos em épocas passadas mais desenvolvidas.

Em muitos trabalhos hindus clássicos enfatiza-se que todo indivíduo deve passar pelos quatro estágios a fim de atingir a auto-realização. Cada estágio tem seus próprios deveres e fornece certas lições e experiências essenciais. Durante o primeiro estágio, o estudante serve tradicionalmente como aprendiz, vivendo com um mestre e sua família. Além da aquisição de habilidades ocupacionais, a educação hindu tradicional dedica-se à formação do caráter através da disciplina espiritual e emocional. O objetivo é tornar-se um indivíduo maduro, plenamente equipado para viver uma vida produtiva e harmoniosa, ao invés de permanecer escravo de seus humores, hábitos e impulsos.

Ao término deste estágio, o aprendiz volta para sua casa e, após o casamento, entra no estágio de chefe de família. Os deveres do chefe de família incluem conduzir os negócios da família e criar uma família. O chefe de família procura satisfação em prazeres familiares, na obtenção de sucesso profissional e no serviço à comunidade enquanto cidadão ativo e responsável. O chefe de família é capaz de viver uma vida autocontrolada por causa do treino de caráter recebido durante o primeiro estágio. Não é compulsivamente motivado por desejos de sexo, fama ou riqueza, mas é capaz de desfrutar os prazeres e deveres do chefe de família de forma moderada.

O terceiro estágio é literalmente o de "habitante-da-floresta". Refere-se ao afastamento gradual da família e dos afazeres profissionais. Quando um homem e sua mulher têm mais de 50 anos, seus filhos tornaram-se suficientemente velhos para assumir as responsabilidades familiares. O casal de idade pode se recolher a uma pequena cabana retirada na floresta ou mesmo permanecer na casa da família, depois de se afastarem dos deveres e negócios. Permanecem à disposição do resto da família dando consultas e aconselhando seus filhos quando necessário.

O último quarto de século do indivíduo deve ser dedicado ao quarto estágio, da renúncia. A entrada neste estágio é marcada por um ritual muito semelhante aos rituais fúnebres. O indivíduo está agora oficialmente morto para todas as obrigações sociais e laços pessoais, e livre para buscar a auto-realização sem restrições ou exigências externas.

> Se você perseguir o mundo, o mundo fugirá de você. Se você fugir do mundo, ele o perseguirá (Hari Dass).

Auto-realização. Os detalhes do crescimento e desenvolvimento espirituais variam de acordo com os diferentes ramos da Ioga. Para o Carma iogue, o crescimento envolve o desenvolvimento da autodisciplina, força de vontade e trabalho desinteressado. Para o Bhakti iogue, o crescimento está mais relacionado a uma devoção crescente a um aspecto de Deus. Para o Jnana iogue, o crescimento é uma questão de desenvolvimento de discriminação e auto-análise. Em várias outras escolas de Ioga, encara-se o crescimento em termos

---

gues errantes da Índia moderna. Os antigos *rishis,* ou sábios, por outro lado, acentuavam a importância de sacrifícios e hinos, e faziam mais parte da ordem social hindu. (Para uma discussão mais detalhada, veja Feuerstein e Miller, 1972.)

do desenvolvimento da capacidade de meditar, de afastar a atenção do mundo exterior e dos sentidos e de concentrar-se cada vez mais profundamente em um aspecto do *Self* ou Espírito.

Os diversos ramos da Ioga compartilham certos princípios fundamentais. O caminho da Ioga é basicamente um processo de desviar a consciência das atividades do mundo exterior e concentrar-se na fonte da consciência— o *Self*. O Carma iogue procura agir com autoconsciência sem se envolver demais na ação em si ou nos possíveis resultados da ação. O Bhakti iogue empenha-se em manter a mente focalizada com devoção numa pessoa ou representação que simbolize um aspecto do Espírito ou *Self*. O Jnana iogue busca o *Self* trazendo a mente de volta às raízes do pensamento e rejeitando tudo o que não é *Self*.

Ramakrishna, o grande iogue devoto, escreveu: "O segredo é que a união com Deus (Ioga) nunca pode acontecer a não ser que a mente se torne absolutamente calma, qualquer que seja o "caminho" que você siga para a realização de Deus. A mente está sempre sob o controle do iogue, e não o iogue sob o controle de sua mente" (Ramakrishna, 1965, p. 186).

Como mencionamos, Ioga significa literalmente "união", união com o *Self*, ou iluminação. Um comentário clássico de Vyasa sobre os Sutras Iogues de Patanjali afirma que Ioga *é* iluminação. Todos os diversos caminhos e disciplinas incluídos na Ioga partilham desta meta fundamental de iluminação e auto-realização.

> O sábio contempla todos os seres no *Self*, e o *Self* em todos os seres (Isa Upanishad, 6).

Obstáculos ao Crescimento

Patanjali enumera cinco males ou causas de perturbação e sofrimento principais: ignorância, egoísmo, desejo, aversão e medo (Sutras Iogues, II, 3).

Ignorância. A ignorância é o obstáculo principal ao crescimento. "A ignorância é a causa, os outros são os efeitos. . . . A ignorância pensa no perecível como imperecível, no puro como impuro, no doloroso como prazeroso, no não-*Self* como *Self*" (Sutras Iogues, II, 4-5). A consciência é projetada fora do *Self* com tanta força que é extremamente difícil dirigir a mente de volta à sua fonte. Nossa preocupação com o mundo exterior e com nossos sentidos continuamente ativos substitui a autoconsciência. Ignorância é tomar o efeito pela causa, isto é, atribuir as qualidades do *Self* ao mundo, tratando este último como a fonte do prazer, da dor e de outras experiências, e permanecendo inconsciente do *Self* como causa última de todas as experiências.

> Ascetismo, estudo e devoção a Deus constituem a ioga prática. A meta é atingir a iluminação e destruir os males (Sutras Iogues, II, 1-2).

Egoísmo. O egoísmo resulta da identificação do *Self* com o corpo e os pensamentos. "Egoísmo é a identificação do vidente com as limitações do olho" (Sutras Iogues, II, 6). A identificação com o corpo leva ao medo, ao desejo e a um sentido de limitação, e a identificação com os pensamentos leva à intranqüilidade e emotividade.

> Satisfazer seus desejos sensoriais não pode satisfazer você, pois você não é os seus sentidos. Eles são apenas seus servos, não seu *Self* (Yogananda, 1968a, p. 60).

Desejo e Aversão. Desejo e aversão são definidos por Patanjali com simplicidade e elegância: "Desejo é o anseio pelo prazer. Aversão é o recuo diante da dor" (Sutras Iogues, II, 7-8). Estes males ligam o indivíduo às frustrações e mudanças constantes do mundo exterior, e tornam impossíveis a tranqüilidade e paz profundas. Um alvo importante da disciplina iogue é superar nossa tremenda sensibilidade ao calor, frio, dor, prazer e outras mudanças no mundo exterior. O iogue busca libertar-se da dominação do mundo e do corpo aprendendo a controlar as tendências emotivas, mentais e físicas, ao invés de ser controlado por elas.

Desejo e aversão provocam um apego àquilo que dá prazer ou evita a dor. O apego emerge da crença de que temos que ter algo para nosso próprio prazer ou realização. Superar tal apego não significa, contudo, que a Ioga seja uma autodisciplina negativa, sem alegria. A idéia de não se apegar significa desfrutar aquilo que se recebe, mas também estar pronto a renunciar quando necessário, sem tristeza ou sentimento de perda.

Ramakrishna amiúde explicava este desprendimento através do exemplo de uma empregada que abandona seu vilarejo para trabalhar para uma família próspera, numa cidade grande. Ela pode vir a amar os filhos da família e chamá-los de "meu menininho" ou "minha menininha", e pode até mesmo dizer "esta é nossa casa". Entretanto, o tempo todo ela sabe que não são seus próprios filhos, que a casa não é sua e que seu verdadeiro lar está longe, num vilarejo distante. "Digo aos que vêm a mim para levar uma vida de desprendimento como a empregada. Digo-lhes para viver desligados deste mundo—estar no mundo, mas não ser do mundo..." (Ramakrishna, 1965, p. 104).

Medo. O medo é o quinto mal: "Medo é este constante terror natural da morte, que está enraizado até mesmo nas mentes dos ensinados" (Sutras Iogues, II, 9). Medo é o resultado da identificação com o corpo perecível, ao invés do *Self* imperecível. Neste comentário sobre os Sutras Iogues, Purohit escreve: "O medo da morte é constante na mente e, assim como o desejo e a aversão são resultados de alguma experiência passada, o medo da morte é resultado de ter morrido no passado" (Purohit, 1938, p. 48).

Os males são gradualmente enfraquecidos e atenuados pela prática das disciplinas básicas da Ioga, de forma especial o ascetismo e o autocontrole, o estudo das escrituras e a devoção. O iogue fortalece aos poucos as tendências subconscientes contrárias aos males, enfraquecendo as influências destes. Os males têm dois aspectos: grosseiro e sutil. Em suas formas grosseiras, são ondas de pensamento reais—de medo, desejos e assim por diante. Em seus aspectos mais sutis, são tendências subconscientes (em direção ao medo, desejos etc.) que permanecem como influências potenciais sobre o iogue até ele atingir o estado de iluminação mais elevado.

O *Self* sábio não nasceu; Ele não morre. Não proveio de nada; nada provém dEle. Sem nascimento, eterno, perene e antigo, não morre quando morre o corpo (Katha Upanishad, I, ii, 18).

ESTRUTURA
Corpo

As diversas escolas de Ioga consideram o corpo de diferentes maneiras. Estas atitudes variam da rejeição total do corpo como fonte de desejos e apegos, até uma valorização do mesmo como principal veículo para o crescimento espiritual.

A maioria das doutrinas iogues defende uma visão moderada do corpo, sem cair numa indulgência cega ou numa ascese excessiva. O Bhagavad Gita recomenda que "Ioga é harmonia. Não para aquele que come demais, ou para aquele que come muito pouco; não para aquele que dorme pouco, ou para aquele que dorme demais" (Bhagavad Gita, VI, 16).

Seu corpo é o templo de sua alma. Sua alma é o templo de Deus (Hari Dass, 1973).

Relacionamento Social

Tradicionalmente, a Ioga tem sido muitas vezes associada com o isolamento do mundo, envolvendo meditação nas profundezas das florestas e em cavernas, em picos de montanhas distantes. Entretanto, o Bhagavad Gita ensina que cada indivíduo tem uma tarefa própria a cumprir neste mundo, e esta tarefa deve ser plenamente cumprida, quer implique renúncia ou prestação de serviços a outros na sociedade. "E cumpram vosso próprio dever, mesmo que ele seja humilde, ao invés do dever de outros, mesmo que este seja grande. Morrer em seu próprio dever é vida; viver no de outro é morte" (Bhagavad Gita, III, 35).

A devoção religiosa também pode ser aprendida através de relacionamentos sociais. No Ocidente, tendemos a ver Deus somente como uma figura paterna cósmica, mas, na Índia, o Divino tem várias faces; pai, filho, amigo, guru ou ente amado. Praticando amor e devoção em suas relações com a família e os amigos, o indivíduo aprende a expandir e a espiritualizar estes sentimentos, a chegar a amar todos os homens como irmãos e todas as mulheres como irmãs.

> Aprenda a ver Deus em todas as pessoas, de qualquer raça ou credo. Você saberá o que é amor Divino quando você começar a sentir sua unidade com cada ser humano, não antes (Yogananda, 1968b).

Vontade

As primeiras formas de Ioga envolviam um ascetismo severo e o treino de extraordinária vontade. O conceito de *tapas*, disciplina ascética ou ascetismo ainda hoje permanece como ponto central em muitas práticas de Ioga. Ascetismo refere-se a disciplinar a mente e o corpo, ir além dos limites confortáveis que estabelecemos para nós mesmos e sobrepujar nossas tendências naturais de preguiça e impaciência. Um mestre de Ioga resumiu esta atitude de vontade disciplinada: "O apelo dos sentidos diariamente renovado mina sua paz interior. . . . Perambule pelo mundo como um leão de autocontrole, não deixe que as rãs da fraqueza dos sentidos o derrubem" (Sri Yukteswar em Yogananda, 1972, p. 149).

> A verdadeira liberdade consiste em executar toda ação. . . de acordo com julgamentos corretos e escolha da vontade, não em ser impelido por hábitos (Yogananda, 1968b).

Emoções

Patanjali distingue as ondas de consciência em "dolorosas" e "não dolorosas" (Sutras I, 5). Ondas dolorosas são os pensamentos e emoções que aumentam a ignorância, a confusão ou o apego. Nem sempre parecem desagradáveis (orgulho, por exemplo). Ondas não dolorosas são aquelas que levam à maior liberdade e conhecimento. Os maiores obstáculos à paz são ondas de consciência dolorosas, tais como a raiva, o desejo e o medo. Estas se opõem às não dolorosas, tais como o amor, a generosidade e a coragem. O cultivo de ondas não dolorosas cria tendências subconscientes positivas que se contrapõem às tendências negativas. Contudo, o objetivo da Ioga é finalmente superar até mesmo as emoções positivas (Prabhavananda e Isherwood, 1953). Pode parecer desnatural tentar extinguir sentimentos de amor e alegria, mas mesmo as experiências mais positivas tendem a nos vincular ao mundo dos sentidos. Temos de ir além para ver o *Self*.

> O homem que vê Brama (Deus) habita em Brama; sua razão é firme e a ilusão desapareceu. Quando vem o prazer, ele não vibra, quando vem a dor, ele não treme (Bhagavad Gita, V, 20).

Outra forma de lidar com as emoções é dirigir sua energia para o crescimento espiritual, e não para experiências terrenas.

> Enquanto estas paixões (raiva, luxúria, etc.) são dirigidas para o mundo e seus objetos, comportam-se como inimigos. Mas, quando são dirigidas a Deus, tornam-se os melhores amigos do homem, pois levam-no a Deus. A luxúria pelas coisas

do mundo deve ser transformada em desejo de Deus, a raiva que o homem sente pelo seu próximo deveria se voltar para Deus por Ele não se revelar a ele. Dever-se-ia lidar com todas as paixões do mesmo modo. Estas paixões não podem ser erradicadas mas podem ser educadas (Ramakrishna, 1965, p. 138).

Intelecto

Em Ioga, o desenvolvimento intelectual não é um caso de aquisição de novas informações, mas de obtenção de uma nova compreensão através da experiência. Na Índia antiga, os alunos estudavam os textos sagrados digerindo cuidadosamente uma estrofe de cada vez. Através da prática iogue o indivíduo desenvolve uma compreensão crescente do mundo e a autoconsciência, superando aos poucos a impaciência, a falta de concentração e a distorção mental de desejos. Os alunos que estudam as escrituras sem tentar pô-las em prática permanecem presos a um intelectualismo estéril. "Eles consideram a filosofia um nobre exercício de construção. Seus pensamentos elevados estão cuidadosamente desligados da crueza de uma ação externa e de qualquer disciplina interna flageladora" Yogananda, 1972, p. 149).

> Não confunda compreensão com um vocabulário mais vasto.... Os escritos sagrados são benéficos por estimularem o desejo de realização interna, se uma estrofe de cada vez for lentamente assimilada. Por outro lado, um contínuo estudo intelectual pode resultar em vaidade, satisfação falsa e conhecimento não digerido (Yogananda, 1972).

Professor

A palavra *guru* vem da raiz sânscrita "erguer". Muitos professores na Índia são chamados gurus, mas o nome conota fortemente um mestre espiritual, aquele que pode elevar a consciência do estudante. (Na Índia, professores de música, dança e outras habilidades tradicionais fazem mais do que ensinar técnicas ao estudante; são considerados professores de disciplinas que afetam toda a vida e o caráter da pessoa.) Um guru é considerado essencial em Ioga por várias razões. As técnicas ensinadas são complexas e sutis e facilmente mal compreendidas se aprendidas no livro. Também, muitas técnicas devem ser adaptadas pelo professor à constituição física e mental específica dos estudantes.

O guru também é um disciplinador que leva o estudante além das limitações auto-impostas. Pelo fato de já ter passado pela disciplina, o guru conhece, através da experiência, a extensão da capacidade humana; assim, ele é capaz de exigir que os estudantes se exercitem até os limites de suas capacidades. Além disso, os estudantes são inspirados a realizar seu potencial mais elevado pelo exemplo vivo de seu professor.

Além disso, o guru promove o desenvolvimento psicológico e emocional do estudante. O professor é como um espelho, expondo as falhas e limitações do estudante, mas sem deixar de estar sempre consciente da pureza e perfeição essenciais do *Self* por trás de tais limitações. Este tipo de disciplina só pode ser conduzido por alguém que está relativamente liberto do ego e de fortes distúrbios pessoais ou pontos cegos, os quais distorceriam as reações do guru com relação a um estudante.

Um guru não é um mágico capaz de transformar um estudante sem nenhum esforço da parte deste. Gurus são mestres de sutis verdades e práticas espirituais e, como em qualquer situação de aprendizagem, as realizações dos estudantes são geralmente proporcionais a seus esforços, assim como à sua habilidade e receptividade.

Na Índia, a consciência espiritual do guru é freqüentemente considerada seu atributo mais importante. Um professor que realizou o *Self* transmite um senso de paz interna e beatitude a todos aqueles que são receptivos.

> "Gurus, pode haver às centenas e aos milhares, mas Chelas (discípulos), não há nenhum", é um ditado antigo. Significa que muitas são as pessoas que podem dar bons conselhos, mas poucos são os que os seguem (Ramakrishna, 1965, p. 328).

Posso cozinhar para você, mas não posso comer por você (Hari Dass, 1973).

Yogananda descreve este tipo de inspiração que recebeu na presença de seu guru. "Se eu entrava na ermida com um estado de espírito preocupado ou indiferente, minha atitude mudava de modo imperceptível. À simples visão de meu guru, uma calma benéfica descia. Cada dia com ele era "uma nova experiência de alegria, paz e sabedoria" (Yogananda, 1972, p. 152).

AVALIAÇÃO

Na maioria das escolas de Ioga, existe uma ênfase na experiência interna, às custas de interesses externos, o que pode não atrair todo mundo. As experiências sensoriais terrenas são geralmente consideradas distrações do *Self* interior. Esta atitude pode se desenvolver para uma fuga dos problemas da vida e para um certo tipo de passividade. Embora a Ioga inclua a disciplina da ação, a maioria dos seus ramos tende a enfatizar a paz e a tranqüilidade internas em detrimento da atividade externa.

A Ioga praticada no Ocidente freqüentemente parece mais um sistema para a saúde e a concentração mental do que uma disciplina completamente espiritual ou religiosa. Sem a disciplina emocional e mental, ou sem a prática dos preceitos morais da Ioga, a prática de posturas, exercícios de respiração ou técnicas de concentração pode resultar num desenvolvimento desequilibrado. Estas práticas sozinhas podem não afetar a personalidade do estudante de Ioga e podem até mesmo reforçar seu orgulho e egoísmo.

O sucesso é imediato onde o esforço é intenso (Sutras Iogues, I, 21).

A maior importância da Ioga está na eficácia prática das técnicas. A experiência, mais do que o conhecimento teórico, constitui a essência da Ioga. As diversas disciplinas da Ioga incluem práticas apropriadas para virtualmente todos os indivíduos, tenham eles uma disposição emocional, intelectual ou ativa. Nenhuma outra doutrina contém métodos tão diferentes para desenvolver a autodisciplina, adquirir um sentido de paz interior e atingir a auto-realização.

A TEORIA EM PRIMEIRA MÃO

O trecho seguinte descreve a primeira experiência de iluminação de Ramakrishna, o grande santo devoto da Índia moderna.

> O culto no templo intensificou o anseio de Sri Ramakrishna por uma visão viva da Mãe do Universo. Começou a despender na meditação o tempo não empregado, na verdade, do culto; e, para este propósito, escolheu um lugar extremamente solitário. Ao norte dos templos havia uma densa floresta fechada com arbustos e plantas espinhosas. Utilizada antigamente como cemitério, era evitada mesmo durante o dia pelas pessoas com medo de fantasmas. Ali Sri Ramakrishna começou a passar as noites inteiras em meditação, retornando ao seu quarto somente ao amanhecer, com os olhos inchados como se tivesse chorado muito. Enquanto meditava, colocava de lado sua roupa e seu cordão bramânico. Ao explicar seu comportamento estranho, disse certa vez a Hriday: "Você não sabe que quando alguém pensa em Deus deve estar livre de todos os laços? Desde o nosso nascimento, temos os oito grilhões de ódio, vergonha, linhagem, orgulho de boa conduta, medo, dissimulação, casta e desgosto. O cordão sagrado lembra-me de que sou brâmane e, assim, superior a tudo. Ao chamar a Mãe, estas idéias têm que ser postas de lado". Hriday pensou que seu tio estivesse ficando louco.
>
> À medida que aprofundava seu amor por Deus, começou a esquecer ou abandonar as formalidades do culto. Sentado frente à imagem, passava horas cantando as canções piedosas dos grandes devotos da Mãe, como Kamalākānta e Rāmprasād. Estas canções rapsódicas, descrevendo a visão direta de Deus, somente intensifi-

cavam o anseio de Sri Ramakrishna. Sentia as angústias de uma criança separada de sua mãe. Algumas vezes, em agonia, esfregava seu rosto no chão e chorava tão amargamente que as pessoas, pensando que tivesse perdido sua mãe terrena, solidarizavam-se com seu pesar. Algumas vezes, em momento de ceticismo, gritava: "Sois verdade, Mãe, ou tudo isto é ficção—mera poesia sem nenhuma realidade? Se existis, por que não vos vejo? É a religião mera fantasia e sois vós somente uma invenção da imaginação humana?" Algumas vezes, sentava-se no tapete de orações durante duas horas, como um objeto inerte. Começou a se comportar de modo anormal, a maior parte do tempo inconsciente do mundo. Quase deixou de se alimentar e o sono abandonou-o completamente.

Contudo, ele não teve de esperar muito tempo. Descreveu assim sua primeira visão da Mãe: "Sentia-me como se meu coração estivesse torcido como uma toalha molhada. Estava subjugado por uma imensa inquietação e um medo de que não fosse minha sina realizá-la nesta vida. Não podia mais suportar estar separado Dela. A vida parecia não valer a pena. De repente, olhei para a espada guardada no templo da Mãe. Decidi pôr fim à minha vida. Quando pulei como um louco e agarrei a espada, a abençoada Mãe revelou-se subitamente. As construções com suas diferentes partes, o templo e tudo o mais desapareceram de minha vista, sem deixar qualquer traço, e, em seu lugar, vi um ilimitado, infinito, fulgurante Oceano de Consciência. Até onde a vista alcançava, as ondas brilhantes precipitavam-se loucamente contra mim de todos os lados, com um barulho extraordinário, para me engolir. Eu ofegava. Fui apanhado na precipitação e desfaleci, inconsciente. O que acontecia no mundo exterior eu não sabia, mas, em mim, havia um constante fluxo de beatitude não diluída, totalmente novo, e senti a presença da Mãe Divina." Em seus lábios, quando retomou consciência do mundo, estava a palavra "Mãe" (Nikhilananda, 1948, pp. 9-10).

O trecho seguinte é uma descrição da iluminação espiritual de Ramana Maharshi, o grande sábio hindu do século XX.

Quando faltavam seis semanas para eu deixar Madura para sempre, aconteceu a grande mudança de minha vida. Foi completamente inesperado. Eu estava sentado sozinho num quarto do primeiro andar da casa de meu tio. Era raro eu ficar doente e, neste dia, não havia nada de errado com minha saúde, mas um súbito medo violento da morte surpreendeu-me. Não havia nada em meu estado de saúde que pudesse ser responsável por isto, e eu não tentei justificá-lo ou procurar qualquer razão para o medo. Apenas senti "Vou morrer" e comecei a pensar o que fazer com relação a isso. Não me ocorreu consultar um médico, meus parentes mais velhos ou amigos; senti que eu mesmo deveria resolver o problema sozinho, ali e naquele momento. O choque do medo da morte conduziu minha mente para meu interior, e eu me disse mentalmente, sem na verdade pronunciar as palavras: "Agora veio a morte, o que ela significa? O que está morrendo? Este corpo está morrendo." E, de imediato, dramatizei a ocorrência da morte. Deitei-me, com meus membros esticados como se tivesse se manifestado o *rigor mortis,* e imitei um cadáver para dar maior realismo à inquirição. Prendi minha respiração e permaneci com os lábios firmemente cerrados de modo que nenhum som pudesse escapar e que nem mesmo a palavra "Eu" ou qualquer outra pudesse ser pronunciada. "Bom, então", disse a mim mesmo, "este corpo está morto. Será levado como cadáver ao cemitério e ali queimado e reduzido a cinzas. Mas, com a morte de meu corpo eu também morro? Eu sou meu corpo? Ele está silencioso e inerte mas sinto a plena força de minha personalidade e mesmo a voz do "Eu" dentro de mim, separadas do corpo. Assim, sou Espírito transcendendo o corpo. O corpo morre mas o Espírito que o transcende não pode ser tocado pela morte. Isto significa que sou o Espírito imortal". Nada disso eram considerações estúpidas; irromperam em mim de forma intensa como verdade viva que percebi diretamente, quase sem processos mentais. "Eu" era algo muito real, a única coisa real de meu estado presente, e toda atividade consciente ligada a meu corpo estava centrada neste "Eu". A partir deste momento, o "Eu" ou *Self* concentrou a atenção em si próprio por meio de uma poderosa fascinação. O medo da morte tinha desaparecido de uma vez por todas. Desde então continuou intacta a absorção no *Self*" (Osbourne, 1970, pp. 18-19).

EXERCÍCIOS
Exercícios Respiratórios

Observando a Respiração. Sente-se numa cadeira ou no chão, com as costas retas e o corpo relaxado. Feche os olhos. Exale e então inale calma e profundamente, enquanto for confortável, sem forçar. Observe sua respiração fluindo para dentro e para fora, como se você estivesse na praia observando as ondas do oceano. Em cada inalação, sinta que você está respirando com o oxigênio energia nova e vitalidade. Em cada exalação sinta que você está exalando cansaço, fadiga e negatividade enquanto expele o dióxido de carbono de seu sistema. Sinta a nova e vitalizante energia permeando sua mente e corpo enquanto continua o exercício. Sente-se então tranqüilo com a mente calma e em paz.

Exalação Prolongada. Inale lentamente o tempo que for possível fazê-lo com facilidade e, logo em seguida, comece a exalar tão devagar quanto possível. Mantenha seu corpo firme e relaxado e sua mente concentrada na respiração. Após completar a exalação, espere o tempo que puder antes de inalar novamente. Enquanto sua respiração estiver suspensa, mantenha a mente tranqüila, calma e lúcida.

Ascetismo

A prática ascética mais simples, direta e difícil é simplesmente renunciar à satisfação dos desejos—isto é, se você estiver preocupado com comida, jejue. Se você gostar de dormir, durma menos. Renunciar a pequenos prazeres e confortos pode ser uma autodisciplina importante. Se você em geral se levanta às oito da manhã, tente acordar às quatro todos os dias. Se você gosta de dormir numa cama confortável, comece a dormir numa fina esteira no chão.

Há advertências importantes com relação a este tipo de prática. O ascetismo pode facilmente ser realizado de forma a enaltecer ou fortalecer o ego. O orgulho das realizações, o orgulho em sofrer ou o gozo masoquista do ascetismo por ele mesmo são indicações do envolvimento do ego. Outra coisa a ser observada com cuidado é o ascetismo excessivo. Ele constitui apenas outra demonstração do ego e pode realmente causar dano físico ou mental ao indivíduo. (No entanto, é provável que a maioria de nós não vá tão longe.)

Jejum. Pequenos períodos de jejum são uma excelente prática de ascetismo. Você pode começar simplesmente pulando de forma deliberada uma ou duas refeições. Um jejum de um dia não é difícil para ninguém com boa saúde. Beba muita água e beba suco de laranja se você sentir necessidade de alimentação adicional. Jejuar uma vez por semana é uma prática excelente. Jejuar confronta diretamente o indivíduo com a necessidade de superar as tentações e de opor sua vontade ao desejo de comer.

Silêncio. O silêncio é outra prática benéfica. Tente permanecer em silêncio por algumas horas em casa ou com amigos que entendem aquilo que você está tentando fazer. Ou passe um dia sozinho em silêncio. Carregue lápis e papel com você para se comunicar escrevendo, se necessário. Observe-se a si mesmo e aos outros, suas reações às conversas. Tente superar sua necessidade de se comunicar de modo ativo. Aprenda simplesmente a *ser,* em silêncio.

Exercícios de Meditação

Batidas Cardíacas. Sente-se com a espinha ereta e o corpo relaxado. Feche seus olhos e leve sua mente ao poço insondável de seu coração. Torne-se consciente de seu coração borbulhando com sangue revigorador, e mantenha sua atenção no coração até sentir sua batida rítmica. Em cada batida, sinta a pulsação da vida infinita palpitando em você. Imagine esta mesma vida penetrante fluindo através de todos os outros seres humanos e em bilhões de outras criaturas. Abra seu coração, corpo, mente e sentimentos para receber mais plenamente esta vida universal.

Expandindo Amor. Sente-se ereto com os olhos fechados. Expanda seu domínio de amor, há muito limitado pelo seu amor pelo corpo e identificação com este. Com o amor que você deu ao corpo, ame todos que o amam. Com o amor estendido de todos os que o amam, ame todos os que estão próximos a você. Com o amor por você mesmo, ame os desconhecidos. Use todo seu amor para amar aqueles que não o amam, assim como os que o amam. Banhe todas as almas em seu amor altruísta. Veja sua família, amigos, todas as pessoas, todos os serres, nadando no mar de seu amor.

Paz. Sente-se ereto com os olhos fechados. Olhe para seu interior entre as sobrancelhas, um lago ilimitado de paz. Observe as ondas de paz expandindo-se, estendendo-se das sobrancelhas para a testa, da testa para o coração e para cada célula de seu corpo. Enquanto você observa, o lago de paz aprofunda-se e transborda seu corpo, inundando o vasto território de sua mente. A corrente de paz inunda as fronteiras de sua mente e move-se em infinitas direções. (Estes três exercícios são adaptados de Yogananda, 1967.)

BIBLIOGRAFIA COMENTADA

Eliade, M., 1969. *Yoga: Immortality and Freedom.* Princeton: Princeton University Press. Tratamento erudito das diversas tradições de Ioga.

Mascaro, J., 1962. *The Bhagavad Gita.* Baltimore: Penguin. Uma boa tradução à disposição.

Prabhavananda, Swami, e Isherwood, C., trans. 1951. *The Song of God: Bhagavad Gita.* New York: Mentor. Agradável de ler e facilmente acessível.

Prabhavananda, Swami e Isherwood, C., 1953. *How to Know God: the Yoga Aphorisms of Patanjali.* New York: New American Library. Tradução muito boa, facilmente acessível, mas um pouco ocidentalizada dos Sutras Iogues.

Ram Dass, Baba, 1970. *Be Here Now.* San Cristobal, New Mexico: Lama Foundation. Uma interpretação moderna e vantajosa da Ioga, incluindo partes sobre técnicas de meditação e outras disciplinas, a transformação de Richard Alpert em Baba Ram Dass, uma lista de leituras espirituais e uma interpretação inspirada da filosofia hindu e da Ioga através de texto e ilustrações integrados.

Purohit, Swami, 1938. *Aphorisms of Ioga by Bhagwan Shree Patanjali.* London: Faber. A melhor tradução e comentários em inglês.

Taimni, I. K., 1961. *The Science of Yoga.* Wheaton, Ill.: Quest. Uma tradução sólida e erudita dos Sutras Iogues. Extenso comentário.

Vishnudevananda, 1960. *The Complete Illustrated Book of Yoga.* New York: Pocket Books. Uma excelente brochura prática de hatha ioga.

Yogananda, Paramahansa, 1972. *The Autobiography of a Yogi.* Los Angeles: Self-Realization Fellowship. Um relato clássico de iogues e treinamento de Ioga na Índia. Excelente introdução à tradição hindu.

REFERÊNCIAS

Anand, B.; Chhina, F.; e Singh, B., 1961. Some Aspects of Electroencephalographic Studies in Yogis. *Electroencephalograpy and Clinical Neurology* 13:452–456.

Danielou, A., 1955. *Yoga: The Method of Re-integration.* University Books.

Eliade, M., 1969. *Yoga: Immortality and Freedom.* Princeton: Princeton University Press

Erikson, E., 1969. *Gandhi's Truth.* New York: Norton.

Feuerstein, G., e Miller, Jeanine, 1972. *Yoga and Beyond.* New York: Schocken.

Gandhi, M., 1958. *All Men are Brothers.* Paris: UNESCO.

Dass, Hart, 1973. *The Yellow Book.* San Cristobal, New Mexico: Lama Foundation.

Majumdar, S., 1964. *Introduction to Yoga Principles and Practices.* New Hyde Park, N.Y.: University Books.

Mascaro, J., trad., 1962. *The Bhagavad Gita.* Baltimore: Penguin.

Nikhilananda, Swami, 1948. *Ramakrishna: Prophet of New India.* New York: Harper & Row.

_____, 1964. *The Upanishads.* New York: Harper & Row.

Osbourne, A., 1962. *The Teachings of Ramana Maharshi.* London: Rider.

_____, 1970. *Ramana Maharshi and the Path of Self-knowledge.* New York: Weiser.

_____ org., 1969. *The Collected Works of Ramana Maharshi.* London: Rider.

Prabhavananda, Swami, e Isherwood, C., trad., 1951. *The Song of God: Bhagavad Gita.* New American Library.

_____, 1953. *How to Know God: The Yoga Aphorisms of Patanjali.* New York: New American Library.

Purohit, Swami. trad., 1938. *Aphorisms of Yoga.* London: Faber.

Purohit, Swami, e Yats, W. B., trad., 1970. *The Ten Principal Upanishads.* London: Faber.

_____, trad., 1965. *The Geeta: the Gospel of Lord Shri Hrishna.* London: Faber.

Ramakrishna, 1965. *Sayings of Sri Ramakrishna.* Madras, India: Sri Ramakrishna Math.

Smith, H., 1958. *The Religions of Man.* New York: Harper & Row.

Taimni, I. K., 1961. *The Science of Yoga.* Wheaton, Ill.: Quest.

Timmons, Beverly, e Kamiya, J., 1970. The psychology and physiology of meditation and related phenomena: a bibliography. *Journal of Transpersonal Psychology* 2:41–59.

Timmons, Beverly, e Kanellakos, D., 1974. The Psychology and Physiology of Meditation and Related Phenomena: Bibliography II. *Journal of Transpersonal Psychology* 4:32–38.

Vishnudevananda, Swami, 1960. *The Complete Illustrated Book of Yoga.* New York: Pocket Books.

Wood, E., 1956. *Yoga Dictionary.* New York: Philosophical Library.

Yogananda, Paramahansa, 1967. *Metaphysical Meditations.* Los Angeles: Self-Realization Fellowship.

_____, 1968a. *Saying of Yogananda.* Los Angeles: Self-Realization Fellow-ship.

_____, 1969b. *Spiritual Diary.* Los Angeles: Self-Realization Fellowship.

_____, 1972. *The Autobiography of a Yogi.* Los Angeles: Self-Realization Fellowship.

CAPÍTULO 12

SUFISMO

SUFISMO

> *Saiba, ó bem amado, que o homem não foi criado por brincadeira nem por acaso, mas foi maravilhosamente feito, e para um grande fim (Al-Ghazzali, 1964, p. 17).*

Há milhares de anos o Sufismo tem oferecido um caminho pelo qual se pode progredir em direção a este "grande fim" de auto-realização. É uma coleção de ensinamentos, manifestados de diversas formas, que partilham um objetivo comum: uma transcendência sobre as limitações pessoais e perceptuais mais comuns. Não é um conjunto de teorias ou proposições, mas foi diversamente descrito como uma forma de amor, uma forma de devoção e uma forma de conhecimento. Através de muitas manifestações, é uma abordagem que supera os obstáculos intelectuais e emocionais que impedem o progresso espiritual.

Os ensinamentos sufistas não são sistematizados; muitos não podem ser comunicados por palavras. Foram organizados em diversas formas, incluindo rituais, exercícios, leituras e estudos, construções especiais, santuários, formas de linguagem especiais, estórias, movimentos de dança e orações.

Ibn el-Arabi (1165-1240), um filósofo sufista da Espanha, distinguiu o "Conhecimento da Realidade" sufista da realidade convencional.

> Há três formas de conhecimento. A primeira é o conhecimento intelectual que é, na verdade, mera informação e coleção de fatos, e a utilização destes para chegar a conceitos intelectuais posteriores. Este é o intelectualismo.
>
> Em segundo lugar, vem o conhecimento de estados, que inclui tanto o sentimento quanto os estados de espírito estranhos, nos quais o homem pensa que percebeu algo supremo mas não consegue se utilizar disto. Este é o emocionalismo.
>
> Por fim, vem o conhecimento real, que é chamado Conhecimento da Realidade. Nesta forma, o homem percebe o que é certo, o que é verdadeiro, além dos limites do pensamento e dos sentidos. Escolásticos e cientistas concentram-se na primeira forma de conhecimento. Emocionalistas e experimentalistas usam a segunda forma. Outros usam as duas em combinação ou alternadamente.
>
> No entanto, as pessoas que atingem a verdade são aquelas que sabem como se relacionar com a realidade que se coloca além destas formas de conhecimento. Estes são os Sufis reais, os Dervixes que atingiram (em Shah, 1970a, p. 78).

O sufismo é freqüentemente descrito como um "caminho". A metáfora sugere tanto uma origem como um destino. Ao longo do caminho a pessoa pode adquirir conhecimento da realidade, o terceiro domínio de que fala Ibn el-Arabi. Entretanto, há muitos obstáculos que nos tornam incapazes, desinteressados, ou mesmo sem vontade de buscar este outro conhecimento. O que incluímos aqui é uma seleção representativa dos ensinamentos sufistas usados para promover o desenvolvimento interior.

HISTÓRIA

Os Sufis afirmam que o ensinamento emerge da experiência humana, e não pode, portanto, ser colocado dentro de qualquer tradição histórica única. Emerge em culturas diferentes, com aparências diferentes. Os muitos aspectos visivelmente diferentes dos ensinamentos sufistas, não são estudados nem por seu interesse acadêmico nem pela estimulação emocional: são estudados porque tais ensinamentos podem ter uso comum. O diálogo que se segue pode esclarecer isto:

PERGUNTA: Há quanto tempo existe o Sufismo?
RESPOSTA: O Sufismo sempre existiu. Foi praticado numa grande variedade de formas; sendo a(s) aparência(s) externa(s) destas diferente(s), ...
PERGUNTA: O Sufismo está restrito a uma determinada língua, a uma determinada comunidade ou a um determinado período histórico?
RESPOSTA: A face óbvia do Sufismo a qualquer momento, lugar ou comunidade dados, pode sempre variar porque o Sufismo deve se apresentar de forma a ser perceptível para qualquer pessoa (Tchaqmaqzade em Shah, 1970a, pp. 286–287).

Os historiadores, entretanto, em geral descrevem o Sufismo como o cerne místico do Islamismo e situam seu aparecimento mais ou menos na mesma época em que o Islamismo apareceu como importante força religiosa.

O Sufismo é mais proeminente no Oriente Médio e em países que adotam o Islamismo, mas suas idéias, práticas e mestres podem ser encontrados na Índia, Europa, bem como nas Américas (Shah, 1964). "Os Sufis sempre estiveram, e estão, espalhados por todas as nações do mundo" (Dabistran, 1943, p. 220). Visto ser o Sufismo definido mais por seu efeito do que por sua forma, seus mestres trabalharam muitas vezes dentro de tradições localmente compreendidas, para proteger seus membros do esgotamento durante períodos de fanatismo religioso. Este era freqüentemente o caso em partes do mundo islâmico. "Os sufis respondiam a este ambiente opressivo ocultando seus ensinamentos e atividades sob uma roupagem exterior de religião. . . . Também cultivavam atividades culturais. . . como uma forma de manter a comunicação com as pessoas de todos os níveis sociais. . . . Quase toda a obra clássica persa, valorizada por sua beleza e originalidade, é um livro-texto sufi, tanto quanto um trabalho de arte" (el-Qadiri, 1974, p. 8).

Uma definição usual do Sufismo é a de que é "um meio de concentrar um determinado ensinamento e passá-lo adiante, por meio de um veículo humano, através de ambientes preparados para sua recepção" (Shah, 1964, p. 285). A essência do Sufismo é, portanto, a atividade de ensinar que em geral está em segundo plano. Portanto, toda codificação histórica deverá estar relacionada às práticas que foram usadas anteriormente e que podem ou não ser úteis hoje. A ênfase não está na riqueza de tradições passadas; a ênfase está naquilo que é prático do passado e que é de valor imediato para os dias de hoje.

ABU HAMID AL-GHAZZALI

Os escritos de Abu Hamid Al-Ghazzali (1058-1111) estão entre os ensinamentos sufistas mais amplamente lidos.[1] Devido à sua influência muitos teólogos islâmicos aceitaram finalmente o Sufismo dentro do Islamismo for-

> Não olhem para minha forma exterior, mas tomem o que está em minhas mãos (Rumi em Shah, 1970a, p. 31).

---

[1] A apresentação que se segue do Sufismo está centrada numa única figura cuja orientação psicológica está de acordo com a abordagem geral deste texto. Nenhum professor, nenhuma abordagem, nenhum conjunto de crenças pode ser dito "representativo" do Sufismo. A crescente facilidade de acesso a escritos e ensinamentos sufistas apresenta uma variedade de outros caminhos além daquele que é aqui apresentado. Estes incluem a abordagem histórica de Nicholson (1964a) e Arberry (1943, 1970); a abordagem filosófica de Burckhardt (1959); as abordagens pessoais contemporâneas de Gurdjieff (1950, 1961) e Ouspensky (1949), Meher Baba (1967), Pir Vilayat Khan (1974) e

mal. Ele é chamado a "prova do Islamismo" e "o restaurador do Islamismo" e é uma das figuras mais importantes na teologia islâmica. Autoridades ocidentais concordam que Al-Ghazzali foi um dos poucos pensadores muçulmanos que exerceram efeitos profundos sobre o pensamento cristão posterior. "Com o tempo chegou o homem. Era Al-Ghazzali... certamente a figura mais simpática na história do Islamismo e o único mestre das últimas gerações que foi posto por um muçulmano no nível dos quatro grandes Imams (fundadores das quatro principais escolas de lei no Islamismo)" (MacDonald, 1903, p. 215).

Seu trabalho redefiniu a opinião pública sobre o Sufismo, de uma prática suspeita e até herética para uma parte valiosa e essencial do Islamismo. "A posição aceita do Sufismo, através da qual ele é visto por muitos teólogos muçulmanos como o significado mais profundo, é um resultado direto do trabalho de Ghazzali" (Shah, 1964, p. 148). Embora o Sufismo seja aceito pelos Sufis e por outros como anterior ao Islamismo, e que, portanto, tenha sido praticado de diversas formas além do mundo árabe, desde o tempo de Al-Ghazzali floresceu e desenvolveu-se principalmente dentro do mundo islâmico.

Al-Ghazzali nasceu na pequena cidade de Tus no Irã. Seu pai morreu quando ele era jovem, e ele e seu irmão foram criados por um sufi que lhes deu a educação primária. Al-Ghazzali foi um estudante excelente; quando ficou mais velho, foi a uma cidade maior para estudar teologia e lei canônica. Ele se sentia atraído por tais áreas, como mais tarde escreveu, porque eram os caminhos mais diretos para uma possível fama e riqueza. Entretanto, seus estudos ofereceram-lhe lições adicionais, mais pessoais. Por exemplo, uma vez, quando estava voltando a Tus, foi assaltado por um bando de ladrões que tomaram todos os seus pertences, inclusive suas anotações de estudo. Incapaz de suportar a perda destas anotações, ele seguiu os ladrões, implorando sua devolução. O chefe perguntou-lhe por que uns pedaços de papel eram assim tão importantes. Al-Ghazzali replicou que havia ensinamento neles. "Viajei com a finalidade de ouvi-los e anotá-los e de conhecer a ciência que há neles" (in MacDonald, 1899, p. 76). O ladrão riu de Al-Ghazzali e disse-lhe que um conhecimento que pode ser roubado não é um conhecimento verdadeiro. Devolveu-lhe as anotações, mas Al-Ghazzali tomou o incidente como uma mensagem de Deus; dedicou os anos seguintes a aprender e memorizar suas anotações de escola.

Após estudar com vários professores ilustres, ofereceram-lhe uma posição na academia Nizamiya em Bagdá, o centro mais importante de ensino do Islamismo. Ele alcançou reputação internacional como professor e obteve também respeito, tanto da parte de políticos como de líderes religiosos. Na idade de 34 anos, alcançou o pináculo absoluto do mundo intelectual islâmico.

Siraj-Ed-Din (1970); os trabalhos mais ecléticos de Farzen (1973, 1974) e Perry (1971); e a numerosa coleção de todos os períodos reorganizados para estudantes do Ocidente por Shah (1970a, 1970b, 1971a, 1971b, 1971c, 1971d, 1972b, 1972c, 1972d). Entre os psicólogos que utilizam as idéias sufistas estão incluídos Arasteh (1965) e Ornstein (1972). A própria flexibilidade inerente aos ensinamentos sufistas torna difícil para os estudantes estabelecerem por si só a correção de uma determinada abordagem.

Em meio à sua crescente fama, entretanto, ele teve uma grave depressão, perdeu a confiança no ensino e em sua própria formação e capacidades. Finalmente, chegou a duvidar até mesmo das experiências de seus sentidos. Por fim, sofreu uma paralisia parcial das cordas vocais, o que o impediu de ensinar. Os médicos que o examinaram não encontraram uma causa física para os sintomas. Passados dois meses Al-Ghazzali retirou-se da Universidade e fez saber que estava fazendo uma peregrinação a Meca. Na verdade, ele deixou em custódia toda sua propriedade, abandonou sua família e tornou-se um dervixe: um errante religioso buscador da verdade.

Ele tinha estudado os sistemas de filosofia e teologia formais, mas eles já não pareciam proveitosos; tinha lido os místicos sufistas mas sabia que não conseguiria entendê-los. "Percebi que a fim de compreendê-lo (o Sufismo) completamente era preciso combinar a teoria com a prática" (Al-Ghazzali, 1968a, p. 46). O desejo de compreender os ensinamentos sufistas levou-o a uma transformação de sua própria estrutura psicológica. Ele estava determinado a se tornar um iniciado: aquele que viu e experienciou.

> Ele começou de imediato, escondendo-se da vista pública no deserto vizinho a Damasco e Jerusalém. Lá, na solidão, buscou os santos de diversos credos, de quem aprendeu práticas do misticismo sobre recordação, contemplação e lembrança do Nome do Senhor, e almejou a solidão e a humildade e praticou o mais severo ascetismo. Isto o levou a desenvolver a intuição e o desdobramento de faculdades ocultas dentro dele" (Behari, 1972, p. xxii).

Durante os dez anos seguintes, escreveu seu trabalho mais importante, *The Revival of Religious Sciences*, que associou as experiências sufistas com as crenças e práticas islâmicas. Estabeleceu uma estrutura na qual comportamentos patológicos, normais e místicos são ligados num singular e unificado campo de experiência humana. Restabeleceu os elementos de desenvolvimento pessoal e experiência transpessoal num Islamismo que rapidamente estava se tornando rígido e restritivo. Escreveu *Deliverance From Error*, um livro semi-autobiográfico para responder àqueles que lhe perguntavam como havia chegado à sua própria visão de mundo. Além de outros escritos dispersos, escreveu uma versão popular resumida de *Revival of Religious Sciences*, intitulada *The Alchemy of Happiness*, que descreve a forma através da qual uma pessoa pode superar sua natureza e encontrar a alegria através do conhecimento correto de si mesma, de Deus, deste e do outro mundo.

Após vagar por onze anos aceitou, pressionado pelo sultão, uma posição de ensino em Naysabur. Muitos anos depois voltou à sua terra natal e, na companhia de seus discípulos, viveu uma vida religiosa até sua morte, na idade de cinqüenta e cinco anos.

Al-Ghazzali tentou ensinar os outros a equilibrar o dogma com a prática, a piedade com o auto-exame e a crença com um exame inflexível das situações reais da vida cotidiana. Seus livros são ainda amplamente lidos em todo o Oriente Médio. Suas idéias estenderam-se ao Ocidente, onde influenciaram tanto São Tomás de Aquino quanto São Francisco de Assis (Shah, 1964).

CONCEITOS PRINCIPAIS

Partindo de sua ampla formação teológica e legal, bem como de suas experiências sufistas, Al-Ghazzali fez uso extensivo das práticas islâmicas orto-

---

"Vocês não vêem", eu refleti, "que, enquanto dormem, pressupõem que seus sonhos são inegavelmente reais? Quando acordados, vocês reconhecem que eles são o que são—quimeras sem fundamento. Então, quem pode assegurar-se da confiabilidade de noções que, quando despertos, vocês derivam dos sentidos e da razão?" (Al-Ghazzali, 1968a, p. 18).

> (Os piedosos estão sempre dizendo) "Refugio-me em Deus". Satanás ri dessas ejaculações piedosas. Aqueles que as proferem são como o homem que deveria encontrar um leão no deserto quando lá havia um forte há pouca distância; quando ele viu a fera selvagem pôs-se a exclamar: "Tenho meu refúgio naquela fortaleza", sem dar um passo naquela direção (Al-Ghazzali, 1964, p. 11).

> Nós criamos o homem da união dos dois sexos, de modo que nós podemos pô-lo à prova. Nós o dotamos de visão e audição e, seja ele grato ou indiferente a nossos favores, nós lhes mostramos o caminho certo (Alcorão, Capítulo 76, versículo 1).

> Foi o Misericordioso quem lhes ensinou o Alcorão. Ele criou o homem e ensinou-o a articular a fala. O Sol e a Lua seguem seu curso ordenado. As plantas e as árvores curvam-se em adoração. Ele ergueu o céu para o alto e dispôs o equilíbrio de todas as coisas, que vocês não devem transgredir. Dêem-lhe o exato peso e a medida total (Alcorão, Capítulo 55, versículo 1).

> Quando uma pessoa está lendo o Alcorão, dois anjos estão beijando sua testa (Al-Ghazzali, 1972, p. 17).

doxas em todos os seus escritos. Reinterpretou muitas dessas práticas, de modo que pudessem ser usadas como vias para estágios de desenvolvimento mais elevados. Igualmente importante, dentro do Sufismo, são os conceitos relativos a formas de conhecimento, a estados de consciência e à natureza do amor.²

Islamismo

Islamismo, da palavra árabe que significa "paz" ou "renúncia", é o sistema religioso associado com seu profeta, Maomé. É descrita no Alcorão como a religião monoteísta original revelada a mestres sucessivos (incluindo Abraão, Moisés e Jesus) numa sucessão constante. Maomé teve sua revelação inicial no ano 610. A era muçulmana data de 622, ano em que Maomé partiu de Meca para a cidade de Medina. O Islamismo é uma religião que vê a humanidade como tendo o intelecto necessário para fazer opções e a vontade para optar de modo correto mesmo em face de desejos conflitantes.

O Alcorão

O Alcorão, ou Quran, o livro sagrado do Islamismo, foi revelado a Maomé para que a humanidade pudesse saber o que é verdadeiro. Contém essencialmente três níveis de instrução. O primeiro é um conjunto de doutrinas que descreve uma visão da realidade e o papel especial que a humanidade tem nela. O segundo nível é um comentário sobre as oportunidades e armadilhas que ocorrem na vida. O terceiro nível é uma manifestação tangível da divindade; as palavras do Alcorão são palavras diretas de Deus, canalizadas pelo mensageiro, Maomé.

Diversamente de outros textos sagrados, o Alcorão discute tanto questões religiosas como seculares. Inclui leis de herança, regras para o matrimônio e o divórcio e questões de direitos de propriedade, assim como proibições éticas e religiosas. A premissa central do Islamismo é a de que não pode haver divisão entre a igreja e o estado; cada ato, cada objeto, cada relacionamento é parte da natureza divina. A possibilidade de realizar a natureza divina a cada momento está entrelaçada na prática cotidiana do Islamismo. É o que o Profeta pregou e como ele viveu.

Maomé

Maomé (Mohamed/Muhammad) é a pessoa que transmitiu a mensagem do Alcorão para a humanidade. Não era divino, mas inspirado; é encarado como o homem que chega tão perto quanto possível de viver a vida ideal apresentada no Alcorão. Como líder cívico, ele esteve muito envolvido em questões mundanas; resolveu disputas cívicas, conduziu exércitos, casou-se e criou

---

² Na prática real, um professor sufista pode ou não se aproveitar de qualquer dos termos aqui definidos. Certamente, um Sufi ensinando fora do Islão não se apoiaria muito em conceitos religiosos estranhos à maioria dos estudantes. Os termos, idéias e exercícios especiais são apenas instrumentos que um professor pode decidir empregar. Acima de qualquer terminologia está o grau de ensinamento que o estudante pode obter; contrariamente às disciplinas mais convencionais, a verdade ou falsidade de uma idéia é secundária à sua eficácia em contribuir de modo adequado para o progresso de um estudante. Como diz o provérbio sufista, "Há tantos caminhos quantas forem as almas dos homens" (Shah, 1933, p. 124).

os filhos, além de instruir seus seguidores na compreensão do Alcorão. Instituiu e praticou os "cinco pilares".

Os Cinco Pilares

Os cinco pilares são práticas rituais instituídas para ajudar os muçulmanos a se lembrar de sua natureza interna divina e para lhes dar apoio no cumprimento da mensagem do Alcorão.

A Confissão de Fé. Um muçulmano praticante deve todo dia reafirmar dois artigos de fé. Deve dizer e acreditar que

1. Não há outro Deus senão Deus (*la ilaha illa'Llah*).
2. Maomé é o Profeta.

Oração Diária. Cinco vezes por dia há uma chamada para a oração. As preces interrompem deliberadamente as atividades diárias para reorientar os membros da comunidade a seus interesses morais e religiosos. Os momentos de oração são manifestações visíveis da doutrina de que todos são iguais aos olhos de Deus, independentemente de distinções sociais ou econômicas. "Existe algo mais precioso do que a oração, de forma que algum pensamento frívolo o surpreende nesta hora?. . . A oração é como o entrar na eternidade e então, uma vez que você tenha entrado nela, como pode o pensamento não eterno (terreno) permanecer em sua mente neste momento? (Al-Ghazzali, 1972, p. 15).

Jejum. Uma vez por ano todos os muçulmanos que estão aptos jejuam desde o amanhecer até o pôr-do-sol durante um mês. Devem também jejuar de sexo e de ações e pensamentos impuros durante este período. É uma prática difícil que pretende ajudar as pessoas a permanecerem atentas às forças conflitantes entre a natureza mais baixa e a mais elevada.

> O jejum do público em geral envolve restringir a satisfação do apetite do estômago e do sexo, como já foi discutido.
> O jejum dos poucos selecionados deve ser realizado para manter os ouvidos, os olhos, a língua, as mãos e os pés, bem como os outros sentidos, livres do pecado.
> O jejum da elite dos poucos selecionados é o jejum do coração de pensamentos medíocres e de preocupações mundanas, e o completo desinteresse por tudo o que não seja Deus. Tal jejum é quebrado pelo pensar em qualquer coisa que não seja Deus e o último dia, bem como pelo interesse por este mundo (Al-Ghazzali, 1968b, p. 20).

Caridade. A cada ano, pede-se que todas as famílias dêem aos pobres uma porcentagem predeterminada de sua riqueza. Diz-se que todas as coisas se originam de Deus; aquele que tem bens e dinheiro é visto como um guardião que mantém seu direito às posses devolvendo parte dela à comunidade muçulmana mais ampla da qual veio. "Se Deus desejasse, teria feito toda a criação rica, mas, para sua provação, criou os pobres, para que vocês possam dar presentes a eles" (Al-Ghazzali, 1972, p. 16).

Peregrinação a Meca. A cidade de Meca, na Arábia Saudita, é a cidade sagrada do Islamismo. Manda-se que todo muçulmano procure visitá-la uma vez em sua vida. Esta afluência anual de peregrinos mantém os diferentes povos muçulmanos conscientes do laço comum que os une através dos séculos. A peregrinação é um período da vida adulta em que todos os interesses sociais ou comerciais são postos de lado, e os peregrinos podem se devotar às questões espirituais.

O Ensinamento Sufista e o Islamismo Ortodoxo

Al-Ghazzali escreveu numa época em que se enfatizava a observância formal de uma prática, mais do que a capacidade de qualquer prática para transformar o ser interior de uma pessoa. Suas estórias e exemplos ilustrativos servem para lembrar os leitores de que a prática formal em si mesma pode não ser proveitosa. Uma dessas estórias fala sobre um encontro entre um mestre sufista e um homem devoto convencional:

> Um dia um homem veio ao mestre Bayazid e disse:
> – Jejuei e orei por trinta anos e não encontrei nada da alegria espiritual de que você fala.
> "Se você tivesse jejuado e orado por 300 anos, você também nunca a encontraria," respondeu o sábio.
> "Como é isto?", perguntou o homem.
> "Seu egoísmo está agindo como um véu entre você e Deus."
> "Mostre-me a cura."
> "É uma cura que você pode realizar", disse Bayazid.
> Aqueles que o rodeavam pressionaram-no para revelá-la. Depois de algum tempo ele disse:
> – Vá à barbearia mais próxima e raspe os cabelos. Dispa-se de suas roupas, exceto da tanga. Tome um embornal cheio de nozes e pendure-o à volta do pescoço. Entre no mercado e grite: "Todo aquele que me der um tapa no pescoço ganhará uma noz." Então, vá às cortes da lei e faça a mesma coisa.
> "Não posso fazer isto", disse o homem, "sugira um outro remédio".
> "Este é o requisito indispensável para uma cura," respondeu Bayazid, "mas, como lhe disse, você é incurável." (Adaptado e condensado de Al-Ghazzali, 1964, pp. 128–129.)

Conhecimento

O primeiro volume de *Revival of Religious Sciences* de Al-Ghazzali é *O Livro do Conhecimento* (*The Book of Knowledge*); nele, Al-Ghazzali divide o conhecimento nos ramos "louváveis e questionáveis" (1966, p. 30).

Ramos Questionáveis do Conhecimento. Al-Ghazzali considera que três tipos de conhecimento depreciam ou retardam a compreensão das coisas espirituais. A *Lógica* é limitada, especialmente em relação às questões espirituais, uma vez que a lógica via de regra não permite a inclusão de informações originais ou aparentemente contraditórias. A *Filosofia* não considera as situações realistas e, portanto, limita-se pela não validação de suas conclusões através da experiência real. Al-Ghazzali descreve o *conhecimento acadêmico* como "uma postura inútil". É questionável quando se apresenta como o caminho exclusivo à aprendizagem. O Sufismo tradicionalmente encarou a formação escolar como sendo contrária à verdadeira compreensão, e a própria formação escolar de Al-Ghazzali tornou-o especialmente crítico de suas limitações.

Ramos Louváveis do Conhecimento. Al-Ghazzali também descreve os tipos de conhecimento que aprofundam o crescimento espiritual de uma pessoa. Para ele, o mais importante é a ciência da revelação, que pode ser aprendida de duas maneiras. A menos eficaz é estudar os escritos daqueles que tiveram revelações. A melhor maneira é usar os exemplos dos mestres e santos para ter sua própria experiência pessoal deste conhecimento.

Estados de Consciência

Além da aprendizagem e do conhecimento convencional está a percepção clara da realidade. Pode ser entendida durante estados de consciência inusitados. Os estados aqui descritos não são separados nem distintos uns dos outros, mas são modos diferentes de compreender um conjunto comum de experiências.

> Além da mera incapacidade, há outros impedimentos à consecução da verdade espiritual. Um deles é o conhecimento externamente adquirido (Al-Ghazzali, 1964, pp. 27-28).

Conhecimento Direto. O conhecimento direto não pode ser descrito, ainda que possa ser experienciado. Não pode ser ensinado, mas pode ser recebido. "O autoconhecimento real consiste em saber as seguintes coisas: O que você é em si mesmo e de onde você veio? Para onde você está indo e com que propósito fica aqui enquanto isso? Em que consistem as suas reais felicidades e misérias?" (Al-Ghazzali, 1964, pp. 19-20). Estas são as perguntas que podem ser respondidas pelo conhecimento direto. O saber sufista é o registro das maneiras pelas quais numerosos mestres ajudaram seus estudantes a chegar ao conhecimento direto e à compreensão intuitiva. A compreensão intuitiva é desenvolvida além dos limites da razão; pode perceber o que a razão não pode aceitar.

Quase todos os sistemas de intuição e conhecimento direto descrevem eventos visionários, momentos de completa clareza. Uma meta do treinamento sufista é manter-se ligado a este estado mais elevado para que a pessoa se harmonize com este nível de realidade, de modo que ele não seja uma simples recordação. Com ensino adequado pode-se tornar uma consciência contínua, tão prontamente acessível quanto a consciência desperta normal. A meta não é simplesmente vislumbrar ou mesmo experienciar tais estados, mas vir a repousar neles, ficar à vontade com esta outra visão de mundo.[3]

Convicção. A convicção é o acesso contínuo ao conhecimento direto. A convicção é imediata; é o conhecimento de que todo o seu ser conhece. Por exemplo, imagine que você deseja saber a respeito de vulcões em atividade. Uma forma seria ler sobre eles, ouvir conversas sobre o assunto, ver dispositivos e até mesmo filmes. Uma outra forma seria surpreender o cone de um vulcão ativo, fumaça e vapor girando ao seu redor, seus pés queimando por entre as botas, os sons e cores da lava revolta e fervente enchendo seus ouvidos. Em ambos os casos, você saberia sobre vulcões, sendo que na segunda situação seu conhecimento poderia ser comparado à convicção. (Adaptado de Siraj el-Din, 1970.)

Existência Consciente ou Alerta. Estar consciente significa responder a uma situação assim como ela é—não como parece ser, como se deseja que ela seja, ou como se fosse outra situação semelhante. Quando a pessoa está alerta, há pouco interesse na identidade pessoal. É um estado de união ou

---

[3] Isto se aproxima muito da descrição de Maslow de "experiências platô".

anulação (*fana*) no qual a identidade individual parece fundida à realidade total. Neste estado, uma pessoa não constrói barreiras entre ela mesma e Deus porque está claro que não existe nenhuma barreira. Se uma gota d'água estivesse ciente de ser parte do oceano, se uma corrente de ar fosse consciente do vento, isto se assemelharia à consciência daqueles que estão alertas.

Amor

O ponto final do conhecimento no Sufismo de Al-Ghazzali é também chamado Amor. Da mesma forma, o ponto final do amor conduz ao estado de convicção. Para o mestre sufista, ambos são a mesma coisa, abordados de forma diferente. Cada caminho foi seguido por mestres sufistas diversos. O caminho do conhecimento foi mais claramente definido por Al-Ghazzali, o caminho do amor pelo poeta persa Rumi (1207-1273).

> "O sufi é aquele cujo pensamento acompanha seus passos, isto é, ele está todo presente: sua alma está onde seu corpo está, e seu corpo está onde se encontra sua alma, e sua alma está onde seus pés estão e seus pés estão onde está sua alma. Este é o sinal da presença sem ausência (Hujwîrî, 1959, p. 39).

Para Rumi, o amor era a única força que podia transcender os limites da razão, as distinções de conhecimento e o isolamento da consciência normal. O amor que ele experienciava não era prazer sensual. Poderia ser melhor descrito como amor por todas as coisas, pela natureza em si mesma. O amor é uma capacidade, em expansão contínua, que culmina na convicção, no reconhecimento de que não há nada no mundo ou no espírito que não seja ao mesmo tempo amado e amante.

> Vós haveis inventado este "eu" e "nós" a fim de que pudésseis jogar o jogo da adoração convosco mesmos.
> Todos estes "eus" e "vós" deveriam se tornar uma alma e por fim deveriam ser submersos no Amado.
>
> (Rumi, Mathnavi I, em Araseth, 1972, p. 146.)

A percepção de Deus como o Amado, comum tanto aos escritos cristãos como aos sufistas, vem da experiência direta. Quando você canaliza sua energia para amar a Deus, parece haver uma resposta, como se você estivesse sendo amado em resposta. Assim como acontece num relacionamento pessoal, o ato de amar traz à tona ou desperta o amor do outro. O divino é alcançado quando se é agarrado por aquilo que é chamado o divino.

Dentro do Sufismo, isto é descrito da seguinte forma: quando uma pessoa chega a uma determinada distância ao longo do caminho do amor, Deus a alcança e começa a assistir o aspirante, orientando-o em direção à sua presença. Quando isto ocorre, a pessoa pára de lutar e começa a permitir a si mesma deixar-se ir, ser ajudada, ser aceita e ser recebida.

> Nunca, na calma, o amante procura ser procurado por seu amado.
> Quando a luz do amor se lançou dentro *deste* coração, sabei que há amor *naquele* coração.
> Quando o amor de Deus cresce em vosso coração, sem qualquer dúvida, Deus tem amor por vós.
> Nenhum som de palmas vem de uma das mãos sem a outra mão.
>
> (Rumi, Mathnavi III, em Nicholson, 1964b, p. 122.)

DINÂMICA
Crescimento Psicológico

Estágios do Desenvolvimento Pessoal. Muitos mestres sufistas descreveram diferentes estágios no curso do desenvolvimento pessoal. Cada estágio treina ou expõe diferentes facetas do caráter e da percepção do aspirante. Embora o processo de transformação psicológica ocorra simultaneamente ao longo destas dimensões, descreveremos cada estágio em separado, a fim de facilitar a compreensão de Al-Ghazzali e outros. Isto não significa que qualquer modelo linear individual é típico ou que deveria ser a experiência real de um estudante sufista. Embora outros autores descrevam os estágios de maneira diferente (Arberry, 1970; Rice, 1964; Shah, 1964; Trimingham, 1971) todos eles reconhecem sua dívida às descrições anteriores de Al-Ghazzali.

Despertar Inicial (Conversão e Arrependimento) — Este estágio começa quando a pessoa conclui que o mundo externo não é satisfatório, que é necessário reavaliar sua vida. Tal compreensão é freqüentemente precedida por uma crise pessoal, muitas vezes é acompanhada de uma confusão a respeito do significado da existência. É o começo de uma reorientação fundamental dos valores pessoais. Aquilo pelo que a pessoa tanto lutou parece já não ter valor; o que havia posto de lado como absurdo pode encher-se de significado. No próprio caso de Al-Ghazzali, ele desistiu de sua promissora e bem-sucedida carreira e tornou-se um dervixe. Este foi apenas o começo do processo de transformação, embora tenha sido a mudança mais dramática de toda a sua vida.

Paciência e Gratidão — A pessoa logo chega a se dar conta de que a paciência é necessária para o progresso, de que se leva tempo para ultrapassar as limitações pessoais. A paciência não é uma mera aceitação passiva de suas próprias faltas; é a vontade de aceitar o fato de que a mudança psicológica leva tempo e de que os esforços que a pessoa faz não são imediatamente recompensados. A pessoa começa a remodelar sua personalidade aos poucos, assim como uma árvore é continuamente formada, alimentada e podada. O desenvolvimento da paciência é acompanhado por um sentido de gratidão pelo fato de que à pessoa é dado o tempo para progredir.

Temor e Esperança — Neste estágio a pessoa torna-se mais consciente das conseqüências das ações cotidianas. O julgamento de um comportamento como certo ou errado já não pode se basear nos costumes da comunidade. Por exemplo, dar comida aos necessitados é comumente considerado um ato moral. Entretanto, se a comida der às pessoas força bastante para se matarem ou energia para cometerem um crime, o ato terá sido realmente benéfico? O propósito da ação não desculpa seus efeitos não propositais.

É impossível conhecer todos os efeitos de nossas próprias ações. Esperamos que o que fazemos seja benéfico, mas esta esperança está ligada ao temor de que nossa ação possa ser prejudicial. A esperança de sucesso é compensada pelo medo do fracasso; a esperança de segurança se alia ao medo da estagnação. A tarefa torna-se "evitar tudo o que tenha a aparência ou suspeita mínimas de erro..." (Hafi em Rice, 1964, pp. 40-41).

Auto-renúncia e Pobreza — Deveria ser evidente que é quase impossível estar seguro no estágio de esperanças e temores. Sempre há a possibilidade de interpretar nossas ações como tendo resultados infelizes. Uma solução concebível está em se desligar do mundo, fazendo tão pouco quanto possível que possa causar dano. Embora seja admissível praticar a pobreza num sentido

> É melhor reunir gratidão no coração do que acumular riquezas... A oração não deveria ser um mero movimento dos lábios, mas deveria emanar do coração (Al-Ghazzali, 1972, p. 158)

literal—podemos ter poucas ou nenhuma posses—o importante é estarmos livres de vinculações. "Quando o coração está desvinculado (de tudo, exceto de Deus), a pobreza não é melhor do que a riqueza, nem a riqueza é melhor do que a pobreza" (Hujwîrî, 1959, p. 24). O importante é a perda do desejo, não a perda da propriedade. "O coração livre (é) mais importante do que a mão livre" (Rice, 1964, p. 42).

> Mais elevado do que o estado de ascetismo é o estado no qual a pessoa permanece igualmente natural na chegada e na partida da riqueza. Se a riqueza chegar, a pessoa não se alegrará, se for embora, ela não se entristecerá (Al-Ghazzali, 1972, p. 206).

Nossa compreensão normal destes assuntos é satirizada numa estória tradicional sobre um homem rico que pergunta a um homem pobre qual a causa do sofrimento deste último. O homem pobre responde, "Metade do meu salário vai para a comida". "Vejo a causa de seu problema", disse o rico, "Você gasta seu dinheiro insensatamente. Menos do que um décimo de meu dinheiro vai para a comida."

Confiança em Deus (Crença na Unicidade de Deus) — Neste estágio a pessoa não busca apoio nem consolo no mundo externo. Se ela for sincera em sua busca pessoal, a seriedade do esforço começa a suplementar as outras forças que estão ajudando o aspirante em direção à meta.

> Alguns tolos consideram que a confiança em Deus consiste em sentar-se ociosamente com as mãos postas, e não fazer nada (Al-Ghazzali, 1972, p. 254).

Este é um período de atividade, não de indolência, passividade ou dependência. O equilíbrio entre agir por si mesmo e confiar no divino é apreendido no ditado de Maomé: "Confiem em Deus mas primeiramente amarrem seus camelos." A confiança emerge do assumir que seus esforços são parte de um sistema mais amplo, de cujos detalhes não estamos cientes.

Amor, Ternura, Intimidade e Satisfação — Neste estágio a personalidade em desenvolvimento tem apenas um desejo, que é amar a Deus; amar qualquer coisa outra que não seja Deus é uma "heresia velada". Torna-se claro que este simples desejo é o único desejo, o único desejo que verdadeiramente já existiu. Os estágios anteriores de renunciar às vinculações, superar a cobiça e conscientizar-se do pecado pessoal esvaem-se junto ao poder total e abrangente desta última realização.

> Talvez a sensatez dos sábios fosse que, na verdade, . . . o mundo fosse uma conspiração divina para nos libertar e nos recriar (Dallas, 1973, p. 56).

> Se você não pode descobrir e compreender o segredo do qual eu falo, não é porque ele não existe, mas porque você não procura de modo correto. Se você faz uma distinção entre as coisas que vêm de Deus, você não é um homem no caminho do espírito. Se você se considera honrado pelo diamante e humilhado pela pedra, Deus não está com você (Attar, 1961, p. 99).

> O amor veio e, como o sangue, encheu minhas veias e tecidos,
> Esvaziou-me de mim mesmo e encheu-me com o Amigo.
> O Amigo tomou posse de cada átomo de meu ser.
> (Rumi em Rice, 1964, p. 61).

Propósito, Sinceridade e Veracidade — Este estágio é dominado por um interesse pelo propósito, não pelas formas de ação. Se os propósitos de uma pessoa são corretos, então a prática real tem pouca importância. Há menos interesse pelos comportamentos observáveis e uma atenção cada vez maior ao significado interno de uma ação.

Al-Ghazzali conta a seguinte estória sobre o poder da sinceridade e a moderação daquele poder pessoal quando a sinceridade diminui:

> Mas se você olhar para as coisas com os olhos da razão comum, você nunca entenderá como é necessário amar (Attar, 1961, p. 102).

> Entre os israelitas havia um homem santo considerado por seu ascetismo. Ouviu dizer que algumas pessoas adoravam uma árvore. Pegou um machado e foi cortá-la. O Diabo encontrou-o no caminho e disse, "Por que se preocupa com a adoração realizada por outros? Deixe-os fazer o que gostam. Quem é você para interferir nisto?" Ele respondeu, "Este meu ato também é uma adoração." O Diabo disse, "Não deixarei que você a corte." Eles lutaram e o Diabo perdeu. Pediu en-

tão ao homem que o deixasse dizendo-lhe que lhe revelaria um segredo. Solto, o Diabo contou ao homem santo que o Senhor não havia criado para ele nenhuma obrigação de cortar a árvore e, além disso, se uma pessoa peca em sua adoração, as conseqüências deste ato cairão sobre ela. Mais ainda, há muitos profetas do Senhor no mundo e ele poderia dirigir qualquer um deles para ir até os possuidores da árvore e ordenar-lhes que a cortassem. Não cabia ao homem santo realizar um ato que não era seu dever.

Mas o homem insistiu em cortá-la. O Diabo resistiu, e, em duelo, novamente perdeu para o homem santo. Mais uma vez persuadiu-o a libertá-lo, dizendo-lhe que lhe revelaria um segredo ainda mais valioso. Então, ao ficar livre, o Diabo começou, "Ouvi dizer que você é muito pobre e vive da caridade de outros. Tal é sua natureza boa que você sempre faz votos de que, se tivesse dinheiro, o distribuiria entre os necessitados e os pobres, mas você não quer mendigar com este propósito. Decidi então deixar toda manhã sob seu travesseiro algumas moedas com as quais você poderá facilmente alimentar sua família e ainda bancar o samaritano. Você verá que as caridades serão mais benéficas para você do que derrubar a árvore. E mesmo que você derrube a árvore, eles podem plantar outra no local. Seu esforço será então inútil e sua família não ganhará nada com isso." Ouvindo isto, o homem piedoso pensou que o Diabo estava certo, ainda mais que ele não era profeta com encargo de Deus de cortar a árvore, não era seu dever obrigatório fazê-lo e nem havia nenhuma razão para que Deus se zangasse com ele se não a derrubasse. Então ele voltou para casa. Pela manhã, quando acordou e levantou-se, encontrou moedas sob seu travesseiro. Gastou-as consigo mesmo e em caridades. Isto continuou por alguns dias. Então o Diabo parou com seus presentes e, ressentido, o homem levantou-se e partiu para cortar a árvore. No caminho, o Diabo, disfarçado de homem velho, encontrou-o e, sabendo que ele estava indo cortar a árvore, disse-lhe que ele não tinha forças para fazê-lo agora e que seria um mentiroso se se orgulhasse de poder derrubar a árvore. Isto irritou o homem piedoso e ambos começaram a lutar. Desta vez o Diabo (disfarçado de homem velho) derrotou-o e queria cortar seu pescoço quando o homem implorou pela vida. O Diabo desculpou-o com a condição de que ele prometesse no futuro nunca cortar a árvore. Então ele perguntou ao Diabo "como ele pôde dominá-lo desta vez depois de ter perdido as duas anteriores." O Diabo respondeu que no início ele estava lutando por Deus e sua intenção era colher benefícios na eternidade, mas agora ele era um escravo de seu eu carnal e por uma causa mundana (dinheiro) queria cortar a árvore. Então ele perdeu" (1972, pp. 321-322).

A aprendizagem é a semente, a prática é o campo, e a intenção é a água. É com a ajuda dos três que a safra da espiritualidade floresce (Al-Ghazzali, 1972, p. 323).

Contemplação e Auto-Exame — Al-Ghazzali descreve e considera distrações que poderiam impedir uma pessoa de permanecer calma e que portanto, a tornariam incapaz de perceber a realidade interior. Seus interesses são semelhantes aos proclamados na Ioga e no Budismo com referência à elucidação da mente. Descreve várias formas de meditação e cita incidentes da vida dos mestres que eram versados em meditação. Numa estória, ele conta sobre o santo Shibli que se dirigiu a Abul Hasan Nuri. Nuri "estava sentado calmamente no canto de seu quarto, firme na concentração e não movia nem um membro. Perguntou-lhe onde aprendera aquela prática secreta. Ele respondeu, 'de um gato que estava esperando para se arremeter contra um rato' " (1972, p. 335).

A Lembrança da Morte — Contemplar a morte pode ser um instrumento poderoso para libertar uma pessoa de hábitos e atitudes indesejáveis. Pensar sobre sua própria morte é um exercício que a pessoa pode fazer para estar mais atenta às suas experiências presentes. É um caminho para começar o processo de crescimento pessoal. Em certo sentido, o que Al-Ghazzali descreveu é um ciclo, que começa com a conversão e o arrependimento e termina com a reflexão sobre a morte. Pode facilmente começar ao inverso, a reflexão sobre a morte conduzindo ao estado psicológico que precede a conversão. Até pouco tempo atrás, a psicologia ocidental evitou a morte. Somos uma cultura com medo da morte. Al-Ghazzali sugere o seguinte exercício para imprimir em nossa consciência a percepção da morte:

> Lembrem-se de seus contemporâneos que faleceram e tinham a mesma idade que você.
> Lembrem-se das honras e da fama que eles obtiveram, dos altos postos que ocupavam e dos belos corpos que possuíam, e de que hoje todos eles se transformaram em cinzas.
> Como eles deixaram órfãos e viúvas atrás de si, como sua riqueza está sendo desperdiçada depois deles e suas casas transformando-se em ruínas.
> Nem sinal deles existe hoje e eles estão deitados em buracos escuros debaixo da terra.
> Reconstruam suas faces mentalmente e ponderem.
> Não depositem esperanças em suas riquezas e não desprezem a vida. Lembrem-se de como eles andavam e de como agora todas as suas juntas separaram-se, de que a língua com a qual falavam agilmente foi devorada pelos vermes e de como seus dentes estão corroídos. Eles estavam tolamente se provendo para mais vinte anos, quando nem mesmo um dia de suas vidas lhes restava. Eles nunca esperaram que a morte viesse para eles numa hora tão inesperada. . . .
> Quando algo no mundo lhe agrada e nasce em você uma vinculação com isto, lembre-se da morte (Al-Ghazzali, 1972, pp. 378-379).

Obstáculos ao Crescimento

Desatenção (Esquecimento). A inabilidade para prestar atenção, para lembrar o que sabemos, é o problema principal da humanidade. É o fundamento que sustenta todas as outras fraquezas humanas e a psicopatologia. É inerente à nossa constituição que nós percamos de vista nossa origem divina; é habitual que, mesmo quando nós nos lembramos, comecemos a esquecer. A arremetida do ensinamento sufista está em encorajar as pessoas a prestarem atenção o tempo suficiente para *desenvolverem* suas capacidades para permanecerem despertos.

Em geral, o homem, como um sonâmbulo que repentinamente "acorda" numa estrada solitária, não tem uma idéia correta nem de sua origem nem de seu destino (Shah, 1972f, p. 133).

Embora muitos sistemas de moralidade descrevam a forma correta de viver, é freqüente falharem em mostrar como seus princípios podem ser postos em prática. Um primeiro passo para superar a desatenção é aprender a reconhecê-la na sua própria vida. É tão mundano como pôr os óculos em lugar errado ou tão extremo como a estória contada sobre Norbert Weiner, o famoso pesquisador de Cibernética que um dia estava andando por uma passagem entre dois edifícios no Instituto de Tecnologia de Massachusetts quando encontrou um colega; conversaram por alguns minutos e quando se separaram, Weiner pediu a seu amigo que lhe dissesse em que direção estava andando quando se encontraram. Weiner não conseguia se lembrar se estava tomando aquele caminho para almoçar ou se justamente acabara de fazê-lo.

O homem está dormindo, será que ele precisa morrer antes de acordar? (Palavras de Maomé.)

Alguns daqueles que foram influenciados pelos ensinamentos sufistas indicam que a tarefa inicial é despertar o suficiente para estar atento às situações embaraçosas em que se coloca. Orage (1965) escreve:

> Nosso presente estado de vigília não é, na verdade, um estar completamente desperto. . . . É, segundo a tradição, uma forma especial de sono comparável ao transe hipnótico. . . . Desde o momento do nascimento e antes, encontramo-nos sob a sugestão de que não estamos totalmente acordados; e é universalmente sugerido à nossa consciência que devemos sonhar o sonho deste mundo—assim como nos-

sos pais e amigos fazem. ... Exatamente como nos sonhos noturnos, o primeiro sintoma do despertar é a suspeita de que estamos sonhando, o primeiro sintoma do acordar do estado de vigília—o segundo despertar da religião—é a suspeita de que nosso presente estado de vigília também é um sonho. Conscientizarmo-nos de que estamos dormindo é estar no ponto de acordar; e conscientizarmo-nos de que estamos apenas parcialmente acordados é a primeira condição para nos tornarmos e nos fazermos mais completamente despertos (p.89).

Como Harman (1967) conclui, "Estamos todos hipnotizados desde a infância. ... O corolário aparente é que não percebemos a nós mesmos e ao mundo que nos rodeia como o somos, mas como fomos persuadidos a percebê-los" (p. 323).

Incapacidade. Mestres sufistas indicam que nem todos são capazes de assimilar o ensinamento do Sufismo. A qualquer momento dado, se o estudante não tem capacidade para utilizar os ensinamentos é como despejar água sobre a areia. Há um provérbio que diz que "quando o estudante está pronto, o mestre aparece". Isto não significa quando o estudante pensa estar pronto; significa que quando o mestre decide que o estudante está pronto para a aprendizagem ele atrai o estudante. A opinião do estudante tem pouco a ver com o nível real de prontidão e nada a ver com a decisão do professor de aceitá-lo ou recusá-lo.

Nafs. Nafs são pulsões, impulsos para a satisfação de desejos. Dominam a razão ou o julgamento e são definidos como as forças inferiores de nossa natureza que precisam ser mantidas sob controle. Impedem-nos de ativar nossa totalidade.

Como costumamos avaliar um impulso em termos de seus efeitos sociais—se é útil ou inútil, benéfico ou prejudicial—encontramos dificuldade na compreensão dos *nafs*—a teoria subjacente aos *nafs* é a de que *todos os impulsos,* quaisquer que sejam seus efeitos externos, podem e devem ser dominados. A meta é equilibrar a personalidade e seus desejos entre excessos impulsivos e indiferença estética. Todos os *nafs* são produtos da consciência autocentrada—o ego, o "eu"—e eventualmente podem ser transcendidos. As descrições seguintes são derivadas de diversas fontes (Arasteh, 1973; Al-Ghazzali, 1973, Trimingham, 1971; Shafii, 1973).

Nafs de Comando — As descrições destes *nafs* são semelhantes às descrições do id na teoria psicanalítica, intimamente ligados à luxúria e à agressão. Al-Ghazzali chama-os de porcos e cães da alma, sendo o comportamento dos *nafs* sensuais igual ao dos porcos, e o dos violentos igual ao dos cães ou lobos. A ira, a cobiça, os apetites sensuais, a paixão e a inveja, são exemplos destes *nafs.* É pouco provável que a pessoa dominada por estes impulsos cresça para além deles. Estes impulsos não devem ser negados; entretanto, devem ser adequadamente equilibrados.

Nafs Acusatórios — Estes *nafs* são paralelos a aspectos do superego psicanalítico. São evidentes na excessiva auto-acusação, auto-depreciação e atitudes defensivas, que aparecem sob a forma de uma vaidade excessiva. Manifestações típicas incluem necessidade insaciável de elogios, desejo de reconhecimento ou uma necessidade de controlar os outros. "Neste estágio, é possível que os motivos da pessoa se distorçam tanto que se torna difícil distinguir entre a fantasia e a realidade" (Beg, 1973). Você se torna cada vez mais dependente da avaliação que os outros fazem a seu respeito e é incapaz de aceitar críticas quando está dominado por estes *nafs*.

Nafs Inspirados — Estes *nafs* e aqueles ainda mais elevados no desenvolvimento, não emergem do nível animal, mas dos níveis mais elevados da consciência pessoal. O problema não são os efeitos prejudiciais que têm sobre os outros, mas os efeitos limitadores sobre o *self*. Comportamentos comuns aos *nafs* inspirados incluem a delicadeza, a compaixão, atos criativos e ações morais. Em geral, a pessoa impelida pelos *nafs* inspirados parece ser emocionalmente madura, respeitável e respeitada. Para muitos, este é um estado elevado a ser atingido. Os sufis ensinam que a alma aspirante tem potencial disponível para chegar muito mais além.[4]

Nafs Tranqüilos — Estes *nafs* predispõem a pessoa a ser liberal, agradecida, confiante e respeitadora. Se você aceita as dificuldades com o mesmo sentido de segurança total com que aceita os benefícios, pode-se dizer que você está dominado pelos *nafs* tranqüilos.*A alma ainda está presa à sua identificação com seus próprios interesses. Pode começar agora a "desintegrar-se" e a deixar que desapareça toda a relação anterior com os limites do eu; pode começar a "reintegrar-se" como um aspecto do eu universal (Arasteh, 1973). Neste estágio as ações não são desempenhadas por razões piedosas convencionais, mas porque a pessoa está tomando consciência da vontade divina; suas ações estão de acordo com a lei natural interior. "O sufi alcança um estágio em que transcende a dualidade entre o bom e o mau e percebe todas as dualidades manifestas como parte do continuum unitário da existência. Desaparecem as observações categorizadoras ou experiências relativas a bom-mau, bonito-feio, rico-pobre, prazer-dor" (Shafii, 1974).

A divisão radical entre o bom e o mau pode ser a doença da Mente (Erikson, 1964).

O Realizado, a Realização e os Nafs Perfeitos — Estes níveis finais não são facilmente distinguidos ou descritos. São os obstáculos que atormentam os líderes espirituais. Podem incluir a visão de suas próprias boas realizações (o que pode estimular outra vez a vaidade) e a visão de sua eficiência com os estudantes (o que pode novamente despertar sentimentos de poder e orgulho).

Os *nafs* são paralelos aos estágios de desenvolvimento descritos anteriormente. Cada estágio de crescimento tem dentro de si *nafs* ou impulsos que são contrários aos valores daquele estágio. O conflito conduz ao crescimento quando os *nafs* são subjugados ou à regressão se eles predominarem.

ESTRUTURA
Corpo

Al-Ghazzali diz que se deve considerar o corpo como o carregador e a alma como o viajante. "A alma deveria cuidar do corpo como um peregrino,

---

[4] Isto se assemelha à personalidade mana descrita por Jung.

* N.T.: Em termos de desenvolvimento, estes *nafs* marcam uma época de transição.

em seu caminho para Meca, cuida de seu camelo; mas, se o peregrino despender todo seu tempo alimentando e enfeitando seu camelo, a caravana o deixará para trás e ele perecerá no deserto" (1964, p. 49). Uma boa saúde é encorajada na medida em que permite que o trabalho interior prossiga sem impedimentos.

Algumas escolas sufistas empregam exercícios que acarretam uma "boa harmonia" entre o corpo e a mente, mas apenas nos casos em que isto possa ser eficaz. A assim chamada "dança dos dervixes", uma combinação de música e movimento, é o exercício mais amplamente conhecido. "O objetivo é produzir um estado de êxtase ritual e acelerar o contato da mente do sufi com a mente mundial da qual ele se considera parte" (Burke, 1967, p. 10). Um exercício pode ser movimento, movimento com música, ou apenas música. Mestres sufistas afirmam que enquanto a música pode ser eficaz em produzir determinados estados para propósitos e períodos limitados, o adepto nem precisa de qualquer estímulo, nem experiencia qualquer êxtase. De fato, pode-se tomar como um axioma a afirmação de que o propósito do êxtase é ir além dele.

O uso da dança para produzir este estado de êxtase é descrito por Burke (1973): "Uma dança é definida como movimentos corporais ligados a um pensamento e a um som ou a uma série de sons. Os movimentos desenvolvem o corpo, o pensamento concentra a mente e o som funde os dois e orienta-os em direção a uma consciência do contato divino que é chamada 'hal' e significa 'estado ou condição': o estado ou condição de estar em êxtase" (p. 49). Êxtase é uma condição física que permite que determinadas experiências interiores sejam sentidas e compreendidas; não é simplesmente um estado prazeiroso, de super estimulação. O corpo é a fonte de experiência; é o canal através do qual a experiência passa.

> O Corpo também é um princípio grande e necessário e, sem ele, a tarefa fracassa e o propósito não é atingido (Rumi, 1972, p. 31).

Relacionamento Social

Teóricos ocidentais, tais como James e Skinner, definem uma grande dimensão da personalidade em termos de papéis sociais; no Sufismo há uma ênfase ou interesses bem menores em papéis sociais específicos. Os relacionamentos críticos são entre estudantes e mestres. Em segundo lugar, o relacionamento entre uma pessoa e seus companheiros. Numa situação de ensino, o grupo é formado pelo professor, não escolhido pelos estudantes.

O estabelecimento e a organização de um grupo é uma atividade importante nos estudos sufistas; portanto, decidir se uma pessoa deve ou não estar num grupo tem uma importância crítica. Os exercícios podem ou não ser feitos em grupo. Agrupar ao acaso é severamente proibido e com bastante freqüência os grupos "descansam" dos exercícios—isto é, pede-se-lhes que se abstenham das práticas com as quais vinham trabalhando. Alguns grupos podem não ter nenhum exercício. Algumas pessoas podem não ser colocadas de modo algum num grupo, ou podem fazer parte de um grupo durante certo tempo. As aulas podem ser dadas para um indivíduo ou para o grupo todo. Nenhuma lição é planejada para um indivíduo único, como por vezes se pensou. A lição individual é uma combinação da lição dada pelo professor e do grau de consciência do estudante. O professor pode atribuir diferentes atividades aos indivíduos, mas o progresso destes reside na capacidade de todo o grupo.

O cerne do desenvolvimento humano chamado "sufismo" é a unidade humana básica: os membros que se encontram juntos e levam adiante os estudos para eles prescritos por um mestre contemporâneo. . . .
Isto é necessário para a realização que advém do fato de ser um sufi. Pode ser chamado de comunidade, comunhão, encontro.... É freqüentemente chamado reunião-Jam.... Nenhuma consecução mais elevada é possível ao homem a menos que as circunstâncias da reunião sejam corretas; a menos que seja uma comunhão de inclua as pessoas certas, no momento e lugar certos" (Foster, 1968, p. 14).

A natureza especial de um grupo sufista, uma associação de pessoas selecionadas para se complementarem umas às outras, para serem capazes de trabalhar de modo correto em direção a um determinado fim, produz a união certa e reduz a probabilidade de desenvolvimentos indesejáveis. O que Carl Rogers chama de "a capacidade curativa inata do grupo" foi bem entendido pelos mestres sufistas.

> Vocês não entrarão no Paraíso até que acreditem e vocês não acreditarão até que amem uns aos outros. Deixem-me guiá-los para algo que, ao ser realizado, fará com que vocês se amem uns aos outros; saúdem tudo e todos entre vocês (palavras de Maomé).

Uma estória instrutiva de Sa'di (c. 1200-1290) capta a verdadeira forma pela qual os mestres lidam com relacionamentos. Um estudante disse a seu professor: "O que devo fazer? Sou perturbado pelas pessoas, muitas das quais me fazem visitas. Em seu ir e vir elas abusam de meu tempo precioso". Ele respondeu: "Empreste algo a todos aqueles que forem pobres e peça algo a todos aqueles que forem ricos e eles não mais o acediarão" (1966, p. 131).

Fora do relacionamento de ensino, que pode atravessar qualquer outra consideração social, assume-se que os relacionamentos estejam dentro de um conjunto de papéis firmemente definido. Grande parte da discussão de Al-Ghazzali sobre relacionamentos sociais é pragmática e adaptada à cultura islâmica na qual viveu.

Vontade

Embora o termo "vontade" seja usado nos escritos sufistas é evasivo e não está sujeito a uma definição única. "A 'vontade', para o sufi variará em natureza, qualidade e significância em relação direta com o estágio alcançado pelo aspirante" (Khan, 1974). Cada ato deliberado é composto de sua concepção, motivação e capacidade para realizá-lo.

Vontade Livre. Assume-se que a vontade livre seja parte da natureza humana. A humanidade é única em sua propensão e capacidade de repetidamente executar ações contrárias à lei natural e incompatíveis com a saúde física, mental ou espiritual. Ao contrário dos animais, temos a habilidade de voltarmos as costas para nossos melhores interesses.

Vontade Divina. Em contraste com a vontade livre, a vontade divina é descrita como uma lei fundamental da natureza. Uma pedra cai porque está obedecendo à vontade divina manifestada como gravidade. Desta forma, uma definição de um santo poderia ser a de que é uma pessoa em quem cada ação está em conformidade com a lei divina. Aprender a ser um santo é aprender a ser sensível e a estar "em harmonia" com as leis naturais do pensamento e da ação, leis tão regulares quanto as leis naturais da eletricidade e do magnetismo. A vontade pessoal é capaz de dirigir a vida de uma pessoa em direção ao ponto de rendição à vontade divina.

> Seja feita a vossa vontade assim na Terra como no céu (Padre-nosso).

Emoções

Estados emocionais são simplesmente estados através dos quais uma pessoa passa. As reações emocionais das pessoas a uma situação podem servir como indicadores de seu nível de vinculação ou interesse. Há alguma ênfase no uso e na transformação de estados emocionais. As emoções orientam a consciência a favor ou contra o conhecimento da realidade. Uma emoção particular é menos importante do que seu efeito global no comportamento de uma pessoa. Al-Ghazzali lembra-se de épocas de contentamento e de desespero, ambos vistos como instrumentais em sua própria realização (1968a).

As emoções que impelem uma pessoa contra o "conhecimento" são aquelas que são mais auto-indulgentes. Satisfazer tais sentimentos conduz ao egoísmo, ao isolamento e, eventualmente, a um sentimento de estranheza.

Não há nenhuma imposição para suprimir ou negar nossas emoções. Cada emoção pode servir como um guia ou como um tormento para ações apropriadas. Por exemplo, Al-Ghazzali sugere que, adequadamente usado, o medo pode fortalecer a resolução de superar os *nafs*.

> Três coisas na vida são destrutivas: a raiva, a cobiça e auto-indulgência (palavras de Maomé).

Intelecto

Al-Ghazzali distingue quatro componentes do intelecto. O mais básico é um impulso para a compreensão, que a psicologia ocidental chama de curiosidade ou necessidade de competência (White, 1959). O segundo é o intelecto "axiomático", que é a capacidade de entender relações lógicas. O terceiro elemento é o "conhecimento empírico", que é o aspecto relacionado com coisas e eventos externos. O último elemento é o intelecto "desenvolvido", que é uma forma mais elevada do impulso original para a compreensão. É esta qualidade do intelecto que guia o desenvolvimento interior e permite que uma pessoa "conquiste e domine seu apetite, que ambiciona o prazer imediato" (Al-Ghazzali, 1966, p. 228).

A aprendizagem e o conhecimento convencionais não encobrem necessariamente a compreensão, mas podem fazê-lo se sua função em relação aos outros aspectos do intelecto não for entendida. Al-Ghazzali recorda que precisava repetidamente intercalar sua formação intelectual com êxtases e estados de revelação até que sua compreensão tornou-se suficiente para manter seu intelecto em equilíbrio.

> O conhecimento é de dois tipos: natural e adquirido. Mas nenhum conhecimento adquirido tem utilidade Se não há conhecimento natural. Assim como a luz do sol é inútil Quando a luz dos olhos está apagada.
> (Ali em Al-Ghazzali, 1966, p. 228).

Self

Há duas maneiras de descrever o *self*. A primeira é vê-lo como um conjunto de papéis socialmente determinados e mutáveis—o *self* na sociedade. A segunda é ver o verdadeiro *self*, o âmago do ser de uma pessoa, distinto de Deus mas absorvido nele. O ensinamento sufista é uma maneira de aprender a transformar a identificação de quem você é do primeiro para o segundo ponto de vista. À medida que você se identifica cada vez mais com seu *self* interior, você não renuncia ou nega sua própria personalidade.

O que parece acontecer é que quando você se aceita totalmente como você é na verdade, os atributos externos de sua personalidade—sua forma de falar, sua forma de comer e assim por diante—são colocados sob uma nova perspectiva. Assumem seu lugar natural na totalidade de sua personalidade.

Mestres sufistas diferentes têm personalidades diferentes, tanto antes como depois de terem se identificado com o divino. É apenas o ponto de identificação interno que muda. As características pessoais dos indivíduos—a

> Aquele que conhece a si mesmo conhece a seu Senhor (palavras de Maomé).

cor de seus cabelos ou a textura da pele, por exemplo—constituem parte da nova integração da personalidade e são relativamente imutáveis.

No decorrer do treinamento, entretanto, há muitas vezes um sentimento de que se espera da pessoa que renuncie a uma parte de si mesma, que seja diferente. O que na realidade se pede é que o aluno reconheça aquela parte de sua personalidade que constitui um obstáculo num determinado período do treinamento. Um indivíduo é encorajado a enfrentar o obstáculo e a reorientar suas próprias reações de modo mais eficaz. Se uma pessoa perceber que o problema pode ser resolvido mantendo o comportamento, embora ele deva ser restringido, isto será igualmente benéfico.

Professor

Um professor ou guia instrui de maneira que os estudantes possam chegar próximos à realização de sua natureza interior. Um guia, diz Al-Ghazzali, ensina a partir de sua própria plenitude, o ato de ensinar é em si mesmo uma expressão da vontade divina.

Por que é necessário um guia? Maomé Shafii, um psiquiatra célebre da tradição sufista sugere:

> Mas como você virá a conhecê-lo uma vez que você é incapaz de se conhecer a si mesmo?
>
> (Sanai, 1974).

> Os sufis sentem que a maturidade não pode ser adquirida isoladamente. Sentem que há necessidade de direção e disciplina. O caminho é desconhecido, a noite é escura e a estrada está cheia de perigos. Estes perigos incluem a preocupação como egoísmo, visões falsas, interpretações errôneas de estados místicos, interrupção do desenvolvimento, fixação num estado particular, apelo a diversas drogas para criar experiências místicas falsas e não raro uma ansiedade e uma insanidade esmagadoras (Shafii, 1968, p. 11).

Com um Guia você poderá se tornar um verdadeiro homem; sem ele, você permanecerá um animal (Rumi em Shah, 1970a, p. 37).

É geralmente aceito na tradição sufista que uma pessoa não consegue progredir além de determinado ponto sem a ajuda de um professor.

Entre muitas outras qualidades, um professor deve possuir um *senso de oportunidade*. É a capacidade de saber quando uma aula, uma experiência ou um exercício afetará o estudante de modo adequado. O ensino deve ocorrer no momento certo, no lugar certo e na companhia certa, caso contrário será desperdiçado. Portanto, apesar de um único exercício ou estória poder mostrar-se eficaz ao ser empregado por um professor, há a possibilidade dele não surtir efeito algum quando usado por um discípulo em outra ocasião. A exigência do senso de oportunidade é uma razão pela qual os sufis enfatizam a necessidade de um professor vivo. "Uma razão para a instituição de um guia é que ele sabe quando dirigir o esforço e o trabalho do discípulo e quando não fazê-lo. Ele também sabe que tipo de esforço e de trabalho cada indivíduo deve fazer. Só os ignorantes confundem qualquer trabalho com trabalho útil..." (Palawan-i-Zaif em Shah, 1970b, p. 299 na edição norte-americana).

Deveres de um Professor. Al-Ghazzali faz uma relação de oito deveres de um professor (1966, pp. 145-153). Eles tocam em vários dos problemas gerais do ensino sufista, mas não deveriam ser vistos como um tipo de lista padrão, aplicável a todos os professores sufistas.

1. "O primeiro dever do professor é ser compassivo com os estudantes e tratá-los como a seus próprios filhos" (p. 145). O professor deve cuidar do

bem-estar dos estudantes com a mesma ou maior devoção com que um pai ou uma mãe cuidam de seus filhos. Ele deve estar constantemente alerta para os fracassos dos alunos mas, como um pai, deve ser capaz de amá-los.

2. "O segundo dever do professor é seguir o exemplo do Legislador: não deveria buscar nenhuma remuneração por seus serviços... e não aceitar nem recompensa nem agradecimentos" (p. 146). Os professores sufistas em geral têm uma ocupação e, portanto, não dependem de seus estudantes para sobreviver. O professor deveria se sentir grato aos estudantes por sua vontade de aprender.

3. "(O professor) não deveria recusar ao estudante nenhum conselho, nem lhe permitir tentar trabalhar em qualquer grau a menos que esteja qualificado para tanto..." (p. 147). O professor, e não o estudante, é o juiz do progresso deste último.

4. "O professor, ao dissuadir o estudante de seus maus hábitos, deveria fazê-lo através de sugestões e não de modo aberto, com simpatia e não com repreensões ofensivas.... A dissuação aberta destrói o véu de respeito, convida ao desafio e encoraja a teimosia" (p. 149). Antes do *behaviorismo*, Al-Ghazzali discutiu os efeitos diferenciais do reforço e da punição no processo de aprendizagem. Concluiu que as punições inibem a aprendizagem total.

5. "A pessoa que está ensinando determinada ciência não deveria menosprezar nem desacreditar do valor de outras ciências ante seus estudantes" (p. 149). Atacar outros professores é rebaixar o professor e os estudantes. A tarefa de um professor é ensinar o que sabe. Não é pressionar o estudante a duvidar de outros professores que podem beneficiá-lo em outro estágio de seu desenvolvimento. É comum, na formação sufista, que de tempos em tempos o aluno seja mandado pelo professor para estudar com outros. O professor reconhece que a meta primária é a educação do estudante, e não a dependência ou a adoração em relação ao professor.

> Se os homens fossem proibidos de fazer mingau do estrume do camelo, eles o fariam, dizendo que não teriam sido proibidos de fazê-lo a menos que houvesse algum bem nisto (palavras de Maomé em Al--Ghazzali, 1966, p. 149).

6. "Ele deveria limitar o estudante naquilo que este último é capaz de compreender e não deveria exigir dele nada que sua mente não seja capaz de entender por medo de que ele desenvolva um sentimento de aversão à matéria ou de que sua mente fique confusa" (p. 150). Este conselho assemelha-se às instruções para a estruturação de um ensino programado. Cada passo é planejado para impedir que o estudante avance até que tenha completado a lição anterior corretamente.

7. "O professor deveria dar a seus estudantes mais atrasados apenas as coisas que são claras e adequadas à sua compreensão limitada e não deveria lhes mencionar nada sobre os detalhes que se seguirão, mas que ele acha melhor ocultar no presente.... Em geral, todo mundo acredita que é capaz de dominar qualquer ciência, não importa a sua complexidade.... Até mesmo o homem de mente mais tola e fraca é usualmente o mais satisfeito com a perfeição de sua mente" (pp. 151-152).

Se uma pessoa ensina além daquilo que o aluno é capaz de entender, seu esforço é desperdiçado. "Um jumento cujo estábulo está numa livraria não se torna um literato" (Hadir em Shah, 1970a, p. 273). O material que é aprendido prematuramente pode ser mal interpretado, e é possível que, mais tarde, torne-se um obstáculo. Ajmal de Badakhshan comenta sobre a necessidade de ensinar apenas o que pode ser aprendido em dado momento.

> O Sufi deve agir e falar de maneira a levar em consideração a compreensão, as limitações e os preconceitos ocultos dominantes de seu público (Ibn el-Arabi em Shah, 1970a, p. 33).

> Há três maneiras de apresentar qualquer coisa.
> A primeira é apresentar tudo.
> A segunda é apresentar aquilo que as pessoas querem.
> A terceira é apresentar aquilo que melhor lhes servirá.
> Se você apresentar tudo, o resultado pode ser enfastiante
> Se você apresentar o que as pessoas querem, isto poderá chocá-las.
> O pior é que, se você apresentar o que é melhor para elas, interpretando-o mal, elas podem se opor a você. Mas se você as serviu dessa forma, quaisquer que sejam as aparências, você as serviu" (Em Shah, 1970a, p. 224).

8. "O professor deve fazer o que ensina e não permitir que suas obras desmintam suas palavras" (p. 152). Ele não é uma fonte de informações, mas um exemplo vivo do efeito dos ensinamentos. Os estudantes e o professor estão todos trabalhando juntos. "Os professores falam sobre os ensinamentos. Os professores verdadeiros também estudam seus alunos. Acima de tudo, os professores deveriam ser estudados" (Musa Kazim em Shah, 1970a, p. 221).

AVALIAÇÃO

O sufismo é de difícil avaliação, pois assumiu formas muito diversificadas e adaptou seus ensinamentos a muitos contextos culturais diferentes. Ele foi apresentado aqui como uma teoria da personalidade e uma forma de autocompreensão, mais do que como uma revitalização de doutrinas religiosas.

A maioria das descrições do sufismo caracteriza-o como uma parte integral do Islamismo. Em nossa apresentação, demos pouca ênfase aos elementos islamíticos. As razões para este fato são análogas a uma decisão semelhante tomada pelo tradutor de um poeta sufista, Sanai. Suas observações poderiam bem ser as nossas próprias.

> Os princípios que guiavam minha seleção são, por certo, altamente subjetivos.... Um outro intérprete bem poderia reunir um conjunto muito diferente.... Por exemplo, eu apenas toquei ligeiramente nos elementos muçulmanos tradicionais que estão em grande evidência.... Grande parte do material de Sanai (e ainda mais o de Al-Ghazzali) dirige-se a um público imbuído da letra ou até mesmo do espírito do Alcorão e do Hadith (dizeres de Maomé). Por sua própria finalidade, pareceu-me pouco pertinente incluir este material, pois não dispomos aqui e agora das condições que esta inclusão necessitaria. Além disso, o efeito seria o inverso do que se pretendia... simplesmente afastaria um leitor ocidental de origem cristã. Sanai teve que apresentar credenciais ortodoxas impecáveis a fim de que lhes fosse permitido introduzir outros materiais que, embora de valor essencialmente maior, poderiam ser, e na verdade eram, encarados como heréticos pelos fanáticos de sua época (Pendlebury, 1974, pp. 56-57).

O Sufismo é uma tradição antiga, mas não se tornou tão formal ou tão carregado de velhas idéias e práticas a ponto de perder sua relevância. Ainda é receptivo a novas demandas culturais e continua modificando seus métodos e suas mensagens para uma nova geração de estudantes a quem o sufismo pode ser ensinado.

É difícil aceitar a ênfase sobre a necessidade de um professor pessoal vivo. Acostumamo-nos à idéia de que não há nada que não possamos fazer por nós mesmos; as livrarias transbordam de estantes de livros "faça-o por você mesmo", sobre assuntos que variam da carpintaria à apicultura, da Ioga ao parto. O que o sufismo sugere é que você deve fazer o trabalho por si mesmo, mas que um professor pode ajudá-lo a evitar um trabalho vão. É um erro comum pensar que pelo fato de você estar trabalhando dura e diligentemente, seu trabalho o conduzirá a um benefício pessoal.

Não importa a força que você usa ao chicotear seu cavalo, não importa o quão duramente você dá pontapés em seus flancos, não importa o quão rapidamente ele vai, se você estiver correndo numa pista circular você não irá além do ponto de onde partiu.

No decorrer de todo este livro, enfatizamos que os indivíduos têm capacidade para progredir por si mesmos. Será que o sufismo sugere que esta crença é ingênua ou mesmo tola? De fato, o sufismo encara muitos dos sistemas que estivemos estudando como incapazes de oferecer o conhecimento real; encara seus fundadores, e mais obviamente seus seguidores, como se lhes faltassem o ingrediente crítico para um ensino bem sucedido: o estado de convicção. Os escritores sufistas são igualmente explícitos ao prevenir aos leitores que aspirar a se tornar um sufi não é o mesmo que dizer que você está seguro de que se tornará um.

> Há pouca utilidade em se ensinar a sabedoria. De qualquer modo, a sabedoria não pode ser ensinada em palavras. É possível apenas pelo contato pessoal e pela experiência imediata (Jung, 1973).

Em Psicologia, é ao mesmo tempo moderno e realista admitirmos quão pouco sabemos e quanto é necessário pesquisar mais para compreender o comportamento humano. O sufismo, por outro lado, é explícito naquilo que diz saber. Os sufis afirmam que há professores que sabem o que é importante, isto é, eles sabem como despertar novamente seus alunos para seu estado de vigília natural. A tarefa dos sufis não é compreender tudo a respeito do comportamento; eles só precisam saber como transmitir o que Al-Ghazzali chamou de conhecimento "louvável". Este é o conhecimento que pode nos ajudar a resolver nossas dificuldades sociais e culturais de modo mais fácil e seguro. Uma estória sufi pode esclarecer isto:

> Nasrudin às vezes levava as pessoas para viajar em seu barco. Um dia, um pedagogo exigente contratou-o para transportá-lo ao outro lado de um rio muito largo.
> Assim que se lançaram à água, o sábio perguntou-lhe se faria mal tempo.
> "Não me pergunte nada sobre isto", disse Nasrudin.
> "Você nunca estudou gramática?"
> "Não", disse o Mulla.
> "Neste caso, metade de sua vida foi desperdiçada."
> O Mulla não disse nada.
> Logo desabou uma terrível tempestade. O pequeno e desorientado barco de Mulla começou a encher de água.
> Ele se inclinou para o companheiro.
> "Alguma vez você aprendeu a nadar?"
> "Não", disse o pedante.
> "Neste caso, caro mestre, TODA sua vida foi perdida, pois estamos afundando" (em Shah, 1972d, p. 18).

A estória levanta algumas questões: Daquilo que você aprendeu, o que lhe é útil como conhecimento? O que você aprendeu é irrelevante para sua vida? O que é que você aprendeu que pode, até mesmo agora, estar detendo-o?

O sufismo propõe que quanto mais pudermos separar o verdadeiro do irrelevante e do falso, mais perto estaremos de sermos capazes de ver a imagem mais ampla da humanidade, da qual nossa personalidade é uma parte tão pequena.

Já foi dito que, no Ocidente, somos capazes de utilizar muito pouco do ensinamento sufista. É tudo muito novo para nós; contém muitas idéias que nós dispensamos imediatamente. É por esta razão que alguns professores dizem que estão estabelecendo a base para posteriores experiências de ensino mais diretas. Um professor contemporâneo disse: "Há diferentes maneiras de se 'despertar'. O homem pode estar dormindo, mas ele precisa despertar da maneira correta. É necessário que, quando ele estiver desperto, tenha também os meios de lucrar com sua vigília. É a preparação para este lucrar, assim como a preparação para o despertar, que constitui nosso empenho constante" (em Pendlebury, 1974, p. 74).

Este capítulo ainda está um grau afastado desta meta. É uma apresentação de assuntos pouco familiares para que, à medida que as idéias sufistas se tornarem cada vez mais acessíveis ao Ocidente, possamos aceitá-las e compreendê-las com maior facilidade.

A TEORIA EM PRIMEIRA MÃO

Estórias, um dos muitos instrumentos de ensino da tradição sufista, podem ser estudadas, estendidas em exercícios, lidas em voz alta ou simplesmente apreciadas. São uma das maneiras pelas quais os estudantes, que sabem pouco sobre sufismo, podem ser expostos a algumas de suas perspectivas e a alguns de seus níveis, embora não à sua prática real.

As estórias podem ser usadas para evocar respostas específicas nas mentes dos ouvintes para esclarecer um ponto da aula ou para manter vivo algum aspecto particular do trabalho de um professor. Se a estória for suficientemente divertida, será preservada e passada de geração a geração, mesmo que as pessoas que a contam tiverem perdido a capacidade de compreender alguns de seus níveis de significado.

Aqui estão algumas estórias extraídas das obras de Idries Shah, um professor contemporâneo que restabeleceu o uso de estórias instrutivas tanto na cultura oriental como na ocidental.

A LENDA DAS AREIAS

Vindo desde as suas origens em distantes montanhas, após passar por inúmeros acidentes de terreno nas regiões campestres, um rio finalmente alcançou as areias do deserto. E do mesmo modo como vencera as outras barreiras, o rio tentou atravessar esta de agora, mas se deu conta de que suas águas mal tocavam a areia nela desapareciam.

Estava convicto, no entanto, de que fazia parte de seu destino cruzar aquele deserto, embora não visse como fazê-lo. Então uma voz misteriosa, saída do próprio deserto arenoso, sussurrou: — O vento cruza o deserto, o mesmo pode fazer o rio.

O rio objetou estar se arremessando contra as areias, sendo assim absorvido, enquanto que o vento podia voar, conseguindo dessa maneira atravessar o deserto.

— Arrojando-se com violência como vem fazendo não conseguirá cruzá-lo. Assim desaparecerá ou se transformará num pântano. Deve permitir que o vento o conduza a seu destino.

— Mas como isso pode acontecer?

— Consentindo em ser absorvido pelo vento.

Tal sugestão não era aceitável para o rio. Afinal de contas, ele nunca fora absorvido até então. Não desejava perder a sua individualidade. Uma vez a tendo perdido, como se poderá saber se a recuperaria mais tarde?

— O vento desempenha esta função, disseram as areias. Eleva a água, a conduz sobre o deserto e depois a deixa cair. Caindo na forma de chuva, a água novamente se converte num rio.

— Como posso saber que isto é verdade?

— Pois assim é, e se não acredita, não se tornará outra coisa senão um pântano, e ainda isto levaria muitos e muitos anos; e um pântano não é certamente a mesma coisa que um rio.

— Mas não posso continuar sendo o mesmo rio que sou agora?

— Você não pode, em caso algum, permanecer assim, retrucou a voz. Sua parte essencial é transportada e forma um rio novamente. Você é chamado assim ainda hoje por não saber qual a sua parte essencial.

Ao ouvir tais palavras, certos ecos começaram a ressoar nos pensamentos mais profundos do rio. Recordou vagamente um estágio em que ele, ou uma parte dele, não sabia qual, fora transportada nos braços do vento. Também se lembrou, ou lhe pareceu assim, de que era isso o que devia fazer, conquanto não fosse a coisa mais natural.

E o rio elevou então seus vapores nos acolhedores braços do vento, que suave e facilmente o conduziu para o alto e para bem longe, deixando-o cair suavemente tão logo tinham alcançado o topo da montanha, milhas e milhas mais distante. E porque tivera suas dúvidas, o rio pode recordar e gravar com mais firmeza em sua mente os detalhes daquela experiência. E ponderou: — Sim, agora conheço a minha verdadeira identidade.

O rio estava fazendo seu aprendizado, mas as areias sussurraram:

— Nós temos o conhecimento porque vemos essa operação ocorrer dia após dia, e porque nós, as areias, nos estendemos por todo o caminho que vai desde as margens do rio até a montanha.

E é por isso que se diz que o caminho pelo qual o Rio da Vida tem de seguir em sua travessia está escrito nas Areias (Shah, 1970b, pp. 25-26 na ed. bras.).

A LENDA DO CHÁ

Em tempos remotos, o chá só era conhecido na China. Ecos de sua existência tinham chegado ao conhecimento dos homens sábios e dos não-sábios de outros países, e eles tratavam de averiguar o que era o chá, cada grupo agindo de acordo com o que desejava ou pensava que aquilo devia ser.

O Rei de Inja ("aqui") enviou uma embaixada à China, e no palácio lhes foi servido chá pelo imperador chinês. Mas ao verem que o povo dali também bebia chá, concluíram que não era algo apropriado para seu amo, o rei. Chegaram até a supor que o imperador chinês procurava ludibriá-los, oferecendo-lhes outra coisa para beber que não a celestial bebida.

O maior filósofo de Anja ("ali") recolheu todas as informações possíveis acerca do chá, concluindo daí que devia ser uma substância muito rara, e de uma natureza distinta de qualquer outra coisa conhecida até então. Por acaso não se referiam a ela como sendo uma erva, uma água, verde, negra, algumas vezes amarga, outras doce?

Nos países de Koshish e Bebinem, durante séculos, as pessoas tentaram todas as ervas que puderam encontrar. E muitas ficaram intoxicadas, e o desapontamento tornou-se geral. Ninguém trouxera a planta do chá para suas terras, portanto, não podiam mesmo encontrá-la. Assim mesmo, ingeriram todos os líquidos que conseguiram descobrir, mas sem êxito algum.

No território de Mazham ("Sectarismo"), uma pequena sacola de chá era levada em procissão ante o povo enquanto este realizava seus ofícios religiosos. Mas ninguém pensou em prová-lo, pois na realidade ninguém sabia como prepará-lo. Estavam todos convictos de que o chá, em si, era dotado de uma qualidade mágica. Um homem sábio lhes disse:

— Derramem água fervendo sobre ele, ignorantes.

Foi enforcado e crucificado, porque fazer o que ele dizia, de acordo com suas crenças, pressupunha a destruição do chá. Isso vinha provar que tal homem era um inimigo da religião que cultivavam.

Antes de morrer, o homem sábio revelara seu segredo a alguns poucos, que conseguiram obter algo do chá e o beberam às escondidas. Quando alguém dizia:

— O que estão fazendo?, eles respondiam: — É apenas um remédio que tomamos para certa enfermidade.

E assim acontecia no mundo inteiro. Muitas pessoas o viram crescer mas não o reconheceram. Foi servido a outras, mas estas pensaram tratar-se de bebida de gente comum. Estivera ainda em mãos de pessoas que o transformaram em objeto de veneração. Fora da China, só poucos realmente o bebiam, mas sempre ocultamente.

Foi então que surgiu um homem dotado de conhecimento que disse aos mercadores de chá, aos bebedores de chá, e a outros:

— Aquele que prova, conhece. O que não prova, não conhece. Em vez de discorrer sobre a celestial beberagem, nada digam, mas a ofereçam em seus banquetes. Aqueles que a apreciarem pedirão mais, Os que não desejarem repetir, demonstrarão que não estão capacitados para serem bebedores de chá. Fechem a loja das discussões e dos mistérios, e abram a casa de chá da experiência.

E o chá foi trazido de uma hospedaria a outra ao longo da Rota da Seda, e quando um comerciante que transportava jade, jóias ou seda parava ali para descansar, fazia chá e o oferecia a quem dele se acercasse, conhecedor ou não do renome do chá. Assim começaram as Chaikhanas, as casas de chá, que foram sendo abertas ao longo de todo o trajeto que vai de Pequim a Bokhara e Samarkand. E aqueles que o saboreavam davam prova de conhecimento.

No início, nunca se esqueçam disto, somente os grandes e os que almejam ser sábios é que procuraram a celestial bebida, e aí exclamaram:

— Mas isto são apenas folhas secas! Ou então: — Por que ferves água, estrangeiro, se tudo que quero é a celestial bebida? ou ainda: — Como pode saber o que é isto? Trate de provar-me. Além do mais, a cor do líquido não é dourada e sim ocre!

Quando a verdade foi conhecida, e o chá trazido para que todos o provassem, os papéis se inverteram, e as únicas pessoas que diziam coisas semelhantes às pronunciadas anteriormente pelos grandes e inteligentes eram os absolutamente tolos. E tal é a situação até os dias atuais (Shah, 1970b, pp. 101-103 na ed. bras.).

A LENDA DO REINO DO MELÃO

Um dia o soberano de um certo reino decidiu que gostaria de construir um arco do triunfo, de forma que pudesse passar à cavalo sob ele com toda a pompa, para a desejável doutrinação da multidão. Entretanto, ao chegar o grande momento, sua coroa foi derrubada: o arco havia sido construído demasiadamente baixo.

O soberano então ordenou, em sua fúria legítima, que o chefe dos construtores fosse enforcado. A forca foi preparada mas—quando o Mestre construtor estava sendo levado para o local da execução—ele gritou que o erro era dos trabalhadores, que na realidade haviam executado o trabalho de construção.

O rei, com seu costumeiro senso de justiça, chamou os trabalhadores para explicações. Mas eles escaparam da responsabilidade explicando que os oleiros haviam feito os tijolos de tamanho errado. E os oleiros disseram que apenas haviam executado as ordens do arquiteto. Este, por sua vez, lembrou ao rei que Sua Majestade havia feito, no último momento, algumas alterações por sua própria conta nos planos, modificando-os.

"Convoquem o homem mais sábio do país," disse o soberano, "pois este é, sem dúvida, um problema difícil, e precisamos de um conselho."

O homem mais sábio foi trazido, incapaz de manter-se sobre os próprios pés, de tão velho (e, portanto, tão sábio) que era. "É evidente", disse com voz trêmula, "que, por lei, o verdadeiro criminoso deve ser punido, e ele é, neste caso, sem sombra de dúvida, o próprio arco e nenhum outro".

Aplaudindo sua decisão, o rei ordenou que o ofensivo arco fosse carregado ao cadafalso. Entretanto, quando ele estava sendo levado, um dos conselheiros reais lembrou que este arco era algo que havia na verdade tocado a augusta cabeça do monarca e que, certamente, não deveria nunca ser desonrado pela corda de execução.

Como neste meio tempo, exaurido pelo esforço, o venerável homem sábio havia falecido, já não era possível que o povo recorresse a ele para uma interpretação desta nova observação. Os doutores da Lei, entretanto, decretaram que a parte *inferior* do arco, que não havia absolutamente tocado em nada, poderia ser enforcada pelo crime de todo o arco.

Mas quando o executor tentou pôr o arco no laço, descobriu que a corda era muito curta. O fabricante da corda foi chamado, mas logo explicou que, em sua opinião, era o cadafalso que era muito alto. Sugeriu que o erro tinha sido dos carpinteiros.

"A multidão está ficando impaciente," disse o rei, "e, portanto, precisamos rapidamente alguém para enforcar. Podemos adiar a consideração de pontos mais delicados, como a culpa, para uma ocasião posterior mais conveniente".

Num espaço de tempo surpreendentemente curto, todas as pessoas na cidade foram medidas, mas foi encontrada apenas uma alta o suficiente para se ajustar à forca. Era o próprio rei. Tal era o entusiasmo popular ante a descoberta de um homem que se ajustava, que o rei teve que se conformar, e foi enforcado.

"Graças a Deus encontramos alguém," disse o Primeiro Ministro, "pois se não houvéssemos satisfeito o apetite da multidão, eles indubitavelmente teriam se voltado contra a Coroa".

Contudo, havia questões importantes a considerar, pois quase que de imediato se percebeu que o rei estava morto. "De acordo com os costumes", anunciaram os arautos nas ruas, "o primeiro homem que passar pelo portão da cidade decidirá quem será nosso próximo soberano."

O primeiro homem que passou pelo portão era um idiota. Era completamente diferente da maioria dos cidadãos sensatos que nos é familiar e quando lhes foi perguntado quem deveria ser o rei, disse imediatamente: "Um melão." Isto porque ele sempre respondia "um melão" a qualquer pergunta. Na verdade, não pensava outra coisa, gostando muito de melões.

E assim aconteceu que, com o devido cerimonial, um melão foi coroado.

Passaram-se muitos anos. Atualmente, quando as pessoas perguntam aos habitantes daquela região por que o seu rei se parece com um melão, eles dizem: "Por causa da escolha costumeira. Sua Majestade evidentemente deseja ser um melão. Sem dúvida, devemos permitir-lhe permanecer como tal, até que um prazer adicional seja conhecido. Ele tem, em nosso país, todos os direitos de ser aquilo que quiser. Estamos contentes com isto, desde que não interfira em nossas vidas" (Shah, 1972b, pp. 83-84).

AS FORMIGAS E A CANETA

Certo dia, uma formiga perdeu-se numa folha de papel e viu uma caneta escrevendo em elegantes pinceladas negras.

"Que estupendo!", disse a formiga. "Esta coisa notável, com uma vida própria, desenha curvas sobre esta bela superfície, em tal extensão e com tal energia, que se iguala ao esforço de todas as formigas do mundo. E os traços que faz! Parecem formigas: não uma, mas milhões delas, todas fundidas.

Transmitiu suas idéias a outra formiga, que estava igualmente interessada. Esta elogiou os poderes de observação e reflexão da primeira formiga.

Contudo, uma outra formiga disse: "Beneficiando-me sem dúvida de seus esforços, observei este estranho objeto. No entanto, conclui que ele não é o senhor deste trabalho. Você deixou de notar que esta caneta está ligada a alguns outros objetos, que a rodeiam e a dirigem em seu caminho. Estes deveriam ser considerados os fatores de movimento, e devemos lhes dar o devido mérito". Então as formigas descobriram os dedos.

Mas outra formiga, após um longo tempo, subiu pelos dedos e deu-se conta de que eles eram parte de uma mão, que ela explorou totalmente, à maneira das formigas, rastejando por toda ela.

Voltou para suas companheiras: "Formigas!", gritou, "tenho notícias importantes para vocês. Aqueles objetos pequenos são parte de um maior. É este que lhes dá movimento".

Mas então descobriram que a mão estava ligada a um braço, e o braço a um corpo, e que havia duas mãos, e que havia pés que não escreviam.

As investigações continuaram. As formigas chegaram a uma idéia razoável do mecanismo de escrever. O significado e a intenção de escrever, e a forma como é controlado em última instância, elas não descobrirão através de seu método de investigação costumeiro. Porque elas são "letradas" (Shah, 1972b, pp. 180-181).

EXERCÍCIOS

É axiomático que os exercícios de sufismo sejam adequados à época, ao lugar e às pessoas presentes. Os exercícios que se seguem não preenchem todas as condições necessárias. Nenhum exercício escrito num livro planejado para uso geral poderia fazê-lo. Portanto, deve-se entender que os exercícios são apresentados para ajudar os estudantes que usam este livro a experienciar alguns dos conceitos apresentados no capítulo.

Os exercícios foram tirados de escritores que foram influenciados por idéias sufistas. Não são exercícios de sufismo. Não exija de um livro o que ele não pode lhe oferecer.

A Chave e a Luz

No decorrer de todo este capítulo utilizamo-nos de estórias instrutivas, estórias narradas por mestres sufistas com finalidades outras que a simples diversão. Aqui está uma estória famosa e algumas maneiras de se trabalhar com ela (adaptada de Ornstein, 1972).

MULLA
Um homem está olhando para Nasrudin, que está procurando algo no chão.
– "O que você perdeu, Mulla?", o homem perguntou.
– "Minha chave", disse o Mulla.
Então os dois se ajoelharam e a procuraram. Após algum tempo, o homem perguntou.
"Aonde, exatamente, você a deixou cair?"
"Em minha própria casa."
"Então, por que está procurando aqui?"
"Há mais luz aqui do que dentro de minha própria casa".

(Shah, 1972d, p. 26).

Esta anedota é bem conhecida nos espetáculos americanos, assim como no sufismo islamítico. Se começarmos a trabalhar com ela, poderá se tornar mais do que uma anedota, mais do que uma estória sobre um tolo.

Leia a estória algumas vezes. Agora imagine que você está procurando algo desesperadamente.

1. O que você está procurando? (Permita que uma resposta, não importa se pouco usual, forme-se em sua mente.) Onde você está procurando? Há bastante luz neste lugar? Que tipo de associações estas perguntas evocaram? Como você se sente agora?
2. Agora pense sobre uma chave. Para que serve uma chave? Qual é a chave para sua vida neste momento? (Novamente, permita que uma resposta, uma imagem ou uma idéia se forme; não tenha pressa.)
3. Agora diga a você mesmo, "Perdi minha chave". O que isto evoca em você?
4. Agora pense, "Minha chave está em minha própria casa". Quais são seus pensamentos e sentimentos?
5. "Agora reúna toda a estória: 'Estou procurando minha chave—que, eu sei, está em minha própria casa—em locais onde sei que a chave não está, mas onde há mais luz', e despenda um pouco mais de tempo com a estória" (Ornstein, 1972, pp. 174-175).

Além das associações pessoais evocadas pela estória, ofereço uma outra. . . . Duas áreas da mente estão em oposição, a luz, ou "dia", e a escuridão ou "noite". A chave está dentro da casa, na área não explorada e escura de nossa casa, da mente, da ciência. Normalmente, somos atraídos e ficamos um pouco deslumbrados pela luz do dia, pois em geral é mais fácil encontrar objetos à luz do dia. Mas *aquilo que estamos procurando pode simplesmente não estar lá*, e muitas vezes para encontrá-lo temos que tatear ao nosso redor, talvez pouco elegantemente, nas áreas escuras. Uma vez descoberto o que estamos procurando no escuro, podemos trazê-lo para a luz e criar uma síntese entre as duas áreas da mente (Ornstein, 1972, pp. 174-175).

Você Sabe do que Gosta, Você Gosta do que Faz?

Aqui está um exercício para investigar sua falta de atenção: você está constantemente ciente das escolhas que faz e das decisões que toma?

> Você acorda de manhã e se propõe a levantar-se. Pergunte a si mesmo se quer se levantar. E seja honesto quanto a isto.
>
> Você toma banho – é realmente por que gosta ou, se pudesse, você se esquivaria?
>
> Você toma café – é exatamente o desjejum de que você gosta, em espécie e quantidade? É o *seu* desjejum que você faz ou simplesmente o desjejum definido pela sociedade? Você quer na verdade comer ou não?
>
> Você vai para o seu escritório. . . você decide sobre os deveres domésticos e sociais do dia – eles são suas preferências naturais? Por sua livre escolha você estaria onde está, fazendo o que faz? Pressupondo que, no presente, você aceita a situação geral, você está fazendo aquilo de que gosta em detalhes? Você fala disto, daquilo ou das outras pessoas como lhe agrada? Você realmente gosta ou apenas finge gostar destas coisas e pessoas? (Lembre-se de que não é uma questão de *agir* sobre seus gostos ou aversões, mas apenas de descobrir quais eles são realmente.)
>
> Passe o dia oferecendo-se a cada momento uma oportunidade nova para se questionar – eu realmente gosto disto ou não? A noite chega, com as horas de lazer – o que você na realidade gostaria de fazer? O que de fato o diverte, teatro ou cinema, bate-papo, leitura, música, jogos e exatamente quais?
>
> Fazer aquilo de que gosta não pode continuar se repetindo muitas vezes mais tarde. Na verdade, você pode deixar que isto aconteça por si mesmo. O que é importante é saber do que você gosta (Orage, 1965, p. 112).

Uma Questão de Prioridades

Você morreu. E implorou ao Anjo da Morte que o deixasse retornar à vida. Há muitas coisas ainda por fazer. O Anjo da Morte lhe concede um dia adicional – não mais que isto.

Imagine que amanhã de manhã é a manhã do dia extra. O que você fará? Como passará o dia?

BIBLIOGRAFIA COMENTADA

Al-Ghazzali, 1972. *The Revival of Religious Sciences.* Farnham, Surrey: Sufi Publishing Co. A melhor tradução do mais importante dos principais trabalhos de Al-Ghazzali.

———, 1964. *The Alchemy of Happiness.* Lahore Pakistan: Muhammad Ashraf. Parte de seu próprio resumo de *The Revival of Religious Sciences*. É um livro curto e vivo com pouca referência às idéias puramente islamíticas.

Burke, Omar M., 1975. *Among the Dervishes.* New York: Dutton. Burke viajou e viveu em comunidades sufistas no Oriente Próximo e Médio. Uma vez que fala várias línguas orientais, foi capaz de experienciar e relatar como as comunidades sufistas contemporâneas conduzem hoje os ensinamentos.

Shah, Idries, 1964. *The Suffis.* New York: Doubleday. O melhor livro geral em um só volume sobre o sufismo. Shah discute todos os principais mestres sufistas, as principais influências do sufismo no pensamento ocidental e algumas das idéias centrais da prática sufista.

─────, 1970. *Histórias dos Dervixes.* Rio de Janeiro, Editora Nova Fronteira, 1976.

─────, 1970. *The Way of the Sufi.* New York: Dutton.

─────, 1971. *The Pleasantries of the Incredible Mulla Nasrudin.* New York: Dutton. Três coleções de material sufista tradicional reunido por Shah. *História dos Dervixes* é uma série de estórias instrutivas tradicionais. *The Way of The Sufi* é uma coleção de dizeres, sermões, meditações, questões e respostas e estórias sobre as principais figuras e escolas do sufismo. *The Pleasantries of the Incredible Mulla Nasrudin* é uma coleção de estórias curtas e divertidas sobre o Mulla, um herói folclórico que é o sujeito de numerosas estórias sufistas. Das três coleções, esta é a mais fácil de compreender.

REFERÊNCIAS

Al-Ghazzali, 1952. *Mishkat Al-anwar (the Niche for Lights).* Traduzido por W. H. T. Gairdner. Lahore, Pakistan: Muhammad Ashraf.

─────, 1963. *The Foundations of the Articles of Faith.* Traduzido por Nabih Amin Faris. Lahore, Pakistan: Muhammad Ashraf.

─────, 1964. *The Alchemy of Happiness.* Traduzido por Claud Field. Lahore, Pakistan: Muhammad Ashraf.

─────, 1966. *The Book of Knowledge.* Traduzido por Nabih Amin Faris. Lahore, Pakistan: Muhammad Ashraf.

─────, 1968a. *The Confessions of Al-Ghazzali.* Traduzido por Claud Field. Lahore, Pakistan: Muhammad Ashraf. Também em 1953. *The Faith and Practice of Al-Ghazzali* (traduzido corretamente como "Deliverance from Error"), traduzido por W. Montgomery Watt. London: Allen and Unwin.

─────, 1968b. *The Mysteries of Fasting.* Traduzido por Nabin Amin Faris. Lahore, Pakistan: Muhammad Ashraf.

─────, 1972. *The Revival of Religious Sciences.* Traduzido por Bankey Behari. Farnham Surrey: Sufi Publishing Co. (Trechos extraídos principalmente da última metade de Ihyâ'Ulum Ad-dïn.)

Ali, Syed Nawab, 1944. *Some Moral and Religious Teachings of Al-Ghazzali.* 2ª ed. Lahore, Pakistan: Muhammad Ashraf.

Arasteh, A. Reza., 1965. *Final Integration in the Adult Personality.* Leiden, Holland: Brill.

─────, 1972. *Rumi, the Persian: Rebirth in Creativity and Love.* Tucson, Ariz.: Omen Press.

─────, 1973. Psychology of the Sufi Way to Individuation. In *Sufi studies: East and West,* org. por L. F. Rushbrook Williams, pp. 89-113. New York: Dutton.

Arberry, A. J., 1970. *Sufism: an Account of the Mystics of Islam.* New York: Harper and Row.

Attar, Farid, Ud-Din, 1961. *The Conference of the Birds.* Traduzido por C. S. Nott. London: Routledge & Kegan Paul.

Baba, Meher., 1967. *Listen Humanity.* New York: Dodd, Mead.

─────, 1972. *Life at its Best.* New York: Harper and Row.

Behari, Bankey, 1972. Introdução a *The Revival of Religious Sciences,* por Al-Ghazzali. Farnham, Surray: Sufi Publishing Co.

Burke, Omar, 1966. Travel and Residence with Dervishes. In *Documents on Contemporary Dervish Communities,* org. por Roy Davidson. London: Hoopoe.

─────, 1975. *Among the Devishes.* New York: Dutton.

Dallas, Ian, 1973. *The Book of Strangers.* New York: Warner Books.

Dawood, N. J., trad., 1968. *The Koran.* 3ª ed. rev. Baltimore: Penguin.

El-Qadiri, Imdad Hussein., 1974. Introdução a *The Secret Garden,* por Muhmud Shabistari, traduzido por Johnson Pasha. New York: Dutton.

Erikson, E., 1964. *Insight and Responsibility.* New York: Norton.

Farzen, Massud, 1973. *Another Way Laughter.* New York: Dutton.

_____, 1974. *The Tale of the Reed Pipe.* New York: Dutton.
Foster, William, 1968. *Sufi Studies Today.* London: Octagon.
Grant, John, 1968. The Known and Unknown in Studies. In *New Research on Current Philosophical Systems.* London: Octagon.
Gregory, R., 1966. *Eye and Brain: the Psychology of Seeing.* New York: McGraw-Hill.
Gurdjieff, G. I., 1950. *All and Everything, the First Series: Beelzebub's Tales to his Grandson.* New York: Dutton.
_____, 1968. *Meetings with Remarkable Men.* New York: Dutton.
Harman, W. W., 1967. Old Wine in New Wineskins. In *Challenges of Humanistic Psycho--logy,* org. por James Bugental, pp. 321–324. New York: McGraw-Hill.
Hujwiri, 1959. *Kashf Al-mahjub.* Traduzido por R. A. Nicholson. London: Luzac.
Jung, C. G., 1973. *C. G. Jung's Letters,* org. por Gerhard Adler, Aniela Jaffé, e R. F. C. Hull. Vol. 1, 1906-1950. Princeton: Princeton University Press.
Khan, Pir Vilayat, 1974. *Toward the One.* New York: Harper and Row.
Levy, Ruben, 1957. *The Social Structure of Islam.* New York: Cambridge University Press.
Lings, Martin, 1973. *A Sufi Saint of the Twentieth Century: Shaikh Ahmad al 'Alawi.* Berkeley: University of California Press.
MacDonald, Duncan Black, 1899. The life of al-Ghazzali, with Special Reference to his Religious Experience and Opinions. *The Journal of the American Oriental Society* 20:71–132.
_____, 1909. *The Religious Attitude and Life in Islam.* Chicago: University of Chicago Press.
Meier, Fritz, 1964. The Transformation of Man in Mystical Islam. In *Man and Transformation.* Eranos Yearbooks, vol. 5. Bolleingen Series 30. New York: Pantheon Books.
Nicholson, R. A., 1964a. *The Idea of Personality in Sufism.* Lahore, Pakistan: Muhammad Ashraf.
_____, 1964b. *Rumi, Poet and Mystic.* London: George Allen e Unwin.
Nurbakhsh, Djavad, Sufism and Psychoanalysis, partes 1 e 2. Inédito, data. Departamento of Psychiatry, University of Tehram.
Orage, A. R., 1965. *Psychological Exercises and Essays.* Ed. rev. London: Janus.
Ornstein, Robert E, 1972. *The Psychology of Consciousness.* San Francisco: Freeman; New York: Viking.
Ouspensky, P. D., 1949. *In Search of the Miraculous.* New York: Harcourt, Brace and World.
Pendlebury, D. L., 1974. Posfácio a *The Walled Garden of Truth,* por Hakim Sanai, traduzido e resumido por D. L. Pendlebury. London: Octagon.
Perry, Whitall N., 1971. *A Treasury of Tradicional Wisdom.* New York: Simon and Schuster.
Ramakrishna, 1965. *Sayings of Sri Ramakrishna.* Madras, India: Sri Ramakrishna Math.
Rice, Cyprian., 1964. *The Persian Sufis.* London: George Allen and Unwin.
Rumi, Jalal al-Din, 1972. *Discourses of Rumi.* Traduzido por A. J. Arberry. New York: Samuel Weiser.
Sa'di, Muslih-uddin Shirazi, 1966. *The Gulistan or Rose Garden of Sa'di.* Traduzido por Edward Rehatsek. New York: Capricorn Books.
Sanai, Hakim, 1974. *The Walled Garden of Truth.* Traduzido e resumido por D. L. Pendlebury. London: Octagon.
Siraj-Ed-Din, Abu Bakr, 1970. *The Book of Certainty.* New York: Samuel Weiser.
Shafii, Mohammad, M. D., 1968. The Pir (Sufi Guide) and the Western Psychotherapist, *R. M. Bucke Memorial Society Newsletter Review* 3:9–19.
_____, 1974. Developmental Stages in Man in Sufism and Psycho-analysis. Inédito.
Shah, Indries, 1964. *The Sufis.* New York: Doubleday.
_____, 1970a. *The Way of the Sufi.* New York: Dutton.
_____, 1970b. *Tales of the Dervishes.* New York: Dutton.
_____, 1971a. *The Dermis Probe.* New York: Dutton.
_____, 1971b. *The Pleasantries of the Incredible Mulla Nasrudin.* New York: Dutton.
_____, 1971c. *The Magic Monastery.* New York: Dutton.
_____, 1972a. Interview with Pat Williams. In *The Diffusion of Sufi Ideas in the West,*

org. por L. Lewin, Boulder Colo.: Keysign Press.

———, 1972b. *Caravan of Dreams.* Baltimore: Penguin.

———, 1972c. *Wisdom of the Idiots.* New York: Dutton.

———, 1972d. *The Exploits of the Incomparable Mulla Nasrudin.* New York: Dutton.

———, 1972e. *Thinkers of the East: Teachings of the Dervishes.* Baltimore: Penguin.

———, 1972f. First statement. In *The Diffusion of Sufi Ideas in the West,* org. por L. Lewin, pp. 133–145. Boulder, Colo.: Keysign Press.

Shah, Sirdar Ikbal Ali, 1933. *Islamic Sufism.* London: Rider.

Shea, D., trad., 1943. *The Dabistan.* London: Oriental Translation Fund.

Trimingham, J. Spencer, 1971. *The Sufi Orders in Islam.* New York: Oxford University Press.

White, Robert W., 1959. Motivation Reconsidered: the Concept of Competence. *Psychological Review* 66:297–333.

Williams, L. F. Rushbrook, org., 1973. *Sufi Studies: East and West.* New York: Dutton.

APÊNDICE

UMA APRECIAÇÃO DA PSICOLOGIA DA MULHER NAS TEORIAS DA PERSONALIDADE: FREUD, REICH, ADLER E JUNG
por Elizabeth Lloyd Mayer

APÊNDICE

As teorias analíticas da personalidade incluídas neste livro (as de Freud, Jung, Adler e Reich) têm sido muito criticadas recentemente por suas opiniões sobre a psicologia da mulher. Estas críticas vão desde aquelas que sugerem que teorias que pretendem ser teorias gerais da personalidade são, na verdade, teorias somente da personalidade *masculina*, até as que sentem que as opiniões sobre a mulher incorporadas pelas teorias analíticas constituem visões patriarcais falocêntricas e francamente errôneas, com implicações terapêuticas muito prejudiciais para as mulheres. Parece útil, portanto, oferecer uma elaboração destas teorias especificamente em termos da psicologia da mulher.[1]

Nas teorias da personalidade exploradas nos capítulos precedentes, seria um tanto difícil, e muitas vezes inadequado, considerar cada teoria como um produto direto de exigências sociais explicitamente articuladas. No entanto, quando examinamos a psicologia da mulher, achamo-nos na interessante posição de observar o enorme impacto que um movimento social produz sobre a teoria e os teóricos da Psicologia. Em resposta a este movimento social, está havendo um reexame da teoria da personalidade e, pouco a pouco, novas teorias começam a emergir. A fim de prosseguir no desenvolvimento de novas teorias, poderia ser útil compreender o lugar da mulher nas teorias tradicionais—particularmente nas teorias analíticas, que são tão básicas para grande parte das teorias da personalidade subseqüentes.

Na maioria da literatura recente relativa à psicologia da mulher, o desejo de novas teorias é discutido com mais clareza do que propriamente as novas teorias. A força destas exigências levanta a questão do por quê de um movimento essencialmente social e político produzir efeitos tão importantes no pensamento psicológico atual.

Na resposta a esta questão, um fator significativo envolve com certeza uma reavaliação da mulher, especificamente em termos dos comportamentos e papéis considerados apropriados para as mulheres. Além de reconsiderar os fatos e premissas sobre os quais se baseia a teoria psicológica, os valores—tanto implícitos quanto explícitos—precisam ser reconsiderados. Por exemplo, a teoria freudiana sobre o desenvolvimento da personalidade contém muitos pressupostos carregados de valores concernentes às mulheres.

Embora de modo algum esperemos separar em definitivo fatos de valores, pode ser útil, ao examinar as teorias da personalidade que se seguem, considerá-las especificamente em termos dos valores referentes à mulher que elas

---

[1] As outras teorias não analíticas incluídas neste livro dão menor importância às distinções sexuais na determinação da psicologia individual. Na medida em que qualquer teoria é reflexo do tempo, cultura e visão de mundo que a produziu, estas teorias não analíticas incluem uma visão implícita sobre as mulheres que é diferente daquela que têm sobre os homens. Portanto, uma crítica sócio-cultural destas teorias é na realidade mais apropriada do que uma que enfoque especificamente a dinâmica da personalidade retratada em cada teoria.

expõem. Talvez pelo menos algumas das revisões mais úteis destas teorias sejam antes revisão de valores do que uma revisão da dinâmica que é observada e explicada.

Finalmente, considerando a psicologia da mulher, somos forçados a reformular algumas das teorias da personalidade previamente aceitas. Estas reformulações não são relevantes apenas para uma psicologia da mulher. Na medida em que estas teorias aceitas da personalidade e da mudança psicológica são carregadas de valores e culturalmente distorcidas de formas que ignorávamos ou das quais estávamos inconscientes, o impulso atual para o reexame destas teorias pode esclarecer nossa visão do funcionamento humano em geral—tanto dos homens como das mulheres. Este reexame de valores parece particularmente crucial quando a teoria considerada provê uma base para algum tipo de psicoterapia, pois no processo terapêutico os valores (explícitos e implícitos) têm efeitos muito diretos sobre as vidas das pessoas.

FREUD E A TEORIA PSICANALÍTICA

Em controvérsias relativas à psicologia da mulher, Freud geralmente tem muito peso. Os aspectos particulares da teoria psicanalítica que constituem a psicologia freudiana da mulher são brevemente esboçados a seguir. A desvalorização da mulher, bastante explícita na teoria freudiana, tem muito a ver com a hostilidade à qual suas teorias estão sujeitas. Visto que o trabalho de Freud fundamentou a maioria das teorias da personalidade subseqüentes, seu modo particular de desvalorização é um tema que, implícita ou explicitamente, permanece com freqüência nas teorias da personalidade posteriores.

A teoria de Freud relativa à psicologia da mulher fundamentou-se de forma acentuada nas diferenças biologicamente determinadas entre homens e mulheres. Seu ponto de vista a respeito do desenvolvimento psicossexual foi exposto no primeiro capítulo deste livro; será focalizado aqui brevemente, resumindo as opiniões de Freud sobre algumas das diferenças entre o desenvolvimento masculino e feminino.

Seguindo as fases oral e anal no desenvolvimento da sexualidade infantil (época em que tanto o homem quanto a mulher têm tendências bissexuais), Freud postulou a ocorrência da fase fálica, entre o terceiro e o sétimo anos. Nesta época, desenvolve-se o complexo de Édipo no menino, como resultado dos sentimentos simultâneos de desejo sexual pela mãe e rivalidade hostil em relação ao pai. Além disso, quando o menino descobre que a menina não tem pênis, ele supõe que ela de alguma forma perdeu este órgão, que já constitui uma fonte importante de prazer para ele. A culpa concernente às suas fantasias sexuais com relação à mãe, e seus resultantes desejos hostis com respeito ao pai, levam o menino a desenvolver ansiedades de castração. Como conseqüência, ele geralmente renuncia à masturbação e entra na fase de latência. Neste estágio, tendo se identificado com seu pai, não está mais competindo com este pela mãe. Nesta época, a menina descobre sua falta de pênis. Ela observou o prazer que o menino obtém de seu órgão genital muito visível e manipulável e desenvolve inveja do pênis, censura a mãe pela sua falta e, então, substitui a mãe pelo pai como objeto primário de amor. Assim, está agora competindo com sua mãe. No decorrer normal dos acontecimentos, a menina entra na fase de latência livre do medo de perder o amor da mãe. Ela se identifica com a mãe do mesmo modo que o menino se identificou com o pai.

Segundo Freud, esta teoria tem implicações importantes para o desenvolvimento da personalidade feminina. A inveja do pênis persiste na menina como sentimento de inferioridade e uma predisposição ao ciúme; seu perpétuo desejo de um pênis ou "dom superior" converte-se, na mulher madura, no desejo de um filho, particularmente de um filho homem "que traz consigo o pênis desejado" (Freud, 1933). A mulher nunca é forçada de modo decisivo a renunciar às suas lutas edipianas pela ansiedade de castração. Como conseqüência, o superego da mulher é menos desenvolvido e internalizado que o do homem. Freud afirma que as mulheres "têm a esperança de algum dia obter um pênis a despeito de tudo. . . . Não podemos nos permitir sermos hesite em expressá-la) de que o nível daquilo que é eticamente normal para as mulheres é diferente dos homens. . . . Não podemos nos permitir sermos desviados de tais conclusões pelas negações das feministas, que estão ansiosas por nos forçar a considerar os dois sexos iguais em posição e valor" (Freud, 1925, p. 258).

Com o enfraquecimento da ligação da menina com sua mãe e a crescente ligação com seu pai, começam a predominar as fantasias passivas em lugar das ativas. O desejo da menina em ser fecundada pelo pai é, nos termos de Freud, um desejo passivo, e a feminilidade acarreta uma preferência por objetos passivos, assim como uma tendência masoquista básica, inerente a todos os aspectos da satisfação sexual feminina. O clitóris é considerado um órgão que oferece satisfação ativa em vez de passiva; portanto, a identificação verdadeiramente feminina envolve, de acordo com Freud, a renúncia à sexualidade clitórica pela sexualidade e orgasmo vaginais.[2] Freud propõe que anatomia é destino (1925). O destino para a mulher implica a compreensão de que lhe falta "o único órgão genital verdadeiro" (1932) e que ela é uma "criatura mutilada" (1925) que deve admitir o "fato de sua própria castração (e) a conseqüente superioridade do homem e sua própria inferioridade, mas se rebela contra estes fatos desagradáveis" (1932). Em resumo, Freud considerava a menina uma criatura para a qual as lutas fálicas eram muito importantes mas inevitavelmente insatisfeitas, condenando desta forma a menina a perpétuos sentimentos de inferioridade e deficiência. Contudo, a despeito de tais afirmações (o que, não é de surpreender, recebeu enorme atenção nas críticas feministas ao trabalho de Freud), Freud declarava com freqüência que ele jamais sentiu que compreendia realmente a mulher ou a psicologia da mulher. Ele, na verdade, reiterou com insistência a natureza e o valor experimentais de seu próprio retrato da sexualidade feminina e de suas vicissitudes.

Talvez o ponto fraco mais marcante da teoria de Freud seja um de aparência bastante óbvia para a maioria dos leigos ou leigas: Freud entende que a sexualidade feminina consiste na sexualidade *masculina* malograda e não no resultado de tendências primárias propriamente femininas.[3] Dada esta distor-

---

[2] Este aspecto da teoria psicanalítica é discutido com certa amplitude por M. J. Sherfey em seu livro *The Nature and Evolution of Female Sexuality*.

[3] Não desvinculada desta visão de sexualidade está a tendência persistente de Freud em ver os relacionamentos numa perspectiva patriarcal; o pai e sua autoridade patriarcal são considerados determinantes cruciais no desenvolvimento psicológico de um

ção central, muitas das conclusões de Freud a respeito da natureza da sexualidade feminina e da psicologia da mulher parecem questionáveis. Na verdade, como veremos ao examinar os pontos de vista não freudianos da teoria psicanalítica, alguns dos fenômenos que Freud observou e tentou descrever parecem muito mais plausíveis quando despidos de sua distorção de masculino malogrado.

Por exemplo, na maioria dos primeiros escritos de psicanálise, assume-se que a falta do pênis na menina não só leva à inveja do pênis do menino e a *sentimentos* de inferioridade, mas também à *real* inferioridade com relação aos homens—isto é, inferioridade em termos do senso feminino de justiça, curiosidade intelectual, capacidade de executar suas idéias independentemente da aprovação de um homem e assim por diante. Uma abordagem feminista comum com relação a este tipo de raciocínio é uma rejeição irada de toda a série postulada de eventos, a partir da inveja do pênis. A noção de que a inveja do pênis pode ser um fenômeno clínico muito real e comumente observado é descartada pois está intimamente ligada, na mente de muitas pessoas, com a suposição da inferioridade generalizada da mulher. Isto parece infeliz; por exemplo, como sugeriu Horney (1926), a inveja do pênis pode ser uma experiência natural para as mulheres, do mesmo modo que a inveja da gravidez, do parto, da maternidade e da amamentação é uma experiência natural para os homens. Mais importante ainda, a *experiência da inveja* não condena a menina à inferioridade perpétua. Ao contrário, este acontecimento pode lhe oferecer um conjunto complexo de sentimentos, cuja superação e domínio são centrais para seu crescimento e desenvolvimento enquanto ser humano maduro—certamente não inferior.

Este é um exemplo em que podemos proveitosamente reexaminar um conceito psicanalítico tradicional, conceito este que, de fato, recebeu grande parte da hostilidade feminista para com a teoria psicanalítica. Ao invés de eliminar toda a noção de inveja do pênis (e invalidar suas freqüentes manifestações clínicas), podemos reavaliar a idéia de que as mulheres são inferiores como resultado da inveja do pênis. Aprender a lidar de modo produtivo com sentimentos de inveja ou de insegurança, ou de ser diferente das outras pessoas é, sem dúvida, central para o desafio de crescimento de qualquer indivíduo, homem ou mulher.

Ernest Jones, que escreveu a biografia de Freud, foi um dos primeiros psicanalistas a argumentar que "a ligação edipiana da menina desenvolve-se a partir de sua intrínseca e inata feminilidade, passando por seus próprios processos de maturação" (in Fliegel, 1973, p. 387). Ele também sugeriu que a ansiedade de castração deriva de um medo básico de perda da sexualidade e que este medo é tão ameaçador para a menina quanto para o menino (Jones, 1929).

Karen Horney lançou a primeira discussão detalhada sugerindo que parecia inverossímel, tanto em termos de ciência biológica quanto de narcisismo feminino, sugerir que "metade da raça humana está descontente com o sexo que lhe foi designado" (1924, p. 38). No mesmo artigo, Horney também sugere a existência de uma sexualidade feminina intrínseca orientada para o

---

indivíduo, e Freud via o processo analítico como uma recapitulação desta relação patriarcal. Para um resumo útil desta colocação, veja Roy Schafer, "The Idea of Resistance", *The International Journal of Psychoanalysis*, 54 (1973):275-279.

prazer. Freud achou estes pontos de vista iniciais inteiramente inaceitáveis e continuou a deixar muito pouco espaço dentro do movimento psicanalítico para a consideração das idéias de Horney ou de idéias parecidas. A história do debate de Freud-Jones-Horney relativo à psicologia feminina foi recentemente explorada com certo pormenor por Zenia Odes Fliegel, uma psicanalista contemporânea. Ela conclui que Freud reagiu aos "pensamentos divergentes" propostos por Horney e Jones "com o que talvez tenha sido a posição mais dogmática de sua carreira" (1973, p. 406).

Horney, entretanto, continuou a desenvolver suas próprias noções da psicologia feminina. Ela não somente afirmou que a inveja dos atributos biológicos do sexo oposto ocorre tanto nos meninos quanto nas meninas, mas foi além, sugerindo (junto com a analista sullivaniana Clara Thompson) que o desejo pelo pênis constitui um desejo, em forma simbólica, pelo tratamento preferencial que os homens recebem em nossa sociedade. Horney salienta que "uma menina, a partir de seu nascimento, está exposta à sugestão—inevitável, seja ela transmitida com brutalidade ou delicadeza—de sua inferioridade" (Horney, 1967). O fato de que muitas mulheres manifestam uma "fuga da feminilidade" e um desejo de ser homem têm, de acordo com Horney, pelo menos algumas de suas raízes na subordinação social das mulheres. Horney salientou que a visão psicanalítica geralmente aceita do desenvolvimento feminino corresponde exatamente às *fantasias* dos meninos a respeito das meninas, e que isto por si só sugere uma possível unilateralidade na perspectiva psicanalítica.

Entre os psicanalistas contemporâneos, Erik Erikson tem sido um dos poucos que se propuseram a rever algumas das idéias de Freud sobre as mulheres. Suas noções nem sempre têm sido bem recebidas por feministas, mas receberam ampla aclamação popular e foram integradas na corrente principal do pensamento psicanalítico. Erikson sugere que a visão psicanalítica sobre as mulheres foi fortemente distorcida por três fatores: 1) Baseou-se na observação clínica de mulheres em "sofrimento" (isto é, circunstâncias patológicas); 2) Dependia dos recursos masculinos de empatia para compreender a psique feminina; 3) "Aceitação da realidade" (isto é, uma realidade cultural específica) fazia parte ela mesma do *éthos* psicanalítico (Erikson, 1964). Além disso, Erikson salienta que parece irracional supor que o desenvolvimento psicológico se baseia marcadamente na observação daquilo que não está presente, isto é, o pênis. Ao invés disso, ele sugere que existe uma consciência do "espaço corpóreo interno", mesmo nas meninas muito novas, e amplia esta idéia de espaço interno para uma orientação geral para a criatividade, relacionamentos e estilo de vida global, que Erikson denominou orientação tipicamente feminina.

Erikson encontrou alguma evidência desta orientação espacial interna em meninas (em oposição à orientação espacial externa em meninos) observando o comportamento lúdico de crianças. Ele forneceu a um grupo de meninos e meninas de dez a doze anos uma variedade de brinquedos e blocos e pediu para as crianças construírem cenas. Encontrou notável diferença entre as construções; as meninas colocavam ênfase no espaço interno (locais cercados, interiores de casas e assim por diante), enquanto que os meninos enfatizavam o espaço externo (cenas externas, torres, ruínas e assim por diante). A interpretação de Erikson desta diferença não se baseia estritamente em distinções anatômicas; ele fala de fatos psicológicos, culturais e históricos, os quais interagem para criar uma experiência *feminina* única. Ele comenta também que o medo mais básico das mulheres, diverso daquele dos homens, é o medo de ficar vazia (que freqüentemente pode significar o medo de ser abandonada), enquanto que a criatividade da mulher, derivada de sua orientação espacial interna, contém um potencial único do qual a nossa sociedade dominada pelos homens (orientada, como tem sido, para o espaço "externo") necessita urgentemente.

É interessante notar que, a despeito da elaboração e reconsideração extensas da maioria das idéias de Freud pelas sucessivas gerações de psicanalistas, tem havido pouca revisão formal ou mesmo um reexame metódico das opiniões de Freud sobre a psicologia feminina em círculos psicanalíticos.[4] Fliegel (1973) sugere que este estado de coisas reflete simplesmente uma lacuna entre as atitudes contemporâneas de profissionais psicanalistas e a literatura psicanalítica padrão, uma vez que, afirma ela, poucos analistas da atualidade esperam que as mulheres aceitem os tipos de objetivos terapêuticos que a literatura psicanalítica tem geralmente descrito como apropriados para mulheres (sentimentos de passividade, inferioridade, masoquismo etc.). Contudo, o ponto de vista de Fliegel a respeito desta lacuna é generoso; a opinião mais comum certamente sustentaria que, implícita ou explicitamente, a maior parte da terapia psicanalítica certamente ainda fomenta este tipo de noções acerca das mulheres maduras e saudáveis. Seja como for, podemos ao menos nos perguntar por que aquilo que é descrito por Fliegel como uma distorção que existe mais na literatura do que na prática permanece trinta e cinco anos após a morte de Freud. Se de fato o problema principal ainda é o de pressupostos carregados de valores a respeito das motivações e comportamento da mulher, podemos questionar em que medida estes pressupostos acerca das mulheres realmente mudaram entre os teóricos psicanalíticos contemporâneos—tanto em termos de prática como de literatura psicanalítica.

WILHELM REICH

Wilhelm Reich, cujo trabalho inicial foi baseado de maneira acentuada na teoria psicanalítica, deu às suas opiniões sobre a psicologia da mulher uma conotação fortemente política. Reich preocupava-se especificamente com a opressão da mulher nas sociedades capitalistas ocidentais, e entendia esta opressão social como sendo crucial às formações particulares de caráter desenvolvidas pelas mulheres. Reich, contudo, era marxista, e embora fosse um defensor dos movimentos de direitos da mulher de sua época, sentia que tais movimentos estavam fadados a um sentimentalismo burguês, a menos que repudiassem o capitalismo e assumissem uma perspectiva socialista.

Enquanto o trabalho de Reich se distanciava cada vez mais de suas origens psicanalíticas, tornava-se progressivamente mais centrado na ignorada importância da sexualidade e do orgasmo. Reich sugeriu que o bem-estar, para qualquer indivíduo, depende de sua total capacidade orgástica. Deplorou a sociedade capitalista na qual interesses econômicos levam ao estabelecimento

---

[4] Algumas psicanalistas escreveram bastante demoradamente a respeito da psicologia da mulher (Marie Bonaparte, Helene Deutsch, Joan Riviere, por exemplo) mas, em termos de suas visões da psicologia feminina, pouco alteraram as teorias básicas de Freud.

de uma ordem patriarcal, que subjuga a liberdade sexual e, portanto, a capacidade orgástica, particularmente das mulheres.

Reich sugeriu que a passividade não é intrinsecamente feminina, mas constitui um produto social patológico; não obstante, ele descreveu uma certa orientação "receptiva" (em oposição a uma orientação "intrusiva") que é compatível com a experiência orgástica feminina. Ele também insistiu que a vagina, não o clitóris, é o órgão crucial de sensação no orgasmo feminino, e achava que este era o caso mesmo em bebês desse sexo. Reich propôs que embora o impulso sexual e o potencial orgástico fossem iguais para homens e mulheres, o pênis era particularmente bem adaptado para a formação e liberação de descarga elétrica. A vagina não era tão bem adaptada; ao explicar este fato, Reich sugeriu que o orgasmo vaginal pode representar um estágio de evolução superior ao orgasmo do pênis, uma capacidade emergente dos seres humanos para a receptividade e união com um mundo numa forma maior de amor que ainda não experimentamos (Mitchell, 1974, p. 222).

As preocupações de Reich eram a sexualidade e o efeito da sociedade no funcionamento sexual. A noção de uma psique que não pudesse ser inteiramente explicada em termos orgásticos biológicos acabou desaparecendo por completo das teorias de Reich—e isto certamente se reflete em sua psicologia da mulher e do homem.

ALFRED ADLER

Alfred Adler fez a sugestão mais ou menos radical de que as diferenças psicológicas entre os sexos resultam inteiramente de atitudes culturais. Também salientou que as atitudes de uma cultura diante das diferenças entre homens e mulheres constituem uma das atitudes que mais profundamente afetam o desenvolvimento de um indivíduo desde o seu nascimento. Condenou aquela concepção da mulher na sociedade em que elas são consideradas inferiores a fim de perpetuar sistemas socias de dominação e privilégio masculinos. Sugeriu que "uma menina vem ao mundo com um preconceito ressoando em seus ouvidos, cuja única finalidade é roubar-lhe a crença em seu próprio valor, arruinar sua autoconfiança e destruir sua esperança de algum dia vir a realizar algo de valor. . . . As vantagens óbvias de ser um homem (em nossa sociedade) causaram graves distúrbios no desenvolvimento psíquico das mulheres" (Adler, 1973, pp. 41-42).

CARL JUNG

Ao examinarmos a obra de Jung, deparamo-nos com uma abordagem muito diferente da compreensão da psicologia da mulher. A psicologia junguiana incorpora uma extensa psicologia do feminino, mas esta incorporação é substancialmente menor no tocante à psicologia da mulher. Jung de fato observa: "É uma conclusão inevitável, entre os iniciados, que os homens nada entendem da psicologia da mulher como esta realmente é, mas é espantoso ver que as mulheres não se conhecem a si mesmas" (em Harding, 1970, p. XV).

Jung afirma que a psique da mulher difere da psique do homem de forma básica; isto se manifesta nas diferenças entre a persona masculina e a persona feminina, assim como entre animus e anima. A persona feminina é a imagem adaptativamente organizada do *self* que a mulher apresenta ao mundo. É, em essência, um aspecto da personalidade socialmente determinado. As diferenças entre as personas masculina e feminina são determinadas por normas culturais e distinções de papéis. A imagem da alma é uma imagem mais profundamente inconsciente do que a persona; numa mulher denomina-se animus, num homem, anima. Animus e anima são imagens sexualmente determinadas que derivam da estruturação arquetípica da vida emocional e também de tendências reprimidas do sexo oposto que foram expelidas da consciência. O animus (ou anima, no caso do homem) pode ser patologicamente dominado pela identificação com imagens arquetípicas (por exemplo, o príncipe encantado, o poeta romântico, o amante espiritual, o pirata saqueador), e/ou por uma extrema fixação paterna. Para uma mulher, o processo de desenvolvimento psicológico envolve um diálogo entre sua persona e seu animus. O animus a princípio é visto como uma personalidade inteiramente separada. Na medida em que o animus e sua influência sobre o indivíduo são reconhecidos, o animus começa a assumir o papel de ligação entre consciente e inconsciente até que aos poucos se torna integrado no *self*. Jung considera a qualidade desta união de opostos (neste caso, masculino e feminino) como o determinante principal do funcionamento da personalidade feminina. Ocorre um processo semelhante entre a anima e a persona masculina, no homem.

Jung, tal como Freud, acentuou a natureza essencialmente bissexual de todo indivíduo, embora Jung tenha atribuído menor importância à natureza estritamente biológica da diferenciação sexual pela qual passa a personalidade em desenvolvimento. Os atributos da persona feminina e do animus são claramente distinguíveis dos atributos paralelos da persona masculina e anima. De acordo com Jung, a anima tem um caráter receptivo, emocional e erótico, ao passo que o animus é principalmente racionalizador e ativo. Estas naturezas diversas do animus e anima complementam as naturezas diversas da persona masculina e feminina.

Esther Harding, analista junguiana, descreve a persona feminina como um composto de modos de agir que são fundamentalmente femininos. Estes modos (embora não *inferiores* às modalidades masculinas) tendem a ser dependentes, receptivos, tímidos, atraentes, não agressivos, ingênuos e irrefletidos (Harding, 1970). Contudo, estas características constituem apenas uma parte da identidade de qualquer mulher. Quando a mulher começa a tornar consciente seu animus inconsciente, começa a desenvolver qualidades que são ditas masculinas: auto-afirmação, independência, vigor e capacidades para o pensamento lógico e analítico. Sua natureza feminina básica expressa o que em tradições orientais é conhecido como princípio yin, mas ela só se torna indivíduo integrado, psicologicamente desenvolvido, quando reclama o princípio masculino yang que reside em seu animus inconsciente. Se ela não reconhecer e não se familiarizar com seu próprio animus, a mulher permanecerá expressiva somente de seu lado yin; nunca aceitará seu lado "masculino" inconsciente como parte de si própria, mas o projetará perpetuamente nos vários homens em sua vida.

Revimos brevemente algumas das principais teorias analíticas da psicologia da mulher. Ao avaliar estas teorias, vale a pena observar vários pontos. Em primeiro lugar, cada teoria apresenta uma visão da mulher que emerge diretamente de uma matriz de teoria que aborda muitos pontos além da psicologia da mulher. Assim, por exemplo, podemos achar difícil aceitar a psicologia da mulher de Reich, mas esta dificuldade pode advir do fato de considerarmos pouco plausíveis elementos de toda sua teoria da personalidade. Se acharmos pouco plausíveis elementos centrais da teoria como um todo, dificilmente nos surpreenderemos quando a visão da psicologia da mulher também parecer improvável.

Podemos partir de outra abordagem ao avaliar estas (ou quaisquer outras) teorias. É uma abordagem que envolve uma observação específica dos tipos de desvios culturais que estão necessariamente presentes nestas teorias sobre a mulher, teorias que em sua maior parte se desenvolveram na Europa no fim do século XIX e início do século XX. Aqui, os desvios específicos são menos significativos que a consciência de que tais desvios culturais são características centrais destas (ou de quaisquer outras) teorias da personalidade. Dada esta consciência, podemos passar a reavaliar os aspectos de cada teoria do mesmo modo que reexaminamos as implicações da inveja do pênis. Uma série de questões, como as que se seguem, podem ser úteis ao dar prosseguimento a este tipo de avaliação: primeiro, que valores sobre a mulher estão subentendidos numa dada teoria sobre a psicologia feminina? Em que medida aspectos particulares da teoria refletem estes valores? Finalmente, se os valores parecem inadequados, quão significativos são os conceitos quando considerados fora de seu contexto cultural? Em alguns casos, podemos concluir que os conceitos estão inextricavelmente vinculados a seus valores implícitos ou explícitos e, portanto, conservam pouco significado quando são atribuídos valores diferentes. Por outro lado, podemos achar exemplos (a inveja do pênis pode ser um) em que aspectos particulares de uma dada teoria permanecem válidos e proveitosos mesmo que não estejamos mais trabalhando dentro do sistema de valores que os produziram.

REFERÊNCIAS

Para referências gerais com respeito a cada teoria discutida no Apêndice, veja as referências nos capítulos precedentes.

Adler, Alfred, 1928. *Understanding Human Nature.* London: Allen and Unwin.

―――, 1973. Sex. In *Psychoanalysis and Women,* org. por Jean Baker Miller. Baltimore: Penguin.

Erikson, Erik, 1968. *Identidade: Juventude e Crise.* Rio de Janeiro, Zahar ed., 1972, 2ª ed.

Fliegel, Zenia Odes, 1973. Feminine Psychosexual Development in Freudian Theory: A Historical Reconstruction. *The Psychoanalytic Quarterly* 42(3):385-408.

Freud, Sigmund, 1925. *Algumas Conseqüências Psíquicas das Diferenças Anatômicas Entre os Sexos.* Edição Standard Brasileira das Obras Completas de Freud. Vol. XIX. Rio de Janeiro, Imago Editora, 1976.

―――, 1931. *Sexualidade Feminina.* Livro 9 da *Pequena Coleção das Obras de Freud.* Rio de Janeiro, Imago Editora.

―――, 1933. Conferência 33: Feminilidade. *Novas Conferências Introdutórias Sobre Psicanálise.* Livro 29 da *Pequena Coleção das Obras de Freud.* Rio de Janeiro, Imago Editora.

Harding, M. Ester, 1970. *The Way of All Women.* New York: C. G. Jung Foundation for Analytical Psychology.

Horney, Karen, 1924. On the Genesis of the Castration Complex in Women. In 1967, *Feminine Psychology,* New York: Norton.

―――, 1926. The Flight from Womanhood. In 1967. *Feminine Psychology.* New York: Norton.

Jones, Ernest, 1927. The Early Development of Female Sexuality. In 1966, *Psychoanalysis and Female Sexuality,* org. por H. Ruitenbeck. New Haven, Conn.: College and University Press.

Mitchell, Juliet, 1974. *Psychoanalysis and Feminism.* New York: Pantheon.

Mullahy, Patrick, 1948. *Oedipus, Myth and Complex: a Review of Psychoanalytic Theory.* New York: Grove Press.

Reich, Wilhelm, 1949. *Character Analysis.* New York: Farrar, Strauss, and Cudahy.

Shafer, Roy, 1973. The Idea of Persistance. *International Journal of Psychoanalysis* 54:259-285.

———, 1974. Problems in Freud's Psychology of Women. *Journal of the American Psychoanalytic Association* 22:459-485.

BIBLIOGRAFIA COMENTADA SOBRE A PSICOLOGIA DA MULHER
Preparada por Elizabeth L. Mayer, Ph.D.

Exigências recentes de reconsideração do lugar das mulheres na teoria psicológica não somente produziram um impacto sobre os modos de compreensão das teorias tradicionais da personalidade, mas também levaram a uma ampla variedade de novas considerações sobre a psicologia da mulher propriamente dita. Não obstante a variedade, estes pontos de vista recentes têm em comum dois aspectos importantes. Em primeiro lugar, são freqüentemente formulados por mulheres e, em segundo, sua principal preocupação é com mulheres. Assim, pela primeira vez, começa a emergir um corpo razoavelmente grande de literatura psicológica sobre mulheres e produzido por mulheres.

Todas as teorias psicológicas examinadas neste livro foram desenvolvidas por homens. Isto levou muitas feministas a exigir teorias inteiramente novas sobre a psicologia da mulher, que nem sejam propostas por homens, nem derivem de "modelos masculinos" do pensamento psicológico. O exame do que poderiam ser tais alternativas levanta questões a respeito do que na verdade significa a "psicologia da mulher". São os padrões cognitivos femininos em si tão diferentes daqueles masculinos a ponto de existirem "modelos masculinos de pensamento"? Os homens podem compreender as mulheres com sua empatia necessariamente masculina—ou as mulheres podem entender os homens com sua empatia intrinsecamente feminina? E assim por diante.

Estas questões são certamente importantes mas, penso eu, não podem ser respondidas com muita facilidade, pelo menos com a nossa atual compreensão da psicologia dos seres humanos. Por outro lado, se os indivíduos em nossa sociedade podem mudar estas noções profundamente arraigadas com relação ao valor básico das mulheres, podemos estar em posição de examinar de modo mais realista a questão da diferença real entre homens e mulheres e do verdadeiro sentido de se considerar uma psicologia da mulher distinta de uma psicologia do homem.

Na maior parte das sociedades, as mulheres têm sido subjugadas de várias formas à dominação masculina há milhares de anos; as implicações psicológicas desta dominação masculina certamente foram enormes. O desenvolvimento mais ou menos recente das teorias da personalidade consideradas neste livro esclareceu e tornou explícitas aquelas idéias sobre a mulher que existem há várias gerações. Sob este ponto de vista, podemos realmente ser gratos à honesta declaração de Freud a respeito da inferioridade da mulher, uma vez que, de muitas maneiras, ela fornece a primeira indicação clara de onde deve começar uma reavaliação da psicologia da mulher. As leituras discutidas na bibliografia comentada que se segue delineiam passos adicionais neste processo de reavaliação. É provável que mudanças radicais nos valores sociais somente possam ocorrer na medida em que os indivíduos numa dada sociedade se engajarem num auto-exame que leve à compreensão psicológica e à liberdade de escolher e alterar valores profundamente estabelecidos. Todas as teorias da personalidade discutidas neste manual têm contribuições úteis a fazer na facilitação deste auto-exame. No próprio processo de auto--exame podemos criar teorias melhores que todas elas.

Bardwick, Judith, M., 1971. *Psychology of Women: A Study of Bio-Cultural Conflicts.* New York: Harper & Row. Uma tentativa interessante de uma teoria da psicologia da mulher. Contém um resumo útil de dados experimentais e de pesquisa. Excelentes questões sobre teorias psicológicas mais gerais são colocadas do ponto de vista das mulheres. A natureza da auto-estima da mulher é extensivamente explorada; a própria teoria de Bardwick, no entanto, tem alguns problemas tanto em termos de méritos teóricos quanto dos dados em que se baseia.

———, 1972. *Readings on the Psychology of Women.* New York: Harper & Row. Uma coleção de artigos principalmente acadêmicos sobre a psicologia da mulher nas áreas de Psicologia, Sociologia, Antropologia, Endocrinologia, Obstetrícia e Psicossomática. Bardwick escreveu breves e úteis introduções a cada capítulo. Estão incluídos artigos sobre diferenças sexuais, socialização, valores culturais, papéis tradicionais, movimento de liberação da mulher, comparações interculturais, mulheres com relação a seus corpos e mulheres e critérios de saúde mental. Particularmente valioso como fonte de consulta.

Chesler, Phyllis, 1972. *Women and Madness.* New York: Doubleday. Chesler juntou uma declaração dramática que denuncia com profundidade o tratamento dado pela sociedade às necessidades e queixas psicológicas da mulher. É um relato escrito de modo popular, cujo tom polêmico enfraquece um pouco, mas também dramatiza, seus argumentos. Ela afirma que estereótipos de papéis sexuais são básicos para o que denominamos doença mental nas mulheres, e que as mulheres que procuram psicoterapia ou que estão internadas em instituições psiquiátricas são consistentemente exploradas e lhes é negada uma genuína ajuda. Estão incluídas entrevistas com mulheres que foram internadas por razões psiquiátricas e dados de admissões de mulheres; referências poéticas e mitológicas espalham-se por todo o livro. Um livro útil embora um pouco superficial; mostra o modo como a sociedade trata os estados mentais femininos em seu pior ângulo, e, apesar de ser fácil criticar este volume em muitos aspectos, ele oferece um ponto de vista esclarecedor para muitas pessoas.

de Beauvoir, Simone, 1952. *O Segundo Sexo.* Vols. 1 e 2. São Paulo, Difusão Européia do Livro, 1970, 4ª ed. (Vol. 1), 1975, 3ª ed. (Vol. 2). Continua sendo um clássico. Simone de Beauvoir explorou de modo belo os aspectos históricos, biológicos, econômicos, psicológicos e sociais da existência da mulher. Sua prosa brilhante equipara-se à sua erudição científica e filosófica. Embora antiquado em alguns aspectos, *O Segundo Sexo* continua a ser o melhor em seu gênero.

Deutsch, Helene, 1944. *The Psychology of Women.* Vols. 1 e 2. New York: Grune & Stratton. O primeiro volume de Deutsch trata da "mocidade", o segundo da "maternidade". Sua forma de tratar cada uma delas é muito compreensiva dentro da estrutura psicanalítica altamente tradicional que ela adota. Assim, Deutsch dedica um capítulo a, em suas próprias palavras, "cada uma das direções essenciais da feminilidade-narcisismo, passividade e masoquismo". Uma boa leitura de base para os interessados na visão psicanalítica sobre a mulher.

Diner, Helen, 1965. *Mothers and Amazons: the First Feminine History of Culture.* New York: Julian Press. Um trabalho fascinante. Diner examinou a história da cultura sob um ponto de vista especificamente feminino, traçando o desenvolvimento e histórias de várias sociedades matriarcais de todo o mundo. Ela resume várias teorias de matriarcado, esforçando-se em seu relato em "permanecer tão unilateral quanto possível", unilateral naquela direção que jamais chegou a ser satisfeita por uma representação gráfica.

Erikson, Erik H., 1964. Inner and Outer Space: Reflections on Womanhood. *Daedelus* 93:582-606. Um breve artigo no qual Erikson apresenta suas idéias sobre "espaço interno" e "espaço externo" e suas implicações psicológicas (veja Apêndice I). Um artigo que vale a pena ser lido, escrito de modo delicioso, e um resumo útil de algumas das idéias de Erikson que têm sido adotadas de forma ampla, tanto popularmente quanto em pesquisa experimental recente.

Firestone, Shulamith, 1970. *The Dialetic of Sex: The Case for Feminist Revolution.* New York: Morow. Um tratado sério e provocativo do feminismo enquanto luta de classe. Firestone tenta desenvolver uma visão materialista da história, baseada nas distinções sexuais, e, no processo, propõe algumas críticas excelentes a Marx, Engles, Freud e de Beauvoir, às primeiras feministas e muitos outros. Ela defende a liberação das crianças e das mulheres de papéis estereotipados e esboça seu próprio ponto de vista a respeito de que mudanças específicas são necessárias para fornecer instrumentos para a liberação que prevê.

Fliegel, Zenia Odes, 1973. Feminine Psychosexual Development in Freudian Theory: A Historical Reconstruction. *The Psychoanalitic Quarterly* 42:385-405. Uma excelente revisão de como se desenvolveu a primitiva teoria psicanalítica sobre a mulher e do debate de Freud-Jones-Horney referente às teorias psicanalíticas alternativas da sexualidade feminina. Fliegel é uma analista e, sob um ponto de vista psicanalítico, lida muito meticulosamente com as questões envolvidas. Interessante enquanto crítica histórica e psicológica.

Friedan, Betty, 1963. *The Feminine Mystique.* New York: Dell. Um relato inflamado e agradável de ler, de como as mulheres americanas aceitaram uma imagem de místico feminino que as impedem de se tornarem seres humanos completos. Friedan escreveu *The Feminine Mystique* particularmente sobre as mulheres americanas dos anos 1940 e 1950 que eram donas de casa desiludidas e bem-educadas. Foi seguido por uma série de declarações que levantam pontos semelhantes sobre uma classe mais ampla de mulheres. *The Feminine Mystique* é de certa forma mais interessante enquanto conjunto de precedentes e enquanto livro que causou enorme impacto sobre as mulheres americanas de classe média dos anos 50 e 60.

Harding, M. Esther, 1970. *The Way of All Women.* New York: The C. G. Jung Foundation for Analytical Psychology. Um relato compreensível sobre a visão junguiana da mulher escrito para divulgação. A distinção de Harding entre o que define o princípio feminino e o que define a psique de uma mulher é freqüentemente ambígua; não obstante, ela oferece uma discussão excelente e meticulosa das implicações, para a mulher, do desenvolvimento psicológico em termos junguianos. O livro parece interessar mais às mulheres mais velhas do que às mais novas, presumivelmente em virtude da aceitação pela autora das definições tradicionais dos papéis, necessidades e atitudes femininas.

―――, 1971. *Women's Mysteries: Ancient and Modern.* New York: G. P. Putnam's Sons. Harding estuda o simbolismo da lua em vários mitos e culturas; ao fazê-lo, expõe aqueles que considera serem os arquétipos básicos da psicologia da mulher. Na introdução do livro é descrito o reconhecimento insuficiente do princípio feminino na cultura ocidental. Embora a importância desta lacuna seja enfatizada principalmente em termos da forma como as mulheres perderam o sentido de sua identidade, Harding também sugere que o que ela denomina princípio feminino é também um aspecto importante da personalidade masculina.

Horney, Karen, 1967. *Feminine Psychology.* New York: Norton. Uma coleção dos melhores ensaios de Horney sobre o assunto mulher. A maioria dos artigos é razoavelmente técnica, eles se baseiam na observação clínica e fornecem (sob o ponto de vista histórico) as primeiras alternativas reais, dentro do pensamento psicanalítico, ao modelo freudiano da psicologia e sexualidade femininas.

Janeway, Elizabeth, 1971. *Man's World, Woman's Place: a Study in Social Mythology.* New York: Dell. O objetivo de Janeway é investigar a mitologia social contemporânea, especialmente em termos do homem e da mulher e da noção predominante de que o lugar da mulher é e tem sido o lar. Escrita de modo lúcido e delineada a partir da Psicologia, História, Sociologia e Antropologia, a obra de Janeway fornece uma visão de como um "mito social" desenvolve-se e é reforçado.

Klein, Viola, 1946. *The Feminine Character: History of an Ideology.* Urbana, Ill.: University of Illinois Press. A visão de uma socióloga a respeito de vários escritos sobre a psicologia da mulher; entre os escritores incluem-se Sigmund Freud, Margaret Mead, Havelock Ellis, L. J. Thomas e C. C. Miles. Klein sugere que todos estes teóricos estão presos de modo irremediável a seus meios culturais; como resultado, suas visões a respeito do que constitui o caráter feminino são determinadas socialmente.

Lederer, Wolfgang, 1968. *The Fear of Women.* New York: Grune & Stratton. Sob um ponto de vista primordialmente psicanalítico, Lederer questiona a noção de que as mulheres constituem o sexo "mais frágil". O livro é baseado tanto em observações clínicas quanto em estudos antropológicos e históricos. O ponto básico de Lederer é que o medo das mulheres constitui uma força extraordinariamente poderosa nos homens, cuja negação tem sido sistemática na cultura ocidental.

Maccoby, Eleanor E., org. 1966. *The Development of Sex Differences.* Stanford, Calif.: Stanford University Press. Uma coletânea de artigos discutindo pesquisas relacionadas às diferenças sexuais, incluindo artigos sobre os efeitos dos hormônios sexuais, uma visão de aprendizagem social das diferenças sexuais e as diferenças sexuais no funcionamento intelectual. Maccoby incluiu uma excelente e extensa bibliografia comentada sobre pesquisas das diferenças sexuais, assim como um resumo de pesquisas classificado em tópicos tais como agressão, dependência e estilos cognitivos. O melhor tratamento global das diferenças sexuais; não enfoca a psicologia da mulher propriamente dita.

Miller, Jean Baker, org. 1973. *Psycholoanalysis and Women.* Baltimore: Penguin. Uma excelente coleção de artigos que apresentam uma ampla série de pontos de vista a respeito de vários elementos da teoria psicanalítica referente à mulher. Estão incluídas as primeiras concepções (Horney, Adler, Fromm-Reichman), críticas mais recentes, novas evidências (Sherfey, Stoller), e um ensaio final de Miller. Há também uma bibliografia muito útil organizada por tópicos de interesse específico.

Mitchell, Juliet, 1974. *Psychoanalysis and Feminism.* New York: Pantheon. Mitchell explora minuciosamente a utilidade da teoria psicanalítica enquanto contribuição para uma compreensão da psicologia da mulher na sociedade ocidental, dominada pelos homens. Mitchell é alta e abertamente uma feminista, e é enquanto feminista que examina a psicanálise proposta por Freud e por vários teóricos a partir dele. Apresenta uma crítica de várias críticas feministas destas mesmas teorias–da psicanálise em particular. O estilo de Mitchell não contribui para facilitar a leitura, mas é um livro fascinante e está entre os mais sérios que surgiram a partir do movimento feminista atual. Sua própria teoria é fortemente baseada na teoria psicanalítica, no marxismo e no trabalho de Claude Lévi-Strauss. Em certos momentos é impenetrável, mas oferece uma contribuição real para a compreensão das implicações–para homens e mulheres– de se crescer numa sociedade patriarcal.

_____, 1971. *Women's State.* New York: Random House. Um trabalho principalmente sociológico que apresenta em profundidade o desenvolvimento do movimento de liberação da mulher (particularmente na Europa). Há uma excelente análise intitulada "A Opressão das Mulheres". O ponto de vista de Mitchell é fundamentado na análise histórica, econômica (em particular marxista) e sociológica. O único capítulo sobre psicanálise e família ressalta a importância da psicanálise para ajudar a compreender a situação da mulher em relação à família nuclear.

Morgan, Robin, org. 1970. *Sisterhood is Powerful: and Anthology of Writings from the Women's Liberation Movement.* New York: Random House. Uma amostra compacta de escritos do movimento de liberação da mulher. A introdução de Morgan fornece um panorama excelente, e os artigos seguintes oferecem uma série de relatos que são pessoais, acadêmicos, políticos e todas as combinações disso. Alguns dos artigos têm pontos de vista especificamente psicológicos. Aqueles que não o são provêem uma base para compreender a psicologia do movimento contemporâneo de liberação da mulher.

Neumann, Erich, 1955. *The Great Mother: An Analysis of the Archetype.* Princeton: Princeton University Press. Um estudo claramente técnico e em profundidade do arquétipo da grande Mãe na psicologia junguiana. Neumann descreve de modo extenso as tradições religiosas e artísticas de uma ampla variedade de culturas para explorar uma psicologia do feminino que é tão descritiva do desenvolvimento psicológico do homem quanto da mulher.

_____, 1965. *Amor and Psyche: the Psychic Development of the Feminine*. New York: Pantheon. Um tratamento fascinante, num contexto junguiano, da psicologia da mulher e do feminino. O trabalho de Neumann é um comentário a respeito da estória de Amor (Cupido) e Psique. Ele delineia de maneira bela o desenvolvimento da consciência da mulher como representado no mito de Psique, uma mulher arquetípica.

Nin, Anais, 1967. *The Diary of Anais Nin*. Vols. 1-4. New York: Brace and World. Os diários de Anais Nin constituem um trabalho extraordinário; ela relata de modo primoroso a história de sua vida realmente extraordinária. Suas reflexões sobre o significado de ser mulher são fascinantes e profundas e constituem uma contribuição importante à psicologia da mulher.

Ruitenbeck, Hendrik M., org. 1966. *Psychoanalysis and Female Sexuality*. New Haven, Conn.: College and University Press. Outra coletânea de artigos psicanalíticos sobre a sexualidade feminina. Estão incluídos ensaios de Jones, Thompson, Horney, Freud, Greenacre, Riviere e, um pouco surpreendentemente, Maslow. Menos organizado e sistematizado que *Psychoanalysis and Women* de Miller, mas um valioso trabalho de referência.

Rush, Anne Kent, 1973. *Getting Clear*. New York: Random House-Bookworks. Um livro altamente pessoal, equilibrado e prático que contém secções de "como fazer" exercícios de respiração, trabalho de corpo e exercícios de meditação/concentração destinados particularmente a mulheres. Também estão incluídas entrevistas com várias terapeutas do sexo feminino e líderes de grupos de mulheres nos quais cada uma delas discute suas experiências ao trabalhar com outras mulheres. Um livro encantador–e, no contexto mais acadêmico dos outros livros aqui relacionados, particularmente proveitoso e interessante.

Schafer, Roy, 1974. Problems in Freud's Psychology of Women. *Journal of the American Psychoanalytic Association*, 22:459-485. Uma avaliação excelente da psicologia da mulher segundo Freud. Ele se detém na visão de Freud sobre o senso moral das mulheres e sua capacidade de objetividade e, particularmente, no relativo descuido de Freud em relação ao significado da mãe em sua visão do desenvolvimento psicossexual. Schafer acentua e detalha em particular a distorção patriarcal na psicologia geral de Freud.

Sherfey, Mary Jane, 1972. *The Nature and Evolution of Female Sexuality*. New York: Random House. Um estudo excelente da sexualidade feminina, incorporando evidências embriológicas, antropológicas e fisiológicas para sugerir que aspectos importantes da sexualidade feminina foram mal compreendidos, particularmente na teoria psicanalítica. Sherfey oferece uma visão ponderada, erudita e radical do orgasmo feminino, do impulso sexual feminino e da evolução de ambos.

Stern, Karl, 1965. *The Flight from Woman*. New York: Farrar, Strauss and Giroux. Stern começa com a noção básica da dualidade expressa nas polaridades ing-ang, receptiva-ativa. Ele sugere que estas são de certa forma derivadas da polaridade biológica (isto é, homem-mulher), e explora o trabalho da psicanálise, de Descartes, Schopenhauer, Sartre, Tolstoy e outros em termos desta dualidade–descrita posteriormente como formas de conhecimento "poético" e "científico". O livro na realidade não trata das mulheres, mas daquilo que Stern denomina conhecimento "feminino" (não racional) e da supervalorização do racional (masculino) na cultura ocidental.

Strouse, Jean, org. 1974. *Women and Analysis: Dialogues on Psychoanalytic Views of Femininity*. New York: Viking. Leituras fascinantes a respeito das mulheres e a psicanálise. Strouse utilizou um estilo que favorece de modo particular uma leitura interessante: dez importantes artigos psicanalíticos sobre a psicologia da mulher são seguidos por um comentário e resposta a cada um deles. Assim, temos Mitchell respondendo a Freud, Janeway a Freud, Gelpi a Jung, Erikson a Erikson (suas próprias reflexões retrospectivas sobre "Feminilidade e Espaço Interno") e uma introdução de Strouse que coloca a coletânea e suas idéias numa valiosa perspectiva.

Thompson, Clara, 1964. *On Women*. Selecionado por Maurice P. Green a partir de *Interpersonal Psychoanalysis*. New York: New American Library. Uma boa crítica da teoria psicanalítica referente às mulheres, escrita de modo acessível por uma analista que foi fortemente influenciada pelo trabalho de Harry Stack Sullivan. *On Women* não é apenas uma crítica teórica, mas também apresenta as considerações um tanto contemplativas de Thompson sobre aspectos específicos da cultura americana e o lugar das mulheres—de meia-idade, solteiras, casadas, homossexuais, trabalhadoras—na cultura. Leitura leve e interessante.

ÍNDICE ONOMÁSTICO

Aaronson, B., 173, 174
Abraham, Karl, 5
Ackerknecht, L., 73
Adler, A., 5, 72–85, 126, 261, 372, 378
Adler, G., 69
Agassiz, Louis, 150
Alexander, M., 88, 110, 111, 121
Ali, S., 357
Allport, G., 150
Ames, A., 200
Anand, B., 326
Andrews, L., 170
Angyal, A., 283
Ansbacher, H., 81
Apply, M., 245, 246
Aquinas, 214
Arabi, Ibn, El-, 340, 359
Arasteh, A., 342, 348, 353, 354
Arberry, F., 341, 349
Arnold, M., 173
Attar, A., 350
Auden, W. H., 29
Ax, A., 162

Baba, M., 341
Bacon, Francis, 190
Bain, 152, 178
Baker, Elsworth, 97, 102, 104, 105, 106
Ballou, R., 165
Bandura, A., 218
Bardwick, J. M., 382
Barlow, W., 111
Basmajian, John, 169
Bassui, 313
Bean, O., 104
Beauvoir, S. de, 382
Behari, B., 343, 368
Benassi, V., 188
Benedict, Ruth, 260, 261, 262, 271
Benson, H., 171
Berelson, B., 200, 216
Berkowitz, L., 103
Binet, A., 152

Bischof, L., 236
Boadella, D., 92, 100, 101, 102
Bolles, R. C., 212
Bonaparte, Marie, 377
Boring, E. G., 184
Bottome, P., 74, 82
Bray, C. E., 177
Breland, K., 212
Breland, M., 212
Brenner, C., 38
Breuer, J., 4
Bridgeman, Percy, 192
Brooks, C., 113, 114, 115
Brown, Barbara, 171
Brown, D., 206
Brücke, E., 3, 4
Buber, Martin, 226
Bucke, M., 152
Buda, 134, 283, 287–315
Burckhardt, T., 341
Burke, O., 355
Burlingame, E., 289
Butler, J. M., 197, 246

Campbell, J., 69
Campbell, Peter, 229
Cannon, W. B., 162
Canon, Pali, 134
Carpenter, Edward, 171, 177
Castaneda, C., 201
Charcot, J., 4, 152
Chen, M., 122
Cheng, 118
Chesler, P., 382
Chhina, G., 338
Clark, John, 327
Cleveland, Sidney, 167
Coffer, C., 245
Colby, K. M., 26
Compton, C. H., 160
Conze, E., 291, 304

Dabistran, 341
Dallas, I., 350
Danielou, A., 325
Darwin, C., 3, 20, 73

David-Nell, A., 175, 176
Davison, C., 202
Descartes, R., 191, 214
Deutsch, Helene, 126, 377
Dewey, John, 111, 177, 272
Dhammadudhi, S., 315
Diner, H., 382
Disney, Walt, 191
Dogen, 288, 291, 292, 304, 305, 306, 308
Dreikurs, R., 86
Dry, A., 68

Eastcott, M., 184
Egan, G., 242
Einstein, 175, 235
Eliade, M., 317, 324
Ellenberger, H., 73, 83
Ellis, A., 245, 257
Ellis, Havelock, 17
Erickson, M. H., 196
Erikson, E., 354, 376
Estes, W., 212
Evans, R., 56
Evans-Wentz, W., 315

Fabun, D., 198
Fadiman, J., 8, 72, 167
Fagan, J., 134
Farber, L., 25
Farzen, M., 342
Feldenkrais, M., 88, 111, 112, 121
Fenichel, O., 18, 19, 21, 126
Ferenczi, S., 5, 27
Ferguson, M., 167, 169, 173, 175
Feuerstein, G., 326, 329
Firestone, S., 383
Fisher, R., 167
Fliegel, Z., 375, 376, 377
Fliess, 6, 32
Flowers, D., 257
Fodor, N., 17
Fordham, F., 68
Foster, W., 356

ÍNDICE ONOMÁSTICO

Frager, 8, 72
Frank, J., 209
Frankl, V., 83
Freedman, A., 225, 250
Freud, Anna, 19
Freud, S., 3-39, 43, 44, 45, 54, 72, 73, 77, 88, 89, 90, 91, 92, 99, 111, 126, 127, 128, 129, 132, 136, 139, 154, 156, 163, 175, 188, 193, 214, 246, 261, 262, 372, 373, 374, 375, 376, 377, 379, 381
Frey, A., 123
Friedan, B., 383
Friedman, M., 257
Fromm, E., 26, 83, 260

Gandhi, M., 321
Gautama. *Ver* Buda, 287-315
Gaynor, F., 39
Ghannam, El-, 206
Ghazzali, Al-, 340-67
Gibb, J. R., 241
Glover, E., 69
Glozer, G., 315
Goble, F., 280
Goethe, J., 3, 45, 153
Goldfried, M., 201
Goldstein, K., 126, 127, 262, 265, 266
Goodall, K., 188, 210
Gordon, 235
Govinda, A., 176
Grant, J., 369
Graves, Robert, 134
Green, A., 171
Green, E., 171
Gregory, R., 369
Grof, S., 168
Gunaratna, V., 176
Gunther, B., 115, 116
Gurdjieff, G., 111, 341

Hall, C., 22, 23, 24, 50, 196, 201, 236, 260, 261
Hall, M., 280
Halt, Robert, 40
Harding, M. Esther, 378, 379, 383
Hari Dass, B., 329, 331, 334
Harley, 154
Harlow, Harry, 260
Harman, W., 172, 353
Harper, R. A., 246, 257
Hart, J. T., 256
Helmholtz, 152
Higgens, M., 92
Hilts, P., 201

Hobart, 152
Hoffman, Albert, 167
Holland, J., 204, 206
Holt, 7
Horner, M., 126, 274
Horney, K., 83, 260, 375, 376
Howard, J., 242
Huang, A., 122
Huang Po, 157
Hujwiri, 348, 350
Hull, Clark, 260
Hume, 154
Huxley, A., 280
Hyakujo, 306

Isherwood, C., 319, 332
Iyengar, B., 123

Jacks, R., 209
Jacobs, H., 69
Jacoby, J., 69
James, H., 185
James, W., 126, 150-86, 214, 272, 277, 355
Janet, P., 43
Janeway, E., 383
Jones, Ernest, 5, 6, 375, 376
Joshu, 292
Jung, Carl, 5, 18, 42-68, 126, 163, 354, 361, 372, 378, 379

Kakuan, 294-303
Kamiya, J., 272, 326
Kanellakos, D., 171, 272, 326
Kant, I., 214
Kantor, 190
Kaplan, H. I., 257
Kapleau, P., 292-304, 306, 309, 313
Karlins, M., 171
Kazim, Musa, 360
Keen, S., 123
Keleman, S., 107
Kelley, C., 96, 103, 104
Kelvin, Lord, 192
Kennett, J., 288, 291, 292, 293, 304, 305, 306, 308, 309, 310, 311, 314
Kennett-roshi, 309, 310, 313
Khan, Pir Vilayat, 341, 356
Khayyam, Omar, 134
Kierkegaard, 226
Kimble, G. A., 170
Kinkade, K., 211
Kite, R., 257
Klein, V., 384
Koffka, K., 129
Kohler, Wolfgang, 127, 129
Kolb, D., 218

Krasner, L., 236
Krippner, S., 280
Krishna, Gopi, 24
Krumboltz, H., 218
Krumboltz, J., 218

Lakein, A., 85
Lal, P., 287
Lange, Carl, 162, 182
Lanson, R., 188
Lao-Tsé, 225, 226
LaPlace, P., 174
LaPlanche, J., 8, 10, 17
Lauzan, G., 40
Lawrence, D. H., 233
Lazarus, A., 218, 234
Lazarus, R. S., 257
LeBarre, W., 24
Lederer, W., 384
Lefcourt, H., 202, 203
Legett, T., 315
LeShan, L., 168
Levy, R., 369
Lewin, Kurt, 127, 130
Lieberman, M. A., 242
Liebowitz, J., 123
Lilly, John, 172
Lindley, 201
Lindzey, G., 196, 201, 236
Lings, M., 369
Linklater, K., 123
Linton, 261
Lipsey, M., 246
Locke, J., 154, 214
London, Perry, 209, 210
Lowen, A., 107
Lowrey, R., 280
Lowry, 262, 263, 275
Lukas, J., 171, 185

Maccoby, E., 384
MacDonald, D., 342
MacDonald, P., 123
Mach, Ernst, 192
MacLeod, R., 152, 177
Maisel, E., 122, 123
Majumdar, S., 116, 117, 317
Malcolm, A., 169
Malinowski, B., 261
Maliver, B., 242
Mann, W., 96
Maomé (Muhammad/Muhammed) 344, 345, 350, 352, 356, 357, 359, 360, 361
Martin, D., 246
Marx, K., 88, 91
Mascaro, J., 319
Maslow, A., 10, 83, 229, 239, 261-80, 298, 347

Masserman, J., 22
Masunaga, R., 292
May, R., 83
McCleary, R., 234
McDermott, J., 150
McMahon, Edwin, 229
Mead, M., 261
Meier, F., 369
Menninger, K., 246
Merbaum, M., 201
Miles, M. B., 242
Milinda, 289
Mill, J. S., 153, 178
Miller, J., 326, 329
Miller, J. B., 384
Miller, Neal, 169
Mischel, W., 200
Mitchell, J., 378
Montaigne, 18
Moreno, J. L., 127
Morgan, Lloyd, 191
Morgan, R., 384
Moyer, K., 201
Mullahy, P., 381
Murphy, G., 165
Myers, F., 152

Nagasena, 289
Nangaku, 309
Naranjo, C., 134
Nelson, 244
Neumann, E., 70, 384
Nicholson, R., 341, 348
Nietzsche, F., 20, 45, 74, 75
Nikhilananda, 319, 335
Nin, A., 385
Nitya, S., 239
Nold, E., 207
Nordby, V., 50
Nurbakhsh, D., 369

Oden, 241
Odgen, T., 257
Ogata, S., 306
Olcott, H., 315
Orage, A., 352, 367
Orgler, H., 86
Ornstein, R., 166, 273, 342, 366, 367
Osbourne, A., 318, 322
Ostrander, S., 174
Ouspensky, P., 341

Parker, Thomas, 53
Patanjali, 320, 328
Pavlov, I., 192, 194
Pendlebury, D., 360, 362
Peper, E., 171

Perlmuter, L. C., 170
Perls, Frederick S., 18, 103, 126-47, 154
Perry, J., 257
Perry, R., 151, 157, 161, 163, 165, 166, 232
Perry, W., 342, 369
Pink, Annie, 88
Platão, 214
Plutchik, R., 186
Poincaré, Jules Henri, 192
Pontalis, J. B., 8, 10, 17
Prabhavananda, 319, 332
Progoff, I., 70
Purohit, S., 318, 319, 324, 331

Qadiri, El-, I., 341

Rado, 89
Rahula, W., 315
Ramakrishna, 319, 323, 330, 331, 333, 334
Ramana Maharshi, 318, 322
Ram Dass, B., 172, 195
Rank, O., 5, 223
Rapaport, David, 39
Raphael, C., 92
Ratti, O., 123
Reese, E., 194
Reich, W., 88-104, 107, 126, 129, 372, 377, 378, 380
Renouvier, 152
Reps, P., 310
Rice, C., 350
Rice, L. N., 246, 349
Richet, Charles, 174
Riesman, D., 70
Riviere, Joan, 377
Roberts, R., 211
Robinson, D., 210
Robinson, P., 88, 91
Rogers, C., 10, 154, 222-58, 356
Rolf, I., 108, 109
Ruitenbeck, H., 385
Rumi, J., 341, 348, 350, 355, 358
Rush, A., 385
Rycroft, C., 4, 91, 94

Sa'di, 356
Sadock, B. J., 257
Sanai, H., 358, 360
Sandokal, 309
Sanger, Margaret, 92
Sangharakshita, 315
Sayadaw, M., 172
Schacter, S., 162
Schafer, R., 375

Schilder, P., 167
Schroeder, L., 174
Schultz, Charles, 191
Schutz, W., 115, 242
Schwitzgebel, R., 218
Sears, R., 23
Selver, C., 113, 114, 115
Serrano, M., 46, 58, 60
Shafii, 353, 354, 358
Shah, I., 21, 341-44, 349, 352, 358-66
Shah, S., 370
Shaw, George Bernard, 110
Shea, D., 370
Shepherd, I., 134
Sherfey, M., 374
Sherman, S., 173
Siddhartha. Ver Buda
Sidis, B., 152, 153, 154
Simonton, C., 171
Singer, Jerome, 162
Singer, June, 52, 66
Singh, B., 338
Siraj-El-Din, 342, 347
Skinner, B. F., 50, 154, 188-220, 227, 355
Smith, H., 156, 329
Smith, R., 118
Smuts, Jan, 74
Spencer, H., 154
Sperry, R. W., 166
Steiner, G., 200, 216
Stern, K., 385
Stevens, Barry, 256
Stevens, John O., 135
Stevenson, I., 175
Stransky, J., 110
Strouse, J., 385
Stryl, L., 315
Sullivan, Harry Stack, 83
Sumner, W., 261
Sutich, A., 171, 272
Suzuki, D. T., 315
Suzuki-roshi, 307

Taimni, I. K., 326
Taji-roshi, 304, 306
Tart, C., 171, 172, 173, 174, 236, 273
Tchaqmaqzade, 341
Thompson, C., 376
Thoreau, 272
Thorndike, Edward, 191
Thorne, F. C., 245
Timmons, B., 272, 326
Tohei, K., 124
Tomlinson, M. E., 256
Trimingham, J., 349, 353

Ueshiba, K., 123, 124
Ueshiba, M., 119
Ullman, L., 236
Upanishad, Isa, 318

Vaihinger, H., 74
Valins, S., 202
Vishnudevanada, 122, 124, 337, 338
Visuddhimagga, 304

Waal, Nic, 102
Wahn, 200
Wallace, R., 171
Wann, T., 188
Wats, Allan, 239
Watson, J., 191, 212
Way, L., 76
Weide, T., 171
Weil, A., 168
Wellington, Duque de, 177
Weiner, Norbert, 352
Wertheimer, Max, 127, 129, 260, 262
Westbrook, A., 123, 124
White, R., 357
Whitman, 272
Whitmont, E., 70
Wilhelm, R., 46
Williams, L., 370
Wittels, F., 83
Wollheim, R., 3
Wood, E., 338
Woodward, F. L., 315
Wundt, W., 152, 214

Yalom, I. D., 130, 242
Yampolsky, P., 315
Yogananda, P., 320, 322, 323, 325, 326, 330, 332, 333, 334, 337

ÍNDICE REMISSIVO

Abstenção, 325
Adler, Alfred, história pessoal, 72-3
Agressão, 75-6
Aikido, 119-20
Al-Ghazzali, Abu Hamid, história pessoal, 341-43
Alcorão, 344, 360
Alexander, técnica de, 110-11
Alquimia, 45
Amizade, 78-9
Amor, 78-9, 230, 270, 279, 348, 350
    taoísta, 239
Análise comportamental, 210, 213-14, 215
Análise funcional, 198
Anima, 55-6, 57, 59, 379
Animus, 55-6, 57, 59, 379
Ansiedade, 18-9, 134, 144, 228, 234
    acesso, 31, 34-5
Antropologia social, 261
Apego, 331
Apercepção, esquema de, 77
Aqui e agora, 133-34
Arhat, 291-92
Arquétipo, 50, 384
Ascetismo, 336
Associação de palavras, teste de, 43, 63
Atenção, 152, 154, 165, 170
Auto-atualização, 229, 237, 246, 262-66, 267, 273, 275-76
Auto-realização, 322, 329-30
Auto-renúncia, 434-35
Autocompreensão, 82
Autoconceito, 248
Aversão, 330-31

Behaviorista, 143
    radical, 202
Bhagavad Gita, 317, 319, 321, 331, 332
Bhakti Ioga, 323
Bioenergética, 107
Bioenergia, 95
Biofeedback, 163, 166, 169-70
Bodhisattva, 291
Budismo, 46, 287-315

Caráter, 92-4
    análise, 92-3. *Ver também* Couraça
Carma, 320-21
Carma Ioga, 321
Casamento, 232-33
Castração, ansiedade, 374, 375
    medo de, 15
Catexe, 10
Centro, 120
Chakras, 96-7, 324
Chefe de família, 329
Clarividência, 175
Cobiça, 304
Compensação, 73, 74-5, 76
Comportamento, 214-16, 252
    análise científica de, 193-94
    leis de, 192
    modificação de, 215-16, 238
    repertório, 203, 213
Compromisso, 232-33
Comunicação, 233
Comunidade, 202
    verbal, 202, 214
Concentração, 328
Condicionamento, 352
    operante, 194, 200-01, 209
    respondente, 194
Confiança, clima de, 242-43
Confluência, 138
Congruência, 227-28
Conhecimento, 340, 346, 357, 360-61
    direto, 346
    interpessoal, 236
    objetivo, 235
    ramos questionáveis e louváveis do, 346,47
    repertório comportamental, 204
    subjetivo, 235
    Ver também Intelecto
Consciência, 12, 132, 317-18, 319, 320, 362
    fluxo de, 182
    escolhas da, 154
    mudanças na, 153
    ondas de, 320, 332
    origens biológicas da, 3-4
    pessoal, 153
    Ver também Superego

Consciente, 7
Conscientização, 134-5, 171, 228, 234
    continuum de consciência, 135, 144
    sensorial, 113-15
Contato, limite de, 133
Controle, 212-13
    aversivo, 199. *Ver também* Punição do comportamento, 210-11
Convicção, 347, 348
Cooperação, 78, 82, 85-6, 271
Corpo, 24, 60, 80, 100, 139, 158, 200-01, 232, 305, 331-32, 354-55
Couraça, 96-9, 105, 107
    muscular, 93, 100
    como resistência, 129
Crescimento, obstáculos ao, 18-23, 58-9, 79-80, 98-9, 138-39, 157-58, 198-200, 230-32, 272-74, 304-05, 330-31, 352-54
    psicológico, 15-8, 56-8, 78-9, 96-8, 136-38, 156-57, 198-99, 229-30, 273, 293-304, 328-29, 348-52

Darwinismo, 190-91
Deficiência, cognição, 269
    amor, 270
    motivação, 269
    valores, 270
Dervixes, dança dos, 355
Desatenção, 352, 367-68
Desejo, 290, 330
    realização do, 17, 37
Desenvolvimento pessoal, estágios do, 348-52
Despertar sensorial, 115-16
Desprendimento, 289
Dessacralização, 274
Dessensibilização, 217
Deus, 318, 323, 332
Dominador-dominado, 139
Dor, 173

Édipo, 50-51
    complexo de, 14, 24-5, 73, 94, 373

Ego, 11, 19, 24, 25, 27-8, 52, 59
Egoísmo, 330
Emoções, 25, 61, 80, 101, 140, 157, 162-63, 203, 234, 275, 306, 357
Encontro, grupos de, 241-45, 250
Energia orgônica, 95, 96-7, 129
Energia vital, 116
   controle da, 325, 326, 327
   Ver também Kundalini
Ensino, aumentado, 206-07
   contrato de, 211
   programado, 204-05, 358-59
Erro, 304
Esalen, Instituto de, 127, 141, 242
ESP-Pesquisa Paranormal, 174-76
Esquecimento. *Ver* Desatenção
Espírito, 318-19
Eupsiquia, 270-71
Exercícios, 36-8, 66-8, 85-6, 107, 109, 111, 113, 115, 116, 119, 120, 144-47, 181-82, 215-18, 252-55, 279, 313-14, 336-37
   respiratórios, 236
   voluntários, 162, 183
Existencialismo, 131-32
Experiência, campo da, 226
   culminante, 266, 277, 279
   platô, 267, 277-79, 347
   transpessoal, 283
Extroversão, 47

Fase
   anal, 37, 373
   fálica, 24, 38, 374
   oral, 37, 373
   Ver também Fases psicossexuais
Fases psicossexuais, 12-15, 37
Feldenkrais, método, 111-12
Fenomenologia, 131-33
Ficções explanatórias, 195-96, 197, 202-03, 208, 215
Figuras sobre a captura de um boi, Zen, 293-304
Formação reativa, 21, 22
Freud, Sigmund, história pessoal, 3-6
   fé na razão, 26
   pesquisa com cocaína, 4
   relações com Jung, 43
Funcionamento integral, pessoa de, 236

Genital, 15, 38
   caráter, 94
   Ver também Fases psicossexuais
Gestalt, oração da, 144
   psicologia da, 129-31, 261-62
   terapia explicada, 142
Gunas, 319
Guru, 318, 333

Habitante-da-floresta, 329
Hábito, 152, 155, 156, 157, 159-60, 170, 177-79, 217
Hatha Ioga, 323-24
Hipnose, 4, 32-3, 172-74
Holismo, 74
Holístico, 275

Id, 10-1, 353-54
Ignorância, 199-200, 330
Iluminação, 291, 328
Imagem, primordial. *Ver também* Arquétipo
Imaginação, ativa, 67
Incapacidade, 353
Incongruência, 227-29
Inconsciente, 7, 45, 49, 51, 52-3, 55-6
   coletivo, 49-50
   pessoal. *Ver* Sombra
Individuação, 42, 46, 57-60
Inferioridade, 74-5
   orgânica, 73, 74-5, 79
Insatisfação, 289
Instintos, 9, 128. *Ver também* Pulsões
Integração estrutural, 108-10
Intelecto, 25-6, 61, 81, 127, 140, 163, 203-04, 212, 235-36, 275, 307, 333, 357
Intenção, 132
Interesse social, 77-8, 82
Interiorização, 326
Introjeção, 138
Introversão, 47
Intuição, 47-8
Ioga, 46, 96, 111-12, 116, 282, 316-38
Islamismo, 344, 345
Isolamento, 23

James-Lange, teoria das emoções de, 162, 182
James, William, história pessoal, 150-52
Jnana Ioga, 321-22
Jonas, complexo de, 274
Jung, Carl, história pessoal, 42-44

Koan, 292-93
Kundalini, 324

Latência, 15, 373
   Ver também Fases psicossexuais
Liberdade para aprender, 225
Libido, 9-10, 73, 89, 90, 127-28, 132
LSD, 143, 144, 167

Males, os cinco principais, 330-31
Mana, 354
Mandala, 46
Marxismo, 91
Maslow, Abraham, história pessoal, 260-61
Mecanismos de defesa, 19-23, 37, 243-44
Meditação, 171-72, 292-93, 313-14, 328, 337
Medo, 132, 331
Metamotivação, 268
Metaqueixas, 268-69
Morte, 132, 351-52
Mulher, psicologia freudiana da, 383-84
   imagens míticas sobre, 51
   ponto de vista junguiano da, 383-84

Nafs, 353-54. *Ver também* Pulsões
National Training Laboratories, 241
Negação, 20
Necessidades, hierarquia de, 133, 268
Neurose, 30, 133, 137, 138-39
Nobre Caminho Óctuplo (Caminho Intermediário), 290

Objetivos, 85
Observâncias, iogues, 325
Ódio, 304
Oportunidade, senso de, 358
Orgasmo, 374-75, 378, 385
Organismo, 140
   inteligência do, 132
   sabedoria do, 135
   como um todo, 132-33
Orgulho, 305
Óxido nitroso, 167

Papéis, 233-34, 357, 382-83
Pênis, inveja do, 14, 373-74, 375
Pensamento, 47-8, 152, 153-54
   características do, 153-56
Perls, Frederick S., história pessoal, 126
Persona, 53, 57, 59, 68, 379

Personalidade-mana, 59
Pesquisa psicodélica, 167-69
Postura, 325-26
Pragmatismo, 151
Pré-consciente, 7-8
Premonição, 175
Pressupostos biológicos, 6
Professor, 165, 308, 333, 355, 358, 361
Projeção, 22, 138. *Ver também* Mecanismos de defesa
Psicanálise, 4, 5, 6, 15, 18, 24, 26, 30, 73, 90, 127, 128, 143, 260, 261, 353-54, 372-77, 382-83
   Instituto Sul-Africano de, 126-27. *Ver também* Freud
   limitações da, 28
   movimento da, 5
   objetivo da, 12-3, 16
Psicanalista, 27
Psicocinese, 175
Psicologia da Consciência, 166-67
Psicologia humanista, 246, 261-62, 272
Psicologia, limites da, 152-53
Psicologia Transpessoal, 245-46, 272
   Associação de, 166
Psicossíntese, 28
Psicoterapia, 246, 381-82. *Ver também* Psicanálise
Psique, 51
Pulsões, 8-9, 353-54
Punição, 199, 216, 359

Quatro Verdades Nobres, as, 290

Racionalidade, sentimento de, 155
Racionalização, 20, 156
Raja Ioga, 325-28
Rajas, 319
Razão, 26
Recompensa, 216, 359
Recordações, primeiras, 35, 83-5
Reforçamento, 195, 212
   negativo, 195, 216
   positivo, 195, 216
   seletivo, 210
Regressão, 23-4
Reich, Wilhelm, história pessoal, 88-90
Rejeição, 79-80
Relação causal, 134-35
Relacionamento social, 24, 60, 80, 100, 139, 159, 201, 232-34, 275, 306, 332, 355
Relaxamento progressivo, 209

Religião, 42, 62
Renúncia, 329
Repressão, 19, 54, 128, 133-34, 228
Resistência, 128, 242-43, 374
Retroflexão, 139
Rogers, Carl, história pessoal, 222-25

Samadhi, 328
Satisfação, 169-70
Sattva, 319
Saúde mental, 157
Self, 26, 53, 56, 57, 59, 81, 101-02, 140, 164, 194, 214, 226-27, 234, 249, 252-53, 254, 276, 307, 318, 321-22, 323, 357
   congruência, 248
   ficção explanatória, 208
   ideal, 227, 252-53, 254
   poder criativo do, 77
Sensação, 47-8
Sentimento, 47-8. *Ver também* Emoções
Ser, cognição, 269
   amor do, 270, 279
   motivação do, 269
   valores do, 270
Sexualidade, 24, 75, 91-2, 374-76, 377, 383-84
   repressão da, 99-100
Símbolos, 51, 54, 62-3
Sinergia, 271-72
Skinner, B. F., história pessoal, 188-89
Sombra, 54-5, 57, 58
Sonhos, 16, 44, 50, 52, 66, 73-4
   análise dos, 17, 30, 63-5, 144-47
   componentes sexuais dos, 17-8
Subcepção, 249
Subconsciente, 320
Sublimação, 18
Sufismo, 283, 339-70
Superego, 12, 20
   da mulher, 374
Superioridade pessoal, luta pela, 75, 79, 80
Superproteção, 79-80

Tai-chi ch'uan, 117-19
Tamas, 319
Telepatia, 175
Temporalidade, 288, 314
Tensão-redução, 9, 11
Terapeuta, 26, 61-2, 81-2, 102, 141, 208-09, 238, 255, 276

Terapia, 26, 209, 223-24, 247-48
   centrada no cliente, 237, 247
   comportamental, 209
   junguiana, 61-2
   psicanalítica, 377
Trabalho, 78-9
Transferência, 27, 127-28, 133-34

Valor, condições de, 21-2
Vedas, 317
Vida
   espaço vital, 130
   estágios da, 328-29
   estilo de, 76-7, 80, 81
   objetivos, 76
   tarefas da, 78-9
Vida religiosa, 179-80
Volição, passiva, 170
Vontade, 25, 60, 80, 101, 139-40, 159-60, 161, 165-66, 202, 275, 306, 332, 356
   crença na, 151
   como ficção explanatória, 202
   fortalecimento da, 183
   livre, 160, 356

Zen-budismo, 127-28, 137-38, 228, 283, 287-315

Walden Two, 190, 202

GRÁFICA PAYM
Tel. (11) 4392-3344
paym@terra.com.br